Jochen Oltmer, Axel Kreienbrink und Carlos Sanz Díaz (Hrsg.)
Das „Gastarbeiter"-System

Schriftenreihe der Vierteljahrshefte für Zeitgeschichte
Band 104

Im Auftrag des
Instituts für Zeitgeschichte München – Berlin
herausgegeben von
Helmut Altrichter   Horst Möller
Hans-Peter Schwarz   Andreas Wirsching

Redaktion:
Johannes Hürter und Jürgen Zarusky

Das „Gastarbeiter"-System

Arbeitsmigration und ihre Folgen
in der Bundesrepublik Deutschland und Westeuropa

Herausgegeben von

Jochen Oltmer, Axel Kreienbrink und Carlos Sanz Díaz

Oldenbourg Verlag München 2012

Bibliografische Information der Deutschen Nationalbibliothek

Die Deutsche Nationalbibliothek verzeichnet diese Publikation in der Deutschen Nationalbibliografie; detaillierte bibliografische Daten sind im Internet über http://dnb.d-nb.de abrufbar.

© 2012 Oldenbourg Wissenschaftsverlag GmbH
Rosenheimer Straße 145, D-81671 München
Tel: 089 / 45051-0
www.oldenbourg-verlag.de

Das Werk einschließlich aller Abbildungen ist urheberrechtlich geschützt. Jede Verwertung außerhalb der Grenzen des Urheberrechtsgesetzes ist ohne Zustimmung des Verlages unzulässig und strafbar. Das gilt insbesondere für Vervielfältigungen, Übersetzungen, Mikroverfilmungen und die Einspeicherung und Bearbeitung in elektronischen Systemen.

Umschlagentwurf: Thomas Rein, München und Daniel Johnson, Hamburg
Umschlagabbildung: Gastarbeiter bei ihrer Ankunft in der Annahmestelle des Münchner Arbeitsamtes im Hauptbahnhofkeller, 1970; Süddeutsche Zeitung Photo/Neuwirth, Fritz

Dieses Papier ist alterungsbeständig nach DIN/ISO 9706

Satz: Dr. Rainer Ostermann, München
Druck und Bindung: Grafik+Druck GmbH, München

ISBN   978-3-486-70946-9
eISBN   978-3-486-71419-7
ISSN   0506-9408

Inhalt

Vorwort 7

Jochen Oltmer
Einführung: Migrationsverhältnisse und Migrationsregime nach dem
Zweiten Weltkrieg 9

Teil I: Westdeutsche Anwerbepolitik und europäische Rahmenbedingungen

Jan Philipp Sternberg
Auswanderungsland, Zuwanderungsland. Die Doppelrolle der Migrationspolitik
in der frühen Bundesrepublik 25

Frank Caestecker und Eric Vanhaute
Zuwanderung von Arbeitskräften in die Industriestaaten Westeuropas.
Eine vergleichende Analyse der Muster von Arbeitsmarktintegration
und Rückkehr 1945–1960 39

Christoph A. Rass
Die Anwerbeabkommen der Bundesrepublik Deutschland mit Griechenland
und Spanien im Kontext eines europäischen Migrationssystems 53

Roberto Sala
Die migrationspolitische Bedeutung der italienischen Arbeitswanderung
in die Bundesrepublik 71

Grazia Prontera
Das Emigrationszentrum in Verona. Anwerbung und Vermittlung
italienischer Arbeitskräfte in die Bundesrepublik Deutschland 1955–1975 89

Axel Kreienbrink
Auswanderungslenkung und „asistencia al emigrante":
das Instituto Español de Emigración im franquistischen Spanien 103

Carlos Sanz Díaz
Umstrittene Wege. Die irreguläre Migration spanischer Arbeitnehmer
in die Bundesrepublik Deutschland 119

Karolina Novinšćak
Auf den Spuren von Brandts Ostpolitik und Titos Sonderweg:
deutsch-jugoslawische Migrationsbeziehungen in den 1960er und
1970er Jahren 133

Marcel Berlinghoff
Der europäisierte Anwerbestopp 149

Teil II: Wahrnehmung und Folgen der Migration in den Ziel- und Herkunftsräumen

Olga Sparschuh
Grenzen der Grenzen. Italienische Arbeitsmigration nach Turin und München
in den 1950er bis 1970er Jahren **167**

Oliver Trede
Misstrauen, Regulation und Integration. Gewerkschaften und „Gastarbeiter"
in der Bundesrepublik in den 1950er bis 1970er Jahren **183**

Dietrich Thränhardt und Jenni Winterhagen
Der Einfluss der katholischen Migrantengemeinden auf die Integration
südeuropäischer Einwanderergruppen in Deutschland **199**

Anna Caroline Cöster
Duisburg-Marxloh. Interethnischer Austausch und subjektive Wahrnehmung
von den 1960er Jahren bis heute **217**

Bettina Severin-Barboutie
Stadt – Migration – Transformation. Stuttgart und Lyon im Vergleich **233**

Sarah Hackett
Integration im kommunalen Raum: Bremen und Newcastle-upon-Tyne
im Vergleich **247**

Abkürzungen **261**

Die Autorinnen und Autoren dieses Bandes **265**

Vorwort

Seit Beginn des 21. Jahrhunderts hat die Historische Migrationsforschung einen erheblichen Aufschwung genommen. Zu einem ihrer Arbeitsschwerpunkte entwickelte sich die Geschichte der umfangreichen grenzüberschreitenden Arbeitsmigration und ihrer Folgen nach dem Zweiten Weltkrieg. Zu dem Interesse an einer Erforschung der Genese von Anwerbung, Beschäftigung und Integration von Arbeitsmigranten in der Bundesrepublik Deutschland und in vielen anderen Staaten West-, Nord- und Mitteleuropas seit den späten 1940er Jahren haben aktuelle politische und publizistische Debatten um Probleme und Perspektiven der Integration von bereits seit Langem aufgenommenen Einwanderern und über die Bedingungen, Formen und Folgen neuer Zuwanderungen im Kontext der Diskussionen um demographische Alterung und Fachkräftemangel beigetragen. Hinzu kam nicht zuletzt aber auch das Interesse verschiedener gesellschaftlicher Akteure, die Jahrestage der Anwerbeverträge der Bundesrepublik Deutschland mit Spanien und Griechenland (1960/2010) und der Türkei (1961/2011) feierlich zu begehen sowie in diesem Kontext nach den kurz-, mittel- und langfristigen Implikationen der Zuwanderung für die Geschichte der Bundesrepublik Deutschland zu fragen.

Ende März 2010 haben das Bundesamt für Migration und Flüchtlinge, Nürnberg, das Institut für Migrationsforschung und Interkulturelle Studien (IMIS) der Universität Osnabrück sowie das Departamento de Historia Contemporánea der Universidad Complutense de Madrid eine Tagung veranstaltet, die das Ziel verfolgte, neue Ergebnisse der Historischen Migrationsforschung zur Geschichte der Bundesrepublik Deutschland in europäischer Perspektive zusammenzuführen. Ein Teil der Beiträge des vorliegenden Sammelwerks ist aus den Vorträgen hervorgegangen, die im Bundesamt für Migration und Flüchtlinge gehalten wurden. Weitere Aufsätze konnten zur Abrundung des Bandes eingeworben werden.

Den Autorinnen und Autoren gilt unser herzlicher Dank für ihre Mitwirkung und für ihre Geduld bei diesem Publikationsprojekt, das von den Diskussionen der Nürnberger Tagung erheblich profitierte. Jutta Tiemeyer von der Redaktion des Instituts für Migrationsforschung und Interkulturelle Studien übernahm mit großer Kompetenz und Gewissenhaftigkeit die redaktionelle Schlussbearbeitung des Manuskripts. Besonders verpflichtet sind wir den Herausgebern der Schriftenreihe der Vierteljahrshefte für Zeitgeschichte für die Übernahme des Manuskripts in diese Reihe des Instituts für Zeitgeschichte sowie Herrn Privatdozenten Dr. Johannes Hürter und Herrn Dr. Jürgen Zarusky als Redakteure der Schriftenreihe für Vertrauen, Anregungen und stets kollegiale Zusammenarbeit.

Osnabrück, Nürnberg und Madrid im September 2011
Jochen Oltmer, Axel Kreienbrink und Carlos Sanz Díaz

Jochen Oltmer
Einführung: Migrationsverhältnisse und Migrationsregime nach dem Zweiten Weltkrieg

1. Arbeitsmigration im Europa der Nachkriegsjahrzehnte

Ein hohes Wachstum der Weltwirtschaft und eine Expansion der Arbeitsmärkte in den entwickelten Ländern prägten die ökonomische Rekonstruktionsperiode der ersten drei Jahrzehnte nach dem Ende des Zweiten Weltkriegs. Der Durchschnitt der Weltexporte war in der Phase der beschleunigten globalwirtschaftlichen Integration zwischen 1870 bis 1913 jährlich um 3,9 Prozent gestiegen, erreichte dann im Zeichen einer tiefgreifenden De-Globalisierung[1] in den Jahrzehnten von 1913 bis 1950 aber nur noch rund 1 Prozent. Demgegenüber wuchs die Weltwirtschaft 1950 bis 1973 mit 8,6 Prozent wesentlich stärker.[2] In den wirtschaftlichen Zentren der Welt entstand, wie bereits in den letzten drei, vier Jahrzehnten vor dem Ersten Weltkrieg, abermals ein hoher Bedarf an Arbeitskräften in bestimmten Arbeitsmarktsegmenten und Beschäftigungsbereichen, der mit den jeweiligen nationalen Arbeitskräftepotentialen bald nicht mehr gedeckt werden konnte. Anwerbung und Zuwanderung ausländischer Arbeitskräfte schienen ein Mittel zu sein, die Lücken am Arbeitsmarkt zu schließen.[3]

Die traditionsreiche, jahrhundertelang dominierende europäische Übersee-Migration lief vor diesem Hintergrund endgültig aus: Das galt für Staaten wie Großbritannien, die Niederlande oder Deutschland, die über lange Zeit hinweg zentrale Herkunftsländer der interkontinentalen Abwanderung aus Europa gewesen waren. Die Migrationsströme anderer ehemals wichtiger Herkunftsländer der Transatlantik-Wanderung wie Italien, Spanien, Portugal oder Griechenland richteten sich nunmehr ganz oder weitgehend auf die expandierenden Arbeitsmärkte der nord-, west- und mitteleuropäischen Industrieländer aus. Und der gesamte ost-, ostmittel- und südosteuropäische Raum, der seit dem späten 19. Jahrhundert die Abwanderung aus Europa zu großen Teilen gespeist hatte, wurde mit dem Kalten Krieg und der hermetischen Teilung Europas von den Wanderungszielen in Übersee, aber auch in West-, Nord- und Mitteleuropa abgeschnitten.[4]

In den europäischen Industriestaaten wuchs die Zahl der Zuwanderer seit den späten 1940er Jahren sehr rasch an. In Großbritannien beispielsweise kam der größte Teil zu-

---

[1] Knapper Zugriff auf das Phänomen Globalisierung: Jürgen Osterhammel/Niels P. Petersson, Geschichte der Globalisierung. Dimensionen – Prozesse – Epochen, München ⁴2007.
[2] Hans Pohl, Aufbruch der Weltwirtschaft. Geschichte der Weltwirtschaft von der Mitte des 19. Jahrhunderts bis zum Ersten Weltkrieg, Stuttgart 1989.
[3] Globale Migrationsgeschichte im Überblick: Robin Cohen (Hrsg.), The Cambridge Survey of World Migration, Cambridge 1995; Wang Gungwu, Global History and Migrations, Boulder, CO 1997; Dirk Hoerder, Cultures in Contact. World Migrations in the Second Millennium, Durham 2002; Adam McKeown, Global Migration, 1846–1940, in: Journal of World History 15 (2004), S. 155–189; Patrick Manning, Migration in World History, New York 2005; Albert Kraler/Karl Husa/Veronika Bilger/Irene Stacher (Hrsg.), Migrationen. Globale Entwicklungen seit 1850, Wien 2007; Jochen Oltmer, Migration im Kontext von Globalisierung, Kolonialismus und Weltkriegen, in: Walter Demel u. a. (Hrsg.), WBG Weltgeschichte. Von den Anfängen bis ins 21. Jahrhundert, Bd. 6: Globalisierung. 1880 bis heute, Darmstadt 2010, S. 177–221.
[4] Zentrale Beiträge zur europäischen Migrationsgeschichte: Klaus J. Bade, Europa in Bewegung. Migration vom späten 18. Jahrhundert bis zur Gegenwart, München 2000, S. 121–168; Leslie Page Moch, Moving Europeans. Migration in Western Europe since 1650, Bloomington ²2003; zahlreiche europäische Beispiele für verschiedene Migrationsformen: Klaus J. Bade/Pieter C. Emmer/Leo Lucassen/Jochen Oltmer (Hrsg.), Enzyklopädie Migration in Europa vom 17. Jahrhundert bis zur Gegenwart, Paderborn ³2010.

nächst – einer langen Tradition folgend – aus Irland: 1946 bis 1950 wurden 100 000 bis 150 000 neue weibliche und männliche Arbeitskräfte aus Irland in der britischen Wirtschaft angestellt. Neben die vornehmlich aus dem besetzten Nachkriegsdeutschland angeworbenen Displaced Persons, also Überlebenden der nationalsozialistischen Arbeits-, Konzentrations- und Vernichtungslager, die in erster Linie im Bergbau (Männer) und in der Textilindustrie bzw. in privaten Haushalten (Frauen) beschäftigt wurden, traten in den 1950er Jahren Italiener sowie bald auch Malteser, Zyprioten und Türken.[5] In Frankreich nahm demgegenüber seit den späten 1940er Jahren zunächst die Zahl der Spanier und Italiener rasch zu.

Vor dem Hintergrund des beschleunigten ökonomischen, sozialen und politischen Wandels prägten neue Elemente die Migrationsverhältnisse der Nachkriegsjahrzehnte in Europa: Allenthalben wuchsen Steuerungsinteresse und Kontrollkapazitäten der Staaten gegenüber den grenzüberschreitenden räumlichen Bevölkerungsbewegungen – und zwar sowohl der Ab- als auch der Zuwanderungsländer. Das bereits in der Vorkriegszeit entwickelte System der zwischenstaatlichen Anwerbevereinbarungen wurde weiter verfeinert, es ermöglichte sowohl Herkunfts- als auch Zuwanderungsländern eine so weitreichende Kontrolle über Umfang und Zusammensetzung der Migration, wie es sie im „langen" 19. Jahrhundert nie gegeben hatte.[6] Anwerbeabkommen bildeten in den ersten drei Jahrzehnten nach dem Ende des Zweiten Weltkriegs ein zentrales migrationspolitisches Instrument. Um ausländische Arbeitskräfte stetig und in der für nötig erachteten großen Zahl ins Land holen zu können, gab es in den 1950er und 1960er Jahren faktisch nur den Weg über den Abschluss eines Wanderungsvertrags mit einem Herkunftsland; denn der Siegeszug des Instruments des bilateralen Vertrags zwischen einem Abwanderungs- und einem Zielland ist auch ein Ausdruck der enormen Konkurrenz zwischen den anwerbenden Ländern um neue Arbeitskräfte – von der Schweiz über Frankreich, Österreich, die Benelux-Staaten und Schweden bis zur Bundesrepublik Deutschland. In den mehr als fünf Jahrzehnten zwischen dem Ende des Ersten Weltkriegs und den Anwerbestoppmaßnahmen der europäischen Zuwanderungsländer Anfang der 1970er Jahre wurden rund 120 solcher bilateraler Anwerbeverträge geschlossen.[7] Die Anwerbeverträge garantierten zum einen den anwerbenden Ländern den Zugang zum Arbeitsmarkt eines Abwanderungslandes zu genau geregelten Konditionen und gaben zum andern den Abwanderungsländern die Möglichkeit, Einfluss auf die Zusammensetzung der Abwanderung sowie auf die Arbeits- und Lebensbedingungen der Migranten im Zielland zu nehmen. Anwerbeverträge wahrten sowohl die Interessen des Herkunfts- als auch jene des Ziellandes.

Alle Staaten, mit denen die Bundesrepublik Anwerbeverträge schloss, waren Anrainer des Mittelmeers: Neben Abkommen mit Italien 1955, Spanien und Griechenland 1960

---

[5] Zentrale Überblicke: Enda Delaney, Demography, State and Society. Irish Migration to Britain, 1921–1971, Liverpool 2000; Randall Hansen, Citizenship and Immigration in Post-War Britain, Oxford 2000; Colin Holmes, John Bull's Island. Immigration and British Society, 1871–1971, Basingstoke 1988; Diana Kay/Robert Miles, European Volunteer Workers in Britain, 1946–1951, London 1992; Zig Layton-Henry, The Politics of Immigration. Immigration, „Race" and Race Relations in Post-War Britain, Oxford 1992; Kenneth Lunn (Hrsg.), Race and Labour in Twentieth-Century Britain, London 1985; Kathleen Paul, Whitewashing Britain: Race and Citizenship in the Postwar Era, Ithaca 1997; John Solomos, Race and Racism in Britain, London 2003; Ian R.G. Spencer, British Immigration Policy since 1939: The Making of Multi-Racial Britain, London 1997.

[6] Jochen Oltmer, Migration, Staat und Nation: Wechselbezüge im historischen Wandel, in: Sozialwissenschaftlicher Fachinformationsdienst (soFid): Migration und ethnische Minderheiten, 2007, Bd. 2, Bonn 2007, S. 7–30.

[7] Zur Geschichte der Anwerbeverträge als migrationspolitisches Instrument im Europa des 20. Jahrhunderts: Christoph Rass, Institutionalisierungsprozesse auf einem internationalen Arbeitsmarkt: Bilaterale Wanderungsverträge in Europa zwischen 1919 und 1974, Paderborn 2010.

sowie der Türkei 1961 traten Verträge mit Marokko 1963, mit Portugal 1964, mit Tunesien 1965 und mit Jugoslawien 1968. In der Bundesrepublik Deutschland wuchs die ausländische Erwerbsbevölkerung von 1961 bis zum Anwerbestopp 1973, als die Ausländerbeschäftigung den Gipfelpunkt erreichte, von ca. 550 000 auf rund 2,6 Millionen an. Vom Ende der 1950er Jahre bis 1973 waren rund 14 Millionen ausländische Arbeitskräfte nach Deutschland gekommen, ca. 11 Millionen wieder zurückgekehrt, die anderen blieben und holten ihre Familien nach. 1980 waren ca. 33 Prozent aller nicht-deutschen Staatsangehörigen in Westdeutschland Türken, es folgten Jugoslawen mit 14 Prozent und Italiener mit 13,9 Prozent. Der Ausländeranteil an der Gesamtzahl der abhängig Beschäftigten lag in diesem Jahr bei fast 10 Prozent.

In allen Zielländern übernahmen die Arbeitsmigranten in der Regel un- und angelernte Tätigkeiten in der industriellen Produktion mit hoher körperlicher Beanspruchung, gesundheitlicher Belastung und Lohnbedingungen, die viele Einheimische nicht mehr akzeptieren wollten.[8] Während Westdeutschland vornehmlich Arbeitskräfte aus Südeuropa und der Türkei erreichten, setzte sich die Zuwanderung in Frankreich und Großbritannien, aber auch in den Niederlanden und Belgien aufgrund von kolonialen oder post-kolonialen Bindungen anders zusammen: Großbritannien bot seit dem British Nationality Act von 1948 allen Bewohnern der Kolonien eine einheitliche Staatsangehörigkeit und freie Einreise auf die britischen Inseln. Diese offene Regelung wurde erst seit den 1960er Jahren schrittweise zurückgenommen. Seit 1971 dürfen nur noch jene frei einreisen, die nachweisen können, dass ihre Eltern oder Großeltern in Großbritannien geboren worden waren. Zunächst wuchs vor allem die Zuwanderung aus der Karibik – bis 1960 war die Zahl der Westinder auf 200 000 angestiegen –, seit den späten 1950er Jahren dominierte dann die Zuwanderung vom indischen Subkontinent. 1971 hielten sich 480 000 Menschen in Großbritannien auf, die in Indien oder Pakistan geboren worden waren, bis 2001 stieg ihre Zahl auf rund 1 Million an. In Frankreich dominierten bis Mitte der 1970er Jahre Zuwanderungen aus Südeuropa, seit den frühen 1960er Jahren aber stiegen die Anteile der Migranten aus den ehemaligen nordafrikanischen Kolonien. 1968 bildeten Algerier nach Italienern und Spaniern die drittgrößte Zuwanderergruppe, seit den späten 1960er Jahren wuchs auch die Zuwanderung aus Marokko und Tunesien sowie aus den ehemaligen französischen Kolonien in Indochina, im subsaharischen Afrika und in der Karibik.[9]

Die frühen 1970er Jahre brachten den Niedergang der alten Industrien (Eisen- und Stahlindustrie, Textilindustrie, Bergbau), die viele un- und angelernte Arbeitskräfte beschäftigt hatten. Der Stopp der Anwerbung ausländischer Arbeitskräfte in den europäischen Industriestaaten 1973/74 steht sinnbildlich für den Strukturwandel am Arbeitsmarkt. Rationalisierung und Automatisierung der Produktion ließen in den 1970er und 1980er Jahren die Nachfrage nach unqualifizierten Beschäftigten beschleunigt absinken. Die digitale Revolution seit den 1980er Jahren, die alle Erwerbsbereiche betraf, forcierte diese Entwicklung.

---

[8] Zum Forschungsstand über die Migrationssituation in der Bundesrepublik siehe die Bemerkungen unten.
[9] Wesentliche Überblicke: Georges Tapinos, L'immigration étrangère en France, 1946–1973, Paris 1975; Yves Lequin, La mosaïque France: Histoire des étrangers et de l'immigration, Paris 1988; Gérard Noiriel, Le creuset français. Histoire de l'immigration (XIXe–XXe siècles), Paris 1988; Marianne Amar/Pierre Milza, L'immigration en France au XXe siècle, Paris 1990; Gérard Noiriel, Population, immigration et identité nationale en France, XIXe–XXe siècle, Paris 1992; Michèle Tribalat, De l'immigration à l'assimilation: Enquête sur les populations d'origine étrangère en France, Paris 1996; Marie-Claude Blanc-Chaléard, Les immigrés et la France, XIXe–XXe siècle, Paris 2003; Alec G. Hargreaves, Multi-Ethnic France. Immigration, Politics, Culture and Society, New York 2007.

Mit der Beendigung der Anwerbung aber ließ sich die Zuwanderung nicht aufhalten; in vielerlei Hinsicht erwiesen sich die politischen und gesellschaftlichen Vorstellungen über die Steuerbarkeit von räumlichen Bevölkerungsbewegungen als Illusion: In den vorangegangenen zwei Jahrzehnten waren viele neue Migrationskanäle geöffnet worden, die sich durch einen Stopp der Anwerbung nicht schließen ließen, unter anderem auch deshalb, weil bis in die Gegenwart die Möglichkeit des Familiennachzugs nicht vollständig eingeschränkt worden ist. Die Anwerbestoppmaßnahmen der europäischen Hauptzuwanderungsländer Anfang der 1970er Jahre führten nicht zu der erwünschten Rückwanderung der Angeworbenen, vielmehr verfestigten sich ihre Bleibeabsichten weiter, denn Ausländer, die ihre Arbeitsverhältnisse beendeten, um für einige Zeit in ihre Heimat zurückzukehren, hatten meist keine Chance mehr, erneut als Arbeitswanderer zugelassen zu werden. Wollten sie nicht auf Dauer von ihren Familien im Herkunftsland getrennt leben, standen sie vor der Alternative einer endgültigen Rückkehr oder eines Familiennachzugs. Die Folgen für die Zusammensetzung der Gruppe zeigt das Beispiel der Bundesrepublik Deutschland. Obgleich die Zahl der ausländischen Erwerbstätigen von 2,6 Millionen 1973 über ca. 1,8 Millionen 1977 und 1,6 Millionen 1989 sank, blieb die ausländische Wohnbevölkerung 1973 (3,97 Millionen) wie 1979 (4,14 Millionen) in etwa konstant und stieg bis 1989 auf knapp 4,9 Millionen (7,3 Prozent) an. 1980 hielt sich ein Drittel der Ausländer bereits zehn oder mehr Jahre in Deutschland auf, 1985 lag der Anteil schon bei 55 Prozent. Die zunehmende Dauer des Aufenthalts führte zu einer sukzessiven Verfestigung des rechtlichen Status der Zuwanderer und mündete schließlich immer häufiger in die Annahme der Staatsangehörigkeit des Ziellandes.

Insgesamt zeigt sich bei dem Blick auf die Gestaltung der Anwerbepolitik in den einzelnen west-, nord- und mitteleuropäischen Staaten, wie stark die Genese der Migrationssituation von politischen Rahmenbedingungen abhängig war, die nicht als Resultat migrationspolitischer Entscheidungen im engeren Sinne gewertet werden können: a) Anwerbeverträge als Ergebnis des Strebens nach Erwerb bzw. Wiedererwerb außenpolitischen Renommees oder der Verbesserung außenwirtschaftlicher Beziehungen wie im Falle der Bundesrepublik Deutschland, aber zum Beispiel auch b) Zuwanderung als Ergebnis der Fiktion westeuropäischer ehemaliger Kolonialnationen (Großbritannien, Frankreich, Niederlande, Belgien) von der Aufrechterhaltung intensiver politischer, wirtschaftlicher und kultureller Verflechtungen mit solchen Staaten, die sich von der kolonialen Herrschaft emanzipiert hatten.

Nur die Beschränkung der Zuwanderungen, ob nun über Anwerbeverträge geregelt oder als postkoloniale Zuwanderung privilegiert, war ein Ergebnis vorwiegend migrationspolitischer Entscheidungen. Sie orientierten sich daran, die nationalen migratorischen Kontrollkompetenzen zu erhöhen und als Belastung für Arbeits- und Wohnungsmarkt sowie allgemein für wirtschaftliche und soziale Entwicklungen verstandene Zuwanderungen möglichst weitreichend zu beschneiden. Nicht von ungefähr kam in den west-, nord- und mitteleuropäischen Staaten innerhalb weniger Monate Anfang der 1970er Jahre das Ende der Anwerbepolitik, nachdem bereits zuvor die Wege privilegierter postkolonialer Zuwanderung immer weiter versperrt worden waren.

2. Arbeitsmigration in die Bundesrepublik Deutschland: Forschungsstand

Die Arbeitsmigration in die Bundesrepublik Deutschland bildete das zentrale Thema der sozialwissenschaftlichen Migrationsforschung, die sich seit den 1970er Jahren entwickelte. Als anwendungsorientierte „Gastarbeiterforschung", später dann „Ausländerforschung" ging sie von der Beobachtung von Problemen in den Arbeits- und Wohnverhältnissen sowie im Bildungssektor aus.[10] Zugleich griffen richtungweisende theorieorientierte Arbeiten, die für Jahrzehnte einflussreich bleiben sollten, Ergebnisse der „Ausländer-" und „Gastarbeiterforschung" auf und regten zahlreiche neue Studien an.[11]

Bereits in den frühen 1980er Jahren ordneten auch migrationshistorische Beiträge die Ausländerbeschäftigung in der Bundesrepublik Deutschland in die Sozialgeschichte der grenzüberschreitenden Arbeitsmigration nach Deutschland seit dem späten 19. Jahrhundert ein.[12] Hinzuweisen ist hier besonders auf die von Klaus J. Bade konzipierte und organisierte Tagung „Vom Auswanderungsland zum Einwanderungsland" 1982, die in Deutschland die erste internationale Tagung zur Migrationsforschung unter Beteiligung aller im Feld arbeitenden Forschungsrichtungen bildete. Die das gesamte 19. und 20. Jahrhundert übergreifenden Beiträge fassten den Stand der Forschung zusammen. Die Veranstaltung bildete eine zentrale Station auf dem Weg zur Entwicklung einer interdisziplinär orientierten Historischen Migrationsforschung, die auch die Geschichte der Arbeitsmigration in der Bundesrepublik als neues Arbeitsfeld erschloss.[13]

Mit dem Auslaufen entsprechender Archivsperrfristen in den 1990er Jahren gewann die geschichtswissenschaftliche Diskussion zum Thema an Geschwindigkeit.[14] Den archivgestützten Studien der 1990er Jahre gelang es, die in den Arbeiten der 1980er Jahre diskutierten Zusammenhänge weiter zu vertiefen und zum Teil auch zu Neubewertungen zu kommen: Im Vordergrund standen dabei Fragen nach den bundesdeutschen Interessen bei den Verhandlungen um den Abschluss von Anwerbeabkommen und die Ausrichtung der Ausländerpolitik. Über die Ergebnisse der 1980er Jahre hinausweisend konnten dabei die intensiven Diskussionen zwischen den beteiligten Bonner Ressorts in den 1950er und 1960er Jahren sowie mit und zwischen verschiedenen Interessenverbänden, darunter vor allem die Arbeitsmarktparteien, verdeutlicht werden.

Johannes-Dieter Steinert, der die Frühphase der bundesdeutschen Zuwanderungspolitik von der Mitte der 1950er Jahre bis zum Mauerbau 1961 im Kontext der alliierten und deutschen Diskussion um die politische Gestaltung von Migration aus und nach Westdeutschland seit dem Ende des Zweiten Weltkriegs behandelte, beleuchtete in seiner Osnabrücker Habilitationsschrift den Anwerbevertrag mit Italien 1955 als ein Anliegen bundesdeutscher Außenpolitik. Arbeitsmarktpolitische Interessen seien demgegenüber nachrangig gewesen.[15] Auch deshalb blieb die Bedeutung des Anwerbeabkommens für die Arbeits-

---

[10] Überblick: Annette Treibel, Engagement und Distanzierung in der westdeutschen Ausländerforschung. Eine Untersuchung ihrer soziologischen Beiträge, Stuttgart 1988.
[11] Hans-Joachim Hoffmann-Nowotny, Migration. Ein Beitrag zu seiner soziologischen Erklärung, Stuttgart 1970; Hartmut Esser, Aspekte der Wanderungssoziologie. Assimilation und Integration von Wanderern, ethnischen Gruppen und Minderheiten, Darmstadt 1980; Friedrich Heckmann, Die Bundesrepublik: ein Einwanderungsland? Zur Soziologie der Gastarbeiterbevölkerung als Einwandererminorität, Stuttgart 1981.
[12] Klaus J. Bade, Vom Auswanderungsland zum Einwanderungsland? Bevölkerung, Wirtschaft und Wanderung in Deutschland 1880–1980, Berlin 1983; Ulrich Herbert, Geschichte der Ausländerbeschäftigung in Deutschland 1880 bis 1980. Saisonarbeiter, Zwangsarbeiter, Gastarbeiter, Berlin 1986.
[13] Klaus J. Bade (Hrsg.), Auswanderer – Wanderarbeiter – Gastarbeiter. Bevölkerung, Arbeitsmarkt und Wanderung in Deutschland seit der Mitte des 19. Jahrhunderts, 2 Bde., Ostfildern ²1985; siehe auch ders. (Hrsg.), Population, Labour and Migration in 19th and 20th Century Germany, Leamington Spa 1987.
[14] Jan Motte/Rainer Ohliger/Anne von Oswald (Hrsg.), 50 Jahre Bundesrepublik – 50 Jahre Einwanderung. Nachkriegsgeschichte als Migrationsgeschichte, Frankfurt a.M. 1999; Quellensammlung zur Migrationsgeschichte der Bundesrepublik: Deniz Göktürk/David Gramling/Anton Kaes (Hrsg.), Germany in Transit. Nation and Migration 1955–2005, Berkeley 2007.
[15] Johannes-Dieter Steinert, Migration und Politik: Westdeutschland – Europa – Übersee 1945–1961, Osnabrück 1995; Einbettung in eine längere Perspektive: Roberto Sala, Vom „Fremdarbeiter" zum „Gast-

marktentwicklung Westdeutschlands zunächst gering, zumal sich mit der millionenstarken Zuwanderung aus der DDR weiterhin eine Quelle in der Regel gut ausgebildeter Arbeitskräfte bot.[16] Die Bundesrepublik war mithin in den 1950er Jahren des „Wirtschaftswunders" ein bedeutendes Zuwanderungsland, auch ohne dass die Zahl der Ausländer exponentiell anstieg.

Wie Johannes-Dieter Steinert, Karen Schönwälder[17] und Mathilde Jamin[18] herausgearbeitet haben, wogen arbeitsmarktpolitische Interessen der Bundesrepublik bei den 1960 mit Spanien und Griechenland sowie 1961 mit der Türkei abgeschlossenen Anwerbevereinbarungen bereits schwerer als außenpolitische Argumente. Karen Schönwälder hat in ihrer vergleichenden politikwissenschaftlichen Studie die ausländer(beschäftigungs)politische Entwicklung bis zum Anwerbestopp 1973 und die breite Diskussion um Konzepte und Strategien innerhalb der Bundesregierung, zwischen den Bundesministerien und mit den politischen Parteien sowie mit den Arbeitsmarktparteien nachvollzogen. Sie zeigte, dass die Politik der Bundesregierung gegenüber der Zuwanderung ausländischer Arbeitskräfte auch in den 1960er und frühen 1970er Jahren keineswegs einheitlich war. Vielmehr gab es innerhalb der Bundesregierung und zum Teil zwischen Bund und Ländern im Verlauf der 1960er Jahre anhaltende Auseinandersetzungen über Umfang und Formen der Kontrolle und Regulierung von Wanderungsprozessen, über den Umgang mit Familiennachzug und dauerhafter Niederlassung sowie über den Primat von wirtschaftlichen, bevölkerungs-, außen- oder sicherheitspolitischen Interessen.[19]

Zu ähnlichen Ergebnissen kam Barbara Sonnenberger im Rahmen ihrer unternehmenshistorisch orientierten regionalgeschichtlichen Studie zu Südhessen hinsichtlich der Migrationspolitik der Bundesanstalt für Arbeit. Die Bundesanstalt war nicht nur deshalb ein wichtiger migrationspolitischer Akteur, weil sie organisatorisch für die Anwerbung in den Herkunftsländern zuständig war, sondern auch, weil ihr als Institution zum Ausgleich von Angebot und Nachfrage auf dem regionalen und nationalen Arbeitsmarkt eine zentrale arbeitsmarkt- und wirtschaftspolitische Bedeutung zukam. Die Politik der Bundesanstalt war, wie Sonnenberger betont, auf die kurz- und mittelfristige Entwicklung des Arbeitsmarkts ausgerichtet. Es ging ihr um die Sicherung bzw. Steigerung der Anwerbezahlen und nicht um Fragen der sozialen Integration der Zuwanderer. Das führte immer wieder zu Konflikten verschiedener Art mit mehreren Bundesministerien.[20]

Schönwälder und Sonnenberger haben daran erinnert, dass auch über gesellschaftliche Auswirkungen von Ausländerbeschäftigung als Dauererscheinung in der Bundesrepublik relativ früh diskutiert wurde. Den beteiligten Ressorts war sehr wohl bewusst, dass sich mit

---

arbeiter". Die Anwerbung italienischer Arbeitskräfte für die deutsche Wirtschaft (1938–1973), in: Vierteljahrshefte für Zeitgeschichte (VfZ) 55 (2007), S. 93–122.

[16] Helge Heidemeyer, Flucht und Zuwanderung aus der SBZ/DDR 1945/1949–1961. Die Flüchtlingspolitik der Bundesrepublik Deutschland bis zum Bau der Berliner Mauer, Düsseldorf 1994; Volker Ackermann, Der „echte" Flüchtling. Deutsche Vertriebene und Flüchtlinge aus der DDR 1945–1961, Osnabrück 1995; zur wesentlich schwächeren Ost-West-Bewegung: Andrea Schmelz, Migration und Politik im geteilten Deutschland während des Kalten Krieges. Die West-Ost-Migration in die DDR in den 1950er und 1960er Jahren, Opladen 2002.

[17] Karen Schönwälder, Einwanderung und ethnische Pluralität. Politische Entscheidungen und öffentliche Debatten in Großbritannien und der Bundesrepublik von den 1950er bis zu den 1970er Jahren, Essen 2001.

[18] Mathilde Jamin, Die deutsch-türkische Anwerbevereinbarung von 1961 und 1964, in: Aytac Eryilmaz/Mathilde Jamin (Hrsg.), Fremde Heimat. Eine Geschichte der Einwanderung aus der Türkei, Essen 1998, S. 69–82.

[19] Schönwälder, Einwanderung und ethnische Pluralität.

[20] Barbara Sonnenberger, Nationale Migrationspolitik und regionale Erfahrung. Die Anfänge der Arbeitsmigration in Südhessen (1955–1967), Darmstadt 2003.

der Zuwanderung von Arbeitskräften Daueraufenthalt und Familiennachzug als neue Problemstellungen verbanden. Der Primat des wirtschaftlichen Interesses an einem dynamischen Wirtschaftsaufschwung aber verhinderte in den 1960er Jahren immer wieder die Durchsetzung von vor allem in den Innenministerien von Bund und Ländern entwickelten Plänen zur Verhinderung von Einwanderung durch Rückkehrzwang und Erschwerung des Familiennachzugs, wie sie im kaiserlichen Deutschland[21] und in der Weimarer Republik[22] dominierend gewesen waren. Anfang der 1970er Jahre verlor mit dem tiefgreifenden wirtschaftlichen Strukturwandel das ökonomische Interesse an der Beschäftigung ausländischer Arbeitskräfte gegenüber den restriktiven Linien der Innenministerien an Bedeutung. Trotz des 1973 in Kraft gesetzten Anwerbestopps verhinderten aber Normen des sozialen Rechtsstaats und außenpolitische Überlegungen die Durchsetzung der in den 1960er Jahren noch diskutierten Blockade des Familiennachzugs.

Vor allem Klaus J. Bade und Michael Bommes haben hervorgehoben, dass diese als „Steuerungsverlust" des bundesdeutschen Staates beschreibbare Entwicklung in erster Linie aus der Aufenthaltsverfestigung und der damit verbundenen Herausbildung starker aufenthalts- und sozialrechtlicher Sicherungen der ausländischen Zuwanderer in der Bundesrepublik resultierte; sie waren dafür verantwortlich, dass die Dispositionsmacht einer auf „Rückkehrförderung" ausgerichteten Migrationspolitik relativ gering blieb.[23]

Die neuere quellengestützte Forschung hat auch die lange verbreitete Vorstellung ausgeräumt, die Angeworbenen seien mehr oder minder ausschließlich Männer („Gastarbeiter") gewesen, die ihre Ehefrauen und Familien erst Jahre nach ihrer Ankunft in der Bundesrepublik nachgeholt hätten. Monika Mattes hat nach den mit der Rekrutierung weiblicher Arbeitskräfte verbundenen Interessen der Bundesrepublik und der Herkunftsländer gefragt. Vor allem in den Niedriglohnbranchen der Hauswirtschaft sowie der Textil- und Bekleidungs-, der Nahrungs- und Genussmittelindustrie, die ohnehin einen hohen Frauenanteil hatten, aber zunehmend weniger in der Lage waren, einheimische Frauen zu binden, wuchs der Anteil ausländischer Arbeitsmigrantinnen seit den späten 1950er Jahren rasch an. Darüber hinaus beschäftigten aber viele andere Branchen in einigen Bereichen „Gastarbeiterinnen" in großer Zahl, die dann ihrerseits ihre Ehegatten nachzogen. Die Bundesanstalt für Arbeit, ihre regionalen und lokalen Dienststellen, insbesondere aber auch interessierte Unternehmen entwickelten spezifische Strategien zur Rekrutierung von Frauen, wie Mattes am Beispiel des West-Berliner Elektro-Konzerns Siemens und der Keksfabrik Bahlsen in Hannover verdeutlichte.[24]

Die jüngste Forschung zur Geschichte der Arbeitswanderung in die Bundesrepublik von den 1950er bis zu den 1970er Jahren ist zunehmend sozial-, kultur- und mentalitätshistorisch ausgerichtet und konzentriert sich immer stärker auf Aspekte der Integration. Problemen der Anwerbepolitik sowie den politischen und publizistischen Diskussionen um die Zuwanderung von „Gastarbeitern" wird auch weiterhin nachgegangen[25], weitere

---

[21] Klaus J. Bade, „Preußengänger" und „Abwehrpolitik". Ausländerpolitik und Ausländerkontrolle auf dem Arbeitsmarkt in Preußen vor dem Ersten Weltkrieg, in: Archiv für Sozialgeschichte (AfS) 24 (1984), S. 91–162.
[22] Jochen Oltmer, Migration und Politik in der Weimarer Republik, Göttingen 2005.
[23] Klaus J. Bade/Michael Bommes, Migration und politische Kultur im „Nicht-Einwanderungsland", in: Klaus J. Bade/Rainer Münz (Hrsg.), Migrationsreport 2000. Fakten – Analysen – Perspektiven, Frankfurt a.M. 2000, S. 163–204.
[24] Monika Mattes, „Gastarbeiterinnen" in der Bundesrepublik. Anwerbepolitik, Migration und Geschlecht in den 50er bis 70er Jahren, Frankfurt a.M. 2005.
[25] Ulrich Herbert, Geschichte der Ausländerpolitik in Deutschland. Saisonarbeiter, Zwangsarbeiter, Gastarbeiter, Flüchtlinge, München 2001; Motte/Ohliger/Oswald (Hrsg.), 50 Jahre Bundesrepublik – 50 Jahre Einwanderung; Ulrich Herbert/Karin Hunn, Gastarbeiter und Gastarbeiterpolitik in der

Schwerpunkte aber bilden die betriebliche und berufliche Integration bzw. die Eingliederung in den Arbeitsmarkt, nicht selten verbunden mit Fragen der wohnräumlichen Integration.[26]

Zu einzelnen Zuwanderergruppen liegen inzwischen Gesamtüberblicke vor, die sowohl Aspekte der bundesdeutschen Zuwanderungspolitik, Wege nach Westdeutschland als auch Muster der wohnräumlichen, beruflichen, betrieblichen und kulturellen Integration untersuchen. Das gilt vornehmlich für die Zuwanderungs- und Integrationsgeschichte von Italienern[27] und von Türken.[28] Demgegenüber finden sich Untersuchungen über andere, quantitativ durchaus gewichtige Gruppen mit ganz eigenen Migrationstraditionen sowie Problemen und Perspektiven der Integration wesentlich seltener. Das gilt zum Beispiel sowohl für die spanische als auch für die portugiesische, griechische, jugoslawische oder für die wesentlich geringere marokkanische und tunesische Zuwanderung. Auch die Wechselwirkungen der Arbeitswanderungen mit anderen Migrationsformen können als weithin unerforscht gelten – für die Bundesrepublik Deutschland muss dabei beispielsweise auf die Bezüge zu der seit den 1960er Jahren zunehmenden Asylzuwanderung[29] oder der Bewegung der Aussiedler[30] hingewiesen werden. Erst jüngst ist der Blick auf die illegale Zuwanderung[31] und Aspekte des Wechselverhältnisses von Zuwanderungs- und Mediengeschichte[32] geschärft worden. Das gilt im Ansatz auch für zentrale Themen der Zuwanderungsgeschichte der Bundesrepublik wie die Hintergründe des Anwerbestopps 1973[33], kommunale[34] und betriebliche Strategien zum Umgang mit der Zuwanderung, die Rolle

---

Bundesrepublik. Vom Beginn der offiziellen Anwerbung bis zum Anwerbestopp 1955–1973, in: Axel Schildt/Detlef Siegfried/Karl C. Lammers (Hrsg.), Dynamische Zeiten. Die 60er Jahre in den beiden deutschen Gesellschaften, Hamburg 2000, S. 273–310; Rita Chin, The Guest Worker Question in Postwar Germany, New York 2007; Heike Knortz, Diplomatische Tauschgeschäfte. „Gastarbeiter" in der westdeutschen Diplomatie und Beschäftigungspolitik 1953–1973, Köln 2008.

[26] Elia Morandi, Italiener in Hamburg. Migration, Arbeit und Alltagsleben vom Kaiserreich bis zur Gegenwart, Frankfurt a.M. 2004; Jan Motte, Gedrängte Freiwilligkeit. Arbeitsmigration, Betriebspolitik und Rückkehrförderung 1983/84, in: ders./Ohliger/Oswald (Hrsg.), 50 Jahre Bundesrepublik – 50 Jahre Einwanderung, S. 165–183; Anne von Oswald, Volkswagen, Wolfsburg und die italienischen „Gastarbeiter" 1962–1975. Die gegenseitige Verstärkung des Provisoriums, in: AfS 42 (2002), S. 55–79.

[27] Yvonne Rieker, „Ein Stück Heimat findet man ja immer". Die italienische Einwanderung in die Bundesrepublik, Essen 2003.

[28] Karin Hunn, „Nächstes Jahr kehren wir zurück …" Die Geschichte der türkischen „Gastarbeiter" in der Bundesrepublik, Göttingen 2005.

[29] Patrice G. Poutrus, Zuflucht im Nachkriegsdeutschland. Politik und Praxis der Flüchtlingsaufnahme in Bundesrepublik und DDR von den späten 1940er bis zu den 1970er Jahren, in: Ute Frevert/Jochen Oltmer (Hrsg.), Europäische Migrationsregime. Themenheft von „Geschichte und Gesellschaft", 35 (2009), S. 135–175.

[30] Klaus J. Bade/Jochen Oltmer, Einführung: Aussiedlerzuwanderung und Aussiedlerintegration. Historische Entwicklung und aktuelle Probleme, in: dies. (Hrsg.), Aussiedler: deutsche Einwanderer aus Osteuropa, Göttingen ²2003, S. 9–51.

[31] Serhat Karakayali, Gespenster der Migration. Zur Genealogie illegaler Einwanderung in der Bundesrepublik Deutschland, Bielefeld 2008; Carlos Sanz Díaz, „Illegale", „Halblegale", „Gastarbeiter". Die irreguläre Migration aus Spanien in die Bundesrepublik Deutschland im Kontext der deutsch-spanischen Beziehungen 1960–1973, Berlin 2010.

[32] Roberto Sala, Fremde Worte. Medien für „Gastarbeiter" in der Bundesrepublik im Spannungsfeld von Außen- und Sozialpolitik, Paderborn 2011.

[33] Marcel Berlinghoff, L'arrêt de la politique d'immigration de travail en France et en Allemagne et ses répercussions sur l'image des étrangers, in: Marianne Amar (Hrsg.), À chacun ses étrangers? France – Allemagne de 1871 à aujourd'hui, Arles 2009, S. 101–105.

[34] Angelika Eder (Hrsg.), „Wir sind auch da!" Über das Leben von und mit Migranten in europäischen Großstädten, Hamburg 2003; Beispiel: Franziska Dunkel/Gabriella Stramaglia-Faggion, Für 50 Mark einen Italiener. Zur Geschichte der Gastarbeiter in München, München 2000.

der Arbeitsmarktparteien[35] oder die Selbstorganisation der Migranten.[36] Herausstellen lässt sich, dass gegenwärtig zunehmend häufiger die Möglichkeiten des internationalen Vergleichs genutzt werden, um zentrale Merkmale der Wanderungsverhältnisse zu entschlüsseln. Ältere Studien, wie die Arbeit Karen Schönwälders zu Großbritannien und Deutschland, jene von Imke Sturm-Martin zu Frankreich und Großbritannien[37] oder die perspektivenreiche Untersuchung westeuropäischer Zuwanderergruppen von Leo Lucassen[38] haben sich als produktive Beispiele für eine Neuorientierung der Forschung erwiesen. Dem folgen auch diverse Beiträge des vorliegenden Sammelwerkes.

3. Autopsie von Migrationsregimen: Ziele dieses Sammelwerkes

Dem vorliegenden Sammelwerk geht es darum, anhand der Untersuchung des westdeutschen „Gastarbeiter"-Systems im Bezugsfeld europäischer Migrationsverhältnisse nach dem Zweiten Weltkrieg erstens zentrale Bedingungen, Formen und Folgen der Entstehung und des Wandels von Migrationsregimen zu verdeutlichen sowie zweitens die Funktionsweise und Mechanismen von Migrationsregimen einschließlich der Frage nach den Möglichkeiten und Grenzen der Durchsetzung gesellschaftlicher, politischer und administrativer Ziele zur Beeinflussung, Kontrolle oder Steuerung von Migration in den Blick zu nehmen. Drittens untersucht es exemplarisch Reaktionen, Reaktionsmuster sowie Reaktionsoptionen von Individuen und Gruppen auf gesellschaftliche, politische, rechtliche und administrative Einflussnahmen auf Migrationsprozesse, um damit einen Beitrag zum Verständnis des Handelns von individuellen und kollektiven Akteuren in Migrationsregimen zu bieten.

Die Entwicklung von Migrationsregimen lässt sich in zwei elementaren, eng miteinander verflochtenen Feldern beobachten: 1. Mobilitätsregime, die auf die Rahmung des Zugangs zu einem Territorium bzw. der Abwanderung aus einem Staatsgebiet verweisen; 2. Präsenzregime, die die Normen und Praktiken der Einbeziehung bzw. des Ausschlusses von Zuwanderern in den gesellschaftlichen Funktionsbereichen Politik, Recht, Wirtschaft oder Erziehung umfassen.

Migrationsregime beeinflussen die Entstehung, Umsetzung und Gestaltung von Migrationsoptionen, sie kontrollieren, fördern, steuern oder begrenzen das Handeln von (potentiellen) Migranten. Sie beschränken oder erweitern mithin die Spielräume von Individuen oder Kollektiven, durch Bewegungen zwischen geographischen und sozialen Räumen Arbeits-, Erwerbs- oder Siedlungsmöglichkeiten, Bildungs- oder Ausbildungschancen zu verbessern bzw. sich neue Chancen zu erschließen. Elemente von Migrationsregimen sind für die Rahmung und Gestaltung von Migrationsprozessen relevante Wertorientierungen und Traditionen, weltanschauliche und politische Prinzipien, obrigkeitlich bzw. staatlich

---

[35] Oliver Trede, Zwischen Misstrauen, Regulierung und Integration. Gewerkschaften und Migration in der Bundesrepublik Deutschland und in Großbritannien von den 1950er bis in die 1970er Jahre, Diss. Köln 2009.
[36] Manuela Bojadžijev, Die windige Internationale. Rassismus und Kämpfe der Migration, Münster 2008; Hedwig Richter/Ralf Richter, Der Opfer-Plot. Probleme und neue Felder der deutschen Arbeitsmigrationsforschung, in: VfZ 57 (2009), S.61–97.
[37] Imke Sturm-Martin, Zuwanderungspolitik in Großbritannien und Frankreich. Ein historischer Vergleich 1945–1962, Frankfurt a.M. 2001; siehe auch dies., Annäherung in der Diversität. Europäische Gesellschaften und neue Zuwanderung seit dem Zweiten Weltkrieg, in: AfS 49 (2009), S.215–230.
[38] Leo Lucassen, The Immigrant Threat. The Integration of Old and New Migrants in Western Europe since 1850, Urbana 2005; siehe auch ders./David Feldman/Jochen Oltmer (Hrsg.), Paths of Integration. Migrants in Western Europe (1880–2004), Amsterdam 2006.

gesetzte Regeln, institutionelle Gefüge sowie administrative Entscheidungsprozeduren und Handlungsmuster.[39]

Migrationsregime unterliegen einem steten Wandel. Gesellschaftliche, politische, rechtliche und administrative Dispositionen und die daraus resultierende Einflussnahme auf die Genese der Migrationsverhältnisse verändern sich gegenüber den ständig variierenden migratorischen Herausforderungen. Migrationsbewegungen reagieren auf restriktive Interventionen (zum Beispiel Ab- oder Zuwanderungsbeschränkungen), auf staatliche Zwangsmaßnahmen (zum Beispiel Ausweisung, Vertreibung, Flucht, Rekrutierung zur Zwangsarbeit) oder umgekehrt auf attrahierende Maßnahmen (zum Beispiel Zuwanderungspolitik zur Gewerbeförderung, Ansiedlungspolitik, Anwerbung von Spezialisten oder hochqualifizierten Arbeitskräften) bzw. weichen aus oder entziehen sich dem mit der Folge illegaler Zuwanderung bzw. aufenthaltsrechtlicher Illegalität. Das wiederum kann zu Handlungsdruck führen mit der möglichen Folge von Interventionen in die selbst hervorgerufenen Migrationsverhältnisse. Interventionen erzeugen wiederum – zum Teil auf ganz anderen Ebenen lagernde – inner- und zwischenstaatliche Konflikte, die ihrerseits auf die entsprechenden Handlungsspielräume zur Einflussnahme auf die Migrationsverhältnisse rückwirken. Die Entwicklung der Migrationsverhältnisse und das Handeln von Individuen und Gruppen im Migrationsprozess stehen mithin in einem stetig sich wandelnden Wechselverhältnis zu der Genese des Migrationsregimes.

4. Die Beiträge dieses Bandes

Der erste Teil des Bandes gilt der Autopsie von Aufnahmeregimen nach dem Zweiten Weltkrieg. *Jan Philipp Sternberg* blickt in die „letzte Phase des industriellen nordatlantischen Migrationssystems"[40], in dessen Rahmen mehr als 600 000 Deutsche in den späten 1940er und in den 1950er Jahren nach Übersee abwanderten. Der Aufsatz diskutiert die Ansätze zur politischen Bewältigung des ausgesprochen raschen Wandels Westdeutschlands vom Abwanderungs- zum Zuwanderungsland: Nach dem Ende des Zweiten Weltkriegs verhandelten die Besatzungsmächte und seit 1949 die Bundesregierung über Wanderungsabkommen mit potentiellen Aufnahmeländern deutscher Zuwanderer. Mit dem enormen Anstieg der Nachfrage nach Arbeitskräften in der Hochkonjunktur der frühen 1950er Jahre wurde in der bundesdeutschen Diskussion die Forderung immer lauter, jedwede Förderung der Abwanderung aus Westdeutschland zu unterbinden und zugleich die Anwerbung von Arbeitskräften im Ausland vorzubereiten. Damit ergab sich in der frühen Bundesrepublik eine „Doppelrolle" der Migrationspolitik.

Der Analyse der Etablierung neuer migratorischer und migrationspolitischer Muster in der unmittelbaren Nachkriegszeit des Zweiten Weltkriegs in Westeuropa gilt der Beitrag von *Frank Caestecker* und *Eric Vanhaute*. Die Untersuchung der Formen und Konsequenzen der Anwerbung von Displaced Persons in den Besatzungszonen Deutschlands sowie von italienischen Arbeitskräften in den späten 1940er Jahren lässt dabei deutlich werden, auf welche Weise und mit welchen Zielen es in der Konkurrenz der westeuropäischen Anwerbeländer zu einer Re-Etablierung des auf bilaterale Wanderungsabkommen basierenden Arbeitsmigrationssystems der Zwischenkriegszeit kam. Der Beitrag von *Christoph Rass*

---

[39] Jochen Oltmer, Einführung: Europäische Migrationsverhältnisse und Migrationsregime in der Neuzeit, in: Frevert/Oltmer (Hrsg.), Europäische Migrationsregime, S. 5–27.
[40] Alexander Freund, Die letzte Phase des industriellen nordatlantischen Migrationssystems: das Beispiel der deutsch-kanadischen Arbeitswanderung in den 1950er Jahren, in: German Canadian Yearbook 27 (2002), S. 1–36.

nimmt in der Folge das von den späten 1940er Jahren bis in die frühen 1970er Jahre immer mehr Teile West-, Mittel-, Nord- und Südeuropas überspannende Wanderungsvertragssystem in den Blick und klärt dessen Bedingungen, Formen und Folgen am Beispiel der Geschichte der Einbeziehung der Abwanderungsländer Griechenland und Spanien.

Die fünf folgenden Beiträge des vorliegenden Bandes thematisieren Konsequenzen des Abschlusses von Anwerbeverträgen der Bundesrepublik Deutschland mit Italien, Spanien bzw. Jugoslawien in den 1950er und 1960er Jahren und diskutieren Aspekte der Anwerbepraxis. *Roberto Sala* geht es um die Einbettung des deutsch-italienischen Anwerbevertrags mit Italien 1955 in die Geschichte der deutsch-italienischen Migrationsbeziehungen im 20. Jahrhundert. *Grazia Prontera* gibt Einblicke in Aufgaben und Tätigkeiten des Emigrationszentrums in Verona, über das ein Großteil der Anwerbungen italienischer Arbeitskräfte für die Bundesrepublik abgewickelt wurde und dessen Geschichte die Veränderung von Anwerbe- und Arbeitsmarktpolitik, aber auch der Perzeptionen des „Gastarbeiter"-Systems widerspiegelt.

Im Mittelpunkt des Beitrags von *Axel Kreienbrink* steht ebenfalls eine Institution, die ein Beispiel für die Übernahme staatlicher Verantwortung für die grenzüberschreitende Arbeitsmigration bildet: Der Beitrag zeichnet die konfliktreiche Geschichte des Instituto Español de Emigración nach, das einen wichtigen Akteur im Kompetenzstreit um die Kontrolle und Begleitung der spanischen Arbeitsmigration bildete. Seine Genese verweist auf ein zentrales Dilemma der Formulierung von Abwanderungspolitik – das arbeitsmarkt- und sicherheitspolitische Streben nach Überwachung und Lenkung der Arbeitsmigration stand im Widerspruch zum sozialpolitischen Interesse an fürsorgerischer Begleitung der Abwanderer und dem außenpolitischen Interesse an einer Erfüllung der Anforderungen der Anwerbestaaten.

Ein weiteres migrationspolitisches Dilemma beleuchtet der Beitrag von *Carlos Sanz Díaz* zu den irregulären Abwanderungen aus Spanien und den Bewegungen spanischer Arbeitskräfte jenseits der bilateral mit verschiedenen Anwerbestaaten (insbesondere Frankreich und die Bundesrepublik Deutschland) abgestimmten Anwerbeprozeduren: Die „illegale" Migration galt nicht nur den Herkunftsländern als unerwünscht, weil sie deren Lenkungskompetenzen beschränkte, sondern auch den Zielländern, deren Sicherheits- und Kontrollbedürfnissen sie widersprach. Zugleich aber half sie Unternehmen im Zielland, Kosten für die Anwerbeprozedur zu vermeiden, und trug dazu bei, Arbeitskräfte rekrutieren zu können, deren Abwanderung die Herkunftsländer zu vermeiden suchten (qualifizierte Arbeitskräfte, Frauen).

Das von *Karolina Novinšćak* diskutierte Beispiel der Zuwanderung jugoslawischer Arbeitskräfte in die Bundesrepublik Deutschland zeigt mancherlei Übereinstimmungen in den Mustern des Konflikts und der Kooperation zwischen Herkunfts- und Zielländern der Arbeitsmigration, wie sie auch die deutsch-italienischen und die deutsch-spanischen Migrationsbeziehungen kennzeichneten. Dennoch stellen sie einen Sonderfall dar, weil hier die Ost-West-Teilung Europas im Kontext des Kalten Kriegs durch grenzüberschreitende Arbeitsmigration überwunden wurde. Daraus ergaben sich wanderungspolitische Spezifika, wozu auch die Tatsache zählt, dass der deutsch-jugoslawische Wanderungsvertrag erst spät geschlossen werden konnte, weil die Bundesrepublik Deutschland und die Republik Jugoslawien längere Zeit keine diplomatischen Beziehungen unterhielten.

Den ersten Teil des Bandes schließt der Beitrag von *Marcel Berlinghoff* zu den Hintergründen der Anwerbestoppmaßnahmen in verschiedenen europäischen Staaten zu Beginn der 1970er Jahre ab. Im Zentrum des Aufsatzes steht die Untersuchung der veröffentlichten und politischen Perzeption von Arbeitsmigration in Europa und der Genese von politischen Maßnahmen in Reaktion auf eine seit Ende der 1960er Jahre bestehende Situation, in der administrative Handlungsträger, politisch Verantwortliche und die Öffentlichkeit erkannten, dass die Vorstellung, der Aufenthalt ausländischer Arbeitsmigranten bleibe begrenzt und lasse sich begrenzen, eine Illusion geworden war.

Den Wahrnehmungen und den Folgen der Arbeitsmigration in den Ziel- und Herkunftsräumen vor und nach den Anwerbestoppmaßnahmen gilt der zweite Teil des Bandes. Im Vordergrund steht mithin die Autopsie von Präsenzregimen. *Olga Sparschuh* vergleicht die Zuwanderung von Süditalienern nach Turin und nach München in den 1950er bis 1970er Jahren und blickt damit auf das Gewicht des Grenzübertritts für die Muster der Migration und für die Erfahrung von Aufnahme und Integration von Zuwanderern.

Den Einfluss zweier gesellschaftlicher Akteure auf Formen der Migration sowie auf Bedingungen und Muster der Integration von Zuwanderern thematisieren die beiden folgenden Aufsätze: *Oliver Trede* diskutiert die Entwicklung zuwanderungs- und integrationspolitischer Konzepte in den deutschen Gewerkschaften der 1950er bis 1970er Jahre und fragt danach, warum die Arbeitnehmerorganisationen trotz ihrer internationalistischen Ausrichtung lange der Etablierung einer Zuwanderungspolitik mindestens skeptisch, zum Teil aber auch ausgesprochen ablehnend gegenüberstanden. Darüber hinaus unternimmt er es, zu erklären, woraus die erheblichen Schwierigkeiten resultierten, die Arbeitsmigranten gewerkschaftlich zu organisieren. *Dietrich Thränhardt* und *Jenni Winterhagen* blicken auf die Rolle und die Aktivitäten der katholischen Kirche im Kontext der Zuwanderung in die Bundesrepublik Deutschland. Sie fragen nach den Folgen der bereits in den 1960er Jahren intensivierten Rekrutierung von Priestern im Ausland durch deutsche Diözesen, die das Ziel verfolgten, Seelsorge in der jeweiligen Sprache der Migranten anbieten zu können. Das führte zur Etablierung von katholischen Migrantengemeinden, die für die Integration der Zuwanderer in kirchliche und gesellschaftliche Strukturen weitreichende Folgen hatten. Der Beitrag nimmt eine vergleichende Perspektive ein, indem er die erheblichen Unterschiede in den Formen und Folgen der Errichtung von italienischen, spanischen und kroatischen Kirchengemeinden herausarbeitet.

Aus einer ethnographischen Perspektive blickt *Anna Caroline Cöster* auf die rund fünf Jahrzehnte umfassende Geschichte der Zuwanderung in den Duisburger Stadtteil Marxloh. Sie verdeutlicht die lokalen gesellschaftlichen, wirtschaftlichen und kulturellen Veränderungen durch die Zuwanderung und untersucht die Wahrnehmung der Integrationssituation in einem Stadtteil, der in der Diskussion um die Entwicklung vorgeblicher „Parallelgesellschaften" in der Bundesrepublik Deutschland als Beispiel für Probleme der Integration im kommunalen Raum verstanden worden ist.

Bettina Severin-Barboutie verfolgt eine vergleichende Perspektive und nimmt die sozialstrukturellen, sozialen und kommunalpolitischen Folgen der massiven Zuwanderungen nach dem Zweiten Weltkrieg am Beispiel Lyons und Stuttgarts in den Blick, deren jeweilige Einwanderungsgeschichte nicht nur insofern voneinander getrennt ist, als unterschiedliche Gruppen aufgenommen worden sind, sondern auch sehr verschiedene Problemperzeptionen und kommunale Strategien in der Integrationssituation ausgemacht werden können. Eine weitere vergleichende Perspektive auf zwei Städte bietet der abschließende Aufsatz des Bandes, den *Sarah Hackett* verfasst hat. Sie setzt sich mit Aspekten der Integration von türkischen Zuwanderern in Bremen und südasiatischen Zuwanderern in Newcastle-upon-Tyne auseinander. Im Vordergrund steht die Frage, welche Folgen sich aus der von verschiedenen Akteuren der Aufnahmegesellschaft und einem Großteil der Arbeitsmigranten vorgestellten Begrenzung des Aufenthalts in der Bundesrepublik Deutschland auf wenige Jahre ergaben. Der Aufsatz konzentriert sich dabei auf die Integration in Bremen in den Feldern Arbeit, Wohnung und Bildung. Ob und inwieweit die Perzeption der Zuwanderung als befristetes Ereignis Folgen für die Entwicklung in diesen Bereichen hatte, ermittelt die Autorin durch den Vergleich der Bremer Konstellation mit der je entsprechenden

Entwicklung in Newcastle; denn hier wurde nie angezweifelt, dass der Aufenthalt der südasiatischen Einwanderer dauerhaft sein könnte. Mit diesem vergleichenden Blick auf die langfristigen Folgen migrationspolitischer Entscheidungen ergibt sich ein weiteres Beispiel für eine tragfähige Perspektive der Untersuchung von Migrationsregimen.

Teil I:

**Westdeutsche Anwerbepolitik
und europäische Rahmenbedingungen**

Jan Philipp Sternberg
Auswanderungsland, Zuwanderungsland
Die Doppelrolle der Migrationspolitik in der frühen Bundesrepublik

Zur Vor- und Parallelgeschichte der bundesdeutschen Arbeitskräfteanwerbung der 1950er bis 1970er Jahre gehört die Auswanderung aus der frühen Bundesrepublik. Diese andere Seite der Medaille Migration ist bislang weit weniger ausführlich untersucht worden als die Zuwanderung.[1] Im Folgenden soll die Wahrnehmung der migratorischen Realität in der Nachkriegszeit in den Mittelpunkt gerückt, nach Denkmustern im politischen wie medialen Umgang mit Auswanderung gesucht und nach dem Einfluss dieser Denkmuster auf die Vorstellungen der Bundesregierung in diesem Politikfeld gefragt werden.[2] Gesucht werden soll zudem nach Zusammenhängen zwischen der politischen Wahrnehmung dieser Migrationsbewegung und der Politik der Arbeitskräfteanwerbung. Denn auch wenn die Hochphase der Zuwanderung aus den Mittelmeerländern erst unmittelbar nach dem hier untersuchten Zeitraum von 1949 bis 1961 beginnt, besteht bei der politischen Beschäftigung und Planung eine zeitliche und institutionelle Parallelität beider Felder.

Die bundesdeutsche Migrationspolitik spielte in diesem Zeitraum eine Doppelrolle. In internationalen Verhandlungen über Wanderungsabkommen und in den Wanderungsorganisationen trat die junge Republik teils als Auswanderungsland, teils als Zielland auf. Im Folgenden soll gezeigt werden, zu welchen Konflikten innerhalb der Bundesregierung diese Doppelrolle führte.

Das Jahr 1961 markiert in vierfacher Hinsicht einen Wendepunkt in der Migrationsgeschichte der Bundesrepublik. Der Bau der Berliner Mauer ab dem 13. August durch die DDR brachte die innerdeutsche Wanderung zum Erliegen. Seit Gründung der DDR 1949 bis zum Mauerbau waren 3,6 Millionen Menschen von dort in den Westen gegangen.[3] In der Bundesrepublik herrschten 1961 Vollbeschäftigung und Arbeitskräftemangel; in diesem Jahr fiel die Zahl der registrierten Arbeitslosen auch im Jahresdurchschnitt erstmals unter ein Prozent. Parallel dazu sank die Anzahl der Abwanderer aus der Bundesrepublik auf einen historischen Tiefstand von unter 30 000.[4] Die Politik der Arbeitskräfteanwerbung erfuhr ihre endgültige Etablierung durch das Abkommen mit der Türkei, das am 31. Oktober 1961 in Kraft trat. Es war, nach Vereinbarungen mit Italien, Griechenland und Spanien, das vierte Abkommen dieser Art.

Der Wendepunkt des Jahres 1961 aber hat eine migrationspolitische Vorgeschichte, die bis in die frühen 1950er Jahre zurückreicht. Die Formulierung einer bundesdeutschen Anwerbe- und Zuwanderungspolitik verschränkt sich hier mit einem Politikfeld, das in

---

[1] Neben der Pionierstudie von Johannes-Dieter Steinert, Migration und Politik. Westdeutschland – Europa – Übersee 1945–1961, Osnabrück 1995 ist für dieses Thema zentral: Alexander Freund, Aufbrüche nach dem Zusammenbruch. Die deutsche Nordamerika-Auswanderung nach dem Zweiten Weltkrieg, Göttingen 2004. Zu einzelnen Zielländern: Karin Nerger-Focke, Die deutsche Amerikaauswanderung nach 1945. Rahmenbedingungen und Verlaufsformen, Stuttgart 1995 und Bettina Biedermann, Eine bezahlte Passage. Die Auswanderung von Deutschen nach Australien in den 1950er Jahren, Marburg 2006.
[2] Vgl. Jan Philipp Sternberg, Auswanderungsland Bundesrepublik. Denkmuster und Debatten in Politik und Medien 1945–2010, Paderborn 2012.
[3] Vgl. Steinert, Migration, S. 128; Siegfried Bethlehem, Heimatvertreibung, DDR-Flucht, Gastarbeiterzuwanderung. Wanderungsströme und Wanderungspolitik in der Bundesrepublik Deutschland, Stuttgart 1982, S. 26.
[4] Vgl. Statistisches Bundesamt Wiesbaden (Hrsg.), Wirtschaft und Statistik (1963), S. 191*. Zusammenstellung bei Freund, Aufbrüche, S. 440.

den Jahren nach dem Zweiten Weltkrieg eine für deutsche Verhältnisse ungewöhnlich große Rolle spielte: der Auswanderungspolitik. In den ersten zehn Jahren nach ihrer Gründung 1949 war die Bundesrepublik sowohl Auswanderungsland als auch Zuwanderungsland. Die Abwanderung allein ins außereuropäische Ausland war beträchtlich – 779 700 Deutsche verließen zwischen 1949 und 1961 die Bundesrepublik. Die Hauptzielländer waren Kanada, die USA und Australien.[5] Gegenüber den millionenfachen Zuwanderungen der Ost-West-Migration aus der DDR in die Bundesrepublik, der Spätaussiedler und Ostblock-Flüchtlinge und schließlich der Arbeitskräfteanwerbung aus Süd- und Südosteuropa nehmen sich die Abwandererzahlen allerdings eher gering aus. Mit bis zu 90 400 Abwanderern jährlich (1952) sind sie dennoch die höchsten im 20. Jahrhundert, übertroffen nur von der Abwanderung im Krisenjahr 1923, als 115 000 Menschen aus Deutschland abwanderten.

Auch in anderen west- und nordeuropäischen Ländern (Niederlande, Skandinavien, Großbritannien) gab es in den 1950er Jahren beträchtliche Auswanderungen. Alexander Freund betrachtet die Zeit als „letzte Phase des industriellen nordatlantischen Migrationssystems"[6], das durch den wirtschaftlichen Aufschwung in Nordwesteuropa Ende der 1950er Jahre zum Erliegen kam. Zugleich veränderte die beginnende europäische Integration die Wanderungen innerhalb des Kontinents, die Grundsteine für die Freizügigkeit und den europäischen Arbeitsmarkt wurden gelegt.

1. Rahmenbedingungen bundesdeutscher Wanderungspolitik in der Nachkriegszeit

Die interkontinentale Wanderung seit Kriegsende war geprägt von besonders starker staatlicher Einflussnahme. Dazu gehörten eine Reihe bilateraler Abkommen, multilaterale Wanderungsorganisationen der Vereinten Nationen (UN) sowie das auf Betreiben der USA 1952/53 außerhalb der UN konstituierte Intergovernmental Committee for European Migration (ICEM), die heutige International Organization for Migration (IOM). Seinen Ursprung hat dieses Wanderungssystem in der Flüchtlingsverwaltung der unmittelbaren Nachkriegszeit. Die Displaced Persons (DPs), also ehemalige Zwangsarbeitskräfte, Kriegsgefangene und Holocaust-Überlebende aus ganz Europa, wurden in Deutschland von UN-Organisationen betreut. Zunächst trug diese den Namen UNRRA (United Nations Relief and Rehabilitation Administration), ab 1946 IRO (International Refugee Organization). Der Schwerpunkt der IRO wandelte sich unter den Vorzeichen des Kalten Kriegs von der Repatriierung in die meist osteuropäischen Heimatländer der DPs zur Weiterwanderung nach Übersee. Hierfür unterhielt die IRO eigene Lager und charterte Schiffe, meist umgebaute US-Truppentransporter.[7] Um ihren Arbeitskräftebedarf zu decken, der mit dem „Koreaboom" ab 1950 noch einmal stark anstieg, subventionierten zudem die überseeischen Haupteinwanderungsländer USA, Kanada und Australien Passagen für Europäer. Auch die Bundesregierung verpflichtete sich schließlich durch den Beitritt zum ICEM, staatliche Zuschüsse für die Überfahrt zu zahlen. Für die meisten Deutschen war eine subventionierte

---

[5] In die USA gingen 384 700 Deutsche, nach Kanada 234 300, nach Australien 80 500; vgl. ebenda.
[6] Vgl. Alexander Freund, Die letzte Phase des industriellen nordatlantischen Migrationssystems: Das Beispiel der deutsch-kanadischen Arbeitswanderung in den 1950er Jahren, in: German Canadian Yearbook 17 (2002), S. 1–36, hier S. 1.
[7] Vgl. Wolfgang Jacobmeyer, Ortlos am Ende des Grauens: „Displaced Persons" in der Nachkriegszeit, in: Klaus J. Bade (Hrsg.), Deutsche im Ausland – Fremde in Deutschland. Migration in Geschichte und Gegenwart, München ³1993, S. 367–374 und ders., Vom Zwangsarbeiter zum heimatlosen Ausländer: die displaced persons in Westdeutschland 1945–1951, Göttingen 1985.

Passage damals die einzige Möglichkeit, nach Übersee zu gelangen, da die D-Mark noch nicht uneingeschränkt konvertierbar war.

Im interkontinentalen Migrationssystem der Nachkriegszeit hatten die Einwanderungsländer generell die bessere Verhandlungsposition. Wenn sie durch bestehende Wanderungsbeziehungen und eigene Wanderungsprogramme ausreichend Migranten anwerben konnten, waren bilaterale Abkommen über die Steuerung der Auswanderung, wie die Bundesrepublik sie wünschte, nicht zu erreichen. Die USA und Kanada beispielsweise hatten kein Interesse, ihre Anwerbungen von bilateralen Vereinbarungen begrenzen zu lassen.[8] Australien hingegen musste den Bekanntheitsvorsprung der traditionellen Zielländer deutscher Auswanderer aus dem 19. und frühen 20. Jahrhundert aufholen. Auf das Haupteinwanderungsland USA, das in dieser Epoche zeitweise 90 Prozent der deutschen Auswanderer aufnahm, folgten damals mit weitem Abstand Kanada, Brasilien und Argentinien, erst dann kam Australien.[9] Daher war Australien das einzige Land, mit dem die Bundesrepublik ein Wanderungsabkommen als Auswanderungsland abschließen und sich so eine Kontrolle über die Wanderung dorthin sichern konnte.[10]

2. Traditionslinien deutscher Auswanderungspolitik

Auswanderungspolitik entwickelte sich in Deutschland, im Gegensatz zu anderen europäischen Ländern wie Italien oder den Niederlanden, nie zu einem zentralen Politikfeld, mit dem in großem Stil sozial- oder arbeitsmarktpolitische Ziele erreicht werden sollten. Eine finanzielle Förderung der Auswanderung aus Staats- und Gemeindegeldern gab es im 19. Jahrhundert zwar in einzelnen deutschen Staaten, unter anderem in Baden in den 1840er Jahren.[11] Nach der Reichsgründung 1871 wurde demgegenüber eine politische Beschäftigung mit Auswanderung verhindert; besonders nach dem Wiederanstieg der überseeischen Auswanderung in den 1880er Jahren befürchteten Reichskanzler Bismarck und agrarisch-konservative Kreise aus dem von „Leutenot" geprägten Nordosten, durch das Reden über Auswanderung diese erst recht zu befördern und so eine unerwünschte „Massenflucht" hervorzurufen.[12]

Solche Befürchtungen ziehen sich – wie andere Traditionen der eher unwilligen deutschen amtlichen und publizistischen Beschäftigung mit Auswanderung – bis in die Bundesrepublik hinein. In den 1950er Jahren ging es deutschen Politikern und Ministerialen unter anderem darum, das Thema möglichst aus den Medien herauszuhalten und einmal eingegangene internationale Verpflichtungen in der Migrationspolitik mit möglichst geringer öffentlicher Wirkung zu erfüllen. Denn die Bundesrepublik war in einer Zwickmühle: Einwanderungsländer wie die USA sahen die Unterstützung der Auswanderung aus Deutschland als Teillösung des Flüchtlingsproblems. Wenn die Bundesregierung diesen Weg komplett abgelehnt hätte, wäre auch keine politische und finanzielle Unterstützung bei der Integration der Flüchtlinge und Vertriebenen zu erhalten gewesen.[13] Andererseits warn-

---

[8] Vgl. Steinert, Migration, S. 144.
[9] Vgl. Klaus J. Bade/Jochen Oltmer, Deutschland, in: dies./Pieter C. Emmer/Leo Lucassen (Hrsg.), Enzyklopädie Migration in Europa. Vom 17. Jahrhundert bis zur Gegenwart, Paderborn ³2010, S. 141–170, hier S. 147.
[10] Vgl. Steinert, Migration, S. 144.
[11] Vgl. Wilhelm Mönckmeier, Die deutsche überseeische Auswanderung, Jena 1912, S. 231.
[12] Vgl. Klaus J. Bade, „Amt der verlorenen Worte": das Reichswanderungsamt 1918–1924, in: Zeitschrift für Kulturaustausch 39 (1989), S. 312–325, hier S. 313.
[13] Vgl. Herma Karg, Die Einwanderung der Heimatvertriebenen als Problem der amerikanischen Innenpolitik 1945 bis 1952, Diss. Konstanz 1979.

ten Demographen, Wirtschaftswissenschaftler und Politiker schon in der unmittelbaren Nachkriegszeit vor einem Mangel an Facharbeitskräften, der den deutschen Wiederaufbau gefährden könne.

Die Bundesrepublik betrieb – ein Novum in der deutschen Geschichte nach 1871 – in den Nachkriegsjahren eine aktive Auswanderungspolitik. Zugleich erschien es allerdings auch den bundesrepublikanischen Politikern am sichersten, dieses Politikfeld möglichst klein zu halten, um so wenig Auswanderung wie möglich hervorzurufen. Migrationspolitik blieb – trotz einer Anzahl von Äußerungen und Planungen auch in der Reihe der Bundesminister der Adenauer-Kabinette – zum großen Teil eine Domäne von Spezialisten in der Ministerialbürokratie, in kirchlichen Hilfsorganisationen sowie in wissenschaftlichen und publizistischen Zirkeln. Fast alle von ihnen hatten in den 1950er Jahren bereits lange Erfahrung auf diesem Gebiet. Einige waren in der Weimarer Republik und im Nationalsozialismus in der „Reichsstelle für das Auswanderungswesen" tätig gewesen, andere in der NS-Volkstumsforschung und Bevölkerungspolitik, und auch die kirchlichen Akteure und Auswandererberater kamen 1945 nicht jungfräulich zu diesem Themenfeld.

Generell stand die politische Beschäftigung mit der Auswanderung in den verschiedenen Staatsformen seit 1848 mithin unter dem Primat der Furcht; der Furcht davor, durch eine offene staatliche Beschäftigung mit der Migrationsthematik eine als zu hoch empfundene, volkswirtschaftlich und bevölkerungspolitisch unerwünschte Auswanderung erst hervorzurufen. Befürchtet wurde, dass die „Falschen" das Land verließen (also je nach zeitgenössischem Schwerpunkt der Diskussion zum Beispiel die Kinderreichen, die Facharbeitskräfte, die Hochqualifizierten). Diese Dominanz der Furcht war beileibe nicht ausschließlich bei der Diskussion um Auswanderung anzutreffen. Wie aus der Einwanderungsgeschichte der Bundesrepublik ersichtlich, prägte sie ähnlich und mitunter weit stärker auch die Zuwanderungsseite des Migrationsdiskurses. Hier trat ebenso die Furcht vor den „Falschen" in den Vordergrund, in diesem Falle den „falschen" Einwanderern (den Niedrigqualifizierten, „Unintegrierbaren", aus kulturellen und religiösen Gründen Problematisierten). Als Folge dieser Furcht entstand ein Selbstverständnis von vor allem staatlichem Handeln, das einer Illusion von Steuer- und Verhinderbarkeit der Migration nachhing und diese Illusion über alle politischen Zäsuren hinweg verfolgte. Gesetzliche Regelungen wurden oft im Gang durch die Institutionen lange verschoben; in zwei Fällen, 1897 und 1975, wurde ein seit Jahrzehnten geplantes Auswanderungsgesetz erst dann verabschiedet, als die Abwanderung sich wieder auf historischen Tiefständen befand. Eine Analogie in dieser historischen Verspätung liegt im Zeitpunkt der Verabschiedung des ersten Zuwanderungsgesetzes der Bundesrepublik im Jahr 2004 mit Inkrafttreten zum 1. Januar 2005 – exakt zu dem Zeitpunkt, da sich die Einwanderung an einem Tiefpunkt befand und die Statistiker einen negativen Migrationssaldo registrierten.[14]

Auswanderungspolitik wurde in der deutschen Tradition größtenteils in der Negation betrieben, durch das Unterlassen staatlichen Handelns. Dennoch wurde in allen deutschen Regierungen und Öffentlichkeiten über Auswanderung geredet. Es wurden Debatten über ihren Schaden und Nutzen geführt, über ihre Steuerbarkeit, zu bevorzugende Zielländer sowie nationalitätenpolitische Hoffnungen und Befürchtungen. Auswanderung wurde als „Sicherheitsventil" und „Export der Sozialen Frage" begrüßt, als nationaler „Aderlass" und „Unglück für das Reich" abgelehnt, Abwanderer wurden in einer Mischung aus nationalkulturellem und kameralistischem Denken als kostenlos an fremde Mächte verschleuderter „Kulturdünger"[15] bezeichnet. Viele dieser Debatten kreisten um Illusionen – etwa

---

[14] Vgl. Bade/Oltmer, Deutschland, S. 169.
[15] Die „Formel vom Kulturdünger" (Ernst Ritter, Das Deutsche Ausland-Institut in Stuttgart 1917–1945. Ein Beispiel deutscher Volkstumsarbeit zwischen den Weltkriegen, Wiesbaden 1976, S. 7) geht

um die kaum realisierbare Hoffnung, einen Teil der überwiegend auf die USA gerichteten Auswanderung des 19. Jahrhunderts in die Kolonien des deutschen Kaiserreichs in Afrika zu lenken oder alternativ „informelle Kolonien" durch eine geschlossene Siedlung Deutschstämmiger in Südamerika entstehen zu lassen.

Durch die ideelle Kontinuität zwischen Kaiserreich und Weimarer Republik und eine personelle Kontinuität der Auswanderungsexperten der Weimarer Republik, des NS-Staats und der frühen Bundesrepublik hielten sich die traditionellen Auswanderungsdiskurse bis in die 1950er Jahre hinein, um erst dann unter den Gegebenheiten neuer Migrationssysteme auszulaufen. Institutionell und personell etwa stand das 1947 gegründete „Ständige Sekretariat für das Auswanderungswesen", nach Gründung der Bundesrepublik umbenannt in „Bundesamt für Auswanderung"[16], in der Tradition des „Reichsamts" bzw. der „Reichsstelle für das Auswanderungswesen" von 1918 bis 1944. Die Debatten um Auswanderung in der Nachkriegszeit des Zweiten Weltkriegs waren stark von diesen Traditionen geprägt und belastet. Der Migrant der zweiten Hälfte des 20. Jahrhunderts wurde mit einem Blick betrachtet, der sich im 19. Jahrhundert entwickelt hatte.

3. Wahrnehmung von Auswanderung in der Nachkriegszeit

Traditionell wurden Auswanderer in der Hochphase der überseeischen Massenauswanderung „mehr oder weniger [als] Abtrünnige" betrachtet, konstatierte die katholische Auswanderer-Beratungsorganisation St.-Raphaels-Verein 1960 rückblickend.[17] Dies blieb auch in der frühen Nachkriegszeit so. Deutsche Politiker betrachteten Auswanderung mehrheitlich mit Argwohn und als eine mögliche Schädigung des Wiederaufbaus. Doch die ökonomischen Argumente waren nicht die einzigen, eine moralische Komponente kam hinzu. Auch der Publizist Ernst Friedländer verstand beispielsweise die Rede von der „Schicksalsgemeinschaft" in seinem Aufruf „Bleibe im Lande!"[18] 1947 als moralischen Appell. Er schrieb: „Das heute gültige ‚Bleibe im Lande!' mit dem neuen Zusatz ‚und nähre dich schlecht und recht', oder auch ganz ohne Zusatz, hat nicht den Sinn eines Befehls oder der Feststellung einer unbedingten sittlichen Pflicht. Es ist nicht mehr als ein guter Rat, bei dem allerdings mehr Liebe beteiligt ist für den, der ihn befolgt, als für den, der ihn mißachtet."

Von einer deutschen „Schicksalsgemeinschaft", der sich der Einzelne nicht entziehen dürfe, sprachen auch Politiker wie Carlo Schmid (SPD) in den Verhandlungen des Parlamentarischen Rats 1948. „Soll man es da den Leuten ermöglichen, sich von der Mühsal, für die vergangenen 14 Jahre zahlen zu müssen, zu drücken, wenn sie die Möglichkeit dazu haben?", fragte er. Schmid ging es jedoch bei seiner Beschwörung dieser „Schicksalsgemeinschaft" mitnichten allein um die Furcht vor der Abwanderung von Vermögenden in zeitgenössische „Steuerparadiese". Sätze wie „Wir alle haben eine Schuldverpflichtung zu übernehmen, die auf uns allen liegt. Es widerstrebt meinem moralischen Empfinden, wenn Leute sich um diese Pflicht herumzudrücken versuchen"[19], zielen auf ein allgemeines

---

zurück auf eine Schrift des Frankfurter Arztes Wilhelm Stricker, Die Verbreitung des deutschen Volkes über die Erde. Ein Versuch, Leipzig 1845. Stricker beklagt die Assimilationsbereitschaft der Deutschen im Ausland. Stricker schreibt (S.IV) von „Wehmut, daß solche Kräfte zersplittert werden und für die Nation untergegangen sind, daß die Bevölkerung auswärtigen Staaten nur als Dünger dient, durch die fremde, oft üppige Saaten desto üppiger wachsen".

[16] Seit 1960 Teil des Bundesverwaltungsamts.
[17] Jahresbericht 1960, St.-Raphaels-Verein, Archiv des Raphaels-Werks, Hamburg.
[18] Ernst Friedländer, Bleibe im Lande!, in: Die Zeit, 21.8.1947.
[19] Eberhard Pikart/Wolfram Werner (Bearb.), Der Parlamentarische Rat 1948–1949, Akten und Protokolle, Bd.5/I, Boppard 1993, S.102.

Misstrauen gegenüber jenen, die das Leben im zerstörten Nachkriegsdeutschland gegen eine vermeintlich einfachere Existenz im Ausland eintauschen wollten.

Schmid referierte in seiner Rede die Argumente von einer Schädlichkeit der Auswanderung, wie sie auf Tagungen staatlicher und kirchlicher Auswanderungsexperten seit 1946 immer wieder vorgetragen wurden. Dazu gehörte vor allem die Befürchtung, dass die Zusammensetzung einer möglichen Abwanderung aus Deutschland nach Alter und Berufsgruppen ungünstig sein würde und damit für den Wiederaufbau von Nachteil. Denn durch die Toten des Zweiten Weltkriegs sei der Altersaufbau der Gesellschaft aus den Fugen geraten: „Namentlich die Altersklassen, die die arbeitsfähigen Arbeitskräfte [sic] umfassen, sind stark dezimiert worden. Das sind aber gerade jene Altersgruppen, aus denen heraus üblicherweise viele ausgewandert sind."[20] Die soziale Lage Westdeutschlands werde durch Auswanderung nicht verbessert „Die Passivposten nimmt uns niemand ab."[21] Solche Formulierungen waren keine Seltenheit. Rückblickend fasste Heinrich Maas, Bremer Senatskommissar für das Auswanderungswesen, die Befürchtungen der ersten Nachkriegsjahre in einem Vortrag 1954 so zusammen: „Wir bleiben auf dem ‚Sozialgepäck' hängen."[22]

4. Who should stay and who should go?
Arbeitsmarkt- und Bevölkerungspolitik in der frühen Bundesrepublik

In den Debatten über Auswanderungspolitik der ersten Nachkriegsjahre vermischen sich arbeitsmarkt- und bevölkerungspolitische Argumentationen, die oft in den aufgestellten Kategorien von „erwünschter" und „unerwünschter" Auswanderung nur schwer zu trennen sind. So sagte Bundesvertriebenenminister Theodor Oberländer (BHE) in einem Vortrag 1954: „Unser Volk muß heute einfach dahin arbeiten, daß es in seiner Altersstruktur einigermaßen gesund bleibt. Man kann nicht jedes Jahr 80 000 junge arbeitsfähige Menschen auswandern lassen."[23] Und zwei Jahre zuvor hatte Bundesinnenminister Robert Lehr (CDU) im Bundestag erklärt: „Jede Abwanderung wertvollen Volkstums, wertvoller deutscher Volksangehöriger [ist] höchst unerwünscht."

Ausgangspunkt solcher Debatten war stets die bereits dargestellte „abnorme" Bevölkerungsstruktur Nachkriegsdeutschlands durch die Kriegstoten und den Flüchtlingszustrom. Westdeutschland sei übervölkert, einem Mangel an jungen Männern stehe ein „Frauenüberschuss" der 20- bis 40-Jährigen gegenüber. Bundesrepublikanische Politiker wollten vorzugsweise Bauern und Landarbeitskräfte ziehen lassen und zogen die Familienauswanderung der Einzelwanderung vor. Die Einwanderungsländer hingegen suchten junge Arbeitskräfte ohne Anhang, am besten qualifizierte Facharbeitskräfte. Diese Wünsche wiederum kollidierten mit einer in bundesdeutschen politischen Kreisen weitverbreiteten Furcht vor einem Facharbeitermangel, die nicht erst unter den Vorzeichen des „Wirtschaftswunders", sondern bereits in der unmittelbaren Nachkriegszeit, bei hohen Arbeitslosenzahlen und einer erst mühevoll in Gang kommenden Wirtschaft, die Diskussion beherrschte.

Besonders deutlich drückte es bereits im September 1950 Bundeswirtschaftsminister Ludwig Erhard in einem Brief an seinen Ministerkollegen im Arbeitsressort, Anton Storch

---

[20] Ebenda.
[21] Ebenda, S. 104.
[22] Eigenbericht des Rotariers Maas über seinen Vortrag: Deutsche Auswanderung in der Nachkriegszeit, gehalten am 18.1.1954 vor dem Rotary-Club Bremen, Staatsarchiv Bremen, 4,35/4-803/00/01/1.
[23] Theodor Oberländer, Die Überwindung der deutschen Not, Darmstadt 1954, S. 29f. [Abdruck eines Vortrags vor der Volkswirtschaftlichen Gesellschaft Hamburg vom 12.3.1954].

(beide CDU), aus: „Wie ich hörte, haben sich bei den zahlreich vorhandenen Auswanderer-Beratungsstellen u. a. eine recht bedeutende Anzahl von Facharbeitern für die Auswanderung gemeldet. Eine derartige Entwicklung, die auch nur in einem begrenzten Umfang wertvollste deutsche Arbeitskräfte, zumal der jüngeren Jahrgänge, durch Auswanderung endgültig aus der deutschen Produktion abzieht, kann nur mit großer Sorge betrachtet werden, weil die Existenz unseres Volkes mehr denn je von der wirtschaftlichen, insbesondere der industriellen Leistungsfähigkeit abhängt."[24]

Erhard wollte die Arbeitsverwaltung nutzen, um einen möglichen Abfluss qualifizierter Arbeitskräfte kontrollieren und, wenn möglich, verhindern zu können. Die Arbeitsämter, so der Wirtschaftsminister, hätten „die Registrierung der auswanderungsbereiten Personen zu überprüfen, um rechtzeitig deren Berufszugehörigkeit und Verwendungsmöglichkeiten im Rahmen der Wirtschaft festzustellen". Sie sollten alles daran setzen, „auswanderungsbereite hochqualifizierte Arbeitskräfte bevorzugt in offene Stellen der einzelnen Industriesparten zu vermitteln".[25] Der Gedanke einer Steuerung und Kontrolle der Auswanderung nach volkswirtschaftlichen Kriterien verfing auch beim Arbeits- und bei anderen Ressorts und wurde die 1950er Jahre hindurch immer wieder diskutiert. „Wenn das Ausland sich nur bereitfinden würde, Fachkräfte und voll arbeitsfähige Personen aufzunehmen, die nicht mehr Erwerbsfähigen aber von der Auswanderung auszuschließen, dann müßten wir dagegen Einspruch erheben. Denn auf diese Weise würde das Mißverhältnis in der Bundesrepublik zwischen den produktiven Kräften und dem ‚sozialen Gepäck' der Rentenempfänger nur noch vergrößert. Wir brauchen gerade die Fachkräfte selbst, um auf dem Weltmarkt konkurrenzfähig zu werden".[26] So argumentierte Vertriebenenminister Hans Lukaschek (CDU) 1950 und war mit dieser Haltung mit den meisten seiner Kabinettskollegen auf einer Linie.

Den damit aufgeworfenen Interessenkonflikt entschieden aber meistens die Einwanderungsländer für sich. Weitere politische Komplikationen traten hinzu. Die Auswanderung war als Teillösung des Flüchtlingsproblems gedacht, doch die einflussreichen Vertriebenenverbände wehrten sich gegen die Propagierung von überseeischer Auswanderung, da sie der Forderung nach Rückkehr in die Gebiete östlich von Oder und Neiße den Boden entziehen würde. Sie protestierten mit dem Slogan „Nicht auswandern – rückwandern"[27] beziehungsweise „Wir wollen nicht auswandern, sondern heimwandern"[28] schnell und lautstark gegen ein „Weitergeschicktwerden" ins Ausland. Sie verwiesen darauf, dass ihr Verbleib in Westdeutschland als Wartestellung zu verstehen sei und damit der Forderung nach einer Rückgabe der Ostgebiete Nachdruck verliehen werden konnte, und fanden Gehör in der Politik.

Begrüßt wurde hingegen die Auswanderung „Volksdeutscher", also von Flüchtlingen und Vertriebenen aus den ehemals deutschen Siedlungsgebieten Ost- und Südosteuropas. Begründet wurde das mit einer vermeintlich mangelnden Integrationsfähigkeit. Die „Volksdeutschen" wurden in solchen Überlegungen aus der Nachkriegsgesellschaft exkludiert; pauschal wurde ihnen ein Interesse an Abwanderung unterstellt. Die Trennung in „er-

---

[24] Bundesminister für Wirtschaft an Bundesminister für Arbeit, 20.9.1950, Bundesarchiv Koblenz (BArch), B 149/1470.
[25] Ebenda.
[26] Hans Lukaschek, Auswandern oder nicht?, in: Wirtschaftsdienst 30 (1950), H.5, S.3.
[27] So die Parole des „Tags der Heimat" im Oktober 1949; vgl. Steinert, Migration, S.136; siehe auch Eugen Gerstenmaier, Wort an die Heimatlosen der Welt, 25.12.1949, Süddeutscher Rundfunk; sowie Rückwanderung statt Auswanderung, in: Die Welt, 27.12.1949.
[28] So Bundesverkehrsminister Hans-Christoph Seebohm (Deutsche Partei) am 8.10.1950, zitiert nach: Heimattage in Köln und Berlin, in: Die Welt, 9.10.1950.

wünschte" und „unerwünschte" Auswanderung beinhaltete auch eine bevölkerungspolitische Komponente. Sie zeigt sich in einem Ausdruck wie „Sozialgepäck" oder „soziales Gepäck", den zum Beispiel Vertriebenenminister Lukaschek und, wie bereits erwähnt, der Bremer Politiker Heinrich Maas verwendeten. Freund mutmaßt, „daß Maas und seine Kollegen", wenn sie durch die Abwanderung bestimmter Bevölkerungsteile einen „Abbau demographisch-ethnisch-beruflicher ‚Überschüsse'" erreichen wollten, „nicht lediglich um die Finanzen des Sozialstaates besorgt waren".[29] Um die These zu verschärfen: Ihnen ging es um eine Bereinigung der „abnormen" Situation der „Zusammenbruchsgesellschaft", einer Rückkehr zu einer „seßhaften" Gesellschaft, die durch Krieg, Evakuierung, Flucht und Vertreibung aufgelöst worden war[30], durch eine weitere selektive Migration: eine Bevölkerungsverschiebung vorzugsweise solcher Gruppen, die aus der Konkursmasse vorangegangener – nationalsozialistischer – Bevölkerungsverschiebungen stammten. Durch die Verschiffung der „Entwurzelten" nach Übersee wäre eine Integration „problematischer" Gruppen im verkleinerten Deutschland nicht mehr nötig, ein homogener idealisierter Vorkriegszustand wäre hergestellt.

Funktioniert hat weder die bevölkerungs- noch die arbeitsmarktpolitische Steuerung der Auswanderung. Zwar konnten durch die restriktiv umgesetzte finanzielle Förderung die Abwandererzahlen relativ niedrig gehalten werden (es gab die 1950er Jahre hindurch weit mehr Anfragen bei Beratungsstellen als realisierte Auswanderungspläne), doch wer ging, war überdurchschnittlich jung und gut ausgebildet.

5. Die 1950er Jahre als migrationspolitische Zeitenwende – Parallelen zwischen Auswanderungs- und Anwerbepolitik

Bereits in der unmittelbaren Nachkriegszeit hatten Vertreter der Länder erste Grundzüge einer Auswanderungspolitik formuliert. Noch war eine legale Ausreise aus den alliierten Besatzungszonen verboten, noch nahmen die Einwanderungsländer keine Deutschen auf. Die Fachleute und Politiker, die am 4. Dezember 1946 in Hamburg zusammensaßen, befürchteten jedoch eine massenhafte Flucht aus dem zerstörten Deutschland, die einen Mangel an arbeitsfähigen Fachleuten für den Wiederaufbau hervorrufen könnte. Sie wünschten daher größtmögliche Kontrolle und Restriktion bei künftigen Wanderungen. Über ein „generelles Auswanderungsverbot mit jeweiligen Ausnahmebestimmungen" wurde nachgedacht, dann aber eine „Genehmigungspflicht" favorisiert.[31] Die Teilnehmer der Hamburger Tagung waren sich einig, dass eine internationale Zusammenarbeit „bei Lenkung, Auswahl, Kontrolle und Auswertung" der Wanderungsbewegungen erreicht werden müsse, um „Substanzverlusten" entgegenzusteuern, die „wirtschaftlich und arbeitsmäßig kaum ersetzbar" wären.[32] Deutsche Auswanderungspolitiker hofften also, mit der Einführung von Kriterien wie „erwünschter" und „unerwünschter" Auswanderung Einfluss auf die künftige Zusammensetzung der westdeutschen Bevölkerung erlangen zu können. Hauptsächlich wurde dabei arbeitsmarkt- und sozialpolitisch argumentiert: „Das Verhältnis zwischen produzierenden Personen und den von ihnen unterhaltenen hat sich in Deutschland so ungünstig gestaltet, daß eine Abwanderung arbeitender Kräfte, die nicht

---

[29] Freund, Aufbrüche, S. 188.
[30] Vgl. Ulrich Herbert, Geschichte der Ausländerpolitik in Deutschland. Saisonarbeiter, Zwangsarbeiter, Gastarbeiter, Flüchtlinge, München 2001, S. 200.
[31] Tagung des Länderausschusses für das Auswanderungswesen in der britischen Zone, 4.12.1946 in Hamburg, Staatsarchiv Hamburg, 131-1 II, 533.
[32] Ebenda.

die entsprechende Zahl zu unterhaltender Personen mitnehmen, dies Verhältnis noch weiter verschlechtert. Daher kann eine Auswanderung nur tragbar werden, bei der ein voll arbeitsfähiger Auswanderer mindestens drei zu versorgende Personen mitnimmt."[33]

Nach der Gründung der Bundesrepublik wirkten die Zielvorstellungen der ersten Nachkriegsjahre weiter. Bundeskanzler Konrad Adenauer beantwortete eine Anfrage der südafrikanischen Regierung, die 1949 800 Bergleute für den Goldbergbau suchte, in einer Notiz an Bundesarbeitsminister Anton Storch mit der Maxime: „Wir müssen gerade die jungen arbeitsfähigen Leute im Lande behalten."[34] Eine grundsätzliche Ablehnung der Auswanderung aber konnte sich die Bundesregierung auch diplomatisch nicht leisten. So lavierten sich die Vertreter von insgesamt acht Ministerien, die sich am 14. Januar 1950 zu einer „Besprechung betreffend grundsätzliche Fragen einer Auswanderung" im Bonner Innenministerium trafen, zu einer „mittleren Lösung"[35], wie es Bundesinnenminister Gustav Heinemann (CDU) ausdrückte. Die Teilnehmer waren sich weitgehend einig. Eine Genehmigungspflicht sei rechtlich nicht möglich, eine Ablehnung der Auswanderung würde im Ausland nicht verstanden. Der Vertreter des Bundesarbeitsministeriums betonte, mit einer Massenemigration sei selbst bei starkem „Auswanderungsdrang" nicht zu rechnen, da die Aufnahmebereitschaft der Einwanderungsländer gering sei. Er kalkulierte allerdings mit Zahlen, die in den Folgejahren deutlich übertroffen werden sollten: Er rechnete mit jährlich 25 000 deutschen Arbeitsmigranten innerhalb Europas und einer Überseeauswanderung in gleicher Höhe. Vor 1933 seien im Jahresdurchschnitt 40 000 Menschen ausgewandert, insofern wären diese Zahlen „normal"; „grundsätzliche Bedenken gegen eine Auswanderung"[36] würde das Arbeitsministerium daher nicht erheben.

Mit dem steigenden Arbeitskräftebedarf im Zuge des wirtschaftlichen Aufschwungs während des Koreakriegs, des sogenannten Koreabooms, suchten ab 1950 besonders die Vereinigten Staaten, Kanada und Australien verstärkt Arbeitskräfte auf dem deutschen Markt. Das deutsche „restriktionistische Denken"[37] musste hier zwangsläufig teilweise aufgegeben werden, wollte man die Verbündeten der nur teilsouveränen Bundesrepublik nicht vor den Kopf stoßen.

Die Politik der „mittleren Lösung", so vage sie auch war, begann nur wenige Jahre nach Gründung der Bundesrepublik erste Risse aufzuweisen. Ein sich ab 1952 abzeichnender Arbeitskräftemangel in bestimmten Bereichen, die hohen Kosten für geförderte Auswanderung sowie ein schwelender Ressortstreit in der Bundesregierung führten zu einer Revision der Auswanderungspolitik.[38] Zunehmend brach sich dabei auch die Erkenntnis Bahn, dass es sich auch um ein Definitionsproblem handelte: Die Bundesrepublik hatte es nun immer weniger mit permanenter Auswanderung und immer mehr mit verschiedenen Formen meist temporärer grenzüberschreitender Migration zu tun. Ab 1952/53 traten vermehrt Konflikte zwischen den Auswanderungspolitikern im Bundesinnenministerium (BMI) und dem Amt für Auswanderung auf der einen Seite sowie dem Bundesarbeitsministerium (BMA) und der Bundesanstalt für Arbeit auf der anderen Seite auf. Die einen sahen Auswanderung vor allem als potenzielles Problem der inneren Sicherheit und machten Politik nach überkommenen Traditionslinien, die auf Lenkung und Dämpfung des Auswanderungsinteresses durch staatliche und kirchliche Beratungsstellen zielte, die anderen verstanden sich zunehmend als bevölkerungspolitische Sachwalter des „Wirtschaftswunders"

---

[33] Tätigkeitsbericht Ständiges Sekretariat für Auswanderungsfragen 1949, S. 13f.
[34] Adenauer an Storch, 21.12.1949, BArch, B 136/8840.
[35] Besprechung betreffend grundsätzliche Fragen einer Auswanderung, 14.1.1950, BArch, B 149/1470.
[36] Ebenda.
[37] Steinert, Migration, S. 134.
[38] Vgl. ebenda, S. 240.

und wollten in Vorbereitung eines europäischen Arbeitsmarkts mehr und mehr Kompetenzen an sich ziehen.

In diesem Konflikt zeigt sich die migratorische Umbruchzeit der 1950er Jahre: Auf der einen, dem Innenministerium zugerechneten Seite steht, idealtypisch gesprochen, die als dauerhaft verstandene Überseewanderung im Familienverband. Auf der anderen, der Arbeitsverwaltung zugerechneten Seite steht der Aufbau eines transnationalen Arbeitsmarktsystems. Dieses fand – neben zahlreichen auf Zeit angelegten Auswanderungsvorhaben Deutscher – seine bedeutendste Ausprägung in den Anwerbeverträgen, die verschiedene europäische Länder ab Anfang der 1950er Jahre abschlossen. Die Bundesrepublik folgte 1955 mit dem Abschluss eines Vertrages mit Italien, dem ersten von vielen. Die Ära der „Gastarbeiter"-Zuwanderung begann und erreichte ihre Hochphase nach dem Mauerbau 1961. Die Auswandererzahlen blieben bis Ende der 1950er Jahre auf relativ hohem Niveau und sanken dann rapide.

Das BMA versuchte beharrlich und schließlich mit gewissem Erfolg einen stärkeren Einfluss auf Auswanderungsfragen auf Kosten des federführenden Innenministeriums zu bekommen. Das Kernargument, das zudem die Zeitenwende im Migrationsgeschehen verdeutlicht, lautete: Auswanderung sei nicht mehr wie in früheren Zeiten Siedlungs- oder selbstorganisierte, „spontane" Einzel- und Familienauswanderung, die „polizeilich" geregelt werden musste und daher in die Zuständigkeit des Innenministeriums fiel. Die grenzüberschreitende Migration der Nachkriegszeit sei im Gegensatz dazu immer stärker eine „nach arbeitsmarktpolitischen Gesichtspunkten geplante und durch bilaterale oder multilaterale zwischenstaatliche Vereinbarungen geregelte Anwerbung und Wanderung von Arbeitskräften".[39] Während Auswanderung also besonders im BMI ausschließlich als permanente Ansiedlung aufgefasst wurde, betrachteten Arbeitsministerium und Arbeitsverwaltung Migration ausschließlich als temporäre Schwankung auf einem sich erst noch entwickelnden internationalen Arbeitsmarkt.

Auch in der Zuwanderungspolitik standen sich Innen- und Arbeitsministerium sowie Arbeitsverwaltung von den 1950er bis in die 1970er Jahre immer wieder konfliktreich gegenüber. Das Innenministerium vertrat, auch gegenüber dem Wirtschaftsministerium und dem Auswärtigen Amt, eine restriktive Linie bei der Anwerbepolitik, stellte die Wahrung von Sicherheit und Ordnung vor arbeitsmarktpolitische Belange.[40] Die Position des Arbeitsministeriums wandelte sich von einem Fokus auf Kontrolle des deutschen Arbeitsmarkts durch zurückhaltende Handhabung der Zuwanderung hin zu einer stärkeren Berücksichtigung sozialer Belange. Im Gegensatz zur Auswanderungspolitik aber waren Arbeitsministerium und Arbeitsverwaltung von Beginn an für die Ausländerbeschäftigung zuständig.[41] Zunächst, im Februar 1952, unterstützten besonders die Innenminister einiger Bundesländer, dass die „Verordnung über ausländische Arbeitnehmer" vom 23. Januar 1933 wieder in Kraft gesetzt wurde.[42] Sie sollte „dem Schutze des deutschen Arbeitsmarktes" dienen und eine unerwünschte Zuwanderung in die noch von hoher Arbeitslosigkeit in verschiedenen Bundesländern geprägte Bundesrepublik „eindämmen". In den folgenden drei Jahren

---

[39] Aufzeichnung betr. Wanderungsfragen vom Standpunkt der ressortmäßigen Zuständigkeit, 11.8. 1952, BArch, B 149/8594.
[40] Vgl. Karen Schönwälder, Zukunftsblindheit oder Steuerungsversagen? Zur Ausländerpolitik der Bundesregierungen der 1960er und frühen 1970er Jahre, in: Jochen Oltmer (Hrsg.), Migration steuern und verwalten. Deutschland vom späten 19. Jahrhundert bis zur Gegenwart, Göttingen 2003, S. 123–144, hier S. 143.
[41] Vgl. ebenda.
[42] Vgl. Barbara Sonnenberger, Verwaltete Arbeitskraft: die Anwerbung von „Gastarbeiterinnen" und „Gastarbeitern" durch die Arbeitsverwaltung in den 1950er und 1960er Jahren, in: Oltmer (Hrsg.), Migration steuern und verwalten, S. 145–174, hier S. 149.

vollzog sich die Wende zu einer staatlichen Förderung der Anwerbung, bei der die Bundesanstalt für Arbeitsvermittlung und Arbeitslosenversicherung (BAVAV) als eine der letzten Stellen der ersten Anwerbevereinbarung mit Italien zustimmte.[43]

Zeitgleich begann der Gegenwind gegen die bis dato hauptsächlich vom BMI verantwortete Auswanderungspolitik zuzunehmen. Er wehte von verschiedenen Seiten. Arbeitgeberverbände, Betriebe und Gewerkschaften befürchteten einen negativen Effekt der Auswanderung auf den Arbeitsmarkt und nahmen eine ablehnende Haltung ein.[44] Mit der 1952 gegründeten BAVAV in Nürnberg trat zudem ein neuer Akteur auf den Plan, der forderte, dass die Arbeitsämter in die auswanderungspolitischen Entscheidungen und in die Auswahl der Abwandernden einbezogen werden sollten. Diese Möglichkeiten waren jedoch im geschilderten internationalen Umfeld eng begrenzt.

Die Bundesanstalt nutzte in diesem Zeitraum ihre Medienkontakte, um vor der Gefahr der Auswanderung für den Arbeitsmarkt zu warnen. Präsident Julius Scheuble prognostizierte in einem dpa-Interview im August 1952 eine Arbeitslosenzahl von unter einer Million „in absehbarer Zeit"[45] – am 1. Juli 1952 waren noch 1,16 Millionen Menschen arbeitslos gewesen. Es „mache sich bereits ein Facharbeitermangel in der Bundesrepublik bemerkbar", weswegen die Bundesanstalt „nicht mehr an der Auswanderung von Fachleuten interessiert"[46] sei. Die Bürokraten aus dem Bundesamt für Auswanderung, das dem BMI unterstellt war, beschwerten sich daraufhin beim Bundesinnenminister über diesen Alleingang. Nicht, weil sie eine andere Meinung zur Abwanderung von Facharbeitskräften gehabt hätten; aber Franz Wolff, Leiter des Bundesamts und einer der dienstältesten Auswanderungsbeamten, befürchtete, die BAVAV wolle sich über die Presse einen Einfluss auf die Auswanderungspolitik verschaffen.[47]

Besonders aufgefallen war Wolff der gute Kontakt des Frankfurter Landesarbeitsamts-Mitarbeiters Valentin Siebrecht zur Deutschen Zeitung und Wirtschafts-Zeitung, wo Siebrecht gelegentlich unter dem Kürzel V.S. zu migrationspolitischen Themen schrieb. Unter der Überschrift „Auswandern – mit Vorsicht" wurden die Leser im März 1953 darauf hingewiesen, dass ein europäischer Arbeitsmarkt vor der Tür stehe und diese Entwicklung auch Auswirkungen auf überseeische Wanderungen habe. Die Auswanderungspolitik müsse darauf achten, dass „nicht die Abwanderung von Menschen ermöglicht wird, die wir in wenigen Jahren in Deutschland und Europa bitter nötig haben werden".[48] An der Person des publizistisch aktiven Volkswirtschaftlers Siebrecht können personelle Parallelen zwischen Auswanderungs- und Anwerbepolitik beziehungsweise -administration festgemacht werden: Siebrecht war als Direktor des Arbeitsamtsbezirks Südbayern (1957–1972) maßgeblich an der Verwaltung der „Gastarbeiter"-Politik beteiligt, wobei er 1964 auch öffentlich die Konzeptionslosigkeit der Ausländerbeschäftigungspolitik der Bundesregierung kritisierte.[49] In der Diskussion um Freizügigkeit innerhalb der Europäischen Wirtschaftsgemein-

---

[43] Vgl. ebenda, S. 150.
[44] Vgl. Steinert, Migration, S. 244 und Besprechung über Durchführung der Anwerbung und Vermittlung nach dem Ausland, Bundesanstalt für Arbeitsvermittlung und Arbeitslosenversicherung, Nürnberg, 25.8.1952, BArch, B 149/1511.
[45] Auswanderung interessiert nicht mehr, dpa, zitiert nach: Volksblatt Berlin-Spandau, 10.8.1952.
[46] Ebenda.
[47] Bundesamt für Auswanderung (Wolff) an BMI, 16.8.1952, BArch, B 106/9157.
[48] V.S., Auswandern – mit Vorsicht, in: Deutsche Zeitung und Wirtschaftszeitung, 25.3.1953.
[49] Valentin Siebrecht, Die ausländischen Arbeitnehmer in der Bundesrepublik Deutschland, in: Frankfurter Hefte (1964), Nr. 8, S. 557–566, hier S. 566: „Man muß auf lange Sicht disponieren, die Probleme der Ausländerarbeit in dem größeren Rahmen unserer gesellschaftlichen Entwicklung sehen"; vgl. auch Karin Hunn, „Nächstes Jahr kehren wir zurück ..." Die Geschichte der türkischen „Gastarbeiter" in der Bundesrepublik, Göttingen 2005, S. 180f.

schaft (EWG), die auch italienische Arbeitnehmer betraf, setzten sich die Arbeitsverwaltung und auch Siebrecht persönlich 1965 für eine weiter bestehende Kontrolle über den Arbeitsmarkt ein – „die Freizügigkeitsvereinbarung sollte auf keinen Fall auf weitere Länder ausgedehnt werden. Der deutsche Arbeitsmarkt muß wenigstens insoweit überschaubar und regulierbar sein."[50] Diese Form von Kontrolle wünschte die Arbeitsverwaltung auch auf dem Feld der Auswanderung deutscher Arbeitskräfte, hatte hier aber weit weniger Möglichkeiten.

Neben der Arbeitsverwaltung schaltete sich auch die Legislative in die Auswanderungspolitik ein. Im März 1954 beschloss der Haushaltsausschuss des Bundestags, die Mittel für die Auswanderung von Kriegsfolgenhilfeempfängern für 1955 um eine Million DM, von 7,65 Millionen auf nun 6,65 Millionen, zu senken.[51] Im Hintergrund mag bereits die laufende Diskussion um die Anwerbung von Arbeitskräften im Ausland eine Rolle gespielt haben. Den Protokollen zu entnehmen ist vor allem der wachsende Unmut über die Auswanderungspolitik des Innenministeriums und insbesondere die gescheiterten, von einer bundeseigenen Gesellschaft verantworteten Siedlungsvorhaben in Chile.[52] Der Haushaltsausschuss des Bundestags forderte von der Exekutive eine Erklärung der Linien der bundesdeutschen Auswanderungspolitik.

Eine daraufhin von Franz Wolff für das BMI verfasste[53] Denkschrift[54] fasste auf 58 Seiten plus Anlagen den Stand der Auswanderungspolitik seit dem Ersten Weltkrieg zusammen, enthielt aber kaum Konzepte für den künftigen Umgang mit Migration. Wolff wies aber auf den sich durch die Überalterung der Bevölkerung und die mögliche Wehrpflicht verschärfenden Arbeitskräftemangel hin und bezeichnete die Auswanderung von Fach- und Landarbeitskräften als „unerwünscht".[55] Generell aber könne Auswanderung als „natürlicher Teil der Bevölkerungsbewegung" nicht eingeschränkt werden. Die Bundesregierung sei daher verpflichtet, potenzielle Migranten über die staatlichen und kirchlichen Auswanderer-Beratungsstellen zu informieren. Es war eine Bestätigung der auf Kontrolle und Abwehr gerichteten Auswanderungspolitik der Zwischenkriegszeit, die vom Reichswanderungsamt bzw. nach 1924 der Reichsstelle für das Auswanderungswesen in Zusammenarbeit mit konfessionellen Organisationen wie der Diakonie oder dem katholischen St.-Raphael's-Verein implementiert wurde. Wolff lobte die Arbeit der nach dem Krieg schnell wiederentstandenen Auswanderer-Beratungsstellen[56] in der traditionellen Diktion als „Sieb, in dem völlig aussichtslose oder phantastische Auswanderungsabsichten aufgefangen werden", verwies auf die alte Verballhornung des Reichswanderungsamts der Zwischenkriegszeit als „Reichswarnungsamt"[57] und nannte auch die gängige Bezeichnung der Beratungsstellen als „Abratungsstellen" als „Bestätigung für die richtige Auffassung ihrer Aufgabe".[58]

---

[50] Valentin Siebrecht, Unsere Ausländer – pro und contra!, in: Der Arbeitgeber 16 (1965), S. 286–292, hier S. 290; vgl. auch Sonnenberger, Arbeitskraft, S. 168f.
[51] Deutscher Bundestag (DBT), 2. Wahlperiode (WP), Haushaltsausschuss, 25. Sitzung, 23.3.1954, DBT-Parlamentsarchiv.
[52] Vgl. ebenda und Bericht von Ministerialdirigent Hopf (BMI) an Staatssekretär I, 23.3.1954, Sitzung Haushaltsausschuss, BArch, B 106/20580.
[53] Vgl. Brief von Franz Wolff an Oberregierungsrat a.D. M. Lichter: „Inhalt der Denkschrift, der, wie Du Dir denken kannst, aus meiner Feder stammt", BArch, B 106/9288.
[54] Denkschrift des BMI über die Auswanderungspolitik, Bonn, Endfassung Januar 1955, BArch, B 106/20581.
[55] Ebenda, S. 57.
[56] Vgl. Jan Philipp Sternberg, Fernweh verwalten. Staatliche und kirchliche Auswanderer-Beratungsstellen nach dem Zweiten Weltkrieg, in: Oltmer (Hrsg.), Migration steuern und verwalten, S. 345–376.
[57] Vgl. Bade, Amt.
[58] Denkschrift des BMI über die Auswanderungspolitik, Bonn, Endfassung Januar 1955, BArch, B 106/20581, S. 12.

Im BMA stieß Wolffs Denkschrift auf herbe Kritik. Dabei vermischte sich ein Streit um Zuständigkeiten mit einer, wie oben erwähnt, grundsätzlich anderen Definition von aktueller grenzüberschreitender Migration. „Dass die Auswanderung alten Stils heute kaum noch existiert, dass die Auswanderung heute auf einer Anwerbung bestimmter Arbeitskräfte beruht, kommt nicht genügend zum Ausdruck"[59], kritisierte wiederum BMA-Unterabteilungsleiter Bernhard Ehmke. Ein zweijähriger Arbeitsvertrag im Ausland sei eben keine Auswanderung, sondern grenzüberschreitende Arbeitssuche. Hier aber sei das Arbeitsministerium zuständig, das Innenministerium habe sich nur um den „Gesichtspunkt der Bevölkerungspolitik"[60] zu kümmern. In einem Schreiben an seinen Vorgesetzten kritisierte Ehmke in scharfen Worten das „niedrige Niveau" der Denkschrift des Innenministeriums, die hauptsächlich vom Gedanken getragen sei, die Zuständigkeit des BMI für die Auswanderungspolitik zu erhalten. Eine mögliche Einbindung der Arbeitsämter in die Steuerung der Migration werde nicht erwähnt, stattdessen die Notwendigkeit der Auswanderer-Beratungsstellen „in geradezu kindlicher Art begründet".[61] Die Denkschrift solle möglichst in den Akten verschwinden und in der Öffentlichkeit nicht bekannt werden.[62]

Verbunden mit der Sorge um Engpässe auf dem bundesdeutschen Arbeitsmarkt und einem wachsenden Unverständnis, dass die vermeintlich überflüssige und wirtschaftsschädliche Auswanderung mit Millionenbeträgen unterstützt wurde, verbunden auch mit einem lange schwelenden Kompetenzstreit in der Bundesregierung, wird in den Konflikten 1954/55 eine Zeitenwende in der Wahrnehmung der Migration aus Deutschland überdeutlich: Mit einer als permanent verstandenen „Auswanderung alten Stils" würde man es nach dem Ende der unmittelbaren Nachkriegszeit und dem baldigen Auslaufen der Flüchtlingswanderungsprogramme nicht mehr zu tun haben, eher mit dem Beginn eines internationalen Arbeitsmarkts. Eine wirksame Kontrolle und Steuerung der Migration aus Deutschland war aber, so das Dilemma der Arbeitsmarktpolitiker, kaum noch möglich.

Zu Zeiten des sich verschärfenden Arbeitskräftemangels in der Bundesrepublik gab es „erwünschte" Auswanderer nur noch in ethnisch, national oder durch ihr Geschlecht exkludierten Gruppen: Die Auswanderung von jungen Frauen erschien wegen des bestehenden „Frauenüberschusses" noch „vertretbar"[63], erwünscht und förderungswürdig sei die Ansiedlung von (meist „volksdeutschen") Vertriebenen bäuerlicher Herkunft im Ausland, von noch in Deutschland verbliebenen DPs und Neuflüchtlingen aus Osteuropa, den, wie es in damals noch ungewohnter Diktion hieß, „sogenannten Asylsuchenden".[64] Im Haushaltsausschuss des Bundestags argumentierten die Vertreter des BMI bei der Vorstellung der Wolff'schen Denkschrift im Februar 1955, dass Auswanderungsfragen bereits „sehr vorsichtig"[65] behandelt würden und die Abwanderung von solchen Personen nicht gefördert werden könne, bei denen es sich „um Kräfte handele, auf die das Inland bei seiner Wirtschafts- und Arbeitsmarktlage angewiesen"[66] sei. Die Auswanderung bedürftiger Kriegs-

---

[59] Vermerk von Ehmke, 12.11.1954, BArch, B 149/1470.
[60] Ebenda.
[61] Ehmke an Petz, Abteilungsleiter II, 5.2.1955, BArch, B 149/1470.
[62] Ebenda.
[63] Vgl. Oberregierungsrat Dr. Helmut Zöllner (BAVAV), Gedanken zur Festlegung einer Auswanderungspolitik der Bundesrepublik, Nürnberg, 8.2.1954, BArch, B 149/1470.
[64] Wolff (BMI), DBT, 2.WP, Haushaltsausschuss, 62.Sitzung, 17.2.1955, DBT-Parlamentsarchiv. „Gerade sie, die aus Gebieten jenseits des Eisernen Vorhangs kämen, zeigten deutlich das Bestreben, zwischen ihren Aufenthaltsort und den Eisernen Vorhang möglichst ein Weltmeer zu legen. Die USA würden solchen Neuflüchtlingen insofern helfen, als sie durch das US-Escapee-Program Arbeitsstellen oder sonstige Existenzmöglichkeiten in anderen Ländern für diese Personenkreise suchten."
[65] Ministerialdirigent Dr. Kitz (BMI), DBT, 2.WP, Haushaltsausschuss, 62.Sitzung, 17.2.1955, DBT-Parlamentsarchiv.
[66] Ebenda.

folgenhilfeempfänger werde zwar gefördert, allerdings sei das Bundesamt für Auswanderung damit beauftragt worden, dass Facharbeitskräfte und Menschen, die in Mangelberufen beschäftigt seien, nicht unterstützt würden.[67]

Der Einfluss des BMA und der Bundesanstalt für Arbeit auf die Auswanderungspolitik nahm nach dem Eklat um die Denkschrift zu. Anträge auf Wanderungsunterstützung wurden daraufhin zum Beispiel für Australien-Auswanderer ab Oktober 1955 vom Bundesamt für Auswanderung nur noch genehmigt, wenn der Antragsteller keinen „Mangelberuf" laut einer Liste der Bundesanstalt ausübte.[68] Ab Januar 1956 wurden bei Wanderungen über das ICEM auch keine unverheirateten Männer unter 25 Jahren unterstützt, ab März 1956 nur noch Empfänger von Kriegsfolgenhilfe oder anderen Sozialleistungen.[69]

Die Auswanderungsfreiheit konnte wegen der im Grundgesetz garantierten Freizügigkeit politisch nicht eingeschränkt werden; Steuerungsmöglichkeiten gab es in der frühen Bundesrepublik nichtsdestoweniger. Da in den 1950er Jahren viele deutsche Auswanderungswillige die hohen Überfahrtkosten in überseeische Zielländer nicht aufbringen konnten, spielte die über das ICEM oder andere Vereinbarungen subventionierte Auswanderung eine wichtige Rolle. Restriktiv handhabte die Bundesregierung die Möglichkeiten finanzieller Unterstützung für Auswanderer; ledige Männer wurden von Anfang an geringer unterstützt als Familien, im Laufe der 1950er Jahre wurde die Gruppe der Auswanderungsinteressierten, die Unterstützung bekommen konnten, kontinuierlich verkleinert. Obwohl keine Zahlen vorliegen, wie viele Wanderungswillige von ihrem Vorhaben Abstand nahmen, weil sie die Reisekosten nicht tragen konnten, geht Freund davon aus, dass die „restriktive Finanzierung [...] sicherlich vielen Deutschen eine Auswanderung unmöglich gemacht" hat und sich zudem die traditionelle Hoffnung der Wanderungspolitiker erfüllt habe, dass die Beratungsstellen „nicht wenige in ihrer Entscheidung Schwankende" von einer Abwanderung abgebracht hätten.[70]

Nach 1956, als das letzte spezielle Flüchtlingswanderungsprogramm der USA ausgelaufen war, nahm die Zahl der auswandernden Deutschen stark ab. Auch die geförderten Wanderungen über das ICEM wurden rapide weniger (1956 noch 32 672, 1957 dann nur noch 20 389, 1958: 7 428, 1959: 12 999, 1960: 13 828, 1961: 7 252 Personen).[71] Zu einer Zeit, da die Bundesregierung damit begann, Arbeitskräfte im Ausland anzuwerben, stieß es zunehmend auf Unverständnis, gleichzeitig die Auswanderung zu subventionieren. Das bedeutete aber zugleich den fast kompletten Verzicht auf das Feld der Auswanderungspolitik. Eine Steuerung der Migration aus Deutschland (außer im sehr begrenzten Rahmen über die Beratungsstellen) war nun erst recht nicht mehr möglich. Da Ministerien und Behörden sich bemühten, auch gegenüber der Presse kaum noch – sei es steuernd oder warnend – das Auswanderungsthema anzuschneiden[72], wurde für längere Zeit kaum noch über die Migration aus Deutschland geredet oder publiziert. In fast ebenso stiller Weise, hier vor allem im Sinne von politischer Realitätsverweigerung gemeint, wandelte sich die Bundesrepublik in den kommenden Jahrzehnten vom „Arbeitseinfuhrland" zum Einwanderungsland.

---

[67] Wolff (BMI), DBT, 2.WP, Haushaltsausschuss, 62.Sitzung, 17.2.1955, DBT-Parlamentsarchiv.
[68] Vgl. Steinert, Migration, S.248.
[69] Vgl. ebenda.
[70] Freund, Phase, S.9.
[71] Vgl. Steinert, Migration, Tabelle S.249.
[72] Vgl. ebenda, S.250f.

Frank Caestecker und Eric Vanhaute
Zuwanderung von Arbeitskräften in die Industriestaaten Westeuropas
Eine vergleichende Analyse der Muster von Arbeitsmarktintegration und Rückkehr 1945–1960

Belgien, Frankreich und die Schweiz waren bereits in den beiden Jahrzehnten zwischen den Weltkriegen Ziel umfangreicher Arbeitswanderungen gewesen. Unmittelbar nach dem Ende des Zweiten Weltkriegs warben diese Länder, aber auch Großbritannien und in geringerem Umfang die Niederlande, erneut Arbeitskräfte an. Der folgende Beitrag strebt nach einer vergleichenden Analyse der Arbeitsmigration in die genannten westeuropäischen Länder 1945–1960 und nimmt vor allem die Regelungen zur Kontrolle des Zugangs zum jeweiligen Territorium in den Blick. Er möchte dabei auch die Frage anreißen, ob und inwieweit die Erfahrungen der Zwischenkriegszeit in die Politik der Anwerbung von Arbeitskräften nach dem Zweiten Weltkrieg eingeflossen sind.

1. Arbeitskräfte für den Wiederaufbau Westeuropas 1945–1949

Nach dem Ende des Zweiten Weltkriegs benötigten alle fünf Staaten Westeuropas Arbeitskräfte wegen des raschen und anhaltenden wirtschaftlichen Wachstums, das nur durch die kurze Rezession 1949/50 unterbrochen wurde. Die Arbeitsmigration der unmittelbaren Nachkriegszeit nach Frankreich, Belgien und in die Schweiz schloss zwar unmittelbar an die Entwicklungen in diesem Feld in der Zwischenkriegszeit an, allerdings erwies sich der Mangel an Arbeitskräften nunmehr als noch ausgeprägter. Das galt vor allem für Belgien und die Schweiz, deren industrielle Infrastruktur während des Kriegs kaum beschädigt worden war. Da ihre europäischen Mitbewerber auf den internationalen Märkten ein Vielfaches an Kriegsschäden zu verzeichnen hatten, konnten diese beiden Länder auf Förderung der wirtschaftlichen Entwicklung durch hohe Exportüberschüsse hoffen. In Belgien profitierte vor allem die Stahlindustrie, die 1948 rund 40 Prozent des gesamten Exports bestritt.[1]

Die ohnehin veralteten Industrieanlagen in Frankreich waren während des Kriegs stark beschädigt worden, wurden jedoch nach Kriegsende auf der Basis eines ambitionierten industriepolitischen Konzepts mit einer effizienteren Ausrüstung und verbesserten Produktionsmethoden wiederaufgebaut. Diese Modernisierung verdankten die Betriebe teilweise Staatsanleihen sowie der finanziellen Hilfe der USA durch den Marshallplan. Mittel wurden unter der Bedingung vergeben, dass der Empfänger eine Reihe von Vorgaben bezüglich der Effizienz und der Einbettung in langfristige industriepolitische Strategien erfüllte. Der Wiederaufbau der Industrie war eine Voraussetzung für den wirtschaftlichen Aufschwung in den folgenden drei Jahrzehnten der „Trente Glorieuses". Demgegenüber erwies sich die Leistungsfähigkeit der britischen Wirtschaft als geringer, sodass der Mangel an Arbeitskräften hier nicht derart akut wurde wie in Frankreich. Das gilt auch für die Niederlande, allerdings aus anderen Gründen: Weiterhin hohe Geburtenraten und eine diversifizierte Wirtschaftsstruktur mit einem starken Dienstleistungssektor beschränkten den dortigen Bedarf an einer Ergänzung des nationalen Arbeitsmarkts durch un- oder angelernte Kräfte.[2]

---

[1] Alan S. Milward, The European Rescue of the Nation-State, London ²2000, S. 46–118.
[2] Nicholas Craft/Gianni Toniolo (Hrsg.), Economic Growth in Europe since 1946, Cambridge 1996.

In Frankreich und in der Schweiz bestand eine hohe Nachfrage nach Saisonarbeitskräften in der Landwirtschaft sowie im Hotel- und Gaststättengewerbe. Für diesen befristeten Bedarf Arbeistkräfte aus dem Ausland anzuwerben, bedeutete keine große organisatorische Herausforderung. Anders im Bergbau, einem weiteren zentralen Aufnahmebereich für Arbeitsmigranten: Die schwere und gefährliche Tätigkeit unter Tage erforderte ungeachtet der zunehmenden Maschinisierung und Rationalisierung weiterhin eine große Anzahl an Beschäftigten. Im Dezember 1944 reichten die 100 000 belgischen, 210 000 französischen und 40 000 niederländischen Arbeitskräfte im Bergbau nicht mehr aus, um dem Brennstoffbedarf der expandierenden Volkswirtschaften zu genügen.[3] Den Bergarbeitern waren zwar Vorteile wie höhere Löhne, eine bessere soziale Absicherung, zusätzliche Urlaubstage und eine Befreiung vom Militärdienst zugestanden worden[4]; die belgischen und französischen Behörden glaubten allerdings nicht, dass diese Anreize ausreichten, um die Arbeitskräfte zu halten. Sie griffen zu schärferen Maßnahmen und versuchten, Arbeitskräfte unter Zwang für die Arbeit in den Bergwerken zu rekrutieren. Die Behörden in Belgien konnten bis 1948 ehemalige Bergarbeiter dazu nötigen, wieder unter Tage zu arbeiten; bis März 1946 gab es eine solche Praxis auch in Frankreich. Das französische Arbeitsministerium hatte zwischenzeitlich sogar in Betracht gezogen, diejenigen zur Arbeit in den Bergwerken zu verpflichten, die während des Kriegs in Deutschland gearbeitet hatten.[5] Auf Druck der Gewerkschaften mussten die belgischen und französischen Behörden auf derart drastische Maßnahmen verzichten, sodass die Diskussion um die Beschäftigung ausländischer Arbeitskräfte an Dringlichkeit gewann. Selbst die relativ kleine Bergbauindustrie in den Niederlanden, der es gelungen war, eine ausreichende Menge an einheimischen Arbeitskräften zu halten, setzte auf Anwerbungen im Ausland.[6] In der Schweiz blieb der Bergbau zwar unbedeutend, allerdings wuchs hier die Zahl der ausländischen Arbeitskräfte im Baugewerbe und in der industriellen Produktion rasch an.

Für Migrantinnen bildeten Tätigkeiten im Bereich der haushaltsnahen Dienstleistungen ein zentrales Beschäftigungsfeld. Die Arbeit von Ausländerinnen in Privathaushalten akzeptierten die Behörden der Zuwanderungsländer weitgehend ohne Beschränkungen. Ihre Sorge aber galt vornehmlich der Deckung des Bedarfs an weiblichen Arbeitskräften in Krankenhäusern und in der Textilindustrie.[7] Die Nachfrage nach weiblichen Arbeitskräften verringerte sich durch die Anwerbung im Ausland deutlich, weshalb sich das überkommene gesellschaftliche Ideal einer Beschränkung der Rolle von (verheirateten) Frauen auf Haushalt und Mutterschaft nahezu ausnahmslos weiter umsetzen ließ. Wegen der Anwerbung von Frauen im Ausland standen mithin das niedrige Heiratsalter in der Nach-

---

[3] Rolande Trempé, Les trois batailles du charbon (1936–1947), Paris 1989; dies., La politique de la main d'œuvre de la libération à nos jours, in: Belgisch Tijdschrift voor Nieuwste Geschiedenis 19 (1988), H.1–2, S.55–82; Serge Langeweg, Buitenlandse arbeiders in de Nederlandse steenkolenmijnen, 1900–1974, in: Tijdschrift voor Sociale en Economische Geschiedenis 5 (2009), H.3, S.53–79; Anne Morelli, L'appel à la main-d'œuvre italienne pour les charbonnages et sa prise en charge à son arrivée en Belgique dans l'immédiate après-guerre, in: Belgisch Tijdschrift voor Nieuwste Geschiedenis 19 (1988), H.1–2, S.83–130.
[4] Gerald D. Feldman/Klaus Tenfelde (Hrsg.), Workers, Owners, and Politics in Coal Mining: An International Comparison of Industrial Relations, New York 1990.
[5] Trempé, La politique de la main d'œuvre, S.69.
[6] Langeweg, Buitenlandse arbeiders.
[7] Corrie L. Berghuis, Geheel ontdaan van onbaatzuchtigheid. Het Nederlandse toelatingsbeleid voor vluchtelingen en displaced persons van 1945 tot 1956, Amsterdam 1999, S.98; Robert Miles/Diana Kay, Refugees or Migrant Workers? The Recruitment of Displaced Persons for British Industry, 1946–1951, London 1992, S.173–175; Kathleen Paul, Whitewashing Britain: Race and Citizenship in the Postwar Era, New York 1997, S.74f.

kriegszeit und die Arbeit verheirateter Frauen im eigenen Haushalt nicht im Widerspruch zum Arbeitskräftebedarf.[8]

1.1 Staatlich organisierte Zuwanderung von Arbeitskräften

Die unmittelbare Nachkriegszeit bildete eine Hochphase staatlicher Wirtschaftslenkung, wichtige Wirtschaftsbereiche gerieten in den Besitz der öffentlichen Hand oder mussten sich einer umfänglichen Planungsadministration unterwerfen. Teil der Ausweitung staatlichen Handels in der Wirtschaft war die Organisation des Zustroms an Arbeitskräften. Die Festlegung des Bedarfs basierte auf Annahmen darüber, welche Art von Arbeit den Einheimischen und welche Kosten der Industrie zugemutet werden konnten. Der Zustrom an Arbeitsmigranten sollte so reguliert werden, dass die wirtschaftliche Leistung verbessert wurde, ohne den nationalen Arbeitsmarkt zu gefährden und den kulturellen Status quo zu verändern. Frankreichs politische Entscheidungsträger strebten darüber hinaus danach, durch dauerhafte Einwanderung die demographische Krise des Landes zu lösen. Deshalb sollte das 1945 eingerichtete Office National d'Immigration nicht nur ausländische Arbeitskräfte anwerben, sondern auch Einwanderer aus ausgewählten Ländern, insbesondere aus West-, Nord- und Mitteleuropa, dauerhaft ins Land holen. Letztlich setzte sich allerdings auch in Frankreich ein Konzept durch, das auf befristete Zuwanderung entlang der Bedingungen des Arbeitsmarkts abhob. Belgien, Großbritannien, die Niederlande und die Schweiz bevorzugten ebenfalls die befristete Beschäftigung ausländischer Arbeitskräfte, derer man sich bei Bedarf wieder entledigen konnte. Die Erfahrungen Frankreichs, Belgiens und der Schweiz mit der wirtschaftlichen Integration ausländischer Arbeitskräfte in der Zwischenkriegszeit waren weitestgehend in Vergessenheit geraten. Dazu zählte auch die Tatsache, dass die Arbeitsmigranten sich im Laufe der Zeit als weniger flexibel am Arbeitsmarkt herausgestellt hatten als zunächst angenommen.[9]

Frankreich und Belgien beschäftigten unmittelbar nach dem Krieg deutsche Kriegsgefangene, um das einheimische Arbeitskräftepotenzial zu ergänzen. Ihre Zahl belief sich in Frankreich Anfang 1946 auf rund 700 000, in Belgien, wo sie auf den Bergbau konzentriert blieben, auf ca. 50 000. Auf Druck der USA wurden die Kriegsgefangenen bis 1948 freigelassen. 5 bis 10 Prozent von ihnen nahmen das Angebot wahr, als freie Arbeitskräfte im Land zu bleiben. Aber auch sie kehrten größtenteils nach Ablauf des Einjahresvertrags als freie Arbeiter nach Deutschland zurück.[10] Bereits in diesem Zeitraum sondierten die belgischen und französischen Behörden die Möglichkeiten der Anwerbung ausländischer Arbeitskräfte. Bedingt durch den Kalten Krieg war Westeuropa vom Arbeitskräftereservoir in Osteuropa abgeschnitten. Und auch die politischen Führungen Spaniens und Portugals hatten ihren Arbeitsmarkt abgeschottet.[11]

---

[8] Susan Pederson, Family, Dependence and the Origin of the Welfare State: Britain and France 1914–1945, Cambridge 1993, S. 35; Selina Todd, Young Women, Work and Family in England 1918–1950, Oxford 2005; Sarah van Walsum, The Family and the Nation. Dutch Family Migration Policies in the Context of Changing Family Norms, Newcastle upon Tyne 2008; Anne Morelli (Hrsg.), Les Femmes migrantes (Sextant. Revue du Groupe Interdisciplinaire d'Etudes sur les Femmes 21/22 [2005]).

[9] Frank Caestecker, Alien Policy in Belgium, 1840–1940. The Creation of Guest Workers, Refugees and Illegal Aliens, New York 2000, S. 155–288; Mary Dewhurst Lewis, The Boundaries of the Republic. Migrant Rights and the Limits of Universalism in France, 1918–1940, Stanford 2007.

[10] Philippe Sunou, Les prisonniers de guerre allemands en Belgique et la bataille de charbon, 1945–1947, Brüssel 1980, S. 66–70; Grégoire Tingaud, Le Traitement des prisonniers de guerre allemands en France, in: Revue diplomatique (1992), H. 2, S. 121–133; Vincent Viet, La France immigrée. Construction d'une politique, 1914–1997, Paris 1998, S. 146.

[11] Victor Pereira/Maria José Fernandez Vicente, Les Etats portugais et espagnols et l'émigration, in:

Verfügbare Arbeitskräftereserven innerhalb Europas gab es nur mehr in Deutschland und in Italien. In Frankreich zog man ernsthaft die Anwerbung von Deutschen in Betracht, sie mochten zwar ehemalige Kriegsgegner sein, galten aber als ethnisch verwandt. Obwohl ein Abkommen geschlossen worden war, entschied sich die französische Regierung aus politischen Gründen im März 1946 aber für ein Verbot weiterer Anwerbungen in Deutschland[12]; die Schweiz aber warb Deutsche (und Österreicher) an.[13] Mit Italien schlossen die Schweiz, Belgien und Frankreich Anwerbeverträge. Belgien und Frankreich sahen es als vorteilhaft an, die Anwerbung in Zusammenarbeit mit den italienischen Behörden zu organisieren. Schweizerische Arbeitgeber wehrten sich allerdings gegen jede Form staatlicher Einwirkung auf die Anwerbung italienischer Arbeitskräfte.[14] Insgesamt erwies sich das Angebot an Arbeitskräften in Italien als sehr groß: 1946–1948 rekrutierte allein der belgische Bergbau 80 000 Italiener. Frankreich warb 100 000 und die Schweiz 250 000 Italiener für eine Vielzahl von Beschäftigungsbereichen an.[15]

Ein weiteres Arbeitskräftereservoir boten die Displaced Persons (DPs) im besetzten Deutschland. Unter DPs verstanden die alliierten Besatzungsmächte Osteuropäer, die im Laufe des Zweiten Weltkriegs entwurzelt oder verschleppt worden waren. Eine Anzahl von ihnen verweigerte sich der Repatriierung, weil sie nicht im sowjetischen Herrschaftsbereich leben wollten. Die Westalliierten fürchteten, diese DPs könnten zu einer wirtschaftlichen Belastung werden. Deshalb förderten sie deren Abwanderung. Nach Großbritannien kamen 90 000 DPs, nach Frankreich 35 000, nach Belgien 22 000 und in die Niederlande 4 000. Die Abwanderung firmierte zwar unter dem Begriff des Resettlement, glich aber im Prinzip der Anwerbung, wie sie sich für italienische Arbeitskräfte ausgeprägt hatte: Das Auswahlverfahren orientierte sich ausschließlich an der Arbeitsfähigkeit und bevorzugte alleinstehende Personen.[16] Bei der Anwerbung der DPs gab es im Vergleich zum Procedere in Italien entscheidende Nachteile: Aufgrund ihres Flüchtlingsstatus konnte ihr Strafregister nicht überprüft werden, zudem schien die Gefahr einer unkontrollierbaren kommunistischen Unterwanderung erheblich zu sein.[17] Wegen der großen Nachfrage nach Arbeitskräften mussten aber solche Bedenken zurücktreten, sodass Anfang 1946 das Reservoir an Arbeits-

---

Natacha Lillo (Hrsg.), Italiens, Espagnols et Portugais en France au XXe siècle, regardes croisés, Paris 2009, S. 22–43; Tingaud, Le Traitement des prisonniers de guerre.

[12] Johannes-Dieter Steinert, Migration und Politik: Westdeutschland – Europa – Übersee, Osnabrück 1995; George Tapinos, L'immigration étrangère en France, 1946–1973, Paris 1974, S. 29; Trempé, La politique de la main d'œuvre, S. 58f.; Piero-Dominique Galloro/Tamara Pascutto/Alexia Serré, Mineurs Algériens et Marocains. Une autre mémoire du charbon lorrain, Paris 2011, S. 32f.

[13] Johannes-Dieter Steinert/Inge Weber-Newth, The Legacy of War: Germans in Post-War Britain, in: dies. (Hrsg.), European Immigrants in Britain 1933–1950, München 2003, S. 201–218, hier S. 201.

[14] Marc Perrenoud, Attitude suisse vis-à-vis de l'immigration italienne après 1945, in: Revue Syndicale Suisse 4 (1990), S. 129–141, hier S. 135; Morelli, L'appel; Alexis Spire, Un régime dérogatoire pour une immigration convoitée. Les politiques françaises et italiennes d'immigration/émigration, in: Marie-Claude Blanc-Chaléard (Hrsg.), Les Italiens en France depuis 1945, Rennes 2003, S. 41–53, hier S. 48f.

[15] Morelli, L'appel; Trempé, La politique de la main d'œuvre, S. 70; Le problème de la main-d'œuvre dans les mines belges, in: Annales des Mines de Belgique, XLVIII, 1947–1948, S. 372–386, hier S. 377; Josef Niederberger, Die politisch-administrative Regelung von Einwanderung und Aufenthalt von Ausländern in der Schweiz – Strukturen, Prozesse, Wirkungen, Frankfurt a. M. 1982, S. 38.

[16] Berghuis, Geheel ontdaan van onbaatzuchtigheid; Frank Caestecker, Het vluchtelingenbeleid in de naoorlogse periode, Brüssel 1992; Miles/Kay, Refugees or Migrant Workers?; Alexis Spire, Les réfugiés, une main-d'œuvre à part? Conditions de séjour et accès au marché du travail des réfugiés en France de 1945 à 1975, in: Michelle Guillon/Luc Legoux/Emmanuel Ma Mung (Hrsg.), L'asile politique entre deux chaises. Droits de l'homme et gestion des flux migratoires, Paris 2003, S. 209–228, hier S. 211.

[17] Berghuis, Geheel ontdaan van onbaatzuchtigheid, S. 82.

kräften in den DP-Lagern bereits weitgehend erschöpft war. Als die Niederlande Ende 1947 unverheiratete Arbeitskräfte in den DP-Lagern anwerben wollten, fanden sich nur wenige geeignete Kandidaten für die Arbeit im Bergbau oder in den Haushalten. Nur 4049 alleinstehende DPs wollten aus der US-Besatzungszone in die Niederlande gehen; in der britischen Besatzungszone gab es so gut wie gar keine Kandidaten.[18]

Zu diesem Zeitpunkt warb ausschließlich Frankreich Arbeitskräfte außerhalb Europas an. In Großbritannien gab es – allerdings nur vereinzelte – Zuwanderung aus den Ländern des britischen Weltreichs. Französische Behörden entsandten im September 1945 eine Anwerbekommission nach Nordafrika, die jedoch weithin erfolglos blieb.[19] Dennoch wuchs die Zuwanderung aus Nordafrika rasch an, weil Frankreich 1947 den Muslimen in Algerien die französische Staatsbürgerschaft einschließlich des Zuwanderungs- und Aufenthaltsrechts zugestand. Damit konnte die Arbeitsmigration aus Algerien, das nicht den Status einer Kolonie hatte, sondern als Teil des französischen Mutterlandes galt, faktisch offen auf die Kräfte des Marktes reagieren. 1946–1949 begaben sich rund 260000 algerische Arbeitnehmer nach Frankreich.[20] Ethnische Diskriminierung verhinderte ihre vollständige wirtschaftliche Integration.

Die Arbeitgeber bevorzugten Zuwanderer, die nicht über die umständliche und teure staatliche Anwerbung vermittelt worden waren, mussten sie den Migranten dann doch weder eine Unterkunft zur Verfügung stellen noch für die Reisekosten aufkommen oder Vorschriften über die Höhe der Löhne einhalten. In der Hoffnung, die weniger erwünschte Zuwanderung aus Algerien begrenzen und stattdessen den europäischen Bevölkerungsanteil in Frankreich vergrößern zu können, lockerten die französischen Behörden die Kontrolle über die Zuwanderung aus Italien. Seit November 1948 benötigten Italiener, die sich weniger als drei Monate im Land aufhielten, keine Visa mehr. Die französische Anwerbung in Italien hatte auch Süditaliener nach Frankreich geführt. Diese Bewegung verselbstständigte sich schnell als Kettenmigration. Italienische Arbeitskräfte reisten vermehrt ohne Inanspruchnahme der Anwerbestellen ein und legalisierten ihren Aufenthalt in Frankreich durch die Vorlage eines Arbeitsvertrags.[21] Während 1948 noch 74 Prozent aller aus dem Ausland eingereisten Arbeitskräfte angeworben worden waren, hatte sich diese Zahl bis 1950 auf 52 Prozent verringert.[22] Auch in der Schweiz, wo es den Arbeitgebern gelungen war, das Ausmaß der staatlichen Einflussnahme auf die Anwerbung klein zu halten, wuchs der Anteil der selbstständig organisierten Zuwanderungen.

In Belgien gingen die Behörden demgegenüber gegen selbstorganisierte Zuwanderung vor, das galt vor allem für nordafrikanische Arbeitskräfte. Ein hochrangiger Berater des für die Zuwanderungspolitik zuständigen belgischen Ministers verurteilte die „massive Invasion von Nordafrikanern", handele sich doch um

> „Arbeiter in den Bergwerken und Fabriken mit einer, wenn überhaupt, beschränkten Qualifikation, die ein hitziges Temperament haben und bereit sind, mit Messern zu spielen, ständig Wohnort und Arbeitgeber wechseln und für nichts als Unzufriedenheit sorgen".

---

[18] Ebenda, S.92–100.
[19] Olivier Kourchid/Nordine Dris, Les processus de recrutement des mineurs marocains, in: Mineurs Immigrés, Histoire, Témoignages, XIXe-XXe siècles, Montreuil 2000, S.201–218, hier S.201f.; Galloro/Pascutto/Serré, Mineurs Algériens et Marocains, S.24–26.
[20] Tapinos, L'immigration étrangère, S.29; Trempé, La politique de la main d'œuvre, S.71; Magali Morsy (Hrsg.), Les Nord-Africains en France, Paris 1984, S.45; Imke Sturm-Martin, Zuwanderungspolitik in Großbritannien und Frankreich. Ein historischer Vergleich, Frankfurt a.M. 2001, S.81f., 87, 140.
[21] Tapinos, L'immigration étrangère, S.31–44; Spire, Un régime dérogatoire, S.45.
[22] Viet, La France immigrée, S.239.

Die belgischen Behörden entschlossen sich Ende 1947, die Nordafrikaner auszuweisen und ausschließlich staatlich kontrollierte Zuwanderung zuzulassen.[23]

Abschließend lässt sich festhalten, dass die Kontrolle der Arbeitsmigration für die ausländischen Arbeitskräfte durchaus Vorteile bot. Die Abkommen mit Italien oder den Besatzungsmächten in Deutschland sprachen den Zuwanderern wichtige Rechte und Schutz in Bezug auf die Lohn- und Arbeitsbedingungen sowie die Sozialleistungen zu. Im Interesse der einheimischen Erwerbsbevölkerung profitierten die Zuwanderer von gleichen Löhnen und Arbeitsbedingungen. Arbeitgeber mussten Unterkünfte zur Verfügung stellen und für die Reisekosten der Angeworbenen aufkommen. Das Anwerbeverfahren sollte eine Überwachung der Zuwanderung entsprechend der Nachfrage sicherstellen, die von den Behörden in Absprache mit Gewerkschaften und Unternehmen festgestellt wurde. Für die Arbeitgeber bedeutete dies ein zeitraubendes und kostenintensives bürokratisches Verfahren, das sich nicht spontan nach wirtschaftlichen Bedürfnissen richten konnte, weshalb sie individuelle Vereinbarungen gegenüber der organisierten Anwerbung bevorzugten. Viele Arbeitgeber in Westeuropa sperrten sich gegen staatliche Eingriffe, konnten aber weitaus weniger Einfluss auf die Zuwanderungsregelungen nehmen als in der Schweiz.

Nicht allein die Arbeitsmöglichkeiten und -bedingungen beeinflussten die Entscheidung potenzieller Migranten für eine der westeuropäischen Zielregionen; auch die Möglichkeit der Rücküberweisungen in die Heimat bildete ein zentrales Element. Aufgrund einer negativen Zahlungsbilanz und geringer Valutavorräte begrenzten die französischen Behörden die Überweisungen nach Italien, was sich im Vergleich zu den deutlich liberaleren Richtlinien Belgiens und der Schweiz als Nachteil erwies.[24] Die Schweiz konnte weitaus mehr Italiener anwerben und Belgien rekrutierte nahezu ebenso viele Italiener wie Frankreich.

1.2 Die Praxis der Beschäftigung ausländischer Arbeitskräfte

Alle hier behandelten Aufnahmeländer teilten ein gemeinsames migrationspolitisches Motiv: Der Staat griff in das Migrationsgeschehen ein, damit die Zuwanderer nicht mit den eigenen Staatsangehörigen auf dem Arbeitsmarkt konkurrierten. Arbeitsmigranten stand nur eine beschränkte Auswahl an Beschäftigungsmöglichkeiten zur Verfügung, und ohne offizielle Genehmigung durften sie die Arbeitsstelle nicht wechseln. Sie mussten sich um eine auf ein Jahr befristete Arbeitserlaubnis bemühen, die nur ausgestellt wurde, sofern keine Staatsbürger für die entsprechende Position zur Verfügung standen und die Arbeitgeber Mindeststandards bei Lohn- und Arbeitsverhältnissen einhielten.

Ausländische Arbeitskräfte dienten als Ersatz in Beschäftigungsbereichen, in denen einheimische Arbeitnehmer weder das Lohnniveau noch die Arbeitsbedingungen als attraktiv einstuften, das traf immer häufiger auf den Bergbau, die Schwerindustrie und das Baugewerbe zu. Sichtbar wurde ein solcher struktureller Arbeitskräftebedarf dann, wenn Stellen trotz einer hohen Arbeitslosenrate unbesetzt blieben. Darüber hinaus war die Nachfrage nach ausländischen Arbeitern in hohem Maße von der Konjunktur abhängig, ausländische Arbeitskräfte übten eine Pufferfunktion aus: Ihre Zahl stieg in Hochkonjunkturphasen und sank in Zeiten der Rezession. Die Behörden zeigten sich allerdings mit der spontanen Reaktion der ausländischen Arbeitskräfte auf einen Konjunkturrückgang unzufrieden, hatten sie doch in solchen Zeiten auf einen umfangreichen Export der Erwerbslosigkeit

---

[23] Algemeen Rijksarchief, Brüssel, Justizministerium, Ausländerpolizei, 1B6/7, Report, 28.1.1948.
[24] Archiv und Museum der Sozialistischen Arbeiterbewegung, Gent, Nachlass Nauwelaerts, Commission Tripartite de la main-d'œuvre étrangère, 26.7.1948, 21.2.1949; Tesseltje De Lange, Staat, markt en migrant. De regulering van arbeidsmigratie naar Nederland 1945–2006, Den Haag 2007, S. 44.

gehofft. Durch eine kompromisslose Haltung gegenüber den Ausländern in Phasen der Rezession wollten sie eine antizyklische Wirkung der Ausländerbeschäftigung durchsetzen: Die französische Regierung brachte beispielsweise während der Krise 1949/50 rund 7 000 Franzosen in Stellen unter, die durch die Weigerung der Behörden, die Arbeitsgenehmigungen für Ausländer zu verlängern, frei geworden waren.[25]

In der Schweiz wurde diese Pufferfunktion der Arbeitsmigration besonders intensiv genutzt. Das Rotationsmodell mit seinen befristeten, aber verlängerbaren Arbeitsverträgen für Saisonarbeitskräfte und „Jahresaufenthalter" orientierte sich ausschließlich an ökonomischen Bedürfnissen. Der Mehrheit der ausländischen Arbeitskräfte in der Schweiz wurden soziale Rechte, wie Erwerbslosenunterstützung oder das Recht auf Familienzusammenführung, versagt. Möglichkeiten des dauerhaften Aufenthalts gab es kaum. Ausländische Arbeitskräfte, die über Jahre hinweg in der Schweizer Baubranche beschäftigt gewesen waren und lediglich für die Weihnachtsfeiertage das Land verließen, galten weiterhin als Saisonarbeiter und erhielten kein Niederlassungsrecht. Das Rotationssystem war für die schweizerischen Arbeitgeber mit hohen Kosten verbunden, da es schwierig war, Arbeitnehmer zu halten und das System einen enormen Verwaltungsaufwand erforderte. Die politische Spitze aber hatte sich darauf verständigt, die nationale Erwerbsbevölkerung durch dieses System zu schützen.[26] Da die schweizerischen Behörden die Niederlassung von Arbeitsmigranten ablehnten, durften auch nur sehr wenige Familienangehörige einwandern. Eine solche Regelung galt auch für diejenigen DPs, die 1947 in die Niederlande angeworben worden waren, um der Nachfrage nach temporären Arbeitskräften im Bergbau zu genügen.

In Belgien akzeptierte die Politik die Funktion der Arbeitsmigration, Stellen im Bergbau zu besetzen, die einheimische Arbeitskräfte nicht (mehr) übernehmen wollten. Alle ausländischen Arbeitskräfte, die sich bewährt hatten, sollten deshalb dauerhaft im Bergbau verbleiben und ihre Familien nachholen dürfen. 1946–1949 wurden 80 000 Italiener angeworben; in diesem Zeitraum unterstützte die Bergbauindustrie 2 647 Arbeiter finanziell, sodass deren Ehepartner mit ca. 10 000 Kindern nachziehen konnten.[27] Den 20 000 für die belgische Bergbauindustrie angeworbenen DPs folgten 15 000 Familienangehörige.[28] Wegen des besonderen demographischen Interesses Frankreichs an europäischen Einwanderern erhielten italienische Arbeitnehmer Unterstützungsleistungen, wenn sie ihre Familie mitbrachten und sich dauerhaft in Frankreich niederlassen wollten.

In Belgien und Frankreich wurde der Nachzug der Familien von Arbeitsmigranten als humanitäre Konzession in Kauf genommen, aber solche humanitären Zugeständnisse hatten enge Grenzen: Erst nachdem ein ausländischer Arbeitnehmer (und später auch seine Familie) für zehn Jahre (Familienangehörige: fünf Jahre) in Belgien gelebt hatte, bestand die Möglichkeit, eine Arbeitsstelle anzunehmen, für die auch ein belgischer Staatsbürger zur Verfügung stand. Vor Ablauf dieser Frist wurden ausländische Arbeitskräfte des Landes verwiesen, wenn sie nicht mehr in der Lage (oder nicht mehr bereit) waren, im Bergbau zu arbeiten. Von den 80 000 Italienern, die für den belgischen Bergbau angeworben worden waren, verließen 27 Prozent bereits vor Ablauf ihres Einjahresvertrags die Stelle und wurden in die Heimat zurückgeschickt.[29] Von den fast 22 000 DPs, die einen Zweijahres-

---

[25] Spire, Un régime dérogatoire, S. 47.
[26] Thomas Gees, Die Schweiz im Europäisierungsprozess. Wirtschafts- und gesellschaftspolitische Konzeptionen am Beispiel der Arbeitsmigrations-, Agrar- und Wissenschaftspolitik, 1947–1974, Zürich 2006, S. 110–115.
[27] Morelli, L'appel, S. 96.
[28] Caestecker, Vluchtelingenbeleid, S. 48.
[29] Morelli, L'appel, S. 98.

vertrag für die Arbeit unter Tage in Belgien unterschrieben hatten, verließen 40 Prozent den Bergbau vor Ablauf ihres Vertrags. Sie mussten in die Flüchtlingslager im besetzten Deutschland zurückkehren.[30] Deportation galt Behörden und Unternehmern im Bergbau mithin als Disziplinierungsinstrument. So ließ sich sicherstellen, dass ausländische Arbeitnehmer in den Bereichen blieben, für die sie angeworben worden waren, und keine Konkurrenz für die einheimischen Arbeitnehmer darstellten.[31]

Die Geschichte der DPs verweist auf die vielfältigen Probleme, die sich für die Arbeitsmigranten im Europa der unmittelbaren Nachkriegszeit aus dem Vertragsregime ergaben. Nur sehr wenige der von französischen und niederländischen Stellen angeworbenen DPs entschieden sich dafür, sich in Frankreich und den Niederlanden niederzulassen, was für erhebliche Schwierigkeiten der wirtschaftlichen Integration spricht.[32] Wie bereits erwähnt, wurden 40 Prozent der DPs in Belgien innerhalb der ersten beiden Jahre des Anwerbeprogramms ausgewiesen. Aus Großbritannien gingen lediglich 4 430, also 5 Prozent der Angeworbenen, bis zum 31. Dezember 1950, vier Jahre nach Beginn der Anwerbungen, nach Deutschland zurück.[33] Nur 602 dieser DPs waren explizit abgeschoben worden. Die anderen Rückkehrer wollten in die Flüchtlingslager nach Deutschland zurückkehren, um so an den Programmen zur Umsiedlung nach Kanada, Australien und in die Vereinigten Staaten teilnehmen zu können, die erst nach ihrer Ankunft in Großbritannien angelaufen waren.

Der deutlich geringere Umfang der Rück- und Weiterwanderungen der DPs aus Großbritannien im Vergleich zu Belgien lässt sich wahrscheinlich zurückführen auf die vielfältigeren Arbeitsmöglichkeiten in Großbritannien und die flexiblere Haltung der britischen Behörden gegenüber einem Arbeitsplatzwechsel. DPs mit besonderen Kenntnissen und Fertigkeiten sowie gesundheitlich Beeinträchtigte konnten sogar in Bereichen arbeiten, in denen kein Arbeitskräftemangel herrschte.[34] Nur wenige DPs wurden im Bergbau eingesetzt, weil sich die Gewerkschaften dagegen wehrten (siehe unten). Unter den 80 000 DPs arbeiteten anfänglich lediglich 13 Prozent im Bergbau, bis 1949 hatte sich dieser Anteil halbiert. Das britische Innenministerium setze sich zudem mit einer liberaleren Linie gegenüber dem Arbeitsministerium durch, das vor allem auf Ausweisungen setzte. Seit 1950 durften sich DPs in Großbritannien dauerhaft niederlassen, alle Beschränkungen der Mobilität auf dem Arbeitsmarkt wurden aufgehoben. Trotz allem war bis 1957 etwa ein Viertel der 80 000 für die britische Wirtschaft angeworbenen DPs ins Ausland abgewandert.[35]

Belgien verfuhr gegenüber den DPs wesentlich restriktiver. Die belgischen Behörden wiesen jeden Ausländer aus, der den Bergbau verließ – ob DP oder nicht. Die scharfe Linie konnte das belgische Arbeitsministerium auch gegen die Auffassungen anderer Ministerien durchhalten, insbesondere des Außenministeriums, das um die internationale Reputation Belgiens fürchtete. Lediglich diejenigen DPs, die während ihres Aufenthalts in Belgien

---

[30] Die Angaben basieren auf einer Stichprobe unter DPs sowjetischer Herkunft in Belgien. Für polnische, baltische und andere DPs können die Ergebnisse leicht abweichen. Lieselotte Luyckx, Soviet DP's for the Belgian Mining Industry (1944–1960): The Daily Struggle against Yalta of a Forgotten Minority, Diss. European University Institute, Florenz 2011.
[31] Albert Martens, Les immigrés, flux et reflux d'une main-d'œuvre d'appoint, Louvain 1975; Caestecker, Vluchtelingenbeleid, S. 37–62.
[32] Einige der Aspekte für Frankreich und die Niederlande werden jeweils in folgender Literatur behandelt: Spire, Les réfugiés, une main-d'œuvre à part?; Berghuis, Geheel ontdaan van onbaatzuchtigheid, S. 100. Zum politischen Vorgehen in Belgien und Großbritannien siehe Luyckx, Soviet DP's; Caestecker, Vluchtelingenbeleid; Miles/Kay, Refugees or Migrant Workers?; John Allan Tannahill, European Volunteer Workers in Britain, Manchester 1958.
[33] Miles/Kay, Refugees or Migrant Workers?, S. 118.
[34] Ebenda, S. 104–108; Paul, Whitewashing Britain, S. 82 f.
[35] Tannahill, European Volunteer Workers, S. 97.

eine gesundheitliche Beeinträchtigung erlitten, die ihnen die weitere Arbeit im Bergbau unmöglich machte, erhielten vom Arbeitsministerium eine beschränkte Arbeitsgenehmigung, mit der sie in wenigen anderen Beschäftigungsbereichen tätig sein konnten, die von einheimischen Arbeitskräften gemieden wurden. Ende 1948 stieg die Erwerbslosenquote, sodass mehr Belgier, die ihre Stelle in anderen Bereichen verloren hatten, bereit waren, in Steinbrüchen, im Baugewerbe oder in Eisengießereien zu arbeiten. Ausländische Arbeitskräfte, sowohl Italiener als auch DPs, waren nun nicht mehr erwünscht, Arbeitsgenehmigungen wurden zurückgezogen.

Zu diesem Zeitpunkt war die Ausweisung von DPs aus Belgien ins besetzte Deutschland nicht mehr möglich, erteilten doch die US-Besatzungsbehörden keine Genehmigungen mehr für eine Rückkehr in ihre Zone. Seither mussten Arbeiter, die nicht mehr in der Lage waren, im belgischen Bergbau tätig zu sein, weiterhin in Belgien leben, obwohl die belgischen Behörden darauf beharrten, DPs keinen freien Zugang zum Arbeitsmarkt zu gewähren. Sie erhielten Erwerbslosenhilfe und waren nunmehr abhängig von staatlichen Transferleistungen.

Die DPs in Belgien setzten sich mit aller Kraft dafür ein, dass ihre besondere Situation als Flüchtlinge Gegenstand der politischen Agenda wurde. Im Sommer 1949 lief ein Großteil der Zweijahresverträge im belgischen Bergbau aus, die die DPs bei ihrer Ankunft unterschrieben hatten. Sie hatten darauf gehofft, gleichberechtigte Bürger Belgiens zu werden. Deshalb ließen sie ihrem Unmut freien Lauf, als sie erfuhren, dass sie im Bergbau bleiben müssten. Über 1000 (der 15000 in Belgien verbliebenen) DPs marschierten nach Brüssel. Die Proteste der DPs mündeten in einen langwierigen und erbitterten Kampf um Niederlassungsrechte. Ein bedeutender Anteil von ihnen hatte einen höheren Bildungsabschluss, und den belgischen Behörden zufolge waren diese in der Protestbewegung überrepräsentiert.[36] Zwar sollten die DPs möglichst im Bergbau bleiben, die belgischen Behörden wollten die Protestierer aber nicht zur Arbeit zwingen, weil sie fürchteten, damit die kommunistische Propaganda anzuheizen. Patrouillen auf allen Routen, die aus den Bergbauregionen herausführten, sollten jene DPs zur Rückkehr bewegen, die sich den Protestierern anschließen wollten. Zugleich wurden die Arbeitsmöglichkeiten für DPs ausgeweitet: Jede DP, die einen Arbeitgeber gefunden hatte, konnte eine Arbeitsgenehmigung erhalten, allerdings gelang es wegen des Anstiegs der Erwerbslosigkeit nur den wenigsten, den Bergbau zu verlassen. Dies war lediglich ein befristetes Zugeständnis, um die drohende Massenauswanderung von DPs zu verhindern. Es sollte vorwiegend einen psychologischen Zweck erfüllen und den DPs zeigen, dass sie nicht dauerhaft an eine Tätigkeit im Bergbau gebunden sein würden. Der Arbeitsminister verweigerte die Zustimmung, allen DPs eine unbefristete Arbeitsgenehmigung zu gewähren. Ausländische Arbeitskräfte mussten mindestens zehn Jahre in Belgien beschäftigt sein, bevor ihnen eine solche unbefristete Arbeitserlaubnis erteilt wurde, und die DPs hatten bis dahin lediglich zwei Jahre im belgischen Bergbau gearbeitet. Es sollte noch über zwei Jahre dauern, bis die belgischen Behörden den Kurswechsel einleiteten: Seit Dezember 1951 konnten alle DPs, die mindestens drei Jahre in Belgien gearbeitet hatten, eine unbeschränkte Arbeitserlaubnis erhalten. Zu diesem Zeitpunkt hatten bereits viele DPs Belgien verlassen. Lediglich 20 Prozent der ursprünglich 22000 angeworbenen Arbeitskräfte blieben letztlich im Land.[37] Nur wenige kehrten nach Osteuropa zurück, die Mehrheit wählte ein Ziel in Übersee.

---

[36] Einer Stichprobe zufolge waren 8 % der 1949 in Belgien lebenden DPs vor dem Krieg einem freien Beruf nachgegangen, hatten als Angestellte gearbeitet oder an Universitäten studiert. Rijksarchief Hasselt, Fedechar, DPs, Commission de Main-d'œuvre, 24.9.1949.
[37] Luyckx, Soviet DP's.

Das Beispiel der Politik gegenüber den DPs verweist auf die Grenzen einer restriktiven Ausländerpolitik. Humanitäre und pragmatische Überlegungen sowie außenpolitische Interessen bewirkten eine Lockerung der Kontrollmaßnahmen. Die ausländische Arbeitnehmerschaft erwies sich als weniger disponibel, flexibel und anpassungsbereit, als die Behörden erhofft hatten. Obwohl es nicht der Absicht der politischen Entscheidungsträger entsprach, die ausländischen Arbeitnehmer dauerhaft aufzunehmen, mussten sie sich eingestehen, dass aus der Arbeitsmigration erhebliche soziale und rechtliche Bindungen resultierten. Frankreich war als einzige Ausnahme bis zu einem gewissen Grad daran interessiert, neue Staatsbürger aufzunehmen, aber auch Belgien und Großbritannien sahen sich dazu gezwungen, anzuerkennen, dass aus temporären Aufenthalten dauerhafte Einwanderung geworden war. Die Schweiz, die sich nicht des Arbeitskräftereservoirs in den Flüchtlingslagern bedient hatte, war mit weitaus weniger Schwierigkeiten konfrontiert, den Arbeitsmigranten den Status von Arbeitnehmern zweiter Klasse zuzuweisen. Die Leistungsfähigkeit des schweizerischen Rotationssystems blieb hoch, nur sehr wenige ausländische Arbeitnehmer konnten sich dauerhaft niederlassen.[38]

2. Anwerbung und Aufenthalt ausländischer Arbeitskräfte in den 1950er Jahren

Nicht nur Frankreich, sondern auch die Schweiz und Belgien verhandelten ab Mitte der 1950er Jahre mit weiteren Staaten über den Abschluss von Anwerbeabkommen. Es ging ihnen auch darum, das Monopol Italiens zu brechen, das bessere Arbeitsbedingungen für seine Arbeitskräfte im Ausland durchsetzen wollte. Vertragspartner suchten die Regierungen vor allem in Europa, weil sie europäische Zuwanderer bevorzugten, während das Interesse an Arbeitskräften aus Nordafrika oder Asien geringer blieb aufgrund von rassistischen Vorstellungen über schlechte Arbeitsleistungen, ausgeprägte Kriminalität und ein niedriges kulturelles Niveau.[39] Lediglich Marokko wurde zunächst von den französischen und später auch von den belgischen Behörden als potenzielles Anwerbeland angesehen.[40]

Großbritannien bemühte sich nur ein weiteres Mal um die Anwerbung im Ausland. 1951 sollten 30 000 Italiener für die Arbeit im Bergbau ins Land geholt werden; als jedoch ein paar Hundert von ihnen eintrafen, verhinderte der lokale Widerstand der Gewerkschaften die Arbeitsaufnahme. Um ethnische Spannungen zu verhindern, beendete die britische Regierung das Anwerbeprogramm mit Italien.[41] Außerdem erwies sich, dass die Zahl der Arbeitskräfte genügte, die selbstständig aus dem Ausland einreisten, zunächst vor allem aus Irland, das bereits seit dem 19. Jahrhundert ein wesentliches Arbeitskräftereservoir für Großbritannien bildete. Neben die Migration aus Irland traten immer häufiger Ketten-

---

[38] Werner Haug, Und es kamen Menschen. Ausländerpolitik und Fremdarbeit in der Schweiz 1914 bis 1980, Berlin 1980.
[39] Die belgischen Behörden lehnten 1956 eine Anwerbung von algerischen Arbeitskräften ab, da „sie Unruhestifter waren und ihre Vorliebe für weiße Frauen der Grund für zahlreiche Zwischenfälle darstellte"; Belgisches Außenministerium an Arbeitsministerium, 31.12.1956. Algemeen Rijksarchief, Brüssel, Mijndirectie, 330.
[40] Kourchid/Dris, Les processus de recrutement des mineurs marocains; Trempé, La politique de la main d'œuvre, S. 71; Anne Frennet-De Keyser, La convention Belgo-Marocaine de main d'œuvre: un non-événement?, in: Nouria Ouali (Hrsg.), Trajectoires et dynamiques migratoires de l'immigration marocaine en Belgique, Brüssel 2004, S. 215–250.
[41] Lucio Sponza, Italians in War and Post War Britain, in: Steinert/Weber-Newth (Hrsg.), European Immigrants in Britain 1933–1950, S. 194–197; Joseph Behar, Diplomacy and Essential Workers: Official British Recruitment of Foreign Labor in Italy, 1945–1951, in: Journal of Policy History 15 (2003), H. 3, S. 324–344; Paul, Whitewashing Britain, S. 76–78.

wanderungen britischer Staatsbürger aus der Karibik und vom indischen Subkontinent. Auch wenn die Zuwanderungen nicht im Rahmen von staatlichen Anwerbeprogrammen abliefen, handelte es sich keineswegs in jeder Hinsicht um selbstorganisierte Bewegungen der Migranten: Arbeitgeber, unter ihnen vor allem der staatliche Gesundheitsdienst, das Nahverkehrsunternehmen London Transport und die Eisenbahngesellschaft British Rail, streckten den angehenden Mitarbeitern aus dem Commonwealth die Reisekosten vor.

Eine solche Arbeitsmarktpolitik nach dem Prinzip des Laisser-faire erforderte allerdings die aktive Entscheidung für eine Öffnung der Grenzen und des Arbeitsmarkts gegenüber irischen, afro-karibischen und asiatischen Zuwanderern. Sie resultierte für die beiden zuletzt genannten Gruppen vornehmlich aus einem unbeabsichtigten Nebeneffekt des britischen Staatsangehörigkeitsgesetzes von 1948, mit dem die britische Staatsangehörigkeit eingeführt wurde, um das Commonwealth und vor allem die Verbindung zwischen Großbritannien und den ehemaligen kolonialen Herrschaftsgebieten zu stärken.[42] Diese Regelung, die ethnische Zugehörigkeiten ignorierte, blieb zwei Jahrzehnte gültig. Wahrscheinlich lag die Zahl der nicht-weißen, aus dem britischen Weltreich und dem Commonwealth stammenden Bewohner des Vereinigten Königreichs im Jahr 1951 bei etwa 17 000, 1955 bei 40 000 und 1958 bei 100 000, bevor sie bis 1962 rasant auf 300 000 anstieg. Erst zu diesem Zeitpunkt wurde eine diskriminierende rassistische Gesetzgebung ausgearbeitet, Grundlage des Einwanderungsgesetzes von 1971, das die Zuwanderung aus dem Commonwealth massiv beschränkte.[43]

Auch Frankreich setzte – nicht zuletzt wegen des starken Einflusses der Arbeitgeber auf die Migrationspolitik – auf ungesteuerte Arbeitsmigration. Bereits 1948 förderte die französische Regierung die Zuwanderung aus Italien, indem sie die Visumpflicht für Kurzaufenthalte abschaffte. Ab 1956 hob sie die Visumpflicht für eine Reihe weiterer Staaten auf. Die betreffenden Arbeiter kamen selbstständig nach Frankreich, nachdem sie Gerüchte über Arbeitsmöglichkeiten gehört hatten oder von Angehörigen und Bekannten zum Nachzug ermuntert worden waren. Um einen Aufenthaltstitel zu erhalten, musste lediglich ein Arbeitsangebot nachgewiesen werden. Insbesondere junge Männer aus Portugal kamen in der zweiten Hälfte der 1950er Jahre unter Missachtung der Regelungen des französisch-portugiesischen Anwerbevertrags nach Frankreich. Das Salazar-Regime hatte wenig Interesse an einer Förderung der Abwanderung nach Frankreich, um nicht die Rekrutierung von Soldaten für den Kolonialkrieg zu gefährden. Es vermochte zugleich aber auch nicht, die (illegale) Abwanderung zu unterbinden. Die portugiesischen Zuwanderer waren zumeist illegal im Baugewerbe und bei öffentlichen Bauprojekten beschäftigt. Ihr Stundenlohn lag zwar unterhalb des durchschnittlichen Niveaus, sie glichen diesen Nachteil aber durch Überstunden aus.[44]

Im Falle der Portugiesen strebten die französischen Behörden nicht danach, gegen die illegale Zuwanderung vorzugehen. Im Falle der massenhaften Zuwanderung von „französischen Muslimen aus Algerien" waren sie machtlos. Als französische Staatsbürger hatten sie das Recht auf Zugang und Niederlassung in Frankreich. Sie suchten ihre Arbeitgeber nicht nur in den alten Industrien (wie der Schwerindustrie), sondern auch in den modernen

---

[42] Randall Hansen, Citizenship and Immigration in Post-War Britain, Oxford 2000, S. 37–56; Kathleen Paul, „British Subjects" and „British Stock": Labour's Postwar Imperialism, in: Journal of British Studies 34 (1995), H. 2, S. 233–276.
[43] Hansen, Citizenship and Immigration in Post-War Britain, S. 37–56; Paul, Whitewashing Britain, S. 111–190; Sturm-Martin, Zuwanderungspolitik, S. 67 f., 227–249; Ian R.G. Spencer, British Immigration Policy since 1939: The Making of Multi-Racial Britain, New York 1997, S. 58–128.
[44] Marie-Christine Volovitch-Tavares, Les travailleurs immigrés portugais des Trente Glorieuses, in: Hommes & migrations 1263 (2006), S. 70–83; Pereira/Fernandez, Les Etats portugais et espagnols et l'émigration, S. 35–43.

kapitalintensiven Produktionszweigen. Eine große Anzahl Algerier war in der Automobilindustrie beschäftigt, wo sie unter schlechteren Bedingungen und für weniger Geld arbeiteten als einheimische Beschäftigte. In der zweiten Hälfte der 1950er Jahre machten Algerier in der Renault-Fabrik in Boulogne-Billancourt 10–15 Prozent der Belegschaft aus. Meist arbeiteten sie als Angelernte am Fließband bei hoher körperlicher Beanspruchung.[45] Erst 1964, nach der Unabhängigkeit Algeriens, griffen restriktive Regelungen des französischen Staates gegen die Zuwanderung aus Algerien.

Im Vergleich zur zweiten Hälfte der 1940er Jahre, als die französischen Behörden noch versucht hatten, die Zuwanderung durch ein Vertragsarbeitersystem zu kontrollieren, waren die französischen Migrationsrichtlinien der 1950er Jahre deutlich liberaler. In Belgien überwog demgegenüber das Vertragsarbeitersystem, wenn auch die Zahl der Migranten zunahm, die selbstständig zuwanderten.[46] Sogar in der Schweiz ließ die Kontrolle der ausländischen Arbeitskräfte etwas nach. Die niederländischen Behörden hielten weitestgehend an dem Vertragsarbeitersystem fest. Mitte der 1950er Jahre wurden einige Tausend Italiener für den niederländischen Bergbau angeworben, die allerdings im Kontext des Abschwungs 1958 entlassen und in ihre Heimat zurückgeschickt wurden, da ausreichend einheimische Arbeitskräfte vorhanden waren.[47]

Drei Gründe für das Nachlassen der staatlichen Kontrollen lassen sich ausmachen: die (wirtschaftliche) Integration Europas und der Staaten im nordatlantischen Raum, ein größerer Wettbewerb um europäische Arbeitskräfte und die Stilllegungen im Bergbau. Die Organisation für europäische wirtschaftliche Zusammenarbeit (OEEC, seit 1961 OECD) wurde 1948 durch 16 europäische Staaten und die USA gegründet. Zentrales Ziel war die Bildung eines gemeinsamen Arbeitsmarkts.[48] Am 30. Oktober 1953 entschied die OEEC, dass die Arbeitserlaubnis ausländischer Arbeitskräfte nach fünf Jahren automatisch erneuert werden sollte. Die Souveränität der Nationalstaaten blieb insofern erhalten, als es sich um eine Kann-Bestimmung handelte und das Zugeständnis jederzeit, etwa in Zeiten des Anstiegs der Erwerbslosigkeit, verweigert werden konnte.[49] Die Richtlinie stellte ohnehin nur eine Bestätigung der gängigen Praxis in den meisten Mitgliedstaaten dar. Für die Schweiz wurde eine Ausnahmeregelung gefunden, da ihre Anwerbeverträge mit Deutschland und Italien eine zehnjährige Frist vorsahen, bevor das Recht auf Niederlassung gewährt wurde.[50] Erst als sich das Angebot an europäischen Arbeitskräften reduzierte, schränkten die schweizerischen Behörden 1961 die Kontrolle der ausländischen Beschäftigten ein, um die Attraktivität des Arbeitsmarkts in der Schweiz zu erhöhen: Bauarbeiter zählten nun nicht mehr zu den Saisonarbeitern, und der Familiennachzug wurde erleichtert. Auf Druck Italiens als Hauptherkunftsland der Arbeitswanderer wurde die Frist für die Gewährung von Niederlassungsrechten herabgesetzt: Nach fünfjährigem Aufenthalt in der Schweiz durften italienische Arbeitskräfte ihren Beruf frei wählen und hatten Anspruch auf Arbeitslosenhilfe. Sie mussten allerdings weitere fünf Jahre in der Schweiz bleiben, um das Recht auf Niederlassung zu erhalten.[51]

Die Bildung eines europäischen Wirtschaftsraums beinhaltete nicht nur den freien Verkehr von Kapital und Waren, sondern – hauptsächlich auf Druck Italiens – auch von Arbeitskräften. 1961 wurde die Freizügigkeit innerhalb der Europäischen Wirtschafts-

---

[45] Laure Pitti, La main-d'œuvre algérienne dans l'industrie automobile (1945–1962) ou les oubliés de l'histoire, in: Hommes & migrations 1263 (2006), S. 47–57.
[46] Martens, Les immigrés.
[47] Langeweg, Buitenlandse arbeiders, S. 74.
[48] Daniel Hanekuijk, Het recht op vrijheid van migratie, Leiden 1957, S. 46f.
[49] Ulrich Erdmann, Europäisches Fremdenrecht, Frankfurt a.M. 1969, S. 323–325.
[50] De Lange, Staat, markt en migrant, S. 34.
[51] Gees, Die Schweiz im Europäisierungsprozes, S. 115–127.

gemeinschaft (EWG) eingeführt. Bis 1968 blieb der Inländervorrang erhalten, dann wurde die Kontrolle der Arbeitsmigration in der EWG ganz eingestellt.[52] Mehr oder minder zeitgleich verlor wegen der vermehrten Nutzung von Öl und Gas der Bergbau als Beschäftigungsbereich an Bedeutung, der von Beginn an für scharfe Kontrollen der ausländischen Arbeitskräfte eingetreten war. In Belgien waren 1955 noch 77 Prozent der erstmals erteilten Arbeitsgenehmigungen für den Bergbau ausgestellt worden, 1957 lag der Anteil mit 64 Prozent bereits deutlich niedriger.[53] Das Angebot an Arbeitsstellen, die keine oder nur geringe Qualifikation erforderten und an denen die einheimische Bevölkerung kein Interesse hatte, weitete sich aus. Im Jahr 1960 war das gesamte Konstrukt einer staatlich organisierten Arbeitsmigration erheblich geschwächt. Immer klarer zeigte sich, dass die Mobilitätsmuster vornehmlich durch den Markt und die Migranten geformt wurden und die Einflussmöglichkeiten des Staates beschränkt blieben[54]: Arbeitsmigranten kehrten in Krisenzeiten nicht in ihre Herkunftsländer zurück oder sie entschieden sich für eine Rückkehr in Zeiten des wirtschaftlichen Aufschwungs, in denen es eine Vielzahl an Erwerbschancen gab, oder weil sie genügend Geld verdient hatten bzw. ihre untergeordnete Rolle auf dem Arbeitsmarkt nicht akzeptieren wollten. Alexis Spire hat gezeigt, dass Italiener, die in den 1950er Jahren in Paris eintrafen, um als An- und Ungelernte zu arbeiten, nach durchschnittlich zwei Jahren in ihre Heimat zurückkehrten.[55] Die portugiesischen Arbeiter, die erst ab Mitte der 1950er Jahre nach Frankreich kamen, schenkten den Staatsgrenzen, die sie für eine Arbeitsaufnahme überqueren mussten, keine Beachtung. Sie verließen Portugal meist illegal und kamen ohne Genehmigung nach Frankreich, wo sie ohne Schwierigkeiten eine Anstellung fanden. Auch die von Galloro untersuchten zirkulären Mobilitätsmuster der Algerier und Italiener, die in der Metallindustrie in Lothringen beschäftigt waren, hatten unterschiedliche Merkmale: Die Algerier pendelten zwischen Frankreich und Algerien. Während die Italiener durchschnittlich ein Jahr in einem Unternehmen blieben, verließen die Arbeiter aus Algerien es nach durchschnittlich neun Monaten, etwa die Hälfte kehrte nach Algerien zurück, während die Italiener vorzugsweise in Frankreich blieben.[56] Die Migration der Algerier und Portugiesen hatte vielmehr einen zirkulären Charakter. Sie entschieden selbstständig und ignorierten den Wunsch des Staats nach Kontrolle ihrer Mobilität.

3. Fazit

Alle fünf untersuchten Länder litten in der unmittelbaren Nachkriegszeit unter einem erheblichen Arbeitskräftemangel. Arbeitskräfte aus Italien und aus den Flüchtlingslagern im besetzten Deutschland konnten ohne größeren Aufwand rekrutiert werden und deckten den dringendsten Bedarf. Das enorme Reservoir, das Italien zu bieten hatte, war jedoch bald erschöpft, da nicht nur die einzelnen Industriestaaten im Wettbewerb um die italienischen Arbeitskräfte standen, sondern auch die wirtschaftliche Entwicklung Norditaliens

---

[52] Frederico Romero, Emigrazione e Integrazione Europea, 1945–1973, Rom 1991; Simone A.W. Goedings, Labor Migration in an Integrating Europe. National Migration Policies and the Free Movement of Workers, 1920–1968, Den Haag 2005.
[53] Martens, Les immigrés, S. 211f.
[54] Romero, Emigrazione e Integrazione Europea.
[55] Alexis Spire, Etrangers à la carte. L'administration de l'immigration en France (1945–1975), Paris 2005, S. 302f.
[56] Piero-Dominique Galloro, Les flux de main-d'œuvre italienne dans la sidérurgie lorraine, analyse spatiale et démographique (1945–1968), in: Blanc-Chaléard (Hrsg.), Les Italiens en France depuis 1945, S. 85–95, hier S. 94f.

den Anreiz verminderte, ins Ausland zu gehen. In der zweiten Hälfte der 1950er Jahre begannen die westeuropäischen Industriestaaten, andere Arbeitskräftereserven zu erschließen.

Das zwischen 1946 und 1948 etablierte, auf bilateralen Verträgen basierende restriktive Kontrollsystem wich in den 1950er Jahren einem offeneren Regime. Die Zusammenarbeit der westlichen Industriestaaten (OECD) und die europäische Integration (EWG) hatten dabei nur ein geringes Gewicht. Ausländische Arbeitskräfte wurden zunehmend häufiger auch außerhalb der Schwerindustrie eingesetzt, das vermehrte und diversifizierte Angebot an Arbeitsplätzen förderte die Zuwanderung. Der einsetzende Rückgang der Schwerindustrie mit ihren den politischen Entscheidungsträgern nahestehenden Unternehmern trug dazu bei, dass die Möglichkeiten der Kontrolle über ausländische Arbeitskräfte schwanden. Das offenere Regime war auch ein Ergebnis einer Politik der offenen Tür gegenüber Bevölkerungen der ehemaligen Koloniegebiete. Außerdem gelang es vielen Zuwanderern, den Regulierungsapparat mit Hilfe von Arbeitgebern zu umgehen. Der anhaltende Arbeitskräftebedarf aufgrund des hohen wirtschaftlichen Wachstums trug dazu bei. Amtliche Verfahren wurden in den 1950er Jahren zunehmend durch private Anwerbungen ersetzt. Die Behörden verzichteten immer häufiger auf die Umsetzung ihrer Kontrollkompetenzen im Migrationsbereich.

Zuwanderer erschienen immer weniger als Objekte der Wirtschaftspolitik, sondern immer häufiger als Akteure, die eigene Absichten verfolgten und Rechte erworben hatten. Sie verließen das Zuwanderungsland selbst bei hohem Arbeitskräftebedarf oder blieben, wenn Erwerbslosigkeit herrschte. Die befristeten Arbeitsverträge standen im Widerspruch zur Realität einer dauerhaften Niederlassung. Die ausländische Arbeitnehmerschaft erwies sich mithin als wesentlich weniger flexibel und opferbereit, als viele politisch und wirtschaftlich Verantwortliche gehofft hatten.

Christoph A. Rass
Die Anwerbeabkommen der Bundesrepublik Deutschland mit Griechenland und Spanien im Kontext eines europäischen Migrationssystems

Zu Beginn der 1960er Jahre gewann die Arbeitswanderung von der europäischen Peripherie in die führenden Volkswirtschaften Westeuropas beträchtliche Dynamik. Seit dem Ende des Zweiten Weltkriegs hatten vor allem Migranten aus Italien die Nachfrage der Arbeitsmärkte zunächst Frankreichs und Belgiens, dann Luxemburgs und schließlich auch Deutschlands gedeckt. Nun aber stand das europäische System der Arbeitswanderung vor seiner ersten großen Erweiterung in der Nachkriegszeit. Immer mehr Staaten warben Arbeiterinnen und Arbeiter in Italien an oder förderten deren selbstständige Migration. Die ständig und zusehends schneller steigende Nachfrage nach Arbeitskraft in jedem einzelnen dieser Länder, in denen die Hochkonjunktur der „Trente Glorieuses" Tritt fasste, begann das Migrationspotential Italiens, dieser lange Zeit unangefochten wichtigsten Quelle für Arbeitswanderer, zu erschöpfen.[1]

Die bevorstehende Diversifizierung der Migrationsverhältnisse auf dem europäischen Arbeitsmarkt deutete nicht allein das Einsetzen noch weitgehend unregulierter, teils klandestiner Wanderungen von Arbeitsuchenden aus Spanien, Portugal, Griechenland oder der Türkei in eine wachsende Zahl von Zielländern in Westeuropa an. Sie manifestierte sich auch auf der Ebene der bilateralen Wanderungsverträge, die ein Element der staatlich regulierten Anwerbung von Arbeitskräften waren. Schon Ende der 1950er Jahre begannen vielfach Verhandlungen auf zwischenstaatlicher Ebene, die ab Anfang der 1960er Jahre zu einer sich schnell auftürmenden Welle von Neuabschlüssen führten. Waren zwischen 1946 und 1959 insgesamt 15 auf temporäre Arbeitsmigration gerichtete Wanderungsabkommen in Westeuropa zustande gekommen, so folgten zwischen 1960 und 1973/74 – als die westeuropäischen Industriestaaten die Anwerbung einstellten – 45 Abkommen unter Berücksichtigung von Folgeverträgen. Der Abschluss von 37 (82 Prozent) dieser Verträge entfiel auf das Jahrzehnt zwischen 1960 und 1969. An seinem Ende sahen sich die wichtigsten Ab- und Zuwanderungsländer des europäischen Migrationssystems durch das dichteste Netz bilateraler Anwerbeabkommen miteinander verwoben, das zwischen den westeuropäischen Industriestaaten und ihrer ökonomischen Peripherie je existiert hatte.[2]

Am Anfang dieser außerordentlichen Verdichtung der durch bilaterale Wanderungsverträge formalisierten Migrationsbeziehungen standen im Jahr 1960 die Abkommen der Bundesrepublik Deutschland mit Spanien und Griechenland.[3] Zwar hatten beide Staaten bereits zuvor Vereinbarungen ähnlicher Art abgeschlossen – Griechenland mit Frankreich 1954 und Belgien 1957, Spanien 1956 mit Belgien –, deren Einfluss auf die Wanderungs-

---
[1] Klaus J. Bade, Europa in Bewegung. Migration vom späten 18. Jahrhundert bis zur Gegenwart, München 2002, S. 314f.
[2] Christoph A. Rass, Institutionalisierungsprozesse auf einem internationalen Arbeitsmarkt. Bilaterale Wanderungsverträge in Europa zwischen 1919 und 1974, Paderborn 2010, S. 466f. Als Teil dieses Systems der Arbeitsmigration werden im Folgenden als Zuwanderungsländer Belgien, Deutschland, Frankreich, Luxemburg, die Niederlande, Österreich, Schweden sowie die Schweiz aufgefasst. Als Abwanderungsländer gehörten ihm Algerien, Griechenland, Italien, Jugoslawien, Marokko, Polen (bis 1939/45), Portugal, Spanien, die Türkei sowie Tunesien an.
[3] Auf eine direkte Quellenangabe für alle zitierten Wanderungsabkommen wird in diesem Beitrag aus Platzgründen verzichtet. Ein Verzeichnis findet sich bei Rass, Institutionalisierungsprozesse, S. 497–507.

ströme hatte sich jedoch als marginal erwiesen.[4] Tatsächlich markiert erst der deutsch-spanische Wanderungsvertrag gemeinsam mit seinem deutsch-griechischen Pendant in vielfacher Hinsicht eine Zäsur in der Entwicklung des durch bilaterale Verträge konstituierten europäischen Arbeitsmarktes und seiner Wanderungsdynamik.

Deutschland erlangte durch diese Diversifizierung seiner Migrationsbeziehungen Zugang zu zwei wichtigen neuen Quellen für die im „Wirtschaftswunder" so dringend benötigten Arbeitskräfte. Zugleich erschlossen sich Spanien und Griechenland einen privilegierten und gesicherten Migrationskanal zu einem sehr aufnahmefähigen Arbeitsmarkt, und damit eine Gelegenheit, über Arbeitsmigration sozialen Druck abzuleiten und durch die Rücküberweisung von Lohnersparnissen gewissermaßen in Devisenzuflüsse umzuwandeln. Daneben gewann das Netz von Wanderungsabkommen, welches das Migrationssystem zugleich abbildete und formte, eine Komplexität, in der Konkurrenzeffekte um Arbeitsplätze oder Arbeitskräfte eine gänzlich unerwartete Wirkung entfalten konnten. Dies wiederum ging Hand in Hand mit der sich ihrem Höhepunkt nähernden Bedeutung des institutionellen Rückgrats des Systems selbst – der Wanderungsverträge.

Aus diesen Perspektiven betrachtet der vorliegende Beitrag die beiden Anwerbeabkommen, die Deutschland mit Griechenland bzw. Spanien im Jahr 1960 abschloss, und beantwortet die Fragen: Was bedeuteten die Verträge für die Bundesrepublik? Wie wirkten sie sich auf die Wanderungsverhältnisse zwischen den drei beteiligten Staaten, wie auf die Position Griechenlands und Spaniens im weiteren Kontext der europäischen Arbeitswanderung bis zum Anwerbestopp aus? Welche Rolle spielten die Verträge von 1960 für das gesamte Vertragsnetzwerk? Was bedeuteten sie schließlich für die institutionelle Ausformung des bilateralen Wanderungsvertrages? Das Ziel ist eine exemplarische differenzierende Analyse, die eine nationalstaatliche mit der internationalen Ebene verbindet, dabei weder das Migrationssystem noch das ihm zugrunde liegende Vertragsnetz aus dem Blick verliert und eine für die Arbeitsmigration in Europa nach dem Zweiten Weltkrieg wichtige Phase diskutiert.

1. Das europäische Migrationssystem vor und nach 1945

Arbeitswanderung in Europa vollzog sich zwischen dem Ende des Ersten Weltkriegs und dem „Ölpreisschock" Anfang der 1970er Jahre weder in voneinander isolierten bilateralen Migrationsbeziehungen noch auf einem multilateralen Arbeitsmarkt gleichberechtigter Partner, sondern in einem Migrationssystem, das aus einer Vielzahl interdependenter Verbindungen zwischen den Arbeitsmärkten einer stetig wachsenden Staatengruppe bestand. Die eingebundenen Arbeitsmärkte erfuhren dadurch eine grenzüberschreitende Erweiterung. Hinsichtlich der bestimmenden Wanderungsströme hatte die Entwicklung dieses Systems bereits im späten 19. Jahrhundert ihren Ausgang genommen, als die moderne grenzüberschreitende Mobilität von Arbeitskräften zum vorherrschenden Moment in der europäischen Arbeitswanderung wurde. Darunter wird eine durch den sektoralen Wandel bedingte, zunächst temporäre Arbeitswanderung größeren Umfangs aus relativ unterentwickelten Regionen in sich industrialisierende Staaten verstanden.[5]

Das Wanderungssystem besaß zwei Ebenen. Zum einen war es gekennzeichnet durch die grenzüberschreitenden Mobilitäts- bzw. Migrationsmuster, zum anderen durch ein sich

---

[4] Ebenda, S.159f.
[5] Christoph A. Rass, Bilaterale Wanderungsverträge und die Entwicklung eines internationalen Arbeitsmarktes in Europa 1919–1974, in: Ute Frevert/Jochen Oltmer (Hrsg.), Europäische Migrationsregime. Themenheft von „Geschichte und Gesellschaft", 35 (2009), S.98–134, hier S.99f.

verdichtendes Geflecht von bilateralen Wanderungsverträgen, das diese Wanderungsströme flankierte und strukturierte. So bildete vor dem Ersten Weltkrieg die Arbeitsmigration aus Italien nach Frankreich, Belgien, Luxemburg sowie in die Schweiz und nach Deutschland gemeinsam mit den Wanderungsbeziehungen des deutschen Kaiserreichs zu den österreichischen bzw. russischen Teilen Polens den Kern eines entstehenden europäischen Migrationssystems. Der Erste Weltkrieg führte zur Einbindung der nordafrikanischen Kolonien bzw. Besitzungen Frankreichs (Algerien, Tunesien und Marokko) in den Zusammenhang europäischer Arbeitsmigration, als die massenhafte Rekrutierung von Arbeitskräften und Soldaten in diesen Regionen einsetzte, an die nach 1918 weitere Zuwanderung aus Nordafrika nach Frankreich sowie – wenn auch marginal – nach Belgien anschloss. Im gleichen Kontext stiegen Spanien und Portugal zu wichtigen Migrationspartnern Frankreichs auf und knüpften nach Kriegsende Arbeitsmarktbeziehungen zu weiteren Staaten. Frankreich, Deutschland und die Schweiz blieben auch nach dem Ersten Weltkrieg die Gravitationszentren für Arbeitswanderer aus peripheren Räumen, aber auch Belgien und Luxemburg gewannen als Nachfrager nach Arbeitskräften aus dem Ausland an Bedeutung. In der Zwischenkriegszeit fanden daneben zeitweise Ungarn, Jugoslawien und die Tschechoslowakei sowie andere osteuropäische Staaten einen vertragsbasierten Anschluss an das Migrationssystem. Gleichzeitig erneuerte das wiedervereinigte Polen seine Migrationsbeziehungen zu Deutschland und weitete diese nach Frankreich, Belgien und in den 1930er Jahren auch in die Niederlande aus. Die so bis Kriegsbeginn 1939 gewachsenen Migrationsbeziehungen bestanden größtenteils weiter, als nach dem Ende des Zweiten Weltkriegs und der Deformation des Wanderungssystems durch die deutsche Aggression seine Rekonstruktion einsetzte.

Stärkere Bedeutung erlangten nach 1945 auf der Seite der Zuwanderungsländer Schweden, Österreich und die Niederlande. Gleichzeitig verlagerten sich die Herkunftsgebiete der Arbeitswanderer teilweise nach Südosteuropa, als Griechenland und die Türkei in das Migrationssystem integriert wurden und es Jugoslawien gelang, seine Wanderungsbeziehungen nach Westeuropa zu erneuern.[6] Den Höhepunkt seiner räumlichen Ausdehnung und der Wanderungsintensität erreichte das Migrationssystem zwischen 1967 und 1972. Allein zwischen 1960 und 1973 erfasste die innereuropäische Arbeitsmigration etwa 30 Millionen Menschen.[7] Schließlich führte die Wirtschaftskrise der 1970er Jahre zu einem Abbruch dieser Form von Arbeitsmarktbeziehungen. 1973/74 beschlossen alle Anwerbestaaten, ihre Rekrutierungsmaßnahmen zu stoppen. Das auf bilateralen Verträgen fußende europäische Migrationssystem zum temporären Transfer von Arbeitskräften hörte in dieser Form auf zu existieren.

Zu diesem Zeitpunkt bestanden zwischen den Staaten, die hier in Zusammenhang gebracht werden, mehr als 40 durch bilaterale Wanderungsverträge formalisierte Migrationsbeziehungen. Wie bereits in der Zwischenkriegszeit hatten auch unmittelbar nach dem Ende des Zweiten Weltkriegs erste Staaten Westeuropas auf bilaterale Wanderungsverträge zurückgegriffen, um Zugang zu ausländischen Arbeitsmärkten zu erhalten und die zur Deckung ihres Arbeitskräftebedarfs notwendige Migration zu regulieren.[8] Zugleich zeigten

---

[6] Hierzu siehe die Länderartikel in Klaus J. Bade/Pieter C. Emmer/Leo Lucassen/Jochen Oltmer (Hrsg.), Enzyklopädie Migration in Europa. Vom 17. Jahrhundert bis zur Gegenwart, Paderborn ³2010.
[7] Mark J. Miller/Philip L. Martin, Administering Foreign-Worker Programs, Lexington, MA 1982, S. 2. Andere Autoren sprechen von nur etwa 18 Millionen Migranten; Franck Düvell, Europäische und internationale Migration. Einführung in historische soziologische und politische Analysen, Hamburg/Münster 2006, S. 37.
[8] Ein Überblick zu den wichtigsten Wanderungsverträgen der Zwischenkriegszeit findet sich bei Rass, Bilaterale Wanderungsverträge, S. 353f.

sich auch erste Abwanderungsländer daran interessiert, in den schwierigen Nachkriegsjahren erneut an den ökonomischen und sozialen Chancen der temporären Arbeitsmigration zu partizipieren. Dies führte bereits in den späten 1940er und frühen 1950er Jahren nicht nur zu einer Wiederbelebung von Wanderungsbeziehungen zu außereuropäischen Zielen, sondern auch zu einer Rekonstruktion des europäischen Migrationssystems. Seinen Kern bildete erneut die Vernetzung Italiens mit seinen traditionell wichtigsten Migrationspartnern, Frankreich, Luxemburg und Belgien, mit denen bis 1951 ebenso Wanderungsverträge zustande kamen wie mit der Schweiz, den Niederlanden, Österreich und Schweden. Westdeutschland war dann der letzte Staat, der die Anwerbung von Arbeitskräften in Italien wieder aufnahm, als 1955 das erste bilaterale Abkommen zwischen beiden Staaten nach 1945 zur Unterzeichnung kam. Anfang der 1960er Jahre setzte dann ein Trend ein, für den die Abkommen Deutschlands mit Spanien und Griechenland als Initialzündung gelten können: Die Ausweitung des Vertragsnetzes nach Süd- bzw. Südosteuropa über Italien hinaus und schließlich nach Nordafrika. Nachdem zunächst Frankreich und Belgien – bereits 1954 bzw. 1957 – diesen Weg durch ihr Engagement in Griechenland eingeschlagen hatten, beschleunigte sich nun die Expansion, befeuert vom Ineinandergreifen anschwellender Wanderungsströme und einer Verdichtung des Vertragsnetzes.

Wanderungsverträge Griechenlands und Spaniens

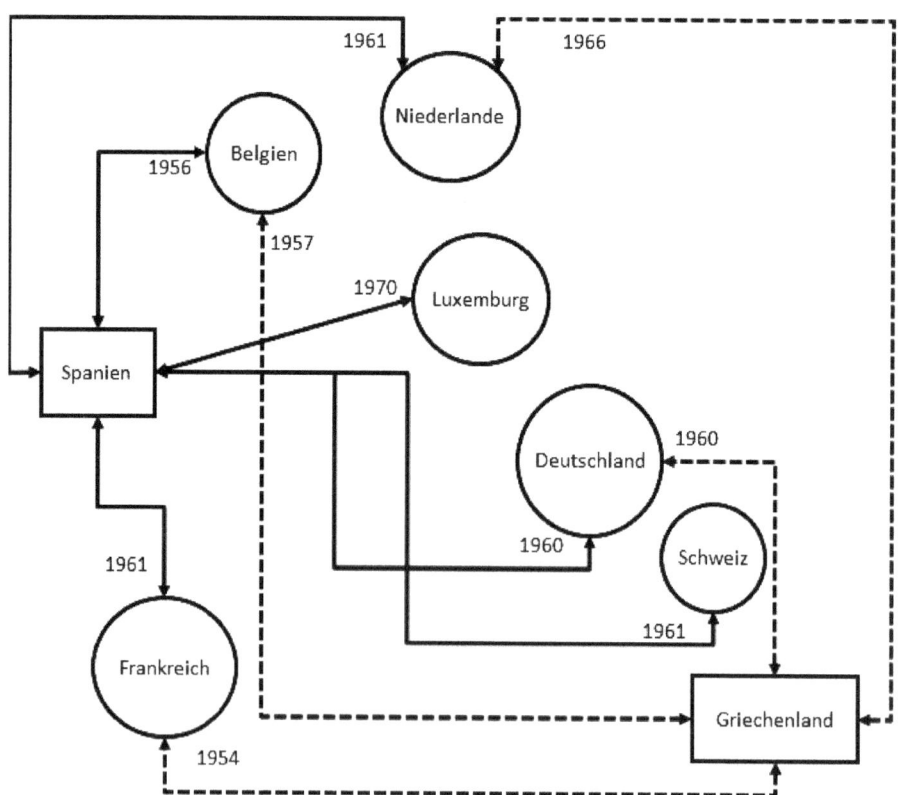

Deutschland übernahm hierbei eine Führungsrolle: Zu den Verträgen von 1960 kamen in den folgenden Jahren Abkommen mit der Türkei, Marokko, Tunesien, Portugal und Jugoslawien hinzu. Ähnlich verhielten sich die übrigen Industriestaaten Westeuropas, die zeitgleich bzw. nacheilend Wanderungsabkommen mit Vertretern dieser Staatengruppe unterzeichneten. Griechenland erschloss sich nach den Abkommen mit Frankreich (1954), Belgien (1957) und Deutschland (1960) durch einen weiteren, jedoch kaum wirksamen Vertrag mit den Niederlanden (1966) den institutionalisierten Zugang zu vier westeuropäischen Arbeitsmärkten. Spanien komplettierte die Riege seiner vertraglich verbundenen Migrationspartner 1961/62 in kurzer Folge um Frankreich, die Niederlande, die Schweiz sowie Österreich, im Jahr 1970 dann um Luxemburg. Spätestens in den 1960er Jahren erreichte das europäische Migrationssystem auf diese Weise einen Zustand, in dem jedes Zuwanderungsland mit mehreren Abwanderungsländern und jedes Abwanderungsland mit mehreren Zuwanderungsländern auf Arbeitsmigration konzentrierte Wanderungsbeziehungen unterhielt, wobei sich die Partnerstaaten jeweils weitgehend überschnitten. Das verdeutlicht etwa das Beispiel Deutschland und Frankreich, die sich am Ende des Jahrzehnts alle Migrationspartner bis auf Algerien teilten – darunter auch Spanien und Griechenland. Es ist daher von Bedeutung, die Wechselwirkungen zu berücksichtigen, die sich aus dem Umstand ergaben, dass Wanderungsverhältnisse nicht einfach in der Form 1:1 oder 1:n betrachtet, sondern immer als Teil von n:m Beziehungen gesehen werden müssen, denn auf diesem Arbeitsmarkt stand jeder Nachfrager von Arbeitskraft mit mehreren Anbietern in Beziehung und jeder Anbieter mit mehreren Nachfragern. Dadurch ergaben sich Konkurrenzsituationen um Arbeit oder um Arbeitsplätze, die auch Staaten erfassten, die nicht durch direkte Migrationsbeziehungen oder auf vertraglicher Grundlage aneinander gebunden waren bzw. zur gleichen Kategorie von Marktteilnehmern zählten, also etwa zwischen Frankreich und Deutschland ebenso wie zwischen Griechenland und Spanien.

Kein Akteur dieses internationalen Arbeitsmarktes blieb damit unbeeinflusst vom Handeln seiner Partner und Konkurrenten. Bereits dieses von modellhaften Vorstellungen abgeleitete Argument verdeutlicht, dass unter solchen Bedingungen keine allein auf nationaler Ebene determinierten Migrationsverhältnisse existieren und auch die isolierte Betrachtung bilateraler Konstellationen nicht die tatsächliche Komplexität der Zusammenhänge einfängt.[9] Im Hinblick auf die Regulierung temporärer Arbeitsmigration folgt aus dieser Erkenntnis die Notwendigkeit, neben den Akteuren auf nationaler Ebene stets auch das Gesamtsystem und die in seinen Strukturen möglichen Wechselwirkungen und Kausalketten im Blick zu halten. Für die Transmission solcher Impulse spielen wiederum bestimmte Institutionen eine wichtige Rolle, wie der bilaterale Wanderungsvertrag oder die Internationale Arbeitsorganisation (ILO) als Standardisierungs- und Kommunikationsplattform. Sie erlaubten es den Marktteilnehmern beispielsweise, ihre Positionen zu definieren bzw. auszuhandeln oder gar zu verbessern, indem sie Risiken und Transaktionskosten minimierten, Interaktionen strukturierten und beschleunigten, politische und ökonomische Interessen koordinierten.[10]

---

[9] Ähnlich, wenn auch aus anderer Richtung argumentierend, Paul-André Rosental/David Feldman/Caroline Douki, Gibt es nationale Migrationspolitik? Über einige Lehren aus den zwanziger Jahren, in: Rudolf von Thadden/Steffen Kaudelka/Thomas Serrier (Hrsg.), Europa der Zugehörigkeiten. Integrationswege zwischen Ein- und Auswanderung, Göttingen 2007, S.69–78.
[10] Rass, Bilaterale Wanderungsverträge, S.104.

2. Bilaterale Wanderungsverträge

Bilaterale Wanderungsverträge dienen einem regulierten und zunächst temporären Transfer von Arbeitskraft zwischen zwei Volkswirtschaften. Sie greifen in alle Phasen eines Wanderungsprozesses ein: Ihre Wirkung beginnt mit der selektiven Mobilisierung von Arbeitskräften in deren Herkunftsland, erstreckt sich über deren Transfer zwischen zwei Arbeitsmärkten bis zur Fixierung der Rahmenbedingungen für die Arbeitsmarktpräsenz im Zielland und kann auch Wege für die Aufnahme der Migranten in deren Gesellschaft bzw. Vorkehrungen für ihre Rückwanderung vorzeichnen.[11]

Geboren wurde der moderne Anwerbe- bzw. Wanderungsvertrag – nahezu bereits in seiner endgültigen Gestalt – mit dem Abkommen, das Frankreich und Polen im Jahr 1919 unterzeichneten.[12] In der Zwischenkriegszeit griff dann die Internationale Arbeitsorganisation die Frage der Verankerung gewisser Mindeststandards hinsichtlich der Anwerbung und des Transfers von Arbeitsmigranten ebenso wie von Arbeitsbedingungen, sozialfürsorglicher und tariflicher Gleichbehandlung oder aufenthaltsrechtlichem Status auf und begann, auf ein Modell derartiger Abkommen hinzuarbeiten, das sich eng am französischen Usus orientierte. Während Wanderungsabkommen in Europa immer gebräuchlicher wurden, bildete sich Ende der 1930er Jahre tatsächlich ein Gerüst derartiger Standards heraus, das die ILO in einem Musterabkommen verankerte. Der Zweite Weltkrieg verhinderte zwar einen faktischen Niederschlag dieser Initiative. Der am Modell der ILO-Konventionen bzw. -Empfehlungen der Jahre 1939/1949 orientierte Wanderungsvertrag sollte in der Nachkriegszeit jedoch beträchtliche Verbreitung und Bedeutung erlangen.[13]

Dass sich der bilaterale Wanderungsvertrag als Instrument zur Verankerung staatlich regulierter Arbeitsmigration in Europa nach 1945 durchsetzte, hatte vor allem zwei Ursachen. Erstens griffen wichtige Akteure, darunter vor allem Frankreich, sehr schnell die Praxis der Zwischenkriegszeit auf, die den Wanderungsvertrag schon einmal zu einer zentralen institutionellen Stütze regulierter grenzüberschreitender Arbeitsmigration gemacht hatte. Die dann immer schnellere Verbreitung des Wanderungsvertrages als Element neu angebahnter bilateraler Wanderungsbeziehungen erhöhte den Druck auf alle Marktteilnehmer, sich dem System solchermaßen verfasster Migrationsbeziehungen anzuschließen. Dies stand, zweitens, in einem engen Zusammenhang mit den Vorteilen dieser Verträge selbst – boten sie doch durch ihre standardisierende Wirkung eine Orientierungslinie für Regulierungsreichweite und -intensität von Arbeitswanderung, die einem „race to the bottom" der Migrationsbedingungen entgegenwirkte und so die für die Arbeitnehmerinnen und Arbeitnehmer in den Zielländern entscheidende Gleichbehandlung von In- und Ausländern zur Vermeidung einer Aushöhlung sozialer und tariflicher Errungenschaften stützte. Dies verband der Wanderungsvertrag mit gewissen Gestaltungsspielräumen für die spezifischen migrationspolitischen Präferenzen der beteiligten Staaten. Gleichzeitig gewährten die in Wanderungsverträgen getroffenen Vereinbarungen den Migranten selbst gewisse, zumindest auf dieser Ebene gesicherte Rahmenbedingungen und ihren Herkunftsstaaten ihrerseits Eingriffs- und Steuerungsmöglichkeiten. Kombiniert führten beide Eigenschaften dazu, dass sich zumindest normativ abgesicherte Mindeststandards regulierter Arbeitsmigration durchsetzten. Ferner begünstigten die Wanderungsverträge die Transparenz des Wett-

---

[11] Ders., Institutionalisierungsprozesse, S. 296f.
[12] Zur Vorgeschichte des Wanderungsvertrages Madeleine Herren, Internationale Sozialpolitik vor dem Ersten Weltkrieg, Berlin 1990, S. 140f.
[13] Die Empfehlungen 61 und 62 sowie das Übereinkommen 66 aus dem Jahr 1939 sowie die Empfehlung 86 und das Übereinkommen 97 aus dem Jahr 1949 finden sich auf der Website der ILO unter http://www.ilo.org/ilolex/german/docs/.

bewerbs, in dem für alle Marktteilnehmer die Bedingungen, zu denen sich jeweils zwei Migrationspartner über die Zulassung von Arbeitsmigration verständigt hatten, durch die Wanderungsabkommen und die ihnen in der Regel beigefügten Musterarbeitsverträge offenlagen.[14] Das Ergebnis war ein doppelter Konvergenzprozess, in dem sich immer mehr Staaten dem aus bilateralen Beziehungen entstehenden multipolaren internationalen Arbeitsmarkt anschlossen, während sich die in den Verträgen angebotenen Migrationsbedingungen durch Wettbewerbseffekte tendenziell anglichen, bisweilen aber auch deutlich in die eine oder andere Richtung ausschlugen. Agierte ein anwerbender Staat monopolartig auf dem Arbeitsmarkt eines Abwanderungslandes, wie beispielsweise Deutschland zeitweise in Griechenland oder der Türkei, beeinflusste die Konkurrenz um die nur von ihm gebotenen Migrationschancen die Bedingungen zu seinen Gunsten. Konkurrierten dagegen mehrere Staaten um die Arbeitswanderer eines Landes, so führte dies zu einer Verbesserung der ihnen gebotenen Wanderungsbedingungen.[15]

3. Die Integration Griechenlands und Spaniens in das Vertragssystem

Was lässt sich aus diesen übergeordneten Betrachtungen im Hinblick auf die Positionierung Griechenlands und Spaniens im europäischen Migrationssystem durch den Abschluss bilateraler Wanderungsabkommen und insbesondere für ihr Verhältnis zu Deutschland ableiten? Obgleich die saisonale Wanderung spanischer Landarbeitskräfte nach Frankreich bereits ab den 1830er Jahren nachweisbar ist, spielten europäische Wanderungsziele für das Land lange Zeit eine untergeordnete Rolle.[16] Erst die Rekrutierung spanischer Arbeiter für die französische Kriegswirtschaft im Ersten Weltkrieg und eine sich in der Zwischenkriegszeit ausweitende Bedeutung der Arbeitswanderung nach Frankreich änderten dies und deuteten eine langsame Verschiebung der Wanderungsströme an.[17] Zu einem erstrangigen Wanderungsziel spanischer Arbeitsmigranten stiegen europäische Länder allerdings erst nach dem Zweiten Weltkrieg auf.[18] In den ersten Jahren nach 1945 erlebte Spanien zunächst eine Wiederbelebung der Migrationsbeziehungen zu Südamerika, während das Regime Francos an seinem wirtschaftspolitischen Autarkiekurs festhielt.[19] Im Verlauf der 1950er Jahre zeigte sich jedoch, dass diese Abschottung weder politisch noch ökonomisch durchzuhalten war. Das vollkommene Scheitern nicht nur der wirtschaftlichen Isolierung, sondern auch der Versuche, Anfang der 1960er Jahre die Wiedereingliederung in die Weltwirtschaft einzuleiten, zeitigten gravierende soziale Folgen und steigerten den ohnehin durch eine wanderungsfeindliche Politik rückgestauten Auswanderungsdruck in Spanien

---

[14] Rass, Institutionalisierungsprozesse, S. 299f.
[15] Ebenda, S. 473f.
[16] Joseph Farré, L'émigration espagnole vers l'Europe pendant la deuxième moitié du XXe siècle. Remarques sur le phénomène de l'émigration et de la recherche, in: Paul Vaiss/Joseph Farré/Klaus Morgenroth (Hrsg.), Les migrations du travail en Europe, Frankfurt a.M. 2003, S. 135–154; Horst Pietschmann, Spanien und Portugal, in: Bade/Emmer/Lucassen/Oltmer (Hrsg.), Enzyklopädie Migration in Europa, S. 220–242, hier S. 238.
[17] Pierre Ewenczky, Les Espagnoles. Emigration et développement économique, in: Mohamed Bennabou/Jean-Pierre Garson/Georges Tapinos (Hrsg.), L'Argent des immigrés. Revenus, épargne et transferts de huit nationalités immigrées en France, Paris 1981, S. 71–98, hier S. 74.
[18] Bürgerkrieg und Sieg der Faschisten hatten Fluchtbewegungen vorübergehend vorherrschend werden lassen; während des Zweiten Weltkriegs kam es dann zu einer quantitativ wenig bedeutenden Anwerbung spanischer Arbeitskräfte für die deutsche Kriegswirtschaft; Félix Santos Delgado, Exiliados y emigrados 1939–1999, Madrid 1999.
[19] Axel Kreienbrink, Einwanderungsland Spanien. Migrationspolitik zwischen Europäisierung und nationalen Interessen, Frankfurt a.M. 2004, S. 47f.

weiter.²⁰ Entsprechend gewann eine regulierte temporäre Abwanderung von Arbeitskräften in den spanischen Wirtschaftsplanungen zu Beginn der 1960er Jahre erheblich an Gewicht.²¹ Zu diesem wirtschafts- und wanderungspolitischen Kurswechsel passte die Entwicklung auf der politischen Ebene, als es Franco gelang, die Ächtung seines Landes in Europa aufzubrechen und sich den USA als Verbündeter im Kalten Krieg anzudienen.²² Förderung, aber auch Kontrolle von Arbeitswanderung avancierte in Spanien zu diesem Zeitpunkt zu einem wichtigen Politikfeld.²³ Die normativen und institutionellen Voraussetzungen für die Umsetzung eines solchen Programms waren bereits 1956 mit der Gründung einer Auswanderungsbehörde, des Instituto Español de Emigración, sowie der Verabschiedung eines Auswanderungsgesetzes gegeben, das die Grundlagen für eine strikte Kontrolle grenzüberschreitender Migration schuf und 1960 bzw. 1962 durch weitere Normen ergänzt wurde. Arbeitsmigration erfuhr nun eine aktive staatliche Förderung und galt als ökonomische wie soziale Chance für die Abwanderer und ihre Familien mit positiven Auswirkungen für das Gemeinwohl. Die Ausübung des den Spaniern gewährten Grundrechts auf Auswanderung unterwarf das franquistische Regime allerdings strikter staatlicher Kontrolle. Wem die Auswanderungsbehörde jedoch die Möglichkeit zur Arbeit im Ausland eröffnete, der sollte weitreichende Unterstützung und Hilfestellungen erfahren.²⁴

Deutschland erlebte im Gefolge des Anwerbevertrages von 1960 nach der Arbeitsmigration während des Zweiten Weltkriegs erneut eine Arbeitskräfteeinwanderung aus Spanien. Im Gegensatz zur Migration nach Frankreich, bei der das Zusammenwirken von geographischer Nähe und französischem Laisser-faire hinsichtlich der illegalen Zuwanderung spanischer Arbeiterinnen und Arbeiter zu einem hohen Anteil unregulierter Migration führte, verlief die Arbeitswanderung aus Spanien nach Deutschland in hohem Maß über die von der spanischen Auswanderungsbehörde und der deutschen Arbeitsverwaltung kontrollierten Migrationskanäle. Der regulierte Teil der Migrationsbewegung erfasste bis zu 70 Prozent der spanischen Einwanderer, und Deutschland fungierte zeitweise als das wichtigste Aufnahmeland für spanische Dauerarbeitskräfte, die im sekundären Sektor Beschäftigung fanden.²⁵ Den quantitativen Bedeutungsunterschied zu Frankreich verdeutlicht indes die Zahl der spanischen Einwohner Deutschlands am Ende des Betrachtungszeitraumes. Zwischen 1960 und 1969 wanderten 444119 Spanier nach Deutschland, nach dem Ende der Anwerbung im Jahr 1974 lebten hier jedoch nur noch 272676 von ihnen.²⁶ Mit einem Anteil von 6,6 Prozent der ausländischen Wohnbevölkerung bildeten sie nach

---

²⁰ Pablo Antolín Nicolás, International Migration Flows. The Case of Spain (1960–1988), Oxford 1994, S.2f.; Walther L. Bernecker, Sozialgeschichte Spaniens im 19. und 20.Jahrhundert, Frankfurt a.M. 1991, S.298f.
²¹ Francisco Comin/Pablo Martin Aceña, Industrial Planning in Spain under the Franco Regime, in: Pablo Martín Aceña/James Patrick Simpson (Hrsg.), The Economic Development of Spain since 1870, Aldershot 1995, S.390–401, hier S.395f.
²² Walther L. Bernecker, Geschichte Spaniens im 20.Jahrhundert, München 2010, S.226f.; Johannes-Dieter Steinert, Migration und Politik. Westdeutschland – Europa – Übersee 1945–1961, Osnabrück 1995, S.290f.; Klaus Hommel, Der Beginn der wirtschaftlichen Westintegration Spaniens durch die Beitritte zur OEEC, zum IWF und zur Weltbank, in: Jürgen Elvert/Michael Salewski (Hrsg.), Historische Mitteilungen der Ranke-Gesellschaft, Stuttgart 1992, S.253–272.
²³ Marion Bernitt, Die Rückwanderung spanischer Gastarbeiter. Der Fall Andalusien, Königstein i.Ts. 1981, S.8f.
²⁴ Carlos Sanz Díaz, Las relaciones del IEE con Alemania, in: Luís M. Calvo Salgado u.a., Historia del Instituto Español de Emigración. La política migratoria exterior de España y el IEE del Franquismo a la transición, Madrid 2009, S.167–187; siehe hierzu auch die Beiträge von Axel Kreienbrink und Carlos Sanz Díaz in dem vorliegenden Band.
²⁵ Juan Bautista Vilar/Maria José Vilar, La emigración española a Europa en el siglo XX, Madrid 1999, S.64f.
²⁶ Walther L. Bernecker, Spanien-Handbuch. Geschichte und Gegenwart, Tübingen 2006, S.312.

türkischen, italienischen und jugoslawischen Migranten bereits eine der kleineren Gruppen.[27] In Frankreich stellten Spanier sowohl in absoluten als auch in relativen Werten eine deutlich wichtigere Einwandererminorität. Dieses Ergebnis kam jedoch nur auf der Grundlage der wesentlich älteren Wanderungsbeziehungen zwischen beiden Staaten zustande, hatten in Frankreich doch bereits zu Beginn der 1930er Jahre rund 350 000 Spanier gelebt. Im Verlauf der 1960er Jahre offenbarte sich indes Überraschendes: Mit 426 119 Migranten lag die Zahl der sich nun nach Frankreich wendenden Spanier geringfügig niedriger als die Zahl derer, die nach Deutschland gingen. Zumindest vorübergehend – und nicht zuletzt mit Hilfe des bilateralen Wanderungsvertrages und der sich an ihn knüpfenden starken Regulierung der Anwerbung bzw. Migration zwischen beiden Staaten – war es Deutschland gelungen, Frankreich den ersten Rang unter den Zielländern der spanischen Arbeitswanderung zu nehmen.[28]

Die Entwicklung Griechenlands seit seiner Unabhängigkeit vom Osmanischen Reich 1828/29 scheint von Faktoren bestimmt, die das Land bereits früh zu einer Quelle vielfältiger Abwanderungsbewegungen machten. Das Ausbleiben einer Industrialisierung, eine rückständige Landwirtschaft, daraus resultierende Abwanderung aus den ländlichen Distrikten und wachsende soziale Spannungen, die Balkankriege vor dem Ersten Weltkrieg, der Konflikt mit der Türkei in den 1920er Jahren, die anhaltende ökonomische Perspektivlosigkeit im Land und schließlich die deutsche Besatzung und der auf die Befreiung folgende griechische Bürgerkrieg sorgten für einen latent hohen Migrationsdruck. Dieser entlud sich schon vor dem Zweiten Weltkrieg in einer Massenauswanderung aus Griechenland vor allem in die Vereinigten Staaten von Amerika, aber auch in andere überseeische Zielregionen.[29] Zu Beginn der 1950er Jahre hatten wirtschaftliche Rückständigkeit und Kriege über fast 100 Jahre die griechische Migrationsgeschichte geprägt. Durch die Massenauswanderung entstanden dichte Migrationsbeziehungen vor allem zu den USA, zu Kanada und zu Australien, die auch in der Nachkriegszeit primäre Ziele griechischer Migranten blieben, sodass noch 1953 ein Anteil von 85 Prozent der Abwanderung auf Ziele in Übersee entfiel.[30] Griechenland konnte zwar bereits in den 1950er Jahren Anwerbeabkommen mit Belgien und Frankreich abschließen, jedoch kaum davon profitieren, hatten beide für die Anwerbestaaten doch eher strategischen Charakter bzw. lassen sich in der politischen Anbindung an Westeuropa nach dem Ende des Bürgerkriegs verorten.[31] Im Jahr 1960 folgte

---

[27] Gonzalo Garcia Passigli, Report on Spanish Emigration, in: Ayse Kudat/Yilmaz Özkan (Hrsg.), The Comparative Study of the Re-integration Policy of Five European Labor Exporting Countries, Berlin 1975, S. 73–119, hier S. 7; Carlos Sanz Díaz, España y la Republica Federal de Alemania (1949–1966): Política, Económica y emigración, entra la Guerra Fría y la destención, Madrid 2005, S. 955f.
[28] Bernecker, Spanien-Handbuch, S. 312. Solche Befunde stehen selbstverständlich immer unter dem Vorbehalt unvollständiger statistischer Informationen, die einen Teil der Wanderungsbewegung ausblenden, der sich der statistischen Erfassung der einen oder anderen Seite entzog; Carlos Sanz Díaz, „Illegale", „Halblegale", „Gastarbeiter". Die irreguläre Migration aus Spanien in die Bundesrepublik Deutschland im Kontext der deutsch-spanischen Beziehungen 1960–1973, Berlin 2010, S. 15 f.; Kreienbrink, Einwanderungsland, S. 51.
[29] Demetrios Papademetriou, Illusions and Reality in International Migration. Migration and Development in Post World War II Greece, in: International Migration 23 (1985), S. 211–223, hier S. 213; Konstantinos Aidinidis, Zur griechischen Arbeitsemigration unter besonderer Berücksichtigung der Remigrationsproblematik. Eine empirische Untersuchung 1990, S. 23f.
[30] Schätzungen sprechen davon, dass im gesamten Zeitraum zwischen 1821 und 1854 insgesamt 85,3 % aller griechischen Auswanderer in die USA gegangen seien; Loukia M. Moussourou, La Sociologie de la Migration en Grèce depuis 1960, in: Current Sociology 32 (1984), S. 89–121, hier S. 90.
[31] Pavlos Tzermias, Politik im neuen Hellas. Strukturen, Theorien und Parteien im Wandel, Tübingen 1997, S. 83f. Die Bewegung griechischer Migranten in den belgischen Bergbau flaute gar nach Abschluss des griechisch-belgischen Abkommens ab.

dann als der im Hinblick auf die resultierende Wanderungsdynamik bedeutendste Wanderungsvertrag Griechenlands jener mit Westdeutschland.[32]

Diese Aufnahme formeller Migrationsbeziehungen zwischen Griechenland und Deutschland im Jahr 1960 hatte eine mehrjährige Vorgeschichte. Im Unterschied zur Anbahnung des Vertragsabschlusses mit Belgien rührten solche Aktivitäten jedoch nicht von Bemühungen her, die ansteigende informelle Vermittlung griechischer Arbeitswanderer zu kanalisieren, sondern lag auf der politischen Ebene. Bereits ab 1955 mahnten griechische Diplomaten in Deutschland die Aufnahme von Arbeitsmarktbeziehungen unter Verweis auf die Opfer und Schäden an, die das Land unter deutscher Besatzung erlitten hatte. Als die griechische Regierung ihre Anstrengungen verstärkte, den Wiederaufbau und die Entwicklung des Landes mit Hilfe von Wirtschaftsplänen voranzutreiben, und für die Periode zwischen 1960 und 1964 ihren ersten Entwicklungsplan ausarbeitete, gewann die Abwanderung von Arbeitskräften als Entlastungsventil und Devisenbeschaffer immer größere Bedeutung.[33] Nach anfänglicher Zurückhaltung der deutschen Seite, die sich zunächst nicht an einer Ausweitung der Anwerbung ausländischer Arbeitskräfte interessiert zeigte, gab die wachsende Nachfrage nach ausländischen Arbeitskräften durch die deutsche Wirtschaft den Ausschlag.[34] Als die Bundesrepublik ihre Migrationsbeziehungen in Richtung Spanien ausbaute, kamen parallel auch Verhandlungen mit Griechenland in Gang, die 1960 ihren Abschluss fanden. Ein nicht unbedeutender Katalysator dürfte dabei die sich anbahnende Bindung Griechenlands an die Europäische Wirtschaftsgemeinschaft (EWG) gewesen sein, die sich im Juli 1961 durch einen Assoziierungsvertrag manifestierte.[35]

Wie groß der Abwanderungsdruck in Griechenland mittlerweile war und wie schnell unter diesen Bedingungen ein durch Rekrutierung amplifizierter Migrationsprozess seine Dynamik entfalten konnte, zeigt die Entwicklung der deutsch-griechischen Arbeitskräftewanderung.[36] Schon unmittelbar mit der ersten deutschen Rekrutierungskampagne setzte ein Ansturm Tausender griechischer Auswanderer auf die Rekrutierungsbüros in Athen und Saloniki ein, die sich, getrieben von extremer sozialer Ungleichheit, hoher Arbeitslosigkeit und ausbleibenden Wohlstandszuwächsen, für die Abwanderung entschieden. Im Vergleich zum Jahr 1959 verzehnfachte sich 1960 die Zahl der Griechen, die nach Deutschland zuwanderte, auf 21 500, um im Folgejahr auf über 50 000 zu wachsen und 1965 mit 80 500 Abwanderern ihren Höhepunkt zu erreichen. Die Arbeitswanderung überholte im Verlauf des Jahrzehnts, vor allem getrieben von der Massenwanderung nach Westdeutschland, sogar das Bevölkerungswachstum, sodass die Bevölkerung Griechenlands zu schrumpfen begann.[37] Gleichzeitig partizipierten andere Migrationsziele nicht nur relativ, sondern auch in absoluten Zahlen immer weniger stark an der griechischen Abwanderung. Vom Beginn der Anwerbung bis zu ihrer Einstellung im Jahr 1973 kamen 615 400 griechische Arbeitnehmer und ihre Familienangehörigen nach Deutschland, von denen etwa die Hälfte im gleichen Zeitraum wieder nach Griechenland zurückkehrte.[38] Mehr als 60 Prozent

---

[32] Hinzu kam dann 1966 nur noch das Abkommen mit den Niederlanden, das letztlich ohne bedeutende Auswirkung auf die griechischen Wanderungsströme blieb.
[33] Richard Clogg, Geschichte Griechenlands im 19. und 20. Jahrhundert, Köln 1997, S. 183 f.; Eleni Andrikopoulou/Grigoris Kafkalas, Greek Regional Policy and the Process of Europeanization 1961–2000, in: Dionyssis G. Dimitrakopoulos/Argyris G. Passas (Hrsg.), Greece in the European Union, Bd. 2, London 2004, S. 35–47, hier S. 37 f.
[34] Rass, Institutionalisierungsprozesse, S. 75.
[35] Tzermias, Politik im neuen Hellas, S. 90; das Abkommen trat Anfang November 1962 in Kraft.
[36] Manuel Gogos, Überblendungen. Deutsche Besatzung in Griechenland und die griechische Arbeitsmigration nach Deutschland, in: Projekt Migration, Köln 2005, S. 822 f.
[37] Tzermias, Politik im neuen Hellas, S. 92.
[38] Theodore P. Lianos, Flows of Greek Out-migration and Return-migration, in: International Migration 18 (1975), S. 119–133, hier S. 122.

der griechischen Arbeitskräfte wurden über die deutschen Rekrutierungsstellen angeworben bzw. namentlich angefordert, die übrigen wählten den Weg über die deutschen Konsulate oder die Einreise mit einem Touristenvisum.[39] Deutschland nahm in den zwölf Jahren der Arbeitskräfterekrutierung in Griechenland rund 85 Prozent aller griechischen Auswanderer auf, die innerhalb Europas blieben, sodass zu Beginn der 1970er Jahre für kurze Zeit etwa 11,5 Prozent der griechischen Bevölkerung in Deutschland lebten.[40] Gemessen an der überragenden Bedeutung Deutschlands als Migrationspartner Griechenlands nach dem Zweiten Weltkrieg blieben die Auswirkungen weiterer bilateraler Anwerbeabkommen bzw. Migrationsbeziehungen zweitrangig.[41]

In beiden Fällen kam der Vereinbarung mit Deutschland also eine Art Achsenfunktion zu. Spanien leitete mit dem Vertrag von 1960 eine Diversifikation seiner Vertragsbindungen ein, in deren Verlauf auch Frankreich 1961 einer stärkeren Regulierung der Arbeitsmigration zwischen beiden Staaten zustimmte. Für Frankreich musste, wie die modellhaften Betrachtungen gezeigt haben, der Stellenwert eines Wanderungsvertrages in dem Maß steigen, wie Spanien auf Migrationsbeziehungen mit Dritten verweisen konnte, die sich dieser Institution bedienten und sich damit in Richtung auf regulierte Anwerbung und standardisierte Migrationsbedingungen bewegten. Spanien indes näherte sich dem erklärten Ziel seiner neuen Wanderungspolitik, Arbeitsmigration stärker steuerbar zu machen und der Kontrolle der Auswanderungsbehörde zu unterwerfen. Gerade im Hinblick auf die alten und traditionell weitgehend unkontrollierbaren Migrationsverhältnisse gegenüber Frankreich versprach ein Wanderungsvertrag zumindest auf der normativen Ebene die gewünschte Transformation der Wanderungsbeziehungen. Spanien entwickelte bis zum Anwerbestopp ein Netz von sechs vertraglich verbundenen Anwerbestaaten, mit denen es beim Aushandeln und Verteilen von Migrationschancen operieren konnte.[42]

Für Griechenland erwies sich der Vertrag mit Westdeutschland als entscheidendes Moment für die Öffnung des europäischen Arbeitsmarktes, denn er begründete die erste innereuropäische Wanderungsbeziehung des Landes, die sich nicht mehr im Bereich geduldeter individueller Zuwanderung bzw. privater Anwerbeoperationen bewegte oder aus einem Wanderungsvertrag ohne mit ihm verbundene signifikante Wanderungsbewegung bestand. Diese erwies sich als so dynamisch, dass Griechenland bis zum Anwerbestopp weder institutionell noch quantitativ nach einer vergleichbaren Ausweitung seiner Wanderungsoptionen strebte. Das Modell des bilateral verfassten europäischen Arbeitsmarktes legt allerdings die Vermutung nahe, dass der Preis für diese starke Abhängigkeit Griechenlands von den aus Westdeutschland gebotenen Wanderungschancen ein Verlust von Gestaltungsmacht hinsichtlich der Beeinflussung von Migrationsstandards war.[43] Die Verbindungen beider Staaten im europäischen Arbeitsmarkt zeigen Spanien also als einen multipel vernetzten und Griechenland als einen zwar institutionell mehrfach gebundenen, tatsächlich jedoch auf ein Partnerland fixierten Akteur.

---

[39] Nicholas P. Glytsos/Louka T. Katseli, Greek Migration. The Two Faces of Janus, in: Klaus F. Zimmermann (Hrsg.), European Migration. What do we know?, Oxford 2005, S. 337–388, hier S. 352.
[40] Theodore P. Lianos, Greece. Waning of the Labor Migration, in: Daniel Kubat (Hrsg.), The Politics of Migration Policies. Settlement and Integration – the First World into the 1990s, New York 1993, S. 249–261, hier S. 250; Nicholas P. Glytsos/Louka T. Katseli, Theoretical and Empirical Determinants of International Labour Mobility. A Greek-German Perspective, in: Anthony Philip Thirlwall/Ian R. Gordon (Hrsg.), European Factor Mobility. Trends and Consequences, Basingstoke 1989, S. 95–115, hier S. 97. Bezogen auf die gesamte Auswanderung aus Griechenland lag der Anteil Deutschlands bei 56 %, bleiben die Krisenjahre 1967/68 ausgeklammert, bei 60 %; Moussourou, La Sociologie, S. 95.
[41] Lianos, Greece, S. 255.
[42] Rass, Institutionalisierungsprozesse, S. 249f.
[43] Ebenda, S. 163f.

4. Die Wanderungsverträge Spaniens und Griechenlands mit Westdeutschland

Wie ordnen sich das spanisch-deutsche bzw. das griechisch-deutsche Wanderungsabkommen in die europäische Vertragslandschaft der 1960er Jahre ein? Zunächst zeigt ein Vergleich der Vertragstexte, dass sich beide Übereinkommen stark ähneln und in ihren Grundlinien den Vorgaben der ILO folgen.[44] Als Erklärung hierfür scheint plausibel, dass sie aus einer Phase datieren, in der Westdeutschland auf eine schnelle Ausweitung des Zustroms ausländischer Arbeitskräfte hinarbeitete und daher die Verwendung der ILO-Richtlinien, die nicht zuletzt auch im Interesse der Abwanderungsländer lag, als Vehikel für eine schnelle Vernetzung nutzte. Diese Interpretation wird auch dadurch gestützt, dass Spanien und Griechenland keine Neulinge im Beziehungsgeflecht mehr waren, sondern ihre Erfahrungen aus sowohl vertraglich verfassten als auch noch nicht formalisierten Wanderungsbeziehungen in die Verhandlungen einbringen konnten.[45]

Signifikant dagegen sind allerdings sowohl die Unterschiede zum bereits bestehenden deutsch-italienischen Abkommen als auch das Verhältnis der beiden Verträge zu den jeweils anderen Abkommen der beiden Abwanderungsländer. Deutschland führte mit den beiden Wanderungsabkommen des Jahres 1960 eine Innovation in die Anwerbeverträge ein: das Listenverfahren. Es erlaubte dem Partnerstaat, unabhängig von den Anforderungen deutscher Arbeitgeber Bewerberpools zu bilden, aus denen eingehende Stellenangebote besetzt werden konnten. Zu diesem Zweck konnten sich Abwanderungswillige bei der in Griechenland bzw. Spanien jeweils für die Durchführung der Anwerbung zuständigen Behörde melden. Dort durchliefen sie bereits den Selektionsprozess der entsendestaatlichen Seite, also vor allem eine erste Gesundheitsuntersuchung. Ferner konnte geprüft werden, ob die Kandidaten die arbeitsmarkt- oder sozialpolitischen Voraussetzungen für die Zulassung zum Anwerbeverfahren erfüllten, also beispielsweise arbeitslos waren und kein Qualifikationsprofil aufwiesen, das sie – um den Facharbeitermangel im Inland nicht zu vergrößern – von der regulierten Arbeitsmigration ausschloss. Ebenfalls möglich war eine Überprüfung, ob die potentiellen Abwanderer bereits ihren Militärdienst absolviert hatten. Da das Anwerbeverfahren grundsätzlich mit einer beidseitigen Selektion, also durch das Entsendeland und den anwerbenden Staat verbunden sein sollte, und beide unter Umständen unterschiedliche Kriterien anlegten, verhieß das Listenverfahren eine Beschleunigung des Vorgangs und eine bessere Planbarkeit der Nachfragebefriedigung. Zudem bot die Größe des Bewerberpools einen Indikator für das verfügbare Arbeitskräftepotential. Diesen Effekt nutzte vor allem Deutschland, um die Anforderungen ausländischer Arbeitskräfte, die bei der Arbeitsverwaltung eingingen, strategisch auf die deutschen Anwerbestellen in den verschiedenen Staaten zu verteilen. Es erlaubte den Entsendestaaten im Gegenzug, schon im Vorfeld der tatsächlichen Anwerbung politische Effekte über die regionale Verteilung der Chance auf Partizipation am Wanderungsprozess zu erzielen, da man bereits diese Verheißung einer Chance auf Arbeitswanderung in den Abwanderungsländern vielfach als erfolgreiches sozial- bzw. wirtschaftspolitisches Handeln von Regierungen bzw. ihren Politikern und Bürokratien wahrnahm.

---

[44] So verweist zwar Kreienbrink zur Stützung seiner Interpretation, die Anwerbeverträge spiegelten vor allem den Gestaltungswillen der Anwerbestaaten, darauf, der deutsch-spanische Vertrag von 1960 enthalte im Gegensatz zum spanisch-französischen Abkommen keine Regelungen für einen Familiennachzug, was den Empfehlungen der ILO widersprochen hätte, übersieht jedoch Artikel 17 der deutsch-spanischen Vereinbarung vom 29.3.1960; Kreienbrink, Einwanderungsland, S. 62, Anm. 164.
[45] Sanz Díaz, „Illegale"; Lina Venturas, The Beginning of Greek Post-war Emigration to Belgium. Networks and Strategies, in: Evangelos Konstantinou (Hrsg.), Griechische Migration in Europa. Geschichte und Gegenwart, Frankfurt a.M. 2000, S. 217–226.

Gleichzeitig waren die Abkommen sowohl für Griechenland – klammert man den ganz und gar unattraktiven griechisch-französischen Vertrag von 1954 aus – als auch für Spanien die ersten, die nicht nur den Bergbau des Ziellandes für Arbeitswanderer öffneten, sondern deren gesamten Arbeitsmarkt. So hatte Spanien zwar 1956 ein Abkommen mit Belgien erzielt, das neben einem Schnellverfahren für die Anwerbung auch weitreichende Möglichkeiten für Lohnüberweisungen und, so wie es die Vorgaben der ILO forderten, die Beseitigung aller Freizügigkeitsbeschränkungen nach fünf Jahren Aufenthalt beinhaltete. Gleiche Regelungen enthielt auch der belgisch-griechische Vertrag aus dem Folgejahr. Beide Abkommen erlaubten jedoch die Anwerbung nur für den belgischen Steinkohlenbergbau.[46] Das deutsche Angebot im Jahr 1960 schien daher ungleich attraktiver: Zugang zum gesamten Arbeitsmarkt für ein breiteres Alterssegment bei relativ guten Verdienstmöglichkeiten, allerdings um den Preis eines stärker reglementierten Aufenthaltsregimes. Die weitere Entwicklung in der Vertragslandschaft deutet auf die Auswirkungen solcher Verbesserungen jenseits der direkt von ihnen definierten Migrationsbeziehungen hin. Belgien etwa verzichtete in seinen Verträgen mit Marokko, der Türkei und mit Tunesien auf eine Beschränkung der Erstanwerbung auf den Steinkohlenbergbau und öffnete stattdessen seinen gesamten Arbeitsmarkt. Dies geschah einerseits unter dem Druck der Nachfrage nach ausländischen Arbeitnehmerinnen und Arbeitnehmern, die auch in Belgien im Verlauf der 1960er Jahre stark wuchs. Andererseits ließen sich solche Einschränkungen angesichts eines immer breiteren Spektrums potentieller Wanderungsziele, die bessere Zugangsbedingungen zu ihren Arbeitsmärkten boten, nur noch unter Inkaufnahme sinkender Anwerbezahlen aufrechterhalten.

5. Anwerbeabkommen und Migrationsregime der Entsendeländer

Spanien betrachtete am Ende der 1950er Jahre, ebenso wie Griechenland und die Mehrzahl der Abwanderungsländer der europäischen Peripherie, die temporäre Entsendung von Arbeitskräften ins Ausland als einen Hebel für die Entwicklung seiner Wirtschaft. Die Entlastung des heimischen Arbeitsmarktes, die Milderung sozialer Probleme und der Zufluss von Devisen aus Lohnüberweisungen sowie die Vorstellung, heimkehrende Migranten würden wertvolle berufliche Qualifikationen mitbringen, charakterisieren das Motivkonglomerat, das diese wirtschafts-, sozial- und arbeitsmarktpolitische Vorstellung stützte.[47]

Die Umsetzung dieses Anspruches gelang in Spanien auf der Grundlage langer Erfahrungen als Auswanderungsland und gestützt auf die autoritären Strukturen eines korporatistischen Staates nicht nur auf der politischen bzw. diplomatischen, sondern auch auf der praktischen Ebene zumindest partiell. Das Instituto Español de Emigración verfolgte bei seiner Zusammenarbeit mit der deutschen Arbeitsverwaltung eine Politik strikter Abwanderungskontrolle, die ab 1960 auf entsprechenden Ergänzungen der Wanderungsgesetze basierte. Entsprechend lehnten die spanischen Behörden jede nicht-steuerbare Form individueller Migration, etwa mit Touristenvisum nach Frankreich oder auf dem sogenannten Zweiten Weg nach Deutschland grundsätzlich ab.[48] Das Ziel dieses Ansatzes war es, die Anwerbung so zu steuern, dass sie vor allem Regionen Spaniens mit schlechter Arbeitsmarktlage entlastete, ohne diesen Gebieten zugleich wertvolle Facharbeitskräfte zu rauben.[49]

---

[46] Amalia Alexiou, L'immigration greque en Belgique, in: Anne Morelli (Hrsg.), Histoire des étrangers et de l'immigration en Belgique de la préhistoire à nos jours, Brüssel 1992, S. 274–289.
[47] Bade, Europa, S. 315.
[48] Sanz Díaz, Las relaciones del IEE con Alemania.
[49] Ders., „Illegale", S. 25f.

Ein spezifisches Element der daraus resultierenden Anwerbeverfahren bestand in der Zuweisung der Anwerbekommissionen Deutschlands, Frankreichs oder anderer Vertragspartner Spaniens zu bestimmten Zonen. Dieses Vorgehen beeinflusste durchaus die Zusammensetzung der von Spanien ausgehenden Wanderungsströme, lief allerdings der Zielwahl vieler Migranten entgegen, sodass solche rigiden Steuerungsversuche auch zu einem Motor individueller und zeitweise illegalisierter Abwanderung wurden.[50] So blieb es illusorisch, unregulierte Arbeitsmigration gänzlich zu unterbinden, solange der Arbeitskräftebedarf in den anwerbenden Staaten diese zu einer großzügigen Zulassungspolitik motivierte.[51] Vor allem nach Frankreich kamen nur 20 bis 40 Prozent der Arbeitskräfte auf dem von der spanischen Auswanderungsbehörde kontrollierten Weg.[52] Doch auch auf der spanischen Seite herrschte ein durchaus ambivalentes Verhältnis zur individuellen Abwanderung, gaben die staatlichen Wirtschaftspläne doch regelrechte Planziele für die jährlich ins Ausland zu sendenden Arbeitskräfte vor, um entsprechende Devisengewinne durch Lohnüberweisungen zu realisieren. Vor diesem Hintergrund stand während der 1960er Jahre hinter der offiziellen Linie vollkommen kontrollierter Abwanderung zumindest eine Duldung der inoffiziellen Arbeitsmigration, die dazu beitrug, trotz eines schwerfälligen bürokratischen Apparates eine hohe Migrationsintensität zu erzielen.[53] Der Regulierungsgrad, den die spanische Wanderungsbehörde in Bezug auf die Arbeitsmigration nach Deutschland dennoch erlangte, besaß vor diesem Hintergrund unter strategischen Gesichtspunkten für die auf die binnenwirtschaftliche Entwicklung gerichtete Zielsetzung der Migrationspolitik einen hohen Stellenwert.

Die Entwicklung in Griechenland bot nahezu zeitgleich bei ähnlichen Absichten und Ansätzen in der Realität ein gänzlich anderes Bild. Dort hatte zwar bereits 1951 eine staatliche Kommission begonnen, an der Formulierung einer künftigen Migrationspolitik zu arbeiten, und man beteiligte sich an verschiedenen internationalen Initiativen zur Unterstützung der Abwanderung aus Europa nach Übersee.[54] Zugleich kalkulierte schon der erste Entwicklungsplan der Regierung für die Jahre 1950 bis 1953 mit der Förderung temporärer Arbeitsmigration als Teil der Wiederaufbaustrategie.[55] Es gelang Griechenland jedoch zu keinem Zeitpunkt, eine erfolgreiche Kontrolle des Abwanderungsprozesses hinsichtlich der eigenen binnenwirtschaftlichen Interessen zu etablieren. Insbesondere eine Abstimmung der Anwerbung mit der Struktur des im Inland verfügbaren Arbeitskräftepotentials unterblieb.[56] Regierung, Arbeitgeber, Gewerkschaften und Parteien kämpften um die Umsetzung ihrer Partikularinteressen, während sich keine Institution als stark genug erwies, eine kohärente Politik umzusetzen.[57] So unterstützte die griechische Arbeitsverwaltung die Rekrutierungskampagnen ausländischer Stellen, agierte dabei jedoch eher als ein Dienstleister. Auf diese Weise konnte weder eine regionale noch eine berufsspezifische oder arbeitsmarktpolitische Beeinflussung der Abwanderung von Seiten Griechenlands gelingen. Die Zusammensetzung des Abwandererstroms determinierten daher vor allem individuelle Migrationsentscheidungen und die Selektionskriterien bzw. die Nachfrage der anwerbenden Staaten, die sich aus dem griechischen Bewerberpotential bedienen

---

[50] Ewenczky, Espagnoles, S. 82f.
[51] Sanz Díaz, „Illegale", S. 79f.
[52] Bernitt, Rückwanderung, S. 12.
[53] Sanz Díaz, „Illegale", S. 29f.
[54] Lina Venturas, Greek Governments, Political Parties and Emigrants in Western Europe, in: Revue européenne des migrations internationales 17 (2001), S. 43–65, hier S. 46.
[55] Glytsos/Katseli, Greek Migration, S. 354.
[56] Alexiou, L'immigration greque, S. 279f.
[57] Ioanna Laliotou, Greek Diaspora, in: Melvin Ember u. a. (Hrsg.), Encyclopedia of Diasporas, Bd. 1, New York 2005, S. 85–92.

konnten. Dieser hohe Freiheitsgrad im Hinblick auf die Migrationsentscheidung im Verbund mit der Selektionsmacht der Anwerbestaaten trug dazu bei, dass zwar eine Mehrheit der Migranten aus den unterentwickelten ländlichen Gebieten stammte, sich aber auch Facharbeitskräfte und Spezialisten motiviert durch die im Ausland besseren Verdienstmöglichkeiten zur Abwanderung entschieden, die zuvor in Griechenland nicht arbeitslos gewesen waren. Wenige Jahre nach Beginn der Anwerbung durch Deutschland resultierte daraus stellenweise bereits eine Verknappung von Arbeitskräften.[58] Zwar schränkte Griechenland 1964 den Personenkreis ein, den es zur namentlichen Anforderung zuließ, ähnlich wie im Falle Spaniens konterkarierte die großzügige Zulassungspraxis Deutschlands jedoch diesen Versuch, den eigenen Einfluss auf die Wanderungsbewegung auszuweiten.[59] Bis zum Anwerbestopp 1973 blieben die Zuständigkeiten im migrationspolitischen Handlungsfeld zersplittert, in dem die griechischen Behörden eher hilflos auf Veränderungen der Anwerbepolitik reagierten als durch koordiniertes Handeln der beteiligten Akteure nachhaltigen Einfluss zu gewinnen.[60]

Nun ließe sich argumentieren, dass die Abwesenheit von Lenkung grundsätzlich gut sei, da sie Migrationsentscheidungen dem Individuum bzw. einem liberalen Markt überlässt. Angesichts der Vielzahl institutioneller Akteure, die Einfluss auf jeden, insbesondere aber jeden regulierten Wanderungsprozess nehmen, wäre dem entgegenzuhalten, dass die Abwesenheit von Einflussnahme auf der einen Seite nicht notwendigerweise dem Individuum größere Freizügigkeit, sondern der Steuerung von Wanderung durch die jeweils andere Partei Spielraum verschafft. Die Bedeutung staatlicher Strukturen, die geleitet von den Maßgaben internationaler Standards die Parameter einer Wanderungsbeziehung aushandeln und überwachen – hierbei besteht freilich keine automatische Übereinstimmung zwischen den Interessen eines Staates und seiner abwanderungswilligen Bürger – erweist sich so als vielschichtig. Einerseits kann der Staat bei stark abweichenden Interessenlagen zum Antagonisten von Ab- oder Zuwanderern werden, andererseits kann er sich – bei einer gewissen Kongruenz der Interessen – als ihr wichtigster Anwalt und Fürsprecher erweisen. Im Falle Griechenlands bildete sich letztlich ein großer Bewerberpool, mit dem die deutsche Anwerbebürokratie nach ihrem Gutdünken verfahren konnte. So flossen Griechenland bald deutsche Vermittlungsaufträge zu, die in Italien und Spanien nicht erfüllbar waren. Die deutschen Stellen hofften, sie in Griechenland aufgrund des noch unabgeschöpften Arbeitskräftepotentials, der geringen Regulierungsintensität auf griechischer Seite und dem Fehlen jeglicher ernsthafter Konkurrenz erledigen zu können. Dabei lag die Ablehnungsquote der deutschen Anwerbekommission zeitweise über 40 Prozent. Die griechischen Migranten hatten also im Selektionsprozess keine gute Position und insbesondere keine Rückendeckung durch ein Verfahren, das etwa der griechischen Seite Mitsprache bei der Beurteilung von gesundheitlicher Tauglichkeit und beruflichen Qualifikationen einräumte.

Vergleichend deuten die Statistiken der Bundesanstalt für Arbeit auf eine quantitativ nahezu gleichbedeutende Zuwanderung aus Spanien und Griechenland hin, bei der sich auch der Anteil der direkt angeworbenen Arbeitskräfte, also der dem Selektionsprozess am weitesten unterworfenen Migranten, mit rund 69 Prozent im Falle Spaniens bzw. 65 Prozent der griechischen Arbeitswanderer, ebenfalls kaum unterschied. Für beide Staaten ergibt sich mithin ein ähnlich hoher Anteil regulierter Migration, im Falle Spaniens lag die Ver-

---

[58] Ayse Kudat/Marios Nikolinakos, A Comparative Study in Migration Policies. The Case of Turkey and Greece, Berlin 1975, S. 31f.
[59] Xenophon Zolotas, International Labor Migration and Economic Development. With special Reference to Greece, Athen 1966, S. 52f.
[60] Venturas, Greek Governments, S. 47.

teilungsmacht jedoch in hohem Maß beim Entsendestaat, während in Griechenland der Anwerbestaat Deutschland den Mobilisierungs- und Selektionsprozess weitgehend nach seinen Interessen gestalten konnte.

6. Erkenntnisse

Die Bundesrepublik eröffnete mit den beiden Abkommen im März 1960 die erste Runde der Expansion ihrer formalisierten Migrationsbeziehungen. Sie verschaffte sich Zugriff auf zwei Arbeitsmärkte mit bedeutendem Abwanderungspotential in einer Situation, in der die Anwerbung in Italien bereits an Bedeutung zu verlieren begann, der Bedarf der bundesdeutschen Wirtschaft an zusätzlichen Arbeitskräften jedoch noch seinem Höhepunkt zustrebte. Spanien wurde ein nicht unwichtiger Wanderungspartner für Westdeutschland, seine Bedeutung lag in der Rückschau jedoch eher im Überbrücken der Lücke, die bis zum Beginn der Anwerbung in der Türkei und in Jugoslawien auf dem deutschen Arbeitsmarkt entstand. Dabei unterwarf sich die Bundesanstalt für Arbeit in Spanien einem stark von dortigen Stellen beeinflussten Mobilisierungs- und Selektionsprozess. Auf der anderen Seite besaß die Abwanderung nach Deutschland für Spanien nicht nur eine quantitative, sondern aufgrund des hohen Steuerungspotentials auch eine große strategische Bedeutung. Ein Indiz hierfür ist die ab 1965 bereits wieder rückläufige Präsenz spanischer Arbeitnehmerinnen und Arbeitnehmer in Deutschland, während zugleich die Abwanderung aus Spanien insgesamt noch nicht ihren Höhepunkt erreicht hatte. Sie diversifizierte sich vielmehr nicht nur in der zweiten Hälfte der 1960er Jahre, sondern verlagerte sich auch wieder stärker in Richtung des traditionell wichtigsten Migrationspartners Frankreich.

Griechenland nahm für den deutschen Arbeitsmarkt im Grunde zunächst eine vergleichbare Position ein. Die Anwerbung in Griechenland erfolgte in den 1960er Jahren indes nahezu unter den Bedingungen eines deutschen Monopols. Insofern spielte die Arbeitsmigration aus Griechenland für die deutschen Bedarfsdeckungsstrategien durch die Orchestrierung seiner sich ausweitenden Migrationsbeziehungen eine besondere Rolle, da eine fehlende Interessenvertretung auf griechischer Seite das dortige Arbeitskräftepotential zu einer willkommenen Dispositionsmasse machte. Griechenland geriet auf diese Weise geradezu in Abhängigkeit von Deutschland und konnte den Wanderungsprozess kaum in seinem Sinne oder im Interesse seiner Auswanderer beeinflussen. Auch hier sprechen nicht zuletzt die statistischen Befunde für diese Interpretation, zeigen sie doch, dass die Zuwanderung aus Griechenland ihren Netto-Höhepunkt erst 1970 erreichte.

Jenseits solcher Befunde, die sich unmittelbar aus der Analyse von Fallstudien ableiten lassen, bleiben vier Erkenntnisse auf einer übergeordneten Ebene festzuhalten. Erstens erweist es sich als produktiv, neben länderspezifischen Fallstudien Ansätze zu verfolgen, die stärker komparativ oder systembezogen vorgehen, um einige noch zu wenig erforschte Aspekte der europäischen Arbeitsmigration des 20. Jahrhunderts in den Blick zu nehmen. Das gilt etwa für das Auftreten von Konkurrenzeffekten innerhalb des komplexen Geflechts bilateraler Abkommen, das zwischen 1919 und 1974 einen internationalen Arbeitsmarkt in Europa rahmte, auf dem es letztlich keine rein bilateral bestimmten Migrationsverhältnisse geben konnte. Dies offenbart, zweitens, die große und in der Migrationsforschung bisweilen unterschätzte Bedeutung von Institutionen. Nicht nur die Rekrutierungsabkommen bzw. Wanderungsverträge verdienen neue Aufmerksamkeit in einem internationalen Kontext, auch Aus- bzw. Einwanderungsbürokratien und Migrationsregime gilt es, im europäischen Kontext intensiv zu untersuchen – ohne dem Kurzschluss zu erliegen, die autoritären Staaten im Südwesten Europas seien mit ihren Strukturen als ein Erfolgsmodell ökonomisch sinnvoll oder effizient gesteuerter Abwanderung zu verstehen. So ist, drittens, die Regulierung von Arbeitsmigration durch ein System bilateraler Anwerbeabkommen keineswegs uneingeschränkt als gerecht, human oder ökonomisch sinnvoll zu bezeichnen. Als Vorstufe von freizügigen multilateralen Arbeitsmärkten einerseits und des Übergangs Europas zum Einwanderungskontinent andererseits haben sie sich aber in ihrer Zeit in gewisser Hinsicht als für alle Beteiligen – auch die Migranten – durchaus vorteilhaft erwiesen und erfreuen sich bis heute einer weltweit steigenden Bedeutung.[61] Als problematisch hat sich, auch in unseren Fallbeispielen, weniger die Mobilisierung und der Transfer von Arbeitskraft durch diese Institution erwiesen als vielmehr ihre Mittäterschaft an der Suggestion, es könne temporäre Zuwanderung ohne partielle Einwanderung geben, und dem daraus resultierenden Versäumnis vieler beteiligter Staaten, sich der schnell offensichtlich werdenden Einwanderungssituation zu stellen. Viertens zeigen die Befunde zu Spanien und Griechenland, dass es weiterführend sein könnte, im Hinblick auf die Geschichte der innereuropäischen Arbeitsmigration den Abwanderungsländern bei der Prozessgestaltung größere Bedeutung zuzumessen und dabei nicht nur die Art und Weise zu beobachten, in der diese mit dem Phänomen umgingen, sondern auch die dem zugrunde liegenden Kausalitäten. Das erfordert die Rückkehr von der Systemebene zu den politischen, sozialen, ökonomischen und gesellschaftlichen Prozessen, die in jedem Staat hinter den in diesem Beitrag stark induktiv beschriebenen Zusammenhängen standen, und umreißt eine der Herausforderungen der Historischen Migrationsforschung in Europa.

---

[61] Rass, Bilaterale Wanderungsverträge, S.100f.

Roberto Sala
Die migrationspolitische Bedeutung der italienischen Arbeitswanderung in die Bundesrepublik

Die Geschichtswissenschaft unterscheidet meist die „Gastarbeiter" in der Bundesrepublik aufgrund ihrer nationalen Herkunft voneinander.[1] Diese Betrachtungsweise erscheint selbstverständlich, beinhaltet aber die Gefahr, Migrationsgeschichte unkritisch als eine Geschichte nationaler Minderheiten zu konzipieren.[2] Zu den Aspekten, bei denen die isolierte Analyse des Einwanderungsgeschehens aufgrund der nationalen Herkunft zweckmäßig und erforderlich ist, gehören jedoch unfraglich die migrationspolitischen Rahmenbedingungen. Infolge ihrer Staatsangehörigkeit, die den fassbaren Beleg für die Zugehörigkeit zu einer „Nation" bildet, fanden die Zuwanderer diverse Spielräume und Zwänge vor, sodass ihre Migrationspfade sehr unterschiedlich ausfallen konnten. In diesem Rahmen sind italienische Arbeitsmigranten von besonderem Interesse, da in der italienischen Zuwanderung drei bedeutende Momente der Massenanwerbung ausländischer Arbeitskräfte vereinigt sind. Zunächst waren die Italiener die ersten „Gastarbeiter", für die die Bundesrepublik ein Anwerbeabkommen abschloss. Ferner blieben sie mehrere Jahre die einzige Gruppe, die angeworben wurde. Schließlich profitierten nur sie von der Liberalisierung des Arbeitsmarktes innerhalb der Europäischen Wirtschaftsgemeinschaft (EWG).

Dieser Beitrag untersucht die italienische Zuwanderung in die Bundesrepublik vor dem Hintergrund der migrationspolitischen Entwicklung. Wegen seiner Besonderheiten eignet sich der Zustrom italienischer Staatsangehöriger dazu, die spezifischen Auswirkungen des institutionellen Rahmens auf den Migrationsprozess zu verdeutlichen und als Prüfstein für die gesamte westdeutsche „Ausländerpolitik" zu dienen.

Im ersten Teil wird auf die Genese des deutsch-italienischen Anwerbevertrages von 1955 eingegangen, der als Modell für die späteren Abkommen mit weiteren südeuropäischen Staaten und somit als Beginn der Erwerbsmigration nach Westdeutschland gilt. Im Mittelpunkt stehen hier nicht die unmittelbaren Verhandlungen, die zum Abschluss des Abkommens führten, sondern die Kontinuität der Anwerbung italienischer Arbeitskräfte zwischen „Drittem Reich" und Bundesrepublik. Im zweiten Teil werden die ersten Jahre der Rekrutierung italienischer Arbeitskräfte thematisiert. Auch wenn diese zunächst einen geringen Umfang aufwies, prägte die Praxis der Anwerbung in Italien in dieser Anfangsphase die spätere Massenanwerbung in Spanien, Griechenland, der Türkei und Jugoslawien mehr, als dies in den bisherigen Forschungen zum Ausdruck kommt.[3] Im dritten und letzten Teil wird der Aspekt untersucht, der den Zustrom italienischer Arbeitskräfte zum signifikanten Sonderfall der bundesdeutschen Migrationspolitik macht: der Status italienischer Migranten als Angehörige der EWG.

---

[1] Der vorliegende Beitrag ist eine überarbeitete und aktualisierte Fassung des folgenden Aufsatzes: Roberto Sala, Vom „Fremdarbeiter" zum „Gastarbeiter". Die Anwerbung italienischer Arbeitskräfte für die deutsche Wirtschaft (1938–1973), in: Vierteljahrshefte für Zeitgeschichte (VfZ) 50 (2007), S. 93–120.
[2] Hierzu siehe Roberto Sala, Die Nation in der Fremde. Zuwanderer in der Bundesrepublik und nationale Herkunft aus Italien, in: IMIS-Beiträge (2006), H. 29, S. 99–122.
[3] Johannes-Dieter Steinert ist der Einzige, der über den Anfang der Anwerbung in Italien etwas ausführlicher informiert, wobei er in der Analyse wenig präzise ist; vgl. ders., Migration und Politik. Westdeutschland – Europa – Übersee 1945–1961, Osnabrück 1995, S. 284–289.

1. Kontinuitätslinien

Hinsichtlich der Genese des „Abkommens über die Anwerbung und Vermittlung von italienischen Arbeitskräften in die Bundesrepublik Deutschland" vom 20. Dezember 1955 haben lange zwei gegensätzliche Deutungsmuster konkurriert, die am Schärfsten jeweils von Knuth Dohse und Johannes-Dieter Steinert formuliert worden sind.[4] Nach Dohse ist der Anwerbevertrag als bewusster Schritt der Bundesregierung und speziell des Bundeswirtschaftsministers Ludwig Erhard zu betrachten, der durch die Öffnung des westdeutschen Arbeitsmarkts die Gefahr eines wachstumshemmenden Lohnanstiegs habe bannen wollen. Steinert hingegen verneint den Einfluss arbeitsmarktpolitischer Überlegungen und argumentiert, die Bundesregierung habe durch das Abkommen vor allem Vorteile in den Handelsbeziehungen mit Italien erzielen wollen. Er stützt seine These durch den Beleg, dass die Verhandlungen über den Anwerbevertrag auf eine Initiative der italienischen Regierung zurückgingen und dass Bundesarbeitsminister Anton Storch angesichts der Mitte der 1950er Jahre speziell unter den Vertriebenen noch hohen Arbeitslosigkeit entsprechende Pläne zunächst bekämpft hatte.

Die jüngere Forschung hat verdeutlicht, dass beide Interpretationsansätze defizitär sind, wenn sie als monokausale Erklärungen gelten sollen.[5] Tatsächlich lässt sich die Genese des Anwerbeabkommens nur verstehen, wenn die Vielfalt der konkurrierenden Umstände berücksichtigt wird. Die Relevanz der Arbeitsmarktpolitik und der internationalen Handelspolitik schließen einander mitnichten aus.[6] Vielmehr waren Arbeitsmarktpolitik, Handelspolitik und Migrationspolitik einander ergänzende Elemente eines Politikansatzes, der auf eine ältere politische Tradition zurückging. Dies wird deutlich, wenn man die italienische Migrationspolitik vor dem Abkommen von 1955 betrachtet. Die italienische Regierung hatte im ersten Jahrzehnt nach 1945 die staatliche Anwerbung eigener Arbeitskräfte im Ausland zu einem wichtigen Gegenstand internationaler Wirtschaftsverhandlungen gemacht.[7] Schon 1946 schloss Italien eine Anwerbevereinbarung mit Belgien ab, welche den bedeutenden Einfluss wirtschaftspolitischer Überlegungen aufdeckte: Aufgrund des Abkommens lieferte Belgien für jeden angeworbenen Bergarbeiter eine bestimmte Menge an Kohle, die in Italien besonders knapp war. 1948 bis 1953 folgten Vereinbarungen mit verschiedenen europäischen und außereuropäischen Ländern, unter anderem Frankreich und Argentinien. Die bilateral geregelte Anwerbung wurde in Italien – mit Hinweis auf einen vermeintlich besseren Schutz der Migranten – als „assistierte Auswanderung" bezeichnet und sollte die Emigration aus dem Lande wieder beleben, die im Faschismus unterbunden worden war. Der Staat sah in der Abwanderung ein Mittel gegen die massive

---

[4] Knuth Dohse, Ausländische Arbeiter und bürgerlicher Staat. Genese und Funktion von staatlicher Ausländerpolitik und Ausländerrecht. Vom Kaiserreich bis zur Bundesrepublik Deutschland, Berlin 1981, S. 176–179; Steinert, Migration und Politik, S. 220–238.
[5] Vgl. Yvonne Rieker, „Ein Stück Heimat findet man ja immer". Die italienische Einwanderung in die Bundesrepublik, Essen 2003, S. 20, Anm. 28; Barbara Sonnenberger, Nationale Migrationspolitik und regionale Erfahrung. Die Anfänge der Arbeitsmigration in Südhessen (1955–1967), Darmstadt 2003, S. 60; Grazia Prontera, Partire, tornare, restare? L'esperienza migratoria dei lavoratori italiani nella Repubblica Federale Tedesca nel secondo dopoguerra, Mailand 2009, S. 51–59.
[6] Vgl. Karen Schönwälder, Einwanderung und ethnische Pluralität. Politische Entscheidungen und öffentliche Debatten in Großbritannien und der Bundesrepublik von den 1950er bis zu den 1970er Jahren, Essen 2001, S. 247f.
[7] Vgl. Rieker, Ein Stück Heimat, S. 20. Zur italienischen Migrationspolitik nach 1945 Federico Romero, Emigrazione e integrazione europea 1945–1973, Rom 1991; Andreina De Clementi, Il prezzo della ricostruzione. L'emigrazione italiana nel secondo dopoguerra, Rom/Bari 2010.

Arbeitslosigkeit und für eine Verbesserung der Devisenbilanz, das auch von den Oppositionsparteien und den Gewerkschaften als „notwendiges Übel" anerkannt wurde.[8]

Die Migrationspolitik der italienischen Republik ist als Ergebnis einer langen und komplexen Entwicklung zu verstehen. Spätestens seit den 1870er Jahren stellte die Massenabwanderung einen zentralen Aspekt italienischer Politik und Geschichte dar. Beeinflusst von Großgrundbesitzern, die einen Lohnanstieg befürchteten, wenn zu viele Arbeitskräfte aus den landwirtschaftlichen Gebieten abwanderten, lehnte der italienische Staat die Massenemigration zunächst ab und versuchte sie einzudämmen. Ein 1888 verabschiedetes Gesetz gewährte jedoch allgemeine Freizügigkeit, woraufhin die Abwanderung als notwendiges Ventil für die inneren sozialen Spannungen anerkannt wurde.[9] Aber erst zu Beginn des 20. Jahrhunderts entwickelte sich die italienische Abwanderung zum Gegenstand internationaler Politik, insbesondere durch eine Reihe bilateraler Abkommen mit der französischen Regierung.

Die erste französisch-italienische Konvention zur Migrationsfrage wurde 1904 unterschrieben. Sie galt der Verbesserung der sozialen Situation italienischer Arbeitskräfte in Frankreich und diente als Modell für 27 ähnliche bilaterale Verträge, die bis 1914 in ganz Europa abgeschlossen wurden.[10] Obwohl das primäre Ziel der italienischen Regierung darin bestand, einen besseren Schutz der Migranten zu erreichen, spielten schon bei der ersten Vereinbarung von 1904 auch politische und wirtschaftliche Erwägungen eine wichtige Rolle. 1916 verfestigte sich diese Tendenz durch ein weiteres französisch-italienisches Abkommen, das die direkte Anwerbung von Arbeitskräften in Italien durch französische Behörden vorsah.[11] Italien verpflichtete sich darin, eine – wenn auch verhältnismäßig kleine – Zahl von Arbeitskräften für die französische Kriegswirtschaft bereitzustellen. Als Gegenleistung musste Frankreich unter anderem für jeden im Bergbau tätigen italienischen Arbeiter eine bestimmte Menge Kohle an Italien liefern – ähnlich wie bei der Anwerbevereinbarung zwischen Italien und Belgien nach dem Zweiten Weltkrieg. Der Historiker Luciano Tosi schreibt zum französisch-italienischen Abkommen von 1916:

> „Seitdem war [in Italien] die Auswanderung ins Ausland nicht nur eine Angelegenheit der Arbeiter und der Unternehmer, sondern ein Problem, das durch Verträge zwischen Staaten auszuhandeln war [...]. Dies spiegelte eine stark nationalistische Betrachtung der Auswanderung wider, wobei die Emigranten – ohne das Ziel, sie zu beschützen, zu vernachlässigen – als ein Mittel zur Verwirklichung nationaler Interessen wahrgenommen wurden."[12]

Im September 1919 schlossen Italien und Frankreich ein weiteres Abkommen, das den sozialen Schutz der Migranten ausbaute und gleichzeitig wirksame Instrumente zur Kon-

---

[8] Vgl. Paola Salvatori, Politica sindacale per l'emigrazione nel secondo dopoguerra, in: Vanni Blengino/Emilio Franzina (Hrsg.), La riscoperta delle Americhe. Lavoratori e sindacato nell'emigrazione italiana in America Latina 1870–1970, Mailand 1994, S. 132–146.
[9] Vgl. Maria Rosaria Ostuni, Leggi e politiche di governo nell'Italia liberale e fascista, in: Piero Bevilacqua/Andreina De Clementi/Emilio Franzina (Hrsg.), Storia dell'emigrazione italiana, Bd. 1: Partenze, Rom 2001, S. 309–319.
[10] Vgl. Luciano Tosi, L'Italia e gli accordi internazionali di emigrazione, in: Centro Studi Emigrazione (Hrsg.), The World in My Hand. Italian Emigration in the World 1860/1960 – Il mondo in mano. L'emigrazione italiana nel mondo 1860/1960, Rom 1997, S. 186–195, hier S. 187f. Italien unterschrieb 1906 eine neue Abmachung mit Frankreich, 1911 mit Ungarn und 1912 mit Deutschland.
[11] Vgl. Tosi, L'Italia e gli accordi, S. 188, Anm. 21; Christoph Rass, Bilaterale Wanderungsverträge und die Entwicklung eines internationalen Arbeitsmarktes in Europa, in: Geschichte und Gesellschaft 35 (2009), S. 98–134, hier S. 112f.
[12] Luciano Tosi, La tutela internazionale dell'emigrazione, in: Piero Bevilacqua/Andreina De Clementi/Emilio Franzina (Hrsg.), Storia dell'emigrazione italiana, Bd. 2: Arrivi, Rom 2002, S. 439–456, hier S. 443.

trolle der Wanderungsbewegung garantierte.[13] Die Vereinbarung war – ebenso wie die ab 1917 von den Vereinigten Staaten eingeführten Zuwanderungsbeschränkungen – ein deutliches Zeichen für die zunehmende Kontrolle der Migrationsbewegungen. In den folgenden Jahren schloss Italien mit mehreren Ländern Abkommen zur sozialen Lage der Emigranten ab. Es gelang aber nicht, die radikale Einschränkung von Abwanderungsmöglichkeiten auf globaler Ebene aufzuheben.[14] Auch die Regierungen der Weimarer Republik widersetzten sich den römischen Plänen, den deutschen Arbeitsmarkt für italienische Staatsangehörige zu öffnen; in Berlin blieb man der neuen restriktiven Migrationspolitik treu.[15]

Ende der 1930er Jahre kehrten sich die Verhältnisse um. Jetzt wollte die deutsche Regierung italienische Arbeitskräfte anwerben. Angesichts einer zunehmenden Arbeitskräfteknappheit unterzeichnete Berlin mit Verbündeten und neutralen Staaten bilaterale Abkommen über einen „Arbeitskräfteaustausch", wobei aber die italienischen Arbeitskräfte die bei weitem stärkste Gruppe darstellten.[16] Bis 1942 wurde etwa eine halbe Million italienischer Land- bzw. Industriearbeiter angeworben. Auf beiden Seiten wandelte sich dadurch der Charakter der staatlichen Intervention in die Erwerbsmigration – von der strengen passiven Kontrolle der vergangenen Jahre in eine kontrollierte Förderung.

Bis zum Waffenstillstand Italiens mit den Alliierten im September 1943 bildete diese durch interstaatliche Abkommen „verwaltete Migration" einen zentralen Gegenstand in den deutsch-italienischen Wirtschaftsbeziehungen, insbesondere bezüglich der Zahlungsbilanz und der Rohstofffrage. Hierbei folgten die Anwerbevereinbarungen zwischen den beiden autoritären Regimen dem von den erwähnten französisch-italienischen Abkommen markierten Pfad, weshalb sich auch die Tendenz verfestigte, die Arbeitsmigration als Mittel nationaler Politik und Gegenstand diplomatischer Verhandlungen zu betrachten. In der Zwischenkriegszeit hatten sich bilaterale Anwerbeverträge als Mittel zur Regulierung eines europäischen Arbeitsmarkts durchgesetzt, wobei sich Frankreich als Einwanderungsland weiterhin als federführend erwies; bahnbrechend war hierbei der franco-polnische Anwerbevertrag von 1919, dem 1927 auch ein deutsch-polnisches Abkommen folgte.[17] Der Einsatz der Italiener im „Dritten Reich" zementierte die Tendenz einer zunehmenden Verstaatlichung von Migrationsprozessen: Sämtliche Modalitäten der Anwerbung und der Beschäftigung der italienischen Migranten wurden auf diplomatischer Ebene ausgehandelt und festgeschrieben.[18] Die Rekrutierung italienischer Arbeitnehmer Ende der 1930er Jahre

---

[13] Es wurde einerseits die von den zwei Staaten „geregelte Auswanderungsfreiheit" geltend gemacht, anderseits das Prinzip der sozialen Gleichheit von Zuwanderern und Einheimischen; vgl. Tosi, L'Italia e gli accordi, S. 188.

[14] Nach Tosi, La tutela internazionale, S. 445f., wurde die Schließung der ausländischen Arbeitsmärkte gerade durch den Versuch der italienischen Politik beschleunigt, von den Zuwanderungsländern soziale Garantien für die Emigranten zu erhalten.

[15] Vgl. Jochen Oltmer, Migration und Politik in der Weimarer Republik, Göttingen 2005, S. 427–433.

[16] Vgl. Brunello Mantelli, „Camerati del Lavoro". I lavoratori italiani emigrati nel Terzo Reich nel periodo dell'Asse 1938–1943, Florenz 1992; ders., Zwischen Strukturwandel auf dem Arbeitsmarkt und Kriegswirtschaft. Die Anwerbung der italienischen Arbeiter für das „Dritte Reich", in: Cesare Bermani/Sergio Bologna/Brunello Mantelli, Proletarier der „Achse". Sozialgeschichte der italienischen Fremdarbeit in NS-Deutschland 1937 bis 1943, Berlin 1997, S. 253–390. Deutschland schloss weitere Anwerbeverträge mit Jugoslawien, Ungarn, Bulgarien, den Niederlanden, Kroatien, Spanien und der Slowakei; vgl. Ulrich Herbert, Geschichte der Ausländerpolitik in Deutschland. Saisonarbeiter, Zwangsarbeiter, Gastarbeiter, Flüchtlinge, München 2001, S. 125; Hans-Walter Schmuhl, Arbeitsmarktpolitik und Arbeitsverwaltung in Deutschland 1871–2002, Nürnberg 2003.

[17] Vgl. Christoph Rass, Institutionalisierungsprozesse auf einem internationalen Arbeitsmarkt. Bilaterale Wanderungsverträge in Europa zwischen 1919 und 1974, Paderborn 2010.

[18] Antonio Dazzi, Accordi tra l'Italia e la Germania in materia di lavoro e assicurazioni sociali 1937–1942, Tipografia riservata del Ministero degli Affari Esteri, Rom 1942.

stellte somit eine grundlegende Verfestigung der zwischenstaatlich geregelten Massenanwerbung ausländischer Arbeitskräfte dar.

Grundsätzlich handelte es sich um das gleiche System, das die italienische Regierung nach 1945 mit dem Etikett „assistierte Auswanderung" zur Anwendung brachte. Zwar gab es Unterschiede zwischen den auf italienischer Seite involvierten Institutionen, was allerdings auf die partielle Zäsur gegenüber dem faschistischen Staatsapparat zurückzuführen ist und nicht auf eine Neuorientierung in der Anwerbungspolitik. Waren vor 1945 die faschistischen Gewerkschaften – die *Confederazioni*[19] – und die italienische Botschaft in Berlin zuständig gewesen, übernahmen nun das Arbeitsministerium und die ihm nachgeordneten Arbeitsämter diese Rolle. Auch die anerkannte Migrationshistorikerin Andreina De Clementi hat nahegelegt, dass die Anwerbung italienischer Arbeitskräfte für das „Dritte Reich" den italienischen Behörden als Vorbild für die nach 1946 abgeschlossenen Anwerbeabkommen diente.[20] Der von den autoritären Regimen vertretene Dirigismus habe auch im migrationspolitischen Bereich gegolten und großen Einfluss auf die Haltung der italienischen Regierung gegenüber der Auswanderungsfrage nach dem Krieg ausgeübt.

Auf dem Einsatz italienischer Arbeitskräfte im „Dritten Reich" lastete allerdings der Schatten von Zwangsarbeit und Deportation. Nach dem italienischen „Verrat" von 1943 waren Hunderttausende italienische Kriegsgefangene und Zivilisten gemeinsam mit Millionen Menschen aus den besetzten Ländern Europas zur Sklavenarbeit in Deutschland gezwungen worden.[21] Bis 1942 kamen allerdings die italienischen Arbeitskräfte aufgrund der zwischen beiden Staaten abgeschlossenen Vereinbarungen freiwillig in das Deutsche Reich, wo sie als freie Bürger lebten, sofern dies im vom Krieg geprägten Deutschland überhaupt möglich war.[22] Die freiwillige Rekrutierung ist von der 1943 beginnenden Deportation zur Zwangsarbeit klar zu unterscheiden; die italienische Migrationspolitik nach 1945 konnte an die erste Phase anknüpfen, ohne moralische und politische Bedenken hervorzurufen.[23]

Mit dieser Einschränkung konnte die Rekrutierung italienischer Arbeitskräfte für das „Dritte Reich" ein Modell für die Anwerbung für die Bundesrepublik nach 1955 bilden, ebenso wie sie ein Vorbild für die gesamte „assistierte Auswanderung" Italiens in der unmittelbaren Nachkriegszeit dargestellt hatte.[24] In einem regierungsinternen Brief vom November 1954 wird dies auch offen angesprochen. Es handelt sich um einen Vorschlag

---

[19] Die Confederazione Fascista Lavoratori Agricoltura war für die Landarbeiter, die Confederazione Fascista Lavoratori Industria für die Industriearbeiter zuständig.
[20] Andreina De Clementi, „Curare il mal di testa con le decapitazioni". L'emigrazione italiana nel secondo dopoguerra. I primi dieci anni, in: „900" (2003), H. 8–9, S. 11–27, hier S. 13. Vgl. dies., Il prezzo della ricostruzione, S. 6–9.
[21] Nach dem Waffenstillstand Italiens mit den Alliierten wurden ca. 600 000 italienische Soldaten als „Militärinternierte" eingestuft und zur Zwangsarbeit nach Deutschland deportiert. Vgl. Gabriele Hammermann, Zwangsarbeit für den Verbündeten. Die Arbeits- und Lebensbedingungen der italienischen Militärinternierten in Deutschland 1943–1945, Tübingen 2002.
[22] Vgl. Cesare Bermani, Al lavoro nella Germania di Hitler. Racconti e memorie dell'emigrazione italiana 1937–1945, Turin 1998.
[23] Vgl. Livia Novi, Die italienisch-deutsche Anwerbevereinbarung von 1955 im Rahmen der italienischen Wanderungspolitik der fünfziger Jahre, unveröffentlichte Magisterarbeit, Osnabrück 1994, S. 47.
[24] Die Form der Vereinbarung änderte sich in einem wesentlichen Punkt: Anstelle einer Vielzahl von branchenspezifischen, nach Ablauf von begrenzten Zeiträumen neu verhandelten Verträgen trat ein einziges übergreifendes Abkommen; vgl. Dazzi, Accordi tra l'Italia e la Germania; Accordo fra il Governo della Repubblica Italiana e il Governo della Repubblica Federale di Germania per il reclutamento ed il collocamento della manodopera italiana nella Repubblica Federale di Germania, in: Gazzetta ufficiale della Repubblica italiana, Nr. 205 (1956).

des italienischen Schatzministeriums zur Einführung eines zentralisierten Überweisungsdienstes für die Ersparnisse der Emigranten, die in Deutschland arbeiten würden:

> „Es ist notwendig, dass die Arbeiter ihr Geld [an die zurückgebliebenen Familien] insgesamt und schnell durch einen systematischen und obligatorischen Kanal nach dem Modell jenes vor dem Krieg schon existierenden [Kanals] nach Italien überweisen können. Damals strömten alle Überweisungen in R. M. der Deutschen Bank zu, die sie [...] der Banca Nazionale del Lavoro überwies, welche wiederum den Gegenwert in italienischen Lire den Familien der Arbeiter auszahlte. Dieses System [...] ersparte [den Migranten] Schwierigkeiten in der Versorgung ihrer Familien in Italien und vermied eine illegale Zerstreuung der Überweisungen. Im Hinblick auf die kommende Auswanderung sollte deshalb die Möglichkeit erwogen werden, zwei große italienische und deutsche Bankinstitute mit einem solchen Überweisungsdienst zu beauftragen, in Anbetracht der sehr guten Ergebnisse, welche in der Vergangenheit erreicht wurden."[25]

Auch die bundesdeutschen Behörden bezogen sich direkt auf die Anwerbung italienischer Arbeitskräfte im „Dritten Reich", wie aus einem Bericht ersichtlich wird, den die Deutsche Kommission in Italien zu Beginn ihrer Tätigkeit 1956 verfasste. Der Direktor der Kommission erwähnte darin mehrmals die frühere Rekrutierung und präsentierte sie als erfolgreiches Modell.[26] Zudem beklagte er gegenüber der Bundesanstalt für Arbeit, dass keiner der im faschistischen Italien eingesetzten deutschen Funktionäre an der neuen Anwerbepraxis beteiligt war – gerade der Verweis auf die mangelnde Kontinuität in der unmittelbaren Personalbesetzung verdeutlicht, dass innerhalb der Bundesanstalt Erfahrungen aus der Rekrutierung italienischer Arbeitskräfte weitergegeben worden waren.[27] Ein weiterer Hinweis betrifft den Sitz der deutschen Anwerbekommission. Diese siedelte sich zunächst im „Auswanderungszentrum" in Mailand an, zog aber nach kurzer Zeit nach Verona.[28] Dort waren bereits vor dem Krieg italienische Arbeitskräfte für die deutsche Wirtschaft angeworben worden.

Die Anwerbung italienischer Arbeitskräfte für die Bundesrepublik ist mithin als Fortsetzung eines Verfahrens zu verstehen, das im Rahmen der „Achse Berlin–Rom" entstand, zugleich aber auch als das Ergebnis langfristiger internationaler Entwicklungen zur Verstaatlichung der europäischen Migration – wie Christoph Rass in seiner maßgebenden Studie zeigt.[29] Die italienische Migrationspolitik der „assistierten Auswanderung" gab den Anstoß zur Wiederbelebung des bilateral geregelten Anwerbesystems in der Bundesrepublik, das seine Wurzeln in der NS-Zeit hatte und in Berührung mit den pervertierten Facetten des „Fremdarbeitereinsatzes" gekommen war. Trotz dieses Hintergrunds blieb eine Auseinandersetzung mit der gravierenden Erfahrung von Deportation und Zwangsarbeit, welche Millionen von im „Dritten Reich" tätige Ausländer prägte, aus.[30]

---

[25] Archivio Centrale dello Stato (im Folgenden: ACS Rom), Presidenza del Consiglio dei Ministri (Vorsitz des Ministerrats), Akte 7 N. 98901, Brief des Schatzministeriums an den Vorsitz des Ministerrats, Überweisungsdienst für die Auswanderer in Deutschland, 30.11.1954. Das vorgeschlagene System fand langfristig keine Anwendung.
[26] Bundesarchiv Koblenz (BArch), B 119/3052, Deutsche Kommission in Italien (DKI), Aktenvermerk, Anwerbung italienischer Arbeitskräfte, 12.4.1956.
[27] Die Bundesanstalt für Arbeit, die für die Anwerbung in Italien verantwortliche deutsche Behörde, war die direkte Nachfolgeinstitution der 1927 gegründeten Reichsanstalt für Arbeitsvermittlung und Arbeitslosenversicherung, die im faschistischen Italien für die Rekrutierung zuständig war.
[28] Vgl. Steinert, Migration und Politik, S. 286.
[29] Rass, Institutionalisierungsprozesse.
[30] Die hier ausgeführte These der Kontinuität in der Anwerbung italienischer Arbeitskräfte zwischen „Drittem Reich" und Bundesrepublik ist als Bestandteil eines normativ aufgeladenen „Opferplots" kritisiert worden: Hedwig Richter/Ralf Richter, Der Opfer-Plot. Probleme und neue Felder der deutschen Arbeitsmigrationsforschung, in: VfZ 57 (2009), S. 61–97, hier S. 73f. Demgegenüber lässt sich festhalten, dass das Hervorheben des Fortbestands von Verwaltungskultur über die Zäsur von 1945

2. Die Praxis der Anwerbung italienischer Arbeitskräfte

Gemessen an den Erwartungen staatlicher Stellen erwies sich die Anwerbung italienischer Arbeitskräfte für die Bundesrepublik zunächst als Fehlschlag. Für das Jahr 1956 hatte die deutsche Regierung den italienischen Behörden einen Bedarf von 31 000 italienischen Kräften mitgeteilt, wobei es vorwiegend um Saisonkräfte für die Landwirtschaft und das Baugewerbe ging.[31] Bis zum Jahresende hatte die Deutsche Kommission erst knapp 17 000 Arbeitsangebote erhalten und lediglich rund 10 000 Arbeitskräfte – davon mehr als die Hälfte für die Landwirtschaft – effektiv anwerben können.[32] Einerseits wurde der Arbeitskräftebedarf angesichts der wirtschaftlichen Entwicklung in der Bundesrepublik als zu hoch eingeschätzt, andererseits konnten selbst die vorhandenen Anträge wegen bürokratischer Unzulänglichkeiten nicht zügig bearbeitet werden.[33] Hinzu kam die geringe Anziehungskraft der landwirtschaftlichen Löhne in der Bundesrepublik, sodass viele italienische Interessenten die Angebote ablehnten.[34]

Die wenigen und schlecht bezahlten Arbeitsplätze in der deutschen Landwirtschaft entsprachen mitnichten den Wünschen Italiens, die aber angesichts der deutschen Wirtschaftslage wenig realistisch waren. Für die italienische Regierung bestand das eigentliche Ziel der Abwanderung in die Bundesrepublik in der dauerhaften Beschäftigung von Arbeitskräften außerhalb der Landwirtschaft und in der Ansiedlung der Emigranten im Ausland[35]; nur durch eine „permanente Auswanderung" ließen sich die strukturellen Ungleichgewichte im Lande und vor allem der Arbeitskräfteüberschuss im Süden abmildern. Ende 1956 erläuterte der italienische Konsul in Köln die Motive seiner Regierung aus „nationaler Sicht" und verdeutlichte, dass die „assistierte Auswanderung" anhand klarer wirtschaftlicher und sozialer Kriterien zu beurteilen war:

> „Die tausend italienischen Landarbeiter [in Nordrhein-Westfalen] [...] überweisen an die Familien einige bescheidene Ersparnisse, aber ich glaube nicht, dass sie die Situation derselben dauerhaft verbessern können, denn wegen des saisonalen Charakters ihrer Beschäftigung kann an einen künftigen dauerhaften Einsatz in diesem Lande und demzufolge an eine permanente Auswanderung mit entsprechender Verminderung des demografischen und wirtschaftlichen Drucks nicht gedacht werden. Bedenkt man außerdem die Gesamtkosten der Operation [d. h. der Anwerbung], die nicht nur finanzieller Natur sind [...], entsteht die Frage, ob zumindest unsere Arbeiter von dieser landwirtschaftlichen Auswanderung profitieren."[36]

Andere italienische Konsulate hoben die prekäre Lage der italienischen Landarbeiter in der Bundesrepublik noch stärker hervor.[37] Nach ihrer Erfahrung hatten mangelhafte Infor-

---

hinaus nicht automatisch auf ein moralisches Urteil hinausläuft, sondern einer nüchternen Betrachtung der historischen Entwicklung entspricht.

[31] Anders als bei anderen von Italien abgeschlossenen Anwerbeabkommen enthielt die deutsch-italienische Vereinbarung keine Angaben über den Umfang der Anwerbung. Allerdings hatte die bundesdeutsche Regierung jedes Jahr den geplanten Arbeitskräftebedarf der italienischen Regierung mitzuteilen. Wegen der ständigen Abweichungen zwischen den konkreten Resultaten und den offiziellen Mitteilungen wurde diese Praxis Anfang der 1960er Jahre eingestellt; vgl. Rieker, Ein Stück Heimat, S. 24f.

[32] Vgl. Steinert, Migration und Politik, S. 284f.

[33] Aus deutscher Sicht bestand die größte Schwierigkeit in der Erteilung der Reisepässe durch die italienischen Behörden; ACS Rom, Ministero del Lavoro (ML) 370, Rudolf Petz an Franco Bounous, 24.4.1956.

[34] Ebenda, Franco Bounous an Rudolf Petz, 7.5.1956.

[35] Ebenda, Italienische Botschaft in der BRD an Ministerium des Auswärtigen, Emigrazione agricola e industriale italiana nella Repubblica federale tedesca, 11.6.1956.

[36] Ebenda, Italienisches Konsulat Köln an Italienische Botschaft, Emigrazione agricola nella Renania-Vestfalia, 14.9.1956.

[37] Ebenda, Italienisches Konsulat Hamburg an Italienische Botschaft, Emigrazione stagionale italiana nella Bassa Sassonia, Amburgo e Brema, 10.9.1956; ebenda, Italienisches Konsulat München an Italieni-

mationen Missverständnisse über die zu erwartende Entlohnung hervorgerufen, sodass viele Arbeitskräfte sich betrogen fühlten. Sie konnten wegen der viel zu niedrigen Löhne keine ausreichende Summe an ihre Familie überweisen und kein Geld für die Zeit der „winterbedingten Arbeitslosigkeit" auf die hohe Kante legen. Außerdem seien die Migranten in sehr kleinen Gruppen oder als Einzelne bei deutschen Kleinbauern untergebracht und würden dementsprechend unter Heimweh und Einsamkeit leiden. Aus Enttäuschung oder gar Verzweiflung hätten zahlreiche Italiener sich dazu entschlossen, Vertragsbruch zu begehen und in die Heimat zurückzukehren. In einigen Gebieten liege die Quote der illegalen Rückkehrer bei über einem Drittel, wobei viele die Konsulate um Hilfe bitten müssten, weil sie sich die Fahrt nach Italien nicht leisten könnten.

Ein Wandel der italienischen Migration in die Bundesrepublik erfolgte erst 1959: Mehr als 40 000 italienische Arbeitskräfte kamen nun nach Westdeutschland; drei Fünftel von ihnen waren staatlich angeworben worden.[38] 1960 kam es zum echten Durchbruch, als dank der anhaltend positiven Konjunktur die Zahl der offenen Stellen auf dem deutschen Arbeitsmarkt rasch stieg und mehr als 140 000 italienische Arbeitskräfte, davon zwei Drittel über die Deutsche Kommission in Verona, zur Arbeitsaufnahme in die Bundesrepublik zugelassen wurden.

Tabelle 1: Italienische Arbeitswanderung in die Bundesrepublik 1958–1961

	1958	1959	1960	1961
Insgesamt	19 398	42 364	141 168	165 793
– über die Deutsche Kommission	9 691	25 004	93 284	107 030
– mit konsularischem Sichtvermerk	9 707	17 360	47 884	58 763
Einschaltungsgrad der Deutschen Kommission	50,0%	59,0%	66,1%	64,6%
Anteil saisonaler Verträge	95,0%	67,4%	45,5%	51,8%

Quelle: BA, Anwerbung, Vermittlung, Beschäftigung ausländischer Arbeitnehmer, Erfahrungsbericht 1962, Beilage zu: Amtliche Nachrichten der Bundesanstalt für Arbeitsvermittlung und Arbeitslosenversicherung 4 (1963), S. 34.

1960 begann auch die Anwerbung von Arbeitskräften aus anderen Mittelmeerländern, aber in dieser Phase des Umschwungs stellten die Italiener mit rund 50 Prozent nach wie vor den größten Teil der Arbeitswanderer. Die Deutsche Kommission in Italien hatte sich als ein wirksames und bewährtes Instrument erwiesen, um der ab 1959 erhöhten Nachfrage auf dem Arbeitsmarkt nachzukommen.

Dennoch musste sich die deutsche Arbeitsverwaltung wegen der Anwerbung italienischer Arbeitnehmer mit einigen Grundsatzfragen auseinandersetzen, die 1955 ungelöst geblieben waren. Ein erstes Problem betraf den Umgang mit Saison- bzw. Dauerarbeitskräften, wobei in diesem Zusammenhang mit Dauerarbeitskräften in der Regel jene Zuwanderer gemeint sind, die nicht in einer Saisonbranche beschäftigt waren und über einen einjährigen (verlängerbaren) Vertrag verfügten. Den Erwartungen der Unterzeichner des deutsch-italienischen Abkommens entsprechend bestand die große Mehrheit der nach 1956 angeworbenen italienischen Arbeiter aus Saisonkräften. Diese Tatsache trug entscheidend dazu bei, die Zweifel des Bundesarbeitsministeriums gegenüber dem Abschluss der Vereinbarung zu zerstreuen, da Saisonarbeitskräfte im Falle eines Falles leicht aus dem deutschen Arbeits-

---

sche Botschaft, Assistenza ai lavoratori italiani in Baviera, 13.9.1956; ebenda, Italienisches Konsulat Stuttgart an Italienische Botschaft, Problemi dell'emigrazione agricola stagionale nel Baden-Württemberg, 11.9.1956.

[38] BA, Anwerbung und Vermittlung ausländischer Arbeitnehmer, Erfahrungsbericht 1961, Beilage zu: Amtliche Nachrichten der Bundesanstalt für Arbeitsvermittlung und Arbeitslosenversicherung 4 (1962), S. 25.

markt zu verdrängen waren. Da die rasch steigende Arbeitskräfteknappheit neben der Bauwirtschaft vorwiegend die Metall- und Textilindustrie betraf, stieg allerdings 1959 der Anteil der „dauerhaft" beschäftigten Arbeitskräfte auf ein Drittel der insgesamt angeworbenen Italiener, 1960 auf mehr als die Hälfte.[39]

Diese Entwicklung kam – wie die Zunahme der Gesamtzuwanderung – unerwartet und führte zu Befürchtungen, die sich auf erste wirtschaftliche und soziale Folgekosten bezogen. Das baden-württembergische Arbeitsministerium beispielsweise äußerte sich besorgt über das Interesse der italienischen Regierung an einer verstärkten Anwerbung von Dauerarbeitskräften. Im Hintergrund stand die Befürchtung, dass sich die Unternehmen im Falle einer Rezession von einer fest beschäftigten italienischen Belegschaft nicht rasch genug trennen könnten.[40]

Angesichts des wachsenden Arbeitskräftebedarfs verflüchtigten sich solche Zweifel rasch. Stattdessen entwickelte sich eine heftige Kontroverse zwischen der deutschen Arbeitsverwaltung und der saisonabhängigen deutschen Bauwirtschaft wegen der zahlreichen Italiener, die in der Branche beschäftigt waren. Schon im Kaiserreich hatte das deutsche Baugewerbe massiv Arbeitskräfte aus Italien beschäftigt, was die starke italienische Präsenz in dieser Branche auch nach dem Beginn der Anwerbung in den anderen Mittelmeerländern erklären dürfte. Die Schwierigkeiten entstanden, weil deutsche Unternehmen versuchten, ihre italienischen Bauarbeiter über die „warme" Saison hinaus auch in den Wintermonaten zu beschäftigen. Erste Anzeichen für die ablehnende Haltung deutscher Behörden gegenüber diesem Verhalten gab es bereits 1958, als die Bundesanstalt für Arbeit die Landesarbeitsämter vor dem Einsatz italienischer Bauarbeiter im Stammpersonal bzw. vor deren Beschäftigung im Winter warnte[41]: Deutsche Arbeitskräfte zu entlassen und italienische zu beschäftigen – das müsse vermieden werden. Im Folgejahr kritisierten deutsche Unternehmen offen diese Vorgabe und 1960 führte der Hauptverband der Deutschen Bauindustrie sogar eine regelrechte „Kampagne" gegen die Einstellung der Arbeitsverwaltung.[42] Die Auseinandersetzung erstreckte sich im Laufe der Zeit auf alle ausländischen Bauarbeiter, wobei die Italiener durch ihre Dominanz im Baugewerbe den Hauptgegenstand der Kontroverse bildeten.

Der Plan der Regierung, ähnlich wie bei den polnischen Landarbeitskräften im Kaiserreich eine „Karenzzeit" für ausländische Bauarbeiter einzuführen, erinnerte an das schweizerische Modell: In der Schweiz waren die in den Saisonbranchen tätigen Ausländer gezwungen, das Land jährlich zu verlassen.[43] In Westdeutschland konnte aber eine Zwangsrotation der in den empfindlichen Saisonbranchen beschäftigten Ausländer nicht durchgesetzt werden. Ab dem Winter 1961/62 verzichtete die Regierung sogar auf eine

---

[39] BA, Erfahrungsbericht 1961, S. 26.
[40] BArch, B 149/6232, Bundesministerium für Arbeit und Sozialordnung (BMA), Vermerk, Beschäftigung italienischer Arbeiter in der Bundesrepublik, 4.1.1960.
[41] BArch, B 119/3054, Presse-Informationen der BA, Deutsch-italienische Anwerbevereinbarung vom 20.12.1955, hier: Anwerbung von Dauerarbeitskräften für die Wirtschaftssparten, die im deutsch-italienischen Protokoll vom 20.12.1955 für die Anwerbung von Saisonkräften vorgesehen sind; ebenda, Ausländergenehmigungsverfahren, hier: Erteilung der Arbeitserlaubnis bei Beschäftigung in Wirtschaftssparten mit Saisoncharakter, 16.10.1958.
[42] BArch, B 149/6232, Presse-Informationen der BA, Saisonbedingte Heimkehr eines Teiles der italienischen Arbeiter, 28.11.1959; ebenda, Hauptverband der Deutschen Bauindustrie an BMA, Auswirkungen des Winterbaues auf die Beschäftigung ausländischer Arbeitskräfte, 3.2.1960; ebenda, BMA, Auswirkungen des Winterbaues auf die Beschäftigung ausländischer Arbeitskräfte, 17.3.1960 und 14.4.1960; ebenda, BA an BMA, Auswirkungen des Winterbaues auf die Beschäftigung ausländischer Arbeitskräfte, 25.5.1960.
[43] Vgl. Hans-Joachim Hoffmann-Nowotny, Switzerland, in: Tomas Hammar (Hrsg.), European Immigration Policy. A Comparative Study, Cambridge 1985, S. 206–236.

saisonale Befristung des Aufenthaltes ausländischer Bauarbeiter.[44] Es fehlten die gesetzlichen Voraussetzungen und der politische Wille für eine andere Regelung, die auch wegen der für 1962 geplanten Liberalisierung der Arbeitsmärkte in der EWG für die Italiener schwer zu realisieren gewesen wäre.

Ein weiterer umstrittener Aspekt, der während der raschen Zunahme italienischer Zuwanderung zutage trat, betraf die Rolle des Staates gegenüber dem Gesamtstrom ausländischer Arbeitnehmer. Es ging um das Verhältnis zwischen dem Anwerbe- und dem konsularischen Sichtvermerkverfahren.[45] Der Weg über das Konsulat stellte rechtlich eigentlich den Regelfall dar, während die Anwerbung über die Deutsche Kommission eine Sonderregelung war, die die deutschen und italienischen Behörden getroffen hatten, um die Beschäftigung italienischer Arbeitskräfte in der Bundesrepublik zu begünstigen. Schon im Laufe des Jahres 1959 hatten sich jedoch die Fälle gehäuft, in denen deutsche Konsulate italienischen Bewerbern wegen bürokratischer Unzulänglichkeiten in der Bundesrepublik keine Sichtvermerke mit regulärem Stellenangebot überreichen konnten. Etliche Arbeitsämter hatten sich nämlich geweigert, die zur Erteilung des Sichtvermerks erforderliche Überprüfung des lokalen Arbeitsmarkts durchzuführen, und dies damit begründet, dass alle italienischen Arbeitskräfte sich an die Anwerbekommission wenden müssten.[46] Ende des Jahres musste das Bundesarbeitsministerium eingreifen:

> „Eine Verpflichtung zur Inanspruchnahme der Deutschen Kommission in Italien aufgrund der deutsch-italienischen Anwerbevereinbarung vom 20. Dezember 1955, die hauptsächlich als Institution für die Vermittlung und Besetzung von angebotenen offenen Arbeitsplätzen und die Zusammenstellung von verbilligten Gruppentransporten eingerichtet worden ist, besteht nicht, denn ein solcher Benutzungszwang würde eine Diskriminierung der italienischen Staatsangehörigen gegenüber den Staatsangehörigen aller übrigen Länder bedeuten."[47]

Trotz dieser Klarstellung blieb die Haltung des Bundesarbeitsministeriums zwiespältig, da sich die beiden Einreisewege überschnitten bzw. weil die Anwerbungskommission die Konsulate in ihrer Aufgabe grundsätzlich ersetzen konnte: Waren die Konsulate für namentliche Anforderungen italienischer Arbeitskräfte durch deutsche Arbeitgeber zuständig, konnte die Deutsche Kommission sowohl bei anonymen als auch bei namentlichen Anforderungen eingeschaltet werden. So verfügte das Bundesarbeitsministerium im September 1960, dass die deutschen Konsulate den Antrag eines italienischen Arbeiters nicht bearbeiten und die Deutsche Kommission informieren sollten, wenn es sich bei dem vorhandenen Arbeitsangebot um eine bereits im Vorjahr belegte Stelle handelte.[48] Der Grund bestand in der Einführung eines nach Beschwerden der Bauindustrie neu eingeführten Verfahrens innerhalb des Anwerbesystems, das die Neubeschäftigung saisonaler Kräfte beim selben Arbeitgeber vereinfachen sollte.[49]

Diese Maßnahme ist ein deutliches Zeichen dafür, dass spätestens zu diesem Zeitpunkt eine Hierarchie zwischen den beiden Einreisewegen zugunsten des Anwerbesystems ent-

---

[44] BArch, B 119/3056, BA, Rundschreiben an die Landesarbeitsämter, Beschäftigung nichtdeutscher Arbeitnehmer in der Bundesrepublik Deutschland, hier: Weiterbeschäftigung und Anwerbung von Saisonkräften im Winter 1961/1962, 7.9.1961.
[45] Vgl. Rieker, Ein Stück Heimat, S. 44.
[46] BArch, B 149/6232, Deutsches Konsulat in Neapel an Auswärtiges Amt, Zusicherungen von Aufenthaltserlaubnissen und Erteilung von Sichtvermerken für italienische Arbeiter, die nicht durch die Deutsche Kommission in Verona vermittelt werden, 27.4.1959.
[47] Ebenda, BMA an BA, Einreise italienischer Arbeitnehmer in die Bundesrepublik ohne Inanspruchnahme der Deutschen Kommission in Verona, 4.11.1959.
[48] BArch, B 149/6234, BMA an Deutsche Botschaft und Deutsche Konsulate in Italien, Einreise italienischer Arbeitnehmer in die Bundesrepublik zur Arbeitsaufnahme, 13.9.1960.
[49] BArch, B 149/6234, Hauptverband der Deutschen Bauindustrie, Erteilung von Visa an italienische Arbeitskräfte, 25.4.1960.

standen war, und nicht zufällig begann die deutsche Verwaltung, die Anwerbung als „Ersten Weg" und die Einreise mit Sichtvermerk als „Zweiten Weg" zu bezeichnen. Der „Erste Weg" wurde ständig verbessert und erweitert, während der „Zweite Weg" unter erheblichen bürokratischen Hemmnissen und mangelnden Ressourcen litt und sich deshalb als untauglich erwies, um die große Anzahl der Anträge italienischer Arbeitnehmer schnell und effektiv zu bearbeiten. Im Sommer 1961 beklagte das deutsche Konsulat in Palermo die langen Wartezeiten und die vielen Schwierigkeiten, die bei den zur Erteilung des Sichtvermerks erforderlichen Genehmigungen aus der Bundesrepublik auftraten.[50]

Die Kanalisierung und Zentralisierung der Arbeitsmigration durch das Anwerbesystem verlief nicht völlig reibungslos. Das zeigen die Auseinandersetzungen um den „Dritten Weg", sprich: die Einreise von Ausländern mit einem Touristenvisum, die dann eine Aufenthalts- und Arbeitserlaubnis beantragten.[51] Noch 1957 hatte die Bundesanstalt für Arbeit die Erteilung einer Arbeitserlaubnis an als „Touristen" eingereiste Italiener gestattet[52]; dies aber geschah zu einem Zeitpunkt, als die Zuwanderung gering war. Mit der allmählichen Zunahme der Anwerbung wurde diese Zugangsmöglichkeit von der Bundesregierung stark eingeschränkt und 1961 geschlossen, denn die nachträgliche Legalisierung war mit einer zentralisierten Massenanwerbung nicht kompatibel.[53] Dennoch weigerten sich einzelne Bundesländer, diese Vorschrift konsequent umzusetzen. Im Laufe der 1960er Jahre kam es deshalb zu heftigen Kontroversen, aber der „Dritte Weg" blieb im Vergleich zur Anwerbung eine Ausnahme.

Das Bild einer Verstaatlichungsspirale des westdeutschen Migrationsregimes wird auf den ersten Blick durch die Befunde widerlegt, die Carlos Sanz Díaz zur spanischen Zuwanderung in die Bundesrepublik vorgelegt hat.[54] Sanz Díaz zeigt, dass es in der ersten Hälfte der 1960er Jahre zu massiven Auseinandersetzungen zwischen deutschen und spanischen Behörden kam. Die Franco-Regierung strebte an, das Anwerbesystem als einzigen Weg für die Abwanderung nach Deutschland durchzusetzen und die Option des konsularischen Sichtvermerks zu verbieten. Diese Haltung erklärt sich dadurch, dass die spanischen Behörden beim „Ersten Weg" am Rekrutierungsverfahren beteiligt waren und auf das Wanderungsgeschehen Einfluss nehmen konnten, während sie beim „Zweiten Weg" keine Rolle spielten. Die Bundesregierung verteidigte die Einreise mit konsularischem Sichtvermerk vehement, konnte aber erst nach langjährigen Kontroversen den Streit für sich gewinnen.

Die Verteidigung des „Zweiten Weges" durch die Bundesregierung steht nicht im tatsächlichen Widerspruch zu der Zentralisierungsdynamik, die am Beispiel der italienischen Zuwanderung deutlich wird. Die Verteidigung des „Zweiten Weges" darf ferner nicht als Billigung informeller Migrationssysteme missverstanden werden. Das Verfahren mit konsularischem Sichtvermerk gewährleistete eine gewisse Flexibilität, vor allem bei der Einreise von Facharbeitskräften – in Zeiten der Hochkonjunktur hatten die deutschen Behörden kein Interesse, diese Möglichkeit abzuschaffen. In diesem Punkt zeigte die Bundesregierung die Bereitschaft, ein gewisses Maß an Eigendynamik im Migrationsgeschehen zuzulassen. Dies unterschied die Bundesrepublik von Franco-Spanien, das einen Zentralisierungswahn

---

[50] BArch, B 149/6232, Deutsches Konsulat in Palermo an Deutsche Botschaft in Rom, Arbeitseinsatz sizilianischer Arbeitnehmer in der Bundesrepublik, 13.6.1961.
[51] Vgl. Sonnenberger, Nationale Migrationspolitik, S. 82–87; Dohse, Ausländische Arbeiter, S. 183.
[52] Vgl. Steinert, Migration und Politik, S. 288.
[53] Zur irregulären Zuwanderung in die Bundesrepublik siehe Serhat Karakayali, Gespenster der Migration. Zur Genealogie illegaler Einwanderung in der Bundesrepublik Deutschland, Bielefeld 2008.
[54] Carlos Sanz Díaz, „Illegale", „Halblegale", „Gastarbeiter". Die irreguläre Migration aus Spanien in die Bundesrepublik Deutschland im Kontext der deutsch-spanischen Beziehungen 1960–1973, Berlin 2010.

pflegte, aber es stand für die deutschen Behörden außer Frage, dass der „Zweite" dem „Ersten Weg" untergeordnet bleiben sollte.

Ab 1962 wurde – dank der Verordnungen zur Liberalisierung des Arbeitsmarktes in der EWG – gerade für Italiener die Einreise in die Bundesrepublik stark vereinfacht, was innerhalb weniger Jahre der Rekrutierung in Italien fast den Boden entzog. Für Arbeitnehmer aus den übrigen Anwerbeländern behielt das Anwerbesystem seine Zentralität, da bis zum Anwerbestopp von 1973 die Möglichkeit der Einreise über die deutschen Konsulate schließlich doch eingeschränkt wurde.[55] Dies geschah auch auf Wunsch der Heimatregierungen, deren Arbeitsverwaltungen bei der Anwerbung über große Einflussmöglichkeiten verfügten, während sie an der Ausreise mit Sichtvermerk gar nicht beteiligt waren.[56]

3. Die Folgen der Freizügigkeit von Arbeitskräften in der EWG

Durch die nach 1945 abgeschlossenen Anwerbeabkommen konnte Italien nur eine partielle Öffnung ausländischer Arbeitsmärkte erreichen, die weit unter den Erwartungen der Regierung lag. Das Mittel der bilateralen Verträge erwies sich als nicht ausreichend, weil es die durch nationalen Protektionismus bedingte Zuwanderungskontrolle nicht grundsätzlich änderte.[57] Schon Anfang der 1950er Jahre erklärte deshalb die italienische Regierung die Liberalisierung der Arbeitsmigration zur Bedingung für die Liberalisierung des Handels im Rahmen des europäischen Integrationsprozesses.

Dank dieser Bemühungen stellte die Freizügigkeit der Arbeitnehmer einen wichtigen Gegenstand in den Verhandlungen dar, die im März 1957 zur Gründung der EWG durch Frankreich, Deutschland, Italien, Luxemburg, Belgien und die Niederlande führen sollten. Die deutsch-italienische Vereinbarung von 1955 war das letzte der von Italien abgeschlossenen Anwerbeabkommen und stellte den Endpunkt der Politik der „assistierten Auswanderung" dar. Nicht zufällig enthielt der Text des Abkommens den Hinweis, dass seine Bestimmungen einer Liberalisierung der Arbeitsmigration zwischen den europäischen Staaten untergeordnet waren.[58]

Als die Römischen Verträge unterzeichnet wurden, war allerdings die Freizügigkeit der Arbeitskräfte in der EWG noch keine abgemachte Sache. Den Arbeitnehmern wurde nur das pauschale Recht zugestanden, sich innerhalb der Gemeinschaft zur Annahme eines Stellenangebots frei bewegen zu können[59], wobei die nationalen Regierungen bei hoher Arbeitslosigkeit jederzeit Einschränkungen anordnen konnten. Konkretere Regelungen waren auf nachfolgende Verhandlungen über die Verwirklichung der Freizügigkeit innerhalb der vorgesehenen Übergangszeit von zwölf Jahren verschoben worden. Ein wichtiger Punkt war allerdings schon festgelegt worden. Das von den Niederlanden vertretene Konzept einer interstaatlich geregelten europäischen Arbeitsmarktpolitik konnte sich bei den Gesprächen über den EWG-Gründungsvertrag nicht durchsetzen. Stattdessen wurde –

---

[55] Der „Zweite Weg" wurde 1965 für männliche Hilfsarbeiter aus den Anwerbeländern und 1973 bis auf wenige Ausnahmen (Familiennachzug, Akademiker, Rückkehrer vom Wehrdienst) verschlossen; vgl. Dohse, Ausländische Arbeiter, S.197.
[56] Vgl. Sonnenberger, Nationale Migrationspolitik, S.74f.
[57] Vgl. Romero, Emigrazione e integrazione, S.39.
[58] Artikel 22 des Anwerbeabkommens: Vereinbarung zwischen der Regierung der Bundesrepublik Deutschland und der Regierung der italienischen Republik über die Anwerbung und Vermittlung von italienischen Arbeitskräften nach der Bundesrepublik Deutschland, in: Amtliche Nachrichten der Bundesanstalt für Arbeitsvermittlung und Arbeitslosenversicherung, 25.2.1956.
[59] Vgl. Romero, Emigrazione e integrazione, S.80.

wenn auch in einer abgeschwächten Form – die deutsche Vorstellung einer allmählichen Aufhebung der Einschränkungen der Arbeitsaufnahme in den Mitgliedstaaten akzeptiert.[60] Der deutsche Entwurf wurde schon Mitte 1955 in der Konferenz von Messina formuliert, als die deutschen Delegierten von sich aus auf die bislang in der Debatte vernachlässigte Frage der Freizügigkeit eingingen. Dadurch versicherte sich die Bundesregierung sehr wahrscheinlich politischer Solidarität Italiens und verhinderte gleichzeitig andere Vorhaben, die – wie das niederländische – einen weiteren internationalen Eingriff in die interne Arbeitsmarktpolitik vorsahen.[61]

Die Freizügigkeit wurde durch drei Verordnungen vom September 1961, vom März 1964 und vom Oktober 1968 eingeführt. Auf den ersten Blick änderte die erste Verordnung nur wenig an der geltenden Rechtslage, während die beiden folgenden Regelungen die Arbeitsaufnahme für EWG-Angehörige stark vereinfachten.[62] 1964 wurde der Vorrang inländischer Arbeitskräfte aufgehoben, 1968 die Notwendigkeit einer Arbeitserlaubnis gestrichen. Im Rahmen der Hochkonjunktur, die nur 1966/67 kurz aussetzte, und angesichts der entsprechend großzügigen Erteilung der Arbeitserlaubnisse wirkte sich allerdings eine Vorschrift am stärksten aus, die die Verordnung von 1961 begleitete: EWG-Angehörige benötigten ab dem 1. Januar 1962 keinen Sichtvermerk mehr, um in ein anderes Land der Gemeinschaft zur Arbeitsaufnahme einzureisen, sie brauchten nur noch ihren Personalausweis.[63]

Nach 1962 konnten somit italienische Arbeitnehmer faktisch nicht nur bei einem vorhandenen Stellenangebot viel schneller nach Deutschland gelangen, sondern sich auch auf eigene Faust in das Bundesgebiet begeben, um eine Stelle zu suchen. So bestand die Alternative zur staatlichen Anwerbung nicht mehr in einem langwierigen und schwierigen Verfahren bei den deutschen Konsulaten. Anfang der 1970er Jahre kamen nur noch ca. 2 Prozent der italienischen Arbeitskräfte über die Deutsche Kommission in Italien in die Bundesrepublik. Die Anwerbekommission reagierte auf diese Entwicklung mit der verstärkten Rekrutierung qualifizierter Arbeitskräfte, verbuchte aber darin keine Erfolge.[64]

Tabelle 2: Italienische Arbeitswanderung in die Bundesrepublik 1961–1972

	1961	1962	1963	1964	1965	1966
Insgesamt	165 793	165 250	134 912	142 120	204 288	165 540
– Über die Dt. Kommission	107 030	76 732	31 874	26 537	26 579	13 469
– Freie Einreisen	58 763	88 518	103 038	115 583	177 709	152 071
Einschaltungsgrad der Deutschen Kommission	64,6%	46,4%	23,6%	18,7%	13,0%	8,1%

	1967	1968	1969	1970	1971	1972
Insgesamt	58 510	130 236	136 225	168 300	158 725	154 184
– Über die Dt. Kommission	3 985	10 470	10 206	7 367	4 327	2 092
– Freie Einreisen	54 525	119 766	126 019	160 933	154 398	152 092
Einschaltungsgrad der Deutschen Kommission	6,8%	8,0%	7,5%	4,4%	2,7%	1,4%

Quelle: Erfahrungsbericht 1972–1973, S. 114.

---

[60] Vgl. ebenda, S. 79.
[61] Vgl. ebenda, S. 69.
[62] Vgl. Heinz Werner, Freizügigkeit der Arbeitskräfte und die Wanderungsbewegungen in den Ländern der Europäischen Gemeinschaft, in: Mitteilungen aus der Arbeitsmarkt- und Berufsforschung 6 (1973), S. 326–371.
[63] Vgl. Sonnenberger, Nationale Migrationspolitik, S. 80.
[64] Rieker, Ein Stück Heimat, S. 100f.

Der drastische Rückgang der Anwerbung italienischer Arbeitskräfte 1963 löste bei der deutschen Arbeitsverwaltung einen Schock aus.[65] Zahlreiche Anträge bei der Deutschen Kommission in Italien wurden von den deutschen Arbeitgebern zurückgezogen und an Anwerbestellen in anderen Ländern weitergeleitet, weil italienische Arbeitskräfte kaum mehr zu finden waren. Die Schwierigkeiten bei der Anwerbung in Italien wurden zunächst mit dem Aufschwung der dortigen Wirtschaft begründet, die verstärkt Arbeitskräfte brauchte.[66] Die Abnahme der italienischen Arbeitswanderung in die Bundesrepublik im selben Jahr verfestigte die Überzeugung, dass eine Erschöpfung der italienischen Arbeitskräftereserven eingetreten sei.

Im Laufe der Zeit erfassten aber die deutschen Arbeitsbehörden die tatsächlichen Hintergründe dieser Entwicklung.[67] Die italienischen Migranten waren misstrauisch gegenüber Institutionen und verließen sich lieber auf die Informationen von schon ausgereisten Verwandten oder Bekannten, als sich auf eine unbekannte Arbeitsstelle vermitteln zu lassen. 1960 war eine Zweigstelle der Deutschen Kommission in Neapel gegründet worden, um an einem der Brennpunkte der Arbeitslosigkeit präsent zu sein. Auch das half aber nicht viel: Viele Italiener waren nicht zu den zeit- und geldraubenden Reisen und Verfahren bereit, die mit der staatlichen Rekrutierung verbunden waren. Andere hatten Angst vor der strengen Gesundheitsüberprüfung bei der Deutschen Kommission und fürchteten eine Ablehnung, die in ihren Herkunftsgemeinden als Makel empfunden werden würde.[68] Sogar viele deutsche Unternehmen forderten die Italiener auf, die Deutsche Kommission zu ignorieren, um das langwierige Anwerbeverfahren zu umgehen.[69]

Nach der Einführung der Freizügigkeit in der EWG wurden italienische Arbeitskräfte von Behörden und Arbeitgebern immer häufiger mit einer vermeintlich mangelhaften Disziplin in Verbindung gebracht. Die Italiener stellten unter den „Gastarbeitern" diejenigen dar, die den höchsten Fluktuationsgrad aufwiesen. Sie wechselten häufig den Arbeitsplatz und zwar ganz gleich, ob der Vertrag ausgelaufen war oder nicht, und kehrten oft in die Heimat zurück.[70] Obwohl die Arbeitserlaubnispflicht für EWG-Angehörige erst 1968 entfiel, ließ sich schon nach der Aufhebung der Sichtvermerkspflicht 1962 die strenge Kontrolle, die für die anderen Nationalitäten unter den „Gastarbeitern" durch restriktive migrationspolitische Instrumente galt, bei italienischen Arbeitskräften nicht mehr durchführen. Die Bundesanstalt für Arbeit berichtete, dass wegen der hohen Fluktuation deutsche Arbeitgeber immer mehr dazu neigen würden, keine italienischen Arbeitskräfte mehr zu beschäftigen.[71]

---

[65] BA, Anwerbung, Vermittlung, Beschäftigung ausländischer Arbeitnehmer, Erfahrungsbericht 1963, Beilage zu: Amtliche Nachrichten der Bundesanstalt für Arbeitsvermittlung und Arbeitslosenversicherung 2 (1964), S.10f.
[66] BArch, B 119/3057, DKI, Anwerbung und Vermittlung italienischer Arbeitskräfte nach Deutschland: Entwicklung des Mitwirkungsgrades der Deutschen Kommission, Gründe und Folgerungen, 4.4.1963.
[67] BArch, B 119/3057, DKI, Bericht über die Anwerbung und Vermittlung italienischer Arbeitskräfte für die Bundesrepublik Deutschland, 21.2.1964.
[68] Für die nach Deutschland frei eingereisten Italiener war direkt im Bundesgebiet eine ärztliche Untersuchung vorgeschrieben, die allerdings viel lockerer als die bei der Anwerbungskommission gehandhabt wurde und nur der Ausschließung gravierender oder ansteckender Krankheiten diente.
[69] BArch, B 119/3056, BA an Bundesvereinigung der Deutschen Arbeitgeberverbände, Einreise italienischer Arbeitnehmer nach Deutschland, 26.6.1962.
[70] Die Frage der hohen Fluktuation italienischer Arbeiter in der Bundesrepublik ist komplex und kann hier aus Platzgründen nicht ausgeführt werden. Die Italiener zeigten z.B. Anfang der 1970er Jahre gleichzeitig die höchste Fluktuation und den höchsten Anteil an langfristig beschäftigten Arbeitern; vgl. BA, Repräsentativuntersuchung '72 über die Beschäftigung ausländischer Arbeitnehmer im Bundesgebiet und ihre Familien- und Wohnverhältnisse, Nürnberg 1973.
[71] BArch, B 119/3015, Landesarbeitsamt Nordbayern, Der Präsident, Beschäftigung, Anwerbung und Vermittlung ausländischer Arbeitnehmer, Erfahrungsbericht 1970.

Die italienische Regierung zeigte sich besorgt über diese Entwicklung und klagte, dass zu viele Arbeitnehmer den Sinn der Freizügigkeit „falsch gedeutet" hätten.[72] Die systematische Abweichung von der Anwerbung führte aus italienischer Sicht zu einer chaotischen Migration, welche eine politische Planung der Abwanderung unmöglich machte.[73] Außerdem fürchteten die italienischen Behörden, dass Italiener durch die Rekrutierung in anderen Anwerbeländern verdrängt werden könnten, da die Unternehmer die besser kontrollierbaren Nicht-EWG-Ausländer vorziehen würden. Aus diesen Gründen versuchte die italienische Regierung, einen Primat der EWG-Angehörigen gegenüber Migranten anderer Nationalität durchzusetzen. Dennoch konnte die Bundesrepublik – mit der Unterstützung von weiteren EWG-Staaten – dieses Vorhaben, das zu erheblichen Engpässen in der Anwerbepolitik geführt hätte, erfolgreich abwehren.[74]

Ein „antiitalienisches" Vorurteil unter den deutschen Arbeitgebern dürfte es tatsächlich gegeben haben, aber vor allem in Bezug auf staatlich rekrutierte Arbeitskräfte. Viele der angeworbenen Italiener begingen nämlich nach kurzer Zeit Vertragsbruch oder tauchten bei der Firma gar nicht auf, weil sie wegen der EWG-Freizügigkeit eine Abschiebung grundsätzlich nicht befürchten mussten. Von der deutschen Arbeitsverwaltung wurde der Verdacht geäußert, diese Arbeiter würden sich mit dem Ziel anwerben lassen, kostenlos in die Bundesrepublik zu gelangen und dort selbstständig eine Arbeit zu suchen.[75]

Gegenüber den frei eingereisten Italienern waren die Vorbehalte viel geringer, wie aus einem Bericht des Landesarbeitsamts in Nordrhein-Westfalen von 1968 ersichtlich ist[76]:

> „Hinsichtlich der Staatszugehörigkeit der ausländischen Arbeitnehmer gibt es in der Bewertung zwar unterschiedliche Beurteilungen [seitens der Arbeitgeber], die aber einer gewissen Objektivität entbehren. Selbst die Kritik an italienischen Arbeitnehmern wegen Nichteinhaltung der Arbeitsverträge und wegen Unbeständigkeit kann nicht verallgemeinert werden. Dagegen spricht nämlich, dass die meistens frei einreisenden italienischen Arbeitnehmer fast ausnahmslos eine Beschäftigung finden und die Italiener die stärkste Ausländergruppe bilden."[77]

Das Versagen der Anwerbung in Italien nach 1962 überraschte die deutschen Behörden, weil sie die Eigeninitiative italienischer Migranten unterschätzt hatten. Die Abneigung vieler Italiener gegenüber staatlichen Instanzen und Kontrollen war so stark, dass sie manche Bestimmungen selbst dann ablehnten, wenn sie ihnen Schutz boten. Auf Bitten der italienischen Regierung war Anfang der 1960er Jahre die Pflicht eingeführt worden, für alle eingereisten Italiener einen Mustervertrag für die Anwerbung anzuwenden.[78] Dieser forderte unter anderem von den Arbeitgebern, eine angemessene Unterkunft bereitzustellen. Deutsche Arbeitsämter berichteten erstaunt über die immer heftigeren Beschwerden frei eingereister Italiener, die sich von den Arbeitgebern benachteiligt fühlten, weil der Mustervertrag bei mit Sichtvermerk eingereisten Ausländern nicht erforderlich war.[79]

---

[72] Romero, Emigrazione e integrazione, S.109.
[73] Vgl. ebenda, S.110.
[74] Vgl. Rieker, Ein Stück Heimat, S.105–107; Sonnenberger, Nationale Migrationspolitik, S.81f.; Dohse, Ausländische Arbeiter, S.217f.
[75] BArch, B 119/3013, 3014, 3015, 3017, 3018, 3019, Erfahrungsberichte der Landesarbeitsämter, Beschäftigung, Anwerbung und Vermittlung ausländischer Arbeitnehmer, 1966 bis 1970.
[76] Man darf auch nicht vergessen, dass die hohe Fluktuation italienischer Arbeitskräfte bewusst in der Beschäftigungsstrategie von Unternehmen eingesetzt werden konnte; vgl. Anne von Oswald, Volkswagen, Wolfsburg und die italienischen „Gastarbeiter" 1962–1975. Die gegenseitige Verstärkung des Provisoriums, in: Archiv für Sozialgeschichte 42 (2002), S.55–79.
[77] BArch, B 119/3018, Landesarbeitsamt Nordrhein-Westfalen, Der Präsident, Beschäftigung, Anwerbung und Vermittlung ausländischer Arbeitnehmer, Erfahrungsbericht 1968.
[78] BA, Erfahrungsbericht 1961, S.19.
[79] BArch, B 119/3017, Landesarbeitsamt Nordrhein-Westfalen, Der Präsident, Beschäftigung, Anwerbung und Vermittlung ausländischer Arbeitnehmer, Erfahrungsbericht 1966. Die Beschwerden italieni-

Manche deutsche Beamte erkannten sehr bald, dass neben der Anwerbung auch andere Maßnahmen getroffen werden mussten, sollte es auch nach der Einführung der Freizügigkeit innerhalb der EWG eine Kontrolle der italienischen Zuwanderung geben. Es wurde beispielsweise vorgeschlagen, unverbindliche Beratungsstellen in Süditalien einzurichten, die Informationen über die Deutsche Kommission und über die Stellenaussichten für frei Einreisende vermitteln sollten[80]; der Vorstoß blieb aber ohne Folgen.[81]

Eine Steuerung der neuen italienischen Migrationsbewegung außerhalb des Anwerbesystems wurde nicht einmal versucht. Das erklärt sich zum einen durch die Dominanz der Anwerbung in der damaligen „Ausländerpolitik", zum anderen durch die deutsche Interpretation der europäischen Freizügigkeit und ihrer Folgen. Die Bundesrepublik hatte einer Liberalisierung der Zuwanderungsregelungen innerhalb der EWG aus politischen Gründen zugestimmt, den „Gastarbeitern" aber nur eine „negative Integration"[82] in den deutschen Arbeitsmarkt in Aussicht gestellt. Deutschland hatte zwar die Grenzen für EWG-Angehörige geöffnet, ohne allerdings aktive Maßnahmen – weder auf internationaler Ebene noch von Seiten der deutschen Arbeitsverwaltung – für deren Eingliederung zu ergreifen.

4. Schluss

Die Anwerbung italienischer Arbeitskräfte macht die Eigendynamik unterschiedlicher Mechanismen der Zuwanderung sichtbar, die sich im Rahmen der häufig als einheitlich beschriebenen „Ausländerpolitik" entfalteten. Sie stellt einen historischen Sonderfall der Ausländerbeschäftigung in der Bundesrepublik dar, weil sich in ihr der Beginn, die Entwicklung und das frühzeitige Scheitern der Massenrekrutierung ausländischer Arbeitnehmer verschränken. Das deutsch-italienische Anwerbeabkommen von 1955 griff auf eine ältere Verwaltungstradition zurück. Das Anwerbeverfahren kann als Erbe des nationalsozialistischen Deutschlands gelten, es war auch das Ergebnis eines langfristigen Regulierungsprozesses auf europäischer Ebene, der seit Beginn des 20. Jahrhunderts zur internationalen Aushandlung der Zuwanderungsregelungen führte. In der zweiten Hälfte der 1950er und Anfang der 1960er Jahre konnte sich das Anwerbesystem allmählich etablieren, wenn auch nicht ohne Widersprüche. Der mittelfristige Erfolg der Anwerbung in Italien entsprach dem Siegeszug der forcierten Zentralisierung der Arbeitsmigration, welche die gesamte Zuwanderung aus dem Mittelmeerraum nach Westdeutschland prägte. Paradoxerweise scheiterte die Anwerbung nach 1962 aber gerade in Italien. Denn die Einführung der Freizügigkeit in der EWG beseitigte die wichtigste Voraussetzung des Anwerbesystems: die Einschränkung individueller Migrationsfreiheit. Das mag nicht so selbstverständlich sein, wenn man bedenkt, dass bis zum Ersten Weltkrieg die meisten Ausländergruppen ungehemmt ins Kaiserreich zuwandern konnten, mit Ausnahme der polnischen Landarbeitskräfte.

---

scher Arbeitskräfte führten Ende 1966 zur Abschaffung der Musterverträge; BArch, B 149/22382, Protokoll der Tagung der Deutsch-italienischen Gemischten Kommission, Bonn 23.–26.11.1966.
[80] BArch, B 119/3057, BA, Vermerk des Unterabteilungsleiters zu dem Auftrag, die Hintergründe rückläufiger Anwerbungszahlen in Italien festzustellen, 15.7.1963.
[81] Es wäre genauer zu untersuchen, inwiefern sich die Landesarbeitsämter aktiv mit der Vermittlung frei eingereister italienischer Arbeiter – wie z. B. in Baden-Württemberg 1962 – beschäftigten (BArch, B 119/3056, BA interner Bericht, Freizügigkeit im Rahmen der Europäischen Wirtschaftsgemeinschaft, Mai 1962). Es fehlen jedenfalls Belege für eine gezielte Koordinierung auf Bundesebene zur Vermittlung italienischer Arbeitskräfte.
[82] Vgl. Romero, Emigrazione e integrazione, S. 104.

Die freie Einreise aus Italien erwies sich für die Bundesrepublik als völlig unlenkbar, als eine unerwünschte Ausnahme im Hinblick auf die europäische Integration. Es war prinzipiell nicht unmöglich, freie Migrationsbewegungen staatlich zu beeinflussen. Aber die Anwerbung hatte sich als Paradigma so stark eingewurzelt, dass alternative Strategien im Kontext staatlicher Planung nicht mehr denkbar erschienen.

Die EWG-Freizügigkeit wirkte sich auch langfristig auf die Präsenz italienischer Migranten in der Bundesrepublik aus. Auf den Ausbruch der Wirtschaftskrise Mitte der 1970er Jahre reagierten die Italiener mit einer deutlich höheren Rückkehrrate als die anderen nationalen Gruppen, da sie bei Verbesserung der Konjunktur wieder in Deutschland eine Arbeit hätten aufnehmen können.[83] Staatsangehörige aus EWG-Nichtmitgliedstaaten mussten hingegen wegen des Anwerbestopps von 1973 damit rechnen, im Falle einer Rückkehr nicht mehr nach Deutschland einreisen zu dürfen. Vor diesem Hintergrund setzte sich bei italienischen Zuwanderern die zirkuläre Migration fort, die sich bereits im Kontext der hohen Fluktuation während des „Wirtschaftswunders" abgezeichnet hatte: Ein bedeutender Teil der italienischen Migranten wanderte regelmäßig zwischen Herkunfts- und Zuwanderungsorten, je nach den persönlichen und wirtschaftlichen Chancen und Interessen. Durch Familienzusammenführung und langfristige Niederlassung fand jedoch auch bei Italienern eine Stabilisierung der in Deutschland ansässigen Bevölkerung statt, die seit dem Ende der „Gastarbeiterära" über eine halbe Million beträgt.

Empirische Daten haben endgültig belegt, dass die italienische Zuwanderung in der Bundesrepublik primär von dem auf den sozialen Bindungen der Herkunftsorte aufbauenden Mechanismus der Kettenwanderung geleitet wurde.[84] Inwiefern diese Dynamik ausgeprägter als bei anderen nationalen Gruppen war, ist jedoch offen. Die grundsätzliche Bewegungsfreiheit infolge der EWG-Freizügigkeit lässt vermuten, dass sich Kettenwanderung bei Italienern effizienter und uneingeschränkter im Vergleich zu Arbeitsmigranten anderer Staaten auswirken konnte. Es bleibt ein Forschungsdesiderat, zu überprüfen, ob dies zu qualitativen Unterschieden in den Netzwerken der Einwanderer führte.

---

[83] Zu diesen Aspekten siehe Sonja Haug, Soziales Kapital und Kettenmigration. Italienische Migranten in Deutschland, Opladen 2000.
[84] Vgl. ebenda, S. 291f.

Grazia Prontera
Das Emigrationszentrum in Verona
Anwerbung und Vermittlung italienischer Arbeitskräfte in die Bundesrepublik Deutschland 1955–1975

Die italienische Zuwanderung in die Bundesrepublik Deutschland nach dem Zweiten Weltkrieg entwickelte sich zum einen im Rahmen eines bilateralen Anwerbeabkommens und zum anderen im Rahmen der Römischen Verträge, die die Freizügigkeit von Arbeitskräften innerhalb der Europäischen Wirtschaftsgemeinschaft (EWG) ermöglichten. Damit bietet sich die italienische Arbeitsmigration in die Bundesrepublik Deutschland als beispielhaft an, um verschiedene Formen der Arbeitsmigration in Europa zu betrachten: auf der einen Seite die staatlich organisierte Migration, auf der anderen Seite die freie Bewegung von Arbeitskräften in der EWG.

Das bilaterale Abkommen unterzeichneten die Bundesrepublik Deutschland und die Republik Italien am 20. Dezember 1955. Es eröffnete die erste Phase der italienischen Abwanderung nach Deutschland, in der die Migration von staatlichen Institutionen reguliert und gesteuert sowie durch Emigrationszentren verwaltet wurde. Auf der Basis der bilateralen Abkommen bestimmten die Zielländer entsprechend ihren ökonomischen Bedürfnissen Umfang und Zusammensetzung der Arbeitsmigration. Emigrationszentren für die Vermittlung nach Deutschland gab es in Verona und in Neapel, wo die Deutsche Kommission in Italien (DKI) saß, die zuständig war für Anwerbung und Vermittlung von italienischen Arbeitskräften. Die zweite Phase der italienischen Auswanderung begann mit der Unterzeichnung der Römischen Verträge am 15. März 1957, mit denen die EWG ins Leben gerufen wurde. Um das Problem einer hohen Arbeitslosigkeit zu lösen, war es für Italien wichtig, dass die Verträge neben dem freien zwischenstaatlichen Verkehr von Waren und Kapital auch die Freizügigkeit der Arbeitskräfte festschrieben.[1] Die Freizügigkeit trat allerdings erst nach einer Übergangsfrist am 8. November 1968 vollständig in Kraft.[2]

Bis 1961 wurden fast 65 Prozent (107030 von 165793) der italienischen Arbeitsmigranten in die Bundesrepublik Deutschland über die Emigrationszentren vermittelt, mit der Freizügigkeit änderte sich das: 1968 waren es nur noch 8 Prozent und 1972 gerade noch 1,3 Prozent (2092 von 154184). Der Großteil also reiste zu diesem Zeitpunkt auf eigene Initiative selbstständig nach Deutschland und wurde direkt von den Unternehmen angestellt.[3]

Im Mittelpunkt des vorliegenden Aufsatzes steht das Centro di Emigrazione (Emigrationszentrum) in Verona. Seine Geschichte verweist auf die Veränderung des Charakters der italienischen Zuwanderung in die Bundesrepublik Deutschland – von einer staatlich organisierten und „begleiteten" hin zu einer unabhängigen und „unbegleiteten" Arbeitsmigration. Als Quellen dienen zum einen die Akten des Emigrationszentrums in Verona selbst[4], zum anderen die Akten der Deutschen Kommission sowie der Bundesanstalt für Arbeitsvermitt-

---

[1] Federico Romero, L'emigrazione operaia in Europa (1948–1973), in: Piero Bevilacqua/Andreina De Clementi/Emilio Franzina (Hrsg.), Storia dell'emigrazione italiana I, Rom 2001, S.397–414, hier S.403.
[2] Vgl. ebenda.
[3] Amtliche Nachrichten der Bundesanstalt für Arbeit, Beschäftigte ausländische Arbeitnehmer im Bundesgebiet nach ausgewählten Staatsangehörigkeiten 1954 bis 1973, Arbeitsstatistik 1973, Nürnberg 1974, S.46.
[4] Die Akten des Emigrationszentrums in Verona lagern seit dessen Schließung im Jahr 1982 im Keller der Direzione Provinciale del Lavoro (Direktion des Provinzarbeitsamts). Die für die Rekonstruktion der Geschichte des Migrationszentrums benutzten Jahresberichte waren zur Zeit meiner Forschung nicht archiviert und wurden in diesem Text als „Bestand Emigrationszentrum Verona" (BEV) kenntlich gemacht. Ab 2010 wurden die Akten ins Staatsarchiv Verona verbracht.

lung und Arbeitslosenversicherung, die im Bundesarchiv in Koblenz eingesehen werden können. Mithilfe dieser Akten lässt sich die beinahe unbekannte Geschichte des Emigrationszentrums schreiben und die Arbeit der DKI beleuchten, außerdem ermöglichen sie es, die Dimensionen und die Dynamik der staatlich organisierten Zuwanderung in die Bundesrepublik Deutschland nachzuzeichnen.

1. Das deutsch-italienische Abkommen und die Etablierung des Emigrationszentrums in Verona

Die Abwanderung wurde in Italien sowohl von der Politik als auch von der Wirtschaft als Ausweg aus der schweren Arbeitslosigkeit und somit als unumgänglicher Schritt zur Lösung der ökonomischen Probleme Italiens gesehen. Die Aufmerksamkeit der Regierung galt dementsprechend hauptsächlich dem „quantitativen Faktor" der Emigration, das heißt: Die italienische Seite war daran interessiert, dass möglichst viele Arbeitslose im Ausland eine Beschäftigung fanden.[5] Die Direzione generale dell'Emigrazione, die dem Außenministerium unterstellt war, schloss zwischen 1946 und 1955 insgesamt 14 bilaterale Abkommen, der deutsch-italienische Vertrag war das letzte dieser Art. 1946 hatte Italien bilaterale Abkommen mit Belgien und Frankreich unterzeichnet, ein Jahr später mit Großbritannien, der Tschechoslowakischen Republik, mit Schweden und Argentinien, 1948 mit Luxemburg, der Schweiz und den Niederlanden, 1950 mit Brasilien, 1951 mit dem Saarland und Australien, 1952 mit Ungarn.[6] Für die Bundesrepublik war der Vertrag mit Italien der erste und galt als „Muster" für die folgenden Abkommen, die im Laufe der 1960er Jahre mit Nicht-EWG-Ländern geschlossen wurden: 1960 mit Griechenland und Spanien, 1961 mit der Türkei, 1963 mit Marokko, 1964 mit Portugal, 1965 mit Tunesien und 1968 mit Jugoslawien.[7]

Über die Emigrationszentren in Mailand, Genua, Neapel, Messina und Verona gingen die ersten Migranten aus Italien in die USA, nach Kanada und Australien sowie in einer nächsten Phase in einzelne Beschäftigungsbereiche in Europa, wie die Landwirtschaft und den Wohnungsbau in Frankreich, den Bergbau in Belgien, die Bauwirtschaft und die Industrie in der Schweiz sowie in Westdeutschland.[8] Die Besonderheit des Emigrationszentrums in Verona bestand darin, dass dort ausschließlich die Deutsche Kommission angesiedelt war, während in Mailand beispielsweise drei Kommissionen ständig (die belgische, die französische und die britische) und mehrere zeitweilig (die niederländische, die schwedische, die brasilianische und die südafrikanische) vertreten waren. Hinzu kam in Mailand das Zwischenstaatliche Komitee für Europäische Migration, das die Angehörigen der nach Übersee abgewanderten Arbeitskräfte betreute.

Das Emigrationszentrum in Verona bestand von 1956 bis 1982, dann wurden die Funktionen der DKI nach Rom verlagert, an den Hauptsitz der Deutschen Kommission. Zwischen 1960 und 1966, als die Nachfrage nach Arbeitskräften in Westdeutschland massiv stieg, hatte die DKI neben der Zentrale in Rom und der Zweigstelle in Verona einen weiteren

---

[5] Lorenzo Bertucelli, Politica emigratoria e politica estera: Il ruolo del Sindacato, in: Vanni Blengino/Emilio Franzina/Adolfo Pepe (Hrsg.), La riscoperta delle Americhe. Lavoratori e sindacato nell'emigrazione italiana in America Latina 1870–1970, Mailand 1994, S.147–167, hier S.151.
[6] Goffredo Pesci, Politica e tecnica dell'emigrazione italiana, ad uso degli operatori tecnici e dei servizi sociali dell'emigrazione, Rom 1959, S.193.
[7] Ulrich Herbert, Geschichte der Ausländerpolitik in Deutschland. Saisonarbeiter, Zwangsarbeiter, Gastarbeiter, Flüchtlinge, München 2001, S.203–208.
[8] Vgl. Luciano Tosi, La tutela internazionale dell'emigrazione, in: Piero Bevilacqua/Andreina De Clementi/Emilio Franzina (Hrsg.), Storia dell'emigrazione italiana II, Rom 2001, S.439–456, hier S.451–456.

Sitz im Emigrationszentrum in Neapel.[9] Grundlage für die Einrichtung des Emigrationszentrums in Verona bildete das deutsch-italienische Anwerbeabkommen. Es umfasste sieben Abschnitte, in denen Zuständigkeiten und Modalitäten der Anwerbung und Vermittlung, der Betreuung, des Lohntransfers und der Familienzusammenführung sowie der Kosten von Auswahlverfahren und Reisen festgehalten waren.[10]

Obwohl die Präambel das gegenseitige Interesse an der Unterzeichnung des Abkommens und dessen symbolischen sowie wirtschaftlichen Wert für den Wiederaufbau eines gemeinsamen Europas hervorhob, stellte bereits der erste Abschnitt des Abkommens das tatsächliche Kräfteverhältnis zwischen den beiden Ländern klar.[11] Es oblag ausschließlich der Bundesrepublik Deutschland, „wenn sie einen Mangel an Arbeitskräften feststellt, den sie durch Aufnahme von Arbeitern italienischer Staatsangehörigkeit beheben will", entsprechende Verhandlungen mit der italienischen Regierung einzuleiten[12] und sowohl die Berufe als auch die Anzahl der benötigten italienischen Arbeitskräfte zu bestimmen. Und so teilte der Präsident der Bundesanstalt für Arbeitsvermittlung und Arbeitslosenversicherung (BAVAV) Ende Januar 1956 allen Präsidenten der Landesarbeitsämter mit: „Die Bemühung um die Vermittlung der inländischen Arbeitslosen dürfen durch die Aufnahme italienischer Arbeitskräfte nicht beeinträchtigt werden."[13]

Verantwortlich für die Rekrutierung und Anstellung der Arbeitskräfte waren für die deutsche Seite die BAVAV und für die italienische das Ministero del Lavoro e della Previdenza Sociale (Arbeitsministerium). Die BAVAV ernannte die Mitglieder der DKI, das italienische Arbeitsministerium stellte der DKI die erforderlichen Räumlichkeiten im Emigrationszentrum zur Verfügung und garantierte die Betreuung durch die lokale Arbeitsverwaltung. Die DKI sammelte die Anforderungen der deutschen Arbeitgeber und reichte sie an das italienische Arbeitsministerium weiter. Die Anforderungen sollten präzise Daten wie „Beruf, Qualifikation und etwaige andere Wünsche des Arbeitgebers bezüglich der Arbeiter, über die Art der Beschäftigung und ihre voraussichtliche Dauer, über die Besonderheiten der vorgesehenen Arbeit, über die maßgebenden Lohn- und Arbeitsbedingungen, über die Möglichkeit der Unterkunft und der Verpflegung" beinhalten.[14] Das italienische Arbeitsministerium hatte die Aufgabe, die Rekrutierungsbedingungen und Anforderungen

---

[9] Die Akten zur begleiteten Migration nach Deutschland über das Emigrationszentrum in Neapel liegen nur unvollständig im Stadtarchiv von Neapel, daher ist eine Rekonstruktion der Geschichte dieses Migrationsstromes nicht möglich.
[10] Vereinbarung zwischen der Regierung der Bundesrepublik Deutschland und der Regierung der Italienischen Republik über die Anwerbung und Vermittlung von italienischen Arbeitskräften nach der Bundesrepublik Deutschland, in: Amtliche Nachrichten der Bundesanstalt für Arbeitsvermittlung und Arbeitslosenversicherung 4 (1956), Nr. 2, S. 52–55.
[11] In der Präambel heißt es: „Die Regierung der Bundesrepublik Deutschland und die Regierung der Italienischen Republik, von dem Wunsch geleitet, die Beziehungen zwischen ihren Völkern im Geiste europäischer Solidarität zu beiderseitigem Nutzen zu vertiefen und enger zu gestalten sowie die zwischen ihnen bestehenden Bande der Freundschaft zu festigen, in dem Bestreben, einen hohen Beschäftigungsstand der Arbeitskräfte zu erreichen und die Produktionsmöglichkeit voll auszunutzen, in der Überzeugung, daß diese Bemühungen den gemeinsamen Interessen ihrer Völker dienen und ihren wirtschaftlichen und sozialen Fortschritt fördern, haben die folgende Vereinbarung über die Anwerbung und Vermittlung von italienischen Arbeitskräften nach der Bundesrepublik Deutschland geschlossen"; zitiert nach: ebenda, S. 52.
[12] Ebenda.
[13] Deutsch-italienische Vereinbarung über die Anwerbung und Vermittlung von italienischen Arbeitskräften nach der Bundesrepublik Deutschland vom 20. Dezember 1955, in: Amtliche Nachrichten der Bundesanstalt für Arbeitsvermittlung und Arbeitslosenversicherung 4 (1956), Nr. 2, S. 44–51, hier S. 44.
[14] Vereinbarung zwischen der Regierung der Bundesrepublik Deutschland und der Regierung der Italienischen Republik, S. 52.

an die Arbeitskräfte bekannt zu machen sowie das erste berufsbezogene und medizinische Auswahlverfahren durchzuführen. Durch die DKI erfolgte die Endauswahl. Sie stellte den italienischen Arbeitskräften, die einen Arbeitsvertrag unterschrieben, die Arbeitsgenehmigung für Deutschland aus. Die deutschen Arbeitgeber behielten sich die letzte Entscheidung über die Anstellung der vorgeschlagenen Bewerber vor. Im Falle einer negativen Entscheidung verpflichtete sich die DKI dazu, abgelehnten Bewerbern einen anderen geeigneten Arbeitsplatz anzubieten.

Die gesamte Vermittlungsprozedur und die Reise wurden bezahlt von der italienischen Regierung und von den deutschen Unternehmen, die italienische Arbeitskräfte anwarben. Die Reisekosten übernahm der italienische Staat vom Herkunftsort bis zum Brenner, für die restliche Strecke zahlte der deutsche Arbeitgeber. Die Modalitäten für die Rückreise sollten mit dem deutschen Arbeitgeber individuell vereinbart werden. Für jede italienische Arbeitskraft, die angestellt wurde, mussten die deutschen Arbeitgeber 50 DM zahlen; dieser Betrag erhöhte sich stufenweise bis auf 65 DM im Jahr 1975.[15]

Das Abkommen dokumentierte im Anhang Muster für die Bescheinigung über die berufliche Vorauswahl, den ärztlichen Untersuchungsbogen und den Arbeitsvertrag. Der Eignungstest sollte den Umfang der Allgemeinbildung des Bewerbers nachweisen (wenn keine schriftliche Dokumentation vorlag, musste z. B. die Rechenkompetenz getestet werden), seine berufliche Bildung und eventuell vorhandene Arbeitserfahrungen im Ausland.[16] Mit dem Gesundheitstest wurde der allgemeine Gesundheitszustand und die körperliche Eignung in Bezug auf die in Deutschland aufzunehmende Tätigkeit überprüft. Jeder Bewerber musste sich einer Vorauswahl durch italienische Ärzte sowie einer von deutschen Ärzten durchgeführten Enduntersuchung unterziehen. Personen, bei denen die Ärzte „Krankheiten oder Gesundheitsstörungen, welche die Eignung für die auszuführenden Tätigkeiten erheblich einschränken oder ausschließen", feststellten, wurden nicht rekrutiert, weil sie das Zusammenleben mit anderen Menschen hätten gefährden können oder dauerhafte medizinische Betreuung benötigten. Ausgeschlossen waren Menschen mit Lungentuberkulose, übertragbaren infektiösen oder parasitären Erkrankungen, „Leiden des Verdauungsapparates, welche sich durch Umstellung der Ernährungsweise verschlimmern können", sowie solche mit besonderer Empfindlichkeit gegenüber Veränderungen der klimatischen Bedingungen, außerdem Bewerber mit „stark einschränkenden Störungen des Seh- und Hörvermögens, Karies oder Parodontose, sowie behandlungsbedürftigem bzw. nicht-ausreichend kauffähigem Gebiß".[17] Nur wer beide Auswahltests bestand, konnte den Arbeitsvertrag unterschreiben, womit er den deutschen Arbeitnehmern mit gleicher Qualifikation in Bezug auf Lohn- und Vertragsbedingungen sowie Arbeitsschutzbestimmungen gleichgestellt war. Allerdings durften die deutschen Unternehmen noch die Erfüllung besonderer Kriterien einfordern – so galt zum Beispiel für Männer, die bei Volkswagen arbeiten wollten, dass sie nicht kleiner als 1,65 Meter und nicht älter als 38 Jahre sein durften.[18]

Anfang 1956 teilte die BAVAV zunächst Kriterien für die Anwerbung und Zeiträume für die Beschäftigung von Saisonarbeitskräften mit. Den Anforderungen entsprechend vermittelte die DKI italienische Arbeitskräfte nach Deutschland für die Landwirtschaft (vom

---

[15] Deutsch-italienische Vereinbarung, S. 44; BEV, Ministero del Lavoro e della Previdenza Sociale (MLPS), Centro di Emigrazione Verona, Relazione sull'attività del Centro di Emigrazione 1975, S. 31.
[16] Bescheinigung über die berufliche Vorauslese, in: Amtliche Nachrichten der Bundesanstalt für Arbeitsvermittlung und Arbeitslosenversicherung 4 (1956), Nr. 2, S. 56f.
[17] Grundsätze über Art und Umfang der gesundheitlichen Prüfung gemäß Artikel 7 der Vereinbarung, in: ebenda, S. 62f., hier S. 62.
[18] BEV, MLPS, Centro di Emigrazione Verona, Relazione sull'attività del Centro di Emigrazione 1971, S. 31.

15. Februar bis zum 15. November), für den Gartenbau (vom 1. März bis zum 15. November) und für die Ernährungswirtschaft (vom 1. Mai bis zum 30. Oktober). Hinzu kamen Arbeitskräfte für den Hoch- und Tiefbau sowie für die Nebengewerbe der Bauwirtschaft einschließlich von Steinbrüchen und Ziegeleien (vom 1. Mai bis zum 15. November), außerdem für das Gaststätten- und Beherbergungsgewerbe (vom 1. April bis zum 30. Oktober).[19] Eine besondere Aufmerksamkeit galt der möglichen Anstellung von Frauen, sie war wie folgt geregelt:

> „Weibliche Arbeitskräfte können nur dann angeworben werden, wenn ihre Beschäftigung zusammen mit einem anderen männlichen Familienangehörigen möglich ist (z. B. in der Landwirtschaft), ferner allgemein im Hotel- und Gaststättengewerbe (bei Unterbringung im Hause), sowie in den Fällen, in denen die weiblichen Kräfte in Unterkünften untergebracht werden, die einer besonderen Leitung und Aufsicht unterstehen. Auf die zuletzt genannte Bedingung wird von den italienischen Stellen besonderer Wert gelegt; eine Anwerbung weiblicher Arbeitskräfte für die gewerbliche Wirtschaft dürfte daher zunächst nur in Ausnahmefällen möglich sein."[20]

Die DKI begann ihre Arbeit am 6. Februar 1956 im Emigrationszentrum in Mailand, wo sie bis zum 31. Mai angesiedelt war.[21] Am 1. Juni 1956 zog sie nach Verona um. Die Zahl der Mitarbeiter der DKI schwankte entsprechend dem Arbeitsanfall und erreichte 1956 insgesamt 20. 1961, auf dem Höhepunkt der italienischen Arbeitsmigration nach Deutschland, waren es 84, und 1975, als das Emigrationszentrum kaum mehr Arbeitskräfte zu vermitteln hatte, nur noch 19. Folgende vier Abteilungen des DKI gab es: Direktion, Verwaltung, Vermittlung und ärztlicher Dienst. Auch die Zahl der italienischen Mitarbeiter des Emigrationszentrums variierte entsprechend dem Umfang der Migration, allerdings blieb sie stets deutlich niedriger als die der Deutschen – 1956 handelte es sich um vier, 1961 um 20 und 1975 noch um neun Angestellte.[22] Deren Aufgabe war es, entsprechend den Anforderungen der DKI und mit Unterstützung der italienischen Arbeitsämter, geeignete und willige Arbeitskräfte zu finden und der DKI vorzustellen, außerdem organisierten sie die Unterbringung und Verpflegung der Migranten in Verona sowie deren Reise nach Deutschland. In den Räumlichkeiten des Emigrationszentrums gab es zudem einen sozialen, einen religiösen und einen Finanzdienst. Die Mitarbeiter des sozialen Dienstes erklärten vor allem die Bedeutung der Bestimmung der Arbeitsverträge und boten wichtige praktische Unterstützung bei der Vervollständigung fehlender Papiere. Der Finanzdienst wurde von einer Agentur der Banca Nazionale del Lavoro übernommen, erläuterte die Geldwechsel-Operationen und stellte außerdem Bankcoupons für den zukünftigen Geldtransfer der Migranten aus. Die Angestellten des religiösen Dienstes waren für die Durchführung religiöser Veranstaltungen wie den Sonntagsgottesdienst zuständig und kümmerten sich um die geistliche Unterstützung für die Ausreisenden.

Im April 1956 traf das erste Kontingent von 1 389 italienischen Arbeitskräften aus dem Emigrationszentrum in Verona in der Bundesrepublik Deutschland ein. Binnen vier Monaten wurden 3 545 Arbeiter rekrutiert, von denen 2 125 in der Landwirtschaft beschäftigt waren.[23] Die Zahl der über das Emigrationszentrum angeworbenen Arbeiter stieg jedoch schnell an, da 1959 in der Bundesrepublik Vollbeschäftigung herrschte und die Zahl der Arbeitslosen niedriger war als die erforderliche Anzahl an Arbeitskräften.[24] Das Emigrations-

---

[19] Deutsch-italienische Vereinbarung, S. 44.
[20] Ebenda, S. 51.
[21] BEV, MLPS, Centro di Emigrazione Milano, Relazione Anno 1956, S. 83f.
[22] BEV, MLPS, Centro di Emigrazione Verona, Relazione sull'attività del Centro di Emigrazione 1975, S. 3, 40.
[23] BEV, MLPS, Centro di Emigrazione Milano, Relazione Anno 1956, S. 84.
[24] Herbert, Geschichte der Ausländerpolitik in Deutschland, S. 203–208.

zentrum allerdings war in den ersten vier Jahren in unzureichenden Räumlichkeiten untergebracht und hatte bloß 361 Schlafplätze, davon 20 für Frauen.[25] In einem Schreiben der DKI von 1960 heißt es dazu:

> „In ‚meiner' Vermittlungsabteilung sind in acht reichlich primitiven Räumen zusammen 30 Personen beschäftigt [...]. In diesen Räumen müssen täglich aber noch 300–400 Arbeitskräfte abgefertigt werden, das Wort Vermittlung möchte ich in diesem Zusammenhang nicht anwenden. Hinzu kommt, daß uns ein Karteiapparat und die ärztlichen Untersuchungen stärkstens behindern, wir könnten sonst mindestens das Doppelte an Kräften durchpressen. Arbeitskräfte stehen in großer Zahl zur Verfügung, allein aus der Provinz Lecce sind uns rd. 2 000 abmarschbereite Kräfte gemeldet und wir können sie nur in kleinen Raten abrufen, da die Kapazität einfach viel zu klein ist."[26]

1961 zog das Emigrationszentrum in Verona um, die neuen Räume wurden vom italienischen Arbeitsminister Fiorello Sullo und vom deutschen Arbeitsminister Theodor Blank persönlich eröffnet. Das neue Gebäude in L-Form befand sich nur 300 Meter vom Hauptbahnhof entfernt, es hatte fünf Stockwerke und 165 Räume auf einer Gesamtfläche von 2 400 Quadratmetern: In einem Flügel, der parallel zur Bahnlinie verlief, waren die Büros der italienischen Behörde und der DKI, der ärztliche, der soziale sowie der Finanzdienst, der Gepäckbereich und die Duschen untergebracht. Der zweite Flügel führte zu einem Innenhof und beherbergte die sanitären Anlagen, die Aufenthaltsräume, das Café, die Räume für die religiöse Begleitung, Kantinen, Kühl-, Lager- und Abstellräume, Küchen und die Heizungsanlage. In den Kantinen konnten 500 Personen essen, insgesamt gab es acht Küchen. Ursprünglich sollte das Zentrum täglich 600 Personen beherbergen und betreuen, doch da bald bis zu 1 000 Personen registriert wurden, mussten die Kapazitäten des Zentrums wachsen.[27] Das beeindruckende Gebäude und die hohen Aufwendungen Italiens für die Organisation der „begleiteten" Arbeitswanderung zeigen, welch hohen Stellenwert die Migrationspolitik als Element der politischen und wirtschaftlichen Stabilisierung Italiens in dieser Zeit hatte. Die Arbeitswanderung galt als wichtigstes Mittel zur Lösung des Problems der hohen Arbeitslosigkeit und einer damit zusammenhängenden sozialen Instabilität, und zudem wurde über den Geldtransfer der Migranten ein Teil des wirtschaftlichen Aufschwungs ermöglicht.

2. Die „begleitete" Arbeitswanderung 1956–1975

Anhand der Berichte der Deutschen Kommission und des Emigrationszentrums lässt sich die „begleitete" Arbeitswanderung bis ins Detail rekonstruieren, und aus den Berichten der Bundesanstalt für Arbeitsvermittlung und Arbeitslosenversicherung ergibt sich ein Bild davon, wie die deutschen Arbeitgeber die Beschäftigung italienischer Arbeitskräfte bewerteten.

Die DKI verfasste wöchentliche, monatliche und jährliche Tätigkeitsberichte, die sie der BAVAV zusandte. Sie boten Angaben über die Anzahl der ausgewählten Arbeitskräfte sowie Übersichten über die medizinischen Untersuchungsergebnisse, die Qualifikationen und die Zielorte der Arbeitsmigranten. Darüber hinaus wurden Transportlisten erstellt, die Daten über die deutschen Betriebe dokumentierten, die italienische Arbeitskräfte beschäftigten. Die italienische Direktion des Emigrationszentrums verfasste zudem jährliche

---

[25] BEV, MLPS, Centro di Emigrazione Verona, Relazione sull'attività del Centro di Emigrazione 1957, S. 8.
[26] Bundesarchiv Koblenz (BArch), B 119/3055, Herrn Präsident Dr. Seifriz, Landesarbeitsamt Baden-Württemberg, Verona 19.3.1960.
[27] BEV, MLPS, Centro di Emigrazione Verona, Relazione sull'attività del Centro di Emigrazione 1961, S. 15–19.

Papiere über die interne Organisation und über die an externe Firmen vergebenen Aufträge für Dienstleistungen (u. a. Verpflegung, Reinigung und Wachdienst) sowie über die sozialen, finanziellen und religiösen Dienste.

Zwischen 1956 und 1975 wurden 338 147 Arbeitskräfte aus allen Provinzen Italiens ins Emigrationszentrum nach Verona vorgeladen. Die DKI befand 302 755 von ihnen nach der medizinischen und der berufsbezogenen Auswahl als geeignet für die Arbeit in der Bundesrepublik Deutschland.[28] Die Zahl der Ausgereisten Italiener ist gut dokumentiert, anders als die der Rückkehrer, da die Rückreisen nicht staatlich, sondern von deutschen Unternehmen und italienischen Arbeitern direkt organisiert wurden.

Die Entwicklung der „begleiteten" Arbeitsmigration war zum einen beeinflusst vom Inkrafttreten des EWG-Freizügigkeitsabkommens, namentlich von den Abkommen 15/61, 38/64 und 1612/68, durch die die „unbegleitete", nicht von staatlicher Seite organisierte Migration an Bedeutung gewann. Zum anderen folgte der Verlauf der „begleiteten" Arbeitsmigration der wirtschaftlichen Entwicklung in Deutschland. In den Zeiten wirtschaftlichen Wachstums lenkte die Arbeitsverwaltung den Arbeitskräftestrom aus Italien in alle Produktionsbereiche und insbesondere in die Industrie mit hohem und ganzjährigem Arbeitskräftebedarf. Vor allem kamen Hilfskräfte. In Zeiten der Rezession wurden qualifizierte den ungelernten Arbeitskräften vorgezogen. Die „begleitete" Arbeitswanderung veränderte sich zwischen Mitte der 1950er und Mitte der 1970er Jahre nach und nach und verlor ihren Saisoncharakter, weil nicht mehr Land- und Bauwirtschaft dominierten, sondern die Industrieproduktion. Die saisonale Arbeitsmigration speiste sich hauptsächlich aus dem Veneto, Kampanien und Apulien und führte nach Niedersachsen, Baden-Württemberg und Nordrhein-Westfalen. In den 1960er Jahren reisten Arbeitskräfte aus allen Regionen Süditaliens zunehmend auch nach Bayern und Hessen.

Mit der Freizügigkeit und der daraus folgenden Abnahme des Umfangs der „begleiteten" Arbeitsmigration veränderte sich die Zuständigkeit der DKI. Nicht mehr die Rekrutierung ungelernter Arbeitskräfte stand im Vordergrund, sondern die Vermittlung von Fachkräften und Umschülern nach Deutschland. Darüber hinaus fungierte die DKI immer stärker als Quelle der Information für die BAVAV über Darstellung und Wahrnehmung Deutschlands und seiner Arbeitswelt in der italienischen Presse und Öffentlichkeit.

In den ersten drei Jahren der „begleiteten" Arbeitswanderung dominierte die Rekrutierung für Landwirtschaft, Baugewerbe und Bergbau. Die Anwerbungen für die Landwirtschaft und für den Bausektor erlebten in dieser Zeit eine entgegengesetzte Entwicklung: Die Zahl der landwirtschaftlichen Arbeitskräfte nahm stetig ab (1956: 5 788, 1957: 3 309 und 1958: 2 360), während die der Beschäftigten im Baugewerbe wuchs (1956: 571, 1957: 1 474, 1958: 3 972).[29] Allein von 1956 auf 1957 sank die Nachfrage des landwirtschaftlichen Sektors um 42,8 Prozent. Hintergrund dafür war nach Angaben der BAVAV hauptsächlich die Forderung der italienischen Regierung nach höheren Löhnen.[30]

1957 begann das Emigrationszentrum in Verona mit der Rekrutierung von Bergleuten, die bis dahin am Widerstand der deutschen Bergbauindustrie gescheitert war.[31] Dies bedeutete den Beginn der Arbeitswanderung mit ganzjähriger Beschäftigung. 1957/58 reisten

---

[28] Für eine detaillierte Rekonstruktion der Migrationsbewegung und ihrer Charakteristiken vgl. Grazia Prontera, Partire, tornare, restare? L'esperienza migratoria dei lavoratori italiani nella Repubblica Federale Tedesca nel secondo dopoguerra, Mailand 2009, S. 82–110.
[29] BEV, MLPS, Centro di Emigrazione Verona, Relazione sull'attività del Centro di Emigrazione 1956, S. 52; 1957, S. 19–21; 1958, S. 18–25.
[30] BArch, B 119/3582, Bundesanstalt für Arbeitsvermittlung und Arbeitslosenversicherung (BAVAV), Zusammenfassung der Berichte der Landesarbeitsämter über die Erfahrung bei der Anwerbung und der Beschäftigung italienischer Arbeitskräfte in der Bundesrepublik Deutschland im Jahre 1957, S. 1.
[31] Prontera, Partire, tornare, restare?, S. 64.

3 238 italienische Bergleute ins Ruhrgebiet. Die Auswahl der Bergleute durch die DKI erfolgte auf der Basis eines strengen Verfahrens: Sie lehnte 1 050 der 4 288 Bewerber in Verona ab, weil sie entweder für nicht gesundheitlich geeignet gehalten wurden oder weil man sie als Risikopersonen für Silikose, die typische Krankheit der Bergleute, einstufte. Während für die anderen Kategorien der Anteil der für nicht geeignet gehaltenen Arbeiter 12,2 Prozent betrug, erreichte er bei den Bergleuten 24,5 Prozent.

1957 fasste der BAVAV-Präsident die ersten Erfahrungen mit den italienischen Arbeitskräften in den verschiedenen Bundesländern wie folgt zusammen:

> „Die italienischen Arbeitskräfte haben sich im Allgemeinen bei der Arbeit gut bewährt. […] Die italienischen Landarbeiter besaßen allerdings nur in Ausnahmefällen Spezialkenntnisse, die sie zu selbständigem Arbeiten befähigten. Mit den technischen Einrichtungen der Landwirtschaft waren sie im Allgemeinen wenig vertraut und kannten sich auch nur selten mit Pferden aus. Sie eigneten sich dagegen meist vorzüglich für Hackfruchtarbeiten und Gemüsebau. Selbst wenn es bei vielen Landarbeitern einer gewissen Einarbeitungszeit bedurfte, so war doch die Bereitschaft, eine angemessene Leistung zu erzielen, unverkennbar. Im allgemeinen waren die italienischen Arbeiter zu Überstunden bereit und oft sogar daran interessiert."[32]

Der gute Wille der Arbeitskräfte entsprach jedoch nicht immer dem ihrer Arbeitgeber, wie im selben Dokument zu lesen ist, da diese in vielen Fällen erst nach gerichtlicher Anordnung bereit waren, geleistete Überstunden zu bezahlen.

Im Bericht von 1959 ist über die italienischen Arbeitskräfte in der Industrie, wo sie nun überwiegend vertreten waren, zu lesen, dass mit ihnen „noch bessere Erfahrungen gemacht wurden als in den Vorjahren. […] Auch mit den italienischen Industriearbeitern, die nun in zunehmendem Maße als Dauerarbeitskräfte beschäftigt werden, liegen fast durchweg günstige Erfahrungen vor."[33] Diese Auffassung resultierte wohl auch aus der Tatsache, dass bei den Italienern nur wenige krankheitsbedingte Fehltage angefallen waren: „Einige Bezirke", so der Präsident der BAVAV weiter, „berichten sogar von einer niedrigeren Erkrankungshäufigkeit gegenüber einheimischen Arbeitskräften. Es komme den Italienern offenbar sehr darauf an, einen hohen Verdienst zu erreichen". Eine einzige Ausnahme wurde vermerkt:

> „Nur ein Landesarbeitsamt berichtet, daß die Erkrankungshäufigkeit deutlich über der deutscher Arbeitskräfte liege. Dieses treffe insbesondere auf leichtere Erkrankungen zu; vor allem wären Süditaliener für leichte Erkältungskrankheiten recht anfällig und legten sich schon bei geringen Erkrankungsanzeichen ins Bett. Auch kleinste Verletzungen veranlaßten manche Italiener, sich als arbeitsunfähig zu bezeichnen. Die Betriebe vermuten, daß die Lohnfortzahlung im Krankheitsfalle mit zu einem solchen Verhalten beitrage."[34]

Zusammenfassend hieß es, dass die Italiener sich „im Allgemeinen sehr rasch und ohne besondere Schwierigkeiten" eingelebt hätten, weil viele von ihnen bereits im Jahr zuvor in der Bundesrepublik Deutschland beschäftigt gewesen waren und „die Arbeitgeber durch das notwendige Verständnis und Entgegenkommen zur schnellen Eingewöhnung beigetragen" hätten.[35] Nach Meinung der BAVAV war die Eingewöhnung in Deutschland maßgeblich davon abhängig, ob es den Italienern gelang, sprachliche, klimatische und vor allem Ernährungsprobleme zu überwinden; im Zweifelsfall konnten diese Probleme schließlich sogar zur Auflösung eines Arbeitsvertrages führen. Schon vor der Ankunft der ersten italienischen Arbeitskräfte bat die BAVAV in dem Merkblatt für Arbeitgeber, das über die Modalitäten für die Anstellung und den Aufenthalt der italienischen Arbeitskräfte infor-

---

[32] BArch, B 119/3582, BAVAV, Zusammenfassung der Berichte der Landesarbeitsämter 1957, S.5.
[33] BArch, B 119/3580, BAVAV, Vermittlung italienischer Arbeitskräfte im Jahre 1959, Erfahrungsbericht, S.5.
[34] Ebenda, S.6.
[35] BArch, B 119/3582, BAVAV, Zusammenfassung der Berichte der Landesarbeitsämter 1957, S.4.

mierte, um Verständnis für die anfänglichen Anpassungsprobleme und warb darum, auf deren Bedürfnisse einzugehen:

> „Italienische Arbeitnehmer müssen sich erst an die deutschen Lebensverhältnisse gewöhnen. Hierauf wird besonders in der Anfangszeit der Beschäftigung Rücksicht zu nehmen sein. Die ungewohnte Kost kann leicht Anlaß zur Unzufriedenheit sein."

Um solchen Situationen vorzubeugen, regte die BAVAV an, italienische Essgewohnheiten zu berücksichtigen:

> „Es empfiehlt sich, daß die Speisen möglichst nach italienischen Gewohnheiten (Mehlspeisen) zubereitet werden. Die Verpflegung sollte aus Morgenkaffee mit den üblichen Beigaben, Frühstück, Mittagessen, Vesper und Abendessen bestehen."[36]

Regelmäßig war die Ernährung ein zentrales Thema in den Berichten der BAVAV. 1957 hieß es:

> „Ernährungsschwierigkeiten traten nur in verhältnismäßig geringem Umfange auf, weil sich sowohl die Landwirtschaft als auch die gewerblichen Betriebe bemühten, den Wünschen der Italiener auf heimatliche Kost entgegenzukommen. Häufig wurde den Landarbeitern Gelegenheit gegeben, an Ruhetagen für sich selbst zu kochen. Bei größeren Gruppen hat sich in der Regel ein Italiener als Koch betätigt."[37]

Und zwei Jahre später:

> „Viele Betriebe haben sich noch stärker als im Vorjahr darum bemüht, bei der Beköstigung der Italiener die Besonderheiten der italienischen Küche zu berücksichtigen und z.B. Kartoffeln durch Teigwaren zu ersetzen oder auch Spaghetti und Tomatenmark zur Selbstherstellung von Abendmahlzeiten zu verbilligten Preisen zur Verfügung zu stellen. Verschiedentlich wurden auch Italiener (meist Frauen von italienischen Arbeitskräften) zum Kochen herangezogen, um eine den italienischen Gewohnheiten entsprechende Verpflegung sicherzustellen."[38]

Die Fürsorge in dieser Hinsicht ging so weit, dass 1961 eine Italienische Kommission mit Sitz in Nürnberg eingesetzt wurde, deren Aufgabe es war, „in Fragen der Anpassung der italienischen Arbeitskräfte an die klimatischen, wirtschaftlichen, sozialen und ernährungsmäßigen Verhältnisse sowie der betrieblichen Betreuung zur Verfügung zu stehen".[39] Außenstellen dieser Kommission gab es in Stuttgart, Frankfurt, Saarbrücken und Köln.

Die Berichte lassen deutlich werden, dass der gesamte Anwerbeprozess offenbar den Wünschen der BAVAV entsprechend verlief. Im ersten Jahr war die Zahl der vorzeitigen Vertragsauflösungen seitens der Italiener noch sehr hoch – bis zu 30 Prozent verließen die Bundesrepublik vor Vertragsende wieder. In den folgenden Jahren wurden jedoch immer weniger Verträge vorzeitig aufgelöst, 1958 waren es 23 Prozent, 1959 nur noch 12,5 Prozent.[40]

Nur ein Problem war geblieben: Das Angebot an weiblichen Arbeitskräften lag weit unterhalb der Nachfrage. 1957 waren nur 102 Frauen über das Emigrationszentrum in Verona nach Deutschland gekommen (1,3 Prozent aller vermittelten Arbeitskräfte), die hauptsächlich in der Landwirtschaft und im Gaststättengewerbe arbeiteten. 1958 lag die Zahl mit

---

[36] Merkblatt für Arbeitgeber über die Beschäftigung italienischer Landarbeiter, in: Amtliche Nachrichten der Bundesanstalt für Arbeitsvermittlung und Arbeitslosenversicherung 4 (1956), Nr.2, S.67.
[37] BArch, B 119/3582, BAVAV, Zusammenfassung der Berichte der Landesarbeitsämter 1957, S.5.
[38] BArch, B 119/3580, BAVAV, Vermittlung italienischer Arbeitskräfte im Jahre 1959, Erfahrungsbericht, S.7.
[39] Entsendung einer Italienischen Kommission, in: Amtliche Nachrichten der Bundesanstalt für Arbeitsvermittlung und Arbeitslosenversicherung 9 (1961), Nr.6, S.281.
[40] BArch, B 119/3580, BAVAV, Vermittlung italienischer Arbeitskräfte im Jahre 1959, Erfahrungsbericht, S.5.

231 leicht höher (2,3 Prozent), die meisten von ihnen waren nun in der Lebensmittelindustrie beschäftigt. Weil das Anwerbeverfahren vereinfacht wurde, stieg die Zahl weiblicher Arbeitskräfte 1959 auf 576 deutlich an, dennoch verharrte ihr Anteil bei 2,3 Prozent. Der Präsident der BAVAV berichtete weiterhin: „Das Stellenangebot war zwar lebhaft, doch war es sehr schwierig, Italienerinnen für die Arbeitsaufnahme in der Bundesrepublik zu interessieren."[41] Nach Meinung der BAVAV lag das am Widerstand der italienischen Konsulate gegenüber der Einstellung weiblicher Arbeitskräfte und daran, dass eine „Neigung der Italienerinnen, in Deutschland Arbeit aufzunehmen, nur dann vorhanden ist, wenn sich bereits Verwandte oder Bekannte im Bundesgebiet befinden, denen man folgen will".[42]

Die Jahre 1960 und 1961 waren charakterisiert durch ein starkes Wirtschaftswachstum in der Bundesrepublik, sodass der Bedarf an unqualifizierten Arbeitskräften stieg. Eine zweite Deutsche Kommission wurde daher beim Emigrationszentrum in Neapel eingerichtet. Die „begleitete" Arbeitswanderung betraf 93 284 Arbeiter und damit 66 Prozent der gesamten italienischen Zuwanderung in die Bundesrepublik. Der Bausektor dominierte weiter mit 40 Prozent aller in Verona ausgewählten Migranten, gefolgt vom Metallsektor, der mit 23 Prozent im Vergleich zum Vorjahr stark gewachsen war. Für den Bergbau wurden 2 275 Arbeiter rekrutiert. 1960 waren 55 Prozent der italienischen Arbeitskräfte ganzjährig beschäftigt, sodass ihr Anteil den der Saisonarbeitskräfte überstieg.[43]

1961 bildete im Emigrationszentrum von Verona das Jahr mit der umfangreichsten Vermittlungstätigkeit (62 467 Arbeitskräfte). Der Bausektor führte mit 41 Prozent (25 066 Arbeitskräfte) weiterhin die Liste der Beschäftigungsbereiche an, es folgte der Metallsektor mit 10 958 Arbeitskräften, während nur 1 396 Landarbeitskräfte verzeichnet wurden. Erneut dominierte der Anteil der ganzjährig gegenüber den saisonal Beschäftigten.[44] Insgesamt kamen über die Emigrationszentren in Verona und Neapel 64,6 Prozent aller Arbeitsmigranten (107 030 von 165 793) nach Deutschland – 1961 wurde das letzte Jahr, in dem die „begleitete" Emigration der überwiegend genutzte Weg war.[45]

1961 trat auch die Verordnung EWG 15/61 in Kraft, in der die Freizügigkeit für die ganzjährig Beschäftigten beschlossen wurde, der Inländervorrang allerdings galt weiterhin. 1962 bereits war der Großteil der in das Bundesgebiet eingereisten Italiener von den deutschen Arbeitgebern namentlich angefordert worden. Auf diese Weise konnte das langwierige Anwerbeverfahren umgangen werden. Die Netzwerke von Verwandten und Bekannten, die bereits im Ausland beschäftigt waren, wurden zum Hauptinstrument der Rekrutierung.

Folglich sank zwischen 1962 und 1965 die „begleitete" Arbeitswanderung stetig. 1964 trat die zweite europäische Freizügigkeitsverordnung (EWG 38/64) in Kraft, die nun auch die Saisonarbeitskräfte und Grenzpendler erfasste. Der Inländervorrang büßte erheblich an Gewicht ein, die freie Ausübung nicht-selbstständiger Tätigkeit wurde erlaubt; diese war bis dahin erst nach vier Jahren regelmäßiger Beschäftigung in einem der Mitgliedstaaten möglich gewesen. 1965 belief sich folglich der Einschaltungsgrad der DKI auf nur noch 26 579 von insgesamt 204 288 Fällen italienischer Arbeitswanderer, die nach Deutschland kamen.[46]

---

[41] Ebenda, S. 7.
[42] Anwerbung und Vermittlung ausländischer Arbeitnehmer, Erfahrungsbericht 1961, in: Amtliche Nachrichten der Bundesanstalt für Arbeitsvermittlung und Arbeitslosenversicherung 4 (1962), Beilage, S. 14.
[43] BEV, MLPS, Centro di Emigrazione Verona, Relazione sull'attività del Centro di Emigrazione 1960, S. 22f.
[44] BEV, MLPS, Centro di Emigrazione Verona, Relazione sull'attività del Centro di Emigrazione 1961, S. 24–29.
[45] Amtliche Nachrichten der Bundesanstalt für Arbeit, Einschaltungsgrad der deutschen Vermittlungsstellen im Ausland 1957–1970, Arbeitsstatistik 1970, Nürnberg 1971, S. 82.
[46] Ebenda, S. 82.

Die DKI versuchte sich neu zu profilieren:

„Die Deutsche Kommission in Italien ist damit stärker zu einer Vermittlungsstelle von Qualitätskräften geworden, die die Wirtschaft naturgemäß auf dem freien Arbeitsmarkt und unter den frei ohne Verträge einreisenden Italienern nicht findet."[47]

Nur die Rekrutierung von Fachkräften bzw. von Frauen bedurfte einer speziellen Förderung. Die DKI ging dabei neue Wege: „Anregungen gegenüber der Presse, dem Radio und dem Fernsehen wurden nur noch im Sinne einer stärkeren Werbung von Fach- und Spezialkräften sowie weiblichen Arbeitskräften vorgenommen."[48] Die Rekrutierung von Frauen erreichte 1961 ihren Höhepunkt mit 2942 über die Emigrationszentren von Verona und Neapel vermittelten weiblichen Arbeitskräften – allerdings waren 8809 Frauen angefordert worden.[49] Gerade wegen der nach wie vor hohen Nachfrage gab die DKI die Anwerbung von Frauen 1965 erneut als Ziel aus. Die Einstellung weiblicher Arbeitskräfte stockte dennoch weiterhin: Zwischen 1965 und 1969 machten sie nur zwischen 2 und 3,9 Prozent der Ausreisenden aus.[50] 1965 kamen über die Emigrationszentren 819 italienische Frauen zur Arbeit nach Deutschland, 487 aus Verona und 332 aus Neapel. Beschäftigung fanden sie vor allem in der Industrie, während ihre Zahl im Hotel- und Gaststättengewerbe sehr gering war.[51]

Reibungslos funktionierten demgegenüber die Maßnahmen zur beruflichen Bildung und Umschulung der nach Deutschland reisenden Arbeitskräfte, die in Kooperation mit staatlichen, religiösen und gewerkschaftlichen Institutionen durchgeführt wurden. Als erstes hatte die ANAP (Associazione nazionale addestramento professionale – Nationale Vereinigung für berufliche Bildung) Fachschulen in der Toskana (Calambrone), in der Lombardei (Mailand) und in den Marken (Piobbico) eingerichtet. Die berufliche Bildung erfolgte in erster Linie in den Bereichen Metallindustrie, Hotelgewerbe und Bausektor, wobei die in Deutschland gefragtesten Berufe Dreher, Schlosser und Fräser, Einschaler sowie Zimmerer und Kellner waren.[52]

Die Rezession 1966/67 in Westdeutschland beschleunigte die Veränderung in der Vermittlungsarbeit der DKI. Die Wirtschaftskrise zeigte vor allem 1967 ihre Auswirkungen. Die Nachfrage nach italienischen Arbeitskräften sank, die DKI in Neapel wurde geschlossen. Die Zahl der italienischen Arbeitskräfte in Deutschland verringerte sich um insgesamt 95400 von 1966: 362144 auf 1967: 266756.[53] Die Arbeitgeber stoppten die Einstellung ungelernter Arbeitskräfte zugunsten von Facharbeitern. 1966 vermittelte das Emigrationszentrum in Verona 8391 Arbeitskräfte, 1967 nur noch 3987.[54]

1968/69 gab es einen erneuten wirtschaftlichen Aufschwung. Diese Jahre stellten die letzten in der Geschichte des Emigrationszentrums in Verona dar, in denen sich der Jahresdurchschnitt der Registrierungen auf über 12000 und der der Ausreisen auf 10000 Arbeits-

---

[47] BArch, B 119/3020, Deutsche Kommission in Italien, Erfahrungsbericht 1965, S.3.
[48] Ebenda, S.9.
[49] Anwerbung und Vermittlung ausländischer Arbeitnehmer, Erfahrungsbericht 1961, S.14.
[50] 1965 (729) 2,7 %, 1966 (520) 3,8 %, 1967 (157) 3,9 %, 1968 (212) 2,0 % und 1969 (224) 2,1 %: BArch, B 119/3013, Deutsche Kommission in Italien, Beschäftigung, Anwerbung und Vermittlung italienischer Arbeitnehmer, Erfahrungsbericht 1969, S.42.
[51] BArch, B 119/3020, Deutsche Kommission in Italien, Erfahrungsbericht 1965, S.45.
[52] Ebenda, Anlage Nr.9.
[53] Amtliche Nachrichten der Bundesanstalt für Arbeit, Beschäftigte ausländische Arbeitnehmer im Bundesgebiet nach ausgewählten Staatsangehörigkeiten 1954 bis 1973, Arbeitsstatistik 1973, Nürnberg 1974, S.12.
[54] BEV, MLPS, Centro di Emigrazione Verona, Relazione sull'attività del Centro di Emigrazione 1967, S.25–29.

kräfte belief.⁵⁵ Der wirtschaftliche Aufschwung führte in allen Sektoren wieder zu einem Zuwachs der Zahl der Arbeitsverträge für ungelernte Kräfte, sodass diese einen Anteil von 67,4 Prozent der Vermittelten ausmachten. Jene, die 1968 über das Emigrationszentrum in Verona ausreisten, stellten jedoch nur noch 8 Prozent der 130 236 Italiener dar, die in die Bundesrepublik einreisten.⁵⁶ Trotz des wirtschaftlichen Aufschwungs war die Ineffizienz des Emigrationszentrums in Verona offensichtlich, insbesondere aufgrund des mangelnden Ausgleichs zwischen der Nachfrage und dem Angebot an Arbeitskräften. Meldeten die Provinzarbeitsämter im ersten Drittel eines jeden Jahres Tausende von ausreisewilligen Arbeitskräften, verfügte die DKI nur über wenige Hundert Anforderungen. Im zweiten Jahresdrittel konnten zahlreiche Vermittlungsaufträge nicht erfüllt werden, weil sich die italienischen Arbeitskräfte entweder dazu entschlossen, selbst Arbeit in Deutschland zu suchen, oder sich für andere Zielländer entschieden; oder aber sie blieben in Italien in der Hoffnung auf Saisonarbeit im Frühjahr oder Sommer. 1968 fanden 7 000 bis 8 000 Arbeiter in der ersten Jahreshälfte wegen des Mangels an Vermittlungsaufträgen keine Beschäftigung, in der zweiten Jahreshälfte hingegen ließen sich zu wenig ausreisebereite Arbeitskräfte finden.⁵⁷

In Italien gab es jedoch nach wie vor eine hohe Arbeitslosigkeit, und in ihrem Bericht an die BAVAV wies die DKI insbesondere auf die Gruppe der jungen Facharbeitskräfte unter 21 Jahren hin, von der sie meinte, es handele sich um ein nicht zu unterschätzendes Potenzial, „befinden sich doch hierunter sehr viele jener jungen Kräfte, die trotz einer mehrjährigen beruflichen Ausbildung den in der heimischen Wirtschaft ersehnten Anschluß im Beruf nicht fanden".⁵⁸ Das Hauptinteresse der DKI richtete sich in der Folge auf die Vermittlung von jungen Facharbeitskräften:

> „Durch den Besuch von über 120 und den Schriftwechsel mit über 600 Ausbildungsinstituten ist die DKI über den Ausbildungsstand und über die genaue Zahl der in den einzelnen Berufszweigen ausgebildeten Schüler besser als das zuständige Unterrichtsministerium informiert."⁵⁹

Die Vermittlung von jungen Facharbeitskräften war stetig gewachsen: 1963 stellten sie nur 4 Prozent der nach Deutschland ausgereisten Arbeitskräfte, bis 1966 wuchs dieser Anteil auf 25 Prozent und bis 1969 auf 64 Prozent an. Dieser Anteil war vor allem aufgrund des Einsatzes der DKI gestiegen, die einerseits die an der Einstellung junger Facharbeitskräfte potenziell interessierten Betriebe kontaktierte und andererseits die jungen Menschen über die technischen Schulen in Italien erreichen konnte:

> „Die konzentrierte Werbung richtete sich darauf, von den Ausbildungsinstituten die Abgangslisten der ausgebildeten Schüler zu erhalten. Die in dieser Liste ausgewiesenen Schüler wurden durch die Deutsche Kommission persönlich angeschrieben; ihnen wurden Kurzinformationen übersandt, aus denen sie die sich aus einer Beschäftigung in deutschen Industriebetrieben ergebenden Verdienstmöglichkeiten sowie Einzelheiten über das Arbeitsleben und die sonstigen Lebensgewohnheiten in der Bundesrepublik Deutschland ersehen und mit ihren Eltern besprechen konnten."⁶⁰

Die jungen Menschen stammten vor allem aus den südlichen Regionen Italiens und insbesondere aus Kampanien, Apulien und Sizilien.

Seit dem 8. November 1968 galt mit dem Inkrafttreten der Verordnung EWG 1612/68 die unbegrenzte Freizügigkeit für Arbeitskräfte innerhalb der EWG. Damit verlor die „beglei-

---

[55] BEV, MLPS, Centro di Emigrazione Verona, Relazione sull'attività del Centro di Emigrazione 1968, S. 26–33.
[56] Amtliche Nachrichten der Bundesanstalt für Arbeit, Einschaltungsgrad der deutschen Vermittlungsstellen im Ausland 1957–1970, Arbeitsstatistik 1970, Nürnberg 1971, S. 82.
[57] BEV, MLPS, Centro di Emigrazione Verona, Relazione sull'attività del Centro di Emigrazione 1968, S. 31.
[58] BArch, B 119/3018, Deutsche Kommission in Italien, Erfahrungsbericht 1968, S. 3.
[59] BArch, B 119/3013, Deutsche Kommission in Italien, Erfahrungsbericht 1969, S. 22.
[60] Ebenda, S. 30f.

tete" zugunsten der „unbegleiteten", „freien" Migration an Bedeutung. Die nun mögliche direkte Einstellung von Arbeitskräften war, so die Meinung der Direktion des Emigrationszentrums, nicht nur im Interesse der deutschen Unternehmer, die sich die 65 DM Vermittlungsgebühr sparen konnten, sondern auch der Arbeitskräfte. Zum einen konnten sie den bürokratischen Aufwand umgehen, zum anderen erhöhten sich so die Chancen der ungelernten und älteren Arbeitsuchenden; denn für „Arbeiter über 45 Jahre, oft Analphabeten", galt ein Rekrutierungsverbot.[61]

Nach Meinung der DKI waren die Gründe für die Rücknahme von Vermittlungsaufträgen für die „begleitete" Emigration

> „zu lange Laufzeiten, Abdeckung des Auftrages mit Kräften aus anderen Ländern oder mit frei einreisenden Italienern und zu lange Laufzeiten bei Vermittlungsaufträgen für weibliche Arbeitskräfte und bei bestimmten Facharbeiterkategorien".[62]

Die DKI empfahl den deutschen Unternehmen sogar „das Ausweichen auf Kommissionen bzw. Verbindungsstellen in Ländern, in deren Bereich Frauen als ausreisebereit gemeldet und daher eher zu gewinnen sind".[63]

Zwischen 1970 und 1975 sank der Anteil der im Emigrationszentrum in Verona ausgewählten Arbeitskräfte auf unter 5 Prozent der Ausreisen aus Italien nach Deutschland, hauptsächlich waren es Dauerbeschäftigte in Metallberufen. In den Jahresberichten der Leitung des Emigrationszentrums wurde das Absinken der Zahl der Ausreisen vor allem auf die Abnahme der Zahl der Vermittlungsaufträge aus Deutschland zurückgeführt, wo zunehmend Arbeitnehmer aus Nicht-EWG-Staaten beschäftigt wurden. Die Freizügigkeitsverordnung privilegierte zwar die italienischen Arbeitnehmer gegenüber Arbeitskräften aus Nicht-Mitgliedstaaten, die weiterhin an eine befristete Aufenthaltsgenehmigung und an den jeweiligen Arbeitgeber gebunden blieben. Dennoch beklagte das Emigrationszentrum von 1970 an eine Verringerung der Zahl der vermittelten Stellen:

> „Der Mangel an Arbeitsangeboten hat seinen Ursprung sowohl in der wirtschaftlichen Rezession, die die Bundesrepublik 1971 betroffen hat, als auch in der dauerhaften Nichtbeachtung des Prinzips der ‚Gemeinschaftspräferenz für EWG-Arbeiter' seitens der deutschen Behörden, das sich darin äußert, dass die Arbeitgeber bevorzugt Arbeitskräfte aus Nicht-EWG-Ländern (Jugoslawien, Türkei, Griechenland, Spanien, Portugal, Tunesien usw.) einstellen. [...] Viele Arbeitsangebote aus Deutschland [wurden] an die Deutschen Kommissionen in Nicht-EWG-Ländern geschickt und auch die ‚unbegleiteten' Arbeiter [fanden] nicht mehr in dem Umfang Anstellungen, wie sie es erhofft hatten."[64]

Während die Aktivitäten im Emigrationszentrum in Verona stark zurückgingen, wuchsen die der Deutschen Kommissionen in Jugoslawien und in der Türkei erheblich. 1971 vermittelte die DKI nur noch 4 327 Arbeiter. Die Zahl der von der Deutschen Kommission in Jugoslawien ausgewählten Arbeitskräfte betrug 73 492, in der Türkei 63 777.[65] Die Arbeitsmigration aus diesen Ländern blieb bis zum Anwerbestopp 1973 weitgehend unter der Kontrolle der jeweiligen Deutschen Kommission[66]: 1972 wurden im Durchschnitt 66 Prozent der Arbeitnehmer aus Griechenland, Jugoslawien und der Türkei über die Emigrationszentren in die Bundesrepublik vermittelt, von den Arbeitskräften aus Portugal, Spanien,

---

[61] BEV, MLPS, Centro di Emigrazione Verona, Relazione sull'attività del Centro di Emigrazione 1969, S. 28.
[62] BArch, B 119/3013, Deutsche Kommission in Italien, Erfahrungsbericht 1969, S. 14f.
[63] Ebenda, S. 26f.
[64] BEV, MLPS, Centro di Emigrazione Verona, Relazione sull'attività del Centro di Emigrazione 1971, S. 36f.
[65] Amtliche Nachrichten der Bundesanstalt für Arbeit. In das Bundesgebiet neu eingereiste ausländische Arbeitnehmer nach der Staatsangehörigkeit 1964–1973, Arbeitsstatistik 1973, Nürnberg 1974, S. 46.
[66] Der Anwerbestopp von 1973 traf nicht die EWG-Arbeitskräfte und somit auch nicht die Italiener.

Marokko und Tunesien waren es durchschnittlich 80 Prozent. Das Emigrationszentrum in Verona vermittelte gerade einmal noch 1,3 Prozent der italienischen Arbeitskräfte.[67]

Wegen der drastischen Abnahme der „begleiteten" Migration entschied sich die DKI zu einer teilweisen Neuausrichtung ihrer Arbeit – zwar blieb sie weiterhin aktiv in der Vermittlung und Ausbildung, bot sich aber zugleich an als Informationsdienst für die BAVAV, um über die „Öffentliche Meinung zur Anwerbung von italienischen Arbeitnehmern für die Bundesrepublik Deutschland" zu berichten, im Jahr 1969 hieß es beispielsweise:

> „Der Deutschen Kommission sind im Berichtsjahr keine negativen Stellungnahmen – etwa in Presse oder Rundfunk – über eine Anwerbung nach Deutschland bekanntgeworden. [...] Wenn auch über die Emigration selbst kaum negative Stimmen erhoben werden – sie wird zwar als ehrenrühriges Übel nicht zu umgehendes Übel hingenommen –, so wird um so mehr über die Probleme der Emigranten im Ausland berichtet. Hauptpunkte der Berichterstattung sind die fehlenden Möglichkeiten der Berufsausbildung und die fehlenden Grundschulen für italienische Kinder in Deutschland sowie Wohnungsfragen."[68]

In der Folge der internationalen Wirtschaftskrise Ende 1973, die in erheblichem Maße die Automobilindustrie traf, stieg in Deutschland die Arbeitslosenzahl, sodass die Unternehmen die Nachfrage nach Arbeitskräften reduzierten und auf Fachkräfte beschränkten, die zeitweise und je nach Bedarf beschäftigt werden sollten. 1974 kamen mit 1 457 Arbeitskräften 2 000 weniger über das Emigrationszentrum in Verona in die Bundesrepublik als im Jahr zuvor, 1975 waren es nur noch 229.[69] Das Emigrationszentrum blieb dennoch bis 1982 aktiv und erlebte 1976 mit 1 034 und 1979 mit 1 176 Ausreisen nach Deutschland noch zwei Höhepunkte – allerdings auf niedrigem Niveau. Mit der Schließung des Emigrationszentrums übernahm eine Kontakt- und Informationsstelle in Rom, die seit 1969 für die Pflege der Beziehungen zu den italienischen Institutionen zuständig war, die Funktionen der Deutschen Kommission. Das gesamte Aktenmaterial des Emigrationszentrums blieb im Keller des Arbeitsamts in Verona, verpackt in Pappkartons mit der Aufschrift „Archivio Morto" – Totes Archiv.

---

[67] 67,3 % Griechen (16 602 von 24 666), 63,3 % Jugoslawen (47 815 von 75 501), 64,8 % Türken (62 394 von 96 210), 87,5 % Portugiesen (14 420 von 16 476), 78,3 % Spanier (22 463 von 28 657), 75,7 % Marokkaner (3 034 von 4 003), 78,8 % Tunesier (1 517 von 1 923), vgl. Amtliche Nachrichten der Bundesanstalt für Arbeit. In das Bundesgebiet neu eingereiste ausländische Arbeitnehmer nach der Staatsangehörigkeit 1964–1973, Arbeitsstatistik 1973, Nürnberg 1974, S. 46.
[68] BArch, B 119/3013, Deutsche Kommission in Italien, Erfahrungsbericht 1969, S. 5f.
[69] BEV, MLPS, Centro di Emigrazione Verona, Relazione sull'attività del Centro di Emigrazione 1975, S. 1.

Axel Kreienbrink
Auswanderungslenkung und „asistencia al emigrante": das Instituto Español de Emigración im franquistischen Spanien

Ende der 1950er Jahre kam es im franquistischen Spanien zu erheblichen Veränderungen der ökonomischen und politischen Rahmenbedingungen. Die autarkistisch orientierte Wirtschaftspolitik offenbarte ihr Scheitern. Gleichzeitig verschob sich die Machtbalance zwischen den Gruppierungen, die das Regime trugen. Einzelne Fraktionen, wie z. B. die Falange, verloren partiell an Einfluss gegenüber neu formierten Kräften, wie den sogenannten Technokraten, die dem Opus Dei nahestanden. Ausgangspunkt für die Neuausrichtung der Wirtschaftspolitik war der Stabilisierungsplan von 1959, der eine umfassende Liberalisierung der gesamten Wirtschaft vorsah. Auf dem Arbeitsmarkt führte dies zeitweise zu einer kräftigen Steigerung der Arbeitslosigkeit und erheblichen Reallohneinbußen, die durch Produktionssenkungen, Kurzarbeit und das Verbot von Überstunden verursacht wurden.[1] Angesichts der hohen Arbeitslosigkeit kamen erneut Ideen auf, die bereits Ende der 1940er Jahre formuliert worden waren[2], nämlich eine Entlastung des Arbeitsmarkts durch grenzüberschreitende Abwanderung herbeizuführen. Doch nicht nur das: Die Abwanderung, die nicht mehr wie in früheren Jahrzehnten Lateinamerika, sondern nun vor allem die europäischen Staaten jenseits der Pyrenäen zum Ziel hatte, sollte mit dazu beitragen, das Land wirtschaftlich zu entwickeln und zu modernisieren. Abwanderung versprach einerseits, staatliche Ausgaben zu senken (z. B. für Erziehung, Ausbildung und Sozialleistungen) und ließ andererseits Kapitalzuflüsse durch Rücküberweisungen der Arbeitskräfte im Ausland erwarten.[3] Die Technokraten verfolgten sogar eine noch weiter reichende wirtschaftspolitische Perspektive: Die Arbeitsmigration in das europäische Ausland wurde als potentieller Anknüpfungspunkt für die Kontaktaufnahme mit der Europäischen Gemeinschaft gesehen, zu der bis 1960 keine Beziehungen bestanden. Ziel war in letzter Konsequenz die Mitgliedschaft.[4]

Um solche Ziele umsetzen zu können, durfte die Migration aber nicht spontan und ungelenkt bleiben, sondern musste nach staatlichen Maßgaben erfolgen. Ausgehend von den auswanderungspolitischen Vorstellungen der Zeit vor dem spanischen Bürgerkrieg wollte die Administration das Regelwerk so gestalten, dass es die Auswanderung weder beförderte noch sie dermaßen behinderte, dass Auswanderungsziele verschlossen blieben. Gleichzeitig strebte sie danach, ein „wahres System der Kontrolle der Auswanderer" zu schaffen und die Auswanderer „vor [den Gefahren] der Auswanderung zu schützen".[5]

---

[1] Carlos Barciela López/Mª Inmaculada López/Joaquín Melgarejo/José A. Miranda, La España de Franco (1939–1975) – Economía, Madrid 2005, S.178–190.
[2] Zu früheren Vorstellungen über Auswanderung Axel Kreienbrink, Zwischen Kontrolle und Nutzenerwägungen: Spanische Auswanderungspolitik gegenüber Lateinamerika im 19. und 20.Jahrhundert, in: Jahrbuch für Geschichte Lateinamerikas 42 (2005), S.145–169.
[3] Siehe die Erläuterungen des Generaldirektors des IEE, Rodríguez de Valcárcel, bei der Vorstellung des Gesetzes über die Grundlagen der Regelung der Auswanderung vor den Cortes (Boletín Oficial de las Cortes Españolas [BOCE] Nr.687 vom 19.12.1960, S.14366).
[4] Mª José Fernández Vicente, En busca de la legitimidad perdida. La política de emigración del régimen franquista, 1946–1965, in: Estudios Migratorios Latinoamericanos 19 (2005), Nr.56, S.3–29, hier S.18. Über die Beziehungen zur EWG Antonio Moreno Juste, Franquismo y construcción europea (1951–1962). Anhelo, necesidad y realidad de la aproximación a Europa, Madrid 1998.
[5] Ministerio de Trabajo e Inmigración – Dirección General de la Ciudadanía Española en el Exterior (MTIN-DGCEE), Protokoll der Besprechung des Rates des IEE, Nr.3 vom 29.1.1958, Anhang: Aktivitäten im Jahr 1957, S.8.

Damit fiel die überkommene Auffassung, dass Auswanderung per se ein Übel für die Nation sei, mit dem Willen zur pragmatischen Nutzung der Migration sowie der Logik der Kontrolle der Diktatur zusammen. Um ihre Vorstellungen umsetzen zu können, mussten die Technokraten zunächst Einfluss auf die Steuerungsinstrumente innerhalb des franquistischen Systems gewinnen. Die Kompetenz für Auswanderungsfragen lag in den Händen des Arbeitsministeriums, das von der Falange gesteuert wurde. Den Technokraten gelang es, die Unterstützung des Ministers für die Präsidentschaft (und faktischen Ministerpräsidenten) Luís Carrero Blanco zu erhalten. Er förderte gegen den heftigen Widerstand der Falange die Gründung des Spanischen Auswanderungsinstituts, des Instituto Español de Emigración (IEE), die 1956 vollzogen wurde, und band es an sein Ministerium.[6]

Die Hauptaufgabe des IEE bestand darin, die Migrationsbewegungen zu lenken, unter anderem durch die Schaffung eines zentralen Auswanderungsregisters. Es sollte helfen, die Beschäftigungsangebote aus anderen Ländern mit der Nachfrage in Spanien abzugleichen. Ein weiteres großes Handlungsfeld bildete die Betreuung der Auswanderer sowohl in Bezug auf die Organisation der Reise als auch auf die Seelsorge. Zudem sollte das Institut die Bereitschaft der Migranten fördern, Rücküberweisungen zu tätigen, und diese so kanalisieren, dass der spanische Staat die Gelder nutzen konnte. Schließlich war das IEE auch für den Kontakt mit den entsprechenden Verwaltungen in den Zielländern zuständig sowie für die Beratung der Regierung bei Auswanderungsthemen. Damit wurde das IEE ein zentrales Instrument der spanischen Migrationspolitik.

Wie gelang es aber dem IEE, seine Hauptaufgaben in den Jahren der Franco-Diktatur bis 1975 zu erfüllen? Welche Handlungsspielräume konnte es nutzen? Wie konnten die politischen Steuerungsinteressen umgesetzt werden? Welche Interessen waren mit der Betreuung der Migranten im Ausland verbunden? Diese Fragen zum Wirken und zur Wirkung der spanischen Migrationsverwaltung sind bisher kaum behandelt worden. Das liegt zum einen an dem Interesse der spanischen Historiographie, das deutlich stärker auf die transatlantische Massenauswanderung nach Lateinamerika der Jahre 1880 bis 1930 als auf die Arbeitsmigration in die europäischen Staaten ausgerichtet war und ist. Zum andern hat die Untersuchung von Verwaltungshandeln allgemein[7] und speziell im Kontext von Migration – anders als beispielsweise in Deutschland[8] – in Spanien bisher wenig Aufmerksamkeit gefunden. Diese Lücke zu schließen, war das Anliegen der diesem Beitrag zugrundeliegenden Studie.[9] Gleichzeitig soll der Blickwinkel erweitert werden: Forschungen zur Verwaltung von Migration haben in der Regel Zuwanderungsländer im Blick[10], während die Rolle und Bedeutung der Tätigkeit von Migrationsverwaltungen der Herkunftsländer (im Herkunfts- wie im Zielland) bisher nicht im Fokus stand.

---

[6] Gesetz vom 17.7.1956 über die Schaffung des Instituto Español de Emigración (Boletín Oficial del Estado [BOE], 18.7.1956).
[7] Z. B. Julián Álvarez Álvarez, Burocracia y poder político en el régimen franquista. El papel de los cuerpos de funcionarios entre 1938 y 1975, Madrid 1984.
[8] Z. B. Jochen Oltmer (Hrsg.), Migration steuern und verwalten. Deutschland vom späten 19. Jahrhundert bis zur Gegenwart, Göttingen 2003.
[9] Dieser Beitrag basiert auf Erkenntnissen eines Projekts zur Erforschung der Geschichte des Instituto Español de Emigración, das vom spanischen Ministerium für Arbeit und Einwanderung finanziert wurde; siehe Luís Calvo Salgado/María José Fernández Vicente/Axel Kreienbrink/Carlos Sanz Díaz/Gloria Sanz Lafuente, Historia del Instituto Español de Emigración. La política migratoria exterior de España y el IEE del Franquismo a la Transición, Madrid 2009; vornehmlich relevant sind die Abschnitte von Axel Kreienbrink, La política de emigración a través de la historia del IEE: una perspectiva comparada, S. 13–34, und Mª Fernández Vicente/Carlos Sanz Díaz/Gloria Sanz Lafuente, La asistencia social del IEE. Una perspectiva general, S. 89–130.
[10] Siehe z. B. die historischen und aktuellen Beiträge in Anita Böcker u. a. (Hrsg.), Regulation of Migration. International Experiences, Amsterdam 1998.

1. Auswanderungslenkung

Das 1956 gegündete IEE wurde mit dem neuen Auswanderungsgesetz 1960 bzw. 1962 auf eine solide rechtliche Basis gestellt.[11] Es fasste nicht nur die unübersichtliche Vielzahl der seit dem Auswanderungsgesetz von 1924 erlassenen Regelungen zusammen, sondern machte auch die neue politische Ausrichtung mit der herausgehobenen Position des IEE deutlich. Erarbeitet auf Anregung des IEE verfolgte das Gesetz zwei zentrale Ziele: zum einen die Anpassung der Politik an die neuen migratorischen Gegebenheiten (statt dauerhafter Auswanderung im Familienverband nach Lateinamerika temporäre Arbeitsmigration nach Europa), zum andern die Zentralisierung der fragmentierten Kompetenzen, deren Steuerung das IEE exklusiv für sich beanspruchte.[12] Es gelang dem IEE, der Falange, die die Politikfelder Arbeitsmarkt und die Betreuung der Arbeitskräfte/Migranten monopolisiert hatte, Kompetenzen zu entziehen. Neben dem schon früher der Verwaltung zugewiesenen Schutz der Auswanderer (während der Vorbereitung und Durchführung der Reise sowie bei der Rückkehr) und ihrer Betreuung[13] kamen jetzt Aufgaben wie die Ausbildung von Abwanderern und die finanzielle Unterstützung in besonderen Situationen hinzu. Das IEE bündelte diese Kompetenzen – zumindest auf dem Papier. Selbst als es 1958 dem falangistisch geführten Arbeitsministerium zugeordnet wurde, behielt es seine Funktionen als eigenständiges Institut (vergleichbar einer Körperschaft öffentlichen Rechts) im Geschäftsbereich des Ministeriums.[14] Die bisher für Auswanderung zuständige Generaldirektion für Arbeit im Arbeitsministerium opponierte jedoch gegen das IEE und beklagte die dadurch entstandene „administrative Anarchie". Als Antwort schuf das Arbeitsministerium eine neue Generaldirektion Beschäftigung mit einem „Referat Auswanderung" als Lenkungseinheit. Mit dem Gesetz von 1962 setzte sich die Generaldirektion Beschäftigung durch und erhielt die politische Lenkungskompetenz, während beim IEE lediglich die Verantwortung für die Durchführung der Maßnahmen verblieb.

Aber auch diese administrative Kompetenz des IEE war nicht unumstritten, da wichtige Aufgaben in der Hand anderer Akteure wie dem Außenministerium, dem Bildungsministerium oder der Organización Sindical Española (OSE), der franquistischen Einheitsgewerkschaft, verblieben. Vor allem mit der OSE konkurrierte das IEE in den ersten Jahren. Dies betraf zum einen die Bearbeitung der Anträge der Auswanderungswilligen in den Provinzen, die auf Basis der Arbeitsangebote aus dem Ausland erfolgte. Zwar war das zentrale Auswanderungsregister dem IEE zugeordnet, vor Ort bearbeiteten die Anträge aber die syndikalen Anstellungsbüros (Oficinas Sindicales de Colocación), die für die Arbeitsvermittlung und -beratung zuständig waren. Diese Büros unterstanden dem Nationalen Erfassungs- und Anstellungsdienst (Servicio Nacional de Encuadramiento y Colocación) der OSE, der wiederum der Generaldirektion Beschäftigung des Arbeitsministeriums untergeordnet

---

[11] Gesetz 93/1960 vom 22.12.1960 über die Grundlagen der Regelung der Auswanderung (BOE, 23.12.1960). Dekret 1000/1962 vom 3.5.1962 (Gesetz über die Regelung der Auswanderung, BOE, 15.5.1962); siehe dazu den Kommentar in Luís A. Martínez Cachero/Felipe Vázquez Mateo, Actualidad de la emigración española. Comentarios a la Ley de Ordenación de la Emigración española, de 3 de mayo 1962, Madrid.
[12] Zur administrativen Gestaltung der Auswanderungsverwaltung vor der Gründung des IEE Mª José Fernández Vicente, La evolución del organigrama migratorio español: el papel del IEE, in: Calvo Salgado u. a., Historia del Instituto Español de Emigración, S. 35–62, hier S. 35–49.
[13] Zu den früheren Aufgabenzuschreibungen José M. Pérez-Prendes y Muñoz-Arraco, El marco legal de la emigración española en el constitucionalismo, Colombres, Asturias 1993.
[14] Fernández Vicente, En busca de la legitimidad perdida, S. 24–27; dies., La evolución del organigrama migratorio español, S. 49–51.

war.[15] Zum andern äußerte sich die Konkurrenz bei der Betreuung der Auswanderer im Ausland. Die OSE hatte seit 1943 als Teil der Arbeitsverwaltung auch die Verantwortung für die Organisation von Wanderungen von Arbeitskräften innerhalb des Staatsgebietes inne und versuchte mit Nachdruck, ihren Einfluss auch auf Außenwanderungen zu erweitern. Dabei war es hilfreich, dass die OSE die Arbeitsattachés bei den Botschaften im Ausland stellte. Auch wenn der Konflikt zwischen der OSE und dem IEE durch das Auswanderungsgesetz von 1962 formal zugunsten des IEE gelöst wurde, fungierten weiter Mitglieder der OSE als Arbeitsattachés.[16] Noch Jahre später beklagte sich das IEE über die geteilten Kompetenzen. Die Folge davon seien widersprüchliche Informationen für die Abwanderungswilligen und eine viel zu hohe klandestine Migration neben der organisierten Auswanderung. Zudem sei die Betreuung der Migranten durch die OSE nicht zeitgemäß, weil sie ausschließlich dem Prinzip der Wohltätigkeit folge. Das IEE forderte vergeblich, die Kompetenzen klar zu verteilen und ihm „alle Aktivitäten, alles Personal und alle Führungsverantwortung" zu unterstellen.[17] Geringe Effizienz und widersprüchliche Entscheidungen, die zudem kaum durchgesetzt werden konnten, kennzeichneten auch weiterhin das Verwaltungshandeln.

Um die ökonomischen Ziele zu erreichen, die sich die Technokraten von der Abwanderung erhofften, wurde sie in den ab 1964 erstellten nationalen Entwicklungsplänen als Planungsgröße mit eingearbeitet. Das IEE errechnete entsprechend dem Bevölkerungswachstum und der projektierten Schaffung neuer Arbeitsplätze eine jährliche Abwanderungsquote.[18] Die deutlich über dem erwarteten Maß liegenden Abwanderungszahlen übertrafen allerdings bereits die Annahmen des ersten Entwicklungsplans. Das IEE erklärte diesen Sachverhalt damit, dass der Grad der Unterbeschäftigung auf dem spanischen Arbeitsmarkt höher gewesen sei als erwartet.[19]

Mit dem Angebot von Arbeitsplätzen im Ausland konnte der Staat propagandistisch sein Bemühen demonstrieren, das Mandat der franquistischen Grundgesetze (Leyes Fundamentales) zu erfüllen, die das Recht auf Arbeit festschrieben.[20] Eine erfolgreiche Sozialpolitik sollte die Legitimität der Diktatur nach innen stärken.[21] Die offizielle Position, wonach die

---

[15] Archivo Central del Ministerio de Trabajo, Madrid (ACMT), Dep. 1 Secretaría General Técnica Rel. Entrega n° 103 Legajo 21-22 (E-329), Schreiben des Generaldirektors an den Secretario General Técnico des Arbeitsministeriums vom 13.4.1961.

[16] Ramón Baeza Sanjuán, Asesoramiento y represión: los agregados laborales del Franquismo y la emigración española en Europa, in: Exils et migrations ibériques au XXe siècle 3–4 (1998), S.100–123, hier S.101–104; Martínez Cachero/Vázquez Mateo, Actualidad de la emigración española, S.101f. Andere Stellen mit Kompetenzen im Bereich Auswanderung waren der Ministerrat, der Staatsrat, die Ministerien des Heeres und der Marine, das Innenministerium, das Finanzministerium und das Ministerium der Bewegung; Carlos Martí Bufill, Nuevas soluciones al problema migratorio, Madrid 1955, S.355–364.

[17] ACMT Dep. 1 Subsecretaría Rel. Entrega n° 143 E-248 Legajo 31, Schreiben vom 29.11.1966.

[18] Die Rechnung basierte auf dem Bevölkerungsstand von 1955, der projiziert wurde auf der Basis des natürlichen Wachstums zuzüglich der erwarteten Veränderungen durch den Strukturwandel. Dies wurde verbunden mit der Projektion der neu zu schaffenden Arbeitsplätze bis 1972. So ergab sich aus dem errechneten Überschuss an Arbeitskräften plus deren Familien eine Gesamtzahl an Auswanderern. Geteilt durch die projektierten Jahre ergab sich eine jährliche Auswanderungszahl von etwas über 80 000; Instituto Español de Emigración, La emigración y el desarrollo económico, Madrid 1959, S.90; siehe auch Axel Kreienbrink, La lógica económica de la política emigratoria del régimen franquista, in: Joseba de la Torre/Gloria Sanz Lafuente (Hrsg.), Migraciones y coyuntura económica del franquismo a la democracia, Saragossa 2009, S.221–235.

[19] MTIN-DGCEE, Protokoll der Besprechung des Rates des IEE, Nr.10 vom 27.1.1965, S.8.

[20] So Beatrix Nack, Untersuchungen zur Migrationspolitik des spanischen Staates in der Zeit des Franco-Regimes, Diss. Wilhelm-Pieck-Universität Rostock 1988, S.210. Sie bezieht sich auf Art. 8 des „Fuero del Trabajo".

[21] Carme Molinero, La capatación de masas. Política social y propaganda en el régimen franquista, Madrid 2005.

Auswanderung ein zentraler Teil der Arbeitsmarktplanung gewesen sei und erheblich zur Entwicklung Spaniens beigetragen habe[22], wurde von der Forschung lange als gegeben akzeptiert. Demnach verringerte die Auswanderung die Arbeitslosigkeit in den 1960er Jahren, während die Rückwanderung sie in den 1970er Jahren erhöhte.[23] Neuere Studien zeigen jedoch, dass die realen Effekte der Arbeitsmarktentlastung minimal waren: Als temporäre Abwanderung reduzierte die Migration vor allem den Lohndruck.[24] Zudem waren bei weitem nicht alle Abwanderer tatsächlich arbeitslos. Die Rücküberweisungen allerdings trugen offenbar zumindest zeitweilig zur Senkung des Zahlungsbilanzdefizits und zum Wachstum bei.[25] Im Detail aber lässt sich die Wirkung der Rücküberweisungen nicht ermitteln, weil die damaligen Zahlungsbilanzen nicht fehlerfrei geführt worden sind.[26] Insgesamt wird man sagen müssen, dass die Abwanderung in die europäischen Anwerbestaaten wohl zur wirtschaftlichen Entwicklung des Landes beigetragen hat, auch wenn sie keine „funktionelle Notwendigkeit"[27] gewesen ist.

Um die Vorstellungen zur Nutzung der Migration für die wirtschaftliche Entwicklung praktisch umzusetzen, schloss Spanien bilaterale Anwerbeabkommen mit verschiedenen europäischen Staaten.[28] Diese Verträge und die sie begleitenden Regelungen schufen den rechtlichen Rahmen für Arbeit und Aufenthalt (Anwerbung, Arbeitsbedingungen, Löhne, Unterbringung, Familiennachzug, Sozialversicherungsleistungen) der spanischen Arbeitskräfte im Ausland sowie für die Rücküberweisungen. Die Abkommen waren weitgehend identisch, berücksichtigten aber die jeweiligen Wünsche der Zielländer.[29] Die Möglichkeiten, gegenüber den Anwerbestaaten eigene migrationspolitische Vorstellungen durchzusetzen, galten als eher gering. Neuere Forschungen, zumindest für den Fall der Bundesrepublik Deutschland, billigen der spanischen Diplomatie jedoch durchaus das Geschick zu, die deutschen Stellen immer wieder soweit unter Zugzwang gesetzt zu haben, dass das Ziel – der Abschluss eines Anwerbevertrags – schließlich trotz der zögerlichen Haltung des Bundesministeriums für Arbeit und der Bundesanstalt für Arbeit erreicht werden konnte.

---

[22] Z.B. der damalige Arbeitsminister de la Fuente vor der Arbeitskommission der Cortes während der Debatte über das neue Auswanderungsgesetz von 1971 (BOCE, Apéndice Nr.231 vom 8./9./13.7.1971, S.5).
[23] Z.B. Ramiro Campos Nordmann, La emigración española en el crecimiento económico español: evolución, perspectivas y problemática, Madrid 1976; Salustiano del Campo Urbano/Manuel Navarro López, Nuevo análisis de la población española, Barcelona 1987.
[24] Carmen Ródenas Calatayud, Emigración y economía en España (1960–1990), Madrid 1994; dies., Emigración exterior y mercado de trabajo en España (1960–1985), in: Exils et migrations ibériques au XXe siècle 3–4 (1998), S.139–154. Nur 1970 und 1971 konnte die Auswanderung tatsächlich zur Senkung der Arbeitslosigkeit beitragen, wenn auch nur um weniger als einen Prozentpunkt.
[25] Sie deckten zwischen 1959 und 1986 im Schnitt 22 % des Handelsdefizits ab; Antonio Oporto del Olmo, Emigración y ahorro en España 1959–1986, Madrid 1992, S.215–231; siehe auch Santiago Mancho, Emigración y desarrollo español, Madrid 1978, S.55–73; Campos Nordman, La emigración española y el crecimiento económico, S.93–118.
[26] Alvaro Rengifo Calderón/Antonio Oporto del Olmo, Historia, presente y prospectiva de las migraciones en España, in: Información Comercial Española (2005), Nr.826, S.155–166, hier S.160.
[27] Zur These der funktionellen Notwendigkeit Beatrix Nack, Zum Zusammenhang von Migrations- und Wirtschaftspolitik in der Zeit des Franco-Regimes, in: Migrationsforschung (1991), Nr.25, S.46–60; Manuel Navarro López, El contexto socioeconómico de la emigración continental española (1945–1975), in: José A. Garmendía (Hrsg.), La emigración española en la encrucijada. Marco general de la emigración de retorno, Madrid 1981, S.15–41, hier S.26.
[28] Texte in José R. Manjón Manjón/María Núñez González (Hrsg.), Código de migraciones. Nacionales en el exterior y extranjeros en España. Textos internacionales, acuerdos bilaterales, derecho social comunitario y legislación interna, Bd.1, Madrid 1997, S.1177–1280.
[29] Z.B. bei der Auswahl der Arbeitskräfte, der Übernahme der Reisekosten oder beim Familiennachzug; siehe dazu Christoph Rass, Institutionalisierungsprozesse auf einem internationalen Arbeitsmarkt. Bilaterale Wanderungsverträge in Europa zwischen 1919 und 1974, Paderborn 2010, S.409–415.

Auf deutscher Seite hielten die Arbeitgeberverbände, die den steigenden Arbeitskräftebedarf der deutschen Wirtschaft im Blick hatten, einen Anwerbevertrag ebenso für nutzbringend wie das Auswärtige Amt, das an guten Beziehungen zu Franco-Spanien interessiert war.[30]

Die Interessen der Anwerbestaaten waren in vielerlei Hinsicht nicht deckungsgleich mit denen Spaniens. Dies betraf z. B. die Zulassung von Arbeitskräften, bei der Frankreich und die Bundesrepublik Deutschland die spanischen Bestrebungen zur Kontrolle der Migration unterliefen. Beide Staaten hatten phasenweise wenig gegen eine nachträgliche Regularisierung von Arbeitskräften einzuwenden, wenn diese nicht über das Anwerbeverfahren oder über ein in den Konsulaten in Spanien beantragtes Arbeitsvisum eingereist, sondern als Touristen gekommen waren. Dieser sogenannte dritte Weg war aus spanischer Perspektive gleichbedeutend mit „irregulärer" oder „illegaler" Migration.[31] Die Einführung eines speziellen Passes für Auswanderer, der E-Pass („E" für „emigrante"), sollte dazu dienen, die kontinentale Abwanderung wirksam zu kontrollieren.[32] Allerdings erwies sich diese Regelung als wenig effektiv, da z. B. Deutschland nur eine kurze Zeitlang darauf bestand, dass die Zuwanderung mit diesem Pass erfolgte. Entsprechend nahm Spanien mit einer Verordnung vom 21. Dezember 1961 die Regelung wieder zurück.[33] Am deutschen und französischen Widerstand scheiterten auch danach alle Versuche, jene Ausreisen zu verhindern, die nicht über das IEE organisiert worden waren.[34] Die spanische Seite protestierte gegen die deutsche und französische Praxis allerdings nie so heftig, dass die Anwerbeverträge in Gefahr gebracht worden wären. Für die Bundesrepublik wurde errechnet, dass zwischen 1960 und 1973 im Schnitt ein Drittel der spanischen Arbeitsmigranten ohne Kontrolle durch das IEE ins Land kam – allerdings mit fallender Tendenz: In der ersten Hälfte der 1960er Jahre umgingen noch bis zu 60 Prozent der Migranten die Kontrollen der spanischen Behörden, Anfang der 1970er Jahre nur noch ein Fünftel.[35] Schätzungen für den französischen Fall gehen für den Zeitraum von Mitte der 1950er bis Mitte der 1960er Jahre davon aus, dass bis zu 80 Prozent der spanischen Zuwanderer erst nach ihrer Einreise einen legalen Aufenthaltsstatus erhielten.[36]

Der 3. Weg unterlief eine weitere Lenkungsabsicht Spaniens, nämlich die Migranten selbst auszuwählen und nur die unqualifizierten ins Ausland zu senden. Dies ließ sich nur im Rahmen der organisierten Auswanderung („emigración asistida") durchsetzen – und hier offenbar relativ erfolgreich wie im Fall der Anwerbung aus Deutschland.[37] Während

---

[30] Johannes-Dieter Steinert, Migration und Politik. Westdeutschland – Europa – Übersee 1945–1961, Osnabrück 1995, S. 290–296; Walter Lehmann, Die Bundesrepublik und Franco-Spanien in den 50er Jahren. NS-Vergangenheit als Bürde?, München 2006, S. 123. Die außenpolitischen Gründe sollten jedoch nicht überwertet werden wie bei Heike Knortz, Diplomatische Tauschgeschäfte. „Gastarbeiter" in der westdeutschen Diplomatie und Beschäftigungspolitik 1953–1973, Köln 2008, S. 101–109.

[31] Carlos Sanz Díaz, „Clandestinos", „ilegales", „espontáneos" ... La emigración irregular de españoles a Alemania en el contexto de las relaciones hispano-alemanas, 1960–1973, Madrid 2004 (übersetzte Fassung: „Illegale", „Halblegale", „Gastarbeiter". Die irreguläre Migration aus Spanien in die Bundesrepublik Deutschland im Kontext der deutsch-spanischen Beziehungen 1960–1973, Berlin 2010); siehe auch den Beitrag von Carlos Sanz Díaz in dem vorliegenden Band.

[32] MTIN-DGCEE, Protokoll der Besprechung des Rates des IEE, Nr. 3 vom 29.1.1958, Anhang: Zusammenfassung der Aktivitäten in 1957, S. 8.

[33] Steinert, Migration und Politik, S. 297–299.

[34] Sanz Díaz, Clandestinos, S. 76–112; ders., España y la República Federal de Alemania (1949–1966). Política, economía y emigración entre la guerra fría y la distensión, Madrid 2005, S. 959, 968.

[35] Sanz Díaz, Clandestinos, S. 17–20.

[36] Ana Fernández Asperilla, La emigración como exportación de mano de obra: El fenómeno migratorio a Europa durante el franquismo, in: Historia Social 30 (1998), S. 63–81, hier S. 65.

[37] Die folgenden Ausführungen folgen Carlos Sanz Díaz, Las relaciones del IEE con Alemania, in: Calvo Salgado u. a., Historia del Instituto Español de Emigración, S. 167–187, hier S. 177–179.

die Bundesanstalt für Arbeit auch qualifizierte Arbeitskräfte und Frauen suchte, folgte das IEE den spanischen politischen Vorgaben, wonach nur Arbeitslose abwandern sollten, wie die Deutsche Kommission in Madrid, die für die Anwerbung zuständig war, schnell bemerkte.[38] Das IEE widersetzte sich beharrlich entsprechenden Wünschen der Deutschen, verhinderte Aufrufe über die Medien und ließ die Deutsche Kommission nur in ländlichen Gegenden arbeiten, die von erheblicher Arbeitslosigkeit und einem hohen Anteil von Tagelöhnern gekennzeichnet waren (Andalusien, Extremadura, León, Murcia). Anwerbeversuche in den industrialisierten Provinzen wurden blockiert.[39] Das IEE war in dieser Hinsicht so erfolgreich, dass die von ihm betreuten Auswanderer in Deutschland (neben den griechischen) schließlich zu jenen mit dem niedrigsten Qualifikationsniveau gehörten.[40] Ebenso wurde die Abwanderung von Frauen beschränkt und ab Mitte der 1960er Jahre zunehmend unterbunden, obwohl der deutsche Markt eine Vielzahl von Beschäftigungsmöglichkeiten bot.[41] Etliche Frauen umgingen deshalb den Weg der regulären Anwerbung und erreichten die Bundesrepublik mit Hilfe des Familiennachzugs oder der Unterstützung durch Netzwerke.[42] Ähnlich lag der Fall in Frankreich, wo die Verantwortlichen des Office National d'Immigration (ONI) ebenfalls ausländische Arbeitskräfte a posteriori regularisierten. Der ONI war nicht bereit, die Schwerfälligkeit der franquistischen Bürokratie zu akzeptieren, die dazu führte, dass zwischen der Anforderung einer Arbeitskraft und ihrem Arbeitsbeginn im Zielland bis zu sechs Monate vergehen konnten. Darüber hinaus lag auch Frankreich an Arbeitskräften mit spezifischen Qualifikationen. Die französischen Stellen förderten daher eine Zeitlang namentliche Anwerbungen. Diese Praxis suchte das IEE aber ebenfalls zu unterbinden, sodass Frankreich schließlich auf die Zuwanderung über den 3. Weg setzte. Die französische Haltung hatte auch mit weiter reichenden Überlegungen zu tun: Im Gegensatz zur deutschen war die französische Seite aus demographischen Erwägungen (Bevölkerungswachstum) am dauerhaften Verbleib der Zuwanderer im Land interessiert.[43]

2. Soziale Betreuung

Ein Großteil der spanischen Regelungen im Migrationsbereich galt der sozialen Betreuung der spanischen Arbeitnehmer im Ausland. Durchgesetzt werden sollte, dass die spanischen Arbeitsmigranten die gleichen Rechte wie die jeweiligen inländischen Arbeitskräfte erhielten. Entsprechend förderte das IEE weitreichende Aktivitäten in den Anwerbeländern mit dem Ziel der Information, Beratung oder Ausbildung, die zum Teil auch mit diesen Ländern

---

[38] Bundesarchiv Koblenz (BArch), B 119/3069, Bundesanstalt für Arbeit, Bericht über Anwerbung und Vermittlung spanischer Arbeitskräfte, 12.5.1960. Die Obstruktion des IEE lässt sich auch weiteren Berichten entnehmen; siehe BArch, B 119/3064 und B 119/3352.
[39] BArch, B 119/3016, Deutsche Kommission in Spanien, Erfahrungsbericht 1970.
[40] Nur 8,3 % der über das IEE ausgewanderten spanischen Arbeitskräfte waren qualifiziert; Gloria Sanz Lafuente, Género y emigración. Hombres y mujeres ante el mercado de trabajo de la emigración española a Alemania (1960–1975), in: Luís M. Calvo Salgado u.a. (Hrsg.), Migración y exilio españoles en el siglo XX, Madrid/Frankfurt a.M. 2009, S.157–186.
[41] Monika Mattes, Gastarbeiterinnen in der Bundesrepublik, Frankfurt a.M./New York 2005; Gloria Sanz Lafuente, Mujeres españolas emigrantes y mercado laboral en Alemania, 1960–1975, in: Migraciones & Exilios 7 (2006), S.27–50.
[42] Gerhard Kade/Günter Schiller, Los trabajadores andaluces en Alemania: resultados de una investigación, in: Anales de Sociología 4 (1969), H.4/5, S.159–188, hier S.163; Sanz Díaz, Clandestinos, S.47–52.
[43] Mª José Fernández Vicente, Émigrer sous Franco. Politiques publiques et stratégies individuelles dans l'émigration espagnole vers l'Argentine et vers la France (1945–1965), Lille 2004, S.53–55.

gemeinsam finanziert wurden. Dieser Aspekt der Arbeit des IEE gewann mit dem Rückgang der Abwanderung Ende der 1960er Jahre immer weiter an Gewicht gegenüber den Lenkungsaufgaben. Über die Wahrnehmung der sozialen Aufgaben hinaus dienten viele dieser Betreuungsmaßnahmen aber auch dazu, die spanischen Gemeinden im Ausland zu kontrollieren und zu überwachen.

2.1 Die Arbeitsattachés

Eine zentrale Rolle sowohl bei der Betreuung als auch bei der Überwachung spielten die Arbeitsattachés (agregados laborales). Da es dem IEE nicht gelungen war, eigene Repräsentanten ins Ausland zu entsenden, musste es auf die Attachés zurückgreifen, die der OSE angehörten. Wie bereits erwähnt, war das Verhältnis zur OSE jedoch von Konflikten geprägt. Das IEE konnte sich mit dem Auswanderungsgesetz von 1962 insofern formal durchsetzen, als die Arbeitsattachés als „Delegierte des IEE im Ausland" betrachtet wurden und zumindest in Migrationsfragen direkt dem IEE unterstanden. Nach dem neuen Auswanderungsgesetz von 1971 mussten die Arbeitsattachés dann sogar auf gemeinsamen Vorschlag des Arbeitsministeriums und des 1969 gegründeten Ministeriums für gewerkschaftliche Beziehungen (Ministerio de Relaciones Sindicales) ernannt werden, sodass die Einflussmöglichkeiten des IEE weiter wuchsen.[44]

Im Zuge der stark zunehmenden Auswanderung in den 1960er Jahren wurden nach und nach zusätzliche Arbeitsattachés eingesetzt[45], die Büros (Agregadurías) mit mehr Personal ausgestattet und in Regionen mit besonders vielen spanischen Arbeitskräften sogenannte Arbeitsbüros (oficinas laborales) eingerichtet. Eine der zentralen Aufgaben der Arbeitsattachés stellte das Vermitteln bei Arbeitskonflikten dar, wenn spanische Arbeitnehmer ohne ausreichende Kenntnisse der Landessprache und der jeweiligen arbeitsrechtlichen Regelungen in Schwierigkeiten gerieten. So wurde z. B. der Arbeitsattaché in Frankreich allein im Jahr 1962 in 1 966 individuellen und 125 kollektiven Streitfällen tätig. Dabei handelte es sich vor allem um Fragen der Vertragserfüllung oder der Arbeitsbedingungen.[46]

Damit zusammenhängend bildete die Information der Migranten ein weiteres wichtiges Tätigkeitsfeld der Attachés, die zahlreiche Broschüren und Ratgeber zu den Bereichen Arbeit und Soziales herausgaben. Ein Bericht von 1970 der Agregaduría in der Bundesrepublik Deutschland macht die Breite der Themen deutlich: Die Broschüren betrafen das deutsch-spanische Sozialversicherungsabkommen, den deutsch-spanischen Anwerbevertrag, mögliche Ersparnisse bei der Lohnsteuerzahlung, Abzüge für die Sozialversicherung, die Krankenversicherung in Deutschland oder die Auszahlung von Arbeitslosengeld.[47] Diese Form der Betreuung durch Information erstreckte sich zum Teil auch auf den Empfang der ankommenden Arbeitskräfte an den Bahnhöfen oder regelmäßige Besuche in Betrieben, die viele Spanier beschäftigten. Darüber hinaus wurde in Fällen von Hilfsbedürftigkeit Unterstützung gewährt.[48] Der Umfang des Engagements variierte allerdings zwischen

---

[44] Art. 26 des Gesetzes 31/71 über Auswanderung vom 13.7.1971 (BOE, 23.7.1971).
[45] „Agregadurías laborales" gab es an den diplomatischen Vertretungen Spaniens in Deutschland, Argentinien, Belgien, Brasilien, den USA, Frankreich, den Niederlanden, Großbritannien, Italien, Marokko, der Schweiz und Venezuela.
[46] Archivo General de la Administración, Alcalá de Henares (AGA), AISS-SRE R 2518, S.6, Sozioökonomischer Bilanz der Ergebnisse der Auswanderung nach Frankreich 1962. Diesbezügliche Arbeit dieser Agregaduría, Januar 1963.
[47] AGA AISS-SRE 5971, Allgemeiner Bericht über Agregadurías laborales, 30.3.1970.
[48] Z. B. Repatriierung von Arbeitern ohne Einkommen, Hilfe für Familien von verstorbenen Arbeitnehmern, Ermöglichung von Krankenhausbesuchen für Familien; Ramón Baeza Sanjuán, Agregados laborales y acción exterior de la Organización Sindical Española. Un conato de diplomacia paralela (1950–1961), Madrid 2000, S.209.

den einzelnen Agregadurías: Während z. B. die Attachés in Frankreich oder in der Schweiz der Unterstützung bei Arbeitskonflikten einen hohen Wert beimaßen, lagerte der Attaché in Großbritannien diese Aufgabe aus.

Die Betreuungsleistungen zielten auch darauf, die spanischen Arbeitnehmer von den Gewerkschaften und spanischen Exilorganisationen (dies vor allem in Frankreich und Belgien) abzuschirmen. Erfolgreich war diese Tätigkeit allerdings nicht: Viele Arbeitsmigranten waren nämlich nicht so apolitisch, wie das Regime glauben wollte. Sie gründeten im Ausland schnell politische und gewerkschaftliche Gruppen, die ein Abbild der unterdrückten antifranquistischen Opposition und entsprechend kommunistisch, sozialistisch, katholisch oder anarchistisch ausgerichtet waren. In Deutschland unterstützten die IG Metall und der Deutsche Gewerkschaftsbund viele solcher Gruppen, was dazu führte, dass zahlreiche spanische Arbeitskräfte in die deutschen Gewerkschaften integriert wurden.[49]

Die Betreuungsangebote der Agregadurías dienten also auch dazu, mögliche Einflüsse antifranquistischer Propaganda zu erkennen und nach Möglichkeit zu neutralisieren. Die Intensität, mit der die Attachés vorgingen, variierte je nach persönlichem Engagement der Beamten.[50] So unterschied sich z. B. die grundsätzliche Bereitschaft des ersten spanischen Arbeitsattachés in Paris, auf die Exilgemeinde zuzugehen, deutlich von der unnachgiebigen Haltung des Amtskollegen in Brüssel gegen jede abweichende Meinung.[51] Kritiker des Regimes gab es viele. Ein Bericht des IEE nennt die Kommunistische Partei Spaniens, die spanischen Kaplane (s. unten), Sozialisten, Gewerkschaften der Aufnahmeländer und zum Teil auch Vertreter aus dem Bereich der Sozialbetreuung, wie z. B. die deutsche Caritas. Als Reaktion sollten die eigenen Betreuungsleistungen intensiviert werden.[52] Doch nicht nur die spanischen Behörden waren über kommunistische oder sozialistische Mobilisierungen besorgt – in Zeiten des Kalten Krieges galt ihnen auch die Aufmerksamkeit deutscher Dienststellen.[53]

Ein Teil der Kontrolle fand über die Subventionierung der spanischen Zentren und Vereine im Ausland statt.[54] Die Selbstorganisation der Migranten wurde damit gefördert, die Bindung an die Heimat und der Rückkehrwille bestärkt. Die Botschaft und die Konsulate verteilten die Mittel quartalsweise, wobei jene Vereine deutlich bevorzugt wurden, die sich apolitisch oder ausdrücklich regimetreu gaben. Jene, die sich dem Regime gegenüber kritisch oder sogar ausdrücklich antifranquistisch zeigten, erhielten nur geringe Beträge oder blieben ganz von der Finanzierung ausgeschlossen.

Während das IEE in den 1960er Jahren vor allem Spanische Heimstätten (Hogares Españoles) förderte, ging es seit dem Auswanderungsgesetz von 1971 dazu über, selbst sogenannte Spanische Häuser (Casas de España) zu gründen, die direkt einem IEE-Beamten unter-

---

[49] Carlos Sanz Díaz, Emigración económica, movilización política y relaciones internacionales. Los trabajadores españoles en Alemania, 1960–1966, in: Cuadernos de Historia Contemporánea 21 (2001), S.315–341; ders., Emigración española y movilización antifranquista en Alemania en los años sesenta, Madrid 2005; Antonio Muñoz Sánchez, Entre dos sindicalismos: la emigración española en la RFA, los sindicatos alemanes y la Unión General de Trabajadores, 1960–1964, Madrid 2008. Hierzu siehe auch den Beitrag von Oliver Trede in dem vorliegenden Band.
[50] Hierzu ausführlich Baeza Sanjuán, Agregados laborales, S.209–224.
[51] Ana Fernández Asperilla, Mineros, sirvientas y militantes. Medio siglo de emigración española en Bélgica, Madrid 2006, S.17.
[52] ACMT Dep. 1, ohne Paginierung, Bericht über die politisch-soziale Tätigkeit im Ausland, April 1973.
[53] Birgit Aschmann, „Treue Freunde …?" Westdeutschland und Spanien 1945–1963, Stuttgart 1999, S.325–333.
[54] Zum Vereinswesen der Spanier siehe am Beispiel Frankreichs José Babiano/Ana Fernández Asperilla, El asociacionismo como estrategia cultural: los emigrantes españoles en Francia (1956/1974), Madrid 1998.

standen.⁵⁵ Die Casas de España sollten alle Dienstleistungen unter einem Dach vereinen: Arbeitsbüro, Sozialarbeiter, ein günstiges Restaurant, Bibliothek, Vorführsaal, Räume für Sprachunterricht, Versammlungen und Spiele.⁵⁶ In kurzer Zeit wurden 17 Casas de España gegründet⁵⁷, die sich in den Folgejahren mit dem Ende der Diktatur und dem Übergang zur Demokratie zu Orten der ideologischen Auseinandersetzung entwickelten.⁵⁸

2.2 Erziehung und Ausbildung

Im Bereich der schulischen Erziehung arbeitete das IEE mit dem Erziehungsministerium zusammen. Ziel des Unterrichts sollte es sein, die emotionale Verbindung der Auswanderer mit Spanien – und damit auch die Rückkehrbereitschaft – aufrechtzuerhalten und die Integration in die Aufnahmegesellschaft zu verhindern. Dazu wurde ein positives, oft stark idealisiertes Bild der Heimat entworfen, um der antifranquistischen Propaganda und den „Feinden des Regimes" entgegenzuwirken.

Ausgehend von der Sorge, dass die Kinder der Auswanderer ohne Kenntnis der spanischen Sprache blieben⁵⁹, wurde 1969 ein Rat für die Primarbeschulung der spanischen Auswanderer (Consejo Escolar Primario para la Enseñanza de los Emigrantes Españoles) gegründet.⁶⁰ Er sollte für die Erziehung der spanischen Kinder in den verschiedenen europäischen Ländern sorgen, damit sie die gleichen Bildungschancen wie Kinder in Spanien erhielten. Zudem wurde auch die Hebung des Bildungsniveaus der Erwachsenen angestrebt.⁶¹ Zu diesem Zweck hatte der Rat dem Erziehungsministerium geeignete Lehrer für das Ausland vorzuschlagen.⁶² Vorgesehen war, dass Kinder zum einen die Sprache des Aufnahmelandes lernten, um dort die Schule besuchen und ein ausreichendes Bildungsniveau erreichen zu können. Zusatzunterricht sollte ihnen zum andern Kenntnisse der spanischen Sprache, Geographie und Geschichte vermitteln. Abendkurse zur „kulturellen Weiterbildung" richteten sich an die erwachsenen Auswanderer.⁶³

Aus Mangel an Ressourcen blieben diese Vorstellungen jedoch weitgehend Theorie. Die notwendige Infrastruktur (Einrichtungen, Lehrer, Material usw.) ließ sich aus dem Staatshaushalt kaum finanzieren. Daher wurde nach günstigen Alternativen gesucht, wie z. B. dem Radio-Abitur (Bachillerato Radiofónico Español) als Fernunterricht, welches das IEE in den Zentren der Spanier anbot.⁶⁴ Letztlich waren die Bemühungen des IEE wie auch der Behörden in den Zielländern um die Beschulung der Kinder in den ersten Jahren jedoch vollkommen ungenügend. Da nur eine Migration auf Zeit erwartet wurde, waren keine Vorkehrungen getroffen worden, die Kinder sinnvoll in die Regelschulen zu integrie-

---

⁵⁵ Entschließung der Generaldirektion des IEE vom 14.2.1973 über die Schaffung von Casas de España.
⁵⁶ MTIN-DGCEE, Protokoll der Besprechung des Rates des IEE, Nr. 3 vom 24.11.1972, S. 9.
⁵⁷ Das IEE schuf Casas de España in der Bundesrepublik Deutschland (Frankfurt, München, Hannover, Bonn und Gütersloh), Belgien (Lille, Mons und Antwerpen), der Schweiz (Zürich, Bern und Genf), den Niederlanden (Utrecht), Frankreich (Paris), Norwegen (Oslo), Argentinien (Buenos Aires), den USA (New York) und Bolivien (Santa Cruz de la Sierra).
⁵⁸ Zu den Perspektiven der Demokratisierung der Politik des IEE siehe MTIN-DGCEE, Protokoll der Besprechung des Rates des IEE, Nr. 10 vom 27.4.1978, S. 8–10.
⁵⁹ MTIN-DGCEE, Protokoll der Besprechung des Rates des IEE, Nr. 1 vom 14.2.1970, S. 2.
⁶⁰ Um auch weitere Schulformen mit abzudecken, wurde der Rat 1971 zu einem Rat für Aus- und Weiterbildung der Auswanderer („Consejo Escolar para la Extensión Educativa de los Emigrantes Españoles"). Erlass vom 16.3.1971 (BOE, 2.4.1971).
⁶¹ Art. 4 des Erlasses vom 28.7.1969 (BOE, 4.8.1969).
⁶² Art. 5 (ebenda).
⁶³ Art. 5.1.1, 5.1.2 und 5.1.5 (ebenda).
⁶⁴ „Se extiende en Europa el bachillerato radiofónico español", in: Carta de España (75), März 1966, S. 9.

ren. Ohne ausreichende Kenntnis der Sprachen der Aufnahmeländer war ihnen aber der Weg zu weiterführenden Schulen und damit zu höherer Bildung versperrt.[65] Als Reaktion begannen die spanischen Zuwanderer selbst aktiv zu werden und organisierten Elternvereine, um das Scheitern bzw. die Untätigkeit der Behörden zu kompensieren. Diese Vereine setzten sich intensiv für die Verbesserung der Situation an den Schulen ein, indem sie wie z. B. in der Bundesrepublik Deutschland für die Eingliederung der Kinder in die Regelschule anstelle von Nationalklassen bei gleichzeitigem Angebot eines muttersprachlichen Ergänzungsunterrichts kämpften.[66]

In einer Bilanz von 1977 gab der Direktor des IEE an, dass das Institut an 599 Orten im Ausland Grundschulausbildung finanziere, wo ca. 60 000 Kinder integrierten oder ergänzenden Unterricht erhielten. Hinzu kamen Fernkurse im Sekundarbereich (Enseñanza Media a Distancia), Berufsausbildungskurse, Kulturförderung von Erwachsenen und ein Stipendienprogramm.[67] In das von Bildungsauftrag und Propaganda geprägte Angebot des IEE gehörten auch Sommerreisen für Migrantenkinder in Lager der Jugendfront (Frente de juventudes), die das IEE seit 1963 zusammen mit der Delegación Nacional de Juventudes organisierte.[68] Sie aber erreichten nur einen sehr begrenzten Kreis.

2.3 Information

Das Gesetz zur Schaffung des IEE von 1956 bezeichnete auch die „Förderung der Versendung von Presse, Büchern und anderen Medien zur Kulturverbreitung" als eine der Aufgaben des IEE, die dazu dienen sollte, „den moralischen, ökonomischen und kulturellen Schutz der spanischen Auswanderung zu gewährleisten".[69] Das Auswanderungsgesetz von 1962 bestätigte dies[70] und spezifizierte die Themen: Wege, Bedingungen und Möglichkeiten der Auswanderung, Arbeitsangebote im Ausland, Information über die Aufnahmeländer, Fragen der Sozialversicherung sowie zur Familie.[71] Wie bei den bereits erwähnten Betreuungsaspekten ging es auch hier im Sinne der ideologischen Kontrolle und Abschirmung darum, die Verbindung mit der Heimat zu stärken und antifranquistischer Propaganda entgegenzuwirken.[72] Die spanischen Behörden sahen dabei nicht nur die Gefahr, dass das spanische Exil (vor allem in Frankreich) und Gewerkschaften die spanischen Arbeitnehmer beeinflussen und zu einer regimekritischen Haltung bewegen konnten. Darüber hinaus könnten die so beeinflussten Arbeitskräfte und ihre im Ausland erzogenen Kinder nach

---

[65] Zu Deutschland Manuel Romano-García, Die spanische Minderheit, in: Cornelia Schmalz-Jacobsen/Georg Hansen (Hrsg.), Ethnische Minderheiten in der Bundesrepublik Deutschland. Ein Lexikon, München 2005, S. 468–481, hier S. 471–475; zu Frankreich Lorenzo Delgado Gómez-Escalonilla, L'éducation des immigrés, entre la défense de l'identité espagnole et la politique d'assimilation française, in: Exils et migrations ibériques au XXe siècle 2 (2006), S. 103–150.
[66] Barbara von Breitenbach, Italiener und Spanier als Arbeitnehmer in der Bundesrepublik Deutschland. Eine vergleichende Untersuchung zur europäischen Arbeitsmigration, München 1982, S. 119–122; José Sánchez Otero, Die spanische Einwanderung nach Deutschland: eine Erfolgsgeschichte, in: Dietrich Thränhardt (Hrsg.), Entwicklung und Migration. Jahrbuch Migration 2006/2007, Berlin 2008, S. 202–224. Hierzu siehe auch den Beitrag von Dietrich Thränhardt und Jenni Winterhagen in dem vorliegenden Band.
[67] MTIN-DGCEE, Protokoll der Besprechung des Rates des IEE, Nr. 10 vom 27.4.1978, S. 4f.
[68] Instituto Español de Emigración, Vacaciones para hijos de emigrantes, Madrid 1965.
[69] Art. 3 Pkt. 19 des Gesetzes vom 17.7.1956 (BOE 18.7.1956).
[70] Art. 18 des Dekrets vom 3.5.1962, mit dem der Text des Gesetzes über die Regelung der Auswanderung angenommen wird (BOE, 15.5.1962).
[71] Art. 22 (ebenda).
[72] Ausführlich über die Informationspolitik gegenüber den Migranten in der Bundesrepublik Deutschland Sanz Díaz, España y la República Federal de Alemania, S. 1045–1071.

ihrer Rückkehr zu einer Bedrohung für die Stabilität und das Überleben des Regimes werden.[73]

Um das zu verhindern, wurden Zeitungen wie „El Alcázar", „Pueblo", „YA" und „Marca" an verschiedenste spanische Organisationen, Vereine und Zentren gesandt. Sie sollten ein Gegengewicht zur freien Presse der Aufnahmeländer (vor allem jener von Gewerkschaften und ganz allgemein der „Linken") bilden und den Migranten eine andere Realität Spaniens zeigen.[74] Darüber hinaus gingen unter Aufwendung erheblicher Ressourcen betont regimenahe Erzeugnisse ins Ausland, wie die falangistische „Siete Fechas".[75] Gerade diese sollten z. B. in Deutschland Anfang der 1960er Jahre ein deutliches Gegengewicht gegen die von deutschen Gewerkschaften geförderten Blätter wie „El Noticiero" oder „Grito" sein.[76] Und schließlich wurde eine spezielle Publikation für die Migranten aufgelegt – die „Carta de España" (Brief aus Spanien), die seit dem 1. Januar 1960 erschien.[77] Herausgegeben und finanziert vom IEE sollte diese monatliche Zeitschrift zuerst die spanischen „Mitbürger in Übersee über allgemeine Fragen des spanischen Lebens und seiner Regionen informieren".[78] Seit Mitte der 1960er Jahre richtete sie sich jedoch an der immer stärker werdenden Migration in die europäischen Anwerbestaaten aus und kam 1972 sogar mit einer eigenen Europa-Ausgabe heraus. Die Zeitschrift wurde von den Migranten jedoch nicht sonderlich angenommen, sodass das IEE beschloss, die Migranten aktueller zu informieren, unter anderem durch subventionierte Radio- und Fernsehsendungen, die eine „visión real" der spanischen Wirklichkeit liefern und „falsche Interpretationen" verhindern sollten.[79]

Da die Zentren und Migrantenvereine oft keine Fernsehgeräte besaßen, galten vor allem Radiosendungen als jenes Medium, das vorrangig den Kontakt zu den Spaniern in Europa halten konnte. Im April 1964 erhöhte Radio Nacional de España die Zahl seiner Frequenzen, auf der es seine „Botschaft aus Spanien" („Mensaje de España") ausstrahlte. Jeden Tag wurden fünf Stunden Programm mit Informationen, Reportagen und Musik zwischen 5.30 Uhr und 22.30 Uhr gesendet.[80] Aufgrund des enormen Erfolges solcher Programme bei den Auswanderern waren die spanischen Verantwortlichen sehr darauf bedacht, dass sich keine konkurrierenden Sendungen etablieren konnten. Gegen Ausstrahlungen in spanischer Sprache in den Aufnahmeländern, die nicht den ideologischen Maßgaben des Regimes entsprachen, versuchten die Verantwortlichen nach Möglichkeit vorzugehen. Als Radio France Anfang der 1960er Jahre begann, wöchentliche Sendungen

---

[73] Archivo del Ministerio de Asuntos Exteriores, Madrid (AMAE), R 8431/3, Bericht für die Minister des Äußeren, des Innern, für Arbeit, Information und Tourismus sowie den Generalsekretär der Bewegung über „Information über die spanischen Auswanderer in Europa", Madrid, Mai 1966.
[74] „Nota informativa dirigida a los medios de comunicación por el IEE", in: Carta de España (214), Oktober 1977, S. 41.
[75] Ebenda.
[76] AGA AISS-OSE R 4884, Eiliges Schreiben des IEE, ohne Datierung (zwischen 1959 und 1961); Roberto Sala, „Gastarbeitersendungen" und „Gastarbeiterzeitschriften" in der Bundesrepublik (1960–1975) – ein Spiegel internationaler Spannungen, in: Zeithistorische Forschungen/Studies in Contemporary History, Online-Ausgabe, 2 (2005), H.3, http://www.zeithistorische-forschungen.de/16126041-Sala-3-2005, Abschnitt 9.
[77] Ausführlich zu „Carta de España" Luís M. Calvo Salgado/Mª José Fernández Vicente/Carlos Sanz Díaz, Las representaciones de la identidad estatal y de las identidades subestatales en Carta de España, in: Calvo Salgado u. a., Historia del Instituto Español, S. 253–275, und Luís M. Calvo Salgado, La fotografía en Carta de España, in: ebenda, S. 277–292.
[78] Carlos María Rodríguez de Valcárcel, Carta del Director, in: Carta de España (1), Januar 1960, S. 3.
[79] AGA AISS-SRE 7411, Vorschlag für eine Migrationspolitik, verfasst von Beamten des IEE, ohne Datierung, wahrscheinlich Anfang der 1970er Jahre.
[80] „Radio Nacional de España: horario de emisiones", in: Carta de España (53), Mai 1964, S. 5.

in den unterdrückten Sprachen Galizisch, Katalanisch und Baskisch zu senden, intervenierte der spanische Botschafter so erfolgreich, dass diese bald wieder eingestellt wurden.[81] In Deutschland sendete der Bayerische Rundfunk ab 1964 im Rahmen des Angebots für ausländische Arbeitnehmer auch auf Spanisch. Die Kritik an den Verhältnissen in Spanien, welche die Redakteure in ihren Kommentaren zunehmend zum Ausdruck brachten, führte schnell zu heftigen Reaktionen von spanischer Seite. Um die bilateralen Beziehungen und die Anwerbepolitik nicht zu belasten, übten die Bundesregierung und auch Wirtschaftskreise Druck auf den Bayerischen Rundfunk aus, doch die Programme (wie auch im ähnlich gelagerten Fall der Griechen) blieben bestehen.[82] In einer Bestandsaufnahme von 1970 musste das IEE konstatieren, dass der Bayerische Rundfunk und die Nederlandse Omroep Stichting (NOS) weiterhin regimekritische Sendungen ausstrahlten.[83] Diese seien „zum Teil rein marxistisch" und würden mit „falschen oder gefälschten Nachrichten" die Nation „beleidigen und verleumden", indem sie z.B. zu antispanischen Demonstrationen aufriefen und die Mobilisierung für inhaftierte Straftäter (die das Ausland als politische Gefangene betrachtete) betrieben. Die Führung des IEE erwog, von den öffentlichen Rundfunkanstalten in den Zielländern Sendezeit für eigene Programme zu fordern und dachte sogar darüber nach, eigene Sendestationen im Ausland anzumieten.[84]

Abgerundet wurde die Informationspolitik durch den Versand von Büchern, Schallplatten und Filmen, mit denen sich – wie es in der pathetischen Sprache der Zeit hieß – unter den Migranten „das Wesen Spaniens erhalten und seine Gegenwart spüren" lasse.[85] Vor allem die Filme, die in den Vorführsälen der spanischen Zentren präsentiert wurden, erfreuten sich dabei großer Beliebtheit. Entsprechend bemerkte der Arbeitsattaché in der Bundesrepublik Deutschland in einem Bericht, dass sich besonders die Informationsarbeit mit Dokumentarfilmen aus Spanien in den Zentren sehr intensiv gestalte.[86]

2.4 Die Einbindung der Kirche

Einen Teil der Betreuungsaufgaben delegierte das IEE an die katholische Kirche. Die spanische Bischofskonferenz schuf dafür an Orten mit vielen Zuwanderern spezielle Auswanderer-Kaplaneien (Capellanías de Emigración), auch Spanische Katholische Missionen genannt, die das IEE – mit Ausnahme Deutschlands – direkt finanzierte. 1974 lagen die Kosten für 105 Missionen in 15 Ländern bei über 10 Millionen Peseten.[87] Die Missionen nahmen von Anfang an vielfältige Aufgaben wahr, die über die rein geistliche Betreuung hinausgingen. Damit entlasteten sie das IEE von diversen Aufgaben, die das Institut in finanzieller[88] wie organisatorischer Hinsicht überfordert hätten.[89] In Zusammenarbeit mit der deutschen Caritas, der die Bundesregierung die Sozialbetreuung der spanischen Zuwanderer über-

---

[81] Information von Ramón Chao, Journalist und damals für die galizischen Sendungen verantwortlich, an Mª José Fernández Vicente.
[82] Sala, Gastarbeitersendungen, Abschnitt 9–10.
[83] ACMT Dep. 1, ohne Paginierung, Zusammenfassung der Berichte über Auswanderung, die dem Ministerrat vorgelegt worden sind, 20.3.1970.
[84] Ebenda.
[85] AGA AISS-SRE 7411, Vorschlag für eine Migrationspolitik, verfasst von Beamten des IEE, ohne Datierung, wahrscheinlich Anfang der 1970er Jahre.
[86] AGA AISS-SRE 5971, Allgemeiner Bericht über Agregadurías laborales, 30.3.1970.
[87] ACMT Dep. 2 Sign. 32720, Schreiben von Fernando Suárez González, Generaldirektor des IEE, an Javier Pérez de San Román, Direktor der Comisión Católica Española de Migración, 5.4.1974.
[88] Zur Finanzausstattung der Betreuungsaufgaben des IEE Fernández Vicente/Sanz Díaz/Sanz Lafuente, La asistencia social del IEE, S.90–103.
[89] Comisión Católica Española de Migración, Misiones católicas españolas para atención de los emigrantes. Servicios: religiosos, sociales, culturales, recreativos, Madrid 1967.

tragen hatte, wurden Betreuungsnetzwerke aufgebaut. Die Geistlichen und die Sozialarbeiter berieten Migranten in sozialen und psychologischen Fragen und halfen bei wirtschaftlichen Notlagen und Bedürftigkeit. Die Kaplane förderten vielfach aus eigener Initiative die Selbstorganisation der Migranten und unterstützten sie. So war z.B. der von der Spanischen Katholischen Mission in Deutschland herausgegebene Elternrundbrief das Kommunikationsorgan der oben erwähnten Elternvereine.[90] In Deutschland, wo die Missionen nicht direkt vom IEE finanziert wurden und daher relativ unabhängig agieren konnten[91], halfen sie, Voraussetzungen zu schaffen, damit Migranten selbst für ihre Interessen und vor allem die ihrer Kinder eintreten konnten.[92]

Auch bei der geistlichen Betreuung gab es Aspekte der Kontrolle und Überwachung. Regimetreue Geistliche waren zwar durchaus bereit, ihre Gemeinden zu überwachen.[93] Da in den 1960er Jahren aber in Teilen der spanischen katholischen Kirche ein Abrücken von der engen Verbindung mit dem franquistischen Regime einsetzte, gab es zunehmend auch junge, kritische Priester, die progressive Ideen vertraten und unter ihren Schutzbefohlenen verbreiteten.[94] Dies führte in der Folge wiederholt zu Spannungen zwischen dem IEE und der katholischen Kirche.

3. Fazit

Das IEE, geschaffen als zentrale Migrationsverwaltung, war ein wichtiger Akteur bei der Ausgestaltung der spanischen Migrationspolitik seit den späten 1950er Jahren. Den bei der Gründung erhobenen Anspruch, neben der Steuerung und Betreuung der Migration auch die politischen Leitlinien zu entwickeln, konnte es gegenüber dem federführenden Arbeitsministerium letztlich nicht durchsetzen. Im Bereich der Steuerung, der vor allem die Anwerbung von Arbeitskräften für europäische Staaten betraf, agierte es dagegen relativ erfolgreich. Die Konkurrenz der franquistischen Einheitsgewerkschaft bei der Vermittlung von Arbeitsmigranten und der Betreuung der Auswanderer im Ausland durch die Arbeitsattachés konnte das IEE zunehmend zurückdrängen. Gegenüber den Anwerbestaaten gelang es, die Auswahl der Arbeitskräfte entsprechend den eigenen Interessen weitgehend vorzugeben. Dieser Steuerungserfolg wurde jedoch durch eine zeitweilig massive Abwanderung jenseits des offiziellen Vermittlungsverfahrens untergraben. Der Tolerierung dieser aus spanischer Perspektive „irregulären" Migration durch die Zielländer stand die spanische Verwaltung trotz intensiver Bemühungen weitgehend machtlos gegenüber. Der Bereich der Betreuung gewann mit dem Rückgang der Auswanderung in den frühen 1970er Jahren und dem Anwerbestopp erheblich an Bedeutung. Bei dem vielfältigen Angebot aus Beratung, Unterstützung und Information für die spanischen Arbeitskräfte und ihrer Familien

---

[90] 1973 gab es in Deutschland 86 Spanische Katholische Missionen; ACMT Dep. 2 Sign. 32720, Comisión Católica Española de Migración, Misiones Católicas Españolas en el Extranjero, Madrid 1973.
[91] ACMT Dep. 2 Sign. 32720, „Details über die ökonomischen Wahrnehmungen der Auswanderer-Kaplane", ohne Datierung [1973].
[92] Juan Manuel Aguirre, 20 Jahre Sozialdienst des Deutschen Caritasverbandes für Spanier, in: Caritas '82. Jahrbuch des Deutschen Caritasverbandes, Freiburg i.Br. 1982, S.185–188; Vincente Riesgo, Selbsthilfepotenziale nutzen und Migrantenvereine fördern. Das Beispiel der Spanier in Deutschland, in: Integration und Integrationsförderung in der Einwanderungsgesellschaft, hrsg. vom Forschungsinstitut der Friedrich-Ebert-Stiftung, Bonn 1999, S.123–132; Sánchez Otero, Die spanische Einwanderung nach Deutschland, S.208–213. Hierzu siehe auch den Beitrag von Dietrich Thränhardt und Jenni Winterhagen in dem vorliegenden Band.
[93] Mehrere Beispiele hierzu in Sjoerd Klaas Olfers, Arbeidsmigrant of vluchteling?: achtergronden van de Spaanse migratie naar Nederland, 1960–1980, Amsterdam 2004, S.32–35.
[94] Romano-García, Die spanische Minderheit, S.472f.

klafften jedoch Lücken zwischen Anspruch und tatsächlicher Umsetzung, wie z. B. bei der schulischen Erziehung der Kinder. Das Ziel, die Landsleute im Ausland mittels der Betreuung zu kontrollieren und gegen regimefeindliches Gedankengut abzuschirmen, ließ sich eingeschränkt umsetzen. Während die Kontrolle durch die spanischen Offiziellen vor Ort, z. B. über die Zu- oder Aberkennung von Geldern für spanische Zentren, gut funktionierte, blieb die Abschirmung unter den Bedingungen der freiheitlichen demokratischen Gesellschaften letztlich erfolglos. Insgesamt wird deutlich, dass die Tätigkeit des IEE sowohl auf die Migrationswege und die soziodemographische Zusammensetzung der Zuwanderung als auch auf das Leben der Zuwanderer im Zielland sowie ihre Integration direkten und indirekten Einfluss hatte. Das jeweilige Ausmaß der Tätigkeit von Migrationsverwaltungen der Herkunftsländer, wie z. B. auch von Portugal und Griechenland, auf die Zuwanderungs- und Integrationsgeschichte der Anwerbeländer, wie Westdeutschland, Frankreich, die Niederlande oder die Schweiz, muss aber noch vertiefend untersucht werden.

Carlos Sanz Díaz
Umstrittene Wege
Die irreguläre Migration spanischer Arbeitnehmer in die Bundesrepublik Deutschland

Am 29. März 1960 unterzeichneten die Bundesrepublik Deutschland und Spanien ein bilaterales Wanderungsabkommen, in dem genau festgelegt wurde, wie spanische Arbeitskräfte angeworben, ausgewählt und unter Vertrag genommen werden sollten.[1] Sie verließen Spanien also, um einer gängigen Formulierung zu folgen, „mit dem unterschriebenen Arbeitsvertrag in der Tasche". Wanderungsziel waren zwischen 1960 und 1973/74 nicht nur die Bundesrepublik, sondern auch andere Industrieländer Europas, darunter vor allem Frankreich, die Schweiz, Belgien und die Niederlande. Das kollektive Gedächtnis der spanischen Gesellschaft verbindet bis heute mit den Migrationen dieser Jahrzehnte beinahe ausschließlich diese sogenannten betreuten Auswanderer. Sie blendet damit die Erfahrung jener Spanier aus, die jenseits jeglicher offiziellen Kontrolle auswanderten und vom spanischen Regime als „klandestine", „illegale" oder „irreguläre" Migranten betrachtet wurden. Nicht wenige dieser „Illegalen" hatten die Bundesrepublik Deutschland als Ziel. Im Folgenden soll die irreguläre Migration in den Kontext der allgemeinen Anwerbung von Arbeitskräften gestellt, der politische und administrative Umgang mit diesem Phänomen zwischen beiden Staaten analysiert sowie Profile und Motive der irregulären Migranten aufgezeigt werden.

1. Wege und Dimensionen der spanischen Zuwanderung in die Bundesrepublik

Schon seit den 1950er Jahren hatte der deutsche Arbeitsmarkt Hunderte von spanischen Arbeitnehmern angezogen, die spontan und ohne jegliche staatliche Einflussnahme in die Bundesrepublik zuwanderten.[2] Auch wenn man hier bereits von gewissen Formen der „irregulären Abwanderung" von Spaniern in die Bundesrepublik sprechen kann[3], ist die Verwendung des Begriffs nur dann sinnvoll, wenn es auch eine „reguläre" bzw. von beiden Staaten regulierte Migration gab. Erst auf der Basis des bilateralen Anwerbeabkommens von 1960[4] wurden die Arbeitskräfte von deutscher Seite über die Deutsche Kommission in

---
[1] Der vorliegende Artikel ist eine überarbeitete Fassung von Carlos Sanz Díaz, Un atajo al país del milagro económico. La emigración irregular de españoles a la República Federal de Alemania bajo el franquismo, in: Luís M. Calvo Salgado/Itzíar López Guil/Vera Ziswiler/Cristina Albizu Yeregui (Hrsg.), Migración y exilio españoles en el siglo XX, Madrid/Frankfurt a.M. 2009, S.127–156, und beruht in Teilen auf folgendem Buch desselben Autors: „Clandestinos", „ilegales", „espontáneos" ... La emigración irregular de españoles a Alemania en el contexto de las relaciones hispano-alemanas, 1960–1973, Madrid 2004 (deutsche Ausgabe: „Illegale", „Halblegale", „Gastarbeiter". Die irreguläre Migration aus Spanien in die Bundesrepublik Deutschland im Kontext der deutsch-spanischen Beziehungen 1960–1973, Berlin 2010).
[2] Ein Jahr vor der Unterzeichnung des Anwerbeabkommens zwischen der Bundesrepublik und Spanien gab es in Westdeutschland ca. 2200 spanische Arbeitnehmer; Ulrich Herbert, Geschichte der Ausländerpolitik in Deutschland. Saisonarbeiter, Zwangsarbeiter, Gastarbeiter, Flüchtlinge, München 2001, S.199.
[3] So die These von Serhat Karakayali, Gespenster der Migration. Zur Genealogie illegaler Einwanderung in der Bundesrepublik Deutschland, Bielefeld 2008, S.95–98; siehe auch Sanz Díaz, Illegale, S.80f.
[4] Vereinbarung zwischen der Regierung der Bundesrepublik Deutschland und der Regierung des Spanischen Staates über die Wanderung, Anwerbung und Vermittlung von spanischen Arbeitnehmern nach der Bundesrepublik Deutschland, 29.3.1960 (Boletín Oficial del Estado, Nr.108 vom 5.5.1960,

Madrid angeworben, die der in Nürnberg ansässigen Bundesanstalt für Arbeitsvermittlung und Arbeitslosenversicherung (BAVAV; seit 1969 Bundesanstalt für Arbeit, BA) unterstellt war. Die BAVAV/BA bündelte die Stellenangebote der deutschen Unternehmen und leitete sie an das spanische Auswanderungsinstitut, das Instituto Español de Emigración (IEE)[5], weiter. In Zusammenarbeit mit dem Servicio Nacional de Encuadramiento y Colocación (SNEC), dem Nationalen Erfassungs- und Anstellungsdienst der staatlichen Gewerkschaftsorganisation (Organización Sindical Española), verteilte das IEE die Angebote über das Netz der Provinzbüros der Gewerkschaft. Dies geschah in Abhängigkeit von den Bedürfnissen des spanischen Arbeitsmarkts und konzentrierte sich folglich auf Regionen mit hoher Arbeitslosigkeit. Die spanischen und anschließend die deutschen Behörden überprüften die ausgewählten Arbeitskräfte hinsichtlich ihres Gesundheitszustandes und ihrer Qualifikationen. Zudem wurden Informationen über eventuelle Vorstrafen und den Familienstand der Bewerber eingeholt.[6] Bevor die Arbeitnehmer Spanien verließen, erhielten sie einen Arbeitsvertrag, einen speziellen Pass für Auswanderer („E"-Pass) und die Legitimationskarte, die als Visum und Arbeitserlaubnis zugleich diente. Jenseits dieses anonymen Verfahrens konnten die deutschen Arbeitgeber auch Arbeitnehmer namentlich anfordern, was die Prozedur wesentlich vereinfachte. Die spanische Regierung bevorzugte allerdings das anonyme Verfahren, weil es dem IEE bessere Kontrollmöglichkeiten bot.

Ähnlich wie bereits bei der Anwerbung von Arbeitskräften in Italien gab es auch in diesem Fall Alternativen zur „betreuten Auswanderung", die gängigerweise als „erster Weg" bezeichnet wurde, was auf die staatlicherseits gewünschte Hierarchie hindeutete. Beim sogenannten „zweiten Weg" wandten sich die Arbeitnehmer, die über ein konkretes Arbeitsangebot eines deutschen Arbeitgebers verfügten, an die deutschen Konsulate oder die Botschaft und erhielten dort ein Arbeitsvisum, mit dem sie in die Bundesrepublik einreisen konnten. Als „dritter Weg" wurde die Praxis bezeichnet, als Tourist nach Deutschland einzureisen und dort nachträglich die erforderlichen Arbeits- und Aufenthaltsgenehmigungen zu beantragen – ein nicht vorgesehenes, aber bis 1965 weitgehend geduldetes Verfahren.

Da die spanische Regierung danach strebte, die Migrationsströme möglichst umfassend zu kontrollieren und zu lenken, betrachtete das IEE das offizielle Anwerbeverfahren als den einzigen legalen Weg für die Migration der Spanier in die Bundesrepublik. Es erwartete eine Kooperation der deutschen Behörden, um die Wanderung über die alternativen Wege zu verhindern. Bereits im Februar 1960 bat der Direktor des IEE die deutschen Konsulate in Spanien, keine Visa mehr für Spanier auszustellen, die nicht im Besitz eines „E"-Passes waren.[7] Allerdings agierte der spanische Staats- und Verwaltungsapparat keineswegs einheitlich. Teile der technokratischen Eliten sowie der Gewerkschafts- und Arbeitsverwaltung duldeten die „irreguläre Migration" aus wirtschafts- sowie klientelpolitischen Gründen auf lokaler Ebene. Wenn im Folgenden von „betreut" und „unbetreut" bzw. „irregulär" oder „illegal" die Rede ist, so bezeichnet dies jeweils die Sicht der spanischen Behörden. Die deutsche Seite übernahm diese Kriterien nicht. Spanien problematisierte

---

S. 5967–5970); siehe auch Johannes-Dieter Steinert, Migration und Politik. Westdeutschland – Europa – Übersee 1945–1961, Osnabrück 1995, S. 293–296; Heike Knortz, Diplomatische Tauschgeschäfte. „Gastarbeiter" in der westdeutschen Diplomatie und Beschäftigungspolitik 1953–1973, Köln 2008, S. 101–109.

[5] Zum IEE siehe den Beitrag von Axel Kreienbrink in diesem Band.
[6] Zum Verfahren der betreuten Auswanderung Luis Enrique Sorribes Peris, Die Auswahl spanischer Arbeitskräfte für Deutschland und ihr Einsatz in deutschen Betrieben, in: Ausländische Arbeitskräfte in Deutschland, hrsg. vom Hessischen Institut für Betriebswirtschaft e.V., Düsseldorf 1961, S. 69–80.
[7] Bundesarchiv Koblenz (BArch), B 149/22387, Carlos M. Rodríguez de Valcárcel, Generaldirektor des IEE, an Karl Albers, Legationsrat bei der bundesdeutschen Botschaft Madrid, 29.2.1960.

in erster Linie das „klandestine" Verlassen des Landes und weniger den ausländerrechtlich irregulären Aufenthaltsstatus in Deutschland vor der Erteilung der Aufenthalts- und Arbeitsgenehmigungen.

Es liegt in der Natur irregulärer Migration, dass ihr Umfang und ihre soziodemographische Zusammensetzung in den von staatlicher Seite erstellten offiziellen Statistiken schwer zu erfassen sind. Anhaltspunkte aber gibt es: Nach Angaben der BAVAV/BA wanderten zwischen 1960 und 1973 rund 30,7 Prozent der spanischen Migranten jenseits des Verfahrens des IEE und der Deutschen Kommission in die Bundesrepublik ein, waren also nach den Kriterien der spanischen Regierung irreguläre Abwanderer. Schätzungen zufolge lag dieser Anteil unter dem, der für die Gesamtheit der europäischen Zielländer angenommen werden kann. Demnach hatten von 1960 bis 1969 im Schnitt 51 Prozent der spanischen Migranten irregulär ihr Land verlassen, mit einer Spanne von maximal 65 Prozent im Jahr 1961 und minimal 39 Prozent 1969. Frankreich bildete das Hauptzielland.[8]

Im Falle Westdeutschlands machte die irreguläre Abwanderung in manchen Jahren, so z. B. 1961, fast die Hälfte der gesamten spanischen Migration nach Deutschland aus. 1960 und 1967 erreichte dieser Anteil sogar knapp 60 Prozent. Der hohe Prozentsatz von 1960 lässt sich durch die anfängliche Überforderung beider Staaten erklären, den durch das Anwerbeabkommen ausgelösten Boom in die vorgesehenen Bahnen zu lenken. 1967 wiederum kamen sehr viele Spanier ohne einen Arbeitsvertrag wegen des erheblichen Rückgangs der Zahl der von den deutschen Arbeitgebern angebotenen Arbeitsplätze im Zuge der Konjunkturkrise. Ab 1968 war ein deutlicher Rückgang der Irregularitätsquote auf Werte von rund 20 Prozent zu verzeichnen. Nach einem leichten zwischenzeitlichen Anstieg in den Jahren 1971 und 1972 fiel sie 1973 schließlich auf 10,4 Prozent. Aus Sicht der zuständigen Behörden war damit letztlich doch eine weitgehende Kontrolle über die Migrationsströme zwischen beiden Ländern erreicht worden.[9]

2. Bilaterale Scharmützel um die irreguläre Migration

Das Auftauchen „irregulär" ausgereister Spanier in der Bundesrepublik, deren Aufenthalt dort jedoch legal war und deswegen kaum Aufmerksamkeit erregte, bedeutete eine Herausforderung für die spanische Verwaltung mit ihrem Anspruch auf totale Kontrolle der Migrationsströme. Besorgniserregend war, dass der Bundesgrenzschutz vor allem in den Sommermonaten von 1960 bis 1962 Gruppen von Spaniern aufgriff, die vorgaben, als Touristen einreisen zu wollen, offensichtlich aber das Ziel der Arbeitsaufnahme verfolgten. Sie wurden abgewiesen und sollten sich an die spanischen Konsulate in Lüttich, Straßburg oder Genf wenden.[10] Zugleich bereitete der spanischen Regierung die Entstehung von Schlepper-Organisationen Sorge, die die Ausreise aus Spanien ermöglichten, gelegentlich auch bereits einen Arbeitsplatz in Deutschland organisierten und den Auswanderern mitunter sogar dabei halfen, die für die Arbeitsaufnahme erforderlichen Papiere zu besorgen. In Andorra arbeiteten mehrere Schlepper-Organisationen, die gegen Zahlung bei der

---

[8] Nach Schätzungen von José Babiano/Ana Fernández Asperilla, La patria en la maleta. Historia social de la emigración española a Europa, Madrid 2009, S.67f.
[9] Bundesanstalt für Arbeit (Hrsg.), Ausländische Arbeitnehmer. Beschäftigung, Anwerbung, Vermittllung. Erfahrungsbericht 1972/73, Nürnberg 1974.
[10] Archivo del Ministerio de Asuntos Exteriores, Madrid (AMAE), Fondo Renovado (R) 5693/2 Informationsvermerk „Emigración española a Alemania", 7.12.1960; BArch, B 149/6237, BAVAV an Bundesministerium für Arbeit und Sozialordnung (BMA), 10.7.1962; weitere Beispiele in Sanz Díaz, Illegale, S.40–45.

Einreise in die Bundesrepublik – meist in Privatautos oder Kleinbussen – halfen[11]; andere Organisationen und einzelne Schlepper wirkten von Barcelona aus[12] oder gingen direkt in die Dörfer Andalusiens und anderer spanischer Regionen.[13] Auch sind Fälle bekannt, in denen Reisebüros Spaniern unter Umgehung der spanischen Gesetze bei der Einreise in die Bundesrepublik behilflich waren. Dazu ließen sie zum Beispiel nicht-handwerkliche Berufe oder den Status „Eigentümer" in ihre Pässe eintragen, um das Risiko einer Festnahme und Zurückweisung durch den Bundesgrenzschutz zu reduzieren.[14]

Um dem entgegenzuwirken, startete die Franco-Regierung über die zensierte Presse eine Propagandakampagne gegen die illegale Abwanderung, wobei sie deren Risiken stark überzeichnete.[15] In den 1960er Jahren wiesen darüber hinaus die Staatsanwaltschaft beim Obersten Gerichtshof und das IEE wiederholt darauf hin, dass eine Straftat nicht nur begehe, wer Auswanderern beim illegalen Grenzübertritt helfe, sondern auch die Migranten selbst, die am IEE vorbei ausreisten. All diese Appelle und Maßnahmen konnten die Bereitschaft vieler Spanier, auf eigene Faust in die Bundesrepublik abzuwandern, jedoch nicht spürbar verringern.[16]

Zur Bekämpfung dessen, was die spanische Regierung unter „irregulärer Auswanderung" verstand, war das IEE vor allem auf die Zusammenarbeit mit deutschen Behörden angewiesen. Diese vertraten gegenüber den spanischen Forderungen ganz unterschiedliche Positionen. So verteidigte das Bundesministerium für Arbeit am 30. März 1960 gegenüber dem Auswärtigen Amt den „zweiten Weg" als vollkommen legales Verfahren.[17] Auch das Bundesministerium des Innern verlangte von den deutschen Konsulaten, weiterhin jedem spanischen Bürger ein Visum auszustellen, der die Voraussetzungen erfüllte.[18] Dennoch erreichten die spanischen Behörden, dass das Auswärtige Amt am 22. August 1960 die Vorlage eines spanischen „E"-Passes zur Voraussetzung für die Erteilung eines Visums zum Zweck der Arbeitsaufnahme in der Bundesrepublik machte.[19] Zwar erhielt die spanische Seite damit die Kontrolle über diese Art der Ausreise wieder zurück, aber die Auseinandersetzungen waren damit nicht ausgestanden: Im September 1960 äußerte die BAVAV erneut ihr Befremden über die restriktive Visapolitik.[20] Diese Position unterstützte das Deutsche Generalkonsulat, indem es eine liberale Visapolitik als beste Voraussetzung für die Interessen der deutschen Arbeitgeber bezeichnete, die schnell und ohne die schwerfällige und störende spanische Bürokratie Arbeitskräfte in Spanien anwerben wollten.[21] Auch das Bundesarbeitsministerium schlug dem Auswärtigen Amt am 27. Februar 1961 erneut vor, zu einer liberalen Sichtvermerkpolitik zurückzukehren und den „zweiten Weg" offenzuhalten.[22] In Absprache mit der Botschaft in Madrid billigte das Auswärtige Amt jedoch die Haltung der spanischen Regierung über die Notwendigkeit einer Kontrolle der „illegalen" Aus-

---

[11] BArch, B 149/6237, BAVAV an BMA, 30.7.1960.
[12] Archivo General de la Administración, Alcalá de Henares (AGA), Sindicatos, R 4885, Bericht des Syndikats-Attachés in Brüssel vom 13.10.1960.
[13] BArch, B 149/6237, Bericht des deutschen Konsuls in Granada vom 6.3.1963, Anhang zu Deutsche Botschaft in Madrid an Auswärtiges Amt, 28.3.1963.
[14] AMAE R 5693/2, Bericht Nr. 99 des spanischen Konsuls in Straßburg, 21.5.1960.
[15] Dazu siehe z. B. J. Bugeda, Obreros españoles en Alemania, in: Pueblo, 9.12.1960.
[16] Babiano/Fernández Asperilla, El fenómeno de la irregularidad en la emigración española de los años sesenta, Madrid, Fundación 1° de Mayo, 2002.
[17] Politisches Archiv des Auswärtigen Amts, Berlin (PA/AA), Ref. 505, Bd. 997, BMA an AA, 30.3.1960.
[18] PA/AA, Ref. 505, Bd. 997, BMI an AA, 26.4.1960.
[19] BArch, B 149/6237, Deutsches Generalkonsulat Barcelona an AA, 30.12.1960.
[20] BArch, B 149/6237, Präsident der BAVAV an BMA, 29.9.1960.
[21] PA/AA, Ref. 505, Bd. 997, Deutsches Generalkonsulat Barcelona an AA, 26.7.1960.
[22] BArch, B 149/6237, BMA an AA, 27.2.1961.

wanderung – die nach der Abschaffung der Visumpflicht für Touristen in vollem Aufschwung war – und bekräftigte im April 1961 seine restriktive Visapolitik.[23] Diese Haltung brachte viele deutsche Unternehmer dazu, direkt in Spanien unter Umgehung des IEE anzuwerben. Entsprechend unterstellte das spanische Außenministerium den deutschen Behörden im August 1961, die irreguläre Einwanderung zu tolerieren.[24] Angesichts des von Madrid ausgeübten Drucks wies die BAVAV die Deutsche Kommission an, die deutschen Stellen vor Ort darauf aufmerksam zu machen, welche rechtlichen Folgen die Anwerbung unter Umgehung der gesetzlichen Vorschriften habe.[25]

Nachdem Spanien das Instrument des „E"-Passes mit Wirkung vom 1.Januar 1962 abgeschafft hatte, da es sich als ungeeignet für die Lenkung der zeitlich befristeten Abwanderung erwiesen hatte, und angesichts der Schwierigkeiten, die die ständigen spanischen Forderungen für die deutsche Regierung und Unternehmer mit sich brachten, entschied sich die deutsche Seite dafür, die Sichtvermerkpolitik gegenüber Spanien zu formalisieren: Der „zweite Weg" sollte zwar offen bleiben, nicht aber zum „Schlupfloch" für jene werden, die aus medizinischen Gründen von der Deutschen Kommission abgelehnt worden waren. Visumantragsteller wurden darauf hingewiesen, dass das IEE für die betreute Auswanderung zuständig sei, allerdings unterlag niemand dem Zwang, seine Ausreise über diese Institution zu organisieren.[26] Seit Januar 1962 galten zudem offene Regelungen für die Inanspruchnahme des Instruments der namentlichen Anforderung.[27] Bei Gesprächen zwischen dem IEE und der BAVAV im Februar und März 1962 drängte die spanische Seite erneut, die Möglichkeiten, den „zweiten Weg" zu nutzen, auf ein Minimum zu reduzieren und den „dritten Weg" vollständig zu blockieren. Der Leiter der Deutschen Kommission rechtfertigte die Aufrechterhaltung beider Wege jedoch mit dem Hinweis auf die langwierige Anwerbeprozedur des „ersten Weges".[28] Das Bundesinnenministerium informierte die Innenminister der Länder, dass ausländischen Arbeitnehmern, die als Touristen in die Bundesrepublik gekommen waren, eine Aufenthaltserlaubnis erteilt werden könne. Auf diese Art und Weise könnten die von den Anwerbeländern errichteten Hürden bei der Anwerbung von Facharbeitskräften umgangen werden.[29]

In der Folge nahm 1962 und 1963 die Zahl der Visa-Anträge bei den deutschen Konsulaten[30] sowie das Ausmaß der Einreise von Migranten als Touristen in die Bundesrepublik erheblich zu.[31] Der anhaltende Aufschwung der deutschen Wirtschaft trug dazu ebenso bei wie die Effizienz der informellen Netzwerke der spanischen Migranten, über die Informationen, Arbeitsverträge und selbst Unterkünfte in der Bundesrepublik vermittelt werden konnten. Hinzu kam die Verschärfung der Einreisebedingungen in anderen Zielländern

---

[23] BArch, B 149/6237, AA an BMA, 26.4.1961.
[24] BArch, B 149/6237, Verbalnote des spanischen Außenministeriums an die Deutsche Botschaft Madrid, Nr.260, 4.8.1961.
[25] BArch, B 149/6237, BAVAV an die Deutsche Kommission (DK) Madrid, November 1961.
[26] BArch, B 149/6237, AA an die Deutsche Botschaft Madrid, 31.10.1961.
[27] BArch, B 149/6237, Präsident der BAVAV an BMA, 14.1.1962.
[28] BArch, B 139/3352, Bd.1, DK Madrid, Protokoll der Besprechung mit spanischen Auswanderungsbehörden am 27.3.1963.
[29] PA/AA, Ref. 505, Bd.998, BMI an alle Innenminister und -senatoren der Länder, 30.1.1964.
[30] PA/AA, Ref. 505, Bd.998, Deutsche Botschaft Madrid an AA, 24.7.1963 und 7.2.1964. Nach Angaben der Deutschen Botschaft reisten 1962 950 Spanier mit einem Visum nach Deutschland, was der Leiter der Deutschen Kommission als „zahlenmäßig unbedeutend" bewertete. Spanien war lediglich bereit, maximal 150 Arbeiter über den „zweiten Weg" ausreisen zu lassen, was zahlenmäßig einer Vereinbarung von 1952 entsprach. BArch, B 119/3352, Bd.1, DK Madrid, Protokoll der Besprechung mit spanischen Auswanderungsbehörden am 6.2.1963.
[31] BArch, B 149/6237, Schreiben des BMA, Abt. II, 6.4.1962; PA/AA, Ref. 505, Bd.998, Deutsche Botschaft Madrid an AA, 5.10.1963.

(wie etwa die Schweiz seit 1963). Die Deutsche Kommission in Madrid förderte mit Billigung der BAVAV die Nutzung des „dritten Weges", indem sie die Mitreise von Touristen und Urlaubern in den Sonderzügen für spanische Arbeitnehmer duldete, die in Zusammenarbeit mit dem IEE organisiert wurden.[32] Die Folgen dieser Politik waren alles andere als überraschend: Im März 1965 räumte der Leiter der Deutschen Kommission in Madrid, Malsbender, ein, dass die illegale Anwerbung von Spaniern zunähme und dass es Anzeichen dafür gäbe, dass deutsche Unternehmer dauerhaft direkte Anwerbungen in Spanien über ihre Tochtergesellschaften durchführten.[33] Am Vorabend des Inkrafttretens des Ausländergesetzes in Deutschland 1965 beschwerte sich die spanische Regierung erneut in Bonn über das Fortbestehen der „unbetreuten" Auswanderung, die eine „eklatante Verletzung" des Abkommens von 1960 darstelle.[34]

Den Bestrebungen der spanischen Regierung kam der Wunsch der Innenminister der Bundesländer sowie der BAVAV entgegen, die Einreise von Arbeitsmigranten als Touristen unter Kontrolle zu bringen. Die von der Innenministerkonferenz im Juni 1965 verabschiedeten „Grundsätze zur Ausländerpolitik" versperrten faktisch den „dritten Weg", da von nun an eine Einreise zum Zweck der Arbeitsaufnahme ohne Sichtvermerk grundsätzlich illegal sein sollte.[35] Auch die Möglichkeiten der Inanspruchnahme des „zweiten Weges" schränkte die BAVAV ein. Seit März 1965 sollte er nur mehr der raschen Anwerbung von Facharbeitern und weiblichen Arbeitskräften dienen.[36] Allerdings war das der Madrider Regierung nicht genug. Im April 1966 legte der Botschafter in Bonn, José Sebastián de Erice, ein Memorandum vor, in dem er – erneut ergebnislos – um „die Abschaffung bzw. Beschränkung dieses zweiten Anwerbungsweges auf ein größtmögliches Minimum" bat, „damit spanischerseits eine bessere Kontrolle unserer Abwanderung erreicht werden kann".[37] Mittlerweile jedoch, ungefähr zeitgleich zur kurzen Rezession von 1966/67, gelang es der spanischen Regierung, die Effizienz der Verwaltungsvorgänge im Bereich der Vermittlung so zu steigern, dass sie zunehmend die weitgehende Kontrolle über das Wanderungsgeschehen erreichte. Mit dem starken Rückgang der irregulären Migration erledigte sich für die spanische Seite das Problem, während gleichzeitig in der öffentlichen Debatte in der Bundesrepublik die irreguläre Zuwanderung zunehmend mit der illegalen Beschäftigung ausländischer Arbeitnehmer aus anderen Mittelmeer-Anrainerstaaten – insbesondere der Türkei – identifiziert wurde.[38] Der Hauptbeschwerdepunkt der spanischen Regierung in den folgenden Jahren blieb die direkte Anwerbung spanischer Arbeitskräfte in Spanien durch deutsche Unternehmen, was das Monopol des IEE auf die Vermittlung in Frage stellte. So beklagte sich 1970 der Technische Generalsekretär des IEE, Gonzalo García-Pasigli, bei der BA darüber, dass „viele deutsche Firmen in Spanien ungesetzlich" anwerben würden und dass dies „ein Verstoß gegen die geltenden spanischen Gesetze und auch

---

[32] BArch, B 119/4044, Bd.2, Präsident der BAVAV an Präsident des Landesarbeitsamtes Nordrhein-Westfalen, 6.6.1963; Präsident der BA an DK Madrid, 19.5.1970.
[33] BArch, B 149/6238, Deutsche Botschaft Madrid an AA, 13.3.1965.
[34] BArch, B 149/6238, Verbalnote des spanischen Außenministeriums an die Deutsche Botschaft Madrid, Nr. 87, 4.3.1965.
[35] Knuth Dohse, Ausländische Arbeiter und bürgerlicher Staat. Genese und Funktion von staatlicher Ausländerpolitik und Ausländerrecht. Vom Kaiserreich bis zur Bundesrepublik Deutschland, Berlin ²1985, S.183.
[36] BArch, B 149/22388, Rundschreiben der BAVAV an die Deutschen Kommissionen in Madrid, Athen und Verona sowie die Deutschen Verbindungsstellen in Istanbul und Lissabon, 25.3.1965.
[37] BArch, B 149/62388, Memorandum betr. Angelegenheiten, die zwecks Verbesserung der Lage der spanischen Arbeitnehmer in Deutschland mit der Regierung der Bundesrepublik Deutschland zu verhandeln wären, vom spanischen Botschafter in Bonn, José Sebastián de Erice, am 25.4.1966 im AA vorgelegt.
[38] Karakayali, Gespenster der Migration, S.130–143.

gegen das deutsch-spanische Abkommen" sei. Die Deutsche Kommission in Madrid antwortete darauf lapidar, dass Informationsmaßahmen getroffen worden seien, sodass die „Strafbarkeit und Ungesetzlichkeit" dieser Praxis den deutschen Unternehmen bekannt gemacht werde. Ob die Bundesrepublik aber etwas gegen solche Verstöße unternehmen konnte oder wollte, blieb unklar.[39] Mit den Veränderungen der Migrationssituation zu Beginn der 1970er Jahre bereitete die Aussicht auf eine mögliche baldige Rückkehr eines großen Teils der spanischen Abwanderer dem IEE ohnehin größere Sorgen als die rückläufige irreguläre Migration. Entsprechend war auch das am 21. Juli 1971 verabschiedete neue Migrationsgesetz stark auf die Rückkehr ausgerichtet. Parallel dazu versuchte das IEE, die legale Abwanderung im Wettbewerb mit anderen Anwerbeländern aufrechtzuerhalten, indem es 1971 und 1972 neue Regelungen zur Vereinfachung und Beschleunigung der namentlichen Anforderung und der Anwerbung von Facharbeitskräften für die Bundesrepublik erließ.[40] Offizielle Beschwerden von spanischer Seite über die mangelnde Kooperationsbereitschaft der deutschen Behörden bei der Bekämpfung der irregulären Migration gab es nicht mehr.

3. „Irreguläre" Abwanderer: Motive und Profile

Die von den Behörden betreute Auswanderung bot den Migranten im Prinzip zahlreiche Vorteile: geringere Ungewissheit, weil umfangreiche und zuverlässige Informationen über die Art der Arbeit sowie über die Arbeitsbedingungen und Lohnverhältnisse in der Bundesrepublik geboten wurden; gesetzlicher Schutz und behördlicher Beistand für die Migranten von beiden Staaten während des gesamten Migrationsprozesses, von den Vorbereitungen der Abreise bis zur Rückkehr nach Spanien[41]; Garantien aufgrund des bereits in Spanien unterzeichneten zweisprachigen Arbeitsvertrags, dazu zählte auch das Zugeständnis, zu denselben Lohn- und Arbeitsbedingungen beschäftigt zu werden wie die Einheimischen; Verringerung des finanziellen Aufwands für die Abwanderung, da der deutsche Arbeitgeber die Kosten für die Reise vom bisherigen Wohnort bis zum neuen Arbeitsort übernahm.

Es gilt also zu fragen, aus welchen Gründen Tausende von Spaniern die Risiken und Widrigkeiten der irregulären Auswanderung bevorzugten, über die die staatlich kontrollierten spanischen Medien in dramatischen, auf Abschreckung zielenden Tönen berichteten. Mehrere Aspekte sind zu nennen: So ließ sich die irreguläre Abwanderung erheblich schneller umsetzen als eine betreute, da sie – außer der Ausstellung eines Passes – keinerlei bürokratische Wege beanspruchte. In der ersten Hälfte der 1960er Jahre dauerte der vollständige Anwerbe- und Auswahlprozess vom Einreichen des Antrags auf Arbeitskräfte bei der BAVAV durch das deutsche Unternehmen bis zur Ankunft des spanischen Arbeiters an seinem Arbeitsplatz in der Bundesrepublik laut Bundesvereinigung der Deutschen Arbeitgeberverbände (BDA) zwischen vier und sechs Monaten zahlreicher bürokratischer Prozeduren.[42]

---

[39] BArch, B 119/3352, Bd. 2, DK Madrid, Niederschrift über Besprechungen im IEE, 30.6.1970.
[40] BArch, B 119/3353, IEE, Abteilung Europa, Rundschreiben 3/71 „Normas regulando el procedimiento de emigración a la RFA" (Vorschriften über die Anwerbung und Vermittlung spanischer Arbeitnehmer nach der BRD), 19.1.1971; IEE, Abteilung Europa, Rundschreiben 20/72, 10.10.1972.
[41] Artikel 4 des Dekrets 1000/1962 vom 3.5.1962, mit dem der Text des Gesetzes über die Regelung der Auswanderung angenommen wird (Boletín Oficial del Estado, 15.5.1962).
[42] PA/AA, Ref. 505, Bd. 998, Anmerkung des Referats V6 des AA über eine am 15.3.1964 stattgefundene Sitzung der BDA; BArch, B 119/3066, Bd. 2, Präsident der BDA an den Präsidenten der BA, 22.4.1964.

Die Deutsche Kommission in Madrid konnte das Verfahren kaum beschleunigen, da das IEE auf seine Kontrolle über den ganzen Migrationsprozess pochte. Die zeitraubende Streuung der deutschen Arbeitsangebote über die verschiedenen Provinzen Spaniens sollte der regionalisierten Arbeitsmarktregulierung dienen, wonach Auswanderung nur aus den strukturschwachen Regionen mit hoher Arbeitslosigkeit erwünscht war.[43] Die Einführung neuer Verfahrensregeln bei der Anwerbung ab dem 1. September 1962 und der Verzicht auf das Ausreisevisum im September 1963 beschleunigten die Prozeduren zwar etwas, sie blieben aber mit 8 bis 10 Wochen immer noch langwierig.[44] Die Deutsche Kommission in Madrid schlug ab 1965 mehrmals die Vereinfachung und Beschleunigung des Anwerbe-, Untersuchungs- und Vermittlungsverfahrens durch stärkere Zentralisierung vor. Das IEE zeigte sich zwar prinzipiell bereit, verschob aber den Beginn der Zentralisierung des Anwerbeverfahrens – und auch dann nur in einem Probelauf – auf den November 1973, knapp drei Wochen vor dem deutschen Anwerbestopp.[45] Deutsche Arbeitgeber und spanische Arbeitnehmer neigten zu der Einschätzung, dass der schwerfällige spanische Verwaltungsapparat mit seinen undurchsichtigen, wenn nicht gar willkürlichen Verfahrensweisen ein Hindernis für die Durchsetzung ihrer Interessen sei. Viele der beim IEE registrierten spanischen Arbeitskräfte verzichteten daher auf die staatliche Vermittlung und reisten als Touristen in die Bundesrepublik ein – oft aus Sorge, einen in Deutschland bereits vereinbarten Arbeitsplatz zu verlieren, den dort lebende Verwandte oder Bekannte für sie gesucht hatten.[46]

Darüber hinaus bot die irreguläre Abwanderung den spanischen Arbeitnehmern und den deutschen Arbeitgebern flexiblere Wege, Kontakt aufzunehmen, als das betreute Verfahren. So konnten Arbeitgeber und Arbeitnehmer unmittelbar miteinander in Verbindung treten, was im Kontext der Vollbeschäftigung und der hohen Löhne des deutschen „Wirtschaftswunders" viele spanische Migranten bevorzugten. Viele Spanier misstrauten in ihrem autoritär geführten Land allen Formen der staatlichen Verwaltung und nahmen daher „lieber persönliche Nachteile in Kauf, als sich mit der spanischen Bürokratie auseinanderzusetzen", wie der deutsche Generalkonsul in Barcelona 1960 beobachtete.[47] Anders als die betreuten Auswanderer, die zu Beginn ihres Aufenthalts in der Bundesrepublik an ihren meist zunächst für ein Jahr gültigen Arbeitsvertrag gebunden waren, konnten sich die irregulär Ausgewanderten direkt vor Ort ein Bild von den Löhnen und Arbeitsbedingungen machen und das Unternehmen mit den höchsten Löhnen oder den besten Arbeitsbedingungen auswählen. Dieser Mechanismus zur Optimierung des Berufs- und Lohnstatus durch horizontale Mobilität wurde von den Spaniern wahrscheinlich sehr intensiv genutzt, wie die zeitgenössische Forschung vermuten lässt.[48] Der Verzicht auf die Vermittlung durch IEE und BAVAV ermöglichte es den Arbeitswanderern also, eigenständiger über ihre Arbeit in Deutschland zu entscheiden.

---

[43] BArch, B 119/3066, Bd. 2, Präsident der BAVAV an den Präsidenten der BDA, 2.5.1964.
[44] BArch, B 119/3352, Bd. 1, DK Madrid, Protokoll der Besprechung mit spanischen Auswanderungsbehörden am 4.7.1962; DK Madrid, Protokoll der Besprechung mit spanischen Arbeitsbehörden am 12.9.1963.
[45] BArch, B 119/3940, DK Madrid, Entwurf eines Erfahrungsberichts über den Modellversuch einer Zentralisierung des Vermittlungsverfahrens bei der Deutschen Kommission in Madrid.
[46] AGA AISS-SRE R 2514, Geheimbericht von Luis Enrique Sorribes an José Solís Ruiz, Ministro Secretario General del Movimiento, 29.10.1962.
[47] PA/AA, Ref. 505, Bd. 997, Bericht des deutschen Generalkonsulats in Barcelona an AA, 4.8.1960.
[48] Unter den vom deutschen Caritasverband 1967 befragten Spaniern hatten 54 % der Männer und 39 % der Frauen mindestens einmal den Betrieb gewechselt; Gloria Sanz Lafuente, Hombres y mujeres en el mercado de trabajo de la emigración: promoción laboral y rotación inter-empresarial de los emigrantes españoles en la RFA, 1960–1975, in: Revista Universitaria de Ciencias del Trabajo 7 (2006), S. 475–487.

Außerdem erhielten die potentiellen Migranten über die sich bildenden Netzwerke glaubwürdige Informationen aus erster Hand über Arbeitsmöglichkeiten und -bedingungen sowie über praktische Details des Auswandereralltags. Diese Informationen zirkulierten nicht nur zwischen Spanien und Deutschland, sondern auch innerhalb der über ganz Europa verteilten spanischen Auswanderer-Communities, was zur Folge hatte, dass Spanier auch grenzüberschreitend die Orte wechselten, um die Erträge ihrer Auswanderung zu optimieren.[49] Im Gegensatz zur Glaubwürdigkeit, die die Mund-zu-Mund-Informationen genossen, hielten viele Auswanderer die vom IEE verbreiteten Informationen über die Arbeits-, Lohn und Lebensbedingungen in der Bundesrepublik für nicht sehr zuverlässig. Nicht wenige stellten bei der Aufnahme einer Arbeit, zu der sie durch einen Vertrag verpflichtet worden waren, fest, dass die zuvor erhaltenen Informationen falsch oder zumindest unvollständig waren.[50] Zudem war ein Teil der Auswanderer aufgrund mangelnder Bildung gar nicht in der Lage, die vom IEE schriftlich in Form von Prospekten und ähnlichem zur Verfügung gestellten Informationen zu lesen oder zu verstehen.[51]

Schließlich bildete die irreguläre Auswanderung den einzig gangbaren Weg für jene Spanier, die vom IEE oder der Deutschen Kommission in Madrid nicht ausgewählt worden waren, weil sie den gesundheitlichen Anforderungen für die zu besetzenden Arbeitsplätze nicht entsprachen oder infektiöse und parasitäre Krankheiten hatten.[52] Ebenso wurde abgelehnt, wer einer besonderen ärztlichen Betreuung bedurfte und somit erhöhte Kosten für das deutsche Gesundheitssystem verursacht hätte, dazu zählten spätestens seit 1969 auch schwangere Frauen.[53] Die strikten ärztlichen Untersuchungen erwiesen sich alles andere als eine reine Formsache, vor allem wenn man bedenkt, dass die Arbeiter schon von spanischen Ärzten in Augenschein genommen worden waren: Der Anteil der aus medizinischen Gründen von der Deutschen Kommission in Madrid abgelehnten Interessenten lag in der Regel bei über 10 Prozent, in einigen Jahren wie 1967 (13,3 Prozent), 1969 (14,6 Prozent) oder 1970 (13,7 Prozent) auch höher.[54] Die spanischen Behörden versuchten mehrfach vergeblich, die deutsche Seite davon zu überzeugen, weniger streng vorzugehen.[55] Bereits 1961 wurde registriert, dass die irreguläre Auswanderung unter Spaniern eine gängige Methode sei, um die ärztlichen Untersuchungen zu umgehen.[56] Obwohl das Bundesinnenministerium zur Verhinderung des Einschleppens von übertragbaren Krankheiten bereits im März 1962 versuchte, die medizinischen Untersuchungen auf diejenigen auszuweiten, die sich bereits in der Bundesrepublik befanden und über ein Arbeitsvisum eingereist waren, wurde diese Empfehlung in den verschiedenen Bundesländern in unterschiedlicher Weise umgesetzt.[57] Damit blieb nicht nur der Weg über die Einreise als

---

[49] Schon 1960 wanderten Spanier, die bereits seit einiger Zeit in Frankreich und Belgien gearbeitet hatten, in die Bundesrepublik; AMAE R 5693/2, Bericht ohne Nummer des spanischen Botschafters in Bonn, o.D. (Okt. 1960); Bericht Nr. 171 des spanischen Konsuls in Düsseldorf, 28.7.1960.
[50] Mehrere Beispiele dazu in Gloria Sanz Lafuente, Mujeres españolas emigrantes y mercado laboral en Alemania, 1960–1975, in: Migraciones & Exilios 7 (2006), S. 27–50, hier S. 44–46.
[51] BArch, B 119/3352, Bd. 1, DK Madrid, Protokoll der Besprechung mit spanischen Auswanderungsbehörden am 27.3.1963; PA/AA, Ref. V6, Bd. 1519, Deutsche Botschaft in Madrid an AA, 27.1.1964.
[52] Hisashi Yano, Anwerbung und ärztliche Untersuchung von „Gastarbeitern" zwischen 1955 und 1966, in: Peter Marschalck/Karl Heinz Wiedl (Hrsg.), Migration und Krankheit, Osnabrück 2001, S. 65–86.
[53] Ministerio de Trabajo e Inmigración – Dirección General de la Ciudadanía Española en el Exterior (MTIN-DGCEE), Manual de Circulares e Instrucciones, Caja 1, IEE, Rundschreiben Nr. 8/69, „Reconocimientos médicos para la República Federal de Alemania", 1.7.1969.
[54] BAVAV/BA, Anwerbung und Vermittlung ausländischer Arbeitnehmer – Erfahrungsberichte, Nürnberg 1961–1974.
[55] BArch, B 119/3352, Bd. 1, DK Madrid, Protokolle der Besprechungen mit spanischen Auswanderungsbehörden am 7./8.9.1961, 30.11.1961 und 27.11.1962.
[56] PA/AA, Ref. 505, Bd. 997, AA an den deutschen Konsul in Nancy, 31.10.1961.
[57] Yano, Anwerbung, S. 74f.

Tourist, sondern auch die Beantragung eines Visums bei einem deutschen Konsulat eine Möglichkeit für all jene, die in gesundheitlicher Hinsicht von den Auswahlkommissionen als nicht geeignet eingestuft worden waren.[58]

Neben der Gesundheit war die Qualifikation der Auswanderer ein zweites Auswahlkriterium – und Gegenstand ständiger Spannungen zwischen den deutschen und spanischen Behörden. Das Interesse der BAVAV an der Rekrutierung spanischer Facharbeitskräfte stand der Blockadepolitik des IEE gegenüber, das gerade diese von der deutschen Wirtschaft so begehrten Arbeitskräfte ausschließen wollte, da sie für die industrielle Entwicklung Spaniens benötigt wurden.[59] Bereits 1962 stellte die BAVAV fest, dass im „Hinblick auf die Lage des eigenen Arbeitsmarktes [...] die spanischen Stellen seit Ende des Jahres [1961] nicht mehr bereit [waren], die Vermittlung von Facharbeitern zu unterstützen".[60] Die BAVAV hegte den nicht unbegründeten Verdacht, die spanische Regierung wolle nur Arbeitslose, Hilfsarbeiter und Tagelöhner auswandern lassen.[61] 1964 berichtete der deutsche Botschafter in Madrid, dass das IEE trotz der großen Nachfrage praktisch keinen Antrag auf die Anwerbung qualifizierter Arbeitskräfte für die Bundesrepublik bearbeite.[62] Und auch vier Jahre später wies die BAVAV gegenüber dem Bundesministerium für Arbeit erneut auf die Schwierigkeiten bei der Überwindung des Widerstandes der spanischen Regierung hin:

> „Die Vermittlung von Facharbeitern ist bereits seit Beginn der Tätigkeit der Deutschen Kommissionen/Verbindungsstellen in allen Abgabeländern häufig mit Schwierigkeiten verbunden gewesen. Oftmals konnten die als Facharbeiter vorgestellten ausländischen Bewerber die geforderten beruflichen Qualifikationen nicht nachweisen. In anderen Fällen waren die Abgabeländer nicht in der Lage, die gewünschten Facharbeiter anzuwerben oder lehnten eine Ausreise nach Deutschland ab, weil sie die betreffenden qualifizierten Arbeitskräfte nicht glaubten abgeben zu können. Das trifft auch für Spanien zu. Schon vor Jahren hat die spanische Seite erklärt, daß sie sich unter Berücksichtigung der Erfordernisse ihres eigenen Arbeitsmarktes lediglich einen Prozentsatz von etwa fünf Prozent Facharbeiter für eine Vermittlung nach Deutschland vorstellen könne. Wenn dieser Prozentsatz auch mehrfach überschritten wurde, so zeigt er doch in etwa die bei der Vermittlung von Facharbeitern begrenzten Möglichkeiten auf. Das wird im kommenden Jahr nicht anders sein."[63]

Angesichts dieser Situation war es nicht verwunderlich, dass die über das IEE nach Deutschland entsandten Arbeitsmigranten nach den offiziellen Statistiken über das geringste Qualifikationsniveau aller in der Bundesrepublik angeworbenen Arbeitskräfte verfügten: Nur 8,5 Prozent von ihnen waren Facharbeitskräfte.[64] Um die Beschränkungen des IEE zu umgehen, verschleierten manche Facharbeiter ihre Qualifikationen vor den spanischen Behörden und gaben sich als Hilfsarbeiter aus.[65] Oder sie umgingen die betreute Auswan-

---

[58] Monika Mattes, „Gastarbeiterinnen" in der Bundesrepublik, Anwerbepolitik, Migration und Geschlecht in den 50er bis 70er Jahren, Frankfurt a.M. 2005, S. 75.
[59] Beispiele für die Meinungsverschiedenheiten bei Barbara Sonnenberger, Nationale Migrationspolitik und regionale Erfahrung. Die Anfänge der Arbeitsmigration in Südhessen 1955–1967, Darmstadt 2003, S. 70, 72–73, 75.
[60] BAVAV, Beschäftigung Anwerbung Vermittlung ausländischer Arbeitnehmer, Erfahrungsbericht 1961, Nürnberg, S. 13.
[61] 73,2 % der betreuten Auswanderer waren Mitte der 1960er Jahre in der Bundesrepublik als Hilfsarbeiter in der Industrie tätig, 12,5 % als Landarbeiter; BA, Ausländische Arbeitnehmer. Beschäftigung, Anwerbung, Vermittlung – Erfahrungsbericht 1972/73, Nürnberg 1974.
[62] PA/AA, Ref. IA4, Bd. 280, Helmut Allardt, Botschafter der Bundesrepublik Deutschland in Madrid, an AA, 2.4.1964.
[63] BArch B 119/3067, Bd. 2, Präsident der BAVAV an Bundesminister für Arbeit und Sozialordnung, 17.12.1968.
[64] Dazu Gloria Sanz Lafuente, Análisis y resultado del control oficial de flujos en la emigración española a la RFA (1960–1973), in: Investigaciones de historia económica. Revista de la Asociación Española de Historia Económica 14 (2009), S. 141–175.
[65] BAVAV, Beschäftigung Anwerbung Vermittlung ausländischer Arbeitnehmer, Erfahrungsbericht 1961, Nürnberg, S. 13.

derung gleich ganz. Es ist wahrscheinlich, dass es vor allem qualifizierte Arbeitskräfte waren, die den Weg über das Sichtvermerkverfahren, die namentliche Anwerbung oder die irreguläre Migration wählten.

Die irreguläre Auswanderung hatte zudem eine geschlechtsspezifische Seite. Die Bundesregierung erwartete vom offiziellen Anwerbeprogramm über das IEE und die Deutsche Kommission auch die Einstellung weiblicher Arbeitskräfte, die in Branchen wie der Textil- oder der Nahrungsmittelindustrie gesucht waren.[66] Das IEE zeigte sich jedoch recht unwillig, bestimmte Stellenangebote für Frauen zu bearbeiten, insbesondere wenn sie sich an junge und bevorzugt alleinstehende Frauen richteten.[67] Ab 1964/65 bemerkten die deutschen Unternehmen und Ausländerbehörden, dass die spanische Regierung immer weniger Frauen in die Bundesrepublik schickte – und das, obwohl das Land sehr gute Perspektiven für Frauenarbeit bot und Zehntausende Stellen unbesetzt blieben.[68] Insofern war es nicht ungewöhnlich, dass der Umfang der unerlaubten weiblichen Auswanderung „erheblich" war, „vor allem angesichts des weit verbreiteten Glaubens, man erreiche dadurch höhere Löhne", wie ein Mitglied des Rates des IEE bei einer Ratssitzung äußerte. Der Rat des IEE betonte „die Notwendigkeit, Maßnahmen zu ergreifen, um die Ausreise von Frauen so stark wie möglich einzuschränken".[69] Entsprechend stellte sich das IEE dem Wunsch der BAVAV entgegen, die Anwerbung weiblicher Arbeitskräfte zu intensivieren. Die IEE-Dienststellen und die SNEC-Büros in den verschiedenen Provinzen Spaniens folgten jedoch sehr unterschiedlichen und wechselnden Kriterien für die Anwerbung weiblicher Arbeitskräfte[70], die zum Teil eher in den klientelistischen Strukturen vor Ort als in der offiziellen Politik begründet waren. Aber trotz dieser Haltung, möglichst keine Frauen auswandern zu lassen, drängte die spanische Regierung aus sozial- und familienpolitischen Gründen darauf, den Ehefrauen bereits nach Deutschland ausgewanderter Arbeiter ein Nachzugsrecht im Rahmen der Familienzusammenführung zuzugestehen. Die befürchtete moralische Gefährdung des Familienlebens bewog Madrid – auch unter dem Einfluss der Kirche – zu einem Zugeständnis, selbst wenn damit voraussichtlich weniger Devisen aus der Bundesrepublik nach Spanien überwiesen würden.[71] Aber jenseits aller bilateralen Vereinbarungen griffen viele verheiratete Frauen, bei denen der offizielle Familiennachzug nicht gelang, sowie auch sehr viele alleinstehende Frauen auf die Ausweichmöglichkeit der irregulären Auswanderung zurück. Für gewöhnlich reisten sie als Touristen in die Bundesrepublik ein, um anschließend dort zu arbeiten. Viele von ihnen gaben dabei an, ihren Ehemann besuchen zu wollen.[72] So belegte eine Ende der 1970er Jahre unter heimgekehrten andalusischen Deutschlandwanderern durchgeführte Studie, dass der Anteil der Männer, die auf irreguläre Weise ausgewandert waren, bei 36 Prozent lag, der der Frauen jedoch bei 62 Prozent.[73] Diese Zahlen werden durch neuere Forschungen bestätigt, wonach 61,5 Prozent der in die Bundesrepublik zugewanderten und als Arbeitnehmerinnen tätigen spanischen Frauen

---

[66] Sanz Lafuente, Hombres y mujeres; Steinert, Migration und Politik, S. 295f.
[67] Entsprechende Beschwerden sind in BArch, B 119/3352, Bd. 1, DK Madrid, Protokoll der Besprechung mit spanischen Arbeitsbehörden am 12.9.1963; Protokoll der Besprechung mit spanischen Auswanderungsbehörden am 3.10.1963 und am 11.12.1963.
[68] Mattes, „Gastarbeiterinnen", S. 41f.
[69] MTIN-DGCEE, Protokoll der Besprechung des Rates des IEE, 27.1.1965, Nr. 10, S. 3.
[70] BArch, B 119/4044, Bd. 2, BAVAV, Anmerkung über Dienstreise vom 29.6.1964 nach Madrid zur Begleitung eines Transports spanischer Arbeitnehmer von Madrid nach Köln, 22.7.1964.
[71] Sanz Díaz, Illegale, S. 119–125.
[72] Zu den Spannungen über die Anwerbung von Frauen und deren Migrationsstrategien: Mattes, „Gastarbeiterinnen", S. 65–70, 92–94, 137–142.
[73] Gerhard Kade/Günter Schiller, Los trabajadores andaluces en Alemania: resultados de una investigación, in: Anales de Sociología 4 (1969), S. 159–188, hier S. 163.

„unerlaubt", also ohne Einschaltung des IEE gekommen seien, während die Quote bei Männern nur bei 39 Prozent gelegen habe.[74]

Schließlich gibt es auch Hinweise auf politische Gründe für die Wahl der irregulären Auswanderung, die aber angesichts der bestehenden Quellenlage kaum zu belegen sind.[75] Die spanische Regierung war sich ihrer stark eingeschränkten Möglichkeiten bewusst, die spanischen Arbeitskräfte jenseits der Staatsgrenzen zu kontrollieren, während die politischen und gewerkschaftlichen Organisationen des spanischen Exils nahezu ungehinderten Zugang zu den Auswanderern hatten.[76] Die Bundesrepublik der 1960er Jahre schien dem Regime anfangs – anders als Frankreich, wo das republikanische Exil stark vertreten war – ein „sicheres Gebiet" zu sein, wohin spanische Arbeitskräfte ohne Sorgen vor ideologischer Beeinflussung geschickt werden konnten.[77] Diese Wahrnehmung änderte sich jedoch sehr schnell angesichts der Aktivitäten der deutschen Gewerkschaften[78] sowie des raschen, sich bereits 1960 abzeichnenden Entstehens demokratischer und antifrankistischer Organisationen und Bewegungen unter den nach Deutschland Zugewanderten.[79] Das IEE war besorgt, die Migration werde sich zu einem Nährboden für Aktivitäten gegen die Franco-Diktatur entwickeln, was umso ungelegener kam, als das spanische Regime gerade versuchte, sein Image in den Demokratien Westeuropas zu verbessern. Das Anwerbeabkommen von 1960 ließ dem spanischen Regime großen Ermessensspielraum, da diejenigen von der Anwerbung und Auswanderung ausgeschlossen wurden, bei denen im Strafregister andere als geringfügige Strafen verzeichnet waren, sowie auch jene, die den Polizeibehörden wiederholt wegen asozialen Verhaltens aufgefallen waren (Artikel 7.3 des Abkommens). Darüber hinaus mussten die Auswanderungswilligen ein von der Gemeinde ihres Wohnorts ausgestelltes Führungszeugnis vorlegen (Artikel 9). Die Regierung verfügte außerdem über die Möglichkeit, den Reisepass einzuziehen bzw. dessen Ausstellung zu verweigern, da kein Rechtsanspruch auf einen Pass bestand, sondern dieser als vom Staat gewährte Gunst verstanden wurde. Die Deutschen nahmen ihrerseits eine Überprüfung der polizeilichen Daten der Bewerber vor, um eine Einreise von Personen auszuschließen, die Vorstrafen hatten, eine Störung des Arbeitsfriedens verursachen konnten, von einer Deutschen Kommission abgelehnt worden waren oder – in Zeiten des Kalten Krieges – in der 1961 bei der BAVAV angelegten Zentralkartei für nichtdeutsche Arbeitnehmer als Kommunisten eingetragen waren.[80] Manches spricht hinsichtlich der irregulären Auswanderung für eine positive Selbstselektion unter den regimekritischen spanischen Auswanderern. Auch das Auswärtige Amt war 1961 der Auffassung, die Angst vor einer Ablehnung durch das IEE aus politischen Gründen, das heißt wegen Untreue zum Franco-Regime, sei eine der Hauptursachen für die Einreise von Spaniern in die Bundesrepublik mit einem Touristenpass.[81] Viele der Berg-

---

[74] Sanz Lafuente, Análisis y resultado del control oficial, S.155.
[75] Die Archivbestände zum IEE, die im Archiv des Arbeitsministeriums lagern, sind bisher nicht ausreichend erfasst und katalogisiert worden.
[76] Isabel Martín Sánchez, La conexión entre exilio político y emigración económica, in: Cuadernos Republicanos 29 (1997), S.29–42.
[77] Antonio Muñoz Sánchez, Die spanische Arbeitsmigration in die Bundesrepublik Deutschland, in: Projekt Migration, Köln 2005, S.818–821.
[78] Heinz Richter, DGB und Ausländerbeschäftigung, in: Gewerkschaftliche Monatshefte 25 (1994), H.1, S.35–40.
[79] Carlos Sanz Díaz, La fuerza de la unión. Sociabilidad, culturas políticas y acción colectiva en la primera generación de emigrantes españoles en Alemania (1960–1973), in: Ana Fernández Asperilla (Hrsg.), Gente que se mueve. Cultura política, acción colectiva y emigración española, Madrid 2010, S.139–193.
[80] Dohse, Ausländische Arbeiter und bürgerlicher Staat, S.186f.
[81] PA/AA, Ref. 505, Bd.997, AA an den deutschen Konsul in Nancy, 31.10.1961.

leute, die an den brutal unterdrückten illegalen Streiks 1962 und 1963 in der nördlichen Region Asturien teilgenommen hatten, wanderten z. B. illegal nach Belgien, weil sie Diskriminierung oder gar Repressalien seitens des IEE befürchteten.[82] Es wären aber weitere Forschungen notwendig, um zu überprüfen, ob tatsächlich regimekritische Migranten am häufigsten den Weg der irregulären Migration in die Bundesrepublik Deutschland wählten.

4. Fazit: Ambivalenz und Pragmatismus

Die spanischen Behörden waren sich der wirtschaftlichen und sozialen Vorteile der Auswanderung – unabhängig vom jeweils gewählten Weg – sowie der hohen Kosten, die eine effiziente Bekämpfung der irregulären Auswanderung mit sich brachte, sehr wohl bewusst. Insofern pflegten sie zur Verteidigung der legalen Auswanderung öffentlich zwar eine drohende und abschreckende Sprache, die sie aber mit einer durchaus pragmatischen Verwaltungspraxis zu kombinieren wussten. Dahinter stand, dass die Unterbindung irregulärer Migration neben dem Ziel der Kontrolle des internen Arbeitsmarkts auch ein wichtiges Moment der staatlichen Selbstdarstellung bildete. Mangels demokratischer Legitimation versuchte der Staat Francos durch seine Wirtschaftsleistungen und seine Sozialpolitik die Unterstützung bzw. das Wohlwollen der Bevölkerung – und das schloss die Migranten mit ein – zu gewinnen.[83] So konnte ein hoher Beamter intern feststellen, dass etwa die Hälfte der spanischen Auswanderung illegal sei, aber gleichzeitig erklären, dass dies eine „wirksame Politik des Schutzes und der Annäherung an alle Spanier im Ausland [...] unabhängig von ihrem Ursprung" nicht verhindere.[84] In dieser Logik konnte das IEE die Bekämpfung der illegalen Migration ohne weiteres als ein Element des Schutzes der Migranten darstellen.

Die ambivalente Position der spanischen Regierung gegenüber der illegalen Auswanderung ist weniger an ihren Handlungen zu erkennen, sondern vor allem an dem, was sie nicht unternahm. Das Franco-Regime hat die illegale Auswanderung nie konsequent verfolgt. Die gesetzlich vorgesehenen harten Strafen wurden in der Praxis nur sehr selten verhängt – und wenn, dann trafen sie nie Migranten, sondern vielmehr Unternehmen, die direkt in Spanien anwarben[85], sowie Vermittler und Agenten, vor allem in Fällen von ausbeuterischer Tätigkeit.[86] Kamen die irregulär ausgereisten Arbeitswanderer nach Spanien zurück, z. B. in den Sommerferien, blieben sie unbehelligt. Stattdessen regularisierte die spanische Regierung z. B. 1961 sogar vorgebliche Touristen, die in die Bundesrepublik ausgewandert waren, indem sie ihnen bei der Rückkehr nach Spanien „ein Ausreisevisum und die größtmöglichen Erleichterungen" gab, damit sie ihre Verträge in Deutschland erfüllen konnten.[87] Die irreguläre Wanderung wurde also nicht nur seitens deutscher Aus-

---

[82] Ana Fernández Asperilla, Mineros, sirvientas y militantes. Medio siglo de emigración española a Bélgica, Madrid 2006, S. 51.
[83] Carme Molinero, La captación de las masas. Política social y propaganda en el régimen franquista, Madrid 2005.
[84] Vermerk des Leiters der Abteilung Auswanderung und soziale Angelegenheiten für den Leiter der Abteilung für politische Fragen Westeuropas im spanischen Außenministerium, 21.11.1966, zitiert nach: Victor Pereira, España como país de tránsito. El caso de la emigración portuguesa hacia Francia, in: Migraciones & Exilios 9 (2008), S. 75–114, hier S. 102.
[85] Siehe z. B. BArch, B 119/3352, Bd. 1, DK Madrid, Protokoll der Besprechung mit spanischen Auswanderungsbehörden am 25.1.1962.
[86] Babiano/Fernández Asperilla, El fenómeno de la irregularidad.
[87] BArch, B 119/3352, Bd. 1, DK Madrid, Protokoll der Besprechung mit spanischen Auswanderungsbehörden am 7./8.9.1961. Die nachträgliche Regularisierung der als Touristen ausgewanderten Spanier wurde im Oktober 1961 und im Januar 1962 in einem allgemeinen Verfahren zwischen DK Madrid und

länderbehörden und Arbeitsämter nachträglich legalisiert, sondern auch durch die spanischen Behörden, die sie offensichtlich, wenn auch diskret, guthießen.[88]

Auch an der Grenze zu Frankreich wurden keine intensiven Kontrollen zur Verhinderung irregulärer Migration durchgeführt, obwohl Spanien bei der Überwachung der Pyrenäen-Grenze sehr wohl über solide Erfahrungen aus der Bekämpfung der republikanischen Widerstandsbewegung nach 1939 und der Kontrolle von Flüchtlingen während des Zweiten Weltkriegs verfügte.[89] Ohnehin wäre es schwer gewesen, die offiziell ja als Touristen ausreisenden Spanier aufzuhalten. Entsprechend erwartete die spanische Regierung auch nicht, dass der Bundesgrenzschutz seine Kontrolle an den deutschen Grenzen derart intensivierte, dass Grenzübertritte von Spaniern verhindert wurden. Ganz im Gegenteil waren der spanischen Administration die Zurückweisungen von Spaniern, die 1960 und 1961 stattfanden, eher unangenehm. Die spanische Regierung ließ ihrerseits ab 1965 ohne weitere Angabe von Gründen auch keine Portugiesen mehr aufgreifen, die über Spanien illegal nach Frankreich auswandern wollten.[90] Da Spanien auf seinem eigenen Territorium nicht mehr gegen die irreguläre Migration anderer Staatsangehöriger einschritt, konnte es kaum von anderen erwarten, dies gegenüber den Migranten aus dem eigenen Land zu tun.

Um in dieser Hinsicht etwas zu erreichen, war es für die spanische Regierung am effektivsten – neben den Maßnahmen, die ausschließlich in Spanien angewandt werden konnten –, mit den zuständigen Behörden in der Bundesrepublik zusammenzuarbeiten bzw. im Rahmen des Möglichen Druck auszuüben. Mit seinen Wünschen traf Madrid jedoch auf ganz unterschiedliche, den jeweiligen Interessen der Akteure geschuldete Reaktionen. Die BAVAV/BA war an einer weitestmöglichen Kontrolle des deutschen Arbeitsmarkts interessiert, während das Auswärtige Amt danach strebte, die guten diplomatischen Beziehungen zwischen Madrid und Bonn nicht zu stören. Daher war es eher geneigt, den Forderungen der spanischen Regierung nach einer strikteren Kontrolle der Migrationsströme nachzugeben. Im Bundesinnenministerium teilte man die Ansicht, dass der grenzüberschreitende Verkehr wirksam kontrolliert werden und man verlässlich wissen müsse, wie viele spanische Zuwanderer sich tatsächlich im Land befanden. Dagegen verhielten sich Bundeswirtschaftsministerium und BDA gegenüber den spanischen Kontrollwünschen grundsätzlich weniger nachgiebig. Für sie standen die Bedürfnisse des deutschen Arbeitsmarkts an erster Stelle, weshalb sie eine offene und flexiblere Politik hinsichtlich der „unbetreuten" Auswanderung aus Spanien vertraten und den Weg über ein Arbeits- oder ein Touristenvisum als ebenso legale Migrationswege wie die im Anwerbeabkommen von 1960 geregelte betreute Auswanderung betrachteten. In diesen Konstellationen gab es zwischen 1960 und 1973 ausreichend Möglichkeiten für spanische Arbeitsmigranten und deutsche Arbeitgeber, die Kontrollmechanismen des spanischen Staates zu umgehen – von den deutschen Behörden weitgehend akzeptiert und von der spanischen Regierung zumindest teilweise pragmatisch geduldet.

IEE geregelt; BArch, B 119/3352, Bd.1, „Niederschrift über eine Arbeitsbesprechung im Instituto Español de Emigración am 26.10.1961" und „Niederschrift über eine Arbeitsbesprechung im Instituto Español de Emigración am 25.1.1962".

[88] BArch, B 119/3064, BAVAV, Zusammenfassung der Gespräche in Madrid mit Vertretern des IEE, der Dirección General de Empleo sowie des Servicio Nacional de Encuadramiento y Colocación, 7./8.9.1961.

[89] Josep Calvet, Las montañas de la libertad. El paso de refugiados por los Pirineos durante la Segunda Guerra Mundial 1939–1944, Madrid 2010.

[90] Pereira, España como país de tránsito, S.84f.

Karolina Novinšćak
Auf den Spuren von Brandts Ostpolitik und Titos Sonderweg: deutsch-jugoslawische Migrationsbeziehungen in den 1960er und 1970er Jahren

Man hatte in der Bundesrepublik bereits Erfahrung mit der Inszenierung des Empfangs von „Gastarbeiter-Jubilaren" auf deutschen Bahnhöfen[1], als am 5. August 1970 der 32-jährige Kroate Zvonimir Kanjir in Stuttgart als „500 000 Gastarbeiter" Baden-Württembergs öffentlich begrüßt wurde.[2] In den Jahren zuvor waren bereits Armando Rodrigues de Sá (1964) aus Portugal und Ismail Bahadir (1969) aus der Türkei bei ihrer Ankunft in der Bundesrepublik Deutschland durch ein offizielles Empfangskomitee medienwirksam als „millionste Gastarbeiter" in Szene gesetzt worden. Kanjir war allerdings der erste Arbeitnehmer aus der Sozialistischen Föderativen Republik Jugoslawien (im Folgenden Jugoslawien) – deren Arbeitsmigranten inzwischen zur größten „Gastarbeiter"- und Ausländergruppe der Bundesrepublik aufgerückt waren –, dem diese Ehre zuteil wurde. Das Begrüßungsgeschenk von Kanjir fiel etwas kleiner aus als in den Jahren zuvor. Während Rodrigues de Sá ein Moped und Bahadir ein Fernsehgerät geschenkt bekamen, musste sich Kanjir mit einem handlichen Kofferradio begnügen, über das er sich damals offensichtlich dennoch sehr gefreut hat. Zwei Jahre später, im Jahr 1972, als endlich auch weibliche ausländische Arbeitskräfte Würdigungen erfuhren, wurde eine junge Frau aus Jugoslawien, die 19-jährige Vera Rimski aus Novi Sad, ausgewählt. Politiker und Presse empfingen sie am Münchener Hauptbahnhof als „zweimillionste Jubiläumsgastarbeiterin" mit Blumen und Sekt. Der Präsident der Bundesanstalt für Arbeit, Josef Stingl, überreichte ihr als Begrüßungsgeschenk ein tragbares Fernsehgerät und sprach dazu seine Hoffnung aus, sie könne damit vielleicht etwas leichter in die Geheimnisse der schwierigen deutschen Sprache eindringen.[3]

Ob beabsichtigt oder unbeabsichtigt wohnt beiden Begrüßungsgeschenken ein Symbolcharakter inne. Das tragbare Kofferradio und das tragbare Fernsehgerät stehen für Mobilität – der Nutzung und des Nutzers. Die flexiblen Arbeitskräfte aus Jugoslawien wurden während der deutsch-jugoslawischen Anwerbeära (1968–1973) wegen ihrer großen Fähigkeit und Bereitschaft zur Integration in den deutschen Arbeitsmarkt sehr geschätzt[4] – freilich ohne dass sie die Intention hatten, sich dauerhaft niederzulassen. Die tragbaren Geräte erscheinen als perfekte Willkommensgeschenke für Arbeitskräfte, deren Arbeitsaufenthalte als zeitlich begrenzt und deren Bereitschaft zur Rückkehr in das Land, aus dem sie gekommen waren, als selbstverständlich angenommen wurde. Tatsächlich sind sowohl Vera Rimski als auch Zvonimir Kanjir in ihre Heimat zurückgekehrt: Rimski noch als junge Frau und Kanjir 1989 als kranker Mann mit einer Invalidenrente. Als „Jubiläumsgastarbeiter" erscheinen beide nun wieder als Erinnerungsikonen einer jugoslawischen Migrationsgeschichte oder deutschen Einwanderungsgeschichte in Ausstellungen, in einschlägigen Studien oder als Titelbilder auf wissenschaftlichen Büchern.[5]

---

[1] Siehe http://www.angekommen.com/iberer/Mio/millionster.html (24.10.2010).
[2] Karl-Heinz Meier-Braun/Reinhold Weber, Kleine Geschichte der Ein- und Auswanderung in Baden-Württemberg, Stuttgart 2009, S.137f.
[3] Süddeutsche Zeitung, 9.3.1972, Großer Bahnhof für Vera Rimski aus Novi Sad.
[4] Vgl. Dokumentarfilm „Sonderzüge – Special trains – Specijalni vlakovi", Regie: Krsto Papić, Zagreb Film 1971.
[5] Meike Fischer/Monika Heinemann/Karolina Novinšćak u.a. (Hrsg.), ZwischenWelten. Migration aus Osteuropa nach München im 20.Jahrhundert. Ausstellungskatalog, München 2007, S.79; Rüdiger Rossig, Ex-Jugos. Junge MigrantInnen aus Jugoslawien und seinen Nachfolgestaaten in Deutschland, Berlin 2008, S.12; Ulf Brunnbauer (Hrsg.), Transnational Societies, Transterritorial Politics. Migrations

Die meisten Arbeitsmigranten aus dem ehemaligen Jugoslawien blieben jedoch in Deutschland. Fasst man die 915 200 Menschen mit Staatsangehörigkeiten der Nachfolgerepubliken des ehemaligen Jugoslawien zusammen, so bilden sie nach den türkischen Staatsbürgern die derzeit zweitgrößte Ausländergruppe der Bundesrepublik Deutschland.[6] Da sie seit der Auflösung Jugoslawiens nicht mehr als „Jugoslawen", sondern nach den einzelnen Staatsbürgerschaften der Nachfolgerepubliken statistisch erfasst werden, fallen sie als quantitativ bedeutsame Migrantengruppe kaum mehr ins Auge. Trotz des nunmehr 20 Jahre zurückliegenden Staatszerfalls Jugoslawiens greifen deutsche Integrations-Studien auf die Kategorie „ehemaliges Jugoslawien" zurück, ohne dabei eine Differenzierung nach den einzelnen Staatsbürgerschaften vorzunehmen.[7] Dies hat zur Folge, dass die sehr unterschiedlichen Integrationserfolge der einzelnen Nationalitätengruppen aus dem ehemaligen Jugoslawien zum Beispiel in den Nachweisen der amtlichen Bildungsstatistik[8] nicht berücksichtigt sind. Damit wird weder der kulturellen Heterogenität der „Ex-Jugoslawen" noch den unterschiedlichen Migrations- und Integrationskontexten der Kriegsflüchtlinge und Arbeitsmigranten sowie der einzelnen Generationen Rechnung getragen.

Während „ehemaliges Jugoslawien" als soziologische Kategorie insbesondere bei Integrationsstudien als unzureichend deklariert werden muss, sind das historische Jugoslawien respektive der jugoslawische sozialistische Staat für eine Migrationsgeschichte der Aus- und Einwanderung von ehemals „jugoslawischen" Arbeitsmigranten ein wichtiger Relevanzrahmen. Denn bis zum Jahr 1991 besaßen die meisten Arbeitsmigranten einen jugoslawischen „roten Pass", und es war der sozialistische Staat, der gemeinsam mit der Bundesrepublik die Rahmenbedingungen ihrer Migration entwickelte. Der Großteil kam im Zuge der zwischen der Bundesrepublik Deutschland und Jugoslawien vereinbarten Anwerbung jugoslawischer Arbeitskräfte und des Familiennachzugs in den 1950er bis 1970er Jahren nach Deutschland – die durchschnittliche Aufenthaltsdauer zum Beispiel der Slowenen beträgt 30,2 Jahre, die der Kroaten 27,7 Jahre, die der Bosnier 20,6 Jahre und die der Mazedonier 19,7 Jahre.[9] Die als temporär angenommene Arbeitsmigration hat de facto zu einer langfristigen Auswanderung und damit zu einer dauerhaften Einwanderung der Menschen aus dem ehemaligen Jugoslawien nach Deutschland geführt. Ihre Einwanderungsgeschichte in die Bundesrepublik Deutschland ist damit auch zugleich eine Auswanderungsgeschichte aus dem sozialistischen Jugoslawien.

Im Folgenden werden die wirtschaftlichen und politischen Rahmenbedingungen des deutsch-jugoslawischen Arbeitskräftetransfers und die Schnittmengen der wirtschaftlichen und politischen Interessen beider Länder im zwischenstaatlichen Beziehungsgefüge seit dem Zweiten Weltkrieg mit dem Fokus auf den deutsch-jugoslawischen Anwerbevertrag vom 12. Oktober 1968 thematisiert. Holm Sundhaussen konstatiert, dass die Beziehungen zwischen zwei Staaten mehr oder minder eng miteinander in ein weitreichendes Netz von außen-, sicherheits-, innenpolitischen und ideologischen Interdependenzen verflochten sind.[10] Eine

---

in the (Post-) Yugoslav Region 19th–21st Century, München 2009; Meier-Braun/Weber, Kleine Geschichte der Ein- und Auswanderung.

[6] Statistisches Bundesamt, Bevölkerung und Erwerbstätigkeit. Ausländische Bevölkerung, Fachserie 1, Reihe 2 (2009), Tabelle 3: Ausländische Bevölkerung 2002 bis 2009, S. 33.

[7] Berlin-Institut für Bevölkerung und Entwicklung (Hrsg.), Ungenutzte Potenziale. Zur Lage der Integration in Deutschland, Berlin 2009.

[8] Bundesamt für Migration und Flüchtlinge (Hrsg.), Integrationsreport Teil 1. Schulische Bildung von Migranten, Working Paper 13, Nürnberg 2008.

[9] Bundesamt für Migration und Flüchtlinge (Hrsg.), Ausländerzahlen 2009, Nürnberg 2009, Tabelle 6: Aufenthaltsdauer der ausländischen Bevölkerung nach Staatsangehörigkeit am 31.12.2009, S. 14.

[10] Holm Sundhaussen, Jugoslawisch-Deutsche Beziehungen zwischen Normalisierung, Bruch und erneuter Normalisierung, in: Othmar Nikola Haberl/Hans Hecker (Hrsg.), Unfertige Nachbar-

solche Komplexität gilt für das Beziehungsgefüge im Bereich der deutsch-jugoslawischen Arbeitsmigration. Bereits 1974 hoben Reinhard Lohrmann und Klaus Manfrass in einem von ihnen herausgegebenen Sammelband zur Analyse transnationaler Sozialprozesse hervor, dass sich die Arbeitswanderung auf beiden Seiten, im Aufnahme- und im Herkunftsland, vielfältig auswirkt, diese „durch das Medium der wandernden Menschen miteinander verknüpft" sind und damit gleichzeitig zwischenstaatliche und zwischengesellschaftliche Beziehungen berührt werden.[11]

Die bereits vorliegenden Arbeiten zu Hintergründen und Bedeutung des deutsch-jugoslawischen Anwerbeabkommens innerhalb der neuen Ostpolitik von Bundesaußenminister Willy Brandt basieren weitestgehend auf Quellenmaterial bundesdeutscher Archive.[12] Der vorliegende Beitrag zur Geschichte der deutsch-jugoslawischen Arbeitsmigration schaut über den nationalen Container hinaus und nimmt eine transnationale Forschungsperspektive ein, die die jeweiligen Nationalstaaten und ihre Migrationspolitiken als Relevanzrahmen nicht in Frage stellt, jedoch auch das Geflecht der gegenseitigen Einflüsse, Bindungen und Abhängigkeiten in den jeweiligen nationalen Arbeitsmigrationspolitiken der Anwerbevertragspartner berücksichtigt.[13] Im Folgenden werden die Perspektiven beider Staaten, der Bundesrepublik und Jugoslawiens, in der Anwerbephase und das zwischenstaatliche Beziehungsgeflecht vor und während der Verhandlungen über den Anwerbevertrag im Kontext ihrer bilateralen politischen und ökonomischen Beziehungen herausgearbeitet. Die Untersuchung basiert folglich unter anderem auf Quellenmaterial der bundesdeutschen und der jugoslawischen/kroatischen Archive.

1. Auf Titos Sonderweg: Jugoslawischer Arbeitskräftetransfer in die Bundesrepublik Deutschland

Nach offiziellen jugoslawischen Angaben verloren 1,7 Millionen Menschen in Jugoslawien während des Zweiten Weltkriegs ihr Leben. Die Kommunistische Partei beklagte gar den Verlust von etwa 75 Prozent ihrer ursprünglichen Mitglieder.[14] Im Kampf gegen die deutsche Wehrmacht, kroatische Ustašas, serbische Četniks und slowenische Heimatgardisten gingen die Partisanen unter der Führung Titos als Sieger hervor und kultivierten im Rahmen der kollektiven Erinnerung das Feindbild Nummer eins – den „deutschen Faschisten" mit seinen „Kollaborateuren". Hingegen galt auf bundesdeutscher Seite „der Kommunist" angesichts der Teilung Deutschlands und des Kalten Kriegs als das Schreckgespenst der westlichen Zivilisation. In den ersten Jahren der Machtkonsolidierung der Kommunistischen Partei

---

schaften. Die Staaten Osteuropas und die Bundesrepublik Deutschland, Essen 1989, S.133–151, hier S.133.

[11] Reinhard Lohrmann/Klaus Manfrass, Vorwort, in: dies. (Hrsg.), Ausländerbeschäftigung und internationale Politik, München 1974, S.13.

[12] Karen Schönwälder, Einwanderung und ethnische Pluralität. Politische Entscheidungen und öffentliche Debatten in Großbritannien und der Bundesrepublik von den 1950er bis zu den 1970er Jahren, Essen 2001, S.343f., 365; Monika Mattes, „Gastarbeiterinnen" in der Bundesrepublik. Anwerbepolitik, Migration und Geschlecht in den 50er bis 70er Jahren, Frankfurt a.M. 2005, S.53; Senad Hadžić, Titos „Gastarbeiter". Hintergründe und Ursachen des Anwerbeabkommens zwischen der Bundesrepublik Deutschland und Jugoslawien, in: Dietmar Neutatz/Volker Zimmermann (Hrsg.), Die Deutschen und das östliche Europa, Essen 2006, S.103–114; Heike Knortz, Diplomatische Tauschgeschäfte. „Gastarbeiter" in der westdeutschen Diplomatie und Beschäftigungspolitik 1953–1973, Köln 2008, S.140–152.

[13] Vgl. Karolina Novinšćak, The Recruiting and Sending of Yugoslav „Gastarbeiter" to Germany: Between Socialist Demands and Economic Needs, in: Brunnbauer (Hrsg.), Transnational Societies, S.121–143.

[14] Marie-Janine Calic, Geschichte Jugoslawiens im 20. Jahrhundert, München 2010, S.169.

Jugoslawiens waren zwischenstaatliche deutsch-jugoslawische Beziehungen zunächst nicht vorstellbar. Doch bereits 1948 ermöglichte der Bruch zwischen Tito und Stalin eine Annäherung Jugoslawiens an die westliche Welt. Der jugoslawisch-sozialistische Alleingang und die außenpolitische Position Jugoslawiens außerhalb des Ostblocks wurden von westeuropäischen Staaten und den USA mit großzügigen Krediten belohnt, was auch schrittweise zu einer Verbesserung der deutsch-jugoslawischen Beziehungen führte.[15]

Die ersten zaghaften Schritte einer bilateralen Zusammenarbeit sowie die Anfänge der Arbeitsmigration zwischen Jugoslawien und der Bundesrepublik Deutschland entwickelten sich zunächst auf ökonomischer Ebene. 1950 wurden Wirtschaftsvertretungen in beiden Staaten eingerichtet, die dann zu politischen Missionen und im Jahr darauf zu Botschaften umgewandelt wurden.[16] 1952 folgte ein Abkommen, das den Warenverkehr zwischen der Bundesrepublik und Jugoslawien regelte, und 1956 unterzeichneten beide Staaten eine Vereinbarung über wirtschaftliche Zusammenarbeit. Die Handelsbeziehungen entwickelten sich gut, denn deutsche Importe sowie große Finanzhilfen der Bundesrepublik für Jugoslawien sicherten der regierenden Kommunistischen Partei die rasch in Angriff genommene industrielle Umgestaltung des Agrarlandes. Ihr Ziel war es, den Wiederaufbau und die Industrialisierung des Landes so schnell wie möglich voranzutreiben und damit die zunächst illegale Abwanderung von Arbeitskräften, auch mithilfe einer Vollbeschäftigungspolitik, zum Versiegen zu bringen.

Bereits in den 1960er Jahren erforderten jedoch einschneidende Wirtschaftsreformen, die Einführung des Selbstverwaltungssozialismus und die Öffnung der jugoslawischen Wirtschaft gegenüber dem internationalen Markt, die Aufgabe der bislang praktizierten Vollbeschäftigungspolitik. Die gleichzeitige Schließung unrentabler Unternehmen forderte bald ihren Tribut: Der Arbeitskräftetransfer aus dem landwirtschaftlichen Sektor in den Industrie- und Dienstleistungssektor stockte, und gleichzeitig drängten geburtenstarke Jahrgänge der Landbevölkerung auf den Arbeits- und Wohnungsmarkt. So stieg die Zahl der Arbeitslosen von 1952 bis zum Jahr 1975 um durchschnittlich 11,4 Prozent pro Jahr an.[17] Gleichzeitig entwickelte der wirtschaftliche Aufschwung in der Bundesrepublik eine Sogwirkung auf die Bevölkerung Jugoslawiens. Waren 1954 erst 1801 Menschen aus Jugoslawien bei deutschen Arbeitsämtern registriert, so stieg ihre Zahl bis 1962 schon auf 23608.[18]

In den 1950er Jahren war die Arbeitsmigration aus Jugoslawien ins „kapitalistische Ausland" grundsätzlich nicht gestattet bzw. durch administrative Maßnahmen sehr erschwert worden – mit dem Argument, dass in der vollbeschäftigten sozialistischen Wirtschaft jede Arbeitskraft gebraucht werde. Anfang der 1960er Jahre, infolge der Verschlechterung der gesamtwirtschaftlichen Lage, wurde die Arbeitsmigration als Entlastungsventil für den durch hohe Arbeitslosigkeit belasteten Arbeitsmarkt erkannt. Außerdem lernte der jugoslawische Staat die volkswirtschaftliche Bedeutung des Rückflusses der Devisen-Spargelder der Arbeitsmigranten zu schätzen. Daraufhin wurde 1962 die Ausreise erleichtert, und jugoslawische Behörden begannen Visa für längere Arbeitsaufenthalte im Ausland auszustellen.[19] Ein Amnestiegesetz im selben Jahr hob schließlich die in den Vorjahren erfolgte Arbeitsmigration aus der Illegalität und ermöglichte Personen, außer sogenannten Kollabo-

---

[15] Vgl. Sundhaussen, Jugoslawisch-Deutsche Beziehungen, S.134.
[16] Ebenda, S.135.
[17] Wilfried Künne, Die Außenwanderung jugoslawischer Arbeitskräfte. Ein Beitrag zur Analyse internationaler Arbeitskräftewanderungen, Königstein i.Ts. 1979, S.30.
[18] Ivo Baučić, Socialno-ekonomske posljedice vanjskih migracija radne snage iz Jugoslavije, in: Geografski glasnik 33–34 (1971/72), S.25–59, hier S.27, Tab. II.
[19] Ders., Die Auswirkungen der Arbeitskräftewanderung in Jugoslawien, in: Lohrmann/Manfrass (Hrsg.), Ausländerbeschäftigung, S.171–206, hier S.195.

rateuren sowie Spionen und Kriegsverbrechern, die seit 1945 illegal die Grenze überschritten hatten, eine Rückkehr oder den Besuch ihrer Heimat.[20]

Die sukzessive Öffnung der Grenzen für jugoslawische Arbeitsmigranten in den 1960er Jahren wurde von einer ideologischen Neuinterpretation des gesellschaftlichen Phänomens der Arbeitsmigration begleitet. Der Arbeitsmigrant galt fortan nicht mehr als „Landesverräter", sondern als eine Art „Entwicklungshelfer" im nachholenden Industrialisierungsprozess Jugoslawiens. In den Folgejahren diskutierte der Bund der Kommunisten verstärkt die Möglichkeit der Auslandsbeschäftigung zur Unterstützung seiner Wirtschaftsreformen. Das neue migrationspolitische Credo lautete, dass Arbeitsmigration als Bestandteil der internationalen Arbeitsteilung hinzunehmen sei und eine erfolgreiche Integration der jugoslawischen Wirtschaft in den Weltmarkt die Freiheit zur Zirkulation der Arbeitskräfte einschließen müsse.[21]

Indem ein nicht unerheblicher Teil der jugoslawischen Arbeiterschaft nationale Grenzen überschritt, wurde das nationale Container-Konzept von einer jugoslawischen Arbeiterklasse auf jugoslawischem Boden gesprengt und der sozialistische Staat herausgefordert, eine transnationale Perspektive im Einklang mit seiner Ideologie zu formulieren. Die ideologische Legitimation der jugoslawischen Arbeitsmigration stand und fiel mit der Prämisse, wonach die Arbeitsmigranten nur „vorübergehend" im Ausland seien und sie trotz ihrer territorialen Entfernung „ein organischer Bestandteil der jugoslawischen Arbeiterklasse"[22] blieben. Aus dieser Grundannahme leitete sich in Jugoslawien die offizielle Bezeichnung der Arbeitsmigranten als „temporär im Ausland beschäftigte Arbeiter" (radnici na privremenom radu u inozemstvu) ab, die auch in Abgrenzung zu dem Begriff Auswanderer (iseljenici) für die Migranten in Übersee und der in Jugoslawien negativ besetzten Bezeichnung Emigrant (emigrant)[23], der sich auf emigrierte politische Opponenten bezog, formuliert wurde.

Durch gezielte Vermittlung der Arbeitslosen ins Ausland seitens der jugoslawischen Arbeitsverwaltung sowie den Abschluss bilateraler Abkommen zwischen Jugoslawien und westlichen Anwerbestaaten wurde die Arbeitsmigration seit Mitte der 1960er Jahre staatlich forciert.[24] In den folgenden Jahren schloss die jugoslawische Regierung Anwerbeverträge – mit Frankreich und Österreich 1965, mit Schweden 1966, mit der Bundesrepublik Deutschland 1968 und schließlich auch mit Belgien, Luxemburg, den Niederlanden und Australien 1970.

Die Migration der jugoslawischen Arbeitsuchenden entwickelte sich, begünstigt durch den Abschluss des deutsch-jugoslawischen Anwerbevertrages am 12. Oktober 1968, zu einer Massenbewegung. Die Zahl der jugoslawischen Arbeitsmigranten in Europa und in der Bundesrepublik Deutschland wuchs seit den 1960er Jahren stetig, nach dem Anwerbeabkommen sogar rasant und erreichte 1973 mit 860 000 Abwanderern ins europäische Ausland ihren Höhepunkt (Schaubild 1). Die Bundesrepublik Deutschland hatte zu diesem Zeitpunkt mit 553 500 Arbeitswanderern aus Jugoslawien respektive 62 Prozent den europaweit größten Anteil. Überrepräsentiert waren junge Menschen aus dem Agrarsektor, während Personen mit Gymnasial- oder Universitätsabschluss seltener abwanderten.[25] Das

---

[20] Archiv der Gegenwart (AdG), Bd. 32, 9738/C, 14.3.1962.
[21] Vgl. Othmar Nikola Haberl, Die Abwanderung von Arbeitskräften aus Jugoslawien. Zur Problematik ihrer Auslandsbeschäftigung und Rückführung, München 1978, S. 70f.
[22] Živan Tanić, Ekonomska emigracija: klasno određenje i svest, in: Sociologija 14 (1972), S. 441–457, hier S. 446.
[23] Emil Heršak, Emigrant, in: ders. (Hrsg.), Leksikon migracijskoga i etničkoga nazivlja, Zagreb 1998, S. 53.
[24] Haberl, Die Abwanderung von Arbeitskräften, S. 74–108.
[25] Künne, Die Außenwanderung, S. 136f., 161f.

niedrige Lohnniveau in Jugoslawien veranlasste indes auch viele qualifizierte Arbeiter zur Abwanderung. Aus den Erhebungen der jugoslawischen Volkszählung von 1971 geht hervor, dass 45,6 Prozent der Arbeitsmigranten qualifizierte Arbeitskräfte waren. Den Schwerpunkt der bundesdeutschen Anwerbung jugoslawischer Arbeitnehmer bildeten bis zum Anwerbestopp 1973 die Republik Kroatien und die Republiken Bosnien und Herzegowina, da sich auf diese Regionen viele Anforderungen deutscher Betriebe konzentrierten.

Schaubild 1: Arbeitsmigration aus Jugoslawien nach Europa und in die Bundesrepublik Deutschland im Vergleich zu Arbeitsuchenden und freien Arbeitsplätzen in Jugoslawien 1964–1976

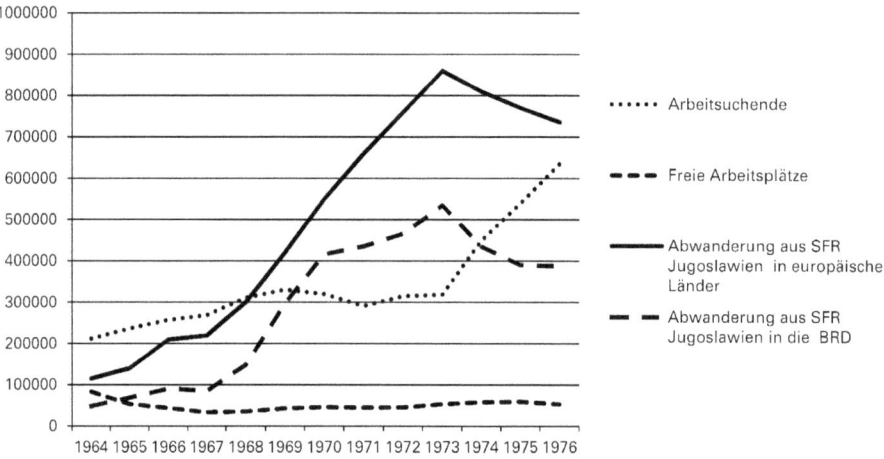

Quelle: Jugoslavija – Statistički godišnjak (Statistisches Jahrbuch), Belgrad, Februar 1989, S. 70, Tab. 4–8.

2. Arbeitsmigration während der deutsch-jugoslawischen politischen Eiszeit (1957–1967/68)

Während der oben skizzierten ersten Phase der bilateralen ökonomischen Annäherung und der noch nicht bilateral geregelten, aber stetig steigenden Arbeitsmigration gestalteten sich die politischen Beziehungen zwischen der Bundesrepublik und Jugoslawien schwierig. Die bundesdeutsche Wirtschaftshilfe entsprang dem auch von den Verbündeten verfolgten politischen Interesse, Jugoslawien im westlichen Lager zu halten. Politisch verschlechterten sich die deutsch-jugoslawischen Beziehungen gravierend, als Tito den Alleinvertretungsanspruch der Bundesrepublik immer weiter in Frage stellte. Als Jugoslawien schließlich am 10. Oktober 1957 diplomatische Beziehungen zur Deutschen Demokratischen Republik (DDR) aufnahm, reagierte die westdeutsche Regierung unter Konrad Adenauer prompt und wandte gegen Jugoslawien die Hallstein-Doktrin an, die besagte, dass eine Anerkennung der DDR als „feindlicher Akt" gegen die Bundesrepublik zu werten sei. Nur neun Tage später wurden die diplomatischen Beziehungen zu Jugoslawien abgebrochen und die außenpolitische Kommunikation lief fortan über konsularische Beziehungen der Schutzvertretungen Frankreich und Schweden.

Trotz der politischen Eiszeit zwischen der Bundesrepublik und Jugoslawien aufgrund der Deutschlandfrage hielt die Arbeitsmigration aus Jugoslawien in die Bundesrepublik nicht nur an, ihr Umfang stieg sogar kontinuierlich. Das Konsulat der Bundesrepublik

Deutschland in Zagreb meldete dem Auswärtigen Amt im Oktober 1962, dass Tag für Tag rund 200 Arbeiter nach Deutschland abreisten – zur Zufriedenheit der deutschen Industrie:

> „Aus zahlreichen hier vorliegenden Äußerungen deutscher Firmen geht hervor, daß die Industrie mit den jugoslawischen Gastarbeitern durchaus zufrieden ist. [...] Die täglichen Schlangen der Arbeitswilligen vor dem deutschen Konsulat, die unter Ordnungsschutz der Polizei stehen, sind zwar als sichtbare Zeichen der Wirtschaftskrise nicht erwünscht, werden jedoch für die beachtlichen Vorteile in Kauf genommen."[26]

In Jugoslawien war Anfang der 1960er Jahre eine organisierte Anwerbung von Arbeitskräften verboten und auch in der Bundesrepublik konnte aufgrund des Fehlens eines bilateralen Anwerbeabkommens keine staatlich organisierte Werbung für jugoslawische Arbeitskräfte durchgeführt werden. Stattdessen erfolgte die Rekrutierung von Arbeitskräften aus Jugoslawien für die bundesdeutsche Wirtschaft z. B. durch Verwandten- und Bekanntenwerbung, durch jugoslawische Geschäftsfreunde deutscher Firmen, anlässlich deutscher Geschäftsbesuche in Jugoslawien oder durch Abschluss von Werkverträgen mit jugoslawischen Firmen.[27]

Das jugoslawische Arbeits- sowie das Außenministerium beklagten zunehmend ihre fehlenden Einflussmöglichkeiten auf die Arbeitsmigration in die Bundesrepublik.[28] Daher strebten sie Verhandlungen mit der Bundesrepublik über eine Sozialversicherungskonvention und die Gleichstellung der jugoslawischen Arbeiter mit jenen aus den EWG-Ländern an. Beidem stimmte der Bundesexekutivrat am 29. Juni 1964 zu. Nur einen Monat später kam es in Belgrad zu deutsch-jugoslawischen Sachverständigengesprächen über die Möglichkeit des Abschlusses einer Anwerbevereinbarung und eines Sozialversicherungsabkommens.[29] Diese wurden im darauffolgenden Jahr fortgeführt, ohne jedoch zu einem Abschluss zu gelangen.

Obwohl die Bundesrepublik bereits mit sechs Staaten Anwerbeabkommen geschlossen hatte, folgte sie in der Anfangsphase der deutsch-jugoslawischen Migrationsbeziehungen nicht dem Wunsch der jugoslawischen Seite nach einer staatlichen Regelung. Die Arbeitsmigrationspolitik der Bundesregierung fußte – neben dem Grundsatz der Abhängigkeit der Ausländerbeschäftigung von der Arbeitsmarktsituation und Wirtschaftslage sowie der grundsätzlichen Ablehnung einer Einwanderungspolitik – auf dem Europäergrundsatz, nach dem Staatsangehörigen außereuropäischer Staaten und von Ostblockstaaten grundsätzlich der Arbeitsaufenthalt nicht zu gestatten sei.[30] Auch wenn Jugoslawien blockfrei war, blieben die Chancen für ein Abkommen schlecht, da die Bundesrepublik aufgrund der Deutschlandfrage keine freundschaftlichen Beziehungen zu Titos Staat unterhielt.

Die schlechten politischen Beziehungen und das gegenseitige Misstrauen traten insbesondere im Bereich der Arbeitsmigration zutage und spiegelten sich in den Vorgesprächen von 1964 zum Anwerbeabkommen wider. Hier machte die jugoslawische Seite deutlich, dass sie, entgegen den üblichen bundesdeutschen Anwerbeverfahren, eine ständige deutsche Kommission der Bundesanstalt für Arbeit in Jugoslawien nicht dulden würde. Vielmehr wollten die jugoslawischen Behörden die Auswahl der Arbeitsmigranten ausschließlich

---

[26] Bundesarchiv Koblenz (BArch), B 149/6240, Jugoslawische Gastarbeiter. Bericht des Konsulats der Bundesrepublik Deutschland an das Auswärtige Amt, Zagreb, 23.10.1962, S. 2f.
[27] Vgl. ebenda, S. 3.
[28] Arhiv Jugoslavije, Beograd (AJ), Fond 130/626/1034: Državni sekretarijat za inostrane poslove Saveznom Izvršnom Veću, br. 423534, Beograd, 4.6.1964, Bl. 1f.
[29] BArch, B 149/6241, Bericht des Referenten, Regierungsdirektor Dr. Dahnen, Abt. II, IIa 4 – 2430.6: Beschäftigung jugoslawischer Arbeitnehmer in der Bundesrepublik, hier: Sachverständigengespräche in Belgrad vom 21.–24.7.1964, Bonn, 5.8.1964, S. 1–5.
[30] Vgl. Reinhard Lohrmann, Politische Auswirkungen auf die Bundesrepublik Deutschland, in: ders./Manfrass (Hrsg.), Ausländerbeschäftigung, S. 103–140, hier S. 121f.

selbst durchführen. Außerdem forderte Jugoslawien das Recht, ihre in der Bundesrepublik beschäftigten Arbeitnehmer zurückrufen zu können, und eine Zulassung von Vertretern jugoslawischer gewerkschaftlicher und kultureller Organisationen, „die in Zusammenarbeit mit Vertretern entsprechender deutscher Organisationen die Eingewöhnung jugoslawischer Arbeitnehmer erleichtern und ihre kulturellen und Vergnügungsbedürfnisse organisiert befriedigen" sollten.[31] Gegen diese in den jugoslawischen Entwurf für eine Anwerbevereinbarung eingebrachten Punkte hatten die bundesdeutschen Sachverständigen erhebliche Bedenken. Ein Rückrufrecht des jugoslawischen Staates gegenüber den Arbeitsmigranten und ein institutionalisierter jugoslawischer Betreuungsdienst auf deutschem Territorium waren für die westdeutsche Seite nicht hinnehmbar, insbesondere

> „im Hinblick auf die u. U. entstehenden Reibungen mit den in der Bundesrepublik bereits vorhandenen Exilorganisationen, die sich im allgemeinen bisher in voll befriedigender Weise der Betreuung der hier beschäftigten Jugoslawen – zumeist sind es Kroaten – annehmen".[32]

Während also eine bilaterale Zusammenarbeit im Bereich der Arbeitsmigration nach 1965 stagnierte, reagierte die Bundesanstalt für Arbeit 1966 mit restriktiven Maßnahmen, um den unkontrollierten Zuzug von ungelernten männlichen Arbeitnehmern aus Jugoslawien zu stoppen. Nach einer Regelung zur Beschäftigung jugoslawischer Arbeitnehmer in deutschen Betrieben sollten grundsätzlich Arbeitskräfte aus den EWG-Staaten und den Anwerbeländern jugoslawischen Arbeitskräften vorgezogen werden.[33] Eine Arbeitserlaubnis konnte demnach nur Männern aus Jugoslawien mit Fachkenntnissen ausgestellt werden, die aus den anderen Anwerbeländern nicht angeworben werden konnten. Weibliche Arbeitskräfte konnten hingegen weiterhin auch dann rekrutiert werden, wenn sie über keine Fachkenntnisse verfügten.

Während Arbeitsmigranten aus Jugoslawien in der deutschen Wirtschaft gefragt waren, begegneten die bundesdeutschen amtlichen Stellen, die Ausländerpolizei und der Verfassungsschutz einer Arbeitskräfteanwerbung aus einem sozialistischen Staat mit Skepsis. Ulrich Herbert stellt für die 1960er Jahre fest, dass westdeutsche Behörden „außerordentliche Befürchtungen vor einem Import des Kommunismus in Gestalt kommunistischer Arbeiter"[34] hatten, und auch Karen Schönwälder beobachtet in ihrer Untersuchung zur Ausländerpolitik für die erste Hälfte der 1960er Jahre eine „panische Kommunistenangst" der Bundesregierung[35], die auch das Misstrauen gegenüber Ausländern schürte. „Der Spiegel" zitierte 1961 Dr. Kurt Sicha, einen für Ausländerfragen zuständigen Referenten im Bundesarbeitsministerium, mit den warnenden Worten: „Wir haben der Bundesanstalt schon 1955 gesagt: ‚Holt keine Jugoslawen rein'."[36] Doch trotz der politischen Warnungen vor „kommunistisch infizierten Tito-Arbeitern"[37] beschäftigten deutsche Unternehmen in den 1960er Jahren weiterhin Jugoslawen. Im Jahr 1966 erklärte die Zeitschrift „Der Arbeitgeber" die hohe Nachfrage nach jugoslawischen Arbeitskräften trotz der Kenntnis, dass „von jugoslawischer Seite auch planmäßig als Arbeitskräfte politische Funktionäre in die BRD geschleust werden, um die hier beschäftigten Jugoslawen in den Griff zu bekommen"[38], folgendermaßen:

---

[31] BArch, B 149/6241, Bericht des Referenten, Regierungsdirektor Dr. Dahnen, Abt. II, IIa 4 – 2430.6: Beschäftigung jugoslawischer Arbeitnehmer in der Bundesrepublik, hier: Sachverständigengespräche in Belgrad vom 21.–24.7.1964, Bonn, 5.8.1964, S. 4.
[32] Ebenda.
[33] Vgl. Rolf Weber, Problematische Jugoslawen, in: Der Arbeitgeber (1966), Nr. 21, S. 651f., hier S. 652.
[34] Ulrich Herbert, Geschichte der Ausländerpolitik in Deutschland, München 2001, S. 214.
[35] Schönwälder, Einwanderung und ethnische Pluralität, S. 281.
[36] Treck aus Titos Land, in: Der Spiegel, 27.12.1961, S. 21.
[37] Ebenda.
[38] Weber, Problematische Jugoslawen, S. 652.

„Tatsächlich wird von den deutschen Betrieben, die Jugoslawen beschäftigen, bestätigt, daß die Jugoslawen besonders große Bereitschaft zeigen, sich im Betrieb einzugliedern, daß nahezu keine Anpassungsschwierigkeiten bestehen, die Jugoslawen fleißige und zum großen Teil qualifizierte Arbeitskräfte sind. Vielfach können sich die zumeist aus dem nördlichen Teil Jugoslawiens kommenden Arbeitskräfte auch in deutscher Sprache verständigen."[39]

Zugleich formte sich bei den jugoslawischen Machthabern eine panische Angst vor den politischen Emigranten in der Bundesrepublik. Denn viele der ehemaligen Kriegsgegner der Partisanen hatten Zuflucht in der Bundesrepublik gefunden, insbesondere kroatische Ustaša-Anhänger, aber auch gemäßigtere Oppositionelle, die den Alleinherrschaftsanspruch der Kommunistischen Partei in Frage stellten und in Jugoslawien politisch verfolgt wurden. Mit der Öffnung der Grenzen für Arbeitsmigranten fürchtete die jugoslawische Regierung nun einen erneuten Import der anti-jugoslawischen Programmatik der Oppositionellen, die bislang durch das Wiedereinreiseverbot von der Bevölkerung Jugoslawiens ferngehalten werden konnte. Den politischen Handlungsdruck der jugoslawischen Regierung erhöhten insbesondere anti-jugoslawische Aktionen und terroristische Angriffe von meist kroatischen Exilanten in der Bundesrepublik. So kam es unter anderem am 29. November 1962 zu einem Bombenangriff auf die jugoslawische Mission in Bad Godesberg, woraufhin das jugoslawische Außenministerium diesen Angriff als eine der brutalsten anti-jugoslawischen Provokationen, die in der Bundesrepublik begangen worden seien, bezeichnete.[40] Mit Sorge wurde von den jugoslawischen Behörden zudem zur Kenntnis genommen, dass die Exilanten in der Bundesrepublik als Arbeitsvermittler, Dolmetscher oder Sozialarbeiter in den Kreisen der Arbeitsmigranten auftraten und damit ein neues Wirkungsfeld für ihre anti-jugoslawischen Aktionen erschlossen.[41] Eine Rekrutierung der Arbeitsmigranten für den politischen Kampf gegen den jugoslawischen Staat war für die Exilanten auch insofern lohnenswert, da die Arbeiter bei ihren Heimreisen z. B. die von den Exilanten verfassten politischen Schriften über die Grenze schmuggeln konnten.

Die mögliche politische Mobilisierung der Arbeitsmigranten lief der selbstauferlegten staatlichen Fürsorgepflicht Titos für den im Ausland weilenden Teil der jugoslawischen Arbeiterklasse zuwider und barg gleichzeitig die Gefahr einer Destabilisierung des Herrschaftsgefüges innerhalb Jugoslawiens. Dem jugoslawischen Staat waren aufgrund der schlechten politischen Beziehungen zur Bundesrepublik gleichsam die Hände gebunden, sodass sie weder gegen die anti-jugoslawischen politischen Aktionen vorgehen noch durch Betreuungsdienste die Arbeitsmigranten an den sozialistischen Heimatstaat binden oder gar überwachen konnten. Die Sorge um die nationale Entfremdung der jugoslawischen Arbeitskräfte und der vermeintlich negative Einfluss der Exilanten ließen eine politische Präsenz des jugoslawischen Staates innerhalb der Migrantengemeinden in der Bundesrepublik umso dringlicher erscheinen. Bereits 1964 empfahl der stellvertretende Staatssekretär für auswärtige Angelegenheiten Marko Nikezić dem regierenden Bundesexekutivrat, einer weiteren anti-jugoslawischen politischen Mobilisierung und Ausbeutung der jugoslawischen Arbeitskräfte durch ein deutsch-jugoslawisches Anwerbabkommen entgegenzutreten.[42]

Nachdem 1965 auf den jugoslawischen Vizekonsul Andrija Klarić ein Mordanschlag verübt und 1966 Konsul Savo Milanović in Stuttgart von einem Exilanten aus Kroatien ermordet worden war, warf die Regierung Jugoslawiens der Bundesregierung vor, jugosla-

---

[39] Ebenda, S. 651.
[40] Vgl. Archiv der Gegenwart (AdG), Bd. 32, 10.271/B, 1.12.1962.
[41] AJ 130/626/1034: Državni sekretarijat za inostrane poslove Saveznom Izvršnom Veću, br. 423534, Beograd, 4.6.1964.
[42] Ebenda.

wische Bürger und Diplomaten nicht ausreichend zu schützen. Das jugoslawische Außenministerium interpretierte die Häufung anti-jugoslawischer Aktionen und Angriffe kroatischer Exilanten als eindeutiges politisches Druckmittel der Bundesrepublik gegenüber Jugoslawien, denn zeitlich koinzidierten sie mit Titos Besuch in der DDR und dem Besuch Ulbrichts in Jugoslawien.[43] Für die jugoslawische Regierung war klar: je schlechter die bilateralen Beziehungen, desto intensiver die anti-jugoslawischen Aktionen innerhalb der Migrantengemeinden der Bundesrepublik.[44]

Zusammenfassend lassen sich die Erwartungen der jugoslawischen Regierung an eine bilaterale Zusammenarbeit im Feld der Arbeitsmigration durch ein Anwerbeabkommen mit der Bundesrepublik in folgende Interessensgebiete einteilen:

1. Soziale Gleichstellung der jugoslawischen Arbeiter mit den anderen ausländischen Arbeitnehmern der Bundesrepublik Deutschland;
2. Maximierung der Arbeitsmigration mit gleichzeitiger Reduzierung der Arbeitslosigkeit;
3. Erhöhung der Devisenrückflüsse durch Spareinlagen, Investitionen und Rentenüberweisungen der Arbeitsmigranten;
4. Staatliche Lenkung und Kontrolle der deutsch-jugoslawischen Arbeitsmigration in Jugoslawien, aber auch auf dem Gebiet der Bundesrepublik Deutschland;
5. Verhinderung politischer Mobilisierung der Arbeitsmigranten durch „Emigranten";
6. Verstärkung der Bindung der Arbeitsmigranten an das Herkunftsland.

Eine nachhaltige staatliche Einflussnahme Jugoslawiens auf die oben genannten Felder der deutsch-jugoslawischen Migrationsbeziehungen konnte nur in Kooperation mit dem Aufnahmestaat gelingen, der sich die deutsche Seite jedoch bis zum Regierungswechsel 1966 größtenteils verschloss.

3. Regelung zwischenstaatlicher Migrationsbeziehungen im Kontext der politischen Annäherung von Brandt und Tito ab 1967

Neue Impulse bekam das bilaterale Verhältnis zu Jugoslawien sowie die Klärung der noch offenen jugoslawischen „Gastarbeiterfrage" schließlich durch die neue Regierung der Großen Koalition (CDU/CSU/SPD) sowie durch die Ernennung Willy Brandts zum Bundesaußenminister und Vize-Kanzler im Dezember 1966.[45] Im Rahmen der neuen Ostpolitik des Außenministers Brandt konnte das blockfreie Jugoslawien als Mitglied der europäischen Staatengemeinschaft aus der bundesdeutschen Politik der Entspannung und Kooperation nicht ausgeklammert werden.[46] Der 1957 vollzogene Abbruch der diplomatischen Beziehungen sowie die von Jugoslawien geforderten und von bundesdeutscher Seite abgelehnten Entschädigungszahlungen für die jugoslawischen Opfer des Zweiten Weltkriegs waren die

---

[43] AJ 130/626/1034: Državni sekretarijat za inostrane poslove, II uprava, br. 432162; Informacija o najnovijem pogoršanju u odnosima SRN–SFRJ, Beograd, 12.9.1966.
[44] AJ 130/626: Državni sekretarijat za inostrane poslove, II uprava, br. 418385; Informacija o poseti Jugoslaviji vice-kancelara i ministra spoljnih poslova SR Nemačke Willy Brandta, od 12. do 14.VI 1968, Beograd, 29.5.1968, Bl. 9.
[45] Vladimir Ivanović, Obnavljnje diplomatskih odnosa između Socijalističke Federativne Republike Jugoslavije i Savezne Republike Nemačke, in: Istorija 20.Veka, 2 (2005), S.136, Anm.22; ders., Jugoslavija i SR Nemačka 1967–1973, Belgrad 2009, S.134–143; vgl. Schönwälder, Einwanderung und ethnische Pluralität, S.343f., 365; Mattes, „Gastarbeiterinnen" in der Bundesrepublik, S.53; Hadžić, Titos „Gastarbeiter". Hintergründe und Ursachen, S.103–114; Knortz, Diplomatische Tauschgeschäfte, S.140–152.
[46] Vgl. Akten zur Auswärtigen Politik der Bundesrepublik Deutschland, hrsg. im Auftrag des Auswärtigen Amts vom Institut für Zeitgeschichte (AAPD), Bd.I: 1.Januar bis 31.März 1967, München 1998, Dok. 88, Bundesminister Brandt an Bundeskanzler Kiesinger, 6.3.1967, S.414.

zwei großen Hindernisse, die eine politische Annäherung im Sinne der neuen Entspannungspolitik überwinden musste. Einer Wiederaufnahme der diplomatischen Beziehungen stand Jugoslawien aufgeschlossen gegenüber, ohne dafür offiziell Vorbedingungen zu formulieren. Allerdings erwartete die Regierung Belgrads von der Bundesrepublik für eine „volle Normalisierung" der Beziehungen „die Befriedigung ihrer Wiedergutmachungs- und Reparationsforderungen, das Verbot ‚terroristischer' Emigrantenumtriebe im Bundesgebiet sowie eine vertragliche Regelung des Status der jugoslawischen Gastarbeiter".[47]

Die Wiederaufnahme der diplomatischen Beziehungen mit einem Land, das die „Sünde" begangen hatte, die DDR anzuerkennen, gestaltete sich für das Auswärtige Amt schwierig[48]: Zum einen musste in Zusammenarbeit mit Jugoslawien einer Fehlinterpretation entgegengewirkt werden, die Staaten der „Dritten Welt" ermutigt hätte, nun ebenfalls diplomatische Beziehungen zu Ostberlin aufnehmen zu wollen. Zum anderen galt es, die jugoslawischen Entschädigungsforderungen aus finanziellen und wirtschaftlichen Gründen abzulehnen, um einen Präzedenzfall zu vermeiden, obwohl die bundesdeutsche Seite wusste, dass Jugoslawien nicht bereit war, die Wiedergutmachungsforderungen ersatzlos fallen zu lassen. Daher stellte sich die Frage, welche Art von Wirtschaftshilfe für Jugoslawien angemessen und für die Bundesrepublik machbar erschien, um auch in Zukunft in einer freundlichen politischen Beziehung zum jugoslawischen Staat die Entschädigungsansprüche abwehren zu können. Willy Brandt schlug daher am 6. März 1967 Bundeskanzler Kurt Georg Kiesinger ein Beamtengespräch in Belgrad vor, um zu klären, was unmittelbar geschehen könnte, um die Beziehungen zwischen den beiden Staaten zu verbessern, und führte unter anderem die Wiederaufnahme der Gespräche über ein „Gastarbeiter"- und Sozialversicherungsabkommen an.[49] Trotz der widrigen wirtschaftlichen Umstände im Rezessionsjahr 1967 und der Ablehnung eines weiteren Anwerbeabkommens durch das Bundesministerium für Arbeit war für Brandt die Wiederaufnahme der Anwerbegespräche ein wichtiger Berührungspunkt für eine Annäherung mit Jugoslawien. So schrieb der Außenminister noch am 21. April 1967 dem Bundesminister für Arbeit und Sozialordnung, Hans Katzer:

> „Wie Sie wissen, ist die Bundesregierung im Rahmen ihrer Ostpolitik bemüht, auch das Verhältnis zu Jugoslawien zu verbessern. Die Fortsetzung der (bereits mehrfach unterbrochenen) deutschjugoslawischen Verhandlungen über ein Anwerbe- und ein Sozialversicherungsabkommen für jugoslawische Arbeiter in Deutschland bietet eine Gelegenheit, diesem Ziel einen Schritt näherzukommen. Die jugoslawische Regierung hat wiederholt zum Ausdruck gebracht, daß sie besonderen Wert auf eine möglichst baldige Wiederaufnahme dieser Verhandlungen legt. Ich würde es deshalb unter außenpolitischen Gesichtspunkten für gut halten, wenn wir dem Wunsch der Jugoslawen möglichst bald entsprechen könnten. Dabei verkenne ich nicht, daß bei der gegenwärtigen Arbeitsmarktlage und im Hinblick auf die anderen Länder, mit denen bereits Anwerbeabkommen geschlossen sind, gewisse Bedenken bestehen, die deutsch-jugoslawischen Verhandlungen gerade jetzt wieder aufzunehmen. Trotzdem glaube ich, daß die für eine Fortsetzung der Verhandlungen sprechenden außenpolitischen Gründe den Vorrang haben sollten."[50]

Während der deutsch-jugoslawischen Wirtschaftsverhandlungen vom 24. bis 29. April 1967 in Belgrad drängte die jugoslawische Delegation auf eine Festlegung des Termins für den Abschluss eines Anwerbeabkommens. Der deutschen Seite erschien das jedoch nicht als angemessen, da die Abstimmung zwischen den Ministerien über den Sinn eines An-

---

[47] AAPD, Bd. I: 1. Januar bis 31. März 1967, Dok. 15, Gespräch zwischen Brandt und Couve de Murville, S. 85, Anm. 33.
[48] Vgl. Zoran Janjetović, Od Auschwitza do Brijuna. Pitanje otštete žrtvama nacizma u jugoslavensko-zapadnonjemačkim odnosima, Zagreb 2007.
[49] AAPD, Bd. I: 1. Januar bis 31. März 1967, Dok. 88, Bundesminister Brandt an Bundeskanzler Kiesinger, 6.3.1967, S. 412f.
[50] BArch, B 149/6241, Bundesminister des Auswärtigen an Bundesminister für Arbeit und Sozialordnung Herrn Hans Katzer, Bonn, 21.4.1967, Bl. 1.

werbevertrags noch nicht abgeschlossen worden war. Auf Referentenebene des Auswärtigen Amts, der Innen-, Wirtschafts-, Arbeits-, Finanz- und Vertriebenenministerien konnte keine Einigkeit über die Wiederaufnahme der deutsch-jugoslawischen Anwerbegespräche hergestellt werden.[51] Die deutsche Delegation sagte den Jugoslawen beschwichtigend zu, sich bei der Bundesregierung für einen baldigen Verhandlungstermin einzusetzen. Botschafter Egon Emmel sah bei einer weiteren Stagnation der deutsch-jugoslawischen „Gastarbeiter-Verhandlungen" die Gefahr, dass die „derzeitige jugoslawische Einstellung uns gegenüber schlagartig und erheblich einem neuerlichen Tiefpunkt" entgegen führen werde.[52]

Neben den positiven Effekten einer bilateralen Regelung der Arbeitsmigration für die deutsch-jugoslawischen politischen Beziehungen und die neue Ostpolitik im Allgemeinen betonte der Bundesaußenminister in einer Kabinettsvorlage vom 5. Juni 1967 auch die wirtschaftlichen Vorteile für die Bundesrepublik:

> „Wer aber exportieren will, sollte dem Einfuhrland Möglichkeiten geben, die Importe auch zu bezahlen. [...]. Unter außenwirtschaftlichen Gesichtspunkten sollte daher für die Jugoslawen die Möglichkeit bestehen, im Wirtschaftsverkehr mit uns mit den ihnen zu Gebote stehenden Mitteln, d. h. neben der Warenausfuhr auch durch die Abgabe von Arbeitskräften an uns, mitzuhalten."[53]

Neben dem Finanzminister und dem Minister für Vertriebene lehnte Bundesarbeitsminister Hans Katzer einen Anwerbevertrag mit Jugoslawien angesichts der anhaltenden schwierigen Arbeitsmarktlage ab. Katzer rechtfertigte seine kritische Haltung damit, dass die Zahl der in der Bundesrepublik beschäftigten Jugoslawen auch ohne Anwerbevereinbarung ständig gestiegen sei. Außerdem könnten mit dem Abschluss eines Anwerbevertrages „nicht nur – wie bisher – Fachkräfte, sondern auch Hilfsarbeiter angeworben werden", was unnötig sei.[54] Mit dem Hinweis auf 460 000 Arbeitslose warnte Katzer vor der öffentlichen Kritik an einem neuen Anwerbevertrag: „Es ist bekannt, daß der überwiegende Teil der deutschen Bevölkerung – mehr aus emotionalen als aus rationalen Gründen – gegen eine Beschäftigung von Ausländern eingestellt ist."[55] Zudem befürchtete er die Verstimmung der anderen Anwerbeländer, die sich bereits besorgt gezeigt hätten über den Rückgang der Zahl ihrer Arbeitsmigranten. Ferner würde Italien in dem Abschluss einer deutsch-jugoslawischen Anwerbevereinbarung einen Verstoß gegen den Vorrang des EWG-Arbeitsmarkts gegenüber Drittstaaten sehen.

Die jugoslawische Seite sah die deutsch-jugoslawischen Verhandlungen über ein Anwerbe- und Sozialversicherungsabkommen als Probe des guten Willens im Kontext der bilateralen Gespräche um eine Wiederaufnahme der politischen Beziehungen und einer nachhaltigen Kooperation. Schließlich erreichte die jugoslawische Seite im November 1967 der lang ersehnte Vorschlag des Bundesaußenministeriums, die Gespräche über ein Abkommen zur Beschäftigung, Sozialversicherung und Arbeitslosenversicherung wiederaufzunehmen, allerdings unter dem Vorbehalt, dass es zunächst nur um die Anwerbung qualifizierter und weiblicher Arbeitskräfte gehen könne. Die jugoslawische Regierung bestand jedoch

---

[51] Vgl. Knortz, Diplomatische Tauschgeschäfte, S. 146.
[52] AAPD, Bd. II: 1. April bis 31. August 1967, München 1998, Dok. 156, Aufzeichnung des Botschafters Emmel, Bericht über die deutsch-jugoslawischen Wirtschaftsverhandlungen vom 24. bis 29. April 1967 in Belgrad, 3.5.1967, S. 702f.
[53] BArch, B 149/6241, Bundesminister des Auswärtigen an Chef des Bundeskanzleramtes, Anlage zur Kabinettssache des Auswärtigen Amtes vom 5. Juni 1967, Betr.: Fortsetzung der Verhandlungen über eine Anwerbevereinbarung und ein Sozialversicherungsabkommen mit Jugoslawien, Bonn, 5.6.1967, Bl. 4.
[54] BArch, B 149/6241, Bundesminister für Arbeit und Sozialordnung an Chef des Bundeskanzleramtes, Bonn, 9.6.1967, Bl. 2.
[55] Ebenda, Bl. 2f.

bei einer Fortführung der Anwerbegespräche auf der Gleichbehandlung mit anderen Anwerbestaaten.[56]

Dennoch trug die deutsch-jugoslawische Annäherung über die Themen der wirtschaftlichen Zusammenarbeit und eines bilateralen Anwerbabkommens Früchte. Am 24. Januar 1968 führten Ministerialdirektor Dr. Hans Ruete und der Leiter der jugoslawischen Delegation, Ministerialdirektor Dr. Zvonko Perišić, ein langes Vier-Augen-Gespräch, um alle mit einer Wiederaufnahme der diplomatischen Beziehungen zusammenhängenden Fragen zu erörtern. Dazu zählte auch der Umgang der Bundesrepublik mit politischen Flüchtlingen aus Jugoslawien. Perišić bat mit „großer Betonung erneut darum", unter politischen Gesichtspunkten diesen „Störfaktor" auszuschalten.[57] Die in Jugoslawien seit Jahrzehnten praktizierte Eliminierung politischer Opponenten schien im Migrationskontext an ihre Grenzen zu stoßen, da durch die Rechtsordnung der Bundesrepublik präventiven und repressiven Maßnahmen rechtsstaatliche Grenzen gesetzt waren. Im Entwurf des Verhandlungsauftrags vom Dezember 1967 für den Delegationsleiter der Bundesrepublik hieß es dazu:

> „Die Bundesregierung unterstützt keine gegen die Integrität des jugoslawischen Staates gerichtete Bestrebung. Das Recht der freien Meinungsäußerung, das im Grundgesetz auch für Ausländer gewährleistet ist, kann sie allerdings nicht beschneiden."[58]

Im Januar 1968 wurden zunächst die diplomatischen Beziehungen zwischen der Bundesrepublik und Jugoslawien wieder hergestellt. Als sich die Situation auf dem bundesdeutschen Arbeitsmarkt im selben Jahr entspannte, wurden im März 1968 die deutsch-jugoslawischen Anwerbeverhandlungen offiziell wieder aufgenommen. Das Bundesministerium für Arbeit war jedoch immer noch nicht einverstanden, über die Anwerbung ungelernter Arbeitskräfte zu verhandeln. Ebenso blieben die Fragen nach der von der jugoslawischen Delegation geforderten Kindergeldzahlung für den in Jugoslawien lebenden Nachwuchs der Arbeitsmigranten und die Einrichtung eines ständigen jugoslawischen Betreuungsdienstes offen. Es wurde vereinbart, die Anwerbeverhandlungen im September desselben Jahres fortzusetzen.

Brandt unterrichtete die Regierung, dass sich Jugoslawien gegenüber den anderen Anwerbevertragsländern diskriminiert fühlte und warnte Bundeskanzler Kiesinger im Juni 1968 vor einer Stagnation der Anwerbeverhandlungen:

> „Wenn wir bei der für September vorgesehenen Fortsetzung der Verhandlungen mit Jugoslawien weiter auf unserem Standpunkt beharren, ist zu befürchten, dass die Gesamtverhandlungen scheitern werden. Dies würde einen Rückschlag in der Entwicklung der deutsch-jugoslawischen Beziehungen bedeuten und damit die gesamte Ostpolitik ungünstig beeinflussen."[59]

Bei einem Besuch Brandts in Jugoslawien vom 12. bis 14. Juni 1968 griff Tito wieder das Thema der politischen Flüchtlinge auf. Er argumentierte, dass „faschistische Elemente von Deutschland aus Unruhe stifteten" und damit die Stimmung der jugoslawischen Bevölkerung beeinflussten.[60] Brandt wies darauf hin, dass die Sicherheitsbehörden der beiden Länder gemeinsam bemüht seien, dieses Problem unter Kontrolle zu halten.[61] Auch der jugoslawische Außenminister Nikezić bestätigte, dass die Zusammenarbeit zur Verhinderung der Terrortätigkeit von Emigranten-Organisationen beträchtlich verbessert worden sei.[62]

---

[56] Vgl. AJ 130/626: Savezno Izvršno Veče Saveznom Savezu za rad, br. 39/67, Beograd, 2.12.1967.
[57] AAPD, Bd. I: 1. Januar bis 30. Juni 1968, München 1999, Dok. 30, Ministerialdirektor Ruete, z. Z. Paris, an Bundesminister Brandt, 25.1.1968, S. 93.
[58] Ebenda, S. 93, Anm. 12.
[59] Ebenda, Ruete an Auswärtiges Amt, 13.6.1968, Dok. 190, S. 717, Anm. 8.
[60] Ebenda, Ministerialdirektor Ruete, z. Z. Belgrad, an Auswärtiges Amt, 15.6.1968, Dok. 194, S. 734.
[61] Willy Brandt, Begegnungen und Einsichten. Die Jahre 1960–1975, Hamburg 1976, S. 232f.
[62] AAPD, Bd. I: 1. Januar bis 30. Juni 1968, Dok. 190, Ministerialdirektor Ruete, z. Z. Belgrad, an Auswärtiges Amt, 13.6.1968, S. 718.

Der Beschluss des Bundeskabinetts am 31. Juli 1968, auch männliche jugoslawische Hilfskräfte in die Anwerbevereinbarung mit einzubeziehen und Kindergeld in Höhe der jugoslawischen Leistungen zu gewähren[63], läutete die Schlussphase der deutsch-jugoslawischen Anwerbegespräche ein. Die im März noch unbeantwortet gebliebenen Fragen wurden schließlich bei den nachfolgenden Verhandlungen vom 7. bis 12. Oktober 1968 geklärt. Die jugoslawische Seite verzichtete auf die Entsendung eines eigenen Betreuungsdienstes, erhielt jedoch das Recht, von Zeit zu Zeit Beauftragte nach Deutschland zu entsenden. Um die jugoslawischen Arbeitnehmer in Deutschland besser betreuen zu können, wurde eine Ausweitung des jugoslawischen Konsulardienstes vereinbart. Ferner wurde entschieden, dass die deutsche Bundesanstalt für Arbeit die Kosten für ihr in Jugoslawien tätiges Personal, für die Räume und Einrichtungsgegenstände selbst tragen sollte. Auch die vollständigen Kosten der medizinischen Untersuchungen, der Sonderzugreisen jugoslawischer Arbeitnehmer in die Bundesrepublik einschließlich Reiseverpflegung wurden von deutscher Seite übernommen. Zudem wurde den jugoslawischen Arbeitnehmern in der Bundesrepublik das für ausländische Arbeitnehmer übliche Kindergeld zugestanden – allerdings mit der Einschränkung, dass die Kindergeldregelung des Abkommens automatisch außer Kraft trat, wenn zwei der bereits bestehenden Abkommen im Sinne einer Einschränkung der Kindergeldzahlung geändert wurden.[64] Des Weiteren wurde ein Abkommen über eine Arbeitslosenversicherung abgeschlossen.

Die von der jugoslawischen Regierung erwarteten positiven wirtschaftlichen Effekte des staatlich organisierten Arbeitskräftetransfers stellten sich für die Volkswirtschaft Jugoslawiens rasch ein. Der Anstieg der Arbeitsmigration in die Bundesrepublik führte zu einer immensen Entlastung des jugoslawischen Arbeitsmarkts. Außerdem entwickelten sich die Devisenüberweisungen der Arbeitsmigranten im Ausland ab 1968 zu einem bedeutenden und stabilen Posten im Nationaleinkommen. Sie wuchsen im Zeitraum von 1968 bis 1976 im Jahresdurchschnitt um etwa 36 Prozent und im Jahr 1976 übertrafen sie die Deviseneinnahmen aus dem Tourismus sogar um das Doppelte.[65] Die hohen Rücküberweisungen der Arbeitsmigranten aus der Bundesrepublik (Schaubild 2) nach Jugoslawien entwickelten sich zu einer wichtigen Devisenquelle für die Finanzierung des permanent defizitären Handels mit der Bundesrepublik, dem wichtigsten Handelspartner Jugoslawiens. 1974 schätzte „Der Spiegel" die Höhe der Bankeinlagen der „Gastarbeiter" in der Bundesrepublik auf rund vier Milliarden DM, „die Bonn auf Umwegen als zinsvergünstigte Kredite den Jugoslawen andienen soll".[66] Mit hohen Zinsangeboten von 6 bis 10 Prozent versuchten in der Bundesrepublik eröffnete Handelsfilialen von jugoslawischen Banken an das Gesparte der Arbeitsmigranten zu gelangen. Im Jahr 1975 bemerkte Bundesaußenminister Hans-Dietrich Genscher im Gespräch mit dem jugoslawischen Bundesminister Miloš Minić, dass, wenn sein Amt ihn nicht daran hindern würde, er die Gründung einer „Genscher-Minić Bank" vorgeschlagen hätte.[67]

---

[63] BArch, B 149/22399, Abt. II, IIa5 – 2430.6 – 208/68, Deutsch-jugoslawische Verhandlungen über den Abschluss einer Anwerbevereinbarung, eines Abkommens über soziale Sicherheit einschließlich des Kindergeldes und eines Abkommens über Arbeitslosenversicherung, Bonn, 18.10.1968.
[64] Ebenda.
[65] Künne, Die Außenwanderung, S. 183–185.
[66] Tito bei den Deutschen, in: Der Spiegel, 24.6.1974.
[67] AAPD, Bd. II: 1. Juli bis 31. Dezember 1975, Dok. 330, Gespräch zwischen Genscher und Minić, 4.11.1975, S. 1540.

Schaubild 2: Geldtransfers der Arbeitsmigranten aus der Bundesrepublik nach Jugoslawien von 1961 bis 1973 in Millionen DM

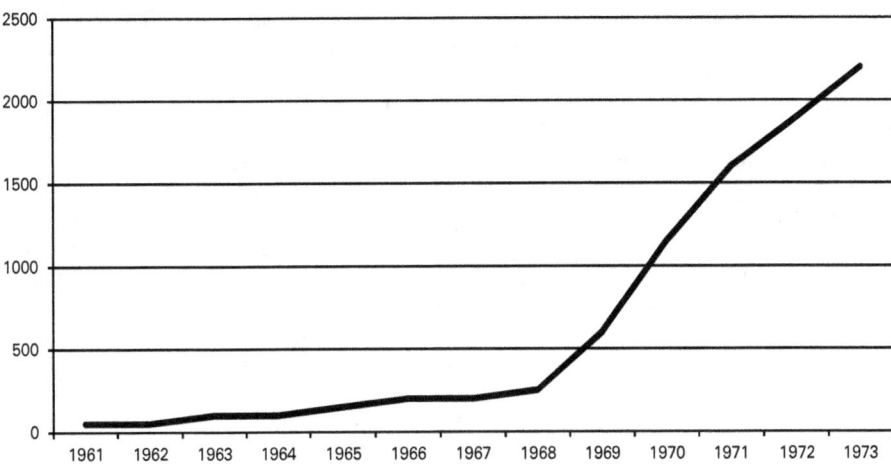

Quelle: Monatsbericht der Deutschen Bundesbank, 26.Jg., Nr. 4, April 1974, S. 23.

Die staatlichen Betreuungsdienste, aber auch die politische Überwachung der Arbeitsmigranten durch den jugoslawischen Staat auf bundesdeutschem Gebiet erfolgte durch die Aufstockung des diplomatischen Apparats, wobei die Verlängerung oder Nichtverlängerung des Reisepasses die wirksamste Kontrollmöglichkeit bot.[68] Während es 1969 im Bundesgebiet erst zwei Generalkonsulate (München, Hamburg) gab, wurden in den Folgejahren bis 1972 zehn weitere eröffnet.

Auch die deutsch-jugoslawische Zusammenarbeit im Hinblick auf die Überwachung und Verhinderung der Tätigkeit der politischen Gegner auf dem Gebiet der Bundesrepublik funktionierte im Sinne der von Jugoslawien angestrebten „Ausschaltung des Störfaktors". Seit dem bundesdeutschen Vereinsgesetz von 1964 wurden elf ausländische Gruppen vom Bundesinnenminister verboten, davon zwischen 1968 und 1976 vier kroatische rechtsextremistische Organisationen: der Kroatische Demokratische Ausschuss, die Kroatische Revolutionäre Bruderschaft, der Kroatische Nationale Widerstand und der Kroatische Verein Drina.[69]

Außerdem wurde der jugoslawische Geheimdienst auf bundesdeutschem Gebiet aktiv und begann, feindliche Personen und Emigrantenorganisationen durch „Desinformations- und Rufmordkampagnen bis hin zur Liquidierung von missliebigen Personen" zu „passivieren".[70] So stellte im Jahr 2008 das Oberlandesgericht München in einem Strafverfahren gegen einen ehemaligen jugoslawischen Geheimdienstmitarbeiter wegen des im Jahr 1983 begangenen Mordes an dem kroatischen Emigranten Stjepan Đureković[71] fest, dass die Sicherheitsdienste der Teilrepubliken eine Abteilung eingerichtet hatten, deren Aufgabe es war, im Ausland

---

[68] Klaus Manfrass, Die Beziehungen zwischen der Bundesrepublik und den einzelnen Herkunftsländern im Zeichen der Arbeitskräftewanderung, in: Lohrmann/Manfrass (Hrsg.), Ausländerbeschäftigung, S. 255–334, hier S. 286.
[69] Steffen Kailitz, Politischer Extremismus in der Bundesrepublik Deutschland. Eine Einführung, Wiesbaden 2004, S. 219.
[70] Oberlandesgericht München: Urteil des 6. Strafsenates des Oberlandesgerichts München im Strafverfahren gegen P. wegen Mordes aufgrund der am 13. Februar 2008 begonnenen Hauptverhandlung in der öffentlichen Sitzung am 16. Juli 2008, Aktenzeichen: 6 St 005/05 (2), S. 10.
[71] Andreas Wassermann, Titos geheime Mörder, in: Der Spiegel, 6.12.2010, S. 54f.

gegen politische Flüchtlinge vorzugehen: „Der Senat ist [...] überzeugt, dass politische Funktionsträger in Jugoslawien Mordaufträge erteilten, die auf dem Boden der Bundesrepublik Deutschland ausgeführt wurden".[72] Zwischen 1970 und 1989 wurden 22 Tötungsdelikte gegen kroatische Exilanten in der Bundesrepublik Deutschland begangen, die ausschließlich politisch motiviert waren, konstatiert das Oberlandesgericht München.[73] Die Aktivitäten des jugoslawischen Geheimdienstes in der Bundesrepublik waren allerdings auch damals schon bekannt. Bereits 1982 berichtete „Der Spiegel" über die blutigen Auseinandersetzungen zwischen jugoslawischen Geheimdienstlern und Regimegegnern auf deutschem Boden und stellte im Hinblick auf die geringe Aufklärungsrate fest: „Politische Unterstützung beim Kampf gegen den jugoslawischen Untergrundkrieg finden die Polizeistellen kaum."[74]

Heike Knortz sieht im Engagement des bundesdeutschen Außenministeriums für den deutsch-jugoslawischen Anwerbevertrag ihre These des Primates der Außenpolitik auf dem Feld der Arbeitsmigration bestätigt.[75] Auch Karen Schönwälder konstatiert, dass der Anwerbevertrag mit Jugoslawien von Außenminister Brandt im Interesse der neuen Ostpolitik durchgesetzt wurde.[76] Jedoch wäre es zu kurz gegriffen, das deutsch-jugoslawische Anwerbeabkommen auf ein Mittel oder Interesse der bundesdeutschen Ostpolitik zu reduzieren, da somit die Rolle des Vertragspartners und sein Interesse am Abschluss des Abkommens ausgeblendet wird. Die neue Ostpolitik wandte sich schließlich an einen potentiellen Partner, in diesem Falle Jugoslawien, der an eine zwischenstaatliche Kooperation seine eigenen Bedingungen stellte. Sicherlich war die neue bundesdeutsche Ostpolitik ein Türöffner für die von der jugoslawischen Seite lang ersehnte Wiederaufnahme der Anwerbegespräche, jedoch spielten auch im Vorfeld der Anwerbegespräche die wirtschaftlichen Abhängigkeiten, die Tito auf seinem sozialistischen Sonderweg mit der Bundesrepublik eingegangen war, und die Gefahr der innenpolitischen Destabilisierung Jugoslawiens durch politisch aktive Emigranten sowie die hohe Anzahl und Nachfrage nach jugoslawischen Arbeitnehmern in der Bundesrepublik eine wichtige Rolle in der durch das Abkommen institutionalisierten zwischenstaatlichen Zusammenarbeit im Feld der Arbeitsmigration.

Als am 12. Oktober 1968 das deutsch-jugoslawische Anwerbeabkommen unterzeichnet wurde, war in beiden Ländern keine Rede von einer dauerhaften Einwanderung respektive Auswanderung der jugoslawischen Arbeitskräfte nach Deutschland. Zwar wurden in den folgenden Jahren der Arbeitskräftetransfer von Jugoslawien nach Deutschland oder die Urlaubsaufenthalte der Deutschen in Jugoslawien auch im Lichte der Völkerverständigung und des kulturellen Austausches gesehen, doch hielten die Regierungen des Aufnahme- und Entsendelandes in ihrer politischen Rhetorik über Jahrzehnte an dem Konzept der „Zeitweiligkeit" des Aufenthaltes der Arbeitsmigranten fest. Mit der Zeit übernahmen sogar die Sprachen des ehemaligen Jugoslawiens das aus dem Deutschen abgeleitete Wort „gastarbajter/гастарбајтер" als Bezeichnung für Menschen, die im Ausland arbeiten und ihren Urlaub in der „alten Heimat" verbringen. Der politische Grundsatz „Deutschland ist kein Einwanderungsland" als Leitlinie der deutschen Migrationspolitik[77] fand seine Entsprechung in der jugoslawischen Leitlinie des „temporären Arbeitsaufenthalts der jugoslawischen Arbeiterklasse im Ausland". Damit steuerte die Politik beider Länder mit Scheuklappen an den Lebenswirklichkeiten der Arbeitsmigranten vorbei.

---

[72] Oberlandesgericht München: Urteil, S. 10, 82.
[73] Ebenda, S. 15.
[74] Das ganze sieht nach Hinrichtung aus, in: Der Spiegel, 25.1.1982, S. 54.
[75] Knortz, Diplomatische Tauschgeschäfte, S. 140–152.
[76] Schönwälder, Einwanderung und ethnische Pluralität, S. 365.
[77] Friedrich Heckmann, 50 Jahre Integrationspolitik in Deutschland?, efms paper 5 (2010), S. 5, unter http://www.efms.uni-bamberg.de/pdf/efms%20paper%202010-5.pdf (12.1.2011).

Marcel Berlinghoff
Der europäisierte Anwerbestopp

1. Der deutsche Anwerbestopp in seinem europäischen Kontext

Am 23. November 1973 wies Bundesarbeitsminister Walter Arendt die Bundesanstalt für Arbeit (BA) telegrafisch an, „ab sofort die vermittlung ausländischer arbeitnehmer einzustellen".[1] Er beendete damit nicht nur das bundesdeutsche Arbeitsmigrationsregime, welches das Wirtschaftswunder bis in die 1970er Jahre verlängert und die bundesdeutsche Einwanderungsgeschichte jenseits der Kriegsfolgenmigration mitbegründet hatte.[2] Da in den Jahren zuvor die anderen Wege der legalen Arbeitsmigration aus den meisten Drittstaaten blockiert worden waren, bedeutete der Anwerbestopp zudem nicht weniger als das vorläufige Ende der legalen „außereuropäischen" Arbeitsmigration in die Bundesrepublik.[3] In der Folge wurde das sogenannte Gastarbeiter-Regime durch andere Formen der Migration abgelöst, in erster Linie durch den Familiennachzug und die Asylmigration.[4]

In der deutschen Öffentlichkeit wurde der Anwerbestopp abwechselnd als Ende der Ausländerbeschäftigung oder als Zuwanderungsstopp diskutiert.[5] Er war weder das eine noch das andere; denn der Zuzug von Arbeitsmigranten aus Mitgliedstaaten der Europäischen Wirtschaftsgemeinschaft (EWG) und anderen „westlichen" Ländern sowie von Hochqualifizierten und Experten blieb auch nach dem Anwerbestopp offen. Zudem trat neben

---

[1] Bundesarchiv Koblenz (BArch), B 119/5026, Fernschreiben des Bundesministers für Arbeit und Sozialordnung (BMA) an den Präsidenten der BA, „ausländische arbeitnehmer(semi), hier: vermittlung durch die auslandsdienststellen der bundesanstalt für arbeit", 23.11.1973.
[2] Vgl. Ulrich Herbert, Geschichte der Ausländerpolitik in Deutschland. Saisonarbeiter, Zwangsarbeiter, Gastarbeiter, Flüchtlinge, München 2001; Anne von Oswald/Karen Schönwälder/Barbara Sonnenberger, Einwanderungsland Deutschland: A New Look at its Post-war History, in: Rainer Ohliger/Karen Schönwälder/Triadafilos Triadafilopoulos (Hrsg.), European Encounters. Migrants, Migration and European Societies since 1945, Aldershot 2003, S. 19–37.
[3] Zu den legalen „Wegen" der Arbeitsmigration der 1960er Jahre vgl. Barbara Sonnenberger, Nationale Migrationspolitik und regionale Erfahrung. Die Anfänge der Arbeitsmigration in Südhessen (1955–1967), Darmstadt 2003; Serhat Karakayali, Gespenster der Migration. Zur Genealogie illegaler Einwanderung in der Bundesrepublik Deutschland, Bielefeld 2008. Unter „außereuropäischer Arbeitsmigration" wurde die Wanderung von Arbeitskräften aus Ländern verstanden, die nicht Teil der EWG bzw. der „westlichen Welt" waren. Der Begriff wurde vor allem zur Umschreibung „nicht-weißer" Einwanderung verwendet, d.h., er umfasste neben afrikanischen, asiatischen und südamerikanischen Arbeitnehmern auch postkoloniale Migranten, die Staatsangehörige europäischer Staaten waren. „Weiße" Migranten aus Nordamerika, Israel oder Australien waren dagegen nicht gemeint; BArch, B 106/69872, „Grundsätze der Ausländerpolitik (beschlossen von der Ständigen Konferenz der Innenminister der Länder bei ihrer Sitzung in Berlin am 3./4. Juni 1965)"; vgl. Karen Schönwälder, Einwanderung und ethnische Pluralität. Politische Entscheidungen und öffentliche Debatten in Großbritannien und der Bundesrepublik von den 1950er bis zu den 1970er Jahren, Essen 2001, S. 257–259.
[4] Bei einer Kategorisierung von Migrationsformen beispielsweise nach Arbeitswanderung, Flucht oder Familiennachzug ist zu beachten, dass diese Etiketten die Sichtweise der staatlichen Behörden und nur bedingt die Motive der Migranten selbst kennzeichnen; vgl. Dirk Hoerder/Jan Lucassen/Leo Lucassen, Terminologien und Konzepte in der Migrationsforschung, in: Klaus J. Bade/Pieter C. Emmer/Leo Lucassen/Jochen Oltmer (Hrsg.), Enzyklopädie Migration in Europa. Vom 17. Jahrhundert bis zur Gegenwart, Paderborn ³2010, S. 28–53; Roger Zetter, More Labels, Fewer Refugees: Remaking the Refugee Label in an Era of Globalization, in: Journal of Refugee Studies 20 (2007), S. 172–192.
[5] Während die „Frankfurter Allgemeine Zeitung" am 24.11.1973 korrekt meldete, „Die Bundesregierung setzt die Anwerbung von Gastarbeitern aus", setzte die „Stuttgarter Zeitung" am gleichen Tag einen „Ausländerstopp" auf den Titel. Und „Bild" berichtete, alle ausländischen Beschäftigten müssten nach Auslaufen ihrer Verträge in ihre Heimatländer zurückkehren; BArch, B 119/5026, Pressschau der Bundesanstalt für Arbeit vom 26.11.1973; vgl. Schönwälder, Einwanderung, S. 628–631.

die versteckte Arbeitsmigration über legale Einreisewege wie die Familienzusammenführung oder das Asylverfahren verstärkt die klandestine oder „illegale" Migration, die mit der Einschränkung der legalen „doors of entry" zwangsläufig zunahm. Zwar sank zunächst die Zahl der ausländischen Arbeitnehmer infolge des Anwerbestopps, die Gesamtzahl der Einwanderer stieg jedoch weiter an.[6]

Ebenfalls kennzeichnend für die deutsche Debatte war die Wahrnehmung des Anwerbestopps als eine zwingende Folge der Ölpreiskrise.[7] Hierzu hatte sicherlich beigetragen, dass sowohl die Pressemitteilung zum Anwerbestopp als auch der Wortlaut der telegrafischen Anweisung an die BA die erwarteten wirtschaftlichen Folgen der Energiekrise als Grund für die Maßnahme nannten:

> „es ist nicht ausgeschlossen, dass die gegenwaertige energiekrise die beschaeftigungssituation in der bundesrepublik deutschland in den kommenden monaten unguenstig beeinflussen wird. unter diesen umstaenden ist es nicht vertretbar, gegenwaertig weiter auslaendische arbeitnehmer ueber die auslandsstellen der bundesanstalt fuer arbeit fuer eine arbeitsaufnahme in der bundesrepublik zu vermitteln."[8]

Auch diese Perzeption ist inzwischen revidiert worden.[9] Die Ölpreiskrise war nur mehr ein willkommener Anlass, Pläne zu einer restriktiven Arbeitsmigrationspolitik endlich in die Tat umzusetzen. Erst eine Woche zuvor hatten die Arbeitnehmer- und Arbeitgeberverbände gemeinsam die Bundesregierung aufgefordert, die Anwerbung im Krisenfall zu stoppen. Diese Chance nutzte der Minister umgehend.[10] Zu diesem Zeitpunkt war ein genereller Anwerbestopp nicht vorgesehen. Stattdessen sollte zum Jahreswechsel für Migranten aus den Anwerbestaaten ein regional begrenztes Zuzugsverbot in sogenannte „überlastete Siedlungsgebiete" in Kraft treten.[11] Zugleich wurde im Bundesarbeitsministerium ein Treffen auf europäischer Ebene vorbereitet, bei dem die jeweiligen nationalen Migrationspolitiken der EWG-Mitgliedstaaten abgestimmt werden sollten.[12]

Die Bundesrepublik stand mit ihren Plänen, die Einwanderung von Arbeitskräften und ihren Familien von außerhalb Westeuropas zu beenden, nämlich nicht alleine. So schränkten

---

[6] Vgl. Herbert, Geschichte der Ausländerpolitik.
[7] Vgl. ebenda, S.229. Zu dieser Sichtweise, die sich auch noch lange in der Forschungsdiskussion hielt, vgl. z.B. Klaus J. Bade, Vom Auswanderungsland zum Einwanderungsland? Deutschland 1880–1980, Berlin 1983, S.79; Edda Currle, Migration in Europa – Daten und Hintergründe, Stuttgart 2004, S.19; Stefan Luft, Staat und Migration. Zur Steuerbarkeit von Zuwanderung und Integration, Frankfurt a.M. 2009, S.51; vgl. außerhalb der Migrationsforschung z.B. Tim Schanetzky, Die große Ernüchterung. Wirtschaftspolitik, Expertise und Gesellschaft in der Bundesrepublik 1966 bis 1982, Berlin 2007, S.163f.
[8] BArch, B 119/5026, Fernschreiben des BMA an den Präsidenten der BA, 23.11.1973 (s. Anm.1). Der entsprechende Kabinettsbeschluss war unter dem Stichwort „Auswirkungen der Energiekrise" gefasst worden; vgl. Arnulf Baring, Machtwechsel. Die Ära Brandt-Scheel, München 1984, S.690. In einer Pressemitteilung der Bundesregierung wurde der Anwerbestopp als „vorsorgliche Maßnahme zur Eindämmung der Ausländerbeschäftigung" präsentiert, da „nicht ausgeschlossen werden [könne], daß sich aus der Energieverknappung gewisse Beschäftigungsrisiken erg[ä]ben"; Bulletin der Bundesregierung, Nr.151, 27.11.1973, S.1506.
[9] Vgl. Herbert, Geschichte der Ausländerpolitik, S.229; Heike Knortz, Diplomatische Tauschgeschäfte. „Gastarbeiter" in der westdeutschen Diplomatie und Beschäftigungspolitik 1953–1973, Köln 2008, S.182.
[10] Vgl. Heinz Richter, DGB und Ausländerbeschäftigung, in: Gewerkschaftliche Monatshefte 25 (1974), S.35–40.
[11] BArch, B 136/8845, Arendt an Chef des Bundeskanzleramts Horst Grabert, 6.11.1973; BArch, B 149/59838 und BArch, B 149/59839, Vermerke über die Sitzungen der AG „Überlastete Siedlungsgebiete" vom 26.6.1973, 12.9.1973 und 25.10.1973.
[12] Sitzung des EWG-Fachausschusses Freizügigkeit am 13.12.1973 (verschoben vom 6.12.1973), vgl. BArch, B 149/21659, Einladungsschreiben der Kommission vom 23.10.1973; telex der Kommission vom 28.11.1973.

in den ersten vier der 1970er Jahre alle westeuropäischen Industriestaaten die Möglichkeit der legalen Arbeitsmigration aus Drittstaaten stark ein[13]: Ab Juni 1970 ließ die Schweiz neue Arbeitsmigranten nur noch in dem Ausmaß zu, in dem andere Migranten das Land verließen oder eine unbefristete Niederlassungsgenehmigung erhielten. Zwei Jahre später blockierten die schwedischen Gewerkschaften ebenso wie die dänische Regierung die Arbeitsmigration von Nicht-Skandinaviern, und zum 1. Januar 1973 trat im Vereinigten Königreich auf Basis des Immigration Act von 1971 eine Regelung in Kraft, durch welche die Mehrheit der Commonwealth-Bürger mit anderen Ausländern gleichgesetzt wurde, und ihre freie Einreise ins britische „Mutterland" ein Ende fand. Im Laufe des Jahres verschärften auch Belgien und die Niederlande ihre Einreisebedingungen so sehr, dass eine legale Arbeitsmigration aus Drittstaaten beinahe nur noch als koloniale Einwanderung oder über den Familiennachzug möglich war. Ende November folgte schließlich der bundesdeutsche Anwerbestopp, bevor im Juli 1974 auch Frankreich einen strikten Einwanderungsstopp für Drittstaatsangehörige erließ, der zunächst sogar den Familiennachzug mit einbezog. „Plötzlich", beschrieb Anthony Fielding diesen Europäisierungsprozess[14] der Migrationspolitik, „schienen sich alle Länder Westeuropas in Einwanderungsfragen einander anzugleichen".[15]

Europäisierung der Migrationspolitik bedeutete in den 1970er Jahren noch nicht die „Vergemeinschaftung" dieses Politikfeldes. Zwar war das Projekt der Europäischen Integration seit den Römischen Verträgen mit der Freizügigkeit der Arbeitnehmer verbunden, und die Kommission versuchte ab Ende der 1960er Jahre verstärkt, Migrationspolitik zu ihren Kompetenzen hinzuzufügen, um eine Vereinheitlichung der Arbeitskräftemobilität im Gemeinsamen Markt zu erreichen.[16] Doch die Entscheidungsprozesse spielten sich weiterhin im nationalen Rahmen ab. Schließlich wurde Migrationspolitik, also die Entscheidung, wem und unter welchen Bedingungen der legitime Zutritt zum Staatsgebiet gewährt wird, von den Nationalstaaten als ureigenster Ausdruck ihrer Souveränität betrachtet.[17] Zugleich jedoch war Migrationspolitik stets auch eine internationale Angelegenheit, in der die Staaten in ein Netz aus bi- und multilateralen Verträgen eingebunden waren.[18]

Zu Beginn der 1970er Jahre begann zudem auf europäischer Ebene eine Diskussion über die Beschäftigung von Arbeitnehmern aus Drittstaaten, die nicht mehr von der Konkurrenz um Arbeitskräfte, sondern vom Wunsch nach der Lösung gemeinsamer Probleme geprägt war. Auf institutioneller Ebene dienten die verschiedenen, mit Arbeitskräftemobilität befassten Ausschüsse in Brüssel den Regierungsbeamten als Forum zum Erfahrungsaustausch in der Migrationspolitik.[19] Außerhalb der offiziellen Institutionen reichten die

---

[13] Vgl. Klaus J. Bade, Europa in Bewegung. Migration vom späten 18. Jahrhundert bis zur Gegenwart, München 2000; Tomas Hammar (Hrsg.), European Immigration Policy. A Comparative Study, Cambridge 1985.
[14] Zum Europäisierungsbegriff in den Geschichtswissenschaften vgl. Hartmut Kaelble, Europäisierung, in: Matthias Middell (Hrsg.), Dimensionen der Kultur- und Gesellschaftsgeschichte. Festschrift für Hannes Siegrist zum 60. Geburtstag, Leipzig 2007, S. 73–89; Ulrike von Hirschhausen/Kiran Klaus Patel, Europeanization in History: An Introduction, in: Martin Conway/Kiran Klaus Patel (Hrsg.), Europeanization in the Twentieth Century. Historical Approaches, New York 2010.
[15] Anthony Fielding, Migrants, Institutions and Politics: the Evolution of European Migration Policies, in: Russell King (Hrsg.), Mass Migrations in Europe. The Legacy and the Future, London 1993, S. 40–62, hier S. 52 (eigene Übersetzung).
[16] Vgl. Marcel Berlinghoff, Between Emancipation and Defence: The Failure of the Commission's Attempt to Concert a Common European Immigration Policy, in: L'Europe en Formation. Journal of Studies on European Integration and Federalism (2009), H. 353/354, S. 183–195.
[17] Vgl. Verónica Tomei, Europäische Migrationspolitik zwischen Kooperationszwang und Souveränitätsansprüchen, Bonn 1997.
[18] Vgl. den Beitrag von Christoph Rass in diesem Band.
[19] Dies waren insbesondere der Fachausschuss Freizügigkeit, der Beratende Ausschuss für Freizügigkeit und der Ständige Beschäftigungsausschuss.

Austauschprozesse von Studienreisen von Ministerialbeamten in die Nachbarländer über Flurgespräche auf Konferenzen der OECD und des Europarates bis zu eigens einberufenen Tagungen zum Thema „Ausländische Arbeitnehmer".[20] Diese fußten auf der Einsicht, dass die Probleme, die vermeintlich aus dem transnationalen Phänomen der Migration entstanden und die augenscheinlich in ganz Westeuropa auftraten, auch in einem europäischen Rahmen angegangen werden müssten. Hierdurch zirkulierten nicht nur konkrete Steuerungskonzepte über die nationalstaatlichen Grenzen, sondern es kam auch zu einer Übernahme von Problemperzeptionen aus anderen gesellschaftlichen Kontexten, die zwar nicht unbedingt eine Entsprechung in der „eigenen" Gesellschaft hatten, die aber den Blick auf das „Problem" prägten und die weiteren Diskussionen darüber nachhaltig beeinflussten.

Vor diesem Hintergrund wird klar, dass die Anwerbe- und Einwanderungsstopps der frühen 1970er Jahre für den nationalen Einzelfall zwar in ihrer Entstehung beschrieben, ohne ihren europäischen Kontext jedoch nicht befriedigend erklärt werden können.[21] Daher soll im Folgenden zunächst die europaweite Debatte um das sogenannte „Problem der ausländischen Arbeitnehmer" skizziert und anschließend die regierungsinterne Diskussion im Vorfeld des deutschen Anwerbestopps in ihren europäischen Zusammenhang eingeordnet werden.

2. Die europäische Debatte um das „Problem der ausländischen Arbeitnehmer"

Auch wenn sich die Migrationsregime der westeuropäischen Industriestaaten nach dem Zweiten Weltkrieg abhängig von ihrer Kolonial- und Migrationsgeschichte deutlich voneinander unterschieden, so setzte sich im Bereich der Arbeitsmigration überall das Prinzip der „Gastarbeiterbeschäftigung" durch, dessen Kennzeichen die befristete Dauer des Aufenthalts von Arbeitsmigranten war.[22] Mit dem Umfang der Arbeitsmigration stieg jedoch auch die Verweildauer der einzelnen Migranten, was in der zweiten Hälfte der 1960er Jahre zu verstärktem Familiennachzug und damit zu einer zumindest mittelfristigen Einwanderungssituation führte.[23] Dies blieb auch den zuständigen Behörden nicht verborgen, zumal die verstärkte Arbeitsmigration insbesondere in den Ballungsgebieten zu wachsender Konkurrenz auf dem Wohnungsmarkt, Problemen bei der Konzeption der Schulbildung und Fragen der rechtlichen und politischen Beteiligung führte. Diese „Entdeckung der Einwanderung" änderte jedoch zunächst nichts daran, dass Arbeitsmigration öffentlich weiter unter den Prämissen der temporären „Gastarbeit" verhandelt wurde. Der Widerspruch von Einwanderungsrealität und dem Diskurs über temporäre Arbeitsmigration blieb nicht

---

[20] Vgl. Helmut Heyden, Diskussion über die Ausländerbeschäftigung in Europa, in: Bundesarbeitsblatt 24 (1973), S. 33–36.
[21] Um diesen methodischen Nationalismus zu überwinden, bedient sich die zugrunde liegende Forschungsarbeit dem Ansatz der „histoire croisée", der die gegenseitigen bewussten und unbewussten Austauschprozesse zwischen den zuständigen Regierungsbehörden in die Analyse mit einbezieht; vgl. Michael Werner/Bénédicte Zimmermann, Vergleich, Transfer, Verflechtung. Der Ansatz der histoire croisée und die Herausforderung des Transnationalen, in: Geschichte und Gesellschaft 28 (2002), S. 607–636; Matthias Middell, Kulturtransfer und transnationale Geschichte, in: ders. (Hrsg.), Dimensionen der Kultur- und Gesellschaftsgeschichte, S. 49–69.
[22] Vgl. Bade, Europa in Bewegung.
[23] Das bedeutet weder, dass die Migranten eine dauerhafte oder gar endgültige Einwanderung planten, noch, dass sie nicht wieder in ihre Herkunftsländer zurückkehrten oder weiterwanderten. Unabhängig von der Dauer des Aufenthalts benötigten sie aber Einrichtungen wie Wohnungen, Schulen usw., die für den befristeten Aufenthalt der „Gastarbeiter" nicht vorgesehen waren.

folgenlos: Unter dem Sammelbegriff des „Problems der ausländischen Arbeitnehmer" wurden bald in ganz Europa neben ökonomischen auch integrations- und kontrollpolitische Aspekte der Migration diskutiert.

2.1 Volkswirtschaftliche Kosten-Nutzen-Rechnung

Die Diskussion der Arbeitsmigration unter ökonomischen Gesichtspunkten ist naheliegend. Sie war jedoch einem grundlegenden Wandel unterworfen: Galt in den 1950er und frühen 1960er Jahren die Ausländerbeschäftigung noch als Garantie für Wohlstandssteigerung und Inflationsdämpfung, so traten im Laufe des Jahrzehnts verstärkt die infrastrukturellen Kosten der Anwerbung in den Blick. Zunächst jedoch lobten Politiker und Wirtschaftsvertreter die Auslastung der Produktionsanlagen, die durch die Ausländerbeschäftigung ermöglicht wurde. Die Schweiz war das erste Land, in dem volkswirtschaftliche Bedenken an der Ausländerbeschäftigung nicht nur von Gewerkschaftsseite geäußert wurden. Ein in weiten Teilen bereits 1961 erarbeiteter, jedoch erst 1964 veröffentlichter Bericht einer Regierungskommission über „Das Problem der ausländischen Arbeitskräfte" riet, das Ausmaß der Ausländerbeschäftigung unter anderem aus betriebs- und volkswirtschaftlichen sowie konjunkturpolitischen Gründen zu beschränken.[24] Moniert wurden neben einer sinkenden Produktivität der Arbeitsmigranten steigende Kosten „für Werbung, Ausbildung, Unterkunft und Betreuung der ausländischen Arbeitskräfte"[25], das Aufschieben von Rationalisierungsmaßnahmen zugunsten arbeitsintensiver Produktionsweisen sowie eine künstliche Verlängerung der Hochkonjunktur. Die ersten „Plafonierungs"-Maßnahmen, welche die Beschäftigung von Ausländern in schweizerischen Betrieben beschränken sollten, wurden folglich auch mit wirtschafts- und konjunkturpolitischen Aspekten begründet.

Die schweizerische Debatte fand auch in anderen Ländern ihren Widerhall, etwa in Westdeutschland und in den Niederlanden. Hier wurde das Argument der sinkenden Rentabilität ausschließlich volkswirtschaftlich verwendet und dem Nutzen ausgelasteter Produktionsanlagen und eingesparter Bildungsausgaben wurden die Kosten für steigende Infrastrukturausgaben, beispielsweise für den Wohnungsbau, aber auch für den Ausbau der medizinischen und schulischen Versorgung gegenübergestellt. So wurden überall in Europa Kosten-Nutzen-Rechnungen mit dem Ziel aufgestellt, zu einer Quote zu gelangen, bis zu welcher sich die Ausländerbeschäftigung volkswirtschaftlich lohne – ein müßiges Unterfangen, das nirgends zu einem befriedigenden Ergebnis führte. In einem letzten Schritt des argumentativen Wandels wurde schließlich Anfang der 1970er Jahre den Unternehmern vorgeworfen, sie bereicherten sich schamlos zu Lasten der Allgemeinheit, welche die Kosten der Arbeitsmigration zu tragen habe.

2.2 Kapazität

Das Kostenargument der volkswirtschaftlichen Diskussion des „Problems der Ausländerbeschäftigung" bildete einen eigenen Diskursstrang, der mit der „Entdeckung der Einwanderung" an Gewicht gewann: die Frage der Kapazität. Damit war einerseits die sogenannte infrastrukturelle Belastung, andererseits die angenommene Aufnahmewilligkeit der einheimischen Bevölkerung gemeint. Mit wachsendem Umfang der Ausländerbeschäftigung und zunehmender Aufenthaltsdauer der Arbeitsmigranten verringerte sich der Anteil derer, die in werkseigenen Unterkünften lebten. Der Druck auf den Wohnungsmarkt nahm

---

[24] BIGA, Das Problem der ausländischen Arbeitskräfte, Bern 1964.
[25] Ebenda, S. 167.

zu. Während die Wohnungsfrage in der Schweiz für die politische Diskussion nur eine untergeordnete Rolle spielte, waren die vergleichsweise schlechten Unterkunftsbedingungen der „Gastarbeiter" in der Bundesrepublik ein andauerndes Thema, das Medien, Wohlfahrtsverbände und Kirchen und dadurch schließlich auch die Politik lange beschäftigte. Jedoch waren die Unterkünfte in den Sanierungsgebieten der deutschen Innenstädte und die überbelegten Privatzimmer im Vergleich zu französischen Verhältnissen geradezu paradiesisch. Hier hatten sich im Laufe der 1960er Jahre um die großen Industriezentren Slums – die sogenannten Bidonvilles – gebildet, in denen die zugewanderten Arbeitskräfte bisweilen, zum Teil mit ihren Familien, ohne fließendes Wasser lebten. Allein in der Region Paris lebten 1970 geschätzte 46 000 Menschen in 116 bekannten Bidonvilles.[26] Daneben wuchs mit dem migrationsbedingten Bevölkerungsanstieg auch die Auslastung von medizinischen und Bildungseinrichtungen, was die Kommunen vor große Investitionsaufgaben stellte.

Diese „Überlastung der sozialen Infrastruktur", so das Schlagwort der administrativen Diskussionen, konnte sich nach Meinung der Regierungsbeamten möglicherweise auch in Konkurrenz und gewalttätigen Auseinandersetzungen zwischen Einheimischen und Zugezogenen äußern. Xenophobe Einstellungen gab es allenthalben, und die breite Überfremdungsbewegung in der Schweiz sowie Spannungen in migrantisch geprägten Stadtvierteln der Niederlande ließen in ganz Europa die Sorge vor rassistisch motivierten Unruhen wachsen.[27] Mit der „begrenzten Aufnahmefähigkeit" waren also sowohl Infrastruktur als auch Toleranz der einheimischen Bevölkerung gemeint.

2.3 Integration

Um dieser Gefahr zu begegnen, aber auch um die soziale Lage der Migranten zu verbessern, wurden verschiedene Wege zur Förderung ihrer Integration diskutiert. Dabei blieb die Semantik des Begriffs diffus: Die Bedeutungen des Schlagworts, die sowohl zwischen den Staaten als auch unter innerstaatlichen Akteuren divergierten, reichten von einer als vollständige Anpassung gedachten Assimilation über die Eingliederung in den Arbeitsalltag bis hin zur Lösung sozialer Probleme und der Aufhebung von Diskriminierung.[28] In der Schweiz mit ihrem auf strikte Rotation ausgelegten Migrationsregime blieb die alltägliche Integrationsarbeit außerstaatlichen Organisationen der kommunalen oder kantonalen Ebene vorbehalten, während sich die politische Diskussion über die als Angleichung an die „Schweizer Eigenart" gedachte Assimilation auf mögliche Kandidaten einer Einbürgerung beschränkte.[29]

Auch in der Bundesrepublik waren soziale Dienstleistungen Aufgabe der Wohlfahrtsverbände, die jedoch von den Innenministerien finanziert wurden. In die politische Diskussion um die Integration der „Gastarbeiter" wurden jedoch nicht nur Einbürgerungswillige, sondern alle Ausländer aufgenommen, „die über einen längeren Zeitraum oder auf Dauer in der Bundesrepublik bleiben wollen".[30] Dabei ging es in erster Linie um eine Integration in

---

[26] Ralph Schor, Histoire de l'immigration en France de la fin du XIXe siècle à nos jours, Paris 1996, S. 215. Zur Wohnsituation in den Niederlanden vgl. Jan Lucassen/Rinus Penninx, Newcomers. Immigrants and their Descendants in the Netherlands 1550–1995, Amsterdam 1997.
[27] Vgl. Thomas Buomberger, Kampf gegen unerwünschte Fremde. Von James Schwarzenbach bis Christoph Blocher, Zürich 2004; Lucassen/Penninx, Newcomers, S. 166.
[28] Vgl. Friedrich Heckmann/Dominique Schnapper (Hrsg.), The Integration of Immigrants in European Societies. National Differences and Trends of Convergence, Stuttgart 2003.
[29] Vgl. Matthias Hirt, Die Schweizerische Bundesverwaltung im Umgang mit der Arbeitsmigration: Sozial-, kultur- und staatspolitische Aspekte. 1960 bis 1972, Saarbrücken 2009.
[30] BArch, B 106/39996, Niederschrift zur Sitzung der Ausländerreferenten der Innenminister am 23./24.5.1973.

den deutschen Sozialstaat auch außerhalb der Arbeitswelt, aber auch um eine Ausweitung der Berufs- und Bildungsförderung unter migrationsspezifischen Gesichtspunkten.[31] In Frankreich wiederum nahm der Staat die Integrationspolitik als Sozialpolitik selbst in die Hand und weitete den ursprünglich für die „Français Musulmans d'Algérie" gedachten Sozialfonds auf alle Einwanderer aus. Die Staatsangehörigkeit für in Frankreich geborene Kinder und die auf Assimilation gerichtete Schulpolitik ließen zudem keinen Zweifel daran, dass aus Einwanderern Franzosen werden würden.[32] Zugleich existierten aber auch starke Vorbehalte, ob (post)koloniale Migranten aus Nord- und Schwarzafrika überhaupt assimilationsfähig seien.

Am umfangreichsten waren die von der Europäischen Kommission erarbeiteten Vorstellungen über die Integrationspolitik. Im Rahmen des von der deutschen Bundesregierung angestoßenen „Sozialpolitischen Aktionsprogramms" wurde 1974 ein „Aktionsprogramm zugunsten der Wanderarbeitnehmer und ihrer Familien" erstellt.[33] Dieses enthielt neben Maßnahmen zur Familien-, Berufs- und Wohnungsförderung auch die einheitliche Zuerkennung sozialer und politischer Rechte an alle Migranten unabhängig von ihrer Staatsangehörigkeit. So weit wollten die Regierungen der Mitgliedsländer jedoch nicht gehen, weshalb das Aktionsprogramm zwar in einer abgespeckten Form 1976 vom Rat angenommen, jedoch in der Folge nicht umgesetzt wurde.[34]

2.4 Kontrolle ...

Angesichts der großen Aufgaben, vor die der Immigrationsprozess die „Einwanderungsländer wider Willen"[35] stellte, setze sich zu Beginn der 1970er Jahre überall die Auffassung durch, dass die soziale Integration der Zugewanderten nur gelingen könne, wenn zugleich der Zuzug neuer Migranten streng kontrolliert, oder besser noch: gestoppt werde. Eine strengere Kontrolle stand dabei nicht nur in Frankreich im Mittelpunkt der Diskussion, wo 1968 noch über 80 Prozent der registrierten Einwanderung abseits der offiziellen Einreisewege stattfand und erst im Nachhinein „regularisiert", d.h. legalisiert wurde.[36] Von Dänemark über die Niederlande, die Bundesrepublik und die Schweiz verschärften ab den späten 1960er Jahren alle Zielländer schrittweise die legalen Zuzugsmöglichkeiten für Arbeitsmigranten sowie die Kontrollen an den Grenzen und in den Betrieben.[37] Angesichts des transnationalen Phänomens der unkontrollierten, klandestinen oder illegalen Migration war die Bereitschaft der Regierungen, sich über Staatsgrenzen hinweg auf ein gemeinsames Vorgehen zu dessen Bekämpfung zu einigen, besonders groß. So verwundert es

---

[31] Vgl. Brigitte zur Nieden, „... und deutsch ist wichtig für die Sicherheit!" Eine kleine Genealogie des Spracherwerbs Deutsch in der BRD, in: Sabine Hess/Jana Binder/Johannes Moser (Hrsg.), No integration?! Kulturwissenschaftliche Beiträge zur Integrationsdebatte in Europa, Bielefeld 2009, S.123–136.
[32] Vgl. Gérard Noiriel, État, nation et immigration. Vers une histoire du pouvoir, Paris 2001; Patrick Weil, Qu'est-ce qu'un Français? Histoire de la nationalité française depuis la Révolution, Paris 2005.
[33] Kommission der Europäischen Gemeinschaften, Aktionsprogramm zugunsten der Wanderarbeitnehmer und ihrer Familien (von der Kommission dem Rat vorgelegt), Brüssel 18.12.1974; vgl. Berlinghoff, Emancipation.
[34] Vgl. Kommission der Europäischen Gemeinschaften, Leitlinien für eine Wanderungspolitik der Gemeinschaft. Mitteilung der Kommission an den Rat vom 7. März 1985, Luxemburg 1985, S.5.
[35] Dieses von Bade auf die Bundesrepublik bezogene Diktum lässt sich am Ende der langen 1960er Jahre auf alle westeuropäischen Industriestaaten ausweiten; vgl. Bade, Auswanderungsland, S.67.
[36] Vgl. Georges Tapinos, L'immigration étrangère en France. 1946–1973, Paris 1975, S.87.
[37] Vgl. BArch, B 149/21659, Protokolle der Sitzungen des Fachausschusses Freizügigkeit vom 13.12.1973 und 19.2.1975; Heyden, Diskussion.

nicht, dass der Kampf gegen die illegale Migration lange Zeit der einzige migrationspolitische Bereich war, in dem sich die Mitgliedstaaten der EWG auf eine Koordinierung einigen konnten.[38]

2.5 ... und Sicherheit

Mit dem Bedeutungsgewinn des Kontrolldiskurses stieg auch wieder der Einfluss der Innenbehörden auf die migrationspolitische Debatte, die während des Booms von arbeitsmarkt- und wirtschaftspolitischen Argumenten dominiert worden war. Deren Hauptaugenmerk lag dabei auf der Inneren Sicherheit, was sich in erster Linie nicht auf eine vermeintlich höhere Kriminalität der Migranten, sondern vielmehr auf den aufkommenden internationalen Terrorismus sowie die Gefahr kommunistischer Infiltration und einer Destabilisierung der Gesellschaft bezog. So führten die Attentate palästinensischer Terroristen auf israelische Flugzeuge Anfang der 1970er Jahre ebenso zu umfangreichen Massenabschiebungen von tatsächlichen oder vermeintlichen „Arabern" aus der Bundesrepublik und der Schweiz wie zur Zeit des Algerienkrieges aus Frankreich.[39]

Vor allem im „Frontstaat" Bundesrepublik, aber auch in der Eidgenossenschaft waren die migrationspolitischen Debatten in den Innenministerien seit Beginn des Kalten Kriegs zudem von der ständigen Angst vor der kommunistischen Infiltration beeinflusst.[40] Und schließlich sorgten soziale Kämpfe von Migranten dafür, dass die Behörden eine Solidarisierung von Neuer Linker und Arbeitsmigranten fürchteten, die zu einem zweiten „Mai 1968" führen könnte. Geschürt wurde diese Sorge insbesondere durch wilde Streiks, die in den Sommern 1972 und 1973 Teile der europäischen Automobilindustrie lahmlegten.[41] Die bereits erwähnten Unruhen in den Ballungsräumen der Niederlande und eine Serie rassistischer Morde in Frankreich ließen zudem überall in Europa die Angst vor „Rassenunruhen" wie in den USA wachsen. So warnte beispielsweise im Januar 1972 ein internes Schreiben des Bundesinnenministeriums „unter Hinweis auf besorgte Stimmen der Stadtverwaltungen von München, Amsterdam, Den Haag, Rotterdam und Utrecht vor dem Heraufkommen innenpolitischer Konflikte durch zu große Ausländeranteile an der Bevölkerung".[42]

2.6 Identität

All diesen Bereichen gemeinsam waren Fragen der kollektiven Identität, die sich als rassistischer Subtext durch die Diskussionen zogen.[43] Die Annahme, bei den Migranten handele

---

[38] Vgl. Centre des Archives Contemporaines, Fontainebleau (CAC), 19960405 Art. 13, Commission des Communautés Européennes, „Migration Clandestin", 22.4.1975 [SEC(75) 1705].
[39] Vgl. Matthias Dahlke, Der Anschlag auf Olympia '72. Die politischen Reaktionen auf den internationalen Terrorismus in Deutschland, München 2006; Alexis Spire, Étrangers à la carte. L'administration de l'immigration en France (1945–1975), Paris 2005.
[40] Vgl. Mauro Cerutti, L'immigration italienne en Suisse dans le contexte de la Guerre froide, in: Jean Batou/Mauro Cerutti/Charles Heimberg/Marc Vuilleumier (Hrsg.), Pour une histoire des gens sans histoire. Ouvriers, exclues et rebelles en Suisse, 19e-20e siècles, Lausanne 1995, S.213–231; Hedwig Richter/Ralf Richter, Italienische „Gastarbeiter" im Ost-West-Konflikt. Kommunistische Propaganda und Überwachung zwischen Italien, BRD und DDR in den 1960er Jahren, in: Deutschland Archiv 41 (2008), S.456–465.
[41] Vgl. Peter Birke, Wilde Streiks im Wirtschaftswunder. Arbeitskämpfe, Gewerkschaften und soziale Bewegungen in der Bundesrepublik und Dänemark, Frankfurt a.M. 2007; Manuela Bojadzijev, Die windige Internationale. Rassismus und Kämpfe der Migration, Münster 2008.
[42] BArch, B 106/45161, Vermerk der Unterabteilung V II des BMI, 10.1.1972.
[43] Vgl. Étienne Balibar, Gibt es einen „Neo-Rassismus"? in: ders./Immanuel Maurice Wallerstein (Hrsg.), Rasse – Klasse – Nation. Ambivalente Identitäten, Hamburg 1990, S.23–38.

es sich um essentiell Andere, die nur bei kultureller Nähe in die eigene, als homogen vorgestellte Gesellschaft integriert werden könnten, lag in allen Ländern den Entscheidungen der Ministerialbeamten zugrunde.[44] Dies gilt für die Diskurse um aufgrund der Anwesenheit großer Migrantengruppen bestehende Sicherheitsrisiken ebenso wie für die einer bald erreichten oder gar überschrittenen Aufnahmefähigkeit der Gesellschaft. Dies gilt aber auch für die Diskussionen um integrationsfähige und -unfähige Migrantengruppen. Dabei verschob sich mit der Zeit das Bild des Anderen vom Süden Europas auf die andere Seite des Mittelmeers. Nicht mehr „Südländer", also Italiener, Spanier und Griechen, waren die gefährlichen Fremden, sondern Marokkaner, Türken oder gar „Afroasiaten".[45] Diese, so die gängige Meinung, könnten aufgrund ihrer „völligen Andersartigkeit" sowie ihrer religiösen und kulturellen Bräuche unter keinen Umständen integriert oder gar assimiliert werden.

Dass kulturelle Differenz bisweilen auch noch mit biologisch-rassistischen Vorstellungen verbunden war, zeigt die Diskussion um die Freizügigkeit für britische Staatsbürger nach dem Beitritt des Vereinigten Königreiches zur EWG 1973. Um zu verhindern, dass „farbige" Commonwealth-Bürger ihr Recht auf freie Arbeitsplatz- und Berufswahl auf dem europäischen Festland wahrnahmen, zwang die Verhandlungsdelegation der EWG die Briten, ihr Staatsangehörigkeitsrecht so zu modifizieren, dass ein Großteil der „farbigen" Untertanen der Krone von der Freizügigkeit ausgeschlossen wurde.[46] Nicht zufällig traten am 1. Januar 1973, dem Tag des EG-Beitritts, die Bestimmungen des Immigration Act von 1971 in Kraft, nach denen nur diejenigen „british subjects" das unwiderrufliche Niederlassungsrecht und damit die Möglichkeit zur Freizügigkeit besaßen, die auf den Britischen Inseln lebten, dort geboren waren oder deren Eltern oder Großeltern diese Bedingungen erfüllten.[47] Die überwiegende Mehrzahl der übrigen Commonwealth-Bürger wurde durch das Gesetz den anderen Ausländern gleichgestellt.

3. Die deutsche Debatte um die Konsolidierung der Ausländerbeschäftigung

Im Folgenden soll die politische Diskussion um eine restriktive Reform der Arbeitsmigration in die Bundesrepublik zu Beginn der 1970er Jahre skizziert und in den Kontext der europäischen Anwerbe- und Einwanderungsstopps eingeordnet werden. Diese Diskussion fand in erster Linie zwischen dem Ministerium für Arbeit und Sozialordnung (BMA), dem

---

[44] Vgl. Sylvain Laurens, Une politisation feutrée. Les hauts fonctionnaires et l'immigration en France, 1962–1981, Paris 2009; Yvonne Riaño/Doris Wastl-Walter, Immigration Policies, State Discourses on Foreigners, and the Politics of Identity in Switzerland, in: Environment and Planning A, 38 (2006), S. 1693–1713; Christine Morgenstern, Rassismus – Konturen einer Ideologie. Einwanderung im politischen Diskurs der Bundesrepublik Deutschland, Hamburg 2002.
[45] Vgl. Rosmarie Beier-de Haan/Jan Werquet (Hrsg.), Fremde? Bilder von den „Anderen" in Deutschland und Frankreich seit 1871, Dresden 2009; Marcel Berlinghoff, L'arrêt de la politique d'immigration de travail en France et en Allemagne et ses répercussions sur l'image des étrangers, in: Marianne Amar (Hrsg.), À chacun ses étrangers? France – Allemagne de 1871 à aujourd'hui, Arles 2009, S. 101–105.
[46] Diese rassistische Exklusion von Nichteuropäern unabhängig von ihrer Staatsangehörigkeit hatte bereits beim Abschluss des EWG-Vertrags bestanden; vgl. Thomas Gees, Die Schweiz im Europäisierungsprozess. Wirtschafts- und gesellschaftspolitische Konzeptionen am Beispiel der Arbeitsmigrations-, Agrar- und Wissenschaftspolitik, 1947–1974, Zürich 2006, S. 85.
[47] Vgl. Zig Layton-Henry, The Politics of Immigration. Immigration, „Race" and „Race" Relations in Post-war Britain, Oxford 1992; vgl. auch die zahlreichen Schreiben der Deutschen Botschaft in London an das Auswärtige Amt im Frühjahr und Sommer 1972, Politisches Archiv des Auswärtigen Amts, Berlin (PA/AA), B 85/1179 und 1034.

Innenministerium (BMI) und dem Bundeskanzleramt (BK) statt.[48] Bisweilen wurden in einem interministeriellen Arbeitskreis andere von dem Thema betroffene Ressorts und Behörden, insbesondere das Auswärtige Amt (AA), das Wirtschaftsministerium (BMWi) sowie die Bundesanstalt für Arbeit (BA), hinzugezogen.[49] Auf föderaler Ebene beschäftigten sich die Innenministerkonferenz sowie die Ausländerbeauftragten der Länder mit dem Thema. Die Sozialpartner und Wohlfahrtsverbände waren sowohl über einen Koordinierungskreis am BMA als auch über die Arbeitsgruppe (AG) „Ausländerbeschäftigung" der Sozialpolitischen Gesprächsrunde (SpG) in die Diskussionsprozesse eingebunden.

3.1 Die erste Krise der Ausländerbeschäftigung

Bereits zu Beginn der 1960er Jahre war klar, dass mit dem stark wachsenden Umfang der Ausländerbeschäftigung auch die Aufenthaltsdauer der Arbeitsmigranten steigen würde.[50] Um der dabei befürchteten Gefahr des „sittlichen Verfalls" lediger bzw. allein in der Bundesrepublik lebender ausländischer Arbeitnehmer und Arbeitnehmerinnen zu begegnen, wurde der Familiennachzug zumindest toleriert. Schon 1964 schätzte BA-Präsident Anton Sabel, dass zehn Prozent der Ausländer auf Dauer mit ihren Familien in der Bundesrepublik bleiben würden.[51] Doch auch wenn die Einwanderung bereits zu dieser Zeit zur Kenntnis genommen wurde, so blieb die Diskussion um die Anwerbung ausländischer Arbeitnehmer weiter von arbeitsmarktpolitischen Argumenten bestimmt. Dies gilt auch für die Kritik an der Ausländerbeschäftigung, die insbesondere im Vorfeld der ersten großen Rezession der Wirtschaftswunderjahre von 1966/67 geäußert wurde: So kritisierte Bundeskanzler Ludwig Erhard 1964 und 1965 wiederholt die Arbeitszeitverkürzungen und die Lohnforderungen der Gewerkschaften, da diese eine weitere und verstärkte Anwerbung ausländischer Arbeitnehmer notwendig mache.[52]

Zudem gelangte auch die schweizerische Diskussion um die volkswirtschaftlichen Auswirkungen der „Fremdarbeiter"-Beschäftigung in die Bundesrepublik, wonach die Ausländerbeschäftigung unrentable Wirtschaftsstrukturen konserviere, technische Rationalisierung verzögere und sich durch notwendige infrastrukturelle Investitionen die Kosten-Nutzen-Bilanz der „Gastarbeiter"-Anwerbung verschlechtere.[53] Dabei wurde die Aufmerksamkeit der Ministerialbeamten auch auf den wachsenden Widerstand gelenkt, der in der schweizerischen Bevölkerung gegen die Anwesenheit der vor allem italienischen „Fremdarbeiter" aufkam und bereits 1965 zu einer ersten „Überfremdungsinitiative" führte.[54] In einem Vermerk des Bundeskanzleramts heißt es:

---

[48] Vgl. Jan Schneider, Modernes Regieren und Konsens. Kommissionen und Beratungsregime in der deutschen Migrationspolitik, Wiesbaden 2010; Schönwälder, Einwanderung; vgl. dagegen: Knortz, Diplomatische Tauschgeschäfte.
[49] Hier wurde bis 1971 in erster Linie über Ausnahmeanträge für die Beschäftigung von „außereuropäischen" Arbeitskräften entschieden, die – dem „Europäer-Grundsatz" der Innenministerkonferenz von 1965 entsprechend – eigentlich nicht in der Bundesrepublik beschäftigt werden sollten. Dabei wurde den Anträgen wegen des herrschenden Arbeitskräftemangels und bisweilen auch aus außenpolitischen Gründen meist stattgegeben; vgl. Schönwälder, Einwanderung, S. 257–277; Knortz, Diplomatische Tauschgeschäfte.
[50] Vgl. Oswald u. a., Einwanderungsland Deutschland.
[51] Anton Sabel, „300 Mill. DM für Ausländerheime", in: Neue Rhein Zeitung, 20.6.1964, zitiert nach: ebenda, S. 24.
[52] Vgl. Schönwälder, Einwanderung; Sonnenberger, Nationale Migrationspolitik.
[53] Vgl. BIGA, Problem; Egon Tuchtfeldt, Das Problem der ausländischen Arbeitskräfte in der Schweiz, in: Wirtschaftsdienst 45 (1965), S. 643–647.
[54] Vgl. Mauro Cerutti, La politique migratoire de la Suisse 1945–1970, in: Hans Mahnig (Hrsg.), Histoire de la politique de migration, d'asile et d'integration en Suisse depuis 1948, Zürich 2005, S. 89–134.

"Die Auseinandersetzungen um die ausländischen Arbeitnehmer in der Schweiz und die dort ergriffenen Maßnahmen zur Verringerung der Zahl der ‚Gastarbeiter' haben auch in der Bundesrepublik Deutschland – obwohl sich die Verhältnisse in beiden Ländern erheblich unterscheiden – die Diskussion um dieses Problem aufleben lassen."[55]

Die hierbei geäußerte Furcht vor „irrationale[n] Reaktionen der deutschen Bevölkerung" wog jedoch nicht allzu schwer, da die Verhältnisse in der Schweiz mit einem Anteil ausländischer Beschäftigter von rund 30 Prozent mit denen in der Bundesrepublik (ca. 5 Prozent) nicht vergleichbar seien. Nachdem die bundesdeutsche Ausländerbeschäftigung in der Rezession von 1966/67 zudem ihre Funktion als Konjunkturpuffer bewiesen hatte und mit dem Wirtschaftswachstum auch die Anwerbung erneut kräftig anstieg, schienen diese und andere Sorgen wieder vergessen.[56] Die politische Diskussion der Arbeitsmigration blieb vorerst von arbeitsmarktpolitischen Interessen dominiert.

3.2 Das „Problem der ausländischen Arbeitnehmer"

In der AG Ausländerbeschäftigung der SpG stellten die Vertreter des BMA noch im Sommer 1971 in der ersten Sitzung fest: „Die Beschäftigung von ausländischen Arbeitnehmern im bisherigen Umfang hat insgesamt einen positiven Beitrag zur wirtschaftlichen Entwicklung in der Bundesrepublik geleistet."[57] Zugleich wurden abermals Zweifel an der gesamtwirtschaftlichen Rentabilität der Anwerbung laut: „Bei einem weiteren Anstieg der Ausländerzahlen könnten jedoch Kostenerhöhungen diese Vorteile erheblich beeinträchtigen." Diese Kostenerhöhungen ergaben sich insbesondere auf kommunaler Ebene, wo sich Kreise, Städte und Gemeinden angesichts einer schnell wachsenden Bevölkerung zunehmend mit der Bereitstellung der nötigen sozialen Infrastruktur überfordert sahen. Um dem zu begegnen, schlugen die Vertreter des Arbeitsministeriums der Arbeitsgruppe einen „Stopp der Neuanwerbung" vor. Die AG war jedoch mehrheitlich der Meinung, dass „keine zusätzlichen administrativen Maßnahmen" in die Überlegungen zur weiteren mittel- und langfristigen Planung einbezogen werden sollten. Derartige Maßnahmen, so die Argumentation, führten nur zu einer verstärkten illegalen Einwanderung „mit all ihren unerwünschten Konsequenzen" und seien daher zur Lösung des „Problems" ungeeignet.[58] Stattdessen sollten „wirtschaftskonforme Maßnahmen" wie die Erhöhung der Anwerbepauschale die Ausländerbeschäftigung verteuern und dadurch gleichzeitig einschränken sowie ihre Folgekosten mitfinanzieren. Es gebe nämlich, da waren sich die meisten Mitglieder der Arbeitsgruppe sicher, „aus ökonomischen und außerökonomischen Gründen […] eine Grenze der Ausländerbeschäftigung, die sich zahlenmäßig jedoch nicht genau bestimmen" lasse.[59]

3.3 Auf Lösungssuche in Europa

Das wurde in den Ministerien genauso gesehen und an verschiedenen Stellen des administrativen Akteursgeflechts ein Blick über den nationalen Tellerrand geworfen: In Baden-Württemberg war die Schweiz schon länger ein stets präsentes Vorbild in der Migrations-

---

[55] BArch, B 136/8842, BK ZA3, Vermerk zu den ökonomischen Aspekten der Ausländerbeschäftigung, 27.9.1965.
[56] Vgl. Herbert, Geschichte der Ausländerpolitik.
[57] BArch, B 136/8843, BMA, Gesprächsunterlage zur ersten Sitzung der AG „Ausländerbeschäftigung" der SpG, 20.7.1971.
[58] BArch, B 149/83821, BMA, Vermerk zur zweiten Sitzung der AG Ausländerbeschäftigung am 13.9.1971.
[59] BArch, B 149/83821, BMA, Vermerk zur dritten Sitzung der AG Ausländerbeschäftigung am 22.10.1971. Mit den „außerökonomischen Gründen" waren „Vorbehalte" und Widerstände der deutschen Bevölkerung gemeint.

politik. Hier standen die Landesbehörden mit den Migrationsexperten des schweizerischen Bundesamts für Industrie, Gewerbe und Arbeit (BIGA) aufgrund der geographischen Nähe und einer ähnlichen Wirtschaftsstruktur der beiden Länder in engem Kontakt.[60] Das „Schweizer Modell", das je nach Betrachtungsweise aus einer strikten Rotationspolitik durch Saisonarbeitsverhältnisse oder aus einer Plafonierung, also der Festsetzung einer Obergrenze der Ausländerbeschäftigung, bestand, wurde durch Politiker und Unternehmer aus dem „Ländle" auch auf Bundesebene propagiert.

Insbesondere das Bundesarbeitsministerium zeigte sich interessiert und schickte zwei Ministerialbeamte auf Studienreisen in die Schweiz und in die Niederlande, um mehr über den dortigen Umgang mit dem „Problem der ausländischen Arbeitnehmer" zu erfahren. In beiden Ländern trafen die Beamten Kollegen aus den zuständigen Regierungsbehörden, Vertreter der Arbeitgeber- und Arbeitnehmerverbände sowie Wissenschaftler zu Gesprächen.[61] Und in beiden Ländern wurde ihnen übereinstimmend berichtet, dass die Rentabilität der Ausländerbeschäftigung aufgrund der steigenden Kosten und der sinkenden Produktivität abnehme. Zudem gebe es eine wachsende Ablehnung der Ausländer durch die einheimische Bevölkerung. So stellte ein Vertreter des niederländischen Sozialministeriums fest: „Wenngleich man in den Niederlanden von der Schweizer Situation noch weit entfernt sei, müsse doch eine Polarisierung von Ausländern und Einheimischen festgestellt werden. Es sei zu vermuten, daß die innenpolitische vor der ökonomischen Schallgrenze liege."[62] In der Schweiz wiederum habe „[d]as zweite Überfremdungs-Volksbegehren, dessen breite Resonanz in gemäßigten politischen Kreisen – so auch bei den Gewerkschaften – überraschte, [gezeigt,] wie dringlich wirksame Stabilisierungsmaßnahmen" seien.[63]

Darüber hinaus berichteten die beiden Beamten ausführlich über die jüngsten migrationspolitischen Maßnahmen und weitere Pläne der jeweiligen Administrationen. So hatte die Regierung in Bern zur Abwehr einer neuerlichen Überfremdungsinitiative gerade die „Gesamtplafonierung" genannte Regelung zur Kontingentierung der Einwanderung verschärft, während die niederländische Regierung an einem Gesetzentwurf arbeitete, der die Aufenthaltsdauer für Arbeitsmigranten auf zwei Jahre begrenzen sollte und somit ein striktes Rotationssystem bedeutet hätte.[64]

Auch auf EWG-Ebene kamen Beamte des Arbeitsministeriums mit anderen Politikentwürfen zur Steuerung der Ausländerbeschäftigung in Kontakt. Im Zuge der Pläne der Kommission, die Migrationspolitiken der Mitgliedstaaten zu vereinheitlichen und auch Drittstaatsangehörige in einen gemeinsamen Arbeitsmarkt zu integrieren, wurden in den Sitzungen des Fachausschusses „Freizügigkeit" die diversen nationalen Migrationsregime vorgestellt und Optionen ihrer Reformierung diskutiert.[65] Und schließlich lud das BMA im November 1972 Vertreter von mehr als zehn europäischen Staaten und internationalen Organisationen zu einer „Erfahrungsaustausch" genannten, nicht-öffentlichen Tagung ein, um über das „Problem der ausländischen Arbeitskräfte" zu diskutieren.[66] Währenddessen wies das Auswärtige Amt die deutschen Botschaften der mediterranen Anwerbe- wie der nordwesteuro-

---

[60] Vgl. Karl-Heinz Meier-Braun, „Freiwillige Rotation" – Ausländerpolitik am Beispiel der baden-württembergischen Landesregierung, München 1979.
[61] Bei der Organisation der Studienreisen wurden aus dem Europarat bestehende Kontakte genutzt; PA/AA, B 85/1240, BMA an AA, 27.3.1972.
[62] BArch, B 136/8844, Berié; Fendrich, Berichte über die Studienreise in die Niederlande vom 10.–12.4.1972.
[63] BArch, B 136/8844, Berié; Fendrich, Berichte über die Studienreise in die Schweiz vom 12.–20.6.1972.
[64] Letztlich scheiterte dieser Entwurf; vgl. Lucassen/Penninx, Newcomers.
[65] Vgl. Berlinghoff, Emancipation.
[66] Vgl. Heyden, Diskussion.

päischen Industrieländer „zu einer umfassenden Berichterstattung über wichtige und aktuelle außenpolitische Aspekte der Beschäftigung von ausländischen Arbeitnehmern [bzw.] die Konzeption der Regierung des [jeweiligen] Gastlandes in diesen Fragen"[67] an.

All diese Berichte, Diskussionen und Gespräche prägten nicht nur das Bild der zuständigen Regierungsbeamten vom „Problem der ausländischen Arbeitnehmer", sondern boten auch vielfältige Vorbilder, mit welchen administrativen Maßnahmen diesem „Problem" begegnet werden könne. Ein erster Schritt hierzu war – nach Vorbild der Niederlande – die Sperrung des sogenannten „zweiten Weges" im November 1972, also der bis dahin bestehenden Möglichkeit, unter Umgehung der Anwerbekommissionen mit einem Arbeitsvisum in die Bundesrepublik einzureisen.[68] Als weitere Anregungen wurden aus den Nachbarländern Pläne für eine erzwungene Rotation, einer fixen Obergrenze für ausländische Arbeitnehmer sowie Zuzugsverbote in vermeintlich überlastete Gebiete in die Diskussion übernommen.[69]

3.4 Die „Konsolidierung" der Ausländerbeschäftigung

Zu dieser Zeit begannen auch Bundeskanzler Willy Brandt, Arbeitsminister Walter Arendt, Innenminister Hans-Dietrich Genscher und Wirtschaftsminister Helmut Schmidt sich in Reden und Interviews öffentlich Gedanken über eine Begrenzung der Arbeitsmigration in die Bundesrepublik zu machen. Bereits im ersten Halbjahr 1972 sahen Brandt und Arendt angesichts von über zwei Millionen ausländischen Arbeitnehmern eine „ökonomische" (Arendt) bzw. eine „kritische" (Brandt) Grenze der Ausländerbeschäftigung erreicht.[70] Mit dem Attentat palästinensischer Terroristen bei den Olympischen Spielen in München und der darauf folgenden Massenausweisung vermeintlicher Araber wurde die „Ausländerfrage" erneut in die Öffentlichkeit getragen und im herbstlichen Wahlkampf von allen Spitzenpolitikern thematisiert.

Innenminister Genscher eröffnete einen Tag vor der absichtlich verlorenen Vertrauensabstimmung im Bundestag die Diskussion mit der Frage, ob es angesichts einer „sehr unkanalisierte[n], wilde[n] Einwanderung" nicht an einer Gesamtkonzeption der Ausländerbeschäftigung fehle.[71] Diese müsse die Integration der Migranten in die deutsche Gesellschaft beinhalten, damit es nicht zu sozialen Spannungen und „Minderheitenproblemen" komme. Wirtschaftsminister Schmidt sprach sich dagegen klar für eine Verringerung der Ausländerzahlen aus: „Wir haben 2,2 Millionen ausländische Arbeitskräfte in unserem Land, eigentlich ein bißchen viel. [...] Ich glaube nicht, daß es gesund ist, wenn wir auf die Dauer einen so hohen Prozentsatz ausländischer Arbeitnehmer bei uns beschäftigen."[72] Und Bundeskanzler Brandt wiederholte in Wahlkampfreden die Warnung vor der „kritischen Grenze", die mit „über zweieinhalb Millionen ausländischen Arbeitnehmern [...]

---

[67] PA/AA, B 85/1034, Abt. IA4 an Abt. V6, 12.6.1972. Auf der Grundlage dieser Umfrage, deren Ergebnisse zum Teil per Durchschlag direkt an das BMA weitergeleitet wurden, sollte eine eigene Position zur „Gastarbeiterbeschäftigung" erarbeitet und damit die Stellung des Hauses im ressortinternen Wettstreit um die migrationspolitische Führungsrolle wieder gestärkt werden.
[68] PA/AA, B 85/1033, Rundschreiben des AA an die Botschaften und Konsulate der Anwerbe- und Nachbarländer, 23.11.1972.
[69] BArch, B 149/83818, Ergebnisprotokoll über das Treffen des AK Ausländische Arbeitnehmer am 30.8.1972; vgl. Knortz, Diplomatische Tauschgeschäfte.
[70] Vgl. Schönwälder, Einwanderung, S.535f.
[71] BArch, B 149/54441, BPA-Mitschrift der ZDF-Diskussionssendung „München, 5. September 1972 – der Mord und seine Konsequenzen" vom 21.9.1972.
[72] BArch, B 149/54441, Protokoll des BPA über ein Interview des ZDF mit BMWi Helmut Schmidt, 31.8.1972.

langsam" erreicht sei, verbunden mit der Ankündigung der harten Verfolgung ausländischer Straftäter.[73] Immerhin wies Brandt dabei auch auf den Anteil der „Gastarbeiter" am gesellschaftlichen Wohlstand der Bundesrepublik hin.

Nach seiner erfolgreichen Wiederwahl mahnte der Bundeskanzler in seiner Regierungserklärung, „daß wir sehr sorgsam überlegen, wo die Aufnahmefähigkeit unserer Gesellschaft erschöpft ist und wo soziale Vernunft und Verantwortung Halt gebieten".[74] Und sein Arbeitsminister kündigte an, das BMA werde „bald prüfen, welche Maßnahmen erforderlich sind, um das Interesse an der Beschäftigung ausländischer Arbeitnehmer mit der Notwendigkeit ihrer angemessenen Eingliederung in unsere Gesellschaft in Einklang zu bringen".[75] Ein erster Schritt hierzu war das „Aktionsprogramm Ausländerbeschäftigung", das im Juni 1973 dem Bundestag vorgestellt wurde.[76] Darin wurde einerseits eine „Konsolidierung" der Ausländerbeschäftigung und zum zweiten eine bessere Integration der Einwanderer, die ja nicht als solche benannt werden durften, in Aussicht gestellt.[77] Unter „Konsolidierung" wurde dabei die Anpassung der Anwerbung an die vermeintliche Aufnahmefähigkeit der sozialen Infrastruktur, also eine Beschränkung der Einwanderung verstanden. Hierzu wurde eine spürbare Erhöhung der Vermittlungsgebühr angekündigt. Zudem sei die Vermittlung von ausreichend Wohnraum abhängig zu machen, der vom Arbeitgeber zu stellen war. Sollte dies nicht zum Erfolg führen, so war an eine Infrastrukturabgabe der Unternehmen, die Ausländer beschäftigten, gedacht.

Die zuvor angedachte Zwangsrotation der ausländischen Arbeitnehmer, wie sie in der Schweiz für Saisonarbeitskräfte galt und auch von der niederländischen Regierung geplant war, wurde hier dagegen explizit abgelehnt. Ganz im Gegenteil sollten Migranten mit zunehmender Aufenthaltsdauer automatisch einen sichereren Aufenthaltsstatus erlangen. Insgesamt, so das Aktionsprogramm, müsse das „Problem" der Ausländerbeschäftigung jedoch auf europäischer Ebene angegangen werden, da es nur hier gelöst werden könne. Offiziell wurde hierbei auf das in Arbeit befindliche Sozialpolitische Aktionsprogramm verwiesen, das sich auch auf Arbeitsmigranten erstrecken sollte. Tatsächlich drängte die Bundesregierung in Brüssel auf eine verstärkte Zusammenarbeit der EWG-Staaten im Kampf gegen klandestine Migration und illegale Beschäftigung sowie gegen die weitere Zuwanderung aus „außereuropäischen" Herkunftsländern.

Von den im Aktionsprogramm angekündigten Maßnahmen war bis November 1973 nur die Verteuerung der Anwerbung durch eine Verdreifachung der Vermittlungsgebühr von 300 auf 1000 DM umgesetzt worden. Maßnahmen zur Bekämpfung der illegalen Beschäftigung wurden zwar intensiv diskutiert, aber erst nach und nach durchgeführt. Am produktivsten war die interministerielle Arbeitsgruppe „Überlastete Siedlungsgebiete", die bereits drei Wochen nach dem Kabinettsbeschluss am 21. Juni zum ersten Mal zusammenkam. Sie arbeitete bis zum Jahresende eine Regelung aus, welche für Gebiete mit einem hohen ausländischen Bevölkerungsanteil Zuzugs- bzw. Vermittlungsstopps vorsah und die zum 1. Januar 1974 in Kraft treten sollten.[78]

---

[73] BArch, B 149/76198, Rede des Bundeskanzlers vor der Belegschaft der Henschel-Werke in Kassel am 5.10.1972.
[74] Regierungserklärung Willy Brandts vor dem Deutschen Bundestag, VII. Wahlperiode, 7. Sitzung, 18.1.1973.
[75] Walter Arendt vor dem Deutschen Bundestag, VII. Wahlperiode, 9. Sitzung, 25.1.1973.
[76] Walter Arendt vor dem Deutschen Bundestag, VII. Wahlperiode, 38. Sitzung, 6.6.1973.
[77] Das als „Leitlinien" formulierte „Aktionsprogramm" ist auch ausführlich dargestellt in: Wilhelm Weidenbörner, Aktionsprogramm zur Ausländerbeschäftigung, in: Bundesarbeitsblatt (1973), Nr. 24, S. 350–354.
[78] Dabei standen auch Vorschläge zur Diskussion, im Falle einer Überschreitung der „Überlastungs"-Grenzen die schweizerische Plafonierung oder die niederländische Rotation anzuwenden; BArch,

Zwischenzeitlich hatte es in ganz Europa eine Reihe wilder Streiks gegeben, an denen vor allem Migranten beteiligt waren. Zudem kam es in Frankreich zu einer Serie rassistischer Ausschreitungen und Morde, welche die algerische Regierung veranlasste, die Emigration nach Frankreich zu stoppen. Und die Schweiz diskutierte über die mittlerweile dritte Volksinitiative gegen die „Überfremdung". Zwei weitere waren bereits eingereicht. Vor diesem Hintergrund schien auch die Aufnahmefähigkeit der westdeutschen Ballungsgebiete nicht nur in infrastruktureller Hinsicht an ihre Grenzen zu geraten, zumal es beim „Türken-Streik"[79] im Kölner Ford-Werk, begleitet von nationalistischen Hetzkampagnen in der Presse, zu gewalttätigen Auseinandersetzungen zwischen Deutschen und Türken gekommen war.[80] In der Bundesregierung führte dies zu der Sorge, „[e]in weiterer ungehinderter Zustrom ausländischer Arbeitnehmer [könne] nur zu einer Verschärfung dieser Lage führen".[81]

Als die Arbeitgeberverbände und Gewerkschaften schließlich am 16. November 1973 die Bundesregierung gemeinsam aufforderten, im Falle einer Gefahr für deutsche Arbeitsplätze infolge der Ölpreiskrise die Anwerbung zu stoppen, nahm der Bundesarbeitsminister diese Gelegenheit gerne wahr und beendete eine Woche später überraschend die Anwerbung und mit ihr das deutsche Migrationsregime der „Gastarbeit". Die Reaktionen aus dem In- und Ausland, vor allem aber von Seiten der bisher an der Migrationspolitik beteiligten Landesregierungen, unterstreichen, wie kurzfristig die Entscheidung gefallen war.[82] Neben der legitimatorischen Funktion war dies wohl die engste Verbindung von Anwerbestopp und Ölpreiskrise.

4. Fazit

Trotz seiner überraschenden Erklärung bildete der deutsche Anwerbestopp den vorläufigen Höhepunkt einer zweieinhalbjährigen Debatte über die steigenden finanziellen und sozialen Kosten der Ausländerbeschäftigung. Diese wurde nicht in einem abgeschlossenen nationalen Rahmen geführt, sondern war in eine transnationale Diskussion um die als gesellschaftliches und ökonomisches Problem wahrgenommene Ausländerbeschäftigung eingebunden. Die Europäisierung der Debatte um das „Problem der ausländischen Arbeitnehmer" führte einerseits dazu, dass einzelne Problemwahrnehmungen zwischen den nationalen Diskussionen wanderten, ohne dabei unbedingt eine konkrete Entsprechung zu haben. Beispielsweise gab es 1972 trotz eines virulenten Alltagsrassismus keinerlei konkrete Hinweise auf drohende „Rassenunruhen" in deutschen Städten. Auch waren die für eine akzeptable Unterbringung der Einwanderer notwendigen Investitionskosten in den einzelnen Staaten kaum miteinander vergleichbar. Zum anderen diente der bewusst gesuchte

---

B 149/59838 und B 149/59839, Vermerke über die Sitzungen der AG „Überlastete Siedlungsgebiete" vom 26.6.1973, 12.9.1973 und 25.10.1973.
[79] Türken-Streik. Faden gerissen, in: Der Spiegel, 1973, Nr. 37, S. 28–33.
[80] Vgl. Eckart Hildebrandt/Werner Olle, Ihr Kampf ist unser Kampf. Ursachen, Verlauf und Perspektiven der Ausländerstreiks 1973 in der BRD, Offenbach 1975; Karin Hunn, „Nächstes Jahr kehren wir zurück …". Die Geschichte der türkischen „Gastarbeiter" in der Bundesrepublik, Göttingen 2005.
[81] BArch, B 136/8845, Chef des BK, Grabert, an BMA, Arendt, 4.9.1973.
[82] So beschwerten sich beispielsweise die Konsulate in den Anwerbeländern, ihre Gesprächspartner vor Ort seien besser informiert als sie selbst, und der bayerische Arbeitsminister beklagte, nicht in die Entscheidung mit eingebunden worden zu sein; PA/AA, B 85/1281, Deutsche Botschaft in Belgrad an AA, 24.11.1973; BArch, B 119/5026, Bericht der deutschen Kommission in Spanien, 3.12.1973; BArch, B 149/54459, Bayerischer Arbeitsminister Pirkl an Arendt, 28.12.1974; vgl. Ulrich Herbert/Karin Hunn, Beschäftigung, soziale Sicherung und soziale Integration von Ausländern, in: Hans Günter Hockerts (Hrsg.), 1966–1974, Bundesrepublik Deutschland. Eine Zeit vielfältigen Aufbruchs (Geschichte der Sozialpolitik in Deutschland seit 1945, Bd. 5), Baden-Baden 2006, S. 781–810, hier S. 804.

Austausch von Erfahrungen und Konzepten im Umgang mit dem „Problem" zu einer Diffusion migrationspolitischer Entscheidungen, die zu der von Fielding und Hammar diagnostizierten Angleichung der europäischen Migrationsregime entscheidend beitrugen.

Zwar war der Anwerbestopp nicht allein (teleo)logische Folge einer europäischen Entwicklung, sondern eng in den Kontext des nationalen Migrationsregimes und der spezifischen deutschen Debatten um Ausländerbeschäftigung und Einwanderung eingebunden. Mit seiner Verordnung im Kontext der Ölpreiskrise fügt sich der deutsche Anwerbestopp jedoch in die Reihe der europäischen Einwanderungsbeschränkungen, die ebenfalls in jeweils dem Moment beschlossen wurden, als der Widerstand von gegensätzlichen Interessen – internen wie internationalen – am leichtesten zu überwinden war. Der Anwerbestopp vom 23. November 1973 war also nicht nur in seinen Auswirkungen, sondern auch in seiner ganzen Entstehungsgeschichte Teil einer Europäisierung der Migrationspolitik der frühen 1970er Jahre.

Teil II:

Wahrnehmung und Folgen der Migration in den Ziel- und Herkunftsräumen

Olga Sparschuh
Grenzen der Grenzen
Italienische Arbeitsmigration nach Turin und München in den 1950er bis 1970er Jahren

Turin und München wurden ab Mitte der 1950er Jahre zu Hauptzielen der Migration aus peripheren in zentrale Regionen des europäischen Wirtschaftsraums. In beiden Städten handelte es sich dabei vor allem um Zuwanderung von Arbeitsmigranten aus dem Süden Italiens, aus dem Mezzogiorno. Während die Turiner Tageszeitung „La Stampa" angesichts der großen Zahl der Arbeitsmigranten bereits 1961 forderte, diese in Bürger zu verwandeln, die „lavorano, producono, consumano come noi", also „arbeiten, produzieren, konsumieren wie wir", plante die Münchner Volkshochschule erst 1973 ein Lehr- und Informationsprogramm zum Thema „Wie werde ich ein richtiger Münchner".[1] Die Übereinstimmung in dem Ziel, die Arbeitsmigranten aus dem Süden in die jeweilige Stadt zu integrieren, überrascht jedoch, denn im einen Fall handelte es sich um eine Wanderung innerhalb eines Nationalstaats, im anderen um eine Migration über Staatsgrenzen hinweg, die durch ein bilaterales Anwerbeabkommen geregelt wurde.

Beide Migrationsbewegungen waren Teil des Süd-Nord-Migrationssystems der 1950er bis 1970er Jahre.[2] Dennoch werden die europäischen Arbeitswanderungen der zweiten Hälfte des 20. Jahrhunderts in der Forschung meist aus nationalstaatlicher Perspektive betrachtet sowie Binnenwanderung und transnationale Migration in der Regel getrennt voneinander untersucht. Anhand eines symmetrischen Vergleichs zwischen der Arbeitsmigration innerhalb Italiens und der italienischen Arbeitsmigration nach Deutschland soll im Folgenden ermittelt werden, ob ein Vergleich beider Migrationsbewegungen möglich und ertragreich ist. Dabei soll ausgelotet werden, inwiefern die ersten gesamteuropäischen politischen Regelungen – konkret die schrittweise Einführung der Freizügigkeit für Arbeitskräfte innerhalb der Europäischen Wirtschaftsgemeinschaft (EWG) während der 1960er Jahre – die Bedeutung der nationalstaatlichen Grenzen für die Migrationsbewegungen dieser Jahre relativierten, also die Grenzen der Grenzen deutlich werden ließen. Gleichzeitig wird geprüft, in welcher Hinsicht regionale Zugehörigkeiten für die Arbeitswanderungen dieser Jahre entscheidend blieben und welche Rolle insbesondere die ausgeprägten Unterschiede zwischen dem agrarisch strukturierten Süden und dem industriell organisierten Norden Italiens für diese Migrationsbewegung spielten.[3]

Die Untersuchung erfolgt in drei Schritten: Migration, Integration, Rückkehr. Zunächst wird die Vergleichbarkeit beider Migrationsbewegungen begründet und ermittelt, inwiefern sich die Bedingungen beider Wanderungsbewegungen, besonders durch die Einführung der Freizügigkeit für Arbeitnehmer innerhalb der EWG ab 1961, anglichen. Danach dienen

---

[1] La Stampa, I drammi degli immigrati, 10.1.1961; Stadtarchiv München, Kulturamt, Nr. 1133, Betreuung ausländischer Dienstkräfte, Mitteilung des Kulturreferats an das Personalreferat, 27.11.1973.
[2] Dirk Hoerder/Jan Lucassen/Leo Lucassen, Terminologien und Konzepte der Migrationsforschung, in: Klaus J. Bade/Pieter C. Emmer/Leo Lucassen/Jochen Oltmer (Hrsg.), Enzyklopädie Migration in Europa. Vom 17. Jahrhundert bis zur Gegenwart, Paderborn ³2010, S. 31.
[3] Der Beitrag entstand im Rahmen eines an der Freien Universität Berlin verfolgten Dissertationsprojektes. Anhand eines symmetrischen Vergleichs von italienischer Binnenwanderung und italienischer Arbeitsmigration nach Deutschland soll dabei die Frage geklärt werden, welche Rolle nationalstaatliche Zugehörigkeiten in Anbetracht erster gesamteuropäischer Politiken für die Arbeitsmigration der 1950er bis 1970er Jahre spielten. Dabei erfolgt eine Beschränkung auf den italienischen Fall, zum Vergleich wäre eine Untersuchung der spanischen Binnenmigration und der spanischen transnationalen Arbeitsmigration dieser Jahre in die Bundesrepublik lohnend.

zwei Teilaspekte beider Migrationsbewegungen als weitere Indikatoren für ihre Vergleichbarkeit: einerseits die Integration in die Zielgebiete, welche über kommunale Bildungspolitiken für die Arbeitsmigranten erfasst wird; andererseits die Rückwanderung in die Herkunftsgebiete, die anhand von Hausbauprojekten in der Heimat untersucht werden soll. Durch die Betrachtung der kommunalen Integrationspolitiken werden die politischen Vertreter der Aufnahmegesellschaften als Akteure in den Blick genommen und es kann ermittelt werden, inwiefern sich die Integrationssituationen in den Aufnahmegesellschaften für die Arbeitsmigranten ähnelten. Durch den Fokus auf die Rückkehrneigung stehen die Arbeitsmigranten selbst als handelnde Subjekte im Mittelpunkt und es wird deutlich, in welchem Maße die Vorstellungen über die Rückkehr in die Herkunftsgesellschaften der süditalienischen Arbeitsmigranten in Norditalien den Vorstellungen jener in Deutschland entsprachen.

Mit Hilfe des symmetrischen Vergleichs beider Wanderungsbewegungen kann die Bedeutung von nationalstaatlichen Grenzen für das Süd-Nord-Wanderungssystem der Wirtschaftswunderjahre genauer bestimmt und – wie sich zeigen wird – relativiert werden. Angesichts des sowohl internen als auch grenzüberschreitenden Charakters der europäischen Arbeitsmigration erscheint in der Folge die Beschränkung der bisherigen Studien auf einen nationalstaatlich gefassten Raum als problematisch.

1. Migration – Begründung der Vergleichbarkeit von italienischer Binnenmigration und italienischer Arbeitsmigration in die Bundesrepublik

Seit der nationalstaatlichen Einigung 1861 war Italien durch ein extremes Gefälle zwischen dem industrialisierten Norden und dem agrarisch strukturierten Süden, dem Mezzogiorno, geprägt. Die Unterschiede zwischen beiden Landesteilen vergrößerten sich zusätzlich, als die norditalienische Wirtschaft nach dem Zweiten Weltkrieg eine rasante Entwicklung durchlief.[4] Den nördlichen Regionen Piemont, Lombardei und Ligurien gelang dadurch ab Mitte der 1950er Jahre der Anschluss an die mittel- und westeuropäischen Staaten, während der Süden des Landes ökonomisch zurückblieb. Als Konsequenz kam es in den 1950er und 1960er Jahren zu einer italienischen Binnenwanderung von enormen Ausmaßen. Hunderttausende Menschen verließen ihre Herkunftsorte im Meridione, um ihren Lebensunterhalt in den nördlichen Industriezentren Italiens zu verdienen, die in diesen Jahren einen stetig wachsenden Arbeitskräftebedarf hatten.[5]

Parallel kam es zu einer italienischen Migration in die Bundesrepublik. Auf Betreiben der Regierungen Italiens und Westdeutschlands wurden mit dem Anwerbeabkommen im Dezember 1955 die rechtlichen Rahmenbedingungen für eine Entsendung bzw. Anwerbung italienischer Arbeitskräfte geschaffen, welche den italienischen und den deutschen Arbeitsmarkt entlasten sollten.[6] Während Italien interessiert war, den Arbeitskräfteüberschuss der südlichen Regionen des Landes abzubauen und seine Devisenbilanz auszugleichen, wollte

---

[4] Dietrich von Delhaes-Günther/Othmar Nikola Haberl/Alexander Schölch, Abwanderung von Arbeitskräften aus Italien, der Türkei und Jugoslawien, in: Aus Politik und Zeitgeschichte 12 (1976), S. 3–29, hier S. 3; Paul Ginsborg, Storia d'Italia dal dopoguerra ad oggi. Società e politica 1943–1988, Turin 1989, S. 296.
[5] Hans Woller, Geschichte Italiens im 20. Jahrhundert, München 2010, S. 266.
[6] Zum Zustandekommen des Anwerbeabkommens vgl. Heike Knortz, Diplomatische Tauschgeschäfte. „Gastarbeiter" in der westdeutschen Diplomatie und Beschäftigungspolitik, Köln 2008, bes. S. 67–92; Maximiliane Rieder, Deutsch-italienische Wirtschaftsbeziehungen. Kontinuitäten und Brüche 1936–1957, Frankfurt a.M. 2003; Johannes-Dieter Steinert, Arbeit in Westdeutschland. Die Wanderungsvereinbarungen mit Italien, Spanien, Griechenland und der Türkei und der Beginn der organisierten Anwerbung ausländischer Arbeitskräfte, in: Archiv für Sozialgeschichte (AfS) 35 (1995), S. 197–209.

die deutsche Regierung darauf hinwirken, den regionalen und sektoralen Arbeitskräftemangel zu decken, um die ebenfalls rasante Wirtschaftsentwicklung in Deutschland nicht zu gefährden. Auch wenn sich beide Wanderungsbewegungen im Ergebnis insofern glichen, als sie den gewaltigen Arbeitskräftebedarf der boomenden europäischen Industriezentren befriedigten, gab es zunächst einen wesentlichen Unterschied: Die italienische Binnenmigration verlief spontan und ungeregelt, die italienische Arbeitsmigration in die Bundesrepublik war durch das Anwerbeabkommen staatlich organisiert und wurde zunächst vor allem durch das aufwändige Anwerbeverfahren reguliert.

Bei der Gründung der EWG 1957 war jedoch beschlossen worden, die Arbeitnehmer aller Mitgliedstaaten arbeitsrechtlich gleichzustellen. Gemäß den Römischen Verträgen wurde diese Gleichstellung bis 1970 durch entsprechende Verordnungen der Jahre 1961, 1964 und 1968 schrittweise erreicht.[7] Die wichtigste Neuerung war, dass bereits im September 1961 mit Wirkung zum 1.Januar 1962 die Freizügigkeit für Arbeitnehmer in der EWG eingeführt wurde. Italiener benötigten seit diesem Zeitpunkt kein Visum mehr, sondern nur noch einen Personalausweis, um in einem anderen Land der Wirtschaftsgemeinschaft eine Arbeit aufzunehmen.[8] Aufgrund dieser Regelung verlor die organisierte Form der Migration für die italienischen Arbeitsmigranten in der Bundesrepublik an Bedeutung, und sie konnten sich nun frei von staatlicher Einflussnahme auf dem deutschen Arbeitsmarkt bewegen.[9]

Durch die Einführung der Freizügigkeit für Arbeitnehmer innerhalb der EWG näherten sich die italienische Binnenmigration und die Arbeitsmigration in die Bundesrepublik in ihren Merkmalen an, und die europäische Arbeitsmigration dieser Jahre wurde weitgehend unabhängig von staatlichen Migrationsregimen. Bei beiden Wanderungen dominierten nun Kettenwanderungen das Zuwanderungsgeschehen, die Arbeitsuchenden wurden also vornehmlich durch Verwandte und Bekannte vermittelt.[10] Die Angleichung der rechtlichen Rahmenbedingungen beider Wanderungsbewegungen schafft die Voraussetzung für den Vergleich, obwohl es sich im einen Fall um eine Wanderung innerhalb eines Nationalstaats, im anderen um eine Migration über Nationalstaatsgrenzen hinweg handelte. Bereits Ende der 1970er Jahre wurde die Besonderheit der Äquivalenz der italienischen Migration innerhalb Italiens und nach Deutschland erkannt und beide Bewegungen wurden unter dem Begriff der „europäischen Binnenwanderung" subsumiert.[11] Die Prüfung, inwiefern die Freizügigkeitsregelung für diese sogenannte europäische Binnenmigration nicht nur formell, sondern auch empirisch bedeutsam war, steht seither allerdings aus.

---

[7] Ulrich Herbert, Geschichte der Ausländerpolitik in Deutschland. Saisonarbeiter, Zwangsarbeiter, Gastarbeiter, Flüchtlinge, München 2001, S.212.
[8] Zu den europäischen Regulierungen vgl. Hans-Joachim Hoffmann-Nowotny/Karl Otto Hondrich, Ausländer in der Bundesrepublik Deutschland und der Schweiz. Segregation und Integration, Frankfurt a.M. 1981, S.134–137; Federico Romero, L'emigrazione italiana negli anni '60 e il Mercato Comune Europeo, in: Jens Petersen (Hrsg.), L'emigrazione tra Italia e Germania, Manduria 1993, S.117–137, bes. S.121–123; Yvonne Rieker, „Ein Stück Heimat findet man ja immer". Die italienische Einwanderung in die Bundesrepublik, Essen 2003, S.43–52, 99–111; Klaus Sieveking, Das Freizügigkeitsgesetz/EU als Teil des Zuwanderungsgesetzes von 2004. Aspekte der Umsetzung der Richtlinie 2004/38/EG, in: Klaus Barwig/Gisbert Brinkmann (Hrsg.), Perspektivwechsel im Ausländerrecht? Rechtskonflikte im Spiegel politischer und gesellschaftlicher Umbrüche in Deutschland und Europa, Baden-Baden 2007, S.537–566.
[9] Romero, L'emigrazione italiana, S.126.
[10] Sonja Haug, Kettenmigration am Beispiel italienischer Arbeitsmigranten in Deutschland 1955–2000, in: AfS 42 (2002), S.123–143; Emilio Reyneri, La catena migratoria. Il ruolo dell'emigrazione nel mercato del lavoro di arrivo e di esodo, Bologna 1979; Romero, L'emigrazione italiana, S.126.
[11] Silvio Ronzani, Arbeitskräftewanderung und gesellschaftliche Entwicklung. Erfahrungen in Italien, in der Schweiz und in der Bundesrepublik Deutschland, Königstein i.Ts. 1980, S.223–227.

Der Vergleich beider Migrationsbewegungen in dieser Untersuchung erfolgt auf der Ebene der Stadt. Diese Herangehensweise bietet sich an, da besonders Städte von der Arbeitsmigration betroffen waren und die Massenzuwanderung für etliche Gemeinden eine große materielle und kulturelle Herausforderung darstellte.[12] Gleichzeitig wird durch die Konzentration auf die Stadt als Untersuchungseinheit der Nationalstaatszusammenhang unterschritten und dadurch der symmetrische Vergleich einer binnenstaatlichen sowie einer transnationalen Migrationsbewegung möglich.

Als Untersuchungseinheiten wurden Turin und München ausgewählt. In beiden Städten hatten sich seit Beginn des 20. Jahrhunderts die Bauwirtschaft ebenso wie der Stahl-, Maschinen- und Fahrzeugbau zu den dominierenden Sektoren entwickelt. Seit Anfang der 1950er Jahre kam es beiderorts zu einem enormen Wirtschaftsaufschwung und, bald darauf, zu einer starken Arbeitskräfteverknappung.[13] Da die neu entstehenden Arbeitsplätze in der Industrie nur teilweise mit den bereits in den Städten ansässigen Arbeitskräften besetzt werden konnten, zog der Arbeitskräftemangel Zuwanderer an. Bedingt durch die dynamische Wirtschaftsentwicklung stieg die Bevölkerungszahl beider Städte extrem schnell. In den zehn Jahren zwischen 1951 und 1961 wuchs die Bevölkerung Turins von 719 300 auf 1 026 997 Einwohner, die Bevölkerung Münchens von 855 003 auf 1 085 924 Einwohner.[14] Dabei waren die Größenverhältnisse der italienischen Arbeitsmigration jedoch unterschiedlich: In Turin stieg die Quote der im Mezzogiorno und auf den Inseln Geborenen bis 1971 auf 27,1 Prozent an, zu diesem Zeitpunkt war mehr als ein Viertel der Stadtbewohner im Süden des Landes geboren.[15] Die Zahl der Italiener in München stieg zwar rasant von 1 403 im Jahre 1953 auf 20 471 im Jahre 1963 und bis 1974 auf 29 985 Personen, ihr Anteil an der Münchner Gesamtbevölkerung blieb im gesamten Untersuchungszeitraum aber im unteren einstelligen Prozentbereich und erreichte 1973 2,3 Prozent.[16]

Abgesehen von den zahlenmäßigen Unterschieden werden bei der Betrachtung der sozialen Zusammensetzung der italienischen Arbeitsmigration in Turin und München aber bemerkenswerte Übereinstimmungen deutlich. Die überwiegende Mehrheit der Arbeitsmigranten stammte im Untersuchungszeitraum sowohl in Turin als auch in München aus dem strukturschwachen Mezzogiorno[17], die Quote der Zuwanderer aus dem Süden lag

---

[12] Martin Baumeister, Grenzen der Stadt. Masseneinwanderung und Öffentlichkeit in Barcelona und Turin 1950–1975, in: Friedrich Lenger/Klaus Tenfelde (Hrsg.), Die europäische Stadt im 20. Jahrhundert. Wahrnehmung – Entwicklung – Erosion, Köln 2006, S. 417–436, hier S. 417.
[13] Goffredo Fofi, L'immigrazione meridionale a Torino, Mailand 1964, S. 113; Stefano Musso, Lo sviluppo e le sue immagini. Un'analisi quantitativa. Torino 1945–1970, in: Fabio Levi/Bruno Maida (Hrsg.), La città e lo sviluppo. Crescita e disordine a Torino 1945–1970, Mailand 2002, S. 39–70, hier S. 44; Landeshauptstadt München, Stadtentwicklungsreferat (Hrsg.), Kommunalpolitische Aspekte des wachsenden ausländischen Bevölkerungsanteils in München. Problemstudie, München 1972, S. 14; Maximiliane Rieder, 50 Jahre Anwerbevertrag zwischen Deutschland und Italien. Italienische Gastarbeiter und Unternehmer in Bayern und München 2004, als PDF-Datei unter www.mstatistik-muenchen.de/themen/wirtschaft/berichte/berichte_2005/mb050301.pdf.
[14] Landeshauptstadt München, Statistisches Amt (Hrsg.), Statistisches Handbuch der Stadt München 1995, München 1995, S. 35, Tabelle 101; Anna Anfossi, L'immigrazione meridionale a Torino, in: CRIS (Centro di ricerche industriali e sociali di Torino), Immigrazione e industria, Mailand 1962, S. 169–184, hier S. 169.
[15] Norberto Bobbio, Presentazione, in: CRIS, Immigrazione e industria, S. VII–XII, hier S. VII; Stefano Musso, Il lungo miracolo economico. Industria, economia e società (1950–1970), in: Nicola Tranfaglia (Hrsg.), Storia di Torino, Bd. IX, Gli anni della Repubblica, Turin 1999, S. 51–100, hier S. 63.
[16] Rieder, 50 Jahre Anwerbevertrag, S. 2. Eigene Berechnungen anhand der Italienerzahlen und der Münchner Einwohnerstatistik.
[17] Mit Mezzogiorno wird dabei der Teil Italiens südlich von Rom bezeichnet, also die Regionen Abruzzen, Molise, Kampanien, Apulien, Basilicata und Kalabrien sowie die beiden Hauptinseln Sizilien und Sardinien.

in beiden Städten ab 1960 im Durchschnitt bei über 60 Prozent und übertraf den Anteil der Norditaliener erheblich.[18] In beiden Städten war auch die Altersstruktur der Arbeitsmigranten, die mehrheitlich zwischen 20 und 40 Jahre alt waren, ähnlich.[19] Beide Wanderungen waren zunächst männlich dominiert, erst später folgte der Familiennachzug.[20] Das Ausbildungsniveau der Arbeitsmigranten blieb deutlich niedriger als das der Bevölkerung in beiden Aufnahmestädten, da die Mehrzahl nur einige Schuljahre absolviert hatte.[21] Aufgrund ihrer ländlichen Herkunft hatte die Mehrheit der Einwanderer aus dem Süden keine Berufsausbildung erhalten und verfügte über keinerlei Erfahrung in der Industriearbeit.[22] Sowohl in Turin als auch in München arbeiteten die Zuwanderer aus dem Meridione hauptsächlich im Hoch- oder Tiefbau, in der metallverarbeitenden Industrie allgemein und besonders im Fahrzeugbau, dabei war der Großteil als un- oder angelernte Arbeiter tätig.[23]

Diese Befunde erlauben eine Gleichsetzung beider Gruppen als „süditalienische Arbeitsmigranten". Die Konzentration auf die aus dem Süden des Landes zugewanderten Arbeitsmigranten und die Beschreibung Süditaliens als soziokulturell einheitlicher Raum ist zwar heikel, aufgrund des Übergewichts von Süditalienern in den nach Turin und München gewanderten Gruppen erweist sich dieser Fokus für den vorliegenden Fall aber als gerechtfertigt.[24] Festzuhalten ist, dass die gleiche Gruppe von Menschen unter der gleichen Ausgangsbedingung der Arbeitsmigration innerhalb eines fast identischen Zeitraums, aber in einem anderen städtischen und nationalstaatlichen Umfeld betrachtet werden kann. Damit scheinen hinreichende Anhaltspunkte für einen Vergleich beider Migrationsbewegungen gegeben.

2. Integration in die Zielräume

Die italienische Forschung wertet die Binnenmigration nach Überwindung der in den ersten Jahren auftretenden Schwierigkeiten gewöhnlich als späten Vollzug der nationalen Einigung Italiens.[25] Im Gegensatz dazu werden die heutigen Integrationsprobleme der Arbeits-

---

[18] Franco Ramella, Immigrazione e traiettorie sociali in città: Salvatore e gli altri negli anni sessanta, in: Angiolina Arru/Franco Ramella (Hrsg.), L'Italia delle migrazioni interne. Donne, uomini, mobilità in età moderna e contemporanea, Rom 2003, S. 339–385, hier S. 339f.; Delhaes-Günther/Haberl/Schölch, Abwanderung, S. 6, siehe auch Tabelle 29; Rieder, 50 Jahre Anwerbevertrag, S. 4.
[19] Silvia Inaudi, La struttura familiare nell'immigrazione dal Mezzogiorno al Nord. Il caso di Torino negli anni '50 e '60, Università degli studi di Torino, unveröffentlichte Magisterarbeit 1998, S. 55; Landeshauptstadt München, Problemstudie, S. 41.
[20] Zur weiblichen Arbeitsmigration und zum Familiennachzug vgl. Anna Badino, Tutte a casa? Donne tra migrazione e lavoro nella Torino degli anni sessanta, Rom 2008; Monika Mattes, „Gastarbeiterinnen" in der Bundesrepublik. Anwerbepolitik, Migration und Geschlecht in den 50er bis 70er Jahren, Frankfurt a.M. 2005.
[21] Simona Carelli, Uomini e donne dal mezzogiorno a Torino tra anni cinquanta e sessanta, Università degli studi di Torino, unveröffentlichte Magisterarbeit 1998, S. 68; Franziska Dunkel/Gabriella Stramaglia-Faggion, Für 50 Mark einen Italiener. Zur Geschichte der Gastarbeiter in München, München 2000, S. 88; Flavia Zaccone Derossi, L'inserimento nel lavoro degli immigrati meridionali a Torino, in: CRIS, Immigrazione e industria, S. 221–242, hier S. 221.
[22] Carelli, Uomini e donne dal mezzogiorno, S. 68.
[23] Landeshauptstadt München, Statistisches Amt (Hrsg.), Statistisches Handbuch der Stadt München 1964, München 1964, Status zum 30.9.; Herbert, Geschichte der Ausländerpolitik in Deutschland, S. 213.
[24] Vgl. dazu Roberto Sala, Die Nation in der Fremde. Zuwanderer in der Bundesrepublik Deutschland und nationale Herkunft aus Italien, in: IMIS-Beiträge 29 (2006), S. 99–122, hier S. 117.
[25] Vgl. dazu generell den Sammelband Fabio Levi/Stefano Musso (Hrsg.), Torino da capitale politica a capitale dell'industria. Il miracolo economico (1950–1970), Turin 2004, besonders den Beitrag von Fabio

migranten und ihrer Nachkommen in Deutschland damit erklärt, dass die politischen Akteure versäumt hätten, Maßnahmen für die Integration der Arbeitsmigranten zu ergreifen.[26] Denn obwohl sich die Beschäftigung von „Gastarbeitern" rasch zur Einwanderung entwickelt habe, sei die veränderte Situation im politischen Entscheidungsprozess für lange Zeit verdrängt und im Verwaltungshandeln tabuisiert worden. Zahlreiche Arbeitsmigranten lebten deshalb in Deutschland in einem gesellschaftlichen Paradox – in einer „Einwanderungssituation ohne Einwanderungsland".[27] Während die italienische Binnenmigration als Erfolgsgeschichte erzählt wird, erscheint die italienische Arbeitsmigration in die Bundesrepublik hinsichtlich der Integration der Arbeitsmigranten in der Rückschau als Misserfolg.[28] Im folgenden Abschnitt soll gezeigt werden, dass diese Annahme dem direkten Vergleich der Politiken der Aufnahmegesellschaften nicht standhält und nach der Analyse der kommunalen Integrationspolitiken im Bereich der Bildung relativiert werden muss.

Während die Zuwanderung nach Turin und München in der Hochphase der Urbanisierung im späten 19. und frühen 20. Jahrhundert zunächst aus dem Umland und aus näher gelegenen Regionen erfolgte, waren beide Städte ab Mitte der 1950er Jahre erstmals in ihrer Geschichte mit der massenhaften Anwesenheit von Arbeitsmigranten konfrontiert, welche aus weit entfernten Regionen beziehungsweise aus dem Ausland kamen und sich deutlich von der einheimischen Bevölkerung unterschieden. Innerhalb des städtischen Rahmens entwickelte sich deshalb eine Vielzahl von vermeintlichen und tatsächlichen Problemen im Zusammenleben von eingesessener Bevölkerung und Arbeitsmigranten. Dabei wurde die Anwesenheit der Arbeitsmigranten in beiden Städten auf ähnliche Weise verhandelt. Parallel wurde die Minderwertigkeit der süditalienischen Arbeitsmigranten, ihr Hang zur Kriminalität, ihr abweichendes Sozialverhalten und ihr niedrigeres Bildungsniveau thematisiert, während es allein in der Einschätzung der politischen Ausrichtung der Arbeitsmigranten signifikante Unterschiede gab.[29] Viele dieser Urteile waren bloße Zuschreibungen und es mangelte ihnen an realem Gehalt, das Bildungsniveau der Arbeitsmigranten war jedoch tatsächlich niedriger als das der Bevölkerung in beiden Aufnahmestädten. Exemplarisch wird hier der in diesen Jahren viel diskutierte Unterschied im Grad der Bil-

---

Levi, Problemi dello sviluppo torinese nel contesto nazionale, S. 259–268, hier S. 267; zu dieser positiven Deutungsweise vgl. auch Silvio Lanaro, Storia dell'Italia repubblicana. Dalla fine degli anni Novanta, Venedig 1992, S. 258–259; Vittorio Foa, Questo novecento, Turin 1996, S. 232.

[26] Ines Michalowski, Integrationsprogramme in Europa. Konzeption, Effektivität und wohlfahrtsstaatliches Kalkül, in: Sigrid Baringhorst/Uwe Hunger/Karen Schönwälder (Hrsg.), Politische Steuerung von Integrationsprozessen. Intentionen und Wirkungen, Wiesbaden 2006, S. 61–78, hier S. 62; Karen Schönwälder, Migration und Ausländerpolitik in der Bundesrepublik Deutschland, in: Rosmarie Beier-de Haan (Hrsg.), Zuwanderungsland Deutschland. Migrationen 1500–2005, Berlin 2005, S. 106–119, hier S. 111. Ausführlich zur Politik der Bundesregierungen vgl. dies., Einwanderung und ethnische Pluralität. Politische Entscheidungen und öffentliche Debatten in Großbritannien und in der Bundesrepublik von den 1950er bis zu den 1970er Jahren, Essen 2001.

[27] Vgl. dazu Klaus J. Bade/Jochen Oltmer, Migration und Integration in Deutschland seit der Frühen Neuzeit, in: Beier-de Haan (Hrsg.), Zuwanderungsland Deutschland, S. 20–49, hier S. 41; ferner dies., Normalfall Migration, Bonn 2004, S. 75.

[28] Zum Problem der nationalen Prägung von Migrationsforschung vgl. Michael Bommes/Dietrich Thränhardt, Introduction: National Paradigms of Migration Research, in: dies. (Hrsg.), National Paradigms of Migration Research, Göttingen 2010, S. 9–38.

[29] Baumeister, Grenzen der Stadt; Dunkel/Stramaglia-Faggion, Für 50 Mark einen Italiener; Yvonne Rieker, „Südländer", „Ostagenten" oder „Westeuropäer"? Die Politik der Bundesregierung und das Bild der italienischen „Gastarbeiter", in: AfS 40 (2000), S. 231–259; Fabio Levi, L'immigrazione, in: Nicola Tranfaglia (Hrsg.), Storia di Torino, Bd. IX: Gli anni della repubblica, Turin 1999, S. 157–187; Massimo Pignata, Stampa e immigrazione a Torino. Opinioni e strumentalizzazioni della stampa torinese sul fenomeno dell'immigrazione tra gli anni '50 e gli anni '70, Università degli studi di Torino, unveröffentlichte Magisterarbeit 2001.

dung zwischen Zuwanderern und Einheimischen herausgegriffen und untersucht, auf welche Weise die Stadtverwaltungen Turins und Münchens versuchten, diesem durch bildungspolitische Initiativen für die Zuwanderer zu begegnen. Darunter werden einerseits die Sprachausbildung, andererseits die berufliche Aus- und Weiterbildung erfasst. Beide Arten von Maßnahmen dienen als wesentliche Indikatoren für erste Schritte in Richtung auf später ergriffene Integrationspolitiken.

In beiden Städten war das Verhalten der Stadtverwaltungen gegenüber den Arbeitsmigranten zunächst durch Nichtbeachtung gekennzeichnet. Die Turiner Kommunalverwaltung war zwar von Beginn an mit den Folgen der unregulierten Binnenmigration konfrontiert, sah zu dieser Zeit aber die Tragweite des Migrationsprozesses und die daraus erwachsenden sozialen und kulturellen Veränderungen für die Stadt noch nicht voraus.[30] Das galt insbesondere deshalb, weil es sich vielfach nur um einen temporären Aufenthalt zu handeln schien, denn viele Arbeitsmigranten planten, sich im Norden die finanziellen Mittel zu erarbeiten, um danach auf verbesserter wirtschaftlicher Grundlage in ihre Heimat zurückkehren zu können.[31] Erst ab 1956 wurde die Zuwanderung verstärkt diskutiert und vor allem die mangelnde Bildung der Arbeitsmigranten thematisiert. Trotz der offensichtlich unterschiedlichen Ausbildungsvoraussetzungen nahm die Stadtverwaltung an, dass die Arbeiter aus anderen Regionen das Qualifikationsniveau der Turiner Arbeiter schnell erreichen würden, und erachtete Maßnahmen zur Weiterbildung zunächst als überflüssig.[32] Während einerseits verkündet wurde, dass die „capitale del lavoro e dell'industria" – in Anspielung auf den bereits im 19. Jahrhundert verlorenen Hauptstadtstatus wurde Turin in den Jahren des Wirtschaftswunders als „Hauptstadt der Arbeit und der Industrie" bezeichnet –, zum Kern der ökonomischen und sozialen Erneuerung des Landes werden müsse, blieb die erste und einzige Handlung der Stadtverwaltung in Bezug auf die Arbeitsmigranten 1958 die Bewilligung einer vorübergehenden Arbeitserlaubnis für die Arbeitsmigranten, die in der Lage waren, einen Arbeitsplatz vorzuweisen.[33]

Im Gegensatz dazu kam die Münchner Kommunalregierung aufgrund der Regelung der Arbeitskräfteanwerbung anfangs kaum mit den Arbeitsmigranten in Berührung. Laut Anwerbevertrag war die Arbeitsvermittlung durch die Deutschen Kommissionen und die Bundesanstalt für Arbeit bzw. die lokalen Arbeitsämter organisiert, um die Beschaffung von Wohnraum kümmerten sich die Arbeitgeber. Zwar sah das Abkommen vor, dass „die zuständigen Behörden der beiden Länder [...] wohlwollend prüfen, inwieweit [sie] die Eingewöhnung der italienischen Arbeiter in die neuen Lebensverhältnisse fördern können", eine konkrete Verpflichtung zu bestimmten Leistungen gab es aufgrund dieser Formulierung jedoch nicht.[34] Da es sich nur um eine Aufnahme auf Zeit handeln sollte, bestand für die Münchner Kommunalregierung in Bezug auf die Arbeitsmigranten zunächst kein Handlungsbedarf.

Die Auseinandersetzung der Kommunalregierungen mit der Arbeitsmigration begann in beiden Städten auf Initiative anderer Stellen. In Turin legte das neu gegründete Centro di ricerche industriali e sociali (CRIS), ein eigens für die Erforschung industrieller und

---

[30] Fiammetta Balestracci, Immigrati e PCI a Torino 1950–1970, in: Levi Fabio/Bruno Maida (Hrsg.), La città e lo sviluppo. Crescita e disordine a Torino 1945–1970, Mailand 2002, S. 120–184, hier S. 128.
[31] Carelli, Uomini e donne dal mezzogiorno; Inaudi, La struttura famigliare nell'immigrazione.
[32] Archivio Storico della Città di Torino (ASCT), Atti municipali 1956/4, Discorso programma del sindaco, 30.7.1956, S. 431.
[33] ASCT, Affari Servizi Demografici, Faldone 77, Ordine di servizio n. 47, 1.10.1958, vgl. dazu den Hinweis bei Anfossi, L'immigrazione meridionale, S. 172. Durch diesen Erlass des Turiner Bürgermeisters konnte die Legge contro l'urbanesimo, das Gesetz gegen die Urbanisierung, welche noch aus der Zeit des Faschismus stammte, in Turin bereits drei Jahre vor ihrer generellen Aufhebung 1961 umgangen werden.
[34] Art. 14 des Deutsch-italienischen Anwerbeabkommens, in: Amtliche Nachrichten der Bundesanstalt für Arbeitsvermittlung (ANBA), 25.2.1956.

sozialer Fragen eingerichtetes Institut, 1962 die erste größere Studie über die Folgen der Massenzuwanderung nach Turin vor. Ziel der Studie war es, die sozialen, ökonomischen und psychischen Probleme zu untersuchen, die sich aus der Zuwanderung einer großen Zahl von Personen aus dem Süden des Landes ergaben.[35] Die Münchner Kommunalregierung begann sich auf Anregung des Deutschen Städtetages mit der „Ausländerfrage" auseinanderzusetzen.[36] Dieser hatte im Rahmen einer deutschlandweiten Erhebung alle von Zuwanderung betroffenen Städte angehalten, einen Bericht über die Betreuung der Arbeitsmigranten zu verfassen und im Aufruf dazu erstmals betont, dass die ausländischen Arbeitskräfte auch in sozialer Hinsicht berücksichtigt werden müssten.

Ab Anfang der 1960er Jahre begann damit in beiden Städten von kommunaler Seite die Beschäftigung mit den Arbeitsmigranten. Die Turiner Kommunalregierung konzentrierte sich von Beginn an besonders auf Aus- und Weiterbildungsmaßnahmen. Ab 1960 richtete sie zunächst Kurse zur Weiterbildung arbeitsloser Migranten ein.[37] Im Zusammenhang mit diesen Kursen wurde das Sprachproblem offensichtlich. Sowohl in den Herkunfts- als auch in den Zielgebieten dominierten Dialekte: In Turin sprach die Bevölkerung piemontèis, den regionalen Dialekt mit ausgeprägten französischen Einflüssen, der zunächst als Mittel der Ausgrenzung verwendet wurde.[38] Auf einer durch den Turiner Rotary Club organisierten Konferenz zum Thema „Folgen und Probleme der Immigration ins Piemont" wurde sogar erwogen, bereits in den Heimatgemeinden der Arbeitsmigranten Piemontesischkurse einzurichten.[39] Letztlich wurden in Turin oder den Herkunftsgemeinden jedoch keine Sprachkurse eingerichtet, denn mit dem Siegeszug des Fernsehens etablierte sich in diesen Jahren Italienisch als nationales Verständigungsinstrument.[40] Die mangelnde Sprachkenntnis stellte jedoch auch ein reales Problem dar: Die Kurse ließen deutlich werden, wie verbreitet das Problem des Analphabetismus war. Deshalb organisierte die Stadtverwaltung in Zusammenhang mit den bestehenden Qualifikationskursen Kurse zur Alphabetisierung, in denen das didaktische Programm stark auf den praktischen Teil der Übungen ausgerichtet war.[41]

Die Münchner Kommunalregierung setzte andere Schwerpunkte: Zu dieser Zeit wurde keine berufliche Weiterbildung für Arbeitsmigranten organisiert oder finanziert, die Bildungsmaßnahmen konzentrierten sich hier allein auf die Sprachkurse. Zunächst die Volkshochschule, aber auch Gewerkschaften und Wohlfahrtsverbände begannen ab 1960 Sprachkurse für Arbeitsmigranten einzurichten. Nach anfänglicher Zurückhaltung beteiligte sich die Stadtverwaltung seit 1962 finanziell maßgeblich an diesen Kursen. Besonders ab Mitte der 1960er Jahre, als die Zahl der Arbeitsmigranten noch einmal rapide stieg und die Anzahl der Kurse erhöht werden musste, stockte sie ihren finanziellen Beitrag erheblich auf.[42] Auch hier wurde das Erlernen der deutschen Sprache zusätzlich durch den Analphabetismus erschwert. Ein eindrucksvoller Beleg dafür sind die von dem italienischen Kommuni-

---

[35] CRIS, Immigrazione e industria, S.165.
[36] Stadtarchiv München, Schulamt, Nr.7468, Schreiben des Deutschen Städtetags vom 10.5.1961.
[37] ASCT, Atti municipali 1962/5, Sitzungen der kommunalen Stadtverwaltung vom 26.4.1960, S.30–32, und vom 11.6.1962, S.119–134.
[38] Baumeister, Grenzen der Stadt, S.427.
[39] Archivio di Stato di Torino (AST), Gabinetto della prefettura, Mazzo 322/1, Giornata rotariana 1962, Influenza e problemi dell'immigrazione in Piemonte, Turin 5.5.1962.
[40] Zur Rolle des Fernsehens für die nationalstaatliche Integration vgl. Ginsborg, Storia d'Italia dal dopoguerra ad oggi, S.326–328; Christian Jansen, Italien seit 1945, Göttingen 2007, S.71.
[41] ASCT, Atti municipali 1962/9, Sitzungen der kommunalen Stadtverwaltung vom 19.2.1962, S.33, und vom 27.11.1962, S.113.
[42] Stadtarchiv München, Schulamt, Nr.4884, Stellungnahme des Schulreferates zum Beschluss der Stadtkämmerei vom 18.10.1966.

kationsforscher und Linguisten Tullio de Mauro entschlüsselten Bilderbriefe sizilianischer Arbeitsmigranten in Deutschland an ihre Familien in der Heimat.[43] In erster Linie ging es in München aber um eine „Integration auf Zeit", welche die Sprachkurse erleichtern sollten.[44]

Bereits während der 1960er Jahre traten in beiden Städten Probleme auf, die sich aus der massiven Zuwanderung von Arbeitsmigranten und den zögerlichen Maßnahmen der kommunalen Stadtverwaltungen ergeben hatten. Diese zeigten sich in Turin schon 1962 in Streiks, bei denen es zu gewalttätigen Ausschreitungen kam.[45] Sie waren ein erstes Anzeichen der beginnenden sozialen Konflikte in Italien, die ab Ende der 1960er Jahre das politische und gesellschaftliche Leben des Landes maßgeblich beeinflussten.[46] Als in München der Wandel in der Aufenthaltsdauer der Arbeitsmigranten offensichtlich wurde, fürchtete die Stadtverwaltung künftige Auseinandersetzungen zwischen Einheimischen und Zuwanderern.[47] Deshalb berief sie 1971 eine Kommission ein, welche die Situation der in der Stadt lebenden Ausländer untersuchen sollte, um die Ausländerpolitik in Zukunft auf eine fundierte Basis stellen zu können.[48] Da die Ergebnisse dieser Evaluation erschreckend negativ waren, wurden nun zahlreiche städtische Akteure, vor allem die Arbeitsmigranten beschäftigenden Unternehmen und die verschiedenen Referate der Stadtverwaltung selbst, verstärkt aufgefordert, Maßnahmen für die Arbeitsmigranten zu ergreifen.[49]

Angesichts der in den Städten auftretenden oder befürchteten Probleme kam es zu einer Ausweitung der kommunalen Maßnahmen. Besonders ab Ende der 1960er Jahre forcierte die Turiner Kommunalregierung weitere berufsbezogene Maßnahmen für die Arbeitsmigranten, da noch immer auszumachen sei, dass „[g]li allievi dei corsi serali sono normalmente in età maggiore con delle basi culturali molto differenziate".[50] 1969 richtete die Stadt ein eigenes Berufsausbildungszentrum „Città di Torino" für die Arbeitsmigranten ein.[51] 1970 gab es nach Zählung des Bürgermeisters in Turin 28 Träger von entsprechenden Schulen und Abendkursen.[52] Das Verhalten der Münchner Kommunalverwaltung wandelte sich, sobald deutlich wurde, dass ein großer Teil der Arbeitsmigranten in der Stadt bleiben würde. Während ihr Aufenthalt zuvor als befristet angesehen worden war, überwogen ab Anfang der 1970er Jahre praktische Überlegungen zur Eingliederung der

---

[43] Vgl. dazu den Beitrag von Salvatore Giannella, Ti scrivo, anzi ti disegno ..., in: L'Europeo (2005), S. 52f. Wörtlich übersetzt heißt der Aufsatztitel: „Ich schreibe, ach nein: ich zeichne dir."
[44] Ursula Mehrländer, Bundesrepublik Deutschland, in: Ernst Gehmacher (Hrsg.), Ausländerpolitik im Konflikt: Arbeitskräfte oder Einwanderer? Konzepte der Aufnahme- und Entsendeländer, Bonn 1978, S. 115–138, hier S. 134.
[45] Giuseppe Bonazzi, Sociologia della Fiat. Ricerche e discorsi 1955–1998, in: Cesare Annibaldi/ Giuseppe Berta (Hrsg.), Grande impresa e sviluppo italiano, Bd. II, Bologna 1999, S. 37–163, hier S. 54; Adriana Castagnoli, Le istituzioni locali e le classi dirigenti dal dopoguerra alla metà degli anni ottanta, in: Nicola Tranfaglia (Hrsg.), Storia di Torino, Bd. IX: Gli anni della repubblica, Turin 1999, S. 101–155, hier S. 143; Friederike Hausmann, Kleine Geschichte Italiens. Von 1943 bis zur Ära Berlusconi, Berlin 2006, S. 80; Massimo Moraglio, Amministrazioni locali e infrastrutture a Torino 1945–1967, in: Levi/Maida, La città e lo sviluppo, S. 395–433, hier S. 428f.
[46] Ginsborg, Storia d'Italia dal dopoguerra ad oggi, S. 333–336; Woller, Geschichte Italiens im 20. Jahrhundert, S. 296–298.
[47] Landeshauptstadt München, Stadtentwicklungsreferat (Hrsg.), Kommunalpolitische Aspekte des wachsenden ausländischen Bevölkerungsanteils in München. Problemstudie, München 1972, S. 104.
[48] Landeshauptstadt München, Problemstudie.
[49] Ebenda, Anhang I, Tabelle 32.
[50] ASCT, Atti municipali 1969/3, Sitzung der kommunalen Stadtverwaltung vom 14.4.1969, S. 117. Übers.: „Die Schüler der Abendkurse sind gewöhnlich älter und verfügen über sehr unterschiedliche kulturelle Grundlagen."
[51] ASCT, Atti municipali 1969/3, Sitzung der kommunalen Stadtverwaltung vom 14.4.1969, S. 117.
[52] Ebenda.

Arbeitsmigranten. So plante die Münchner Volkshochschule, „da es für die Zukunft im Grunde auf die Assimilation der Gastarbeiter ankommen werde", das eingangs zitierte Lehr- und Informationsprogramm zum Thema „Wie werde ich ein richtiger Münchner" einzurichten.[53]

Betrachtet man die Maßnahmen der städtischen Akteure während des gesamten Zeitraums im Vergleich, wird Folgendes deutlich: Sowohl in Turin als auch in München wurden nur zögerlich Maßnahmen ergriffen. Eine Integration der Arbeitsmigranten in die Aufnahmegesellschaft war zunächst nicht vorgesehen. In Turin ging die Stadtverwaltung zunächst nicht von einer Dauerhaftigkeit der Zuwanderung aus und setzte ansonsten einen Automatismus der Anpassung voraus. In München ist die fehlende Initiative dieser Jahre erklärlich durch die staatliche Regulierung der Anwerbung, die der Grund dafür war, dass die Arbeitskräftevermittlung und -unterbringung die kommunalen Stellen zunächst nicht betraf. Gleichzeitig herrschte die Annahme vor, dass die Arbeitsmigranten aufgrund des Rotationsprinzips nur für kurze Zeit bleiben würden. Zunächst auf Initiative anderer Stellen begann in beiden Städten ab Anfang der 1960er Jahre die Auseinandersetzung mit den Belangen der Arbeitsmigranten. Dabei wurde in beiden Städten immer deutlicher, dass die unterschiedlichen Voraussetzungen an Bildung und Ausbildung der Arbeitsmigranten gegenüber der ansässigen Bevölkerung Maßnahmen notwendig machten. Sowohl in Turin als auch in München wurden von kommunaler Seite zunächst vor allem Sprachkurse für die Zuwanderer als erforderlich angesehen. Bald setzte sich in Turin allerdings die Auffassung durch, dass für die Arbeitsmigranten zudem Aus- und Weiterbildungsmaßnahmen eingerichtet werden müssten: „educazione professionale" wurde zur Lösung aller Probleme erklärt. Die Turiner Stadtverwaltung nahm an, dass es nur durch Berufsausbildung möglich sei, die große Menge an Arbeitsmigranten zu assimilieren und – wie erwähnt – in Bürger zu verwandeln, die „lavorano, producono, consumano come noi".[54] Im Gegensatz dazu war die Münchner Kommunalregierung noch immer von der Kurzfristigkeit des Aufenthalts überzeugt und führte weiterhin vor allem Sprachkurse durch, um eine Verständigung mit den Arbeitsmigranten zu ermöglichen und damit sie „die Stadt als Freunde verlassen".[55] Vor allem um innerstädtischen Konflikten zwischen Einheimischen und Zugewanderten vorzubeugen, wurde ab Beginn der 1970er Jahre das Angebot an Maßnahmen sowohl in Turin als auch in München vervielfacht. In Turin löste die Stadtverwaltung nun die zuvor gemachten Versprechen der beruflichen Ausbildung für die Arbeitsmigranten ein. Die Münchner Strategie wandelte sich, als deutlich wurde, dass die als Rotation vorgestellte Arbeitsmigration in eine dauerhafte Zuwanderung übergegangen war.

Beim Vergleich der Bildungsmaßnahmen für die Arbeitsmigranten in Turin und München werden vor allem Ähnlichkeiten und weniger Unterschiede deutlich. Dieser Befund überrascht, da die Arbeitsmigranten aus dem Süden Italiens im einen Fall In- und im anderen Fall Ausländer waren. Damit ist das Schwarz-Weiß-Bild, das in den einzelnen Forschungsliteraturen häufig entsteht, nicht haltbar: In Turin ging es nicht von vornherein um Integration, in München nicht nur um Ausgrenzung der Arbeitsmigranten.[56] Erst allmählich akzeptierten die Städte die Migrationswirklichkeit und ergriffen Maßnahmen, um

---

[53] Stadtarchiv München, Kulturamt, Nr.1133, Betreuung ausländischer Dienstkräfte, Mitteilung des Kulturreferats an das Personalreferat vom 27.11.1973.
[54] La Stampa, 10.1.1961, I drammi degli immigrati, in: Manuela Lanari, La città e le sue immagini, in: Fabio Levi/Stefano Musso (Hrsg.), Torino da capitale politica a capitale dell'industria. Il miracolo economico (1950–1970), Turin 2004, S.237–246, hier S.239. Übers.: „arbeiten, produzieren, konsumieren wie wir".
[55] Stadtarchiv München, Kulturamt, Nr.1133 (s. Anm.53).
[56] Vgl. dazu auch Sigrid Baringhorst/Uwe Hunger/Karen Schönwälder, Staat und Integration. Forschungsperspektiven zur Intervention in Integrationsprozesse von MigrantInnen, in: dies. (Hrsg.),

auf entstehende Probleme zu reagieren. Bemerkenswert ist dabei, dass lange bevor sich die Bundesrepublik offiziell als Einwanderungsland verstand, auf der kommunalen Ebene deutlich wurde, dass viele der Arbeitsmigranten bleiben würden und entsprechende Initiativen ins Leben gerufen wurden.

3. Rückkehr in die Herkunftsgebiete

Eine ähnliche Präzisierung muss auch in Bezug auf die Rückkehr in die Herkunftsgebiete vorgenommen werden. Die meisten Untersuchungen gehen bislang davon aus, dass die Migration nach Deutschland durch die Arbeitsmigranten nur als vorübergehend geplant gewesen sei.[57] Wer hingegen ein längerfristiges Migrationsprojekt verfolgt habe, sei nach Norditalien gegangen.[58] Diese Annahme erscheint als vereinfachte Vorstellung einer zunächst ergebnisoffenen Migrationssituation, bei der im Nachhinein eine bestimmte Zielsetzung angenommen wird, die es angesichts einer in beiden Fällen fremden Realität der Zielgebiete nicht gab.[59] Die Entscheidung zum Bleiben entwickelte sich vielmehr während der Migration, die zunächst in beiden Fällen als zeitlich befristet angesehen wurde. Anhand von Indizien über die Einstellungen der Arbeitsmigranten zur Rückkehr soll im Folgenden die These entkräftet werden, dass die Arbeitsmigranten innerhalb Italiens mit Bleibeabsicht wanderten, nach Deutschland jedoch nur temporär.

Die These von den verschiedenen Migrationsprojekten wird durch die deutlich unterschiedliche Rückwanderungsquote der Arbeitsmigranten gestützt. Für den Fall Turin wird angenommen, dass aus der Stadt nur ungefähr 30 Prozent der Arbeitsmigranten in die Ursprungsgebiete zurückkehrten.[60] Im Gegensatz dazu wird die Rückwanderungsquote der zwischen 1955 und 1999 eingewanderten Italiener aus Deutschland nach Italien auf 88 Prozent geschätzt.[61] Dabei muss allerdings die Unzuverlässigkeit der Zahlen in Betracht gezogen werden, denn es gibt über die Zahl der Rückwanderer keine verlässlichen statistischen Angaben. Das liegt unter anderem daran, dass aus der amtlichen Statistik nicht

---

Politische Steuerung von Integrationsprozessen. Intentionen und Wirkungen, Wiesbaden 2006, S. 9–25, hier S. 11.
[57] Enrico Pugliese, L'emigrazione italiana in Germania. Mercato del lavoro comune e politiche migratorie, in: Francesco Carchedi (Hrsg.), Andare, restare, tornare. Cinquant'anni di emigrazione italiana in Germania, Isernia 2006, S. 19–44, hier S. 36–38; Angelo Negrini, Uomini e frontiere. Problemi socio-economici dell'emigrazione italiana in Germania, Rom 2001; Herbert, Geschichte der Ausländerpolitik in Deutschland, S. 212.
[58] Romero, L'emigrazione italiana, S. 118, 130; ferner: Ugo Ascoli, Movimenti migratori in Italia, Bologna 1979, S. 130–139; Franco Ramella, Le migrazioni interne, in: Paola Corti/Matteo Sanfilippo (Hrsg.), Migrazioni, Turin 2009, S. 425–447, hier S. 437; Enrico Pugliese, L'Italia tra migrazioni internazionali e migrazioni interne, Bologna 2002, S. 52; Yvonne Rieker, Gli emigranti dal Sud Italia in Germania. Allo stesso tempo „parte integrante" e „stranieri". La prospettiva delle storie di vita, in: Studi emigrazione 42 (2005), S. 367–382, hier S. 368.
[59] Vgl. dazu Jochen Oltmer, Einführung: Europäische Migrationsverhältnisse und Migrationsregime in der Neuzeit, in: Geschichte und Gesellschaft 35 (2009), S. 5–27, hier S. 11.
[60] Franco Ramella, Movimenti migratori e limiti dell'integrazione, in: Levi/Musso (Hrsg.), Torino da capitale politica a capitale dell'industria, S. 59–70, hier S. 60. Leider liegen hier die Zahlen nicht durchgängig vor. Die Rückwanderung von Italienern aus München wurde statistisch nicht erfasst.
[61] Sonja Haug, Kettenmigration am Beispiel italienischer Arbeitsmigranten in Deutschland 1955–2000, in: AfS 42 (2002), S. 123–143, hier S. 138f. Vgl. dazu auch Enrico Pugliese, In Germania, in: Piero Bevilacqua/Andreina De Clementi/Emilio Franzina (Hrsg.), Storia dell'emigrazione italiana, Rom 2002, S. 124; Romero, L'emigrazione, S. 126, der sich auf Zahlen stützt von W.R. Böhning, Studies in International Labour Migration, London 1984, S. 144 und für die Jahre 1961 bis 1968 eine Rückwanderungsquote von 89 % annimmt.

erkennbar wird, ob eine endgültige Rückwanderung oder ein mehrfaches Hin- und Herwandern zwischen Herkunfts- und Zielregion erfolgte.[62] Außerdem muss von einer erheblichen Untererfassung der Rückwanderer durch nicht erfolgte Abmeldung ausgegangen werden. Insgesamt ist aber eine weniger stark ausgeprägte Rückkehrneigung bei der italienischen Binnenwanderung und eine stärkere im deutschen Fall anzunehmen.

Der Grund für die starke Rückkehrneigung aus der Bundesrepublik wird sowohl in der Zugehörigkeit Italiens zur EWG als auch in der großen räumlichen Nähe zwischen Italien und Deutschland gesehen. Beide Faktoren gestatteten den Arbeitsmigranten den häufigen Wechsel zwischen beiden Ländern gemäß den Anforderungen der jeweiligen Arbeitsmärkte. Auch hier zeigt sich also die Ähnlichkeit der beiden Migrationsbewegungen.

Heute wird die zirkuläre Migration verantwortlich gemacht für die massiven Integrationsprobleme der Italiener in Deutschland.[63] Bei der Bewertung muss man aber die Entscheidungen der Arbeitsmigranten in die Untersuchung einbeziehen und ihren Anteil an der gegenwärtigen Situation anerkennen.[64] Deshalb ist es lohnend, die Rückkehr aus den Zielräumen aus der Motivationsperspektive der Arbeitsmigranten zu erfassen. Ein wesentliches Indiz ist dabei die Neigung zum Hausbau im Heimatdorf. In beiden Fällen wurden die Beziehungen mit dem Herkunftsort gepflegt.[65] Für viele Arbeitsmigranten war das eigene Haus im Herkunftsort das Ziel der Migration und die große Hoffnung – für dieses Projekt wurde das in der Fremde verdiente Geld angespart, denn es sollte das Symbol der erfolgreichen Rückkehr werden.[66] Die starke Konzentration auf den Hausbau wird anhand einer Reihe von Studien über die Investitionen der in die Heimat zurückkehrenden Süditaliener deutlich: Der Anteil dieser Investitionen an den Gesamtaufwendungen der Arbeitsmigranten lag in allen untersuchten Rückkehrregionen bei mehr als 70 Prozent.[67] Dabei war „farsi la casa", also übersetzt „sich ein Zuhause schaffen", ein Ausdruck, unter dem vieles subsumiert werden konnte: das alte Haus der Familie auf dem Dorf zu erweitern und auszubauen oder ein ganz neues Haus zu errichten.[68] Das „farsi" hatte auch eine wörtliche Bedeutung, denn die Migranten bauten das neue Wohnhaus – meist mit Unter-

---

[62] Ausführlich zur Frage der Remigration Sonja Haug, Bleiben oder Zurückkehren? Zur Messung, Erklärung und Prognose der Rückkehr von Immigranten in Deutschland, in: Zeitschrift für Bevölkerungswissenschaft 26 (2001), S. 231–270, hier S. 236.
[63] Enrico Pugliese, L'Italia tra migrazioni internazionali e migrazioni interne, Bologna 2002, S. 39 f.; Romero, L'emigrazione, S. 127; Aurora Epifania Rodonò, Mobilità come progetto di vita? La migrazione italiana del lavoro nella Repubblica federale, in: Projekt Migration, hrsg. vom Kölnischen Kunstverein, Köln 2005, S. 111–118, hier S. 117.
[64] Hedwig Richter/Ralf Richter, Der Opfer-Plot. Probleme und neue Felder der deutschen Arbeitsmigrationsforschung, in: Vierteljahrshefte für Zeitgeschichte (VfZ) 57 (2009), S. 61–97, hier S. 63.
[65] Rieker, Gli emigrati dal Sud Italia in Germania, S. 368; Maria Luisa Gentileschi/Ricciarda Simoncelli (Hrsg.), Rientro degli emigrati e territorio. Risultati di inchieste regionali, Cagliari 1977, S. 365; Giulio Sapelli, Storia economica dell'Italia contemporanea, Mailand 2008, S. 46.
[66] Rieker, Gli emigrati dal Sud Italia in Germania, S. 370; Amalia Signorelli, Migrazioni e incontri etnografici, Palermo 2006, S. 104.
[67] Vgl. für die Regionen Apulien, Basilikata, Kalabrien Russell King, Il ritorno in patria. Return Migration to Italy in Historical Perspective, Department of Geography University of Durham 1988, S. 124; für Sardinien Maria Luisa Gentileschi, Sardegna, in: dies./Ricciarda Simoncelli (Hrsg.), Rientro degli emigrati e territorio. Risultati di inchieste regionali, Cagliari 1977, S. 265–350, hier S. 332; für die Abruzzen Ricciarda Simoncelli, Abruzzo, in: ebenda, S. 211–264, hier S. 255. Unter den Aufwendungen für den Hausbau wurde in den Untersuchungen auch der der eigentlichen Bautätigkeit vorausgehende Grundstückskauf erfasst.
[68] Signorelli, Migrazioni e incontri etnografici, S. 101; vgl. auch dies./Maria Clara Tiriticco/Sara Rossi, Scelte senza potere. Il ritorno degli emigranti nelle zone dell'esodo, Rom 1977, S. 225; zu den Investitionen der Arbeitsmigranten vgl. die Mikrostudie zum Dorf Carfizzi in Kalabrien von Carmine Abate/Meike Behrmann, I Germanesi. Storia e vita die una comunità della Calabria e dei suoi emigranti, Soveria Mannelli 2006, S. 79–85.

stützung von Angehörigen – in den Ferien selbst. Deutlich wird das auch anhand der ersten kleineren Rezession in Norditalien und in der Bundesrepublik Mitte der 1960er Jahre: In diesen Jahren kehrten viele Arbeitsmigranten auf Zeit in die Herkunftsgebiete zurück, und die Bautätigkeit in den Ortschaften des italienischen Südens nahm rasant zu.[69] Dabei wurde oft mehr Wert auf die Größe der Häuser als auf ihre Qualität gelegt, sie wurden beispielsweise häufig ohne Heizung geplant. Durch die große Zahl von neuen Hausbauten expandierten die alten Ortschaften im Süden Italiens ungeordnet und gewissermaßen „patologicamente", also krankhaft, gleichzeitig zog sich die Bautätigkeit oft über Jahre hin, und die Häuser blieben zunächst als Rohbauten stehen, weil die Arbeitsmigranten beim Bau anwesend sein wollten oder ihre Ersparnisse aufgebraucht hatten.[70]

Die endgültige Rückkehr realisierte sich jedoch in zahlreichen Fällen nicht: Einerseits etablierten sich die Arbeitsmigranten und ihre Nachkommen immer mehr in der Aufnahmegesellschaft, und die inzwischen aus dem Erwerbsleben ausgeschiedene erste Generation blieb lieber in der Nähe der Familie, als in das Dorf im Süden zurückzukehren. Dabei wurde aber in beiden Fällen in der neuen Heimat der „Mythos der Rückkehr" gepflegt.[71] Andererseits ließ sich durch die starke Abwanderung aus den Ortschaften des Südens, welche viele Gemeinden regelrecht entvölkerte, der Traum, im Heimatort ein kleines Dienstleistungsunternehmen, z.B. eine Bar oder eine Autowerkstatt, zu eröffnen, aus Mangel an potentiellen Kunden nur selten verwirklichen und war häufig nicht erfolgreich.[72] In diesen Gebieten Italiens hatte eine „modernizzazione senza sviluppo", also eine Modernisierung ohne Entwicklung, stattgefunden.[73] Während sich in den südlichen Regionen des Landes die Bedingungen auf dem Arbeitsmarkt und vor allem das Lohnniveau erhöhten und sich das Konsumverhalten, der Lebensstil und die individuellen Werte veränderten, erhöhten sich die endogenen Produktionsraten dieser Regionen nicht. Aus den Herkunftsgebieten wurden so reine Konsumentenmärkte, die von den Rücküberweisungen der Arbeitsmigranten am Leben gehalten wurden. Indem die Arbeitsmigranten durch den Hausbau mehrheitlich in den nicht-produktiven Bereich investierten – im Gegensatz zu entwicklungsfördernden Impulsen im produktiven Sektor durch Investitionen in die Landwirtschaft oder ein Geschäft – trugen sie selbst maßgeblich zu dieser Entwicklung bei.[74]

Heute wirkt sich für die Arbeitsmigranten sowohl aus Norditalien als auch aus Deutschland negativ aus, dass sie die Ersparnisse aus ihren Jahren als Arbeiter des „Wirtschaftswunders" häufig nicht in die Rentenvorsorge investierten, sondern im eigenen Haus im Süden kapitalisierten.[75] Die Häuser der Arbeitsmigranten, die bis in die Gegenwart häufig unfertig und unbewohnt an den Rändern der süditalienischen Gemeinden stehen, sind ein Beleg für die lange gehegte Illusion der Rückkehr der Arbeitsmigranten beider Migrationsbewegungen und relativieren die These von den langfristigen Migrationsprojekten innerhalb Italiens und den kurzfristigen Wanderungen nach Deutschland.

---

[69] Arnd Schneider, Emigration und Remigration von „Gastarbeitern" in einem sizilianischen Dorf, Frankfurt a.M. 1990, S.34; ausführlicher zur Auswirkung der wirtschaftlichen Situation auf die Migrationssalden zwischen Italien und Deutschland vgl. Sonja Haug/Frank Heins, Italian Migrants in Germany. A Statistical Overview and a Research Biographical Note, in: Studi Emigrazione 41 (2004), S.227–243.
[70] Signorelli/Tiriticco/Rossi, Scelte senza potere, S.298; Abate/Behrmann, I Germanesi, S.84.
[71] Vgl. dazu Cord Pagenstecher, Die „Illusion" der Rückkehr. Zur Mentalitätsgeschichte von „Gastarbeit" und Einwanderung, in: Soziale Welt 47 (1996), S.149–175; Signorelli, Migrazioni e incontri etnografici, S.66.
[72] Rieker, Gli emigrati dal Sud Italia in Germania, S.370.
[73] Reyneri, La catena migratoria, S.257–277.
[74] Delhaes-Günther/Haberl/Schölch, Abwanderung von Arbeitskräften, S.7.
[75] Abate/Behrmann, I Germanesi, S.81.

4. Fazit

Ziel des Beitrages war zu ermitteln, in welchem Maße das Überschreiten nationalstaatlicher Grenzen für das Süd-Nord-Wanderungssystem der Wirtschaftswunderjahre nach Einführung der Freizügigkeit für Arbeitnehmer innerhalb der EWG eine Rolle spielte. Die Befunde lassen sich wie folgt zusammenfassen:

1. Durch die Einführung der Freizügigkeit für Arbeitskräfte glichen sich die Binnenwanderung süditalienischer Arbeitsmigranten innerhalb Italiens und die transnationale Migration nach Deutschland in ihren Eigenschaften an. Deshalb ist der symmetrische Vergleich beider Migrationsbewegungen gerechtfertigt.

2. Die Reaktionen auf die Arbeitsmigranten in den Zielgebieten und die ergriffenen Bildungsmaßnahmen waren ähnlich, obwohl es sich im einen Fall um eine Wanderung im Inland, im anderen um eine Wanderung ins Ausland handelte. In beiden Städten beschäftigten sich die Stadtverwaltungen erst aufgrund von Problemen im Zusammenleben mit den Arbeitsmigranten. In Deutschland war die Münchner Kommunalregierung dabei Vorreiter – lange bevor bundes- oder freistaatliche Maßnahmen ergriffen wurden. Die gängige Lesart der Integrationsversuche als Misserfolg in Deutschland und als Erfolg in Italien muss deshalb für diesen Aspekt relativiert werden. Das gilt insbesondere auch deshalb, weil jüngste Untersuchungen zeigen, dass die Arbeitsmigranten und ihre Nachkommen in beiden Städten bis heute von Formen sozialer Exklusion betroffen sind: Sowohl in Turin als auch in München ist den Arbeitsmigranten und ihren Nachkommen der gesellschaftliche Aufstieg kaum gelungen. In beiden Fällen sind sie überproportional häufig auf den unteren Ebenen der Beschäftigungshierarchie verblieben und konnten höchstens als Unternehmer in sogenannten „ethnischen Ökonomien" Erfolge verbuchen.[76]

3. Die Arbeitsmigranten sowohl in Norditalien als auch in Deutschland planten auch längere Zeit nach der eigentlichen Migration die Rückkehr in die Herkunftsgebiete. Diese Absicht materialisierte sich in zahlreichen Hausbauprojekten in der Heimat. Letztlich weisen jedoch die statistischen Daten darauf hin, dass die Bleibeneigung innerhalb Italiens deutlich stärker ausgeprägt war. Dieser Befund könnte bedeuten, dass für die Entscheidung zum Bleiben die nationalen Bezüge doch eine bedeutende Rolle spielten. Allerdings erscheint dieser Schluss etwas voreilig, da eine Reihe von Variablen, die für diesen Zusammenhang von Belang sein könnten, nicht untersucht wurden. Wichtige weitere Einflussgrößen könnten z. B. sein, dass innerhalb Italiens ganze Dorfgemeinschaften geschlossen migrierten und ihre Sozialstrukturen in den Aufnahmestädten reproduzierten, sodass die Rückkehr in die Heimat abgeschnitten war, ebenso blieb die berufliche Situation in den Aufnahmegebieten und die Bedeutung von Erwerbslosigkeit bzw. Selbstständigkeit sicherlich nicht ohne Konsequenzen. Die Annahme der vorbestimmten Aufenthaltsdauer wird dennoch entkräftet und die These der Bedeutung der zirkulären Migration für den fehlenden Integrationserfolg in Deutschland geschwächt.

Insgesamt funktioniert der symmetrische Vergleich der beiden Migrationsbewegungen erstaunlich gut. Die Unterschiede sind deutlich geringer, als zu erwarten gewesen wäre.

---

[76] Martin Baumeister, Italien. Ankommen, um zurückzukehren? Italienische Arbeitsmigranten in Nachkriegsbayern, in: Alois Schmid/Katharina Weigand (Hrsg.), Bayern mitten in Europa. Vom Frühmittelalter bis ins 20. Jahrhundert, München 2005, S. 402–418, hier S. 416; Flavio Ceravolo/Michael Eve/Cinzia Maraviglia, Migrazioni ed integrazione sociale: un percorso a stadi, in: Maria Luisa Bianco (Hrsg.), L'Italia delle disuguaglianze, Rom 2002, S. 83–116; Ramella, Immigrazione e traiettorie sociali in città, S. 363; Edith Pichler, Migration, Community-Formierung und ethnische Ökonomie. Die italienischen Gewerbetreibenden in Berlin, Berlin 1997, S. 20; Markus Schäfer/Dietrich Thränhardt, Inklusion und Exklusion. Die Lage der Italiener in Deutschland, in: Dietrich Thränhardt (Hrsg.), Einwanderung und Einbürgerung in Deutschland, Münster 1998, S. 149–177.

Daraus folgt, dass die Bedeutung der nationalstaatlichen Bezüge für die italienische Arbeitsmigration dieser Jahre relativiert werden muss. Die Grenzen der Grenzen ergeben sich dabei einerseits aus der rechtlichen Angleichung der Wanderungsbedingungen innerhalb der EWG, andererseits aus überkommenen regionalen Unterschieden, die besonders in Italien stark ausgeprägt waren. Viel wesentlicher als die nationalen Zugehörigkeiten erscheinen die Gegensätze zwischen Zuwanderern aus südeuropäischen ländlichen Regionen und nordeuropäischen Industriestädten – unabhängig davon, ob diese im Inland in Italien oder im Ausland in Deutschland lokalisiert waren.

Oliver Trede
Misstrauen, Regulation und Integration
Gewerkschaften und „Gastarbeiter" in der Bundesrepublik in den 1950er bis 1970er Jahren

> „Die sozialen Mängel und Rückstände sind es, die in Wirklichkeit die Arbeitskräfte vom Baugewerbe abstoßen und den Mangel an Fachkräften verursachen. [...] Wir wehren uns deshalb mit allen uns zur Verfügung stehenden Kräften dagegen, daß der derzeitige Arbeitskräftemangel, der, von der vorübergehenden Konjunkturspitze abgesehen, eine unmittelbare Folge ungenügender Anziehungskraft auf sozialpolitischem Gebiet ist, etwa durch Hereinnahme von Fremdarbeitern ausgeglichen werden soll."[1]

Die Ausführungen des Zweiten Vorsitzenden der Industriegewerkschaft Bau-Steine-Erden (IG BSE), Georg Leber, vor dem Gewerkschaftstag im September 1955 spiegeln die Skepsis und Ablehnung wider, die viele führende Gewerkschaftsvertreter mitten in der Hochzeit der „Wirtschaftswunderjahre" gegenüber Arbeitsmigranten teilten. Ausländische Arbeitskräfte wurden zu dieser Zeit trotz einer nicht geringen Gesamtarbeitslosigkeit (zwischen 2,5 und 5 Prozent) in einigen Wirtschaftsbereichen wie der Landwirtschaft, dem Bergbau oder eben der Bauwirtschaft beschäftigt. Diesen Bedarf gab es, weil in einigen Regionen – ländliche oder Zonenrandgebiete – nur eine unzureichende Zahl an Arbeitskräften zur Verfügung stand oder die Lohn- und Arbeitsbedingungen unattraktiv waren.[2] Die Arbeitsmigration wurde zu diesem Zeitpunkt nicht staatlich organisiert, sondern erfolgte auf eigene Initiative der Arbeitswanderer oder durch Rekrutierungen deutscher Unternehmen vor Ort. Die Bundesregierung strebte nach einer Regelung für die Arbeitswanderung und schloss Ende 1955 mit der italienischen Regierung ein Anwerbeabkommen ab, womit die Arbeitsmigration von Italien in die Bundesrepublik in geordnete Bahnen gelenkt werden sollte.[3]

Die Gewerkschaften wie vor allem die IG BSE, aber auch die Gewerkschaft Gartenbau, Land- und Forstwirtschaft (GGLF) oder die Industriegewerkschaft Bergbau sahen in diesen Anwerbemaßnahmen des Staates eine Bedrohung für die Arbeitsbedingungen und die Ausbildungsqualität in den betroffenen Branchen. Das Misstrauen, das Georg Leber, der spätere Gewerkschaftsvorsitzende der IG BSE, in seiner Rede zum Ausdruck brachte, sollte noch lange Zeit das Denken vieler Gewerkschafter bestimmen. Der Deutsche Gewerkschaftsbund (DGB) erklärte sich zwar öffentlich mit dem Abkommen von 1955 und einige Jahre später mit weiteren bilateralen Anwerbeabkommen einverstanden, die intern geäußerten Vorbehalte verstummten aber keineswegs. Wie wurden diese Positionen zum „Ausdruck gebracht? Welchen Einfluss hatten die Gewerkschaften auf die Zuwanderungs- und „Ausländerpolitik" der Bundesregierungen? Wie gingen die Gewerkschaften mit Fragen der Integration der Migranten in die Organisationsstrukturen oder mit fremdenfeindlichen Haltungen in den eigenen Reihen um? Bevor im Folgenden diesen Fragen nachgegangen wird, erfolgt zunächst ein kurzer Überblick über die Forschung zum Verhältnis der Gewerkschaften zur Zuwanderung in der Bundesrepublik.

---

[1] Referat des Zweiten Vorsitzenden der IG Bau-Steine-Erden, Georg Leber, zu den Grundsätzen und Aufgaben unserer Gewerkschaft, IG BSE-Jahresbericht 1955/56, S. 472.
[2] Klaus J. Bade, Europa in Bewegung. Migration vom späten 18. Jahrhundert bis zur Gegenwart, München 2002, S. 317.
[3] Ulrich Herbert, Geschichte der Ausländerpolitik in Deutschland. Saisonarbeiter, Fremdarbeiter, Gastarbeiter, Flüchtlinge, München 2001, S. 203f.

Trotz zahlreicher Studien zur Geschichte der „Ausländerbeschäftigung" ist der Umfang der Forschungsarbeiten zur Positionierung der Gewerkschaften in diesem Feld sehr übersichtlich. Es ist daneben auffällig, dass Untersuchungen zur deutschen Gewerkschaftsgeschichte die Aspekte Migration und Migranten so gut wie nie thematisieren.[4] Nur vereinzelt setzten sich Autoren in den gewerkschaftlichen Theoriemagazinen wie der „Zeitschrift des Wirtschafts- und Sozialwissenschaftlichen Instituts des DGB" (WSI-Mitteilungen) und den „Gewerkschaftlichen Monatsheften" (GMH) seit den frühen 1970er Jahren mit der gewerkschaftlichen „Ausländerpolitik" auch als historisches Phänomen auseinander.[5]

1972 war es Homer Anagnostidis, der als erster einen wissenschaftlichen Text zum Thema Gewerkschaften und „Ausländerbeschäftigung" verfasste.[6] In den frühen 1980er Jahren galt das Interesse des Soziologen Peter Kühne dem Thema Gewerkschaften und „ausländische Arbeitnehmer".[7] Daneben beschäftigte sich der Politikwissenschaftler Knuth Dohse mit betrieblicher „Ausländerdiskriminierung" und gewerkschaftlicher „Ausländerpolitik".[8] Die Dissertation des Sozialwissenschaftlers Andreas Treichler schließlich

---

[4] Siehe z. B. Andrei S. Markovits, The Politics of the West German Trade Unions. Strategies of Class and Interest Representation in Growth and Crisis, Cambridge 1986; Walther Müller-Jentsch, Soziologie der industriellen Beziehungen. Eine Einführung, Frankfurt a.M./New York 1986; Hans-Otto Hemmer/Kurt Thomas Schmitz (Hrsg.), Geschichte der Gewerkschaften in der Bundesrepublik Deutschland. Von den Anfängen bis heute, Köln 1990; Michael Schneider, Kleine Geschichte der Gewerkschaften. Ihre Entwicklung in Deutschland von den Anfängen bis heute, Bonn 2000.

[5] Gewerkschaftliche Monatshefte (GMH), Schwerpunktheft „Ausländische Arbeitnehmer", 1974, Nr. 1, hier vor allem: Jürgen Kühl, Entwicklung und Struktur der Ausländerbeschäftigung, S. 10–19; Haris Katsoulis, Gastarbeiter – Menschenmaterial oder Menschen?, S. 27–34; Heinz Richter, DGB und Ausländerbeschäftigung, S. 35–40; siehe auch: Stavros Kaikis, Zur Praxis der gewerkschaftlichen Ausländerpolitik. Ein Diskussionsbeitrag aus der Sicht der Ausländer, in: GMH, 1977, Nr. 8, S. 515–522; GMH, Schwerpunktheft „Ausländerfeindlichkeit – Ausländerpolitik", 1982, Nr. 7: Reinhard Körner/Ulrich Spies, Zur Fremdenfeindlichkeit in der Bundesrepublik Deutschland, S. 397–407; Karen Schober, Die „wachsende Minorität" – Ausbildungs- und Arbeitsmarktprobleme der zweiten Generation, S. 417–427; Knuth Dohse, Ausländische Arbeiter und betriebliche Personalpolitik, S. 427–438; Karl-Heinz Goebels, Der Deutsche Gewerkschaftsbund und die ausländischen Arbeitnehmer, S. 439-443; Klaus Lentes, Ausländerpolitik in der IG Bergbau und Energie, S. 443–447; Siegfried Müller, IG Metall – Arbeitskreise ausländischer Arbeitnehmer, S. 448–452; Wolfgang Rose, Ausländische Arbeitnehmer: Eine Herausforderung auch für die Gewerkschaften – Das Beispiel der Gewerkschaft Textil-Bekleidung, S. 452–456.

[6] Homer Anagnostidis, Gewerkschaften und Ausländerbeschäftigung, in: Ernst Klee (Hrsg.), Gastarbeiter. Analysen und Berichte, Frankfurt a.M. 1972, S. 104–136. Hinweise auf die Rolle der Gewerkschaften finden sich Anfang der 1970er Jahre auch bei: Lothar Elsner, Fremdarbeiterpolitik in Westdeutschland. Zur Lage und zum Kampf der ausländischen Arbeiter unter den Bedingungen des westdeutschen staatsmonopolistischen Herrschaftssystems (1955–1968), Berlin (Ost) 1970, S. 160–164.

[7] Peter Kühne, Die ausländischen Arbeiter in der Bundesrepublik Deutschland. Eine Herausforderung für die deutschen Gewerkschaften, in: WSI-Mitteilungen, 1982, Nr. 7, S. 385–402; ders./Hermann Schäfer, Wandel gewerkschaftlicher Ausländerpolitik. Neue Herausforderungen nach dem Regierungswechsel in Bonn, in: ebenda, 1984, Nr. 11, S. 672–678; siehe auch: Peter Kühne, Wende gewerkschaftlicher Ausländerpolitik?, in: Kritik, 1981, Nr. 27, S. 44–48; neuere Texte: ders./Nihat Öztürk/Klaus-W. West (Hrsg.), Gewerkschaften und Einwanderung. Eine kritische Zwischenbilanz, Köln 1994; Peter Kühne, The Federal Republic of Germany: Ambivalent Promotion of Immigrants' Interests, in: Rinus Penninx/Judith Roosblad (Hrsg.), Trade Unions, Immigration, and Immigrants in Europe, 1960–1993. A Comparative Study of the Attitudes and Actions of Trade Unions in Seven West European Countries, New York/Oxford 2000, S. 39–64.

[8] Knuth Dohse, Ausländische Arbeiter und bürgerlicher Staat. Genese und Funktion von staatlicher Ausländerpolitik und Ausländerrecht. Vom Kaiserreich bis zur Bundesrepublik Deutschland, Königstein i. Ts. 1981. In dieser Zeit finden sich auch weitere sozialwissenschaftliche Arbeiten zu diesem Thema: Manfred Budzinski, Gewerkschaftliche und betriebliche Erfahrungen ausländischer Arbeiter, Frankfurt a.M./New York 1979; Hermann Schäfer, Betriebliche Ausländerdiskriminierung und gewerkschaftliche Antidiskriminierungspolitik, Berlin 1985; Peter Kühne/Nihat Öztürk/Hildegard

gab den bislang weitesten Überblick zur Geschichte der Gewerkschaften und der „Ausländerbeschäftigung". Treichler wertete in seiner Arbeit Vorstandsunterlagen des DGB, Protokolle der DGB-Bundeskongresse und einige Gewerkschaftszeitungen aus und zeichnet die „Ausländerpolitik" des DGB seit dem ersten Anwerbeabkommen von 1955 bis 1994 nach.[9]

Studien zur Migrationsgeschichte der Bundesrepublik verweisen ebenfalls selten auf die Rolle der Gewerkschaften.[10] Die einzige Untersuchung, die in umfangreicher Quellenarbeit auch auf die Rolle der Gewerkschaften eingeht, ist die Arbeit der Historikerin Karin Hunn. Sie verfolgt in ihrer Dissertation die Geschichte der türkischen „Gastarbeiter" und beleuchtet „Ausländerpolitik" und Organisationsarbeit des DGB, der IG Metall und der IG Bergbau.[11] Stimmen von Migranten als Arbeitnehmer in den Betrieben sind ferner von Peter Birke in seiner geschichtswissenschaftlichen Dissertation zum Vergleich „wilder" Streiks in der Bundesrepublik und in Dänemark dokumentiert. Birke untersucht in seiner Studie unter anderem die Arbeitsniederlegungen von Arbeitswanderern in den Jahren 1969 und 1973 und wirft dabei auch einen kritischen Blick auf die Rolle der Gewerkschaften.[12] Eine umfassende Geschichte der Gewerkschaften und der Arbeitswanderung in der Bundesrepublik, auf deren Grundlage auch dieser Aufsatz entstanden ist, stellt schließlich die geschichtswissenschaftliche Dissertation des Autors dar.[13]

1. Die Position der Gewerkschaften zur Anwerbe- und Zuwanderungspolitik in der Bundesrepublik

Die Gewerkschaften standen der Beschäftigung von „Gastarbeitern" aus Süd- und Südosteuropa in den Anfangsjahren der Anwerbung sehr kritisch gegenüber. Gewerkschafter, auch in den Führungsebenen des DGB, lehnten in den 1950er Jahren Anwerbungen grundsätzlich mit dem Hinweis ab, dass noch immer „eine nicht unbeträchtliche Zahl von Arbeitnehmern arbeitslos ist oder Kurzarbeit leistet". Ausländische Arbeitskräfte seien zudem eine potentielle Bedrohung für die sozial- und arbeitsrechtlichen Errungenschaften der Arbeiterbewegung, ihre Beschäftigung werde damit Nachteile für die einheimischen Arbeitskräfte mit sich bringen.[14] Ausländische Arbeitskräfte oder „Fremdarbeiter", wie sie teilweise noch

---

Ziegler-Schultes (Hrsg.), „Wir sind nicht nur zum Arbeiten hier ...". Ausländische Arbeiterinnen und Arbeiter in Betrieb und Gewerkschaft, Hamburg 1988.
[9] Andreas Treichler, Arbeitsmigration und Gewerkschaften. Das Problem der sozialen Ungleichheit im internationalen Maßstab und die Rolle der Gewerkschaften bei der Regulation transnationaler Migration, untersucht am Beispiel Deutschlands und der Arbeitsmigration aus der Türkei und Polen, Münster 1998; zu erwähnen auch: Hidir Celik, Die Migrationspolitik bundesdeutscher Parteien und Gewerkschaften. Eine kritische Bestandsaufnahme ihrer Zeitschriften 1980–1990, Diss. Bonn 1995.
[10] Siehe z. B. Barbara Sonnenberger, Nationale Migrationspolitik und regionale Erfahrung. Die Anfänge der Arbeitsmigration in Südhessen 1955–1967, Darmstadt 2003; Monika Mattes, „Gastarbeiterinnen" in der Bundesrepublik. Anwerbepolitik, Migration und Geschlecht in den 50er bis 70er Jahren, Frankfurt a. M./New York 2005.
[11] Karin Hunn, „Nächstes Jahr kehren wir zurück ...". Die Geschichte der türkischen „Gastarbeiter" in der Bundesrepublik, Göttingen 2005, vor allem S. 120–136.
[12] Peter Birke, Wilde Streiks im Wirtschaftswunder. Arbeitskämpfe, Gewerkschaften und soziale Bewegungen in der Bundesrepublik und Dänemark, Frankfurt a. M./New York 2007.
[13] Oliver Trede, Zwischen Misstrauen, Regulierung und Integration. Gewerkschaften und Migration in der Bundesrepublik Deutschland und in Großbritannien von den 1950er bis in die 1970er Jahre, Diss. Köln 2009.
[14] Diese Standpunkte wurden in der DGB-Mitgliederzeitung „Quelle" abgedruckt und in der NWDR-Sendung „Aus der Welt der Arbeit" am 4.12.1954 gesendet; Quelle, 1955, Nr. 1, S. 37; siehe auch DGB-

von Gewerkschaftern bezeichnet wurden, galten als potentielle „Lohndrücker" oder „Streikbrecher".[15] Alternativ zur Anwerbung, so die Forderungen von Gewerkschaftsseite, sollten die vorhandenen Reserven auf dem einheimischen Arbeitsmarkt ausgeschöpft werden.[16]

Ende 1955 schlug der DGB all diese Vorbehalte in den Wind. Die Verhandlungen zum ersten Anwerbeabkommen, die Vertreter der Bundesregierung mit der italienischen Regierung führten, wurden zum Abschluss gebracht. Die Gewerkschaften waren nicht direkt an den Konsultationen beteiligt und konnten die Anwerbung nicht verhindern.[17] Der DGB erklärte sodann öffentlich seine Zustimmung zu dem Abkommen, das zunächst befristet für einzelne Branchen gelten sollte.[18] Zu diesem Sinneswandel der Gewerkschaften kam es nicht nur, weil die Arbeitslosigkeit rückläufig war und in einigen Branchen und Regionen anhaltender Bedarf an saisonalen Arbeitskräften bestand. Dem DGB war es auch gelungen, die Zusicherung der Bundesregierung und der Arbeitgeberverbände zu erreichen, dass ausländische Arbeitskräfte bei Löhnen und im Tarif-, Arbeits- und Sozialrecht einheimischen Arbeitnehmern gleichzustellen waren. Schließlich sollte der sogenannte Inländerprimat gelten: Bei der Vergabe von Arbeitserlaubnissen für ausländische Arbeitskräfte mussten die Arbeitsämter stets zunächst prüfen, ob einheimische Arbeitnehmer für die zu besetzenden Stellen zur Verfügung stünden.[19]

Max Diamant, in den 1960er und 1970er Jahren beim Hauptvorstand der IG Metall maßgeblich zuständig für die „Ausländerpolitik", stellte einige Jahre später mit Blick auf das Zustandekommen des Anwerbeabkommens fest, dass eine „dringend gewordene Regelung über die Beschäftigung von erforderlichen mobilen ausländischen Arbeitern" nur in Kooperation mit den Gewerkschaften möglich gewesen sei. Deren Rolle sah Diamant rückblickend darin, zu verhindern, „dass aus der Anwerbung und Beschäftigung von ausländischen Arbeitnehmern nicht ein Druckmittel gegen die Interessen aller Arbeitnehmer entstehen" konnte.[20] Die Gewerkschaften mussten bei der Frage der Anwerbung einlenken, um nicht an Einfluss zu verlieren.

Dennoch sollten in den Folgejahren die mahnenden Stimmen in den eigenen Reihen keineswegs verstummen. In den Gewerkschaften IG Bergbau, IG Bau und GGLF wie auch in der Gewerkschaft Nahrung-Genuss-Gaststätten (NGG) oder in der Gewerkschaft Textil-Bekleidung (GTB) wurde beständig Skepsis gegenüber der Beschäftigung von ausländischen Arbeitnehmern zum Ausdruck gebracht.[21] Im Vordergrund stand hier zunächst die Furcht

---

Geschäftsbericht 1954/55, S. 319, und „Auslandsarbeiter" (Thema der Woche), Welt der Arbeit, 1955, Nr. 40, S. 1.
[15] Antrag A40, „Die Verwaltungsstelle Frankfurt am Main erwartet von dem Gewerkschaftstag eine klare Stellungnahme und einen Beschluß gegen die Einstellung von Fremdarbeitern in der Bundesrepublik", IG BSE-Gewerkschaftstag 1955.
[16] GGLF: Denkschrift zur Frage der Beschäftigung ausländischer Wanderarbeiter in der Landwirtschaft der Bundesrepublik, Kassel 1954; Geschäftsbericht der GGLF 1954/55, S. 67 f.; Protokoll des GGLF-Gewerkschaftstages 1954, S. 122; Richter, DGB und Ausländerbeschäftigung, S. 34; siehe auch Hinweise in der Forschungsliteratur bei: Dohse, Ausländische Arbeiter, S. 162–164; Sonnenberger, Arbeitsmigration in Südhessen, S. 61; Mattes, „Gastarbeiterinnen", S. 29.
[17] Dohse, Ausländische Arbeiter, S. 159–165; Hunn, Türkische „Gastarbeiter", S. 120.
[18] Herbert, Geschichte der Ausländerpolitik, S. 204.
[19] Ebenda.
[20] Max Diamant, Beratungsbericht „Gewerkschaften und ausländische Arbeitnehmer, Aussprache zwischen Gewerkschaftsvertretern unter Vorsitz von Loderer", 10.12.1969, Archiv der sozialen Demokratie (AdsD), IG Metall-Hauptvorstand, Abt. Ausländische Arbeitnehmer, 5/IGMA2600-09.
[21] Siehe u. a. IGBE-Geschäftsbericht 1957, S. 175; NGG-Jahresbericht 1962/63, S. 163; Spanische Kolleginnen in Hamburg, in: Einigkeit, 1961, Nr. 10, S. 9; Ein Problem unserer Zeit: Gastarbeiter, in: ebenda, 1963, Nr. 13, S. 12–14; Drei Mädchen aus Brindisi, in: Textil, 1961, Nr. 8, S. 10 f.; „Wirtschaftspolitisches Referat" von Heinz Kegel, in: IGBE-Gewerkschaftstag 1961, S. 29; Karl van Berk auf dem IGBE-Gewerkschaftstag von 1962, in: IGBE-Gewerkschaftstag 1962, S. 39; IGBE-Gewerkschaftstag 1963, S. 39 f.

vieler Gewerkschaftsfunktionäre, dass einheimische Arbeitnehmer die Arbeitsmigranten als Konkurrenten betrachteten und ablehnend auf sie reagieren könnten. Folglich prägten Misstrauen und Ablehnung den Grundton, der sich durch die Reden deutscher Gewerkschafter zur „Ausländerbeschäftigung" zog. Zwar gab es von führenden Gewerkschaftern keine expliziten Vorwürfe oder ausländerfeindlichen Äußerungen. Dennoch trug die argumentative Verknüpfung, wonach bestehende Probleme innerhalb der einzelnen Wirtschaftszweige mit der Beschäftigung von ausländischen Arbeitnehmern zusammenhingen, ohne Frage zu einem negativen Bild der Arbeitswanderer und ihrer Familien bei.

2. Gewerkschaftliche Organisation von „Gastarbeitern"

Die skeptische Haltung der Arbeitnehmerorganisationen gegenüber der Anwerbepolitik stand dem gewerkschaftlichen Grundsatz gegenüber, dass die „Gastarbeiter" ein Teil der Arbeitnehmerschaft und wie alle anderen Arbeitnehmer gewerkschaftlich zu organisieren seien. Unorganisierte Beschäftigte erschwerten Vereinbarungen mit den Arbeitgebern und ihren Verbänden. Zugleich bestand unter führenden Gewerkschaftsfunktionären die Sorge, dass die ausländischen Arbeitnehmer, wenn man sich ihrer nicht annahm, eigene Organisationen gründeten.[22] Der DGB sah es daher von Anbeginn der Anwerbungen als seine dringlichste Aufgabe an, die Information und Beratung der „Gastarbeiter" voranzutreiben und unter ihnen Mitglieder zu gewinnen. Das gewerkschaftliche Verbindungsbüro in Italien (1956 gegründet), das „Ausländerbüro" beim DGB-Bundesvorstand und schließlich ab den frühen 1960er Jahren die jeweiligen, nach Nationalitäten aufgegliederten weiteren „Ausländerbüros" waren ebenso eine Folge dieses Engagements wie die fremdsprachigen Informationsmaterialien, die fremdsprachigen Abschnitte in den Mitgliederzeitungen, später auch die eigenständigen Mitgliederzeitungen in verschiedenen Herkunftssprachen der „Gastarbeiter" und die Seminare für fremdsprachige Gewerkschafter, die in den 1970er Jahren Konjunktur hatten.[23]

Die Organisationsarbeit für ausländische Arbeitnehmer blieb allerdings stets durch einen Mangel an Personal und Geld gekennzeichnet, der während der ersten wirtschaftlichen Krise in der Bundesrepublik 1966/67 darin seinen Höhepunkt fand, dass der DGB für einige Jahre die „Ausländerbüros" schloss und die fremdsprachigen Mitgliederzeitschriften einstellte.[24] In dieser Zeit waren es einige der Einzelgewerkschaften, die sich verstärkt um die Organisationsarbeit für ausländische Arbeitnehmer kümmerten. Das galt insbesondere für die IG Metall, die ähnlich wie der DGB sehr früh damit begonnen hatte, „Ausländerbüros" einzurichten sowie fremdsprachige Informationsmaterialien und Mitgliederzeitungen herauszugeben, aber auch für die Industriegewerkschaft Chemie-Papier-Keramik (IG CPK).[25]

---

[22] Hierzu siehe ein Arbeitspapier, das Max Diamant für den IG Metall-Hauptvorstand verfasste: Max Diamant, Arbeitspapier und Diskussionsgrundlage: „Zur gewerkschaftspolitischen Situation im Arbeitsbereich Ausländische Arbeitnehmer", 23.8.1973, AdsD, IG Metall-Hauptvorstand, Abt. Sozialpolitik, 5/IGMA120029.
[23] Ausführlicher hierzu: Trede, Gewerkschaften und Migration.
[24] Zwar gab es von Seiten des DGB, in der Person von Heinz Richter, Bemühungen, die Kosten der zentralen Ausländerarbeit auf die einzelnen Gewerkschaften zu verteilen. Die Vertreter der Einzelgewerkschaften verfolgten jedoch zu unterschiedliche Interessen und Vorstellungen, als dass sie zu einer gemeinsamen, tragbaren Lösung finden konnten; Schreiben von Richter an Stephan, „Finanzierung der Nachrichtenblätter und der Büros", 27.4.1967, AdsD, DGB-BV, Abt. Ausländische Arbeitnehmer, 5/DGAZ-302.
[25] In den 1970er Jahren intensivierten die beiden Industriegewerkschaften die Organisationsarbeit für ausländische Arbeitnehmer; Trede, Gewerkschaften und Migration.

Der Organisationsgrad der ausländischen Arbeitnehmer lag gegen Ende der 1960er Jahre bei etwa 20 Prozent und war damit verhältnismäßig hoch.[26] Einen maßgeblichen Anteil daran hatten Gewerkschafter, die selbst aus dem Ausland kamen und ihre Landsleute für die bundesdeutschen Gewerkschaften als Mitglieder warben.[27] Der Anteil der ausländischen Arbeitnehmer unter den Vertrauensleuten und Mitgliedern der Betriebsräte blieb jedoch gering.[28] Ausländische Gewerkschaftsfunktionäre gab es nur als Mitarbeiter in den „Ausländerbüros". Die Gründe hierfür liegen auf der Hand: Beide Seiten teilten die Vorstellung, dass die „Gastarbeiter" nur für einen kurzen, begrenzten Zeitraum blieben. Oft waren Gewerkschafter vor Ort wenig motiviert, „Gastarbeiter" zu organisieren, geschweige denn in die betrieblichen oder gewerkschaftlichen Entscheidungsstrukturen einzubinden. Ähnlich waren es nur vereinzelt „Gastarbeiter", die sich neben der meist sehr anstrengenden Erwerbsarbeit auch in den Betriebsräten oder in den Gewerkschaften engagieren wollten. Organisatorische Hemmnisse traten hinzu: Die Gewerkschaften sind generell stark hierarchisch gegliedert und wenig flexibel organisiert. Neue Mitglieder müssen Ausdauer und Geduld aufbringen, um in der Hierarchie aufzusteigen und beispielsweise bei Betriebsratswahlen als Gewerkschaftskandidaten aufgestellt (und unterstützt) zu werden. Ähnliches gilt für innerbetriebliche Strukturen, wobei auch hier nicht nur die Dauer der Betriebszugehörigkeit, sondern auch die Vernetzung innerhalb der Belegschaft von Bedeutung ist.[29]

Die begrenzte Dauer ihrer Beschäftigung, die oft unzureichenden Deutschkenntnisse, keine oder nicht (als gleichwertig) anerkannte schulische oder berufliche Qualifikationen sowie vorgebliche kulturelle Unterschiede bildeten Hintergründe für die Benachteiligung von Migranten in den Gewerkschaften oder in den Betrieben. Dabei gab es in den Gewerkschaften auch Bedenken, dass ein zu intensiver Einsatz für die „Gastarbeiter" bei den einheimischen Gewerkschaftsmitgliedern auf Ablehnung stoßen könnte.[30] In den Gewerkschaftsspitzen herrschte zudem ein tiefes Misstrauen gegenüber „Gastarbeitern" und ihren politischen Einstellungen. Fortwährend warnten Gewerkschafter ihre Vorgesetzten vor politisch-extremistischen Haltungen linker wie rechter Natur und dem „Export" von Konflikten aus den Herkunftsländern.[31]

---

[26] Der Organisationsgrad unter deutschen Arbeitnehmern lag bei etwa 30 %. Bei einem Vergleich muss jedoch berücksichtigt werden, dass die große Mehrheit der Migranten als Arbeiter beschäftigt war und der gewerkschaftliche Organisationsgrad bei deutschen Arbeitern wiederum bei knapp 50 % lag.
[27] Vgl. u. a. Elsner, Fremdarbeiterpolitik, S. 164; Hunn, Türkische „Gastarbeiter", S. 124.
[28] Eine Erhöhung der Zahl der ausländischen Betriebsräte trat mit der Betriebsverfassungsgesetzänderung 1972 ein, mit der es ausländischen Arbeitnehmern nun offiziell und ohne Zustimmung des Arbeitgebers ermöglicht wurde, als Betriebsräte zu kandidieren. In dem Gesetz wurde das explizite Ziel formuliert, „die Eingliederung ausländischer Arbeitnehmer im Betrieb und das Verständnis zwischen ihnen und den deutschen Arbeitnehmern zu fördern"; Kühne, Die ausländischen Arbeiter, S. 392. 1975 lag der Anteil ausländischer Arbeitnehmer in den Betriebsräten bei 2,9 %, 1978 waren es 3,5 %; Hans Günther Kleff, Vom Bauern zum Industriearbeiter. Zur kollektiven Lebensgeschichte der Arbeitsmigration aus der Türkei, Mainz ²1985, S. 135.
[29] Zusätzlich gehörten Angehörige bestimmter Gruppen wie Frauen, junge Gewerkschafter oder „Ungelernte" zu den Benachteiligten in den Gewerkschaften; Müller-Jentsch, Soziologie der industriellen Beziehungen, S. 68 f.
[30] Treichler, Arbeitsmigration, S. 150–153; Hunn, Türkische „Gastarbeiter", S. 120.
[31] Siehe z. B.: Schreiben an Vorsitzende der Gewerkschaften und Geschäftsführenden BV, Vorsitzende Landesbezirke, 8.11.1965, AdsD, DGB-BV, Abt. Ausländische Arbeitnehmer, 5/DGAZ-324; Schreiben von IG Metall-Vorstand an DGB-BV, 24.6.1968, ebenda, 5/DGAZ-326; Max Diamant, Beratungsbericht (s. Anm. 20).

3. Gewerkschaften und Rechtsextremismus

Die erste Krise des bundesdeutschen „Wirtschaftswunders" 1966/67 führte nicht nur zu einer (kurzen) Aussetzung der Anwerbung, sondern brachte auch Diskussionen um die Kosten und den Nutzen der „Ausländerbeschäftigung" hervor, die bis dahin keine Rolle in medialen oder politischen Debatten gespielt hatten.[32] 1966 kritisierte der stellvertretende Arbeitgeberpräsident Hanns-Martin Schleyer auf einer Konferenz der Bundesvereinigung der Deutschen Arbeitgeberverbände (BDA) zur „Ausländerbeschäftigung" die Arbeitsmarktsituation in der Bundesrepublik, die sich „in den letzten 10 Jahren mehr und mehr versteift" habe. Er wies auf die „vielen Probleme" hin, die die „Ausländerbeschäftigung" mit sich bringe, und forderte eine Erhöhung der Arbeitszeit, wodurch auch weniger „Gastarbeiter" benötigt würden.[33] Die „Bild-Zeitung" griff die Ausführungen Schleyers auf und titelte am 31. März 1966: „Gastarbeiter fleißiger als deutsche Arbeiter?"[34] Dies löste bei den Gewerkschaften einen Sturm der Entrüstung aus. Der DGB kritisierte die von der „Bild-Zeitung" aufgemachte Gleichung (Mehrarbeit = weniger Ausländerbeschäftigung) und warnte eindringlich davor, dass bei einer solchen Argumentation „politischen Kräften in die Hände [gespielt wird], die diese Stimmung geschickt ausnutzen, um wieder einmal mit rechtsradikalen Vorstellungen ihr Unwesen zum Schaden der jungen Demokratie zu treiben".[35] Auch die Mitgliederzeitung der IG Metall monierte, dass zunächst der „millionste Gastarbeiter [...] mit großem Tamtam" von den Arbeitgebern gefeiert und nun der Versuch unternommen werde, „deutsche und ausländische Arbeitnehmer gegeneinander auszuspielen".[36]

Diese Diskussion stand im Kontext des aufsteigenden Rechtsextremismus, der in der Nationaldemokratischen Partei Deutschlands (NPD) ihren exponiertesten Vertreter hatte.[37] Das DGB-Vorstandsmitglied Günther Stephan warnte auf dem DGB-Bundeskongress im Jahr 1966 mit Blick auf diese politische Strömung eindringlich davor, dass sich „seit einem, ja ungefähr anderthalb Jahren [...] das Klima gegenüber den bei uns beschäftigten ausländischen Arbeitnehmern sehr zum Negativen hin entwickelt" habe. Die Arbeitgeberseite habe daran ein „gerütteltes Maß Schuld".[38] Mit argumentativen Verknüpfungen, wie sie die Arbeitgebervertreter anstellten, so Stephan weiter, werde „das Gespenst [...] einer neuen Ausländerwelle [beschworen und] offensichtlich an die unbewältigte deutsche Vergangenheit, an unterdrückte Rassendünkel, germanische Überheblichkeit, Fremdenhass und unverdauten Nazismus" angeknüpft: „Und da bei uns [...] die Schlacken der Vergangenheit noch immer nicht beseitigt sind, fielen solche Feststellungen auf sehr fruchtbaren Boden." Stephan warnte die Delegierten: „Wer Wind sät, wird schließlich eines Tages Sturm ernten!"[39]

---

[32] Karen Schönwälder, Einwanderung und ethnische Pluralität, Essen 2001.
[33] Hanns-Martin Schleyer, Der ausländische Arbeitnehmer im Betrieb, in: Magnet Bundesrepublik. Probleme der Ausländerbeschäftigung. Informationstagung der Bundesvereinigung der Deutschen Arbeitgeberverbände (Schriftenreihe der BDA, H. 42), Bonn 1966, S. 37–49, hier S. 37.
[34] Bild, 31.3.1966.
[35] DGB-Nachrichten-Dienst, 28.4.1966: „Ausländische Arbeitnehmer dürfen nicht ausgespielt werden", AdsD, IG Metall-Hauptvorstand, Abt. Ausländische Arbeitnehmer, 5/IGMA2600-09; siehe auch: Unser Volk lebt nicht über seine Verhältnisse, in: Welt der Arbeit, 1966, Nr. 8, S. 1.
[36] Heinz Brandt, Mitarbeiter oder Landplage? Ausländische Arbeitnehmer in deutschen Betrieben, in: Metall, 1966, Nr. 8, S. 7. Der „Grundstein" schrieb dazu: „Welch eine Heuchelei! [...] In der Maske des Biedermannes wird geschrieben: ,BILD bittet die deutschen Arbeiter: Seid fair!'" Diesen Rat bräuchten deutsche und ausländische Arbeiter nicht, sie „lassen sich nicht gegeneinander ausspielen, [sie] arbeiten solidarisch zusammen"; Schlechter Rat ist immer billig, in: Grundstein, 1966, Nr. 8, S. 2.
[37] Uwe Hoffmann, Die NPD. Entwicklung, Ideologie und Struktur, Frankfurt a. M. 1999.
[38] Ebenda; siehe auch: Fort mit den Vorurteilen! Die Rechtsradikalen machen Stimmung gegen ausländische Arbeitnehmer, in: Grundstein, 1966, Nr. 10, S. 7.
[39] Protokoll des DGB-Bundeskongresses 1966, S. 102.

Mit diesen Warnungen stand der Gewerkschafter nicht alleine.[40] Die bundesdeutsche Öffentlichkeit war zu dieser Zeit besonders sensibel für rechtsextreme Äußerungen, da die NPD auch mittels des Themas „zu viele Ausländer" zu beachtlichen Ergebnissen bei Landtagswahlen gekommen war.[41] Die Gewerkschaftsführung war alarmiert. In den Gewerkschaftszeitungen wurde stetig über die rechtsextreme Propaganda der NPD berichtet und ausdrücklich vor deren Absichten gewarnt.[42] Diese innergewerkschaftliche Aufklärungsarbeit war ganz offenkundig erforderlich geworden. Zwar sind keine explizit ausländerfeindlichen Äußerungen von Delegierten auf Bundeskongressen des DGB oder der Einzelgewerkschaften dokumentiert. Aus zahlreichen Briefen von Gewerkschaftsmitgliedern, die bei den Bundesvorständen und den Redaktionen der Gewerkschaftszeitungen eingingen, lässt sich aber unter einer Vielzahl von Gewerkschaftsmitgliedern und -funktionären eine nicht zu übersehende Neigung zu rassistischen Einstellungen erkennen.[43]

Die Gewerkschaften diskutierten das Thema Rechtsextremismus fortwährend auf ihren Kongressen. Der DGB-Kongress beschloss bereits 1965, ein Verbot der NPD zu fordern, und erklärte, dass die „Zugehörigkeit zur NPD unvereinbar […] mit der Mitgliedschaft" bei den Gewerkschaften sei.[44] Dieser Erklärung schlossen sich die Einzelgewerkschaften in den Folgejahren an[45], zudem hielten sie die Forderung nach einem Verbot der NPD stets aufrecht.[46] Gleichermaßen blieb das Thema Rechtsextremismus in den Mitgliederzeitungen der Gewerkschaften wie auch in den Diskussionen in den Vorständen allgegenwärtig.[47]

---

[40] Siehe z. B. Werner Thönnessen, Die Ausländerwelle, in: Gewerkschafter, 1966, Nr. 2, S. 46; Peter Steiner, Unternehmen möchte verlängerte Arbeitszeit: Ausländische Arbeitnehmer als Druckmittel, in: Gewerkschafter, 1965, Nr. 5, S. 165.
[41] Die NPD erzielte 1966 bei den Landtagswahlen in Hessen 7,9 % und in Bayern 7,4 %. Ein Jahr später zog die Partei in die Landtage in Bremen, Rheinland-Pfalz, Niedersachsen und Schleswig-Holstein ein. Bei den Bundestagswahlen 1965 hatte sie noch 2 %, vier Jahre später bereits 4,3 % der Stimmen erzielt; Hoffmann, Die NPD.
[42] Der rechtsradikale Ungeist nimmt jetzt wieder zu, in: Welt der Arbeit, 1966, Nr. 6, S. 3; Das deutsche Herz schlägt ihnen rechts, in: ebenda, 1966, Nr. 25, S. 3. In der ersten Jahreshälfte 1967 fand sich in der „Welt der Arbeit" in fast jeder Ausgabe ein Kommentar oder ein Hinweis auf die Gefahr, die von der NPD ausging; für die Einzelgewerkschaften beispielhaft u. a.: Götz-Dieter Nerlich, Gefahr von Rechts. Die NPD unter der Lupe, in: Metall, 1966, Nr. 7, S. 5; ders., Parallelen in Braun. Gefahr von Rechts, in: Metall, 1966, Nr. 8, S. 5; ders., Toleranz hat Grenzen. Gefahr von Rechts, in: Metall, 1966, Nr. 9, S. 6. Weiter: NPD: Nichts dazu gelernt. Gewerkschaftler demonstrieren gegen Rechtsradikalismus, Titel in: Metall, 1966, Nr. 13. Für die anderen Einzelgewerkschaften beispielhaft: Diese Ausländer!, in: Textil, 1965, Nr. 4, S. 17; Karl Buschmann, Kein Platz für NPD-Mitglieder, in: Textil, 1965, Nr. 8, S. 5.
[43] Entsprechende Unterlagen sind in den Akten von Heinz Richter, AdsD, DGB-BV, Abt. Ausländische Arbeitnehmer, 5/DGAZ, zu finden.
[44] Initiativantrag I11: „Verbot der NPD", DGB-Bundeskongress 1966.
[45] Zwei Briefe, ein Gespräch – dann kommt der Rausschmiß, in: Welt der Arbeit, 1966, Nr. 5, S. 6; NGG-Gewerkschaftstag 1970, S. 113–115.
[46] Z. B.: DGB-Bundeskongress 1969; IGM-Gewerkschaftstag 1971; IG Chemie-Gewerkschaftstag 1969; IG BSE-Gewerkschaftstag 1969 und 1979; NGG-Gewerkschaftstag 1982; GTB-Gewerkschaftstag 1971.
[47] Siehe dazu auch die zahlreichen Diskussionsbeiträge in den GMHs. Eine Auswahl: Dieter Kuhr, Die nationale Faust im Nacken?, 1967, Nr. 3, S. 153–161; Helmut Lindemann, Warum wählen junge Leute die NPD?, 1967, Nr. 3, S. 161–163; Giselher Schmidt, Biologismus, Rassismus und Antisemitismus – der ideologische Kern der NPD, 1968, Nr. 8, S. 477–480; Willy Sprenger, NPD-Wähler – wissen sie, was sie tun?, 1968, Nr. 6, S. 3; siehe auch folgende Beiträge in Mitgliederzeitungen: Klaus Jelonneck, Marsch nach rechts?, in: Einheit, 1969, Nr. 9, S. 2; Götz-Dieter Nerlich, NPD und Gewerkschaften. „Arbeit macht frei", in: ebenda, 1969, Nr. 8, S. 3; Günther Stephan, Sind ausländische Arbeiter ein Problem?, in: Welt der Arbeit, 1967, Nr. 10, S. 2. Zur gleichen Zeit gab es aber auch Gewerkschaftsstimmen, die kritisierten, dass das Engagement des DGB gegen den Rechtsextremismus nicht ausreichend sei. Auf dem Bundeskongress 1969 meinte ein Delegierter, dass sich der DGB selber nur „langsam, nach und nach halbwegs unterstützend" an Aktivitäten gegen den Rechtsextremismus beteilige und seine Bemühungen hier verstärken müsse; DGB-Bundeskongress 1969, S. 226.

Der Einsatz der Gewerkschaftsführungen im Kampf gegen Rechtsextremismus und Rassismus begann in den 1960er und wurde in den 1970er sowie besonders in den 1980er Jahren intensiviert. Dennoch ist auch zu konstatieren, dass sich die Gewerkschaften in den Krisenjahren 1966/67 keineswegs hinter die ausländischen Arbeitnehmer stellten. Es gab von Seiten der Gewerkschaftsführungen keine Bekundungen der Solidarität mit den ausländischen Arbeitnehmern, die im Zuge der Entlassungen und der Nichtverlängerung von Arbeitserlaubnissen vor einer schwierigen Zukunft standen.[48] Inwieweit sich die Gewerkschaften vor Ort für ausländische Arbeitnehmer einsetzten, gilt es noch zu untersuchen. Es gibt aber Fälle, bei denen Gewerkschaftsvertreter Arbeitgeber drängten, ausländische Arbeitnehmer zu entlassen, oder den Arbeitsämtern empfahlen, Arbeitserlaubnisse nicht zu verlängern.[49]

4. Wandel der Ausländerpolitik Anfang der 1970er Jahre

Zu Beginn der 1970er Jahre wandelte sich die migrationspolitische Debatte. Hieran hatten auch die Gewerkschaften ihren Anteil. Der DGB war als Sozialpartner seit Mitte der 1960er Jahre beratend an Aushandlungsprozessen zur Gestaltung der „Ausländerpolitik" der Bundesregierung beteiligt. Neben der Einbindung in den „Koordinierungskreis Ausländische Arbeitnehmer" nahmen führende Gewerkschaftsvertreter auch an der „Sozialpolitischen Gesprächsrunde" teil.[50] Dieses Forum, in das neben Vertretern der Regierung und der Sozialpartner auch verschiedene andere Akteure einbezogen waren, beschäftigte sich erstmals am 7. Juli 1971 mit dem Thema „ausländische Arbeitnehmer". Im „Gemeinsamen Kommuniqué" dieser Sitzung hieß es zum „Problem der Beschäftigung der ausländischen Arbeitnehmer in der Bundesrepublik", dass „in Anbetracht der längeren Aufenthaltsdauer und der steigenden Zahl der Familienangehörigen [...] über die weitere wünschenswerte Entwicklung der Ausländerbeschäftigung eine gemeinsame Grundauffassung der gesellschaftlichen Gruppen herbeigeführt werden" solle.[51]

Die Gesprächsrunde beschloss, eine Arbeitsgruppe einzusetzen, „die für die Sozialpolitische Gesprächsrunde eine Darstellung der wirtschaftlichen, arbeitsmarktpolitischen und sozialen Probleme der Beschäftigung und evtl. Empfehlungen erarbeiten soll". In der Arbeitsgruppe saßen auch führende Gewerkschaftsvertreter.[52] Die Runde war sich mit Blick auf den deutschen Arbeitsmarkt einig, dass durch die „Erhöhung der Ausländerbeschäftigung [die] wirtschaftlichen Vorteile", die bislang erzielt wurden, inzwischen „erheblich beeinträchtig[t]" seien.[53] Deshalb müsse es „aus ökonomischen und außeröko-

---

[48] Die Folge der Entlassungen und der Praxis einiger Arbeitsämter war, dass zwischen dem Herbst 1966 und dem Herbst 1967 rund eine halbe Million „Ausländer" die Bundesrepublik verließen. Im Vergleich zu den Vorjahreszahlen waren das rund 200 000 mehr; Schönwälder, Einwanderung und ethnische Pluralität, S. 339.
[49] Sonnenberger, Arbeitsmigration in Südhessen, S. 102.
[50] Im Koordinierungskreis „Ausländische Arbeitnehmer" tauschten sich seit 1965 in unregelmäßigen Abständen Vertreter der zuständigen Ministerien, Arbeitgeber- und Arbeitnehmerorganisationen sowie der Kirchen und Verbände zum Thema Migration aus.
[51] Sozialpolitische Gesprächsrunde, Sitzung am 7.7.1971: „Probleme der Beschäftigung ausländischer Arbeitnehmer (Fokus: arbeitsmarktpolitische Grundsatzfragen der Ausländerbeschäftigung)", Bundesarchiv Koblenz (BArch), Bundesministerium für Arbeit und Sozialordnung (BMA), B 149/30733-50.
[52] Für die Gewerkschaften nahmen an der Arbeitsgruppe als ständige Vertreter Franz Woschech, Mitglied des Geschäftsführenden Bundesvorstandes des DGB, sein Vertreter Heinz Richter, Leiter des Referats „Ausländische Arbeitnehmer", und Edmund Duda, zu diesem Zeitpunkt Leiter der Abteilung „Sozialpolitik" beim DGB-BV, teil.
[53] Gesprächsunterlage für die Beratungen in der Arbeitsgruppe „Ausländerbeschäftigung" der Sozialpolitischen Gesprächsrunde am 20.8.1971 (erste Sitzung), BArch, BMA, B 149/83821.

nomischen Gründen [...] eine Grenze der Ausländerbeschäftigung" geben, diese lasse sich allerdings „zahlenmäßig nicht genau bestimmen".[54]

Die Gewerkschaftsführung teilte die Auffassung, dass der Umfang der „Ausländerbeschäftigung" in der Bundesrepublik zu reduzieren sei. Sie sah die „sozialen Kosten" der zunehmenden Aufenthaltsdauer der „Gastarbeiter" und sorgte sich um deren „gesellschaftliche Integration". Ferner äußerten die Gewerkschaften (erneut) Bedenken, dass die sozial- und arbeitsrechtlichen Errungenschaften durch ein Überangebot an Arbeitswanderern gefährdet seien.[55] Auch glaubte die Gewerkschaftsführung beobachten zu können, dass die Zahl der „unqualifizierte[n] weibliche[n] ausländische[n] Arbeitnehmer (in untersten Lohngruppen)", der „Leiharbeiter" und das „Heer der illegal beschäftigten ausländischen Arbeitnehmer" zunehme.[56] Eine stärkere Aktivierung von einheimischen Arbeitskräften oder gar eine Verlängerung der Arbeitszeiten, wie von Arbeitgeberseite gefordert, stellten für die Gewerkschaften keine Alternative dar.[57]

1973 waren es daher auch die Gewerkschaften, die mit Blick auf die Prognosen für die Entwicklung der Wirtschaft und der Beschäftigungslage der Bundesregierung nahelegten, die Anwerbung von „Gastarbeitern" einzustellen. Inwiefern die Gewerkschaften in dieser Sache maßgeblich auf die Bundesregierung einwirkten, lässt sich weder aus den Unterlagen zu Gesprächen zwischen Gewerkschaftsvertretern und Bundesregierung noch aus der internen Korrespondenz der Gewerkschaftsvorstände rekonstruieren. Hinweise in den Akten deuten aber darauf hin, dass die Gewerkschaften hier Druck ausübten („Auf Drängen der Gewerkschaften …" oder ähnlich). Zudem war sich der DGB mit dem Bundesverband der Deutschen Industrie (BDI) einig. Als Ergebnis eines gemeinsamen Gesprächs gut eine Woche vor dem Anwerbestopp wurde festgehalten:

> „Angesichts der ungünstiger werdenden Beschäftigungslage [...] und der möglichen Gefährdung von Arbeitsplätzen durch die Drosselung der Öllieferungen sollte jedoch die weitere Anwerbung von Arbeitnehmern im Ausland überprüft werden".[58]

5. Nach dem Anwerbestopp

Nach dem Anwerbestopp waren es gerade die Gewerkschaftsspitzen, allen voran des DGB und der IG Metall, die auf einen restriktiveren behördlichen Umgang mit Arbeits- und Aufenthaltserlaubnissen drängten. Die Gewerkschaften forderten umfassende und strengere Kontrollen im Bereich der illegalen Beschäftigung – wie bei der sogenannten Schwarzarbeit und der aufkommenden Leiharbeit. Zugleich hielten sie sich auffallend bei den Debatten um die Einschränkung sozialer Rechte von „Gastarbeitern" zurück. Um zu erreichen, dass ausländische Arbeitnehmer abwanderten, setzten Bundesregierung und die Bundesanstalt

---

[54] Gesprächsunterlage zur dritten Sitzung der Arbeitsgruppe „Ausländerbeschäftigung" der Sozialpolitischen Gesprächsrunde am 22.10.1971, Notiz vom 25.11.1971, ebenda.
[55] Ergebnisniederschrift über die Besprechung zwischen Vertretern des DGB und der BDA über Probleme der Ausländerbeschäftigung am 10.12.1973 in Köln, AdsD, DGB-BV, Sekr. Karl Schwab, DGCR0000-87.
[56] Bei der Leiharbeit sprach der DGB von „mindestens 300000", Schreiben von Diamant an Möller, Redaktion „Der Gewerkschafter", Unterlagen der BA über Mitbestimmungsrechte des Betriebsrats vor Weiterleitung eines Vermittlungsauftrags über ausländische Arbeitnehmer, 26.1.1973, AdsD, IG Metall-Hauptvorstand, Abt. Ausländische Arbeitnehmer, 5/IGMA2600-03.
[57] Im Gemeinsamen Kommuniqué der 6. Sozialpolitischen Gesprächsrunde vom 6.4.1973 hieß es: „Es muß versucht werden, das heimische Erwerbstätigenpotential mehr als bisher zu aktivieren. Dazu sind besondere, aufeinander abgestimmte Schritte in den Bereichen Arbeitsmarkt- und Bildungspolitik, Struktur- und Raumordnungspolitik erforderlich", BArch, BMA, B 149/30733-50.
[58] DGB Nachrichten-Dienst, ND 382/73, 16.11.1973, AdsD, DGB-BV, Abt. Ausländische Arbeitnehmer, 5/DGAZ-617.

für Arbeit (BA) auf eine strikte Handhabung des Inländerprimats bei der Arbeitsplatzvermittlung und eine strengere Praxis der Vergabe von Arbeits- und Aufenthaltsrechten. Im Spätsommer 1974 stellten Vertreter der Bundesregierung und der Sozialpartner jedoch fest, dass die Zahl der ausländischen Arbeitnehmer nach dem Anwerbestopp keineswegs zurückgegangen war.[59] Derweil waren die Arbeitslosenzahlen dramatisch angestiegen.[60] Mit Blick auf diese Entwicklung sprach Heinz Richter, Mitglied des DGB-Bundesvorstandes und Leiter der Abteilung „Ausländische Arbeitnehmer", von einer „Reizschwelle [...], an der die arbeitslosen Deutschen auf die Zahl der ausländischen Arbeitnehmer hinweisen und innenpolitische Spannungen herbeiführen könnten".[61] DGB und BDA waren sich darin einig, dass die Arbeitsämter sowie die Ausländerbehörden die „Voraussetzungen für die Arbeits- und Aufenthaltserlaubnis [...] schärfer überprüfen und die Vorschriften restriktiver auslegen" sollten.[62] Im Herbst des Jahres forderten die Sozialpartner, die Bedingungen für die Zahlung des Arbeitslosengeldes bei ausländischen Arbeitnehmern zu verschärfen. Dies wurde mit einer vorgeblich besonders hohen Mobilität des ausländischen Arbeitnehmers gerechtfertigt: Für diesen sei es

> „grundsätzlich eher als für einen Deutschen zumutbar, den Arbeitsort zu wechseln, da er in der Regel zu seinem bisherigen Wohnort geringere Bindungen hat. Dies folgt aus der Tatsache, dass er bereit war, zur Arbeitsaufnahme sogar sein Heimatland zu verlassen."[63]

Im November 1974 hielt die BA ihre Dienststellen in einem Runderlass an, bei der Arbeitsvermittlung folgenden Personengruppen ein Vorrecht vor ausländischen Arbeitnehmern einzuräumen:

> „geeignete inländische Arbeitssuchende, Arbeitnehmer, an deren Arbeitsaufnahme ein besonderes arbeitsmarktpolitisches Interesse besteht [...] (ältere Arbeitnehmer, Rehabilitanden, Aussiedler und Strafentlassene) [sowie] inländische Teilzeitkräfte."

Den Unternehmen, so hieß es in dem Erlass weiter, sei eine Einstellung dieser Personengruppen „zuzumuten". Bei einer erneuten Arbeitsaufnahme oder Beschäftigung eines ausländischen Arbeitnehmers nach Beendigung eines früheren Arbeitsverhältnisses müsse der Arbeitgeber nachweisen, dass zuvor inländische Arbeitnehmer gesucht worden seien. Einzelfallprüfungen bei ausländischen Arbeitnehmern sollten allerdings möglich sein – die Gewährung von Arbeitserlaubnissen sollte aufgrund der Beurteilung der Arbeitsmarktlage und in bestimmten Branchen wie im Bergbau, der Fisch- und Konservenindustrie sowie dem Hotel- und Gaststättengewerbe weiterhin erfolgen. Zusätzlich wurden die Arbeitsämter angewiesen, dass der Antrag auf Verlängerung einer Arbeitserlaubnis immer rechtzeitig eingehen müsse, worauf Arbeitgeber und Arbeitnehmer „selbständig" zu achten hätten – „Erinnerungshilfen" sollten von den Arbeitsämtern nicht mehr verschickt werden.[64]

Der DGB befürwortete eine solche Verschärfung des Arbeitserlaubnisverfahrens und der Überprüfung der Verfügbarkeit arbeitsloser Arbeitnehmer. Er teilte die grundsätzliche Auffassung, dass diese Maßnahmen das Ziel verfolgten, „den Vorrang der Beschäftigung

---

[59] Informationsdienst des BMA, Ausgabe VIII/29, 6.9.1974, S.157f.
[60] Die Zahl der registrierten Arbeitslosen hatte sich Ende 1974 im Vergleich zum Vorjahr in etwa verdreifacht. Sie war von rund 250 000 Ende 1973 auf knapp 700 000 angestiegen; Meinhard Miegel, Arbeitsmarktpolitik auf Irrwegen. Zur Ausländerbeschäftigung in der Bundesrepublik Deutschland, Bonn 1984, S.107.
[61] Aktennotiz zur Besprechung zwischen Vertretern des DGB und DBA, 4.10.1974, AdsD, DGB-BV, Sekr. Karl Schwab, DGCR0000-87.
[62] Ergebnisniederschrift der Besprechung zwischen Vertretern des DGB und der BDA, 12.7.1974, ebenda.
[63] Ebenda.
[64] Runderlass der Bundesanstalt für Arbeit an alle Dienststellen, 13.11.1974, AdsD, DGB-BV, Sekr. Karl Schwab, DGCR0000-88.

inländischer Arbeitnehmer zu sichern".[65] Edmund Duda, DGB-Vorsitzender, sah in der restriktiven Vergabepraxis der Arbeitsämter ein „notwendiges und rechtmäßiges Vorgehen". Auf ein gewerkschaftsinternes Schreiben aus der DGB-Stelle Kreis Rhein-Lahn, in dem das Verhalten eines Mitarbeiters des Arbeitsamtes kritisiert wurde, der einen Betrieb aufgefordert hatte, unter Androhung einer Geldbuße einem ausländischen Arbeitnehmer zu kündigen, antwortete Duda, dass er das Verhalten des Arbeitsamtes als „korrekt" ansehe, um der Pflicht nachzukommen, „geeignete inländische Arbeitskräfte" zu finden. Der DGB-Vorsitzende bezeichnete die Praxis der Arbeitsämter als eine Möglichkeit, „nicht benötigte ausländische Arbeiter nach Hause zu schicken [und] [w]enn sie nicht freiwillig gehen, müssen die Vorschriften, die ihre Abschiebung zulassen, eben schärfer angewandt werden".[66]

Mitte 1975 verwies der DGB-Vorsitzende darauf, dass die Bestimmungen zur Verlängerung von Arbeitserlaubnissen in der Vergangenheit eher „zurückhaltend" angewendet worden seien.[67] Tatsächlich zeigten amtliche Statistiken, dass Anfang der 1970er Jahre nur zwischen 0,4 bis 0,5 Prozent der Anträge auf eine Arbeitserlaubnis abgelehnt wurden. Dies entsprach einer Zahl von rund 5000 bis 6000 Ablehnungen pro Jahr.[68] 1975 allerdings lehnte die Arbeitsverwaltung bereits drei Prozent der rund 1,5 Millionen Anträge auf Arbeitserlaubnis ab, was einer Zahl von knapp 45000 Ablehnungen entsprach – eine durchaus beachtliche Anzahl, die erahnen lässt, wie viele Menschen auch mittelbar betroffen waren und welche Wirkung die potentielle Möglichkeit einer Ablehnung auf eine Vielzahl der Migranten gehabt haben mag.[69]

Gleichzeitig blieb auch die „Rückkehrbereitschaft" ausländischer Arbeitnehmer hinter den Erwartungen zurück, wie Bundesregierung, Arbeitgeberverbände und Gewerkschaften nicht müde wurden zu konstatieren.[70] Vertreter des DGB und der BDA stellten daher Ende 1974 Überlegungen an, welche „Maßnahmen bei einem möglichen [weiteren] Ansteigen der Anzahl arbeitsloser Ausländer" zu ergreifen seien. Sowohl eine „Kapitalisierung" des Arbeitslosengeldes – also die Auszahlung der Versicherungsansprüche bei der Ausreise – als auch die direkte Zahlung von „Rückkehrprämien" wurden als Anreize in Erwägung gezogen.[71] Allerdings ließen die Gewerkschafts- und die Arbeitgebervertreter diese Überlegungen rasch fallen, da es nicht nur generelle finanzielle Bedenken gab, sondern auch

---

[65] Ergebnisniederschrift der Besprechung zwischen DGB und BDA, 13.12.1974, ebenda.
[66] Schreiben von Edmund Duda an den DGB-Kreis Rhein-Lahn, DGB-BV, Abt. „Sozialpolitik", 12.3.1974, AdsD, DGB-BV, Sekr. Karl Schwab, DGCR0000-87.
[67] Zitiert im Stern, 1975, Nr.8, S.71: „Arbeitgeber, Arbeitsamt und Gewerkschaften fordern alle gemeinsam ‚Raus mit euch! Wir brauchen euch nicht mehr'". Inwieweit die Gewerkschaften die Praxis der Arbeitsämter in konkreten Fällen unterstützten, ist bislang nicht untersucht worden. Es ist aber zu vermuten, dass lokale Gewerkschaftsvertreter und Betriebsratsmitglieder zumeist nicht intervenierten. Knud Andresen weist in seiner Fallstudie zu den Gewerkschaften bei VW in Braunschweig darauf hin, dass der Betriebsrat nichts unternahm, als die Personalabteilung des Unternehmens das Arbeitsamt drängte, Nicht-EWG-Arbeitswanderern eine Verlängerung der Arbeitserlaubnis zu verweigern; Knud Andresen, Mitbestimmen – die Entwicklung der Interessenvertretung bei Volkswagen in Braunschweig 1945–2002, hrsg. von der IG Metall-Verwaltungsstelle Braunschweig, Braunschweig 2005, S.34.
[68] Berichte des DGB zur Internationalen Gewerkschaftskonferenz in Stuttgart 1976, o.D., AdsD, DGB-BV, Abt. Ausländische Arbeitnehmer, 5/DGAZ-10.
[69] Ebenda. Zu Ablehnungen kam es auch, da vielen Migranten die entsprechenden Regeln nicht vertraut waren; Manuela Bojadžijev, Die windige Internationale. Rassismus und Kämpfe der Migration, Münster 2008, S.142.
[70] „Ausländische Arbeitnehmer. Zahl der Ausländer bei rund 4,1 Millionen", Informationsdienst des BMA, Ausgabe IX/2, 14.1.1975, S.194.
[71] DGB- und BDA-Vertreter werteten die „Zusatzeffekte" dieser Maßnahmen als „skeptisch", eine Prämie werde nur etwa ein Drittel der Zurückkehrenden tatsächlich motivieren, das Land zu verlassen. Beide Seiten wiesen aber zudem auf die „politischen Wirkungen" und den damit verbundenen „Signaleffekt" hin. Ergebnisniederschrift der Besprechung von DGB und BDA, 13.12.1974, AdsD, DGB-BV, Sekr. Karl Schwab, DGCR0000-88.

die Sorge bestand, dass sich deutsche Arbeitnehmer ihre Versicherungsansprüche ebenfalls auszahlen lassen wollten.[72]

Die Bundesregierung und die BA hatten 1974 mit einer Verschärfung der Vergabepraxis bei Arbeits- und Aufenthaltserlaubnissen versucht, den Rückgang der Zahl der Ausländer zu forcieren. Hinzu kamen gesetzliche Maßnahmen, die den „Rückkehrwillen" von Migranten beeinflussen sollten. Mitte 1974 plante die Bundesregierung im Zuge der allgemeinen Reform des Kindergeldes eine Änderung der Bezugsregeln für Eltern, die aus Nicht-EWG-Staaten stammten und deren Kinder im Ausland lebten.[73] Diesen Migranten sollte weniger Kindergeld gezahlt werden als ausländischen Eltern, die mit ihren Kindern in Deutschland lebten. In der Begründung der Bundesregierung hieß es, dass der Grundsatz der Gleichstellung bei der Kindergeldzahlung gewahrt werde, da die Kosten für Kinder im (südeuropäischen) Ausland niedriger ausfielen als für Kinder, die in Deutschland lebten.[74] Kritik gegen das Vorhaben der sozial-liberalen Bundesregierung kam nicht nur von den Kirchen und einigen Gewerkschaften aus den Herkunftsländern, sondern auch aus einzelnen DGB-Landesverbänden.[75]

Der DGB-Vorstand zeigte sich allerdings in dieser Angelegenheit sehr zurückhaltend.[76] Zum einen bestand zwar die Sorge, dass unter den ausländischen Arbeitnehmern aufgrund der Kindergeldregelung die Unzufriedenheit über die soziale Lage zunehmen und dafür die Gewerkschaften verantwortlich gemacht werden könnten.[77] Gleichzeitig gab es aber Befürchtungen, dass die niedrigeren Zahlungen für Kinder, die im Ausland lebten, einen Anreiz darstellen könnten, Kinder nach Deutschland zu holen. Heinz Richter, Leiter der Abteilung „Ausländische Arbeitnehmer" beim DGB-Vorstand, sprach Ende 1974 von Beobachtungen,

> „dass, von der Türkei aus organisiert, Flugzeuge oder Busse voll türkischer Kinder in die Bundesrepublik zu ihren Eltern kommen, hier etwa 14 Tage oder 3 Wochen angemeldet werden und dann wieder nach Hause gehen. Der Sinn dieser Maßnahmen ist, die Kinder hier anzumelden, um das Kindergeld in der [vollen] Höhe zu bekommen, wenn die Kinder hier sind. [...] Es wird also unrechtmäßig Kindergeld in der Höhe bezogen, als wenn die Kinder hier wären. Ich möchte auf diese Sache vorsorglich hinweisen, denn ich rechne damit, dass der Arbeitsminister in Kürze reagieren wird. Ich meine auch, dass es dazu führen kann, dass diejenigen Väter von solchen Kindern aus der Bundesrepublik ausgewiesen werden (was ich im übrigen durchaus für richtig halte, denn es liegt ja ein kriminelles Vergehen vor)."[78]

Die Gewerkschafter waren weniger in Sorge um das Wohl der Migranten, sie befürchteten vielmehr eine Zunahme „kriminellen" Verhaltens und einen möglichen „Kinderstrom"

---

[72] Ergebnisniederschrift der Besprechung von DGB und BDA, 20.1.1975, AdsD, DGB-BV, Sekr. Karl Schwab, DGCR0000-87.
[73] 1970 hatte der EWG-Ministerrat eine Verordnung zur sozialen Gleichstellung von „Gastarbeitern" verabschiedet, in der festgelegt wurde, dass diese auch dann Kindergeld in gleicher Höhe wie einheimische Arbeitnehmer erhalten sollten, wenn ihre Familienmitglieder im Ausland wohnten; Europa-Wirtschaft. Der Stand der wirtschaftlichen Integration in Europa, in: GMH, 1970, Nr. 7, S. 427–431, hier S. 430.
[74] Informationsdienst des BMA, Ausgabe VIII/43, 29.11.1974.
[75] Ausländische Regierungen und verschiedene andere Organisationen wie die Kirchen forderten den DGB auf, sich für eine Gleichstellung von Kindern ausländischer Arbeitnehmer einzusetzen; Brief von Heinz Richter an Karl Schwab, „Kindergeld", 27.6.1974, AdsD, DGB-BV, Sekr. Franz Woschech, 5/DGCQ-01.
[76] Hunn, Türkische „Gastarbeiter", S. 388.
[77] Aktennotiz zur Sitzung des Ausschusses „Ausländische Arbeitnehmer" beim SPD-Parteivorstand vom 8.7.1974/Bonn, 10.7.1974, AdsD, DGB-BV, Sekr. Franz Woschech, 5/DGCQ-01.
[78] Schreiben von Heinz Richter an Karl Schwab, „Kindergeld für ausländische Arbeitnehmer", 23.12.1974, AdsD, ebenda.

vor allem aus der Türkei.⁷⁹ Entsprechend unternahmen die Gewerkschaften keinen Versuch, die Bundesregierung von diesem Gesetzesvorhaben abzubringen.

6. Diskussion um die Lockerung des Anwerbestopps

Der DGB blieb auch in der grundsätzlichen Frage nach der Aufrechthaltung des Anwerbestopps hart. Noch Anfang 1974 zeigten sich die Gewerkschaften bereit, den Anwerbestopp, wie von einigen Arbeitgeberverbänden und Teilen der Bundesregierung gefordert, zu lockern. Bedingung sei das

> „Vorhandensein und die Anwendung von Mitteln und Möglichkeiten zur arbeitsmarktpolitischen Steuerung der Anwerbung von ausländischen Arbeitnehmern; [die] Einleitung von Maßnahmen zur Entzerrung von Ballungsgebieten; [die] Durchführung von Maßnahmen zur Verbesserung der Infrastruktur in den Ballungsgebieten; [und die] Verstärkung der Maßnahmen zur sozialen Integration der ausländischen Arbeitnehmer".⁸⁰

Der DGB sah grundsätzlich in den Plänen zur Lockerung des Anwerbeabkommens eine „erwägenswerte Sonderaktion" und vertrat die Auffassung, dass bei einer Lockerung des Anwerbestopps „sichergestellt [werden muss], dass die Innenbehörden solche Arbeitskräfte, die trotz vorheriger Belehrung unrechtmäßig im Bundesgebiet bleiben, abschieben".⁸¹ Ein derartiges Vorgehen bewertete der DGB-Bundesvorstand in den Diskussionen der Sozialpolitischen Gesprächsrunde grundsätzlich nicht als „Zwangsrotation".⁸²

Garantieren konnten die Vertreter des Bundesinnenministeriums und der Innenminister der Länder die „Rückführung" jedoch nicht. Sie machten in der Sozialpolitischen Gesprächsrunde im April 1974 deutlich, dass Ausweisungen und Abschiebungen rechtlich nicht möglich seien. Für Saisonkräfte – denn nichts anderes wären diese Arbeitsmigranten gewesen – müssten die gleichen „Praktiken gelten wie für alle anderen ausländischen Arbeitnehmer", und eine zwangsweise Beendigung des Aufenthalts sei „weder politisch noch vor der kritischen Öffentlichkeit durch[zu]stehen".⁸³ Der DGB war sich zwar weiterhin bewusst, dass bei

---

⁷⁹ Siehe auch das Interview, das das DGB-Vorstandsmitglied Karl Schwab der türkischen Tageszeitung Milliyet am 15.6.1975 gab (Übersetzung in: AdsD, DGB-BV, Abt. Ausländische Arbeitnehmer, 5/DGAZ-21). Heinz Richter hatte den DGB-Vorstand bereits im Dezember 1974 darauf hingewiesen, dass zahlreiche ausländische Arbeitnehmer ihre Kinder in die Bundesrepublik holen würden und sie anmeldeten, um sie anschließend wieder in die Türkei zurückzubringen (Schreiben von Richter an Schwab, o.D. (1974), AdsD, DGB-BV, Sekr. Franz Woschech, 5/DGCQ-01, siehe auch Hunn, Türkische „Gastarbeiter", S.377). Über das Kindergeld wurde ausführlich auf dem DGB-Bundeskongress debattiert. Hier überstimmten die Delegierten den Vorschlag des Vorstandes knapp und erreichten einen Beschluss, der Kindergeldregelungen, die „Gastarbeiter" benachteiligten, deutlich kritisierte. Antrag 263: „Kindergeldregelung für in der Bundesrepublik Deutschland beschäftigte Ausländer aus den Ländern Portugal, Spanien, Türkei, Griechenland und Jugoslawien" (eingebracht von der IG Chemie), DGB-Bundeskongress 1975.
⁸⁰ Schreiben des Mitgliedes des Geschäftsführenden Bundesvorstandes, Günther Stephan, 22.2.1974, AdsD, DGB-BV, Sekr. Karl Schwab, DGCR0000-87.
⁸¹ Sitzung der Sozialpolitischen Gesprächsrunde am 16.4.1974, AdsD, DGB-BV, Abt. Ausländische Arbeitnehmer, 5/DGAZ-617. In einem Arbeitspapier, das dem DGB-Bundesvorstand für die Verhandlungen mit den Sozialpartnern zur Verfügung stand, wurden Überlegungen ausgeführt, welche ausländischen Arbeitnehmer in Zukunft anzuwerben seien. Hier kursierte in den Reihen des DGB-Vorstands die Idee, nur Ledige und Migranten, die eine drei- bis sechsmonatige Vorausbildung hinter sich hatten, ins Land zu holen; Infoschreiben der Abteilung „Ausländische Arbeitnehmer": „Gedanken zur Vorbereitung der Lockerung des Anwerbestopps", 17.4.1974, AdsD, DGB-BV, Sekr. Karl Schwab, DGCR0000-87.
⁸² Verhandlungsführer des DGB waren Duda und Richter; AG Ausländerbeschäftigung der Sozialpolitischen Gesprächsrunde im BMA, 4.4.1974, AdsD, DGB-BV, Sekr. Karl Schwab, DGCR0000-87.
⁸³ Sitzung der Sozialpolitischen Gesprächsrunde am 16.4.1974, AdsD, DGB-BV, Abt. Ausländische Arbeitnehmer, 5/DGAZ-617.

„unflexiblem" Aufrechterhalten des Anwerbestopps die Zahl der illegalen Arbeitnehmer ansteigen würde, ohne eine Zusicherung der Abschiebung durch die Innenminister war er jedoch in der Frage einer Anwerbung von Saisonarbeitskräften nicht weiter verhandlungsbereit.[84] Der DGB lehnte von nun an jegliche Lockerung des Anwerbestopps kategorisch ab.[85]

7. Resümee

Die Geschichte der Gewerkschaften und der Migration in den 1950er bis 1970er Jahren ist nur bedingt eine Erfolgsgeschichte. Die Haltung der Gewerkschaften zur Anwerbe- und „Ausländerpolitik" in den 1950er bis 1970er Jahren war im Kern stets von Skepsis und Misstrauen gegenüber der Anwerbepolitik, aber auch gegenüber den Arbeitswanderern selbst geprägt. Gleichwohl bemühten sich die Gewerkschaften um die Rekrutierung der „Gastarbeiter" für die eigene Organisation. Hierin lag ein Dilemma, das als typisches Problem im Verhältnis von Gewerkschaften und Arbeitsmigranten bis heute gelten kann[86]: Trotz der grundsätzlichen Skepsis von Gewerkschaften gegenüber der Beschäftigung von Arbeitswanderern müssen sie sich in ihren Stellungnahmen solidarisch und mäßigend verhalten, um ihrem Anspruch als Organisation aller Arbeitnehmer gerecht zu werden und den Frieden in den Betrieben wahren zu können. Ferner müssen sie sich bemühen, Arbeitswanderer als Gewerkschaftsmitglieder zu gewinnen, sie zu binden und sich im Rahmen ihrer Organisationsarbeit um diese Gruppe zu kümmern. Diese Sichtweise steht indessen grundsätzlich in einem Spannungsverhältnis zur Haltung der Gewerkschaften, wonach der inländische Arbeitsmarkt in erster Linie auf einheimische Arbeitskräfte und nur (so eine Kompromisshaltung) in Ausnahmesituationen (als konjunktureller Puffer) auf Arbeitswanderer zurückgreifen sollte. Entsprechende Widersprüche lassen sich auch für die Reaktion der bundesdeutschen Gewerkschaften auf die „Gastarbeiter" feststellen. Auf der einen Seite vertraten die Gewerkschaften in Verhandlungen zur Migration mit der Bundesregierung und den Arbeitgebern sehr oft restriktive Positionen. Auf der anderen Seite bemühten sich die Gewerkschaften um die Werbung, Organisation und Information der Arbeitsmigranten. Hier spielten organisationsimmanente Benachteiligungen und (individuelle) Ablehnungen gegenüber „Fremden" oder die Furcht vor Einflüssen durch „politischen Extremismus" eine bestimmende Rolle. Die Folgen dieses Verhältnisses von Regulation und Integration waren Diskriminierungen und Stigmatisierungen von „Gastarbeitern", wie sie kennzeichnend für den Großteil der „Gastarbeiter"-Zeit waren.

---

[84] Schreiben des DGB, Richter, an Mitglieder des AK „Ausländische Arbeitnehmer", „Anwerbestopp, hier: Mögliche Anwerbung von 13 000 ausländischen Arbeitnehmern mit befristetem Arbeitsvertrag und befristeter Aufenthaltserlaubnis", 22.4.1974, AdsD, DGB-BV, Sekr. Karl Schwab, DGCR0000-87.
[85] Schreiben der Abteilung „Ausländische Arbeitnehmer" an Mitglieder des Geschäftsführenden BV, 29.4.1974, AdsD, DGB-BV, Sekr. Karl Schwab, DGCR0000-87.
[86] Vgl. Rinus Penninx/Judith Roosblad, Introduction, in: Penninx/Roosblad (Hrsg.), Trade Unions, S.1–20.

Dietrich Thränhardt und Jenni Winterhagen
Der Einfluss der katholischen Migrantengemeinden auf die Integration südeuropäischer Einwanderergruppen in Deutschland

Die Metapher des Schmelztiegels sei irreführend, schrieben Nathan Glazer und Daniel Moynihan 1963. Wenn überhaupt, dann sei die US-amerikanische Gesellschaft ein dreifach geteilter „melting pot": ein protestantischer, ein katholischer und ein jüdischer.[1] Während die US-amerikanische Forschung ein hohes Interesse am Wechselverhältnis von Integration und Religion entwickelte[2], hat die europäische Wissenschaft das Thema vernachlässigt. Eine Ausnahme ist die negative Faszination für den Islam, dem insbesondere seit 2001 verstärkte Aufmerksamkeit gilt.[3] Die Aktivitäten der katholischen Kirche für Migranten und ihre sozialen Folgen wurden hingegen übersehen. Wie selektiv die Wahrnehmung ist, zeigte 2010 eine großangelegte Umfrage des Kriminologischen Forschungsinstituts Niedersachsen (KFN) zu Gewalterfahrung, Integration und Medienkonsum bei Kindern und Jugendlichen. Dabei ergaben sich sowohl für katholische wie für muslimische Jugendliche aus Einwandererfamilien Korrelationen zwischen Religiosität und Distanz zur deutschen Gesellschaft.[4] Beide Gruppen waren religiöser als die einheimischen Jugendlichen. Während die Autorinnen und Autoren die Religiosität jugendlicher Einwanderer katholischer Konfession ratlos nicht weiter kommentierten, ergab sich aus der Präsentation der Daten für Muslime ein großes Medienthema.[5]

Dabei rekrutieren die Diözesen in Deutschland verstärkt seit den 1960er Jahren Priester aus dem Ausland, um katholische Seelsorge in den jeweiligen Sprachen anzubieten. Schließlich waren die ersten Länder, mit denen die Bundesrepublik Anwerbeverträge abschloss – Italien und Spanien – stark katholisch geprägt. Später kamen Portugiesen, dann Kroaten und Slowenen aus Jugoslawien hinzu. Diese „Ausländergemeinden" wurden in Anlehnung an einen italienischen Begriff als „Missionen" bezeichnet (ohne damit die Mission „Nicht-" bzw. „Andersgläubiger" zu meinen).[6] Wie die Bundesregierung, die Entsendestaaten und viele Angeworbene selbst, ging auch die katholische Kirche lange von einer begrenzten Dauer des Arbeitsaufenthalts aus. Die Etablierung des „Tages des ausländischen Mitbürgers" Mitte der 1970er Jahre weist zwar darauf hin, dass den Kirchen bewusst wurde, dass viele Arbeitsmigranten dauerhaft bleiben würden. Die Strukturen der Ausländerseelsorge hat die katholische Kirche jedoch nicht angepasst. Erst 2003 machte die Deutsche Bischofskonferenz (DBK) deutlich, dass die Missionen stärker in die Orts-

---
[1] Vgl. Nathan Glazer/Daniel P. Moynihan, Beyond the Melting Pot. The Negroes, Puerto Ricans, Jews, Italians, and Irish of New York City, Cambridge 1963.
[2] Vgl. Richard D. Alba/Albert J. Raboteau/Josh DeWind (Hrsg.), Immigration and Religion in America. Comparative and Historical Perspectives, New York 2009.
[3] Dämonisierend über die erhobenen Zahlen hinaus Wilhelm Heitmeyer/Joachim Müller/Helmut Schröder, Verlockender Fundamentalismus. Türkische Jugendliche in Deutschland, Frankfurt a.M. 1997. Eher sympathisierend Werner Schiffauer, Nach dem Islamismus. Die islamische Gemeinschaft Milli Görüş, Frankfurt a.M. 2010.
[4] Vgl. Kriminologisches Forschungsinstitut Niedersachsen (KFN), Kinder und Jugendliche in Deutschland. Zweiter Bericht zum gemeinsamen Forschungsprojekt des Bundesinnenministeriums und des KFN, Hannover 2010, S. 99, 103.
[5] Vgl. u. a. Die unbeliebten Türken, in: Süddeutsche Zeitung (SZ), 12.10.2010; Christian Jakob, Streit über Gewalt bei jungen Muslimen, in: Die Tageszeitung (taz), 11.1.2011; Necla Kelek, Gewaltbereitschaft als Kultur, in: Frankfurter Allgemeine Zeitung (FAZ), 2.3.2011.
[6] Vgl. Bernd Gottlob, Die Missionare der katholischen Arbeitnehmer in Deutschland. Eine Situations- und Verhaltensanalyse vor dem Hintergrund kirchlicher Normen, München 1978, S. 12.

kirche integriert werden müssten (siehe unten). Doch bis heute steht die Integration der Arbeitsmigranten in die Ortsgemeinden nicht im Vordergrund. Den Zuwanderern bietet die Migrantenseelsorge Raum für praktische sowie emotionale Hilfe und insbesondere für Gemeinschaftsbildung. Von Anfang an prägen die katholischen Missionen Muster und Themen der Migrantenselbstorganisationen, die den Integrationsprozess bis heute beeinflussen.

Neben theologischen Erwägungen zum Recht auf muttersprachliche Seelsorge[7] gab es verschiedene materielle Gründe für die Etablierung spezieller Migrantengemeinden. Für die reiche deutsche Kirche war die Anwerbung von Priestern aus dem Ausland problemlos möglich. Dies stellte eine einfachere Lösung dar, als deutsche Priester in den verschiedenen Sprachen zu schulen, nicht zuletzt weil der eigene Priesternachwuchs fehlte. Die Priestergruppen aus den jeweiligen Anwerbestaaten waren unterschiedlich groß. 1975 arbeiteten 134 italienische, 97 spanische und 86 kroatische Priester in Deutschland. Auf einen italienischen Priester kamen 2200 italienische Gläubige, auf einen spanischen hingegen nur 1338 Gläubige.[8] Schätzungen über die Zahl der kroatischen Jugoslawen lassen vermuten, dass auf einen kroatischen Priester ähnlich viele Gläubige kamen wie auf einen italienischen. Schaubild 1 verdeutlicht, dass die Zahl der italienischen, spanischen und kroatischen Priester seit Anfang der 1960er Jahre stark anstieg. Seit Beginn der 1980er Jahre verminderte sich die Zahl der italienischen und spanischen Priester erheblich. Die Zahl der kroatischen Priester blieb dagegen bis heute hoch, wie das Schaubild 2 zeigt, da die kroatischen Franziskaner viel Nachwuchs an sich zogen.

Schaubild 1: Zahl der italienischen, spanischen und kroatischen „Missionare" (1950–1975)

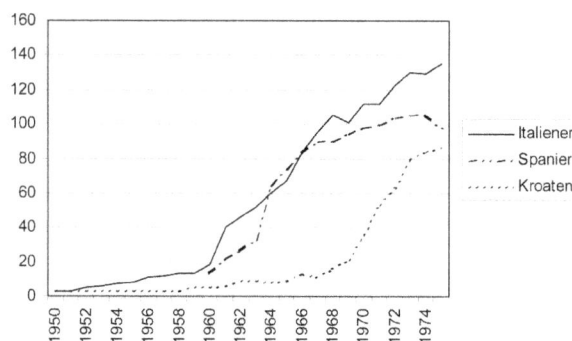

Quelle: Gottlob, Die Missionare, S. 276.

Heute bieten die deutschen Diözesen muttersprachliche Seelsorge in mehr als 400 Missionen beziehungsweise Kooperationsgemeinden[9], darunter 96 kroatische, 90 italienische,

---

[7] Vgl. Deutsche Bischofskonferenz, Eine Kirche in vielen Sprachen und Völkern. Leitlinien für die Seelsorge an Katholiken anderer Muttersprache, Bonn 13.3.2003, S.17; Cristina Fernández Molina, Katholische Gemeinden anderer Muttersprache in der Bundesrepublik Deutschland. Kirchenrechtliche Stellung und pastorale Situation in den Bistümern im Kontext der europäischen und deutschen Migrationspolitik, Berlin 2005.
[8] Gottlob, Die Missionare, S. 275.
[9] Seit der Jahrtausendwende ersetzen Begriffe wie „muttersprachliche Gemeinde", „Katholik anderer Muttersprache" oder „Kooperationsgemeinden" früher geläufige Begriffe wie den der „Ausländermission". Wir verwenden hier meist den Begriff der Mission. Wenn aktuelle Entwicklungen beschrieben werden, in dessen Rahmen die Missionen grundlegend reformiert werden, nutzen wir den Begriff der „muttersprachlichen Gemeinde".

59 polnische, 38 spanische und 28 portugiesische.[10] Die Bedeutung der Eingewanderten für die Kirche machen folgende Zahlen deutlich: Acht Prozent der deutschen Katholikinnen und Katholiken haben nicht die deutsche Staatsangehörigkeit, zudem gibt es nach Schätzungen mehrere Hunderttausend Katholiken ohne legalen Aufenthaltsstatus in Deutschland. Hinzu kommen Eingebürgerte und junge Katholiken aus Einwandererfamilien, über die keine Daten vorliegen, weil sie die deutsche Staatsangehörigkeit besitzen. Nach der KFN-Umfrage kam 2007/08 mehr als ein Fünftel der befragten jugendlichen Katholiken aus Einwandererfamilien. Diese sind religiöser als die Jugendlichen ohne Migrationshintergrund, von denen sich nur jeder vierte als religiös oder sehr religiös bezeichnet. Bei Jugendlichen polnischer Herkunft waren es 40 Prozent, bei früher jugoslawischen 38 Prozent, bei italienischen 32 Prozent.[11]

Schaubild 2: Zahl der italienischen, spanischen und kroatischen „Missionare" (1999/2010)

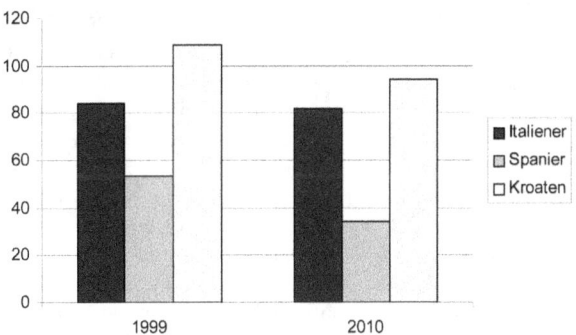

Quelle: Molina, Katholische Gemeinden anderer Muttersprache, S.266 (für 1999); Angaben der Nationaldelegaturen (für 2010).

Die sogenannte Ausländersozialarbeit blieb ebenfalls über Jahrzehnte nationalspezifisch organisiert. Die deutschen Wohlfahrtsverbände rekrutierten dazu Sozialbetreuer, später Sozialberater genannt, in den Herkunftsländern beziehungsweise unter den Einwanderern. Wie bei den Priestern lässt sich eine unterschiedliche Versorgungsdichte ausmachen: 1986 gab es jeweils einen Sozialberater für 1 698 Spanier, 2 028 Portugiesen, 2 911 Jugoslawen, 3 823 Italiener und 4 340 Türken in Deutschland.[12] Die katholische Caritas war für die Zuwanderer aus Italien, Spanien, Portugal und Jugoslawien zuständig. Missionare und Sozialberater standen aufgrund der national-religiösen Organisation von Seelsorge wie Sozialarbeit in engem Kontakt.

Im Rahmen der katholischen Migrantenseelsorge entstanden unterschiedliche Milieus mit spezifischer politischer Ausrichtung und sozialem Profil. Im Folgenden werden zunächst die Migrantengemeinden allgemein betrachtet, um anschließend am Beispiel der spanischen, italienischen und kroatischen Seelsorge Unterschiede aufzuzeigen.

---

[10] Deutsche Bischofskonferenz, Anzahl der muttersprachlichen Gemeinden (Missionen und Kooperationsgemeinden), Aufstellung nach Diözesen, Stand 31.12.2008.
[11] KFN, Kinder und Jugendliche, S.85–88.
[12] Jürgen Puskeppeleit/Dietrich Thränhardt, Vom betreuten Ausländer zum gleichberechtigten Bürger, Freiburg i.Br. 1990, S.72f.

1. Die Missionen: strukturelle und soziale Integrationsprozesse

Die Missionen förderten durch Sozial- und Jugendarbeit die strukturelle Integration der Einwanderer. Der Soziologe und ehemalige Priester Bernd Gottlob führte 1976 eine Umfrage unter 84 Prozent aller Missionare in Deutschland durch und bietet ein beeindruckendes Portrait der Ausländerseelsorge. Die Hälfte der Missionare erklärte, sie verwendeten 50 Prozent oder mehr ihrer Arbeitszeit für weltliche Probleme der Gläubigen, wie etwa die Wohnungs- und Arbeitssuche oder Behördengänge. Ein italienischer Priester beschrieb seinen Arbeitsalltag so:

> „Ich bin zuständig für den gesamten Niederrhein … [ca. 8 000 Italiener]. Mein persönliches Leben: Jeden Morgen stehe ich um 5.30 Uhr auf und zelebriere um 6.30 Uhr die Messe im Krankenhaus Walsum. Um 7.30 Uhr fängt meine Arbeit an, die dann um 20–22 Uhr oder auch später endet. Das Essen ist unregelmäßig … Seit 10 Jahren bewohne ich eine 58 qm große Wohnung […] ohne Zentralheizung. […] Die Woche hat für mich 7 Tage, ich kenne keinen Ruhetag."[13]

Die Sozialberater der Caritas unterstützten die Priester und hatten häufig ihre Büros in den Missionen. Dies führte zwar auch zu Kompetenzstreitigkeiten zwischen Priestern und Sozialberatern, insgesamt aber half die Kombination von religiösem und sozialem Angebot unter einem Dach, die katholischen Einwanderer zu erreichen. Noch heute zählt der Caritas-Verband für die Einwanderer zu den bekanntesten Anbietern sozialer Dienste, bekannter ist nur das Rote Kreuz.[14] Seit den 1980er Jahren begann die Caritas, die Sozialberater stärker in ihre Strukturen einzubinden und räumlich in ihre Standorte zu integrieren. Die nationale Organisation der Sozialarbeit endete offiziell 1999, als Bund und Länder es aufgaben, die Mittel entsprechend der nationalen Zugehörigkeit der Einwanderer unter den Wohlfahrtsverbänden aufzuteilen.[15] Die Zusammenarbeit zwischen Sozialberatern und Missionen ist seitdem nicht mehr so eng.

Darüber hinaus boten viele Missionen Sportgruppen, Chöre, Musikunterricht und Räume, in denen sich die Jugend treffen konnte. So erzählt ein junger Kroate von der Berliner Mission in den 1980er Jahren:

> „Wir hatten drei Chöre, drei Mandolinengruppen, ein Jugendorchester, in dem 100 oder 150 Kinder spielten. Also war alles sehr aktiv, und keiner fragte nach jedem Cent, also … Geld spielte keine Rolle. So war das. Jetzt seit 10, 15 Jahren ist es anders."[16]

Dass manche Aktivitäten eingestellt wurden, bedingt das Altern der Migrantengemeinden und das Fehlen finanzieller Mittel, die die Diözesen zur Verfügung stellen können (insbesondere die Berliner Diözese musste erheblich sparen).

Man kann davon ausgehen, dass die Missionen einen positiven Einfluss auf die Bildungskarrieren der zweiten Einwanderergeneration hatten, wenn diese die Angebote der Kirche annahmen. Eine italienische Frau bringt dies zum Ausdruck:

---

[13] Gottlob, Die Missionare, S. 216.
[14] Sinus Sociovision, Quantifizierung Migranten-Milieus, Repräsentativuntersuchung der Lebenswelten von Menschen mit Migrationshintergrund in Deutschland. Ausgewählte Ergebnisse des exklusiven DCV-Frageprogramms, Heidelberg 2008, S. 13, www.caritas.de (2.3.2011).
[15] Europäisches Forum für Migrationsstudien, Integrationsmaßnahmen der Wohlfahrtsverbände, Bamberg 2001, S. 12.
[16] Alle nicht weiter gekennzeichneten Interviews wurden von Jenni Winterhagen 2009 im Rahmen ihrer Dissertation geführt. Es handelte sich dabei einerseits um lebensgeschichtliche Interviews mit Gläubigen nach der Methode des problemzentrierten Interviews, eine Form des semistrukturierten Interviews nach Andreas Witzel. Darüber hinaus wurden Experteninterviews mit Priestern und verschiedenen kirchlichen Mitarbeitern geführt; Jenni Winterhagen, Nationalkatholizismus, transnationales Engagement und Integration. Die kroatischen Migrantengemeinden in Deutschland [2011].

„Ja, ich hab' in der Gemeinde viel gelernt [...] mir wurde sehr viel Vertrauen geschenkt [...]. Ich habe gelernt mit Kindern umzugehen [...], zu organisieren, ich habe gelernt, vor größeren Gruppen zu sprechen und zu lesen, als Lektorin, aber vor allem auch zu sprechen, als Organisatorin und hab' dadurch sehr viel Selbstbewusstsein bekommen [...] was mich auch dazu geführt hat, einfach mir mein Studium zuzutrauen und überhaupt *viel* zu trauen."[17]

Die Missionen waren Orte, die den Einwanderern Zugang zu sozialen Gütern wie „Vertrauen, Solidarität und Hilfe" boten und an denen „relevantes Alltagswissen" weitergegeben wurde – ein Prozess, den Georg Elwert als „Binnenintegration" bezeichnet hat.[18] Mit den Priestern, Nonnen, Sozialberatern, pastoralen Mitarbeitern und Sekretären standen den Einwanderern hauptberufliche Kräfte mit Rat und Tat zur Seite. Es ist somit plausibel davon auszugehen, dass sie die strukturelle Integration förderten, indem sie die erste Generation berieten und vernetzten sowie die zweite Generation förderten.

Soziale Integration im Sinne der Aufnahme und Aufrechterhaltung von Kontakten zu lokalen Katholiken förderten die Missionen hingegen nicht. Sie unterhielten meist separate Gemeindegebäude und nutzten die lokalen Kirchen zwar für die Gottesdienste, hatten aber mit den dort ansässigen Gemeinden wenig zu tun. Kontakte ergaben sich nur sporadisch und hingen von persönlichen Sympathien ab. Ein ehemaliger Dekanatsreferent beschreibt, wie er bei Gemeindefesten in einer kleinen Stadt in Baden-Württemberg die Missionen in den 1990er Jahren wahrgenommen hat:

„Beim Gemeindefest, da haben die Italiener einen Stand gehabt, die Spanier, die Kroaten – meistens Essen. (Lacht). Ja, das sehe ich heute auch anders. [...] Ich finde, da reduziert man die jeweilige Nationalität auf ein Nationalgericht und es ist noch kein Gespräch zustande gekommen. Sondern die machen ihre Paella und die anderen machen ihre Pizza oder ihre Čevabčići. Dann ist es gut und beim nächsten Gemeindefest laden wir die wieder ein. Aber passiert ist da noch nichts."

Eine wirkliche Begegnung, so die implizite Kritik, in der Unterschiede darin, wie man Christentum versteht und lebt, auch kontrovers diskutiert wurden, gab es nicht. Dies lag auch an der Verwaltungsstruktur. Die Missionen wurden meist von einer Abteilung in der Diözese zentral verwaltet. Zu anderen Bereichen der Diözesanverwaltung, etwa zu den Abteilungen Jugend oder Konzeptionelle Fragen, hatte sie kaum Kontakt. Diese Parallelstruktur schnitt die Missionen von der religiösen Entwicklung in den Diözesen ab. So wird in den meisten Missionen erst seit Kurzem ein Gemeinderat gewählt, die Position der Laien ist nicht so stark wie in den deutschsprachigen Gemeinden. Auch die Katechese ist in den Missionen häufig traditioneller, der Unterricht stärker auf den Priester fixiert. In den deutschsprachigen Gemeinden bemüht man sich hingegen, neuere didaktische Methoden zu verwenden und keinen Frontalunterricht mehr abzuhalten. Die Diözesen bemerken dies erst langsam: „So hat man", erzählt ein Mitarbeiter einer Diözese, „portugiesische Katechesebücher von vor 40 Jahren hier gefunden. Dass die nicht auf dem Stand sind, wie wir Kinder auf die Erstkommunion vorbereiten wollen, ist klar." Die insgesamt traditionellere Ausrichtung der Didaktik bestätigt eine vom Deutschen Katecheten-Verein herausgegebene Handreichung.[19] Auch die erwachsenen Gläubigen entwickelten, abhängig vom Bildungsniveau, ihren Glauben selten weiter. Die Religionspädagogin Monika Scheidler beobachtet, dass die Gläubigen in den Missionen dazu tendieren, „in ihrer Glaubensentwicklung auf

---

[17] Nicola Schmitt, Bedeutung der Gemeinde, in: Harald Lofink/Gerhard Schmied (Hrsg.), Kirche – Heimat in der Fremde. Untersuchungen von zwei Gemeinden anderer Muttersprache im Bistum Mainz, Mainz 2004, S. 42.
[18] Georg Elwert, Probleme der Ausländerintegration. Gesellschaftliche Integration durch Binnenintegration, in: Kölner Zeitschrift für Soziologie und Sozialpsychologie 34 (1982), S. 717–731, hier S. 720.
[19] Monika Scheidler/Claudia Hofrichter/Thomas Kiefer (Hrsg.), Interkulturelle Katechese, Deutscher Katecheten-Verein, München 2010.

der konventionellen Stufe ‚sitzen zu bleiben'."[20] Sie verharrten häufig in einer Form des Glaubens, in der der Einzelne wenig Glaubensinhalte hinterfrage oder individuell erarbeitete. Gleichzeitig betont ein Mitarbeiter einer Diözese den religiösen Reichtum der Missionen und warnt davor, sie „aufgrund einer Ideologie" von Integration radikal abzubauen. Denn diese seien häufig die „lebendigsten" Gemeinden und brächten Intensität und religiöse Formen in die Ortskirche, wie sie „die Deutschen gar nicht mehr haben". So könnten auch die Ortsgemeinden von einem Austausch profitieren.

Die erste Initiative, Kontakte zwischen lokalen und zugewanderten Christen herzustellen, war der „Tag des ausländischen Mitbürgers". Dieser wurde von den Kirchen 1975 initiiert und trägt mittlerweile den Namen „Interkulturelle Woche". Die Umfrage Gottlobs zeigte jedoch, dass die deutschsprachigen Katholiken zumindest in den 1970er Jahren wenig Interesse an ihren zugewanderten Mitbürgern zeigten. Über 80 Prozent der Missionare beurteilten die Zusammenarbeit mit dem Ortsklerus in diesem Punkt als „in Einzelfällen gut, in der Mehrzahl schlecht" oder gar als „insgesamt schlecht".[21] Zu den ethnischen und strukturellen Hindernissen kamen soziale Unterschiede hinzu: Deutsche Katholiken hatten durchschnittlich einen höheren sozialen Status als die zugewanderten Katholiken, die als Arbeiter angeworben wurden beziehungsweise aus zugewanderten Arbeiterfamilien stammten.[22] Wenn zugewanderte Katholiken sich in die deutschsprachigen Gemeinden integrierten – etwa aufgrund weiter Wege oder Differenzen mit den Missionen –, konnte Zugehörigkeit zum Katholizismus ein die soziale Integration fördernder Faktor sein. Dann aber war Assimilation in die deutsche Mittelschichtsreligion – meist nüchterner und rationaler als der Einwandererkatholizismus – unvermeidlich. Die Missionen hingegen bildeten eine „Nebenkirche", wie man sie kritisch bezeichnet hat.[23] Für Scheidler sind sie ein „Alibi" des deutschsprachigen Klerus und der lokalen Gemeinden, „sich mit den Arbeitsmigranten, Aussiedlern und Flüchtlingen [...] nicht näher beschäftigen zu müssen".[24]

Aufgrund personeller Engpässe strukturieren sich die Diözesen seit der Jahrtausendwende um.[25] Gleichzeitig nahm die DBK den Integrationsdiskurs auf, der die Debatte um Einwanderung seit spätestens 1999 in Deutschland prägt.[26] 2003 erklärte sie, es müsse deutlicher werden, „dass Katholiken anderer Muttersprache unter dem gemeinsamen Dach der Ortskirche beheimatet sind".[27] Die Reformprozesse werden in den Diözesen unterschiedlich gestaltet. Die meisten Diözesen vergrößerten die Einzugsgebiete der Migrantengemeinden. Diese Entwicklung veranlasste den Nationaldirektor für die Ausländerseelsorge der DBK zu der Warnung, dass in „manchen Diözesen die Gefahr [besteht], notwendige Haushaltseinsparungen dort vorzunehmen, wo es *am einfachsten* ist (keine Lobby = kein Widerstand)".[28] Die Diözese Rottenburg-Stuttgart hat hingegen einen anderen Weg gewählt. Ende des Jahrtausends reflektierte sie auch die Situation der Migrantenseelsorge und

---

[20] Monika Scheidler, Interkulturelles Lernen in der Gemeinde, Ostfildern 2002, S.78.
[21] Gottlob, Die Missionare, S.180.
[22] Vgl. Wolfgang Miehle, Die muttersprachlichen Gemeinden zwischen gestern und morgen, in: Josip Bebić (Hrsg.), Budućnost hrvatskih misija u Europi, Frankfurt a.M. 2006, S.77–105, hier S.92.
[23] Herbert Leuninger, Eine Nebenkirche oder Einheit in der Vielfalt? Die Gemeinden anderer Muttersprache in der Bundesrepublik Deutschland, in: Klaus Barwig/Dietmar Mieth (Hrsg.), Migration und Menschenwürde. Fakten, Analysen und ethische Kategorien, Mainz 1987, S.140–157.
[24] Scheidler, Interkulturelles Lernen, S.114.
[25] Vgl. Erwin Gatz, Die katholische Kirche in Deutschland im 20.Jahrhundert, Freiburg i.Br. 2009, S.206; Deutsche Bischofskonferenz, „Mehr als Strukturen ...". Neuorientierung der Pastoral in den (Erz-)Diözesen. Ein Überblick, Bonn 2007.
[26] 1999 führte die hessische CDU die erfolgreiche Wahlkampagne „Gegen Doppelstaatsangehörigkeit – Für Integration".
[27] Deutsche Bischofskonferenz, Eine Kirche in vielen Sprachen, S.14.
[28] Miehle, Die muttersprachlichen Gemeinden, S.92.

erstellte ein Konzept, das Kirche als Ort interkulturellen Lernens und Integration als einen Prozess des gegenseitigen Kennenlernens begreift. So bleiben die Einwanderergemeinden bestehen, wenn gewünscht, doch wird verstärkt Wert auf Begegnungen gelegt. Dazu hat die Diözese die Missionen verkleinert, damit sie in die Dekanatsstruktur eingebunden werden können. Aktive Gemeindemitglieder treffen sich, da sie nun die Räumlichkeiten teilen – eine integrative Wirkung des Geldmangels.[29] So befindet sich die Migrantenseelsorge derzeit im Wandel und es mag sein, dass sie in Zukunft nicht nur strukturelle, sondern auch soziale Integrationsprozesse fördert.

2. Die italienische Seelsorge: wenig Impulse für die Selbstorganisation

Schon ein Jahr nach dem bundesdeutschen Anwerbevertrag mit Italien 1955 kamen italienische Priester nach Deutschland. 1974 waren es bereits 129 italienische Missionare, bald aber führte der in Italien einsetzende Priestermangel zu Lücken in der pastoralen Versorgung. Von Beginn an war die italienische Seelsorge mit einem spezifischen Problem konfrontiert. Während die Arbeitsmigranten mehrheitlich aus Süditalien kamen, stammten fast alle Priester aus dem Norden.[30] Unterschiede in den religiösen Mentalitäten zwischen Nord- und Süditalien trennten Priester und Gläubige. Im Süden war der Katholizismus „viel mehr vom Gemüt her, vom Folkloristischen, von Traditionen und Prozessionen bestimmt. Im Norden ist er viel stärker auch rational und sehr viel mitteleuropäischer geprägt."[31] Für den Süden blieben drei Merkmale charakteristisch: die Bedeutung des Schutzpatrons, dessen Feier sowie Überbleibsel vorchristlicher Religionen. Dörfliche Traditionen strapazierten darüber hinaus das Vertrauensverhältnis zwischen Gemeindemitgliedern und Priestern. So erzählte ein Priester 1976, „dass der Auswanderer, besonders der Süditaliener, gegenüber dem Priester aus dem Norden ein gewisses Misstrauen empfindet und fürchtet, dass dieser ihn nicht so recht verstehen wird". Ein anderer Priester erinnerte sich, wie er einen Bischof aus Italien einlud:

> „Als der Bischof kam, wurde er von einem Pfarrer aus der Heimat meiner Gläubigen begleitet. Viele kannten ihn. Nach der Messe standen alle auf dem Kirchplatz zusammen, und ich sah, wie die Leute den Pfarrer begrüßten, wie sie sich unterhielten, lachten, sich umarmten – er war einer von ihnen, ich werde das nie sein."[32]

Traurigkeit und Resignation schwingt in diesen Sätzen mit, aber Gottlob berichtet auch von ärgerlichen Stimmen. So sagten einige Priester, die Süditaliener seien „abergläubisch, unaufrichtig und unzuverlässig". Hinzu kamen Kommunikationsprobleme, da die Norditaliener die süditalienischen Dialekte kaum verstanden.[33] Deshalb spielten die katholischen Missionen unter den italienischen Einwanderern eine geringere Rolle als beispielsweise für die kroatische Gruppe, was sich auch an dem Beispiel der Religiosität der jungen Ge-

---

[29] Vgl. Diözesanrat Rottenburg-Stuttgart, Gemeinsam um der Menschen willen. Zum Verhältnis zwischen Gemeindepastoral und Kategorialseelsorge, Rottenburg a.N. 2001; Diözesanrat Rottenburg-Stuttgart, Die Gemeinden für Katholiken anderer Muttersprache. Konzept zur Vernetzung in der Seelsorgeeinheit, Rottenburg a.N. 2001; Diözese Rottenburg-Stuttgart, Damit Gemeinden auch morgen lebendig sind. Leitlinien für Seelsorgeeinheiten, Rottenburg a.N. 2002.
[30] Vito A. Lupo, Die Italienischen Katholischen Gemeinden in Deutschland. Ein Beispiel für die Auswanderungspastoral während der letzten 50 Jahre, Münster 2005, S.447–464; Gottlob, Die Missionare, S.150–155.
[31] Lupo, Die Italienischen Katholischen Gemeinden, S.447.
[32] Gottlob, Die Missionare, S.154.
[33] Yvonne Rieker, „Ein Stück Heimat findet man ja immer". Die italienische Einwanderung in die Bundesrepublik, Essen 2003, S.122.

neration zeigt. Zwar bezeichnen sich Jugendliche italienischer Herkunft als religiöser als jugendliche Katholiken ohne Migrationshintergrund, jedoch sind unter den Italienern nur 3,8 Prozent sehr religiös, bei den Kroaten 9,6 Prozent.[34]

Typisch für die italienische Seelsorge in Deutschland war eine rege Publikationstätigkeit. In den 1950er Jahren erschien die von einer Vereinigung italienischer Priester publizierte Zeitung „La squilla" (die Glocke), ab 1963 deren Nachfolgerin „Corriere d'Italia". Hauptthema war das Einwandererleben in Deutschland. Auch das von der italienischen Delegatur 1971 gegründete Informationsbüro Ufficio Documentazione e Pastorale legte einen Schwerpunkt auf die Publikationstätigkeit, die sich auf theologische Fragen in der Migrantenseelsorge konzentrierte.[35]

Das politische Engagement der italienischen Seelsorger war vergleichsweise gering. In der Gottlob-Umfrage stimmten 41 Prozent der italienischen Priester der Aussage zu, dass der Missionar sich vor politischen Aktivitäten hüten solle (Spanier: 20 Prozent; Kroaten: 24 Prozent). Mehr als die Hälfte der italienischen Priester beklagte, dass politische Ideologien zu Feindseligkeiten innerhalb der Priesterschaft führten. Jedoch, so schlussfolgert Gottlob, manifestierte sich das politische Engagement der Italiener hauptsächlich in Resolutionen, weniger in konkreten Aktivitäten.[36] Darüber hinaus wurden ideologische Konflikte, der „polarisierte Pluralismus"[37] der politischen Landschaft aus Italien nach Deutschland transportiert, was eine gemeinsame Interessenvertretung beeinträchtigte.[38] Die italienischen Migrantenselbstorganisationen blieben dabei häufig von Institutionen wie den Missionen oder dem Konsulat abhängig. So ergab eine Studie in Nordrhein-Westfalen, dass nur ein geringer Anteil der italienischen Vereinigungen offiziell als „eingetragener Verein" registriert war, viele waren beim Konsulat oder der Mission angebunden.[39]

3. Die Spanier – Migrantenseelsorge mit säkularem Bildungsideal

Die ersten Missionare aus Spanien kamen 1960 und bis 1974 wuchs ihre Zahl auf 105 an. In der Folgezeit ging sie stark zurück. Eine Besonderheit der spanischen Missionen ist ihre Multinationalität, da auch spanischsprechende Lateinamerikaner sie besuchen.

Die spanischen Priester waren politisch sehr interessiert. Ihre Wahrnehmung der deutschen Kirche veranschaulicht das politische Profil dieser Gruppe in den 1970er Jahren: 60 Prozent kritisierten die „mangelnde Sorge der Kirche um die unteren Schichten" (Italiener: 44 Prozent; Kroaten: 17 Prozent). 75 Prozent bemängelten den „gut-bürgerlichen Lebensstil

---

[34] KFN, Kinder und Jugendliche, S. 88.
[35] Lupo, Die Italienischen Katholischen Gemeinden, S. 97, 99.
[36] Gottlob, Die Missionare, S. 154, 132.
[37] Giovanni Sartori, Teoria dei partiti e caso italiano, Mailand 1983, S. 256–262.
[38] Vgl. Peter Kammerer, Some Problems of Italian Immigrants' Organizations in the Federal Republic of Germany, in: Robin Ostow/Jürgen Fijalkowski (Hrsg.), Ethnicity, Structured Inequality, and the State in Canada and the Federal Republic of Germany, Frankfurt a.M. 1991, S. 185–196, hier S. 196; Edith Pichler, Migration, Community-Formierung und ethnische Ökonomie. Die italienischen Gewerbetreibenden in Berlin, Berlin 1997, S. 41–46; Dietrich Thränhardt, Einwandererkulturen und soziales Kapital. Eine komparative Analyse, in: ders./Uwe Hunger (Hrsg.), Einwanderer-Netzwerke und ihre Integrationsqualität in Deutschland und Israel, Münster 2000, S. 15–52.
[39] Von den spanischen Vereinen waren 74 % als solche registriert, von den italienischen nur 39 %; vgl. Dietrich Thränhardt/Renate Dieregsweiler, Bestandsaufnahme der Potentiale und Strukturen von Selbstorganisationen, in: Ministerium für Arbeit, Soziales und Stadtentwicklung, Kultur und Sport des Landes Nordrhein-Westfalen (Hrsg.), Selbstorganisationen von Migratinnen und Migranten in NRW, Düsseldorf 1999, S. 1–73, hier S. 28.

der Priester" (Italiener: 35 Prozent; Kroaten: 26 Prozent).[40] Mehr als ein Viertel betrachtete Sozialkritik und politische Aktivität als sehr wichtig und jeder fünfte setzte hier sogar eine Priorität. Dieser politische Geist erklärt sich aus der Opposition vieler Priester zum faschistischen Regime in Spanien. Dabei zeigten sich Unterschiede in der Ausrichtung – zur Zeit der Gottlob-Umfrage gab es unter den Priestern sowohl Franco-Anhänger als auch Mitglieder der Bewegung „Christianos por el Socialismo". Doch im Gegensatz zu den Italienern bemühten sich die Spanier, politische Spannungen nicht in Handlungsunfähigkeit münden zu lassen. Anstatt sich auf interne Konflikte zu konzentrieren, lenkten sie ihr Engagement in eine weniger kontroverse Arena: die Bildung der jungen Generation. Dabei waren sie von Entwicklungen in Spanien beeinflusst:

> „In den sechziger Jahren durchlief die spanische Kirche eine stille Revolution, in deren Folge sie sich auf radikale Weise von [...] Franco löste. Angespornt durch den Geist des Zweiten Vatikanischen Konzils brachten sich viele gläubige Jugendliche, Geistliche und Laien in die Arbeit an der Basis ein. Vor allem in den Arbeitervierteln entwickelten sie ein Bewusstsein für soziale und politische Gerechtigkeit und nutzten ihre Struktur – die kirchennahen Organisationen waren die einzig legalen in Spanien –, um die Entwicklung einer Bürgerbewegung zu fördern. Soziales Engagement bewegte viele junge Pfarrer sowie Arbeiter der Caritas und an der Basis arbeitende spanische Christen Ende der 60er Jahre in Deutschland."[41]

Sensibilisiert durch Ideen zur Emanzipation der Arbeiter erkannten die Priester, welche Bedeutung Bildung für die Migrantenkinder hatte. Zur Elite der Arbeitsmigranten gehörten neben den Priestern auch Gewerkschaftsmitglieder und kommunistische Aktivisten, die ihre Organisationserfahrung einbrachten.

Die Geschichte der Nürnberger Mission zeigt beispielhaft das hohe Gewicht der Missionen für die Organisation der Einwanderer. Auf Initiative des spanischen Priesters wurde 1968 ein muttersprachlicher Ergänzungsunterricht ins Leben gerufen und kurz darauf ein Elternverein gegründet. Dieser leistete Widerstand, als das Schulamt 1973 die Eltern aufforderte, die Kinder auf eine Ausländerschule zu schicken – eine Schule, die die Einwandererkinder in ihrer Muttersprache unterrichtete:

> „Das Team der Mission war immer der Meinung, dass die spanischen Kinder die normale deutsche Schule besuchen sollten, weil sie in Deutschland lebten und ihre Zukunft in Deutschland sein würde. Es erschien ihnen nicht sinnvoll, dass die Eltern – weil sie an eine eventuelle Rückkehr dachten, die sich in vielen Fällen nie realisierte – die berufliche Zukunft ihrer Kinder in Deutschland gefährdeten."[42]

Früh bemerkten die Missionare die Gefahren der Rückkehrillusion. In ihrer doppelten Bildungsstrategie unterstützten sie die Integration der spanischen Kinder in die deutschen Regelschulen und förderten den ergänzenden Spanischunterricht. Zusätzlich unterhielt die Mission eine Kinderkrippe und einen Kindergarten. Als sie eine der beiden Einrichtungen aufgeben musste, schloss sie den Kindergarten, da in Westdeutschland ein Kindergartenplatz leichter zu finden war als ein Platz für Kinder unter drei Jahren.[43] Die Krippe bestand bis 1981. Gleichzeitig bot die Mission Alphabetisierungskurse für Erwachsene. Bis Francos Tod war die Mission auch ein Ort des Protests. In den 1970er Jahren tadelte die Diözese die Mission, weil sie zu politisch sei, hatte sie doch öffentlich Stellung gegen das Regime bezogen und Proteste organisiert.[44]

---

[40] Ebenda, S. 300.
[41] Antonio Muñoz Sanchez, Von den Eigentümlichkeiten, aus einer Diktatur auszuwandern. Die spanische Arbeitsmigration in die Bundesrepublik Deutschland, Köln 2004, S. 6.
[42] Alberto Torga y Llamedo, De la misión católica de lengue española de Nürnberg. Cuarenta años de historia (1961–2001), Nürnberg 2001, S. 34.
[43] Ebenda, S. 52.
[44] Ebenda, S. 38.

In der ersten Hälfte der 1970er Jahre schlossen sich die Elternvereine auf Bundesebene zusammen; wieder übernahmen die Priester eine entscheidende Rolle. Die spanischen Missionen gründeten die Abteilung für Schulsystem und Erwachsenenbildung. Diese publizierte den „Elternbrief" (carta a los padres), um über Schulsystem und Erziehungsfragen zu informieren. 1973 trafen sich Vertreter von 30 Elternvereinen und gründeten die Konföderation der spanischen Elternvereine (Confederación de Asociaciones Españolas de Padres de Familia en la R.F. de Alemania). Die Konföderation vertrat – wie die Nürnberger Mission – einen doppelten Ansatz: die Integration der Kinder in die Regelschulen und die Verbesserung der Kenntnisse der spanischen Sprache. 1980 gab es bereits 125 Elternvereine, denen mehr als 10 000 Familien angehörten.[45] Tatsächlich ist der schulische Erfolg der Kinder aus spanischen Einwandererfamilien bemerkenswert (siehe Tabelle 1). Ein Theologiestudent, der sich in den Elternvereinen engagierte, preist deren Erfolg:

> „Diese einfache, aber klare Idee der Elternvereine (Integration in die deutsche Regelschule und Förderung des muttersprachlichen Unterrichts) hatte ein ungeheuerliches Mobilisierungspotential [...]. Diese mobilisierende Idee hatte auch die Kraft, spanische Migranten [...] unabhängig von ihren politischen, religiösen oder ideologischen Überzeugungen zusammenzuführen. [...] Aus den Gastarbeitern waren Bürger [...] geworden, die ihre Interessen erkannten."[46]

Aufbauend auf diesen Erfolg gründete eine deutsch-spanische Gruppe 1984 die Spanische Akademie für Weiterbildung (Academia Española de Formación), die Erwachsenenfortbildungen erarbeitete und sich zu einem Vorzeigeprojekt im Integrationsbereich entwickelte.[47] Auch sie pflegt den Kontakt zu den Missionen.[48] Dabei stehen Konföderation und Akademie für die Säkularisierung der spanischen Migrantengruppe, die sich zwar in Kooperation mit den Missionen organisierte (häufig auf deren Initiative) und deren Gebäude, Netzwerke und Ressourcen nutzte. Im Gegensatz zu den kroatischen Kulturvereinen aber entwickelten sie sich zu eigenständigen Organisationen, nicht zuletzt, weil sie für ihre Integrationsmaßnahmen Ressourcen von deutschen und europäischen Institutionen einwerben konnten.

4. Die kroatische Seelsorge: nationale Gruppenbildung

Die ersten kroatischen Missionen in Deutschland waren Exilgemeinden, die von kroatischen Priestern betreut wurden, die bereits in Deutschland lebten, weil sie nicht selten nach dem Sieg der Kommunisten 1945 hierher geflohen waren. Mitte der 1960er Jahre erlaubte der jugoslawische Staat der katholischen Ortskirche, Priester zur Arbeit in der Auslandsseelsorge zu entsenden. Ziel war es, den Einfluss antikommunistischer Exilpriester zu begrenzen. Aber auch die nun ausgereisten Priester brachten häufig ein negatives Bild von der jugoslawischen Föderation nach Deutschland. 1974 arbeiteten 84 kroatische Priester in Deutschland, 2010 waren es 96. Die kroatischen Missionen hatten einen hohen Stellenwert unter den kroatischen Katholiken, die vor allem aus der kroatischen Republik und der Republik Bosnien-Herzegowina nach Deutschland kamen. Deutlich wird das an der Bedeutung, die die Priester in der Gottlob-Umfrage der Sonntagsmesse und der Predigt zuwiesen. 89 Prozent der Priester fanden diese besonders wichtig (Italiener 58 Prozent; Spanier 58 Prozent). Die kroatischen Missionare predigten vor vollen Kirchen. Gleichzeitig

---

[45] Muñoz Sanchez, Von den Eigentümlichkeiten, S. 7.
[46] Vicente Riesgo, Selbsthilfepotentiale nutzen und Migrantenvereine fördern. Das Beispiel der Spanier in Deutschland, in: Forschungsinstitut der Friedrich-Ebert-Stiftung (Hrsg.), Integration und Integrationsförderung in der Einwanderungsgesellschaft, Bonn 1999, S. 123–133, hier S. 126.
[47] Academia Española de Formación – Spanische Weiterbildungsakademie e.V., Die AEF, www.aef.altanto.de/dieaef.htm (2.2.2010); Riesgo, Selbsthilfepotentiale.
[48] Riesgo, Selbsthilfepotentiale, S. 128.

hielten sie engen Kontakt zu ihren Vorgesetzten in Jugoslawien. Nur jeder zehnte Priester hatte 1975 noch keinen Besuch seines Vorgesetzten in Deutschland erhalten (Italiener: 60 Prozent; Spanier: 69 Prozent).[49] Zurückzuführen ist dies auf den Umstand, dass viele kroatische Priester einem Orden angehörten (Kroaten: 71 Prozent; Italiener: 41 Prozent; Spanier: 21 Prozent). Offensichtlich banden die Orden ihre Priester im Ausland besser ein als die Diözesen.[50]

Für die Kroaten war und ist der Franziskanerorden sehr aktiv in der Auslandsseelsorge. Zwei Drittel der kroatischen Priester im Ausland zählten in den 1970er Jahren zu den Franziskanern.[51] Auch heute gehören noch mehr als die Hälfte der Priester in Deutschland diesem Bettelorden an.[52] Gegenüber Gottlob erwähnten die kroatischen Priester den „tiefen Glauben" der kroatischen Katholiken aus Bosnien oder der Herzegowina und ihr „Vertrauen in die Priester, insbesondere in die Franziskaner".[53] Typisch für die kroatische Seelsorge waren ihre regen Freizeitaktivitäten, die Missionen unterhielten Sport-, Theater- und Folkloregruppen, Chöre und gaben Musikunterricht. Gleichzeitig hielten die Priester Sozialarbeit für sehr wichtig (46 Prozent; Italiener: 20 Prozent; Spanier: 18 Prozent). Damit konkurrierten die Missionen auch mit den sogenannten Jugo-Clubs – Vereinigungen, die vom jugoslawischen Staat unterstützt wurden, aber über nur geringe Ressourcen verfügten.[54] So erinnert sich ein pastoraler Mitarbeiter:

> „Damals waren die jugoslawischen Clubs sehr aktiv und die katholische Kirche hat uns sehr geholfen. Wir hatten ein Ausländerreferat und die Kirche hat alles Mögliche bezahlt. Folklore und alles Kulturelle. Und die Kroaten haben sich dann um die Kirche herum getroffen und nicht in diesen Clubs, die vieles gegen Deutschland gesagt haben."

Das politische Profil der Priester war antikommunistisch und national. Tatsächlich ist der kroatische Katholizismus seit den 1930er Jahren stark national geprägt.[55] Der Historiker Klaus Buchenau bezeichnet die Franziskaner aus der herzegowinischen Ordensprovinz gar als „den Humus für die Ustaša-Bewegung selbst".[56] Deshalb bot der kroatische Klerus auch erhebliche Unterstützung für den faschistischen Marionettenstaat in den 1940er Jahren. Unter den von Gottlob 1976 interviewten Priestern gab es 14 politische Flüchtlinge. Der erste Leiter der kroatischen Seelsorge bezeichnete sich selbst als politischen Emigranten.[57]

Wichtiger als alte Emigrantennetzwerke erwies sich das katholische Wiedererwachen im Jugoslawien der 1970er Jahre, als die Kirche „13 Jahrhunderte kroatisches Christentum" feierte und wiederholt hunderttausende Gläubige zu Massenveranstaltungen mobilisierte. Es war in seiner „Essenz eine nationale Mobilisierung"[58], sie übernahm die Rolle der säkularen Nationalbewegung des Kroatischen Frühlings, das das Regime 1971 zerschlagen hatte. Dieser Trend beeinflusste auch die Missionen im Ausland. Die Beschäftigung mit der nationalen Kultur und Geschichte wurde Teil der Katechese für Alt und Jung, im Rahmen von Bibelolympiaden wurde die zweite Generation auf ihre Bibelfestigkeit und ihr Wissen der Nationalgeschichte geprüft. Aus religiösen Gründen galt es als notwendig, dass „die Kin-

---

[49] Gottlob, Die Missionare, S. 244.
[50] Ebenda, S. 318.
[51] Klaus Buchenau, Kämpfende Kirchen. Jugoslawiens religiöse Hypothek, Frankfurt a.M. 2006, S. 287.
[52] Vgl. den Internetauftritt der Kroatenseelsorge in Deutschland, www.kroatenseelsorge.de.
[53] Gottlob, Die Missionare, S. 158.
[54] Vladimir Ivanović, Jugoslovenski ekonomski emigranti na privremenom radu u Austriji i SR Nemačkoj (1965–1973), Diss. Belgrad [2012].
[55] Vgl. Vjekoslav Perica, Balkan Idols. Religion and Nationalism in Yugoslav States, Oxford 2002, S. 19.
[56] Buchenau, Kämpfende Kirchen, S. 67.
[57] Luka Tomašević, Hrvatska Katolička Misija u Münchenu. 50. obljetnica života i djelovanja (1948–1998), Split 1998, S. 47, 64, 217.
[58] Perica, Balkan Idols, S. 73.

der die Glaubensgrundsätze in ihrer Sprache erlernen, aus nationalen Gründen war es wichtig, dass sie die kroatische Sprache und Kultur lernen".[59] Vor diesem Hintergrund bildeten sich um die Missionen in den 1980er Jahren kroatische Kulturvereine, die eng mit den Missionen verbunden blieben. Der Leiter der Berliner Mission gründete Ende der 1970er Jahre einen der ersten Kulturvereine und blieb lange dessen Vorsitzender. Erst nach einer Dekade übernahm ein Laie die Leitung des Vereins. Ein aktives Vereins- und Gemeindemitglied, als Arbeitsmigrant 1971 nach Deutschland gekommen, erzählt:

> „Vieles habe ich erst hier gehört und dann habe ich bemerkt, was mir fehlt, was mir in meiner Jugend alles geklaut wurde, nicht repräsentiert war und, obwohl es mein eigenes ist, mir entfremdet wurde. [...] Meine kroatischen Wörter wurden mir einfach entfremdet, ich habe nie darüber hören können. Aber durch die Kirche hier, die auf Kroatisch hier tätig war, und unter Gläubigen habe ich vieles, vieles erfahren. [...] Die kroatische Nation soll dankbar sein, dass die Kirche als einzige im Ausland die kroatische Sprache gepflegt und an die kroatischen Gläubigen vermittelt hat."

Auf diese Weise gelang es den kroatischen Kulturvereinen, auch weniger religiöse Kroaten anzuziehen. Ein Mitglied des Stuttgarter Kulturvereins erzählt, dass es bis zur Gründung des Kulturvereins „nirgendwo aktiv" gewesen sei. Vom Verein hatte es wie folgt erfahren:

> „Einer bei uns im Betrieb, der häufiger in der Kirche war – ich war nicht so oft dort, muss ich zugeben, und habe von daher nicht so sehr die Informationen gehabt –, der hat mir gesagt: [...] in den Räumlichkeiten der kroatischen Mission wird eine Kulturgemeinschaft gegründet."

Das Interesse an kroatischer Kultur diente als Tarnung für politisches Interesse und bedeutete eine Antithese gegen alles „Jugoslawische". Ende der 1980er Jahre luden die Missionen oder die Kulturvereine den nationalistischen Dissidenten Franjo Tudjman ein, der später der erste Präsident des unabhängigen Kroatiens wurde. Seine Reden vor überfüllten Gemeindesälen mobilisierten die Migranten. Kurz nachdem Tudjman seine Partei 1990 gegründet hatte – die Kroatische Demokratische Union (Hrvatska demokratska zajednica, HDZ) – schossen HDZ-Ableger, registriert als gemeinnützige Vereine, in Deutschland wie Pilze aus dem Boden. Die HDZ- und Kulturvereine bildeten zusammen mit den Missionen in den 1990er Jahren ein enges Netzwerk im Kampf um die kroatische Unabhängigkeit. Im Juli 1991 wandte sich der Zagreber Erzbischof in einem Hilferuf an die Missionen im Ausland[60], die sich daraufhin in Güterumschlagplätze oder „logistische Zentren"[61] verwandelten: Kleidung wurde sortiert, Nahrung gesammelt und LKWs beladen. Die enge Zusammenarbeit und personale Vernetzung von Missionen, Kultur- und HDZ-Vereinen sowie Caritas-Mitarbeitern machten Hilfsaktionen in erstaunlichem Umfang möglich.[62]

Aber die nationale Ideologie führte auch zu Exklusionsprozessen. Eine kroatische Arbeitsmigrantin, die in Deutschland einen Serben geheiratet hatte, erzählt, dass es ihr deswegen nicht erlaubt wurde, das Abendmahl zu empfangen:

> „Ja, das ist übertrieben. Natürlich. Ich bin dann nicht mehr in diese Mission, als ich gesehen habe, dass ich das nicht darf. Weil dieser Priester, er hat gesagt, wer nicht in der Kirche geheiratet hat, der darf das Abendmahl nicht empfangen."

Sie war in der Mission nicht „angenommen" worden, und während sich die anderen nach der Messe „angefreundet" hatten, war sie nicht länger geblieben. Ein anderer Gesprächspartner findet, dass der explizit an die Kroaten gerichtete Willkommensgruß zu Beginn

---

[59] Tomašević, Hrvatska Katolička, S.128.
[60] Ebenda, S.63f.
[61] Ivan Ott, Od radnika na privremenom radu u inozemstvu do rađanja hrvatske nacionalne svijesti i identiteta. Povijesna analiza hrvatskog iseljeništva u Baden-Württembergu, in: Josip Madračević (Hrsg.), Na kratkom valu Radio Zagreba. Foto-dokumenti, zapisi i citati, Stuttgart 2002, S.7–11, hier S.10.
[62] Paul Hockenos, Homeland Calling. Exile Patriotism & the Balkan Wars, Ithaca 2003, S.83.

der Messe deplatziert sei. Die nationale Ideologie führte zu einer negativen Bewertung von gemischten Ehen, Rückkehr spielte eine wichtige Rolle. Ein Missionar veranschaulicht seinen Standpunkt wie folgt:

> „Ich versuche das immer so zu erklären: Von den Italienern, von denen gibt es 50 Millionen und da ist es kein Problem, wenn ein paar 100 000, wenn die nicht mehr nach Italien zurückkehren. Aber bei uns Kroaten, viereinhalb Millionen, das ist ein kleines Volk. Jeder ist sehr wichtig!"

Rückkehr ist ein Leitmotiv des kroatischen Katholizismus in Deutschland. So beendete beispielsweise der Missionsleiter im Jubiläumsband der Münchner Mission von 1998 sein Vorwort mit der Bemerkung: „Aber, niemals werden wir es wagen, die endgültige Rückkehr in unsere liebe Heimat Kroatien zu vergessen. Heimzukehren ist die heilige Pflicht jedes Kroaten und Gläubigen."[63]

Die kroatischen Priester ähnelten den spanischen im Grad ihres politischen Interesses: Beide standen in Opposition zu einem undemokratischen Regime, im Falle der Kroaten bedeutete dies Opposition zur jugoslawischen Föderation (und sozialistische Herrschaft); im spanischen Fall ging es um Opposition zu einem konservativ-faschistischen Regime. Als Konsequenz war der spanische Aktivismus auf die Situation sowohl in Deutschland als auch in Spanien gerichtet, da sich vom Ideal der Emanzipation der Arbeiterklasse Handlungsanweisungen für die Einwanderungssituation ableiten ließen. Die Kroaten hingegen fokussierten sich auf die politische Situation in Jugoslawien und auf die Stärkung nationaler Identität. Ein weiterer Unterschied waren der Zeitpunkt und die Art des Wandels: Das spanische Regime zerbrach nach Francos Tod 1975, das sozialistische Jugoslawien endete erst nach der Öffnung des „Eisernen Vorhangs". Der politische Kampf der spanischen „Diaspora" endete somit früher, Priester und Migranten konnten am politischen Wandel teilhaben, in einer Zeit, als die Kroaten erst begannen, sich als nationale Gruppe zu organisieren. Der Übergang in Spanien gelang friedlich. Die Transformation von der jugoslawischen Föderation zum unabhängigen Kroatien, vom Sozialismus zum Kapitalismus geschah gewaltvoll in einem Krieg. So war die Mobilisierung der kroatischen Diaspora viel intensiver.

Nach den jugoslawischen Sezessionskriegen kehrte Normalität in die Missionen zurück, die immer noch die zentrale Organisation der Kroaten in Deutschland bilden. Die Kulturvereine, die „allein für sich schwach, unreif und instabil [...], fast immer abhängig von den Aktionen der Missionen" waren, sind nun „Seniorenvereine geworden".[64] Bei vielen ist Ernüchterung eingekehrt, auch lässt sich die junge Generation nicht mehr so leicht für die nationale Sache begeistern. Die Missionen hingegen sind noch lebendig. Ein Mitarbeiter einer Diözese beschreibt sie 2009 wie folgt:

> „Ich finde die sehr organisiert, selbstbewusst, sprachlich sehr begabt, also im Unterschied zu den Italienern, [...] wo ich [...] manchmal einen Übersetzer brauche. Bei den Kroaten ist das kein Problem. Eine sehr junge Gemeinde, vital, lebendig, vielfältig. (Pause) Beeindruckend."

Beeindruckend sind sie vor allem im Vergleich zu den lokalen Gemeinden, die kaum junge Menschen an sich ziehen. In den kroatischen Familien ist Religion noch selbstverständlicher Teil des Lebens, doch langsam spüren auch die kroatischen Gemeinden mangelnde Kroatischkenntnisse und zurückgehende Religiosität der jungen Generationen. Auch wird es schwieriger, kroatische Priester zu rekrutieren. Dies stellt die muttersprachliche Seelsorge in Frage, derzeit erfüllt sie jedoch noch wichtige Funktionen, indem sie die erste Generation im Alter begleitet und eine Brücke zwischen ihnen und den jungen Generationen baut.

---

[63] Tomašević, Hrvatska Katolička, S. 10.
[64] Mladen Lucić, Početak djelovanja i organiziranje pastorala u hrvatskim katoličkim misijama u njemačkoj, Diplomarbeit, Rottweil 2006, S. 36.

Weiterhin bieten die Missionen ein Freizeitprogramm, wenn auch nicht mehr in dem Maße wie in den ersten Jahrzehnten der Einwanderung. Vor allem in dieser Zeit unterstützten die Missionen die Migranten und ihre Kinder, doch die „Binnenintegration" war immer eng verbunden mit einer Ideologie von Vaterland und Rückkehr.

5. Seelsorge und Integration

Die drei Beispiele zeigen, wie unterschiedliche ideologische Prägungen in den Missionen verschiedene Bilder von Integration hervorbrachten, die auch die Einwandererkultur und die Selbstorganisation beeinflussten. Für die spanischen Priester bedeutete Integration vor allem Integration durch Bildung. Sie entwickelten für die Kinder der Einwanderer eine erfolgreiche Doppelstrategie von deutscher Regelschule und Ergänzungsunterricht. Für die Kroaten war die Integration in die nationale Gemeinschaft wichtig – einerseits für die kroatische Nation, die ihre „Kinder" im Ausland nicht verlieren sollte, andererseits für den Einzelnen, dem die Gemeinschaft ein dichtes Netzwerk und Solidarität bot. Bei der italienischen Mission lässt sich kein Muster feststellen, das sich zu einem Integrationsmotto verallgemeinern ließe. In der spanischen und kroatischen Seelsorge erwuchs aus der Opposition zum Regime im Herkunftsland ein starkes Engagement, das einenden Charakter hatte. Im italienischen Fall wurde die Fragmentierung der politischen Landschaft importiert.

Die Unterschiede in Sozialkapital und von Integrationsstrategien der italienischen, spanischsprachigen und kroatischen Seelsorge beeinflussten die Integrationspfade der Einwanderergruppen. Betrachtet man die Bildungserfolge, so weisen die spanischen und noch mehr die kroatischen Kinder überdurchschnittlich gute Ergebnisse auf. 58,7 bzw. 54,3 Prozent besuchten 2002[65] eine Realschule oder ein Gymnasium, bei den Italienern waren es nur 30,7 Prozent (siehe Tabelle 1). 2002 gingen mehr Schüler mit italienischer Staatsangehörigkeit auf Sonderschulen als auf Gymnasien.[66]

Tabelle 1: Bildungserfolge italienischer, kroatischer und spanischer Kinder 2002

Staatsangehörigkeit	Sonder-schule	Haupt-schule	Real-schule	Gymna-sium	Prozent in weiterführenden Schulen[2]	Gesamtschule[1]
Italien	5 860	19 397	7 003	4 208	30,7	4 783 (11,6%)
Spanien	379	1 409	1 013	1 115	54,3	653 (14,3%)
Kroatien	833	3 922	3 227	3 539	58,7	2 599 (18,4%)
Alle Schüler nicht-deutscher Staatsangehörigkeit	67 846	235 791	87 505	90 237	36,9	79 437 (14,2%)

Quelle: Bundesministerium für Bildung und Forschung (BMBF), Grund- und Strukturdaten 2003/04, Bonn 2004, S. 70.
(1) Gesamtschulen einschließlich Schulen mit mehreren Bildungsgängen und Freien Waldorfschulen (Prozent an allen Schülern in weiterführenden Schulen)
(2) Realschüler plus Gymnasiasten im Verhältnis zu Hauptschülern und Sonderschülern.

---

[65] Die Kultusministerkonferenz hat 2002 zum letzten Mal entsprechende Statistiken veröffentlicht, da dies nach der Einführung des Geburtsrechts nicht mehr sinnvoll scheint.
[66] Der Bildungserfolg der spanischen Gruppe zeigt sich auch an den Daten des Mikrozensus 2005, der auch Menschen mit deutschem Pass, aber spanischem Elternhaus erfasst; vgl. Franziska Woellert/Steffen Kröhnert/Lilli Sippel/Rainer Klingholz, Ungenutzte Potenziale. Zur Lage der Integration in Deutschland 2009, Berlin 2009, S. 41.

Diese Unterschiede lassen sich nicht durch importierte Bildungsunterschiede der ersten Generation erklären. Die spanischen Arbeitsmigranten kamen mit der geringsten Bildung nach Deutschland.[67] Die italienischen Arbeitskräfte waren hingegen besser qualifiziert und unter den jugoslawischen Migranten gab es einen hohen Anteil an Facharbeitskräften. Aufgrund des innerjugoslawischen Entwicklungsgefälles können wir davon ausgehen, dass die Kroaten besser qualifiziert waren als der jugoslawische Durchschnitt (siehe Tabelle 2).[68]

Tabelle 2: Facharbeitskräfte bei der Anwerbung 1955–1973 (in Prozent)

Spanier	7,7
Griechen	8,9
Portugiesen	22,3
Italiener	23,3
Jugoslawen	29,0
Tunesier	29,6
Türken	30,9
Marokkaner	33,4
Durchschnitt	21,2

Quelle: Berichte der Bundesanstalt für Arbeit 1961–1973; nach: Mathilde Jamin, Die deutsche Anwerbung. Organisation und Größenordnung, in: Fremde Heimat. Eine Geschichte der Einwanderung aus der Türkei, Essen 1998, S.153.

Wesentliche Unterschiede zeigen sich auch in der Partnerwahl. So war der Anteil der Kinder aus deutsch-spanischen Ehen an der gesamten Kinderzahl in der Einwanderergruppe sehr hoch (Spanier 1980: 38 Prozent/1997: 81; Italiener: 28/42,2; Jugoslawen: 20/23,7).[69] Ganz entsprechend ist die aktuelle Verteilung.[70]

Deutlich wird, dass der spanischen Gruppe ein Bildungsaufstieg gelungen ist, der sich auch auf die Bildungsstrategie der spanischen Selbstorganisationen zurückführen lässt. Die hohe Zahl an deutsch-spanischen Ehen passt in das Bild eines assimilativen, sozial mobilen Integrationsmusters. Der Erfolg der kroatischen Kinder in der Schule ist sicherlich auch zum Teil auf das höhere Bildungsniveau der Einwanderergeneration zurückzuführen. Gleichzeitig wird deutlich, dass das in den Missionen propagierte Ideal von kroatischer Identität und Familienbildung sich im Heiratsverhalten ausdrückte. Den Kroaten gelang ein spezifischer Integrationspfad von einerseits Gruppen- und Identitätserhalt und andererseits struktureller Integration. Und dies, obwohl es sich bei ihnen nicht um „Diplomatenkinder" oder „Akademiker" handelte, denen Hartmut Esser eine erfolgreiche „Mehrfachintegration" zutraut.[71] Die Italiener gingen zwar häufiger Ehen mit Deutschen ein, dennoch liegen die schulischen Ergebnisse weit unter denen der Kroaten. Das Fehlen einer gemeinsamen Integrationsstrategie der Priester und die damit zusammenhängende Schwäche und Zersplitterung der italienischen Selbstorganisationen hat dazu beigetragen.

---

[67] Luís M. Calvo Salgado u.a., Historia del Instituto Español de Emigración. La política migratoria exterior de España y el IEE del franquismo a la transición, Madrid 2009.
[68] Vgl. Thomas Eger, Das regionale Entwicklungsgefälle in Jugoslawien, Paderborn 1980.
[69] Dietrich Thränhardt, Spanische Arbeitswanderer in West-, Mittel- und Nordeuropa seit dem Ende des Zweiten Weltkriegs, in: Klaus J. Bade/Pieter C. Emmer/Leo Lucassen/Jochen Oltmer (Hrsg.), Enzyklopädie Migration in Europa. Vom 17. Jahrhundert bis zur Gegenwart, Paderborn ³2010, S.992–997, hier S.996.
[70] Vgl. Julia Schrödter, Binationale Ehen in Deutschland, in: Wirtschaft und Statistik (2006), H.4, S.419–431.
[71] Hartmut Esser, Integration und ethnische Schichtung, Mannheim 2001, S.21.

6. Fazit

Richard Alba und andere unterscheiden zwischen etablierten und fremden Einwandererreligionen.[72] Die katholischen Frauen und Männer, die nach Deutschland einwanderten, gehörten einer etablierten Kirche an. Die Einwanderer gingen aber nicht in der Ortskirche auf. Bis heute leben viele ihren Glauben in separaten Migrantengemeinden, soziale Integration hat dies nicht gefördert. Gleichzeitig aber organisierten die Missionen aufgrund ihrer Ressourcen wirkungsvolle Hilfe und initiierten Prozesse struktureller Integration. Dies erwies sich insbesondere zu Einwanderungsbeginn als sehr effektiv. Dabei konnten die italienische, spanische und kroatische Seelsorge ihr Potential unterschiedlich stark entfalten und füllten die Strukturen der Diözesen unterschiedlich aus. Doch mit zunehmender Aufenthaltsdauer passte die Migrantenseelsorge immer weniger zu der mehr und mehr deutsch geprägten Realität der Einwanderer. Die Reformen der Diözese Rottenburg-Stuttgart weisen zumindest in der Konzeption einen Weg aus dem Dilemma, wonach Sonderstrukturen einerseits Raum zur Selbstvergewisserung und Solidarität bieten und gleichzeitig aber auch „Kultur" statisch zu konservieren drohen.

Trotzdem gehörten die katholischen Einwanderer zu einer privilegierten Gruppe. Ein Vergleich zu muslimischen Einwanderern, die sich Räumlichkeiten und Geistliche selbst organisieren mussten, macht dies deutlich.[73] So unterscheiden sich Moscheegemeinden und Missionen im Zugang zu Ressourcen, von denen das Integrationspotential von Migrantenorganisationen stark abhängig ist.[74] Ähnlich ist die Rekrutierung der Geistlichen aus den Herkunftsländern. Seit 1983 sendet die Türkische Anstalt für Religion (Diyanet) Imame nach Deutschland, die sich in einer ähnlichen Situation befinden wie die Missionare. Während Letztere von den Diözesen bezahlt werden, erhalten Erstere ihr Gehalt aus der Türkei.[75] Der „Import" von Imamen hat viel öffentliches Interesse gefunden.[76] Die Ähnlichkeiten, die dieser zum „Import" der katholischen Priester aufweist, sind der Öffentlichkeit entgangen. Deutlich werden diese in einer Studie von Rauf Ceylan, der ausgehend von Interviews mit in Deutschland arbeitenden Imamen eine Typologie erstellt. Auch Ceylan unterscheidet – wie der vorliegende Artikel unter den Missionaren – zwischen unterschiedlichen Herkunftsländern und politisch-religiösen Prägungen. Die Bandbreite reicht von intellektuell-offensive über traditionell-konservative hin zu fundamentalistischen Imamen. Gemeinsam ist vielen ein starkes Engagement. So beginnt Ceylan sein Buch mit einem langen Zitat eines Imams, das verblüffenderweise an den oben zitierten italienischen Missionar erinnert:

> „Ich stehe morgens um fünf Uhr zum Frühgottesdienst auf. Um sechs Uhr beginnen wir mit dem Frühgebet. [...] Um neun Uhr schließe ich die Moschee auf, da kommen schon die ersten Schüler zum Kurs, obwohl dieser erst um zehn Uhr beginnt. Da die Eltern einkaufen fahren, muss ich noch eine Stunde das Kindermädchen spielen. Von zehn bis vierzehn Uhr unterrichte ich die Kinder [...]. Nach dem Mittagessen gehe ich in die Teestube, um mit den älteren Gemeindemitgliedern

---

[72] Sie differenzieren in vier Typen; vgl. Alba/Raboteau/DeWind, Immigration and Religion, S.10–24.
[73] Schiffauer, Nach dem Islamismus, S.36–59; Melanie Kamp, Mehr als Vorbeter: Zur Herkunft und Rolle von Imamen in Moscheevereinen, in: Riem Spielhaus/Alexa Färber (Hrsg.), Islamisches Gemeindeleben in Berlin, Berlin 2006, S.44.
[74] Susanne Huth, Bürgerschaftliches Engagement von Migrantinnen und Migranten. Lernorte und Wege zu sozialer Integration, Frankfurt a.M. 2007, S.147.
[75] Moscheegemeinden, die ihre Priester nicht über die Diyanet bekommen, finanzieren ihre Geistlichen selbst.
[76] Vgl. u.a. Roland Preuß, Regierung will Imame besser ausbilden, in: SZ, 12.3.2010, S.6; Am wahren Leben vorbei, in: Der Spiegel, 29.3.2010, S.47; Ömer Özsoy, Frankfurter Modell für den Reformislam?, in: FAZ, 7.4.2010, S.N5.

zu sprechen. Zwischen dem Nachmittagsgebet und dem Abendgebet höre ich mir die Anliegen und Sorgen der Gemeinde an. Nach dem Abendgebet mache ich Hausbesuche."[77]

So unterschiedlich Missionare und Imame sind, so teilen sie häufig Engagement und Sorge um ihre Gemeinden, der sie entsprechend ihrer Fähigkeiten, Ressourcen und ideologischen Prägungen nachgehen. Dabei haben sowohl Missionare wie Imame Zugang zu sonst schwer erreichbaren Einwanderergruppen, für deren Integrationsprobleme sie eine „konservative Antwort"[78] bieten können.

---

[77] Rauf Ceylan, Die Prediger des Islam. Imame – wer sie sind und was sie wirklich wollen, Bonn 2010, S. 9.
[78] Werner Schiffauer bei der Veranstaltung „I wie Integration" des Suhrkamp-Ladens, Berlin, 18.6.2010.

Anna Caroline Cöster
Duisburg-Marxloh
Interethnischer Austausch und subjektive Wahrnehmung von den 1960er Jahren bis heute

Ethnisch verdichtete Siedlungsgebiete gerieten in letzter Zeit immer wieder in den Verdacht, „Parallelgesellschaften"[1] auszubilden. In diesem Kontext wird der Duisburger Stadtteil Marxloh häufig als „Paradebeispiel" genannt[2], da dort, wie im Magazin „Der Spiegel" zu lesen war, „der Pott Türken und Deutschen gehört".[3] Mit einem Anteil von knapp 35 Prozent[4] leben hier vergleichsweise viele „Ausländer"[5], insbesondere jene aus der Türkei.[6] Nicht zuletzt der Bau der 2008 eröffneten DİTİB-Merkez-Moschee, des sogenannten „Wunders von Marxloh"[7], hat den Stadtteil immer wieder in die Schlagzeilen gebracht und bereits zweimal dazu geführt, dass Neo-Nazis Marxloh auserkoren haben, um dort mit Demonstrationen ihre Parolen anzubringen.[8]

Die folgenden Ausführungen basieren auf Ergebnissen, die im Rahmen eines laufenden stadtethnologischen Projekts gewonnen wurden.[9] Das stadtethnologische Vorgehen versteht sich als Herangehensweise, die sich mit „Menschen und Gruppen als sozialen Akteuren, als Gestaltern urbaner Lebenswelten und Lebensformen"[10] beschäftigt. Die Stadtethnologie richtet somit den Blick nach innen und fokussiert sich auf die internen Beziehungsstrukturen

---

[1] Der Begriff der „Parallelgesellschaft" wurde von Wilhelm Heitmeyer in den 1990er Jahren geprägt, der Politikwissenschaftler Thomas Meier hat ihn wenige Jahre später zu spezifizieren versucht; vgl. Thomas Meier, Parallelgesellschaft und Demokratie. FES-Online-Akademie 2006, http://library.fes.de/pdf-files/akademie/online/50368.pdf (7.9.2010).
[2] So sagt eine türkische Kundin im Marxloher Friseursalon Aslan: „Wir sind zwar hier geboren, aber wir sind trotzdem fremd. Also wir gehören nicht hierher." Vgl. den Stern-TV-Beitrag „Multikulti in Duisburg. Friseursalon für türkische Bräute", vox, 17.8.2007, http://www.spiegel.de/video/video-20753.html (6.9.2010).
[3] Spiegel online vom 22.8.2007, http://www.spiegel.de/politik/deutschland/0,1518,499612,00.html (6.9.2010).
[4] Nach der Einwohnerstatistik der Stadt Duisburg waren Ende 2009 6144 oder 35,5 % der Einwohner Marxlohs Ausländer.
[5] Gemeint sind Personen, die nicht die deutsche Staatsangehörigkeit besitzen.
[6] Türkische Zuwanderer stellen in Marxloh 56,6 % aller Ausländer.
[7] Vom „Wunder von Marxloh" wird in Anlehnung an den teils in Marxloh auf dem Grundstück neben der Moschee im sogenannten Elisenhof spielenden Film „Das Wunder von Bern" gesprochen, weil es während der Konzeptions- und Bauphase der Moschee nicht zu öffentlichen Protesten kam. Dies wird auf die gelungene Zusammenarbeit von Moscheeverein, Stadt, christlichen Gemeinden und anderen Beteiligten zurückgeführt. Ein Marxloher sagte mir jedoch, er wisse nicht, warum man von einem Wunder spreche. Er frage sich, wer denn hätte protestieren sollen, es lebten doch fast ausschließlich Personen aus der Türkei in Marxloh.
[8] Zuletzt kam es am 27./28.3.2010 zu Aufmärschen in Marxloh. Das Schweizer Minarettverbot diente den Neonazis dabei als Aufhänger, um auch gegen die Marxloher Moschee Stimmung zu verbreiten. Gegen die Demonstrationen von NPD und Pro NRW hatte das „Marxloher Bündnis" ein Bürgerfest und eine Gegendemonstration geplant, in der Hoffnung, dass die Demonstranten sich gar nicht erst vorwärtsbewegen könnten. Schon Wochen vorher wurden Flyer verteilt, die in Marxloh auch an den Fensterscheiben der Häuser hingen: „Kein Nazi-Aufmarsch in Marxloh". Mehr zur Initiative unter: http://www.marxloher-buendnis.de/ (6.9.2010).
[9] Das Projekt trägt den Titel „Duisburg-Marxloh. Intra- und interethnische Beziehungen im ‚türkisch dominierten' Stadtteil unter besonderer Berücksichtigung der Perspektive weiblicher Stadtteilbewohner" und wird seit April 2010 von der Fritz-Thyssen-Stiftung gefördert.
[10] Wolfgang Kaschuba, Perspektiven ethnologischer Stadtforschung, Darmstadt o.J., http://www.gsu.tu-darmstadt.de/pdf/POS_Kaschuba.pdf (6.9.2010).

Abbildung 1: DİTİB-Merkez-Moschee

und Alltagsroutinen der Stadtteilbewohner selbst.[11] Dies hat den Vorteil, dass Selbstdeutungen der Bewohner ersichtlich werden und Fragestellungen, die aus der Außensicht[12] nicht angedacht wurden, sich explorativ eröffnen können.[13]

Im Folgenden soll nach einem kurzen Überblick über die historische Entwicklung Marxlohs und dem daraus resultierenden Beginn der Zuwanderung ein Einblick in diese

---

[11] Der Stadtteil Marxloh wird dabei aber nicht als homogen abgegrenzter Raum verstanden. Vielmehr wird die mit der Vielfalt im Stadtteil lebender Bevölkerungsgruppen verbundene Dynamik von Neugruppierung und Identifizierung vorausgesetzt; vgl. Arjun Appadurai, Globale ethnische Räume, in: Ulrich Beck (Hrsg.), Perspektiven der Weltgesellschaft, Frankfurt a.M. 1998, S.11–40.

[12] Diese Außensicht auf sozialräumliche Stadtteile ist bezeichnend für das siedlungssoziologische Vorgehen, bei dem die Frage nach „Konzentration oder Diffusion" im Zentrum steht; vgl. Hartmut Häußermann, Zuwanderung und die Zukunft der Stadt. Neue ethnischkulturelle Konflikte durch die Entstehung einer neuen sozialen „underclass"?, in: Wilhelm Heitmeyer u.a. (Hrsg.), Die Krise der Städte, Frankfurt a.M. 1998, S.145–175. Dahinter verbirgt sich die Frage nach den positiven und negativen Folgen ethnischer Segregation. Die Betonung der positiven Auswirkungen geht zurück auf die Chicago School um Robert Park und besagt, dass Integration auch durch Binnenintegration erfolge. Somit könnten sogenannte natural areas – stark segregierte Quartiere, in denen Werte aus dem Herkunftsland gepflegt werden – Neuankömmlingen Halt bieten und ökonomische, politische sowie soziale Vorteile mit sich bringen. Das Gegenargument lautet, Binnenintegration führe zu neuen Abhängigkeiten, verstärke die Segregation, führe schlussendlich in die ökonomische Mobilitätsfalle und erzeuge ethnische Schichtungen; vgl. Hartmut Esser, Integration und ethnische Schichtung. FES-Online-Akademie 2006, http://library.fes.de/pdf-files/akademie/online/50366.pdf (6.9.2010).

[13] Vgl. Philipp Mayring, Einführung in die Qualitative Sozialforschung. Eine Anleitung zu qualitativem Denken, Weinheim/Basel 2002, S.19–23; Siegfried Lamnek, Qualitative Sozialforschung. Lehrbuch, Weinheim/Basel 2005, S.138–186.

internen, subjektiven Sichtweisen der Stadtteilbewohner am Beispiel der ethnischen Ökonomie und der Bildungssituation gegeben werden. Dabei wird aufzuzeigen sein, dass ökonomische und soziale Veränderungen eines Stadtteils auch Auswirkungen auf das inner- und interethnische Beziehungsgefüge der dort lebenden Bevölkerung haben. Die Erkenntnisse bauen auf den Ergebnissen auf, die mit der Durchführung leitfadengestützter Interviews im Zeitraum Januar bis September 2010 gewonnen wurden. Dabei handelte es sich sowohl um Experteneinschätzungen als auch um Ergebnisse der Befragungen von alteingesessenen sowie zugewanderten Stadtteilbewohnerinnen und Stadtteilbewohnern unterschiedlichen Alters und ethnischer Zugehörigkeit.[14]

1. Migration in den Duisburger Norden

Der Stadtteil Marxloh befindet sich im Norden der Stadt Duisburg und wurde 1929 zum Bezirk Hamborn gehörend zu Duisburg eingemeindet. Er liegt heute ca. zehn Kilometer vom Stadtzentrum entfernt. Allein die günstige Lage am Rhein führte im 19. Jahrhundert dazu, dass sich in Marxloh zunächst die Grillo-Werke[15], schließlich die Thyssen-Hütte[16], aber auch andere montanindustrielle Betriebe ansiedelten. Dies zog eine gesteigerte Nachfrage nach Arbeitskräften nach sich und führte zu einer Intensivierung von Migrationsbewegungen. Diese Bewegungen nahmen je nach Konjunktur an Ausmaß zu, aber zu Zeiten wirtschaftlicher Rezession auch wieder ab. So stieg mit dem wirtschaftlichen Aufschwung in der Zeit nach dem Zweiten Weltkrieg und der Anwerbung von Arbeitsmigranten, insbesondere aus der Türkei, der Ausländeranteil in Marxloh stark an. In Duisburg stellten Türken bereits 1967 die größte Ausländergruppe. Angesiedelt wurden sie verstärkt in Arbeiterwohnungen in Werksnähe im Duisburger Norden, wie im Stadtteil Bruckhausen, aber auch in Marxloh.

Die Arbeiterwohnungen waren mit ausgesprochen niedrigem Standard versehen, ohne Bad und die Toilette befand sich auf dem Gang. Bei den meisten Zugewanderten rief dies, auch im Nachhinein, entrüstetes Erstaunen hervor. Viele von ihnen verfügten bereits im Herkunftsland über ein Bad in den eigenen Räumlichkeiten:

> „Wir haben eine dreiräumige Wohnung gehabt, aber wir hatten kein Badezimmer. Was ist das denn? Ich kenne das überhaupt nicht! Da war das ganze Haus ohne Bad, 1974! Was ist das denn? Wieso ist das so, warum sind alle Häuser ohne Bad hier? Ich bin in Europa! Das war ein Schock für mich."[17]

Den Einschätzungen der älteren Stadtteilbewohner zufolge kann das Verhältnis der zugewanderten Bevölkerung zu der alteingesessenen deutschen in dieser Zeit als gut bezeichnet werden[18]: Deutsche und Türken arbeiteten nebeneinander bei Thyssen, lebten Tür an Tür, besuchten sich oder trafen sich in den aneinander angrenzenden Gärten oder Hinter-

---

[14] Insgesamt wurden 38 Einzelinterviews und drei Gruppendiskussionen durchgeführt. Die Informantinnen und Informanten waren zum jeweiligen Befragungszeitpunkt zwischen 18 und 80 Jahre alt.
[15] Bei Grillo handelt es sich um ein Zinkhüttenwerk u.a. im Duisburger Stadtteil Hamborn. Vgl. http://www.grillo.de/ (18.10.2010).
[16] Die Thyssen AG fusionierte im Jahr 1999 mit der Friedrich Krupp AG. Heute ist das Industrieunternehmen ThyssenKrupp Deutschlands größtes Stahl- und Rüstungsunternehmen. Das Stammwerk befindet sich in dem an Marxloh angrenzenden Duisburger Stadtteil Bruckhausen. Vgl. http://www.thyssenkrupp.com/de/konzern/index.html (9.1.2011).
[17] Türkin, weiblich, 53 Jahre. Interview vom 16.8.2010.
[18] Eine Sammlung einiger Eindrücke der in Marxloh lebenden Bevölkerung in der ersten Zeit der Gastarbeiteranwerbung findet sich in: EG DU Entwicklungsgesellschaft Duisburg mbH, Erzählband Dichterviertel, Duisburg 2008.

höfen der Arbeitersiedlungen und kamen auf diese Weise häufig miteinander ins Gespräch. Zunächst verständigte man sich aufgrund der mangelnden Sprachkenntnisse mit Händen und Füßen, später auch verbal. Nicht selten entwickelten sich hieraus Freundschaften, die bis heute bestehen.[19]

Nach dem Anwerbestopp 1973 und später nach dem Militärputsch in der Türkei 1980 nahm der Migrantenanteil in Duisburg noch einmal stark zu.[20] Hier handelte es sich häufig um Kettenmigrationen, und so konzentrierten sich die türkeistämmigen Zuwanderer vor allem in Stadtteilen, in denen schon Verwandte oder Bekannte lebten und zudem auch die Mietpreise erschwinglich schienen – wie in Marxloh. Heute sind 35 Prozent der Einwohner ausländische Zuwanderer[21], zu zwei Dritteln handelt es sich um aus der Türkei zugewanderte Personen, deren Anteil stetig weiter zunimmt.[22] Der Stadtteil ist in seiner Bevölkerungszusammensetzung jedoch ethnisch heterogen[23], was zum Ärger vieler Türken häufig zu wenig beachtet wird: Viele der „Kopftuchträgerinnen", die man auf der Straße sehe, seien keine ethnischen Türken. Und auch die Kriminalität werde vorschnell der türkeistämmigen Bevölkerung im Stadtteil zugeschrieben, obgleich, wie viele der Türkeistämmigen sagen, auch andere ethnische Gruppierungen im Stadtteil leben. Diese seien es, die kriminell würden.[24] Aktuell besonders im Gespräch sind in diesem Zusammenhang Personen aus dem östlichen Europa, die in Marxloh allgemein „Bulgaren" genannt werden, und die „Araber", mit denen meist die sogenannten Libanesen gemeint sind.[25] Über sie wird häufig gesagt: „Die sind ganz schlimm. Haben keinen Respekt. Türken haben Respekt".[26] Von diesen Gruppen und den Roma, die im Stadtteil „Zigeuner" genannt werden, grenzen sich die meisten türkeistämmigen Stadtteilbewohner gezielt ab.

Mithin nahm in Marxloh im Laufe der Jahre auch die ethnische und religiöse Heterogenität zu, und sie steigt auch gegenwärtig weiter an. Nicht jeder, den man heute auf der Straße trifft, ist ethnischer Türke, auch wenn es aus der Außenperspektive manchem so vorkommen mag. Der Anteil der zugewanderten Bevölkerung Marxlohs steigt weiterhin. Zahlreiche deutsche, aber auch viele türkeistämmige Stadtteilbewohner betrachten diese Entwicklung mit Skepsis und trauern den Zeiten nach, in denen noch bürgerliche Deutsche den Stadtteil bewohnten und man sich miteinander austauschte.

---

[19] Ebenda.
[20] 1975 lebten 62 307 (10,3 %) Migranten in der Stadt, nach der Familienzusammenführung infolge des Anwerbestopps bis 1980 waren es 72 232 (12,6 %); vgl. Ludger Heid, Duisburg. Eine kleine Stadtgeschichte für türkische Schüler, Duisburg 1984, S.60f.
[21] Gemeint sind hier ausschließlich die Personen mit nichtdeutscher Staatsbürgerschaft. Die Berücksichtigung der „Personen mit Migrationshintergrund" dürfte diesen Anteil weiter in die Höhe treiben.
[22] Diese Bevölkerungsgruppe wird in steigendem Maße eingebürgert beziehungsweise besitzt durch das ius soli, das Recht des Bodens, die deutsche Staatsangehörigkeit bereits von Geburt an; vgl. Amt für Soziales und Wohnen der Stadt Duisburg (Hrsg.), Sozialbericht 2008, Bremen 2008, S.104.
[23] 11 169 der insgesamt gut 17 000 Einwohner Marxlohs waren Ende 2009 im Besitz der deutschen Staatsbürgerschaft. Zudem leben im Stadtteil 3 390 Türken, 252 Polen, 225 Personen aus Bosnien-Herzegowina, 219 Serben sowie 182 Mazedonier und 181 Bulgaren. Hinzu kommen 120 Libanesen, 65 Iraker und weitere Angehörige von insgesamt 85 Nationalitäten. Bei 43 Personen ist die Staatsangehörigkeit ungeklärt.
[24] Nach Aussage der Polizei ist in Marxloh keine auffallend hohe Kriminalitätsrate zu konstatieren. Statistisch betrachtet rangiert Marxloh bei den meisten Delikten zwar im oberen Drittel, aber nie an erster Stelle. Interview vom 3.8.2010.
[25] Mit „Libanesen" sind in diesem Zusammenhang Personen gemeint, die auch als „Menschen mit undefinierter Staatsangehörigkeit" bezeichnet werden. Bei dieser Personengruppe handelt es sich um Kurden aus der Türkei oder Syrien, die nach dem Zerfall des Osmanischen Reichs in den Libanon geflohen waren, dort aber nie eingebürgert wurden. Sie erhielten lediglich Ausreisepapiere, in denen meist „libanesisch" oder „staatenlos" eingetragen wurde, und reisten damit in den 1970er Jahren nach Deutschland ein. Hier konnten sie, auch wenn ihr Asylantrag nicht genehmigt wurde, meist nicht abgeschoben werden, da dafür gesichert sein muss, in welches Land die Abschiebung erfolgen soll.
[26] Türkin, weiblich, 44 Jahre. Gespräch vom 21.8.2010.

Diese in den Augen einiger Marxloher negative Entwicklung begann, als im Zuge der Stahlkrise und dem damit verbundenen Strukturwandel viele Zuwanderer, aber auch Deutsche aus dem Arbeitermilieu ihren Arbeitsplatz verloren. Wer über das notwendige ökonomische und soziale Kapital verfügte, zog weg, und somit begann sich die ethnische und soziale Verdichtung in Marxloh zu verschärfen.[27] Es entstand im Laufe der Jahre ein Geflecht aus sozial und ethnisch segregiert lebender Mietbevölkerung, die häufig gering gebildet und kinderreich war und es bis heute ist. Dies trug wesentlich dazu bei, dass sich seit dem Ende der 1960er Jahre das Außenimage des Stadtteils, den man bis dato auch „Klein-Amerika" nannte, immer mehr verschlechterte. Zum Teil hält sich dieses negative Image bis heute, was eine besondere Belastung für die Stadtteilentwicklung darstellt. Es scheint wenig verlockend, nach Marxloh zu ziehen oder dort zu arbeiten. Freiwillig ziehen nur sehr wenige Personen zu. Hinzu kommt, dass die im Stadtteil lebende Bevölkerung mit einer außenperspektivischen pauschalisierenden Stigmatisierung als „Problemviertelbewohner" konfrontiert wird, die auch auf das Selbstbewusstsein und den Handlungsspielraum der Stadtteilbewohner rückwirkt: „Marxloh? Da möchte ich nicht wohnen. Zu viele Ausländer, zu viel Kriminalität."[28] Oft wird gesagt, man schäme sich, in Marxloh zu leben, die Zufriedenheitswerte sind Statistiken zufolge gering.[29] Es fällt vielen schwer, sich außerhalb des Stadtteils um Arbeit zu bemühen, da man sich aufgrund des schlechten Stadtteilimages nur geringe Chancen ausrechnet, eine Arbeitsstelle zu bekommen. Viele der vor allem jüngeren Marxloher fühlen sich bereits im Voraus aufgrund ihrer Wohnadresse diskriminiert und versuchen erst gar nicht, sich außerhalb des Stadtteils zu bewerben.

Dennoch verfügt der Stadtteil über einige Potenziale. Ein wesentlicher Faktor ist die ethnische Ökonomie[30], die sich zunächst als Ergänzungs- und Nischenökonomie[31] herausgebildet hat. Inzwischen sind es über 100 Geschäfte, meist Familienbetriebe.[32] Zu nennen sind hier in erster Linie Lebensmittelgeschäfte, aber auch Friseursalons, wo Frisuren kreiert werden, die beispielsweise auch unter einem Kopftuch getragen werden können, Studios zur Ganzkörperenthaarung, Juweliere, ein Kuruyemiş-Geschäft (Nussladen)[33] und vor allem die türkischen Braut- und Festtagsmodengeschäfte.

Inzwischen zeigen einige türkeistämmige mittelständische Unternehmerinnen und Unternehmer Bereitschaft, in den Stadtteil zu investieren, was jedoch in der Außenperspektive

---

[27] Duisburg wies bereits 1975 ein Haushaltsdefizit auf und musste ein Sparkonzept vorlegen. Die Stadt drosselte während der 1980er Jahre laufende Kosten und schränkte die Infrastrukturkosten ein (beispielsweise bei Bädern und Bibliotheken).
[28] Polin aus Schlesien, weiblich, 32 Jahre. Interview vom 28.7.2010.
[29] Nur jeder zweite Marxloher lebte zumindest 1997 „gern" oder „ziemlich gern" in Marxloh. Aktuellere Zahlen liegen nach meiner Kenntnis nicht vor; vgl. N.U.R.E.C-Institute Duisburg e.V. (Hrsg.), Lebensgestaltung, Infrastrukturangebotsnutzung und soziale Kontakte in Duisburg-Marxloh. Bevölkerungsbefragung im Frühjahr 1997, Duisburg 1998, S.5.
[30] Die Bezeichnung „Ethnische Ökonomie" findet im Folgenden Verwendung unter der Definition als „selbstständige Erwerbsarbeit von Personen mit Migrationshintergrund in Deutschland oder die abhängige Beschäftigung in von ihnen geführten Betrieben, die in einem spezifischen Migrantenmilieu verwurzelt sind"; vgl. Ulla-Kristina Schuleri-Hartje/Holger Floeting/Bettina Reimann, Ethnische Ökonomie. Integrationsfaktor und Integrationsmaßstab, Darmstadt 2005, S.13.
[31] Die Grenzen sind hier meist fließend.
[32] Häufig sind es die Familien, die den Geschäftsgründern finanziell unter die Arme greifen, bei rechtlichen Hürden für Neuzugewanderte bürgen und auch in dem laufenden Betrieb als Arbeitskraft (jedoch meist nicht unentgeltlich) mitwirken. Zunehmend werden die Familienangehörigen auch angestellt und sind somit sozialversicherungspflichtig beschäftigt.
[33] Der Nussladen bietet eine große Auswahl an Mandeln, Trockenfrüchten und „Traubonbons", die den Gästen bei türkischen Hochzeiten angeboten werden können; vgl. Homepage des Geschäfts, http://www.emir-kuruyemis.de (6.9.2010).

Abbildung 2: Der Nussladen

Abbildung 3: Türkisches Brautmodengeschäft

häufig verkannt bzw. ausschließlich negativ als Ausbildung „parallelgesellschaftlicher" Strukturen wahrgenommen wird.[34] Dabei ist gerade die lokale Ökonomie gleich nach der Schule gegenwärtig ein wichtiger Knotenpunkt, an dem es zu einer interethnischen Wahrnehmung zwischen der autochthonen deutschen und der zugewanderten Bevölkerung in Marxloh kommt.

2. „Marxloh ist ein Dorf". Leben in Marxloh heute – inner- und interethnischer Austausch

Beschäftigt man sich aktuell mit dem Duisburger Stadtteil Marxloh, so fällt zunächst auf, dass die räumliche Konzentration türkeistämmiger Zuwanderer auch das Stadtbild mit der Zeit verändert hat: An der Pollmannkreuzung, im Zentrum Marxlohs, finden sich türkisch-deutsche Werbeschilder, türkische Friseursalons, Brautmodengeschäfte, Teestuben, Spielotheken. Und auch türkeistämmige Ärzte und Finanzdienstleister haben sich in Marxloh niedergelassen. Geschäftsgründer transferieren zunehmend weniger das Geld in die Türkei, sondern investieren vor Ort. Die Geschäftswelt in Marxloh ist diversifiziert, wobei der Einzelhandel dominiert.[35]

Diese Entwicklung führte allmählich dazu, dass sich das ehemals vorhandene „Etablierten/Außenseiter"[36]-Verhältnis in Marxloh umkehrte und sich in der autochthonen deutschen Bevölkerung ein Gefühl der Überfremdung einstellte, wie es Jörg Hüttermann bereits im Jahre 2000 meinte feststellen zu können.[37] In Marxloh, hieß es auch in einer Reportage des ZDF[38], würden die Deutschen assimiliert. Eine deutsche Frau, die mit der Kamera während eines Einkaufs zum Metzger begleitet wird, käme ohne türkische Sprachkompetenz nicht weit. Es hagelte fortan Proteste seitens einer Marxloher Initiative: Sie sagen, der Metzger, der im Film zu sehen sei, lebe seit 20 Jahren in Marxloh und spreche hervorragend Deutsch. Die Frau habe jahrelang mit einem Türken zusammengelebt und spreche daher in der Einkaufssituation freiwillig und aus Freude an der Sprache Türkisch.

Dennoch handelt es sich hier um eine Darstellung, die sich in den Köpfen festsetzt. Häufig ist dies eine Fremdwahrnehmung Außenstehender auf den Stadtteil, die sich von der Sicht der Stadtteilbewohner vielfach unterscheidet. Es gibt aber auch kritische Stimmen unter der autochthonen deutschen Bevölkerung. Meist fallen in den Befragungen dieser Personen dann Worte wie „die machen sich breit" oder „die überschwemmen uns". Was bei vielen der Alteingesessenen als subjektives Gefühl bleibt, ist der Wunsch nach „Heimat", die ihnen der Stadtteil nun nicht mehr vermittelt. Bis heute wissen viele von ihnen noch genau, wie Marxlohs Geschäftswelt vor rund 30 Jahren aussah, und blicken im Vorbeigehen oder -fahren auf der Weseler Straße wehmütig auf diese Zeit zurück:

---

[34] Vgl. dazu: Andreas Kapphan, Der Mythos von Ghettos und was für die Zuwandererstadtteile getan werden muss, http://www.migration-boell.de/web/integration/47_1161.asp (6.9.2010).
[35] Ivonne Fischer, Ethnische Ökonomie zur Stabilisierung benachteiligter Stadtteile?, unveröffentlichte Diplomarbeit an der Fakultät Raumplanung der Universität Dortmund, Dortmund 2001, S. 78–81.
[36] Norbert Elias/John L. Scotson, Etablierte und Außenseiter, Frankfurt a.M. 1993.
[37] Jörg Hüttermann, Der avancierende Fremde. Zur Genese von Unsicherheitserfahrungen und Konflikten in einem ethnisch polarisierten und sozialräumlich benachteiligten Stadtteil, in: Zeitschrift für Soziologie 29 (2000), S. 275–293; Herbert Schubert, Zur Differenz kultureller Regelsysteme im urbanen Sozialraum, in: Wolf-Dietrich Bukow (Hrsg.) u.a., Was heißt hier Parallelgesellschaft? Zum Umgang mit Differenzen, Wiesbaden 2007, S. 143–155.
[38] Die Dokumentation ist als Youtube-Video im Internet anzusehen unter: http://www.youtube.com/watch?v=LaxMCzRYZ4M (6.9.2010).

> „Hier war früher ein Schuhgeschäft drin, hier war Rosenthal, dann gab es Matinee, Tanzen und so weiter, so auf fein gemacht. Hier war auch so 'ne Kneipe gewesen, ‚Pressluftschuppen' sagen wir dazu. Da war mal ein sehr großes Kino ‚Atlantis' drin gewesen. Da, wo Ekol [türkisches Brautmodengeschäft] steht, hier war früher ‚Eiserner Pflug' drin, eine schnucklige Kneipe. Da sind wir immer hin. Wir sind dann davor ins Kino gegangen. Hier war auch ein Kino gewesen, wo ‚Paradiesmarkt' steht. Die Häuser hier haben alle existiert, hier war die Meile, wo früher die Hautevolee gewohnt hat. Hier war ‚von der Stein' drin gewesen, eine Tanzschule. Und da war früher ein ganz modernes Geschäft gewesen, da gab es Pelze zu kaufen, für tausende [D-Mark]. Hier war auch 'ne Wirtschaft, uuh, das war auch nur mit Krawatte und gutes Benehmen. Und, wie man heute sagt, mit Gesichtskontrolle. Und jetzt hier bei der Ampel [Pollmannkreuzung], das war mal Europas verkehrsreichste Kreuzung überhaupt. Da, wo jetzt die Apotheke drin ist, da war mal eine ganz renommierte Gaststätte. Und hier war so 'ne Kaufhauskette, die heute nicht mehr existiert. Das hier war alles für, ich sage mal, bessergestellte Leute."[39]

Was hier als zarte Melancholie durchscheint, steigert sich bei manchen älteren Marxlohern, die die Veränderung des Stadtteils miterlebt haben, bis hin zu dem, was Norbert Elias als „Schimpf-Klatsch" bezeichnete. Er hat in seiner Studie „Etablierte und Außenseiter" darauf hingewiesen, dass die Etablierten gegenüber den Außenseitern ein undifferenziertes Negativbild zeichnen, das an ein Slum erinnern lässt. Dieses Bild stimmt jedoch zugleich mit der Realität kaum überein.[40] Auch über Marxloh wird viel behauptet, was sich dort in Wirklichkeit in dieser Form jedoch nicht erhärten lässt:

> „Der Stadtteil Marxloh war früher schöner. Super sauber! Aber heute, wenn du nach Marxloh gehst, dann musst du aufpassen, dass du keinen Schnodderböllen auf die Schuhe kriegst! Oder an die Jacke oder an die Tasche. Die schmeißen ja hin, wo sie wollen. Wenn man dort geht, dann kommt es mir bald hoch. Die rotzen sich in die Hand und putzen das an den Wänden ab. Ist nicht mehr so wie Marxloh früher war. Früher war es sauber, die Geschäfte waren alle da. [...] Ich würde sagen, Marxloh ist Klein-Türkei. Auch die Wohnungen und Häuser, man sieht fast nur noch Türken. Ich habe nichts gegen die Leute, aber unsere Heimat wird dadurch auf Deutsch gesagt zerstört."[41]

Diese Sicht findet man häufig bei älteren Marxlohern, doch gibt es unter der jüngeren Bevölkerung, die den Stadtteil als Viertel der „Hautevolee" nie kennengelernt hat, auch eine andere Perspektive auf die derzeitige Entwicklung Marxlohs. Viele der Jüngeren haben sich längst mit den dortigen veränderten ökonomischen Möglichkeiten abgefunden, wissen sie sogar zu schätzen. „Bunt" und „multikulturell" sind die häufig genannten Assoziationen mit Marxloh. Eine Duisburgerin schwärmte von dem „Basarcharakter" der dortigen Einkaufsmöglichkeiten. Sie fände es reizvoll, dort einzukaufen und liebe das Miteinander „ethnischer Vielfalt" im Stadtteil.

Diese ambivalente Wahrnehmung des Fremden ist aus der kulturwissenschaftlichen Fremdheitsforschung bekannt und verdeutlicht die teils sehr konträr zueinander stehenden Einstellungen vieler Marxloher zu der zugewanderten Bevölkerung: Das Fremde erzeugt Furcht und Faszination zugleich, wobei bei denjenigen, die keine Zuwanderer zu ihrem Freundes- und Bekanntenkreis zählen, die Furcht überwiegt.[42] Was die Entwicklung der ethnischen Ökonomie in Duisburg für den Stadtteil und die Bewohner bedeutet, soll hier kurz an der „Boom-Branche" Marxlohs exemplarisch aufgezeigt werden: das Brautmodengeschäft.

---

[39] Marxloher, männlich, 72 Jahre. Interview vom 19.8.2010.
[40] Elias/Scotson, Etablierte und Außenseiter, S. 157.
[41] Marxloherin, weiblich, 80 Jahre. Interview vom 20.8.2010.
[42] Vgl. Ortfried Schäffter, Modi des Fremderlebens. Deutungsmuster im Umgang mit Fremdheit, in: ders. (Hrsg.), Das Fremde. Erfahrungsmöglichkeiten zwischen Faszination und Bedrohung, Opladen 1991, S. 11–44; vgl. auch Justin Stagl, Grade der Fremdheit, in: Herfried Münkler (Hrsg.), Furcht und Faszination. Facetten der Fremdheit, Berlin 1997, S. 85–114.

Marxloh, das haben obige Zitate gezeigt, zeichnete sich jahrzehntelang durch eine lokale Ökonomie aus, deren Attraktivitätsgrad es mit dem von Duisburg-Stadt aufnehmen konnte und das sogar über ein Einzugsgebiet bis zur niederländischen Grenze verfügte.

Im Zuge der Strukturkrise brach mit den Arbeitsplätzen aber auch die lokale Kaufkraft weg, was zum Niedergang des Einzelhandels beitrug. Anfang der 1990er Jahre war Marxlohs lokale Ökonomie an ihrem Tiefpunkt angekommen. Der Versuch, den Stadtteil gezielt für türkische Geschäftsleute attraktiv zu machen, geht auch auf das in Marxloh mittlerweile seit Mitte der 1990er Jahre laufende Bund-Länder-Programm „Stadtteile mit besonderem Entwicklungsbedarf – die Soziale Stadt" zurück.[43] In der Stärkung der lokalen Ökonomie wird eine Möglichkeit gesehen, den Kreislauf aus „keine Arbeit – Verlust von Kaufkraft – negative Auswirkungen auf den örtlichen Einzelhandel – Wegzug der Besserverdienenden – Vernachlässigung der Bausubstanz und der Infrastruktur – Verlust der Integrationskraft – Vandalismus und Kriminalität" zu unterbrechen.[44]

Im Jahre 1996 wurde der Verein türkischer Geschäftsleute in Duisburg[45] gegründet, der mit Einzelberatungen viel Erfolg vorzuweisen hatte. Ehemals stand auf der Weseler Straße/ Pollmannkreuzung jedes zweite Geschäft leer. Seit Mitte der 1990er Jahre kommt es immer wieder zu Geschäftsneueröffnungen und mittlerweile zu einer regelrechten Etablierung des Clusters[46] Brautmode. Inzwischen existieren in Marxloh über den Stadtteil verteilt fast 30 Brautmodengeschäfte. Die Motivation der Unternehmer, sich zur Selbstständigkeit zu entschließen, begründet sich in erster Linie aus dem Wunsch nach Selbstverwirklichung, der sich zum einen als Absicherung vor Arbeitslosigkeit, zum anderen aber auch aus Diskriminierungserfahrungen speist.[47] Zudem besteht in der beruflichen Selbstständigkeit insbesondere für Heiratsmigrantinnen und Heiratsmigranten, deren erlernter Beruf in Deutschland keine Anerkennung findet, eine Möglichkeit, der Arbeitslosigkeit zu entkommen.[48] Hinzu kommt, dass man als Selbstständiger sein „eigener Herr" ist, was in Marxloh ein hohes gesellschaftliches Ansehen genießt. Gerade im Vergleich zu den „Gastarbei-

---

[43] Die Stärkung der lokalen Ökonomie gilt nach Einschätzung der Stadtteilakteure als ein Hauptanliegen des Programms; vgl. Deutsches Institut für Urbanistik, Strategien für die Soziale Stadt. Erfahrungen und Perspektiven – Umsetzung des Bund-Länder-Programms „Stadtteile mit besonderem Entwicklungsbedarf – die Soziale Stadt". Bericht der Programmbegleitung, Berlin 2003, S. 100.
[44] Ulrich Hatzfeld, Stadtentwicklung und Lokale Ökonomie, in: Institut für Landes- und Stadtentwicklungsforschung (Hrsg.), Lokale Ökonomie und Wirtschaftsförderung in Stadtteilen mit besonderem Erneuerungsbedarf, Dortmund 1997, S. 31–34.
[45] An den Problemen im Vorfeld der Gründung des Vereins zeigt sich, wie wenig die türkeistämmige Bevölkerung vorher organisiert war: Es war zunächst schwierig, die Unternehmer davon zu überzeugen, sich im Verband als eigenständige Organisation zusammenzuschließen; vgl. Ercan Idik, Das Büro für Wirtschaftsentwicklung in Duisburg-Marxloh, in: Institut für Landes- und Stadtentwicklungsforschung (Hrsg.), Interkultureller Dialog NRW. Stadtentwicklung und Zuwanderung, Dortmund 1999, S. 34–36.
[46] Unter Clustern werden räumlich konzentrierte, miteinander verflochtene Wirtschaftszweige verstanden, bei denen man davon ausgeht, dass sie zur Wettbewerbssteigerung beitragen.
[47] Man unterscheidet in der Migrationsforschung drei Modelle, welche das Entstehen ethnischer Ökonomien erklären sollen: Das Nischenmodell, nach dem Zuwanderer vor allem den Bedarf eigenethnischer Kundschaft abdecken; das Kulturmodell, demzufolge beispielsweise unter italienischen und türkischen Zuwanderern eine bereits im Herkunftsland zu verzeichnende verstärkte Bereitschaft zur unternehmerischen Selbstständigkeit besteht, und das Reaktionsmodell, nach dem die Unternehmensgründung in Anbetracht rechtlicher Einschränkungen und Arbeitsmarktdiskriminierung für viele Zuwanderer den einzigen Ausweg aus der Arbeitslosigkeit darstellt. Diese drei Modelle schließen sich gegenseitig nicht aus und auch in Marxloh spielen alle genannten Faktoren in den Entschluss zur Existenzgründung mit hinein; vgl. Schuleri-Hartje/Floeting/Reimann, Ethnische Ökonomie, S. 24–26.
[48] Vgl. Fischer, Ethnische Ökonomie, S. 88–90.

tern" empfindet man dies als deutlichen sozialen Aufstieg.[49] Zwar stehen immer noch gut 150 Ladenlokale leer, aber der Stadtteil wirkt zunehmend belebter. Türkische Kundschaft reist bundesweit und sogar aus den Niederlanden, Belgien und Frankreich an, um sich und die gesamte Großfamilie hier für anstehende Hochzeiten oder andere Festlichkeiten einzukleiden. Zwar finden sich auch in anderen bundesdeutschen Städten vereinzelt türkische Brautmodenläden[50], aber in Marxloh weiß man allein aufgrund der riesigen Auswahl von 30 Geschäften, dass man höchstwahrscheinlich fündig werden kann. So reisen ganze Großfamilien meist an den Wochenenden nach Marxloh, streifen durch die Läden und fahren dann abends mit vollen Einkaufstüten wieder nach Hause. Innerethnisch besteht also ein großes Interesse an der Braut- und Festtagsmode. Die Unternehmer sind aber nicht nur an eigenethnischer Kundschaft interessiert. Viele der türkischen Geschäftsinhaber versuchen gezielt, den Zugang für deutsche Kundinnen und Kunden möglichst „barrierefrei" zu halten.[51]

Wie aber steht die autochthone deutsche Bevölkerung selbst zu dieser Entwicklung? Auch hier muss die Antwort wohl lauten: gespalten. Insbesondere die alteingesessenen Deutschen trauern den Zeiten nach, in denen es im Stadtteil noch deutsche Bekleidungsgeschäfte wie „Lintel" oder „Sinn" gab. Einer besonderen Herausforderung stehen die alteingesessenen deutschen Geschäftsinhaber gegenüber, für die die türkischen Unternehmer eine ernst zu nehmende Konkurrenz darstellen. Sie sehen sich angesichts der zunehmend türkischen Kaufkraft dazu genötigt, das eigene Unternehmenskonzept zu überdenken und sich den „neuen" Marktanforderungen anzupassen. Für viele deutsche Unternehmer ist dies selbstverständlich. Manchen alteingesessenen Geschäftsinhabern fällt dies aber auch schwer, und es führt zu finanziellen Verlusten, schlimmstenfalls zum Bankrott, da die zugewanderte Käuferschicht ausbleibt. Allein das hier nicht vorhandene kulturelle Kapital in Form der Bilingualität des Verkaufspersonals kann als Barriere wirken.[52]

Andererseits freuen sich auch viele ältere Marxloher, gleich der oben erwähnten Duisburgerin, rein an der ästhetischen Seite der Brautmode. Sie empfinden sie als eine optisch schöne Aufwertung des Stadtteils. Viele sind stolz, dass die Brautmode Marxloh im Kulturhauptstadtjahr 2010 bundesweit bekannt gemacht hat.[53]

Das Abendmodengeschäft bietet zudem speziell gerade für jüngere Deutsche, auch aus Duisburg-Stadt oder dem Umland, die Möglichkeit, sich beispielsweise zum Abiturball mit etwas einzukleiden, was sonst keiner hat. Aktuell sind es des Öfteren auch deutsche Schützenvereine aus dem Umland, die das Kleid ihrer Schützenkönigin in Marxloh kaufen. Deutsche Käuferinnen machen inzwischen 20 bis 25 Prozent der Kundinnen in diesen Geschäften aus. Die Bekleidungsmode hat somit auch für Deutsche durchaus Exklusivcharakter und stellt einen Anziehungspunkt dar.

---

[49] Gerade für türkeistämmige Geschäftsgründer stellt ein begrenztes ökonomisches Potenzial kein Hindernis zur Unternehmensgründung dar; vgl. Schuleri-Hartje/Floeting/Reimann, Ethnische Ökonomie, S. 69.
[50] Konkurrenz bieten inzwischen die Städte Mannheim und Dortmund, wo sich ebenfalls Brautmoden-Cluster etabliert haben.
[51] Vgl. dazu auch Fischer, Ethnische Ökonomie, S. 93.
[52] Ebenda.
[53] Das Selbstbild der Marxloher Bevölkerung positiv zu stärken, hat sich die Gruppe „Made in Marxloh", deren Mitglieder im Medienbunker arbeiten, zum Ziel gesetzt. Eines der wohl öffentlichkeitswirksamsten Projekte fand unter dem Titel „100 Bräute auf der A40" anlässlich der Sperrung der Autobahn am 18.7.2010 statt. Mehr dazu unter: http://madeinmarxloh.com/blog/2010/07/19/still-leben-auf-der-a40-%E2%80%93-ein-traum-in-weis/ (29.8.2010). Viele Schaufensterscheiben in Marxloh sind inzwischen mit dem Logo „madeinmarxloh.com" dekoriert.

Es ist folglich keineswegs richtig, dass, wie im oben genannten Film dargestellt, die türkische lokale Ökonomie die deutsche Kundschaft zur Assimilierung zwingt. In Bezug auf die deutschen Betriebe trifft dies jedoch eher zu, da die türkeistämmige Kundschaft zunimmt, wohingegen die deutsche abnimmt. Dies kann zu Unmut seitens der deutschen Geschäftsinhaber beitragen, schlimmstenfalls auch zu verbalen Konflikten führen. Dennoch scheint es in dem Bereich der lokalen Ökonomie zu einem regen interethnischen Austausch zu kommen, der nur in seltenen Fällen konfliktbeladen ist. Ein wenig anders stellt sich dies im Bildungsbereich dar.

3. Bildung

In Marxloh gibt es zwei Grundschulen, eine Gesamtschule und ein Gymnasium mit einem jeweils hohen Anteil von Schülerinnen und Schülern mit Migrationshintergrund, der meist über 80 Prozent liegt.[54] In den Schulklassen befinden sich nach Aussage der Lehrer jeweils zwei bis vier deutsche Kinder.[55] Die Kombination aus bildungsfernen Familien[56] und hohem Anteil an Zuwandererkindern verlangt den Schulen spezifische pädagogische Konzepte ab, da sie Schwierigkeiten gegenüberstehen, die sich an anderen Schulen in dieser Form nicht finden. Hierbei mag man vielleicht zunächst an kopftuchtragende Schülerinnen, von den Eltern verbotenen Schwimmunterricht und Klassenfahrten denken. Dies stellt an den Schulen in Marxloh, wie die Lehrer berichteten, jedoch keine nennenswerte Schwierigkeit dar. Alle Kinder nehmen an Klassenfahrten teil – sofern es ihnen gelingt, das Geld dafür beim Arbeitsamt zu beantragen, der bürokratische Aufwand ist hier nämlich das eigentliche Problem. Einzelne Schülerinnen tragen Kopftuch, und das Schwimmabzeichen kann entweder extern erworben werden, oder es wird zum Teil mit Ganzkörperanzug geschwommen, im sogenannten Burkini. Hier erweisen sich die Zuwanderer flexibler als die Lehrer, die sich in Einzelfällen beim Anblick einer im Ganzkörperanzug gekleideten Schülerin belustigte Kommentare nicht verkneifen können. In diesen Bereichen bestehen folglich wenig Schwierigkeiten und wenn, dann liegen sie in der mangelnden Akzeptanz von Andersartigkeit auf Seiten der Deutschen. Anders ist dies bei der mangelnden deutschen Sprachkompetenz der zugewanderten Kinder, was in Marxloh zweifelsohne als das größte Problem im Bildungsbereich angesehen werden muss.

Bei den Schuleingangstests verfügt im Ortsteil Marxloh fast ein Drittel der Einwandererkinder nicht oder kaum über Deutschkenntnisse.[57] Dies scheint vor dem Hintergrund

---

[54] GGS Sandstraße (Gemeinschaftsgrundschule); KGS Henriettenstraße (Kooperative Gesamtschule); Elly-Heuss-Knapp-Gymnasium; Herbert-Grillo-Gesamtschule. Bis auf das Gymnasium bieten alle Schulen muttersprachlichen Unterricht an, was dazu führt, dass der Wechsel nach der Grundschule auf das Gymnasium von den türkeistämmigen Schülern im Stadtteil vermieden wird. Sie favorisieren die Gesamtschule, die Türkisch als zweite Fremdsprache anbietet.
[55] Der Zuwachs der Kinder auf Gymnasien in Gesamt-Duisburg besteht ausschließlich aus deutschen Kindern, die Zahl der an Gymnasien verwiesenen ausländischen Kinder sinkt. 50,1 % der ausländischen Schülerinnen und Schüler schließen die Schullaufbahn entweder mit der Hauptschule oder ohne jeden Abschluss ab, was im Vergleich zu den deutschen Schülern (28,8 %) fast doppelt so oft ist. „Oder anders ausgedrückt, jeder zweite ausländische Schüler schließt seine Schullaufbahn auf einer Haupt- oder Förderschule mit oder ohne Abschluss ab. Bei den deutschen Jugendlichen trifft das auf etwa jeden vierten zu"; Amt für Soziales und Wohnen der Stadt Duisburg (Hrsg.), Sozialbericht, S. 103.
[56] Im Unterschied zu den Zuwandererfamilien, bei denen meist vier oder fünf Kinder in einem Haushalt leben, sind die deutschen Kinder fast immer Einzelkinder, und es handelt sich bei den deutschen Familien häufig um „Problemfamilien". Die Kinder kommen stark vernachlässigt in die Schule, während die Zuwandererkinder meist ordentlich gekleidet und mit Schulbrot versorgt zum Unterricht erscheinen.
[57] Amt für Soziales und Wohnen der Stadt Duisburg (Hrsg.), Sozialbericht, S. 96.

befremdlich, als dass es die Großeltern der Kinder waren, die als „Gastarbeiter" nach Deutschland migrierten. Diese Kinder wurden somit bereits im Zuwanderungsland geboren und besitzen zunehmend die deutsche Staatsbürgerschaft. Noch mehr überraschen deren mangelnde deutsche Sprachkenntnisse angesichts der Beobachtungen der Lehrer, dass mindestens ein Elternteil der Kinder fließend Deutsch spricht, aber diese Sprachkompetenz nicht an die Kinder weitervermittelt. Ein großer Teil dieser Kinder (37 Prozent) spricht zuhause mit den Eltern vorrangig eine andere Sprache als Deutsch.[58] Die deutsche Sprache wird von diesen Kindern erst in der Kindertagesstätte[59] erlernt, aber aufgrund fehlender Kontakte zu Deutschen wenig erprobt. Zuwandererkinder stellen in den Kindertagesstätten bereits die Mehrheit und sprechen untereinander meist in der Sprache des Elternhauses. Dies verlangt zum einen nicht nach einer zusätzlichen Anstrengung, zum anderen stellt man so aber auch Gemeinsamkeit untereinander her, grenzt sich jedoch gleichermaßen auch vom Anderen ab. Was aber veranlasst die Eltern, ihren Kindern nicht die deutsche Sprache beizubringen, die sie offenbar selbst relativ gut beherrschen?

Zunächst ist festzustellen, dass inzwischen im Unterschied zum Beginn der Zuwanderung in den 1960er Jahren ein beträchtlicher Teil des innerethnischen Miteinanders in Marxloh in türkischer Sprache erfolgt. In Marxloh kann man einkaufen und weitestgehend leben, ohne über gute deutsche Sprachkenntnisse zu verfügen. Anders als bei der ersten Zuwanderergeneration besteht hier also zunächst nicht die dringende Notwendigkeit, die deutsche Sprache zu erlernen, um einkaufen gehen oder mit Nachbarn kommunizieren zu können. Die Geschäftsleute, darauf wurde bereits hingewiesen, sind fast immer bilingual und die Nachbarn sind keine Deutschen mehr, sondern ebenfalls Zugewanderte. Auch die Freizeitkontakte bestehen bei der türkeistämmigen Bevölkerung meist zu Türken, und seit es möglich ist, Fernsehen über Satellit zu empfangen, ist türkisches Fernsehen beliebt.

Ein weiterer Grund für die mangelnde deutsche Sprachkompetenz der Zuwandererkinder liegt darin, dass häufig, wie bereits gesagt, nur ein Elternteil fließend Deutsch spricht, was daher rührt, dass der andere Elternteil meist per Ehegattennachzug im Rahmen der Heiratsmigration[60] nach Deutschland eingereist ist. Hier handelt es sich somit um einen Migranten der ersten Generation.[61] In diesen Familien spricht man, zumindest zuhause, ausschließlich in der Sprache des Herkunftslandes. Ein weiterer Faktor ist in der sozialen Herkunft der Personen zu sehen und somit in der Bereitschaft, der Sprachvermittlung an die Kinder Priorität einzuräumen. Das Weitergeben von Sprachkompetenzen, die man selbst nur unter Mühen erlangt hat, verlangt nach gezielter Anstrengung, wozu sich viele

---

[58] Ebenda, S. 92.
[59] Zwar wird immer wieder gesagt, Zugewanderte, und insbesondere türkeistämmige, würden ihre Kinder nicht in Kindertagesstätten unterbringen, doch lässt sich dies in Bezug auf den Stadtbezirk Hamborn nicht erhärten: Drei von vier Einwandererkindern gehen hier in eine Kindertagesstätte und stellen dort mittlerweile die Mehrheit. Dies ist in erster Linie insofern problematisch, als die Kinder und Jugendlichen untereinander meist in der Sprache des Herkunftslandes sprechen.
[60] Seit September 2007 müssen die nachreisenden Ehepartnerinnen und Ehepartner aus Nicht-EU-Staaten einfache Sprachkenntnisse des Deutschen nachweisen. Dies hat zu einem Rückgang bei der Ausstellung von Visa der Ehepartner geführt; vgl. http://www.migration-info.de/mub_artikel.php?Id=081001 (17.9.2010).
[61] Zu den Motivationen, vorwiegend innerethnisch und transnational zu heiraten, vgl. Gaby Straßburger, Heiratsverhalten und Partnerwahl im Einwanderungskontext. Eheschließungen der zweiten Migrantengeneration türkischer Herkunft, Würzburg 2003. Straßburger kommt zu dem Schluss, dass, obgleich die Mehrheit der in der zweiten Migrantengeneration geschlossenen Ehen transnational und teils arrangiert ist, dies nicht als Wille zur Abgrenzung, sondern als Umstand diverser Einflussfaktoren (individuelle Erfahrung, Netzwerke u. a.) zu betrachten ist, die sich, wie sie vermutet, nicht von denen Deutscher unterscheiden.

der Zugewanderten im Stadtteil nicht in der Lage sehen. Es handelt sich hier also bei der Beurteilung der mangelnden Sprachkompetenz von türkeistämmigen Zuwandererkindern in Marxloh um ein Zusammenwirken von ethnischen und sozialen Faktoren.[62]

Beides führt dazu, dass sich die Grundschulzeit dieser Kinder häufig um ein bis zwei Jahre verlängert und sie nur zu geringen Anteilen in Duisburg auf Gymnasien (9 Prozent) vertreten sind. Dafür werden sie doppelt so häufig wie deutsche Schüler nach der vierten Klasse an die Hauptschule übergeben und sind stark an Förderschulen vertreten. Im Unterschied zu einigen deutschen Familien im Stadtteil sind die Eltern jedoch meist erheblich daran interessiert, dass aus ihren Kindern „etwas wird"[63], und können ausgesprochen sensibel der Schule gegenüber reagieren, wenn sie merken, dass das Kind ihren Leistungsanforderungen nicht entspricht. Hier sei an das türkische Sprichwort gedacht: „Die Knochen gehören mir, das Fleisch dir, Lehrer".[64] So erwarten die Eltern, dass der Lehrer „härter" durchgreift, wenn das Kind leistungsmäßig „versagt".

Erfüllen die Lehrer diese Erwartung nicht, so geraten insbesondere die Lehrerinnen mit Migrationshintergrund zusehends unter Druck. Das veranlasste eine Lehrerin zu der Äußerung: „Marxloh ist ein Dorf. Wenn Gerüchte aufkommen, die müssen nicht mal stimmen, dann ist Holland in Not".[65] Diese Frage nach der Bedeutung des gesellschaftlichen Ansehens im Stadtteil und der Gemeinschaftskontrolle scheint ganz zentral in Hinblick auf das innerethnische Miteinander zu sein. Damit in Verbindung steht auch die Frage danach, ob sich die Jugendlichen von den von den Eltern tradierten Wertvorstellungen lösen oder nicht. Hanhörster[66] zufolge sehen sich besonders die Mädchen hier in einem Konflikt.[67] So sagte eines der von ihr befragten Mädchen:

> „Ich selbst möchte 6, 7 Kinder haben. Ich möchte gut sein in der Arbeit, die ich mache. Es kann auch Probleme geben, z. B. dass mein Mann es nicht akzeptiert, dass ich arbeiten möchte. Meine Schwester hat drei Kinder und darf nicht arbeiten. Davor habe ich am meisten Angst".[68]

Es zeigt sich, dass die ethnische Verdichtung in Marxloh im Bildungsbereich insofern Schwierigkeiten in sich birgt, als die erworbenen deutschen Sprachkenntnisse der jungen Bevölkerung wenig Anwendung finden. Zudem baut sich ein Gemeinschaftsdruck auf, der aber auch – von vielen türkeistämmigen Befragten positiv als „Loyalität" formuliert – Halt verschaffen kann. Die Schule stellt für viele Schülerinnen und Schüler im Stadtteil Marxloh eine wesentliche Möglichkeit zum interethnischen Austausch dar. Nun sind zwei bis vier

---

[62] Die Sprachförderung von Kindern unabhängig von deren ethnischer Zugehörigkeit zusammen mit ihren Eltern zu fördern, ist das Ziel des in Marxloh relativ erfolgreich verlaufenden „Rucksack-Projektes" der RAA (Regionale Arbeitsstellen zur Förderung von Kindern und Jugendlichen aus Zuwandererfamilien) in NRW. Näheres dazu unter: http://www.rucksack-griffbereit.raa.de (12.9.2010).
[63] Vgl. Ahmet Toprak, „Wer sein Kind nicht schlägt, hat später das Nachsehen". Elterliche Gewaltanwendung in türkischen Migrantenfamilien und Konsequenzen für die Elternarbeit, Herbolzheim 2004.
[64] Auf Türkisch heißt der Satz „Etti senin, kemigi benim". Der Satz bedeutet inhaltlich, dass man, indem man sein Kind zur Schule schickt, Schule und Klassenlehrer die Erziehung überlässt; vgl. dazu: Hasan Akinci, Das Fleisch gehört dir, die Knochen mir. Lebenserfahrung eines türkischen Lehrers, Norderstedt 2008, S.146.
[65] Duisburgerin, die in Marxloh arbeitet. Gedächtnisprotokoll vom 19.2.2010.
[66] Methodisch handelt es sich dabei um zehn offene Interviews, die mit 15- bis 18-jährigen Migrantenjugendlichen aus dem Stadtteil Duisburg-Marxloh geführt wurden; vgl. Institut für Landes- und Stadtentwicklungsforschung (Hrsg.), „Eene meene Muh und raus bist du?!" Lebenswelten türkischer Jugendlicher in benachteiligten Stadtteilen, Sozialbericht, Dortmund 2001.
[67] Dieser Frage nach der Ablösung der von den Eltern tradierten Wertvorstellungen werde ich im Projekt vertiefend nachgehen. Einige Expertenmeinungen deuten auf eine Bestätigung dieses Konflikts hin, aber im Moment ist es zu früh, dazu an dieser Stelle Näheres zu äußern.
[68] Institut für Landes- und Stadtentwicklungsforschung, Sozialbericht, S.9.

deutsche Kinder pro Klasse nicht viel, aber dennoch gaben einige Mädchen gleich einer von Hanhörster befragten jungen Türkin zu verstehen: „Wenn ich die seh, red' ich mit denen".[69]

4. Fazit

Der Stadtteil Marxloh im Duisburger Norden hat im Laufe der Jahre eine Veränderung durchlaufen wie kaum ein anderer Stadtteil. Entstanden im 19. Jahrhundert und aufgrund der Ansiedlung der Industrie (Grillo und Thyssen) rasant gewachsen, wanderte zunehmend auch das Bürgertum nach Marxloh zu. Im Stadtteil wurde flaniert und großzügig eingekauft. Während des Wirtschaftsaufschwungs nach dem Zweiten Weltkrieg kamen immer mehr Personen aus Italien, Griechenland und seit den 1960er Jahren vor allem aus der Türkei nach Marxloh. Die meisten von ihnen waren als „Gastarbeiter" bei Thyssen tätig. Das Verhältnis zwischen Deutschen und Zugewanderten war gut, doch begannen in dieser Zeit aufgrund der Kohlekrise bereits allmählich die ersten Zechen zu schließen. Die Arbeiterschaft in Marxloh wurde zusehends arbeitslos. Das Bürgertum zog weg und zeitgleich kamen nach dem Anwerbestopp 1973 aufgrund der Familienzusammenführung weiterhin Personen aus der Türkei nach Marxloh. Die meisten von ihnen waren nur gering gebildet und so setzte eine Abwärtsspirale ein, der die Stadt Duisburg seit den 1980er Jahren Einhalt zu gebieten versuchte. Die Einrichtung des Clusters Brautmode ist in ökonomischer Hinsicht ein wesentlicher Schritt, den Stadtteil attraktiver zu gestalten. Einige ältere Deutsche fühlen sich dadurch jedoch überfremdet und sehnen sich nach den „alten Zeiten" zurück. Auch viele Türken wünschen sich anstelle anderer stetig zuziehender ethnischer Gruppierungen mehr Deutsche in den Stadtteil zurück, da sie sich bewusst sind, dass ohne Kontakte zu Deutschen insbesondere ihre deutsche Sprachkompetenz leidet. Im Bildungsbereich zeigt sich dies am deutlichsten und nachhaltigsten.

Nun ist es inzwischen bekannt, dass Integration nicht in die Gesamtgesellschaft als Ganzes verläuft, sondern immer in mehr oder weniger starkem Maße[70] in Teile verschiedener gesellschaftlicher Bereiche. Für den Wohnbereich bedeutet dies, dass je nach dem Ausbau der dortigen Infrastruktur die Möglichkeiten der Integration steigen oder fallen können.[71] An welchem Wohnort man lebt, scheint Einfluss darauf zu haben, welchen Bildungserfolg man vorweisen kann[72], und auch die politische Partizipation scheint mit dem Wohnort in Zusammenhang zu stehen.[73] Doch bestehen an dieser Stelle in der Segregationsforschung einige, immer wieder angemahnte Fallstricke. Städte oder Stadtviertel werden in den vornehmlich statistischen Untersuchungen in mehr oder weniger gut gestellte Einheiten unterteilt. Es werden diejenigen Stadtbereiche eruiert, von denen die Forschung

---

[69] Ebenda, S. 12.
[70] Esser hat bereits in den 1980er Jahren darauf hingewiesen, dass Integration nicht eindimensional verläuft, und unterscheidet vier Ebenen der Integration: kognitiv, strukturell, sozial, identifikativ. Esser spricht nicht von Integration, sondern von Assimilation und meint damit die Angleichung von Handlungen eines Individuums in die Richtung der Mehrheitsgesellschaft; vgl. Hartmut Esser, Aspekte der Wanderungssoziologie. Assimilation und Integration von Wanderern, ethnischen Gruppen und Minderheiten. Eine handlungstheoretische Analyse, Darmstadt/Neuwied 1980.
[71] Jens Dangschad, Sag' mir, wo du wohnst, und ich sag' dir, wer du bist!, in: Prokla. Zeitschrift für kritische Sozialwissenschaft (1997), Nr. 109, S. 619–647.
[72] Vgl. die offizielle Seite der OECD über die PISA-Ergebnisse: http://www.oecd.org/document/21/0,3343,de_34968570_39907066_43316757_1_1_1_1,00.html (6.9.2010).
[73] Vgl. Norbert Kozicki, Wahlbeteiligung von Jung- und Erstwählern bei der Landtagswahl 2000, in: Mitteilungen des Landesjugendamtes Westfalen-Lippe (2000), Nr. 146, S. 88.

ausgeht, dass sie besonders von Armut betroffen oder sozial benachteiligt werden.[74] Hier handelt es sich meist um Stadtteile mit hohem Zuwandereranteil, wie Marxloh, was zu einer gedanklichen Verknüpfung von Armut und Migration beiträgt und die einseitige Negativwahrnehmung zementiert, derzufolge Zuwanderung primär zu Problemen führt.[75] Marxloh zeigt aber in vielerlei Hinsicht, dass vermeintlich ethnische Schwierigkeiten häufig soziale sind und in erster Linie das Außenimage negativ auf die Bevölkerung Einfluss nimmt.[76] Jugendliche fühlen sich aufgrund ihrer Marxloher Herkunft diskriminiert, insbesondere die männlichen türkischen Jugendlichen als „Kriminelle" stigmatisiert. Zugleich fühlen sich viele der Jüngeren jedoch mit dem Stadtteil aufgrund von Freundschaften und der Familie verbunden und wollen von dort nicht dauerhaft wegziehen. Einige verlassen Marxloh zur Aufnahme eines Studiums und ziehen anschließend wieder in den Stadtteil zurück. Nicht selten machen sie sich selbstständig, wovon nun die lokale Ökonomie des Stadtteils wiederum profitiert.[77] Dennoch sollte hier nicht vergessen werden, dass der Entschluss, sich selbstständig zu machen, nicht selten das Resultat von Diskriminierungserfahrungen auf dem Arbeitsmarkt ist und so auf lange Sicht unter Umständen in die „Mobilitätsfalle"[78] führen *kann*, da es außerhalb der eigenethnischen Betriebe nicht gelingt, beruflich aufzusteigen. Auch in diesem Zusammenhang wird deutlich, dass die Identität der Jugendlichen sich zwar einerseits aus ihrer Herkunft speist, aber andererseits auch das Produkt von erfahrener Ungleichheit und Diskriminierung ist.[79] So bringen sie häufig nicht die nötigen Sprachvoraussetzungen mit, weder im Türkischen noch im Deutschen. Zugleich fühlen sie sich aber aufgrund ihrer ethnischen und sozialen Herkunft seitens der Deutschen stigmatisiert. Besonders von den jungen Frauen wurde eine Dreifachdiskriminierung beklagt: als Mädchen, als Türkin (ganz besonders die Kopftuchträgerinnen) und als Marxloherin. Dies führt dazu, dass sich die Mädchen wenig zutrauen und es nur mit viel Unterstützung schaffen, sich auch außerhalb eigenethnischer Marxloher Betriebe, häufig Friseursalons, auf Praktikums- oder Ausbildungsstellen zu bewerben.

Damit wird deutlich, dass die Innenperspektive der Stadtteilbewohner von hoher Wichtigkeit ist: Jenseits der stigmatisierenden „Problemviertel"-Bezeichnung können wir auf diese Weise etwas über die Lebenswelt der Stadtteilbewohner und deren Schwierigkeiten erfahren, aber auch deren Potenziale benennen und fördern.

---

[74] Vgl. u. a. Hartmut Häußermann/Andreas Kapphan, Berlin. Ausgrenzungsprozesse in einer europäischen Stadt, in: Hartmut Häußermann u. a. (Hrsg.), An den Rändern der Städte. Armut und Ausgrenzung, Frankfurt a. M. 2004, S. 203–234.
[75] Hillmann konstatiert, dass die deutsche Diskussion um Zuwanderung durch eine „extreme Betonung der Zuwanderung in die Städte" gekennzeichnet ist. Ethnisierungsprozesse in Teilarbeitsmärkte würden schnell als ein Problem, „als der Beginn einer entstehenden urban underclass unter dem Vorzeichen sozialer Exklusion thematisiert"; Felicitas Hillmann, Ethnische Ökonomien. Eine Chance für die Städte und ihre Migrantinnen?, in: Norbert Gestring (Hrsg.), Jahrbuch StadtRegion 2001. Schwerpunkt Einwanderungsstadt, Opladen 2001, S. 35–55.
[76] Marxloh scheint hier kein Einzelfall zu sein; vgl. beispielsweise Andrea Janßen, „Es ist 'ne soziale Gegend". Benachteiligte Effekte in Migrantenvierteln?, in: Uwe-Jens Walther/Kirsten Mensch (Hrsg.), Armut und Ausgrenzung in der „Sozialen Stadt". Konzepte und Rezepte auf dem Prüfstand, Darmstadt 2004, S. 26–42. Am Beispiel zweier Stadtteile der Stadt Hannover macht die Autorin deutlich, dass es soziale (fehlende Netzwerkkontakte) und symbolische (z. B. das Außenimage eines Stadtteils) Faktoren sind, die sich auf die Bewohner eines Stadtteils benachteiligend auswirken.
[77] Die Unternehmer selbst wohnen meist nicht in Marxloh, sondern pendeln zu ihrer Arbeitsstelle.
[78] Norbert F. Wiley, The Ethnic Mobility Trap and Stratification Theory, in: Peter I. Rose (Hrsg.), The Study of Society. An Integrated Anthology, New York 1970, S. 397–408.
[79] Vgl. dazu auch: Institut für Landes- und Stadtentwicklungsforschung, Sozialbericht, S. 3.

Bettina Severin-Barboutie
Stadt – Migration – Transformation
Stuttgart und Lyon im Vergleich

Europa als Forschungsgegenstand und Analyserahmen hat in der Geschichtswissenschaft Konjunktur. Ein flüchtiger Blick auf die aktuelle Forschungslandschaft genügt, um sich davon zu überzeugen.[1] Mit dem zunehmenden Interesse an und der Bedeutung von Europa wächst auch der Bedarf an einer präzisen Konturierung Europas als Gegenstandsbereich der historischen Forschung, nicht zuletzt der Bedarf an der Klärung der Frage, was Europa eigentlich als Entität begreifen und mithin erforschen lässt. Auf eine mögliche Analogie beziehungsweise Klammer ist unlängst von der Zeitgeschichte hingewiesen worden. Demnach machte die in das 19. Jahrhundert zurückreichende Vorstellung von einer homogenen Gesellschaft in der Nachkriegszeit allenthalben, wiewohl nicht synchron und auch nicht abrupt, einem auf Diversität gegründeten Gesellschaftsentwurf Platz. Die Pluralisierung der Gesellschaft war dabei insofern ambivalent, als sie in globaler Perspektive zu gleichgerichteten Entwicklungen führte, innerhalb der Einzelgesellschaften jedoch zunehmend differenzierend wirkte. Annäherungen zwischen den europäischen Einzelgesellschaften und innergesellschaftliche Diversifizierungen gingen mithin Hand in Hand. „Das Ende der Eindeutigkeit bei den nationalen Gesellschaften einerseits, zunehmende Ähnlichkeiten in globaler Hinsicht andererseits", hat Thomas Mergel diese gegenläufigen Tendenzen treffend auf den Punkt gebracht.[2]

Diese von der Zeitgeschichte herausgearbeiteten Entwicklungslinien für eine gemeinsame europäische Geschichte sind Ausgangspunkt der folgenden Überlegungen, in denen am Beispiel der Städte Stuttgart und Lyon untersucht wird, inwiefern die massiven Zuwanderungen nach 1945 in der städtischen Gesellschaft Annäherungs- und Diversifizierungsprozesse auslösten, wie sie von der Zeitgeschichte für die europäischen Gesellschaften insgesamt herausgearbeitet wurden. Es geht also darum, am Beispiel der von den Nachkriegswanderungen ausgelösten Transformationsprozesse in der Stadt tiefere Einblicke in die gesellschaftliche Dynamik nach 1945 zu gewinnen, als es die zwangsläufig auf hohem Abstraktionsniveau geführte Analyse der gesamtgesellschaftlichen Ebene vermag.[3] Zeitlicher Schwerpunkt der Untersuchung sind dabei die ersten drei Jahrzehnte nach Kriegsende.

Mit Stuttgart und Lyon werden zwei Städte gegenübergestellt, die als „most similar cases" zu betrachten sind. Beide wurden in der Nachkriegszeit von einem rasanten Bevölkerungswachstum erfasst, für das hier wie dort starke Zuwanderungen verantwortlich waren.[4] Beide sind deshalb beispielhaft für die Migration nach Deutschland und Frankreich nach 1945. Beide teilen darüber hinaus eine Reihe weiterer Gemeinsamkeiten. Als regionale Metropolen in wirtschaftsstarken Regionen verfügen sie über eine exportorientierte Wirtschaft

---

[1] Vgl. Thomas Mergel, Die Sehnsucht nach Ähnlichkeit und die Erfahrung der Verschiedenheit. Perspektiven einer Europäischen Gesellschaftsgeschichte des 20. Jahrhunderts, in: Archiv für Sozialgeschichte (AfS) 49 (2009), S. 417–434, hier S. 417f.
[2] Ebenda, S. 433.
[3] Imke Sturm-Martin, Annäherung in der Diversität. Europäische Gesellschaften und neue Zuwanderung seit dem Zweiten Weltkrieg, in: AfS 49 (2009), S. 215–230.
[4] Vgl. Karl-Heinz Meier-Braun/Reinhold Weber (Hrsg.), Kulturelle Vielfalt. Baden-Württemberg als Einwanderungsland (Schriften zur politischen Landeskunde Baden-Württembergs, Bd. 32), Stuttgart 2005; siehe auch Landeszentrale für politische Bildung Baden Württemberg (Hrsg.), Migration, Ulm 2004; Jochen Oltmer/Michael Schubert (Hrsg.), Migration und Integration in Europa seit der Frühen Neuzeit. Eine Bibliographie zur Historischen Migrationsforschung, Osnabrück 2005.

mit vergleichbarer Industriestruktur. Darüber hinaus befinden sich beide in europäischen Grenzregionen, sind verkehrstechnisch hervorragend angebunden und bilden noch dazu regionale Verwaltungszentren mit politischer Doppelfunktion. Stuttgart ist Mittelpunkt des gleichnamigen Regierungsbezirks und gleichzeitig Hauptstadt des 1952 gegründeten Landes Baden-Württemberg. Lyon ist Verwaltungsmittelpunkt des Rhône-Departements und zugleich Hauptstadt der Region Rhône-Alpes.

Der Vergleich von Stuttgart und Lyon erfolgt in drei Schritten. Zunächst wird der mit den Zuwanderungen einhergehende demographische Wandel in beiden Städten nach 1945 gemustert (1.). Sodann geht es um den Umgang der städtischen Behörden mit dem Phänomen Migration und hierbei auch um die kulturhistorisch relevante Frage nach der Persistenz und dem Wandel von Fremdwahrnehmungen (2.). Zwei Studien, die in beiden Städten nach dem staatlich verordneten Anwerbestopp in den 1970er Jahren unabhängig voneinander in Auftrag gegeben wurden, um die Situation der in der Stadt lebenden Migranten zu erfassen, dienen abschließend dazu, das je Individuelle von Stuttgart und Lyon, aber auch gleichgerichtete Entwicklungen in beiden Städten mit knappen Worten zu umreißen (3.).

1. Zuwanderungen und demographischer Wandel

Obwohl Stuttgart mit einem Ausländeranteil von ungefähr 25 Prozent gegenwärtig zu den deutschen Städten mit den höchsten Einwandererquoten zählt, ist seine Einwanderungsgeschichte eher kurz. In der ersten Hälfte des 20. Jahrhunderts waren nie mehr als 2 Prozent der städtischen Bevölkerung ausländischer Herkunft. Nach dem Ersten Weltkrieg, vor allem aber in den 1930er Jahren ging der Anteil der aus dem Ausland stammenden Einwohner sogar auf weniger als 1 Prozent zurück und erreichte damit einen historischen Tiefstand. Nach der Gründung der Bundesrepublik Deutschland stiegen die Ausländerzahlen zwar wieder leicht an, die Ausländerquote blieb aber bis in die 1950er Jahre hinein stets unterhalb der nach der Jahrhundertwende überschrittenen Schwelle von 2 Prozent. Zu einem grundlegenden und nachhaltigen Wandel in der städtischen Einwanderungssituation führte der Wirtschaftsaufschwung seit den 1950er Jahren. Wie anderswo wurde der wachsende Bedarf an Arbeitskräften mit Arbeitnehmern aus dem europäischen Ausland gedeckt, sodass es spätestens seit 1957 zu einer rasanten Zunahme der Zahl ausländischer Migranten kam. Zwischen 1957 und 1964 stieg sie von 10 500 auf mehr als 45 000 an. Bis zum Anwerbestopp 1973 verdoppelte sie sich noch einmal, bevor sie in den Folgejahren erstmals seit 20 Jahren rückläufig war. 1975 lebten knapp 92 500 Ausländer in Stuttgart.

Die Migrationsschübe folgten weitgehend dem Rhythmus der bundesdeutschen Anwerbebeziehungsweise Arbeitsmarktpolitik. Bis weit in die 1960er Jahre hinein ließen sich vor allem Zuwanderer aus Italien in Stuttgart nieder. Zwischen 1955 und 1964 stieg ihre Zahl von knapp 700 auf mehr als 17 000 an. In den 1950er Jahren wanderten zwar bereits Migranten aus Spanien, Griechenland, Jugoslawien sowie der Türkei zu. Doch blieb ihre Zahl wesentlich niedriger als die der Migranten aus Italien. In den meisten Fällen führte erst der Abschluss von Anwerbevereinbarungen zwischen der Bundesrepublik und diesen Ländern in den 1960er Jahren zu einem ähnlich rapiden Anstieg der Zuwanderung aus diesen Staaten wie ehedem aus Italien. Nur Jugoslawen wanderten bereits vor der staatlich vereinbarten Anwerbung in größerer Zahl zu.[5]

---

[5] Die Zahlen sind folgenden Akten entnommen: Stadtarchiv Stuttgart, HA 7045-0: Projektgruppe, Herbert Babel, Stuttgart – Eine Stadt für alle. Politik – Maßnahmen – Erfahrungen, Beitrag zum Expertentreffen in Paris 18.–19.3.1996, Stadtarchiv Stuttgart, HA 7045-0: Emigrationsparlament für Gastarbei-

Demographisch wirkten sich die seit Mitte der 1950er Jahre anhaltenden Migrationen aus dem Ausland in zweifacher Weise aus. Die Vermehrung der Zahl der Einwohner ohne deutschen Pass forcierte nicht nur das Bevölkerungswachstum, sondern führte zugleich zu einer Vervielfachung des Ausländeranteils und zu einer Diversifizierung der Herkunftsstaaten innerhalb weniger Jahrzehnte. Während im Jahre 1957 noch weniger als 2 Prozent Ausländer in der Stadt gelebt hatten, waren es 1975 bereits 15,5 Prozent. Dabei lassen sich zwei Wachstumsphasen unterscheiden. Die erste, bis Anfang der 1960er Jahre andauernde Phase war von einer Pluralisierung der nationalen Zugehörigkeiten innerhalb der Stadtgesellschaft bei weitgehender Dominanz der italienischen Migranten gekennzeichnet. In der zweiten Phase, die mit dem Anwerbestopp endete, kam es zum vermehrten Zuzug aus anderen Herkunftsländern als Italien und damit zugleich zu einer Proporzverschiebung innerhalb der in der Stadt lebenden Nationalitäten. Italien trat gegenüber der Türkei und dem ehemaligen Jugoslawien zusehends in den Hintergrund, obwohl die Zahl der italienischen Zuwanderer weitgehend konstant blieb. Anfang der 1970er Jahre bildeten die jugoslawischen Migranten die umfangreichste Gruppe in Stuttgart – eine Entwicklung, die innerhalb der bundesdeutschen Städtelandschaft eine Besonderheit darstellte.[6] Zusammen mit der Proporzverschiebung der Herkunftsgebiete diversifierte sich auch das demographische Profil der Migranten, weil nicht nur Arbeitnehmer, sondern auch in wachsendem Maße Familien mit Kindern einreisten.

Während Stuttgarts Einwanderungsgeschichte eigentlich erst in den 1950er Jahren begann, setzten in Lyon bereits in den 1920er Jahren massive Zuwanderungen aus dem europäischen Ausland, namentlich aus dem südeuropäischen Raum, ein. Hinzu kamen Flüchtlinge aus Russland und Armenien. Darüber hinaus wanderten bereits damals Algerier in höherer Zahl in die Stadt, wobei es sich oftmals nur um temporäre Aufenthalte handelte. Viele von ihnen zogen nur vorübergehend nach Lyon und kehrten nach einiger Zeit wieder nach Nordafrika zurück.[7]

Mit dem Wirtschaftsaufschwung in der Nachkriegszeit setzte seit den 1950er Jahren ein erneuter Zustrom von Einwanderern ein. Dabei gab es zwischen beiden Städten insofern eine Parallele, als auch das Gros der Zuwanderer in Lyon zunächst aus Italien stammte.[8] Im Gegensatz zum Wanderungsgeschehen in Stuttgart beschränkten sich die Zuwanderungen in die Rhône-Stadt jedoch nicht auf Arbeitsmigrationen aus dem mediterranen Raum Europas. Seit Ende der 1940er Jahre und verstärkt seit Mitte der 1950er Jahre nahm die Stadt Zuwanderer aus den französischen Kolonialgebieten in Nordafrika, in erster Linie

---

ter, Bd.2: Die in Stuttgart wohnenden Ausländer nach dem Stand 31.12.1964; Auszug aus den Statistischen Blättern der Stadt Stuttgart 1964, Stadtarchiv Stuttgart, HA 7045-0: Projektgruppe, undatiertes Schriftstück der Projektgruppe: Die Entwicklung der ausländischen Bevölkerung seit 1950; Stuttgart – Verlauf der Einwohnerentwicklung seit 1955, getrennt nach Deutschen und Ausländern; zum Anwerbeabkommen mit der Türkei vgl. Karin Hunn, „Nächstes Jahr kehren wir zurück ...". Die Geschichte der türkischen „Gastarbeiter" in der Bundesrepublik, Göttingen 2005, S. 29–70.

[6] Quantitative Angaben nach Babel, Stuttgart.

[7] Leo Lucassen, The Immigrant Threat. The Integration of Old and New Migrants in Western Europe since 1850, Urbana/Chicago 2005, S.173.

[8] Auf Grundlage eines bilateralen Anwerbeabkommens zwischen Frankreich und Italien aus dem Jahre 1949 konnten Italiener über das 1945 für die Regulierung der Arbeitsmigration ins Leben gerufene „Office National de l'Immigration" offiziell angeworben werden und eine dreijährige Arbeitserlaubnis erhalten. Allerdings umgingen die italienischen Zuwanderer zumeist die staatliche Anwerbung, indem sie privat als Touristen einreisten und sich vor Ort selbst um einen Arbeitsplatz bemühten. Die italienische Migration erfolgte daher in der Regel nicht über die staatlichen Institutionen, sondern über bereits etablierte private Netzwerke in der Stadt; vgl. Archives Départementales du Rhône, Lyon (ADR), 3287W 2, Schreiben des Ministers für Arbeit und soziale Sicherheit an die Präfekten, Leiter der regionalen Arbeitsverwaltungen sowie den Direktor des „Office National de l'Immigration", 8.7.1950.

aus Algerien auf.[9] Von zunächst knapp 5000 zu Beginn der 1950er Jahre stieg die Zahl der algerischen Zuwanderer bis zum Ende des Jahrzehnts auf 18 000 an.[10] In der Folgezeit kehrten zwar viele von ihnen wegen des Algerienkrieges nach Algerien zurück. Insgesamt reduzierte sich die Zahl der algerischen Zuwanderer in Lyon um ein Fünftel, und die französische Regierung versuchte diesem auch andernorts spürbaren Schwund an Arbeitskräften dadurch entgegenzuwirken, dass sie kurzfristig die Anwerbung ausländischer Arbeitskräfte erleichterte.[11] Die Rückwanderung algerischer Migranten war aber nur vorübergehender Natur. Bereits 1961 nahm ihre Zahl wieder zu. Bis Mitte der 1960er Jahre stieg sie sogar explosionsartig auf nahezu 30 000 an. 1981 wohnten über 50 000 Algerier in der Stadt.[12] Die Zahl der Tunesier und Marokkaner blieb demgegenüber vergleichsweise gering. Im Jahre 1967 lebten ungefähr 6000 von ihnen in der Stadt.[13] Darüber hinaus kamen nach Lyon in den 1960er Jahren Familien der „Harkis", das heißt der algerischen Soldaten, die im Algerienkrieg auf französischer Seite gekämpft hatten, sowie in Algerien angesiedelte Franzosen und andere Europäer, die sogenannten Pieds-Noirs.

Während die ausländischen Migranten in Stuttgart auf eine Aufnahmegesellschaft ohne längere Einwanderungstradition trafen, stießen die Migranten in Lyon auf eine Gesellschaft, die sich durch die langjährige Aufnahme von Migranten aus identischen Herkunftsgebieten bereits diversifiziert hatte. Qualitativ bedeuteten die Zuwanderungen nach 1945 dennoch etwas Neues, denn wiewohl die Herkunftsgebiete dieselben blieben wie in der Vorkriegszeit, verschoben sich seit den 1950er Jahren und mehr noch seit Anfang der 1960er Jahre die Proportionen beträchtlich. Einerseits stabilisierte sich wie in Stuttgart in den 1960er Jahren die Gruppe der italienischen Migranten[14], andererseits wuchs die Zahl der nordafrikanischen Zuwanderer, allen voran der Algerier, rasant an. Neu war ebenfalls der Charakter der Migration aus Algerien. Es handelte sich seither ausschließlich um Binnenwanderungen französischer Staatsbürger, denn seit 1947 besaßen Algerier die französische Staatsangehörigkeit und waren inländische Migranten, die von einem Departement zum anderen wanderten.[15]

Für die Zeitgenossen handelte es sich bei den Migrationen aus Algerien deshalb auch um eine gesonderte Form der Zuwanderung. „Der Migrationsstrom der algerischen Bevölkerung in die Metropole", ließ die Regionalbehörde Lyons 1953 verlauten, sei „ein spezifisch französisches Phänomen in den Umwälzungen, von denen die Bevölkerung in Europa gegenwärtig erfasst" sei.[16] Neu war darüber hinaus das sozio-ökonomische Profil der Zuwanderer aus Algerien. Während vor dem Zweiten Weltkrieg in erster Linie qualifizierte

---

[9] Vgl. Dietmar Loch, Jugendliche maghrebinischer Herkunft zwischen Stadtpolitik und Lebenswelt, Wiesbaden 2005, S. 113.
[10] ADR, 248W 90, Schreiben des Präfekten der Rhône an den französischen Innenminister, 23.11.1953; Statistik der muslimischen Bevölkerung der 8. Region, 1957.
[11] ADR, 3287W 4, Schreiben des Staatssekretärs an die Präfekten, 18.4.1956.
[12] ADR, 759W 262, État numérique Rhône – Étrangers, 1981.
[13] ADR, 248W 91, Enquête sur les besoins sociaux des travailleurs étrangers et de leur famille dans le département du Rhône, 12.2.1965; ADR, 248W 5, Statistischer Bericht von Jean-Pierre Gat, dem Leiter des „Service de Liaison et de Promotion des Migrants", 1967. Es handelte sich bei allen Angaben um Schätzungen.
[14] ADR, 3287W 2, Schreiben des Arbeitsministers an die Präfekten, 8.7.1950.
[15] Lucassen, The Immigrant Threat, S. 178; vgl. ferner Sarah Vanessa Losego, Fern von Afrika. Die Geschichte der nordafrikanischen „Gastarbeiter" im französischen Industrierevier von Longwy (1945–1990), Köln 2009, S. 234, Anm. 2.
[16] „Le courant migratoire de la population algérienne à destination de la métropole est un phénomène spécifiquement français, dans le remous où sont brassées actuellement les populations en Europe." ADR, 248W 90, Exposé de MM. Bortolotti et Illoul à la suite de leur mission en métropole sur l'organisation des travailleurs nord-africains, in: Assemblée Algérienne, Séance du 28 janvier 1953.

Arbeitskräfte aus dem Küstengebiet um Algier zeitlich befristet zugewandert waren, zogen seit Ende der 1940er Jahre mehr und mehr unqualifizierte Migranten mit ihren Familien aus den Hochebenen nach Lyon, um sich dort dauerhaft niederzulassen.[17] Die Zuwanderung habe sich in der Nachkriegszeit grundlegend gewandelt, beobachtete ein Gutachter Anfang der 1950er Jahre.

> „Sie verliert tendenziell die Kreisförmigkeit, die sie zu Anfang hatte, und stabilisiert sich stattdessen durch die Implantation einer wachsenden Zahl von Familien, die die algerischen Arbeitnehmer entweder bei ihrer Reise in die Metropole direkt begleiten oder später nachziehen und sich dort für unbestimmte Zeit oder gar definitiv niederlassen."[18]

Dass der französische Arbeitsminister die Nachkriegsmigrationen als „nouvelle immigration", also als neue Einwanderung qualifizierte, überrascht mithin nicht.[19] Folge dieser Entwicklungen war eine Pluralisierung der städtischen Gesellschaft hinsichtlich der regionalen Herkunft ihrer Mitglieder, die es weder in diesem Ausmaß noch in dieser Größenordnung bis dahin gegeben hatte.

Innerhalb der Zuwanderung aus dem mediterranen Raum behielten die Migrationen aus Algerien auch über die Unabhängigkeit Algeriens hinaus einen Sonderstatus, denn in den Verträgen von Evian vom 18. März 1962 wurde der algerischen Bevölkerung auch weiterhin Freizügigkeit zwischen beiden Staaten zugesichert. Wer einen gültigen Pass besaß, konnte nach wie vor unbeschränkt nach Frankreich einreisen.[20] Das rückte die Migration aus Algerien unzweifelhaft in die Nähe der Zuwanderungen aus den Mitgliedstaaten der Europäischen Wirtschaftsgemeinschaft (EWG). Zu einer Drosselung und Anpassung der Migration aus Algerien an die gesetzliche Regelung der Zuwanderungen aus dem übrigen Ausland (mit Ausnahme der Staaten der EWG) kam es erstmals Ende Dezember 1968 durch den Abschluss eines französisch-algerischen Abkommens, in welchem die jährliche Zuwandererquote auf 35000 Arbeitnehmer begrenzt wurde.[21] Noch vor dem offiziellen Stopp der Anwerbung ausländischer Arbeitskräfte durch Paris blockierte die algerische Regierung selbst die Zuwanderungen nach Frankreich, indem sie 1973 die Abwanderung verbot.[22]

Verwaltungsintern wurde der besondere Charakter der Zuwanderungen aus Algerien dadurch verwischt, dass algerische Migranten in Lyon meist zusammen mit Tunesiern und Marokkanern unter dem Sammelbegriff „Nordafrikaner" subsumiert und auf diese Weise von anderen, namentlich europäischen Einwanderern terminologisch abgegrenzt wurden. Gleichwohl konnte diese Gruppenzuordnung nach regionaler Herkunft nicht darüber hinwegtäuschen, dass sich hinter den weit gefassten Kategorisierungen konkrete Migrantengruppen in der Stadt verbargen. Der Begriff des „nord-africain" bezog sich gerade in der Anfangszeit zumeist auf Migranten aus Algerien. Demgegenüber war der Begriff des „européen" ein Synonym für den aus Südeuropa stammenden Arbeitnehmer und deshalb auch mit dem Begriff des „Gastarbeiters" in der Bundesrepublik Deutschland vergleichbar.

---

[17] ADR, 248W 90, Etat de l'enquête sur les nord-africains en France, Februar 1953.
[18] „Elle tend à abandonner la forme giratoire qu'elle avait au début pour se stabiliser par l'implantation de plus en plus nombreuse de groupes familiaux accompagnant le travailleur algérien lors de sa venue en métropole, ou venant l'y rejoindre et se fixant alors dans le département pour une période indéterminée, voire même définitive." ADR, 248W 172, L'immigration familiale nord-africaine dans l'agglomération lyonnaise. Monographie d'un groupe de 120 familles par P. de Meaux, Inspecteur de la Population et de l'Aide Sociale du Rhône, 1956.
[19] Vgl. ADR, 3287W 2, Schreiben des Arbeitsministers an die regionalen Arbeitsverwaltungen, 21.11.1950.
[20] ADR, 248W 91 (s. Anm.13).
[21] ADR, 248W 91, Jean-Pierre Gat, Les Algériens dans le Rhône, März 1969.
[22] Losego, Fern von Afrika, S.188.

Nach der politischen Unabhängigkeit Algeriens bemühten sich die Verwaltungsbehörden darum, diese Gruppenzuordnungen zu umgehen, indem sie zunehmend den Begriff des „étranger" verwendeten. Doch hat sich die synonyme Verwendung von Nordafrikaner und Algerier im französischen Sprachgebrauch bis heute gehalten.

2. Umgang der städtischen Behörden mit Migration

Das führt zum zweiten Punkt der Untersuchung: dem Umgang beider Stadtverwaltungen mit Migration. Dieser wies eine Reihe von Unterschieden auf, die nicht zuletzt den spezifischen Zuwanderungsverhältnissen und -traditionen vor Ort sowie andersartigen gesamtstaatlichen Rahmenbedingungen geschuldet waren. Kennzeichnend für die baden-württembergische Landeshauptstadt war, dass der Fokus stets auf den Arbeitnehmern aus den Anwerbeländern, eben auf den „Gastarbeitern" lag. Ein Wandel der städtischen Politik oder besser: eine Perspektivenerweiterung lässt sich zwar insofern beobachten, als der Ausländerbegriff im Rahmen der Diversifizierung der Herkunftsländer und der Proporzverschiebungen zunehmend mehr Nationalitätengruppen umfasste. Dennoch bezog er sich bis in die 1980er Jahre hinein nicht auf die Gesamtheit der in Stuttgart lebenden Zuwanderer aus dem Ausland, sondern umschrieb stets nur eine klar umgrenzte Zielgruppe: die der Arbeitskräfte aus den Anwerbestaaten.

Kennzeichnend war ebenfalls, dass Stuttgart trotz der rapide steigenden Zuwandererzahlen bis weit in die 1970er Jahre hinein keine eigens mit Migrationsfragen befasste Verwaltungsbehörde besaß. Zusammenhänge, die ausländische Zuwanderer betrafen, wurden vielmehr in der „Anwerbeperiode" als Querschnittsaufgaben von verschiedenen privaten und öffentlichen Einrichtungen wahrgenommen. Gleichwohl gingen die Zuwanderungen nicht spurlos an den städtischen Behörden vorüber, sondern leiteten innerhalb der Kommunalverwaltung seit den 1960er Jahren Differenzierungs- beziehungsweise Pluralisierungsprozesse ein, indem bestehende Behörden Sonderfunktionen übernahmen oder spezifische Einrichtungen ins Leben gerufen wurden. Dabei handelte es sich um Entwicklungen, die konkreten Bedürfnissen in der Stadt geschuldet waren und das politische Aktionsfeld der Stadt in Ausländerfragen peu à peu erweiterten und langfristig konfigurierten, ohne jedoch selbst schon Bestandteil einer zukunftsgerichteten kommunalen Ausländerpolitik zu sein.

Ein erster Schritt zur institutionellen Differenzierung erfolgte im Zusammenhang mit den vielfältiger und unübersichtlicher werdenden Aufgaben der städtischen Behörden in Ausländerfragen. Aufgrund dieser Entwicklungen wurde das Stuttgarter Sozialamt 1964 damit beauftragt, die Koordinierung sämtlicher Betreuungsmaßnahmen für Ausländer mit Ausnahme der Beseitigung rechtswidriger Verhältnisse im Wohnbereich zu übernehmen.[23] Aus Vertretern der freien Wohlfahrtspflege, des Deutschen Gewerkschaftsbundes, des Arbeitsamtes und der am stärksten in der Stadt vertretenen Nationalitätengruppen wurden in den Folgejahren mehrere Arbeitsgruppen ins Leben gerufen, die sich der spezifischen Probleme ausländischer Zuwanderer etwa im Wohnbereich annehmen und mehrmals pro Jahr zusammenkommen sollten.[24]

---

[23] Stadtarchiv Stuttgart, HA 7045-0: Emigrationsparlament, Erlass des Bürgermeisteramts, 24.7.1964; vgl. ferner Stadtarchiv Stuttgart, HA 7045-1: Wohnungsfürsorge für die Familien, Arbeitspapier für die Besprechung mit städtischen Ämtern über Ausländerwohnungen und -unterkünfte, 25.2.1971.
[24] Dazu gehörten eine Arbeitsgruppe „Ausländische Arbeitnehmer" sowie eine Arbeitsgruppe „Unterkünfte"; vgl. Stadtarchiv Stuttgart, HA 7045-1: Wohnungsfürsorge für die Familien, Briefentwurf des Sozialreferats an das Stadtplanungsamt und das Baurechtsamt, das Amt für Wohnungswesen und das Polizeipräsidium, 11.6.1970; Brief des persönlichen Referenten an Direktor Leitenberger, 13.2.1973.

Darüber hinaus wurde in Stuttgart schon früh die Frage nach einer Beteiligung ausländischer Arbeitnehmer an sie betreffenden Angelegenheiten aufgeworfen, und ein Anstoß dazu kam aus den Reihen der Zuwanderer selbst. Bei einem von ihnen erbetenen Treffen mit dem Stuttgarter Oberbürgermeister und dem Leiter des Stuttgarter Sozialamts äußerten zwei Repräsentanten der Migrantenselbstorganisation UEG (Unione Emigrati in Germania) Mitte Juni 1964 den Wunsch nach einer Beteiligung ausländischer Arbeitnehmer an den Besprechungen und Beratungen der mit der Betreuung und Eingliederung der ausländischen Arbeitnehmer befassten deutschen Stellen, ja, sie wünschten sogar eine Art europäisches Parlament für ausländische Arbeitnehmer mit Sitz in Stuttgart. Dem letzten Vorschlag begegnete der Oberbürgermeister mit Skepsis. Der Beteiligung ausländischer Zuwanderer stimmte er hingegen grundsätzlich zu, denn offenbar hatten die beiden ausländischen Vertreter damit ein Thema angesprochen, das auch in Kreisen der Stuttgarter Stadtverwaltung bereits diskutiert worden war. Jedenfalls ließ der Stuttgarter Oberbürgermeister die beiden im Verlauf des Gesprächs wissen, dass es bereits konkrete Überlegungen in diese Richtung gebe und daran gedacht werde, ein Gremium aus je zwölf deutschen und ausländischen Vertretern einzurichten. Die deutschen Repräsentanten sollten sich aus der Arbeitsverwaltung, den Verbänden der freien Wohlfahrtspflege, den Gewerkschaften und den Arbeitgeberverbänden rekrutieren. Die Vertretungsfunktion der ausländischen Arbeitnehmer wolle die Stadtverwaltung den jeweiligen Konsulaten übertragen. Wenn die verschiedenen Nationalitätengruppen die UEG als Vertretungsorgan anerkannten[25], sollte die UEG zusätzlich über die Vertreter der Konsulate hinaus Repräsentanten der ausländischen Arbeitnehmergruppen benennen.[26]

Das Treffen im Stuttgarter Rathaus ist in mehrfacher Hinsicht aufschlussreich. Es lässt nicht nur erkennen, dass sich sowohl Zuwanderer als auch die Stuttgarter Verwaltung schon in der Frühphase der Arbeitsmigration Gedanken über Beteiligungsformen ausländischer Migranten machten.[27] Es zeigt ebenfalls, dass die Vorstellungen von Stadt und Migranten über diesen Gegenstand durchaus Gemeinsamkeiten aufwiesen. Weder der UEG noch der Stadtverwaltung ging es in dieser frühen Phase um die Schaffung einer politischen Interessenvertretung. Im Vordergrund stand vielmehr für beide das Bestreben, ausländische Migranten an der Betreuung der Arbeitnehmer aus den unterschiedlichen Anwerbestaaten, die als Querschnittsaufgabe von verschiedenen privaten und öffentlichen Einrichtungen wahrgenommen wurde, zu beteiligen. Damit hatten beide auch ein und dieselbe Zielgruppe im Auge. Ihnen ging es um die im Rahmen der Anwerbeabkommen in die Stadt zugewanderten ausländischen Arbeitsmigranten.

Ende Juni 1964 forderte Antonio Maspoli, der Präsident der UEG, möglicherweise durch das Treffen mit dem Stuttgarter Oberbürgermeister ermutigt, die Stadt dazu auf, die Villa

---

[25] Es handelte sich um eine junge Organisation, die sich erst einige Wochen zuvor konstituiert hatte. Ihrem Anspruch nach wollte die UEG eine Brückenfunktion zwischen den ausländischen Arbeitnehmern übernehmen und alle ausländischen Migranten in der Bundesrepublik unbeschadet ihrer nationalen Herkunft repräsentieren. Allerdings setzte sie sich hauptsächlich aus italienischen, spanischen und portugiesischen Arbeitnehmern aus dem Stuttgarter Raum zusammen. Aus der Mitte der noch jungen Union war Anfang Mai 1964 im Stuttgarter Gewerkschaftshaus ein „Emigrationsparlament" hervorgegangen; vgl. das Amtsblatt der Stadt Stuttgart, 30.1.1964, „Parlament der Emigration" tagt in Stuttgart.
[26] Stadtarchiv Stuttgart, HA 7045-0: Betreuung und Eingliederung der ausländischen Arbeitnehmer, hier: Unione Emigrati in Germania (UEG), Protokoll der Zusammenkunft des Stuttgarter Oberbürgermeisters mit dem Direktor des Sozialamtes sowie Vertretern der UEG, 18.6.1964.
[27] Vgl. demgegenüber Lutz Hoffmann, Interessenvertretung durch Einfluß: Ausländerbeiräte – Zur Rolle der Ausländerbeiräte für die soziale und politische Partizipation, in: Stamatis Assimenios u.a. (Hrsg.), Aspekte politischer Partizipation von MigrantInnen in Deutschland, Köln 1999, S.73–83, hier S.73.

Weißenburg als Sitz für das seit April 1964 existierende „Emigrationenparlament" zur Verfügung zu stellen.[28] Dem persönlichen Referenten des Oberbürgermeisters ging Maspolis Forderung jedoch eindeutig zu weit. Bei der UEG handele es sich um den Zusammenschluss sozial Unzufriedener, äußerte er missbilligend, die

> „aus dem Status des Gastarbeiters in den Status des auf möglichst vielen Gebieten gleichberechtigten, wohl aber nicht gleich verpflichteten Bürgers aufrücken wollen und zudem nun auf Grund ihres Steueraufkommens eine auf sie spezifisch zugeschnittene Gegenleistung anfordern".

Abgesehen davon meinte er, dass der politische Wille der UEG nicht unterschätzt werden dürfe und diese unter Kontrolle gehalten werden müsse. Vor allem seien dieser „die durch die Realitäten gezogenen Grenzen hinsichtlich der Ausländerbetreuung" deutlich zu machen. Während der Referent einerseits die Handlungsmöglichkeiten der Migrantenvereinigung in Grenzen halten wollte, meinte er andererseits, dass die Stadt das Anliegen der Organisation nicht gänzlich ignorieren könne. „Im ganzen wird es wohl auf die Dauer doch nicht umgangen werden können", erklärte er, „daß eine Koordinierungsstelle der Stadtverwaltung für ausländische Gastarbeiter in Stuttgart geschaffen wird."[29]

Trotz der Einsicht, dass die durch die Anwerbeabkommen gerahmten Zuwanderungen eine institutionelle Erweiterung der städtischen Verwaltung erforderlich machten, tat sich in der Frage jedoch zunächst nichts. Erst Anfang der 1970er Jahre rückte das Thema erneut auf die politische Agenda, dieses Mal mit konkreten Ergebnissen. Mitte Juli 1971 fasste der Stuttgarter Gemeinderat den Beschluss, einen Ausländerbeirat einzurichten. Bereits zwei Monate später fand sich das Gremium zu seiner konstituierenden Sitzung zusammen.

Während mit der Einrichtung eines Ausländerbeirats die Grundidee einer Vertretung der ausländischen Arbeitsmigranten fortgeführt wurde, entsprachen Aufgaben und Zusammensetzung des Gremiums nur noch teilweise dem, was Mitte der 1960er Jahre diskutiert worden war. Innerhalb der städtischen Verwaltung erfüllte der Ausländerbeirat eine Doppelfunktion. Auf der einen Seite hatte er den Gemeinderat und die Stadtverwaltung in allen Belangen der Stuttgarter Einwohner mit ausländischer Staatsangehörigkeit zu beraten. Auf der anderen war er für die Koordinierung der Ausländerbetreuung in Stuttgart zuständig. Er vereinigte also Beratungs- und Koordinationsaufgaben, verfügte aber über keinerlei Entscheidungsbefugnis. Die Tätigkeit im Ausländerbeirat war ehrenamtlich. Der Rat setzte sich je zur Hälfte aus Mitgliedern des Gemeinderats beziehungsweise Vertretern der Stadtverwaltung und aus Einwohnern mit Fachkenntnis zusammen. Letztere wurden von der Stadt in ihr Amt berufen und bestanden mehrheitlich aus Deutschen. Nur fünf dieser „sachkundigen Einwohner" sollten aus dem Kreis der ausländischen Zuwanderer stammen.

Als die in der Stadt umfangreichsten Nationalitätengruppen konnten dabei Jugoslawen, Italiener, Türken, Griechen und Spanier je einen Vertreter in den Ausländerbeirat entsenden. Der Begriff des Ausländers umschrieb mithin jene ausländischen Arbeitnehmer, die am stärksten in der Stadt präsent waren, also die Mehrheit der Minderheit.[30] Die Regelung über die nationale Zugehörigkeit ergab sich dabei in gewisser Weise daraus, dass die Aufgabenverteilung in der Sozialbetreuung an die nationale Herkunft der Migranten geknüpft war. Das Diakonische Werk kümmerte sich um Griechen und Jugoslawen, die Arbeiterwohlfahrt um Zuwanderer aus der Türkei, und der Caritasverband betreute Italie-

---

[28] Stadtarchiv Stuttgart, HA 7045-0: Emigrationsparlament für Gastarbeiter, Stuttgarter Nachrichten, 29.6.1964, „Emigrantenparlament" sucht offiziellen Sitz.
[29] Stadtarchiv Stuttgart, HA 7045-0: Emigrationsparlament für Gastarbeiter, Schreiben des Referenten an den Stuttgarter Oberbürgermeister, 8.7.1964.
[30] Stadtarchiv Stuttgart, HA 0506-14, Ausländerausschuss: Allgemeines, Beratungsunterlage für die Kommission zur Erörterung der Neuregelung der Beteiligung ausländischer Einwohner am kommunalen Geschehen in Stuttgart, 3.11.1980.

ner und Spanier. Sie war aber vor allem der Tatsache geschuldet, dass der Blick auf und damit der Umgang mit den Migranten in der Stadt durch nationale Kategorisierungen geprägt beziehungsweise präfiguriert blieb. Von daher verwundert es auch nicht, dass sich ein Referent des Statistischen Amts der Stadt Stuttgart zu Beginn eines Vortrags im Januar 1984 dafür entschuldigte, dass er und sein Kollege in dem Referat „ganz gegen unsere Überzeugung – auf die Unterscheidung der Nationalitätengruppen" verzichtet hätten.[31]

In Lyon waren die Verhältnisse insofern anders, als die Regelungskompetenzen der Stadt in Zuwanderungsfragen von vornherein beschränkt waren, weil Migration traditionell eine Angelegenheit des französischen Staates beziehungsweise seiner regionalen Vertretungsorgane in der Provinz war, unabhängig davon, ob es sich um Zuwanderungen aus dem Ausland oder um Binnenwanderungen handelte. Hinzu kam, dass es innerhalb der staatlichen Verwaltung eine Sonderbehörde für Zuwanderungen aus Algerien gab: den Service des Affaires Musulmanes, der 1952 neben Paris, Lille und Marseille auch eine Niederlassung in Lyon erhielt. Er ging aus dem Service des Affaires Indigènes Nord-Africaines hervor und war von daher Ausdruck und Folge der Rolle Frankreichs als Kolonialmacht.[32] Wie der Name bereits deutlich macht – als „français musulman" wurden in der Kolonialzeit algerische Muslime abgegrenzt[33] –, war die Behörde zunächst primär, wenn nicht ausschließlich für Wanderungen zwischen der Metropole und Algerien verantwortlich. In dieser Eigenschaft übte sie sowohl Kontrollfunktionen in der staatlichen Einwanderungspolitik als auch sozialfürsorgerische Aufgaben gegenüber algerischen Migranten, vor allem bei der Wohnungs- und Arbeitssuche, aus. Für die übrigen Migranten gab es ein institutionelles Pendant nicht. Für sie war das Zuwanderungsbüro der Rhône-Präfektur zuständig.

Trotz der Freizügigkeit, welche Zuwanderer aus Algerien auch nach der Unabhängigkeit Algeriens genossen, ergriff der französische Staat nach 1962 eine Reihe von Maßnahmen, um für aus Algerien stammende Migranten ausschließlich zuständige Institutionen der Gesamtheit der in Frankreich lebenden Zuwanderer zugänglich zu machen. Konkreten Niederschlag fanden diese Bestrebungen darin, dass erstens der Service des Affaires Musulmanes im Jahre 1965 in einen Service de Liaison et de Promotion des Migrants (SLPM) umgewandelt wurde und seither für die Gesamtheit der Migranten zuständig war sowie zweitens die Entscheidungsbefugnis des bis dahin nur für die Sozialförderung algerischer Arbeitnehmer bestimmten Fonds d'Action Sociale (FAS) auf sämtliche Arbeitskräfte aus dem Ausland, später sogar auf alle Arbeitnehmer unabhängig von ihrer Nationalität ausgedehnt wurde.[34] Parallel zu den Entwicklungen in der Staatsverwaltung wurde auch die private Sozialfürsorge auf zunehmend mehr Gruppen ausgedehnt, indem etwa Wohnheimplätze, die bis dahin Zuwanderern aus Nordafrika vorbehalten waren, sowie gesonderte Fürsorgeeinrichtungen für Zugewanderte aus dem Maghreb allen Migranten zugänglich gemacht wurden. Insbesondere galt dies für die 1951 gegründete Maison de l'Afrique du Nord, die Ankömmlinge aus Nordafrika, vor allem aus Algerien, vorübergehend unterbrachte und verpflegte, ihnen bei Behördengängen behilflich war, Gesundheitszeugnisse ausstellte und ihnen auch sonst mit Rat und Tat zur Seite stand. Zudem unterhielt der

---

[31] Das Vortragsmanuskript befindet sich in der Akte: Stadtarchiv Stuttgart, HA 0506-14, Ausländerausschuss: Allgemeines.
[32] Zur Geschichte dieser Behörde siehe den Überblick bei Céline Jordan-Meille, L'immigration nord-africaine dans le Rhône 1950–1970. Versement 248W effectué par le Service de Liaison et de Promotion des Migrants, Lyon 1997, S. 9–20.
[33] Christophe Charle, „Les sociétés impériales" d'hier à aujourd'hui. Quelques propositions pour repenser l'histoire du second XXe siècle en Europe, in: Journal of Modern European History 3 (2005), S. 123–139, hier S. 136.
[34] Markus Lang u. a., Die Politik der Sozialen Stadtteilentwicklung in Frankreich, Dortmund 1992, S. 85; Losego, Fern von Afrika, S. 272.

Verein mehrere Wohnheime in und außerhalb der Stadt, in denen algerische Zuwanderer längerfristig untergebracht werden konnten, sobald sie einen Arbeitsplatz gefunden hatten, sowie ein Wohnheim zur vorübergehenden Unterbringung von Familien in Vaulx-en-Velin am östlichen Stadtrand.[35]

Die Maison de l'Afrique du Nord war zwar eine private Einrichtung, finanzierte sich aber überwiegend aus öffentlichen Geldern von Stadt, Region und Staat wie auch durch Beiträge aus der Wirtschaft. Außerdem erhielt sie finanzielle Unterstützung aus Algerien. Den geringsten Anteil am Gesamtbudget hatten private Mitgliedsbeiträge und Spenden.[36] Ferner erhielt die Einrichtung materielle Unterstützung von karitativer Seite. So ließ ihr das Rote Kreuz immer wieder Kleiderspenden zukommen.[37] Verbindungen zu Staat, Kommune und Wirtschaft bestanden ebenfalls in personeller Hinsicht. Zum einen besaß die Regionalabteilung des Arbeitsministeriums eine Vertretung im Haus.[38] Zum anderen setzte sich der Verwaltungsrat neben den Gründervätern aus Wirtschaft, Stadt- und Regionalverwaltung[39] aus städtischen Beigeordneten und Abgeordneten, Verwaltungsbeamten der Region sowie aus Vertretern aus Handel, Gewerbe und Industrie zusammen.[40] Leitender Direktor war ein Offizier der französischen Armee.

Nach der Unabhängigkeit Algeriens nahm die Maison de l'Afrique du Nord erstmals auch Zuwanderer aus den französischen Überseegebieten auf, blieb aber Einwanderern aus anderen Gebieten, gerade aus dem europäischen Ausland, weiterhin verschlossen. „Nichts Vergleichbares existiert im städtischen Großraum zugunsten der anderen Zuwanderer", bemängelte die Präfektur im Februar 1965. Diese wüssten

> „bei ihrer Ankunft als Touristen nicht […], welche Schritte sie unternehmen müssen, um eine Wohnung und einen Arbeitsplatz zu finden. Es wäre wünschenswert, wenn dieser Mangel beseitigt würde, damit auch diese ausländischen Arbeitskräfte bei ihrer Ankunft im Departement Rhône nicht verloren sind."[41]

Nur zwei Monate später wurde die Einrichtung daraufhin in eine Anlaufstelle für sämtliche Migranten aus dem Ausland umgewandelt und in „Maison du Travailleur Etranger" umbenannt.[42]

Der Übergang zum Begriff des „étranger" oder „migrant" macht im Übrigen deutlich, dass es in beiden Städten jenseits der unterschiedlichen Rahmungen durchaus Konvergenzen im Umgang mit Migranten gab. Hier wie da erweiterte sich – mit den entsprechenden zeitlichen Unterschieden – der Blick auf Einwanderer. In Lyon war diese Entwicklung der Dekolonisation geschuldet, in Stuttgart ging sie in erster Linie darauf zurück, dass sich der Kreis der Herkunftsstaaten, aus welchen die ausländischen Einwohner stammten, mit der Zeit vergrößerte. Dabei besaß Lyon gegenüber Stuttgart insofern einen zeitlichen Vorsprung, als der Wandel in der Wahrnehmung von Zuwanderern hier zehn Jahre früher einsetzte als am Neckar. Gleichgerichtete Entwicklungen lassen sich ebenfalls in der Ver-

---

[35] ADR, 248W 226, Broschüre der „Maison de l'Afrique du Nord".
[36] ADR, 248W 226, Association de la Maison de l'Afrique du Nord, Exercice 1957–1958.
[37] Ebenda.
[38] ADR, 248W 226, Broschüre der „Maison de l'Afrique du Nord".
[39] Ebenda.
[40] ADR, 248W 226, Schreiben des Präsidenten der „Maison du Travailleur Etranger", 1.11.1958.
[41] „Rien de semblable n'existe dans l'agglomération au profit des autres immigrants, qui, lorsqu'ils débarquent en ‚touristes', ne savent quelles démarches effectuer pour trouver un logement et du travail. Il serait heureux de pouvoir combler cette lacune de manière à ce que ces travailleurs étrangers ne soient pas désorientés à leur arrivée dans le Rhône." ADR, 248W 91, Enquête sur les besoins sociaux des travailleurs étrangers et de leur famille dans le département du Rhône, 12.2.1965.
[42] Archives de la Chambre de commerce et d'industrie de Lyon, REP 026, Maison du Travailleur Etranger, Statuts, 30.5.1985.

waltung von Migration erkennen. So traten auch in Lyon in den 1960er Jahren administrative Sondereinrichtungen kurzzeitig ins Leben, um für akut gehaltene soziale Probleme zu lösen. Zu diesen vorübergehend geschaffenen Institutionen gehörte etwa eine Arbeitsgruppe für die Unterbringung von Migranten. Mit den Einrichtungen in Stuttgart hatten diese Institutionen zweierlei gemeinsam. Zum einen verfügten auch sie über netzwerkartige Kooperationsstrukturen, zum anderen besaßen sie wie die Stuttgarter Arbeitsgruppen ein Spektrum an Akteuren, das sich sowohl aus zivilgesellschaftlichen Kräften als auch aus Experten unterschiedlicher städtischer und/oder staatlicher Verwaltungsbehörden themenbezogen rekrutierte. Entstehung und Weiterentwicklung der institutionellen Sondereinrichtungen unterschieden sich jedoch insofern von den Verhältnissen in Stuttgart, als sie von der Staatsverwaltung initiiert wurden und eng mit den politischen Entwicklungen auf gesamtstaatlicher Ebene verflochten blieben. Bei der auf „Gastarbeiter" zugeschnittenen Aufgabendiffenzierung und Behördenpluralisierung in Stuttgart handelte es sich dagegen um ein Produkt inner- beziehungsweise interstädtischer Aushandlungsprozesse, die nicht nur langfristig zur Verdichtung der Ausländerfragen zu einer städtischen Ausländerpolitik führten, sondern für Stuttgart zugleich imagefördernd wirkten – man denke nur an das positiv besetzte Etikett Stuttgarts als „Vielvölker-Stadt".[43]

3. Analyse der Zuwanderungssituation in der Stadt. Zwei Studien aus den 1970er Jahren

Eine nicht zu übersehende Parallele zwischen Lyon und Stuttgart zeigte sich noch in einem weiteren Punkt: In den 1970er Jahren gaben beide Städte unabhängig voneinander eine Studie in Auftrag, um Aufschluss über die Verhältnisse der Zuwanderer in ihrer Bevölkerung und damit zugleich Handlungsanweisungen für die Zukunft zu erhalten. Diese Untersuchungen sind sich nicht nur darin ähnlich, dass sie zeitnah entstanden – die Studie in Stuttgart wurde 1976 durchgeführt, die Befragung an der Rhône erfolgte 1981. Beide machen zudem deutlich, dass die städtischen Behörden es hier wie dort ungeachtet der je eigenen Gesellschaftsstrukturen für notwendig hielten, die demographische Transformation durch Migration zukunftsorientiert zu behandeln und damit nicht mehr nur zu reagieren, sondern als Stadt erstmals aktiv in Erscheinung zu treten. Vor allem zeugen sie von der Auffassung von Zuwanderung als Pathologie. Die Bezeichnung der französischen Studie als „étude sur le problème des immigrés dans le territoire de la ville de Lyon" könnte das nicht deutlicher zum Ausdruck bringen. Dabei korrespondierten die mit Migration in Verbindung gebrachten Problemlagen dort, wo es um sozialräumliche Segregation, schlechte Wohnverhältnisse und Bildungsprobleme ging. Unterschiede bestanden hingegen dort, wo andersartige Rahmenbedingungen vorlagen. Ganz besonders galt dies in der Frage der politischen Teilhabe, die in Lyon in den 1970er Jahren nicht einmal zur Debatte stand, während sie in Stuttgart schon seit den 1960er Jahren diskutiert wurde. Ebenso lassen beide Studien den Glauben an die Planbarkeit wie auch die Überzeugung von der Notwendigkeit einer Steuerung und Kontrolle der gesellschaftlichen Differenzierung durch die Mobilisierung objektivierbarer Wissensbestände und demographischer Prognosen erkennen. Die Bemühungen zur Lenkung, zumindest aber zur Beeinflussung der wohnräumlichen Verteilung von Zuwanderern im Raum der Stadt bieten dafür wohl das beste Beispiel. In beiden Fällen ging es ebenfalls darum, konkrete Orientierungshilfen und Handlungsanweisungen für die zukünftige Stadtentwicklung zu erhalten. Die Stadtverwaltung in Lyon

---

[43] So Uta Henschel, Die Vielvölker-Stadt, in: Geo 5 (2004), S.132–140.

versprach sich von den Maßnahmen sogar über die Kommune hinausreichende Wirkungen. Die Ergebnisse der Befragung sollten, so planten die Verantwortlichen, nicht nur von der Stadt, sondern auch vom Staat genutzt werden.[44] Beide leiteten daher eine neue Phase in der städtischen Migrationsgeschichte ein: eine von dem Bewusstsein von Migration als einem langfristig und politisch zu steuernden Prozess getragene Phase, in der es darum ging, anstelle reaktiver Anpassungsmaßnahmen eine Zukunft mit Migranten aktiv zu entwerfen.

Jenseits dieser Gemeinsamkeiten sind wesentliche, der je individuellen Situation vor Ort geschuldete Unterschiede zwischen beiden Untersuchungen gleichwohl nicht zu übersehen. Erstens wurde die Stuttgarter Studie von einer verwaltungsinternen Projektgruppe und damit von Experten mit Erfahrungswissen erstellt, während die Wissensproduktion in Lyon durch ein mehrköpfiges Stadtsoziologenteam erfolgte. Zweitens fokussierten die Stuttgarter Verwaltung und die Projektgruppe nach wie vor die ausländischen Zuwanderer aus den Anwerbestaaten. Das Team in Lyon sollte dagegen der komplexen Zuwanderungssituation insgesamt Rechnung tragen und sämtliche Migranten in der Stadt, selbst die aus den französischen Überseegebieten, berücksichtigen.[45] Drittens unterschied sich die Wirkungsgeschichte beider Studien grundlegend. Der Stuttgarter Ausländerbericht, den die Projektgruppe 1976 vorlegte und der eine Bandbreite an Vorschlägen zum differenzierten Umgang mit ausländischen Zuwanderern beinhaltete, fand ein Echo, das weit über die Grenzen von Stadt und Bundesland hinausreichte und Stuttgart zu einem Modell in der kommunalen Daseinsfürsorge für Ausländer avancieren ließ. In den „Grundaussagen zur Ausländerproblematik in der Bundesrepublik Deutschland und Leitlinien für Maßnahmen der kommunalen Daseinsvorsorge" entwickelte die Stadt auf seiner Grundlage zudem ein ausländerpolitisches Grundsatzprogramm für die Zukunft, das sich sowohl an die Stadt als auch an den Gesamtstaat richtete – ein Programm, das auf der Einsicht beruhte, dass es sich bei den Zuwanderungen aus dem Ausland um dauerhafte Niederlassungen handelte. Darüber hinaus brachte die Stadt eine interkommunale Kooperation mit größeren Städten der Bundesrepublik mit vergleichbarer Zuwanderungssituation in Gang. Zuwanderungen waren für die Stadt Stuttgart somit nicht nur ein Problem, sondern zugleich eine Gelegenheit, sich als politische Akteurin ins Spiel zu bringen und zu profilieren.

Eine solche Breitenwirkung beziehungsweise Pilotfunktion blieb der Studie des von der Stadt Lyon engagierten Soziologenteams versagt, wohl nicht zuletzt deshalb, weil die Arbeit auf eine perspektivische Engführung hinauslief. „Die Studie war mit einem Blick auf Einwanderer/Einheimische in Auftrag gegeben worden", kritisierte einer der Protokollanten im Verlauf des Projektes, „das heißt unter Berücksichtigung der französischen Zuwanderer aus entfernten Regionen". Doch sei aus ihr „Die Ausländer in Lyon" geworden, ja, sie gleite „sogar ab zu einer Untersuchung über das alleinige Problem der maghrebinischen Bevölkerungsgruppen". Ebenso fokussiere die Studie in erster Linie die Wohnlage, obwohl es ursprünglich um weitaus mehr gehen sollte.[46]

Diese Reduktion der Zuwanderungssituation auf Unterbringungsprobleme der maghrebinischen Bevölkerung war keineswegs neu, wie ein flüchtiger Blick in die Akten zur Migrationshistorie der Rhône-Stadt nach 1945 zeigt. Demnach existierten vergleichbare Sichtweisen schon in der Jahren zuvor, ja, diese zogen sich geradezu wie ein roter Faden durch die Migrationsgeschichte Lyons, und das ungeachtet der Entwicklungen auf dem

---

[44] Archives Municipales de la Ville de Lyon (AML), 881 WP 001, Commission de l'urbanisme, Protokoll der Zusammenkunft, 12.3.1978.
[45] AML, 881 WP 001, Persönliche Notizen, 2.10.1980.
[46] „L'étude avait été demandée dans une optique Immigrés/autochthones, c'est-à-dire en incluant dans les immigrés les français arrivant de contrées lointaines – [...] Or elle est devenue ‚Les Etrangers à Lyon' et glisse même vers une étude du seul problème des populations maghrébines." Ebenda.

Wohnungsmarkt. Dabei handelte es sich keineswegs um lokalspezifische Perzeptionen, sondern um Wahrnehmungen, die von der französischen Kolonialgeschichte sowie dem Einwanderungskontext in Frankreich geprägt waren und somit als repräsentativ gelten dürfen. Anzunehmen ist auch, dass es sich um Wahrnehmungsmuster handelt, deren Nachwirkungen bis in die Gegenwart zu spüren sind. Eine solche Vermutung legt jedenfalls der Zeitungsartikel „Le sondage sur les banlieues qui n'était pas publiable" nahe, den die Journalistin Brigitte Rossigneux in dem französischen Satireblatt „Le canard enchaîné" am 13. August 2008 über eine Befragung veröffentlichte[47], die das Institut Français d'Opinion Publique im Auftrag der Pariser Regierung ein Jahr nach dem Ausbruch von Unruhen in verschiedenen französischen Vorstädten (Dezember 2005) zum Thema Gewalt durchführte. Die Ergebnisse der Umfrage wurden bis heute nicht veröffentlicht. Das sei darauf zurückzuführen, so Rossigneux, dass sie nicht den Erwartungen der Auftraggeber entsprochen hätten. Statt die Gewalt in den Banlieues zuvörderst auf die Wohnverhältnisse zurückzuführen, hätten nämlich die Befragten, die sich jeweils zur Hälfte aus der Einwohnerschaft als schwierig eingestufter Stadtbezirke und privilegierter Stadtviertel rekrutierten, andere Gründe aufgezählt, allen voran die hohe Arbeitslosenquote unter Jugendlichen und den Rückzug der Eltern aus der Erziehung. Unterbringung und Stadtpolitik rangierten dagegen erst an zehnter und letzter Stelle. Nur 6 Prozent der befragten Personen hätten diese als die Hauptursache für die Gewalt in den Städten angeführt, und 17 Prozent sähen in der Renovierung der Unterkünfte die Lösung für das Gewaltproblem. Die Journalistin sah sich darin bestätigt, dass der Blick von Politik und Wissenschaft auf die französischen Städte immer noch durch die Engführung auf Wohnverhältnisse und Stadtpolitik verstellt sei.[48]

---

[47] Le sondage sur les banlieues qui n'était pas publiable ... Le gouvernement avait commandé à l'Ifop une enquête. Les banlieusards ont mal répondu ..., in: Canard enchaîné, 13.8.2008, S. 4.
[48] Ebenda.

Sarah Hackett
Integration im kommunalen Raum:
Bremen und Newcastle-upon-Tyne im Vergleich

Gegensätzliche Entwicklungen scheinen die Einwanderungsgeschichte Großbritanniens und Westdeutschlands in der zweiten Hälfte des 20. Jahrhunderts zu prägen. Die Forschungsliteratur hat zum Teil sehr plakativ solche Unterschiede herausgearbeitet: deutsche Germanisierungspolitik versus britischen Multikulturalismus, befristeter Zugang von Arbeitskräften nach Westdeutschland versus offene Einwanderung nach Großbritannien oder deutsches nationalistisches Staatsangehörigkeitskonzept versus britische liberale Staatsbürgerschaft nach westeuropäischem Muster.[1] Während Politik und Gesellschaft in Großbritannien akzeptiert hätten, dass das Land ein Einwanderungsland mit kultureller Vielfalt sei, habe die Bundesrepublik Deutschland über Jahrzehnte verneint, ein Einwanderungsland zu sein.[2] Panikos Panayi zufolge lassen sich die unterschiedlichen politischen und gesellschaftlichen Strategien im Umgang mit Zuwanderung nur durch die Beobachtung von drei Schlüsselbereichen erschließen, die in den Jahrzehnten vor 1945 gründeten: 1. imperiale Traditionen, 2. langwährende Migrationsverhältnisse und Migrationsregime sowie 3. Staatsangehörigkeitsverhältnisse.[3]

Der hier angestrebte Vergleich der Einwandererbevölkerungen in Bremen und Newcastle-upon-Tyne muss solche weitreichenden Erörterungen über die Zuwanderungsgeschichte Deutschlands und Großbritanniens berücksichtigen, darf aber zugleich spezifische lokale Voraussetzungen und Bedingungen nicht vernachlässigen. Bremen und Newcastle sind zwei Städte, deren Einwanderungsgeschichte in der Forschung vernachlässigt wurde, die aber insofern Aufmerksamkeit verdienen, als in beiden Kommunen eine ausgeprägte regionale Identität auszumachen ist. Damit ist ein Element benannt, von dem zu erwarten steht, dass es Einfluss auf die Erfahrungen der jeweiligen Einwandererbevölkerung hatte.

Die Region um Newcastle rühmt sich ihrer Weltoffenheit und ihrer Gastfreundschaft.[4] Für Bremen ist dagegen die Herausbildung einer spezifischen kommunalen Identität betont worden, die als Katalysator für Nationalismus und Xenophobie gewirkt habe.[5] Die begrenzte Reichweite solcher Einschätzungen zeigen neuere Entwicklungen: Während Bremen in den PISA-Studien 2000 und 2003 sehr schlechte Ergebnisse in Bezug auf die Bildung der Einwandererkinder erzielte, verdeutlichen Initiativen wie der „Stadtplan der Religionen" zu Beginn des 21. Jahrhunderts und die „Integrationswochen" 2008 und 2010 das weitreichende

---

[1] Rogers Brubaker, Citizenship and Nationhood in France and Germany, Cambridge, MA 1992; Adrian Favell, Philosophies of Integration: Immigration and the Idea of Citizenship in France and Britain, Basingstoke 1998; Christian Joppke, Immigration and the Nation-State: The United States, Germany, and Great Britain, Oxford 1999; Karen Schönwälder, Einwanderung und ethnische Pluralität: politische Entscheidungen und öffentliche Debatten in Großbritannien und der Bundesrepublik von den 1950er bis zu den 1970er Jahren, Essen 2001; Leo Lucassen, The Immigrant Threat: The Integration of Old and New Migrants in Western Europe since 1850, Urbana/Chicago 2005.
[2] Panikos Panayi, The Evolution of Multiculturalism in Britain and Germany. A Historical Survey, in: Journal of Multilingual and Multicultural Development 25 (2004), H.5, S.466–480, hier S.472.
[3] Ebenda, S.468.
[4] Nigel Todd, Black on Tyne: The Black Presence on Tyneside in the 1860s, in: North-East Labour History Society Journal 21 (1987), S.17–27; David Renton, Colour Blind? Race and Migration in North East England since 1945, Sunderland 2007.
[5] Dieter K. Buse, Urban and National Identity: Bremen, 1860–1920, in: Journal of Social History 26 (1993), H.3, S.521–537.

Engagement der Stadt für die Zuwandererbevölkerung und deren Integration. In Newcastle wird das jährliche „Mela-Festival" als eine beliebte Veranstaltung herausgestellt, die darauf zielt, asiatische Kultur, Musik und Künste zu fördern, während in der Stadt zugleich ein Anstieg an rassistischer Diskriminierung zu beobachten ist und immer mehr rassistisch geprägte Vorfälle verzeichnet werden.[6]

Dieser Beitrag, der einer ausführlichen Studie zum Gegenstand vorangeht[7], strebt nach einem Überblick über Zuwanderung und Integration auf lokaler Ebene vor dem Hintergrund der Geschichte zweier grundlegend verschiedener Einwanderungsländer.[8] Zunächst wird dazu die Anwerbung ausländischer Arbeitskräfte in Westdeutschland in den Blick genommen, um in der Folge nach den langfristigen Folgen des spezifischen westdeutschen Migrationsregimes für den lokalen Raum zu fragen. Im Mittelpunkt stehen dabei die Erfahrungen türkischer Zuwanderer und deren Integration im Arbeits-, Wohnungs- und Bildungsbereich. Diese Bereiche sind ausgewählt worden, weil von wissenschaftlicher Seite mit Daten des Sozio-oekonomischen Panels (SOEP) und der letzten PISA-Studie (Programme for International Student Assessment) auf erhebliche Probleme der Integration hingewiesen worden ist: relativ hohe Erwerbslosenquoten, niedrige Wohnqualität und schlechte Schulabschlüsse.[9] Der Vergleich mit der südasiatischen Bevölkerung der Stadt Newcastle hat die Funktion, die für Bremen gewonnenen Erkenntnisse einzuordnen.[10]

1. Erwerbstätigkeit

Die Aufnahme von Zuwanderern auf dem Arbeitsmarkt bildete in der Vergangenheit immer einen zentralen Indikator für deren Integration. Ökonomische Erwägungen haben nicht nur viele Migranten dazu bewegt, nach dem Zweiten Weltkrieg nach Großbritannien und Deutschland zu kommen. Sie sind darüber hinaus ein zentrales Element, das Alltag und Erfahrungen der Migranten prägt. Wissenschaftliche Untersuchungen haben seit den 1960er Jahren hinsichtlich der Arbeitsmarktintegration von Zuwanderern in beiden Ländern

---

[6] Anoop Nayak, Race, Place and Globalization: Youth Cultures in a Changing World, Oxford 2003, S. 44f.
[7] Sarah E. Hackett, Foreigners, Minorities, Integration: The Muslim Immigrant Experience in Britain & Germany, Manchester [2012].
[8] Den Angaben des Office for National Statistics (ONS) zufolge ist die indische, pakistanische und bangladeschische Bevölkerung Newcastles zwischen 1961 und 2001 von 1 202 auf 5 704 angewachsen. Es gilt allerdings zu berücksichtigen, dass diese Zahlen lediglich die Personen einschließen, die in Indien, Pakistan und Bangladesch geboren wurden, nicht jedoch deren Nachkommen. Der tatsächliche Umfang der Einwandererbevölkerung war daher zweifelsohne schon immer deutlich höher. Gemäß den Angaben des Statistischen Landesamtes Bremen lebten im Jahr 2009 insgesamt 36 406 Menschen türkischer Herkunft in Bremen.
[9] Andreas Ammermüller, Poor Background or Low Returns? Why Immigrant Students in Germany Perform so Poorly in the Programme for International Student Assessment, in: Education Economics 15 (2007), H. 2, S. 215–230; Peter Dörschler/Pamela Irving Jackson, Host Nation Language Ability and Immigrant Integration in Germany: Use of GSOEP to Examine Language as an Integration Criterion, in: Democracy and Security 6 (2010), H. 2, S. 147–182.
[10] Sarah E. Hackett, The Asian of the North: Immigrant Experiences and the Importance of Regional Identity in Newcastle upon Tyne during the 1980s, in: Northern History 46 (2009), H. 2, S. 293–311; dies., Peering Around the ‚Velvet Curtain of Culture': The Employment and Housing of Newcastle-upon-Tyne's Muslim Immigrants, 1960s–1990s, in: Gerald MacLean (Hrsg.), Britain and the Muslim World: Historical Perspectives, Newcastle-upon-Tyne 2011, S. 222–237; dies., A Learning Curve: The Education of Immigrants in Newcastle-upon-Tyne and Bremen from the 1960s to the 1980s, in: Zvi Bekerman/Thomas Geisen (Hrsg.), International Handbook of Migration, Minorities, and Education – Understanding Cultural and Social Differences in Processes of Learning, Dordrecht 2011, S. 349–364.

Aspekte wie Erwerbslosigkeit, rassistische Diskriminierung und geringes Qualifikationsniveau hervorgehoben.[11] Nichtsdestoweniger lassen sich grundlegende und tief verankerte Unterschiede zwischen Großbritannien und der Bundesrepublik Deutschland im Blick auf die Grundlagen der ökonomischen Integration ausmachen: Die „Gastarbeiter" sollten in Westdeutschland lediglich der temporären wirtschaftlichen Entlastung dienen. Die Anwerbung über die Bundesanstalt für Arbeit, die ausschließliche Orientierung an der Arbeitsfähigkeit der Zuwanderer und die zeitliche Befristung der Arbeitsverträge verdeutlichen das.[12] Und viele Erfahrungsberichte, wie zum Beispiel in Güney Dals „Wenn Ali die Glocken läuten hört" und Günter Wallraffs bahnbrechendem Werk „Ganz unten", haben eindrücklich die Erfahrung der Migranten geschildert, ausschließlich als temporäre Arbeitskräfte zur Schließung von Lücken am Arbeitsmarkt gesehen zu werden[13] – den Alltag von Isolierung, Orientierungslosigkeit, Vorurteilen und Rassismus.

Die lokale Situation in Bremen bildete keine Ausnahme: In der Stadt war eine Handvoll Unternehmen angesiedelt, die in den 1960er und frühen 1970er Jahren „Gastarbeiter" anwarben. Dazu gehörten die beiden Schiffswerften AG Weser und Bremer Vulkan AG, die Bremer Woll-Kämmerei AG und der Klöckner Stahl- und Metallhandel.[14] Die Unternehmen waren sich einig, dass die Beschäftigung ausländischer Arbeitskräfte befristeter Natur und der finanzielle Aufwand für ihre Aufnahme minimal bleiben sollte: Die „Gastarbeiter" wurden mit Vokabelheften ausgestattet, die ausschließlich Wörter und Redewendungen enthielten, die sie an ihrer Arbeitsstelle benötigten; einige Unternehmen senkten die Kosten, indem sie türkische Arbeitskräfte bereits in der Türkei einarbeiteten, anstatt bis zu ihrer Ankunft in Bremen zu warten. Sorgen galten der Frage, ob „Gastarbeiter" bereits mit gesundheitlichen Beeinträchtigungen eintreffen könnten oder kurz nach ihrer Ankunft erkrankten und so die lokale Infrastruktur im Gesundheitswesen belasteten.[15]

Bei einem Vergleich mit Newcastle wird sichtbar, wie stark dieses System die ökonomische Integration der Zuwanderer behinderte. Wie in vielen anderen britischen Städten, hat sich die indische, pakistanische und bangladeschische Bevölkerung Newcastles im Laufe der Zeit vorzugsweise als Kleinunternehmer selbstständig gemacht.[16] Ein Großteil dieser südasiatischen Einwanderer arbeitete als Handelsreisende, die an den Haustüren

---

[11] Christoph M. Schmidt, Immigrant Performance in Germany: Labor Earnings of Ethnic German Migrants and Foreign Guest-Workers, in: The Quarterly Review of Economics and Finance 37 (1997), Anhang 1, S. 379–397; Panikos Panayi, Ethnic Minorities in Nineteenth and Twentieth-Century Germany: Jews, Gypsies, Poles, Turks and Others, London 2000, S. 221–224; William W. Daniel, Racial Discrimination in England, Harmondsworth 1968; Tariq Modood, Employment, in: ders. u.a. (Hrsg.), Ethnic Minorities in Britain: Diversity and Disadvantage, London 1997, S. 83–149.
[12] Jürgen Fijalkowski, Gastarbeiter als industrielle Reservearmee?, in: Archiv für Sozialgeschichte 24 (1984), S. 399–456; Ulrich Herbert/Karin Hunn, Guest Workers and Policy on Guest Workers in the Federal Republic: From the Beginning of Recruitment in 1955 until its Halt in 1973, in: Hanna Schissler (Hrsg.), The Miracle Years: A Cultural History of West Germany, 1949–1968, Princeton 2001, S. 187–218.
[13] Güney Dal, Wenn Ali die Glocken läuten hört, Berlin 1979; Günter Wallraff, Ganz unten: Mit einer Dokumentation der Folgen, Köln 1988.
[14] Volkmar Leohold, Die Kämmeristen: Arbeitsleben auf der Bremer Woll-Kämmerei, Hamburg 1986; Diethelm Knauf/Helga Schröder, Fremde in Bremen: Auswanderer, Zuwanderer, Zwangsarbeiter, Bremen 1993; Hasan Çil, Anfänge einer Epoche, Berlin 2003.
[15] Staatsarchiv Bremen, 4,124/3-643 Sozialhilfe für Ausländer und Staatenlose – Allgemeines, Bd. 1, 1964–1972; Staatsarchiv Bremen, 7,2121/1-711 Anwerbung, Vermittlung und Ausbildung ausländischer Arbeiter 1970–1973.
[16] Sheila Allen/Stuart Bentley/Joanna Bornat, Work, Race and Immigration, Bradford 1977; Modood, Employment, S. 83; Commission on the Future of Multi-Ethnic Britain, The Future of Multi-Ethnic Britain: The Parekh Report, London 2000, S. 201–204.

Kleidungsstücke auf Kredit verkauften, oder sie betrieben Einzelhandelsgeschäfte. In beiden Fällen waren sie auf den Kontakt und die Interaktion mit der einheimischen Bevölkerung angewiesen. Von Bedeutung war dabei nicht nur, dass die Kunden der lokalen Arbeiterklasse angehörten, sondern auch, dass diese Handelsreisenden in einem Feld tätig waren, das unter der britischen Arbeitsbevölkerung, insbesondere der im Nordosten, nicht unüblich war und somit nicht als ein spezifisches „ethnic business" galt. Des Weiteren ergaben sich für die Zuwanderer aus Indien, Pakistan und Bangladesch offenbar nur wenige Probleme bei dem Aufbau ihrer Unternehmen, sie nahmen keine finanzielle Unterstützung von außen oder Beratung für ihre unternehmerischen Vorhaben in Anspruch, sondern orientierten sich an erfolgreichen Unternehmensgründungen aus ihrem Umfeld. Viele dieser Männer waren nur so lange beispielsweise als Busfahrer oder Fabrikarbeiter tätig, bis sie genügend finanzielle Mittel für die Gründung eines Kleinunternehmens erwirtschaftet hatten.[17]

Berufliche Selbstständigkeit war unter Angehörigen der Zuwandererbevölkerung in Deutschland keineswegs ausgeschlossen. Das zeigt eine Vielzahl wissenschaftlicher Studien.[18] Dennoch lassen sich erhebliche Unterschiede zwischen Newcastle und Bremen bzw. Großbritannien und Deutschland ausmachen. Erstens scheinen türkische Gewerbebetriebe in Bremen erst zu einem späteren Zeitpunkt entstanden zu sein als südasiatische Unternehmen in Newcastle. Während aus dem Ausland zugewanderte Unternehmer in Newcastle bereits in den 1980er Jahren ein weit verbreitetes Phänomen darstellten, traten sie in Bremen erst nach der Jahrtausendwende häufiger in Erscheinung.[19] Die berufliche Selbstständigkeit für Angehörige ethnischer Minderheiten in Bremen konnte mithin aufgrund der anfänglichen Einschränkungen durch das „Gastarbeiter"-System erst später umgesetzt werden. Zweitens unterschieden sich die Unternehmen, die in Newcastle und Bremen von Zuwanderern aufgebaut wurden, in ihrer Anlage. Die Gewerbebetriebe in Newcastle, wie in ganz Großbritannien, konnten erfolgreich einheimische und ethnische kulturelle Muster innerhalb des etablierten Rahmens des britischen Einzelhandels zusammenführen. Als Beispiel dafür mag das in Birmingham entstandene „Balti"-Currygericht dienen, das für britische Kunden kreiert wurde. Für Deutschland wird dagegen nicht nur darauf hingewiesen, dass die Eröffnung von Döner-Schnellimbissen in den 1970er Jahren eine Möglichkeit bot, sich der Erwerbslosigkeit nach der Ölpreiskrise und einer Rückkehr in die Türkei zu entziehen, sondern dass türkische Zuwanderer sich seither vermehrt dazu gezwungen sahen, in andere Bereiche auszuweichen, da der Verkauf türkischen Essens sich als immer weniger

---

[17] Jon Gower Davies, The Evangelistic Bureaucrat. A Study of a Planning Exercise in Newcastle upon Tyne, London 1972; John H. Taylor, The Half-Way Generation: A Study of Asian Youths in Newcastle upon Tyne, Windsor 1976. Diese Vorgehensweise hat sich durch Archivrecherchen und Interviews bestätigt. Siehe Tyne and Wear Archives Service (TWAS), MD.NC/162/1, Local Government and Racial Equality Sub-Committee of Corporate Joint Sub-Committee, 18.3.1983–17.7.1985. Black Business Development Project; City of Newcastle upon Tyne Economic Development Committee. Ethnic Minority Groups & Business Development, 4.3.1984; TWAS, MD.NC/614/2, Racial Equality Working Group, 18.1.1996–6.3.1997. LIA Newcastle, Minority Ethnic Businesses in Newcastle. Report of Survey Undertaken by Chief Executive's Department Newcastle City Council 1997. Zwischen Oktober 2004 und Juni 2010 wurden Interviews mit drei Generationen südasiatischer Einwanderer durchgeführt.
[18] Amelie Constant/Klaus F. Zimmermann, The Making of Entrepreneurs in Germany: Are Native Men and Immigrants Alike?, in: Small Business Economics 26 (2006), H.3, S.279–300; Maria Kontos, Self-Employment Policies and Migrants' Entrepreneurship in Germany, in: Entrepreneurship and Regional Development 15 (2003), H.2, S.119–135.
[19] Kleine Anfrage der Fraktion Bündnis 90/Die Grünen vom 21.4.2004. Wirtschaftsförderung für Unternehmer und Existenzgründer mit Migrationshintergrund. Antwort des Senats vom 25.5.2004, Drucksache 16/264, Bremische Bürgerschaft, Landtag, 16. Wahlperiode und Mitteilung des Senats vom 25.5.2004. Das wirtschaftliche Potenzial von Unternehmern und Existenzgründern mit Migrationshintergrund, Drucksache 16/262, 26.5.2004, Bremische Bürgerschaft, Landtag, 16. Wahlperiode.

rentabel herausstellte.[20] Innerhalb dieses Schemas stellte Bremen gewiss keine Ausnahme dar.[21]

Drittens gibt es grundlegende Unterschiede hinsichtlich der Frage, warum südasiatische beziehungsweise türkische Unternehmen in Newcastle und Bremen gegründet wurden und wie sie geführt werden. Interviews mit Zeitzeugen belegen, dass viele türkische Unternehmer in Bremen sich aufgrund von Diskriminierungserfahrungen bei der Arbeitsuche für die Selbstständigkeit entschieden.[22] Obwohl in der Literatur vielfach behauptet wird, dass dies lange Zeit auch in Großbritannien der Fall war, haben Interviewte in Newcastle nicht davon berichtet.[23] Zudem hat es den Anschein, dass rassistische und religiöse Diskriminierungen oft mit darüber entschieden, wie die türkischen Unternehmen in Bremen geführt wurden. Einige der Interviewten lehnen es beispielsweise ab, türkische Frauen einzustellen, die ein Kopftuch tragen, oder sie beschränken sich ausschließlich auf den Verkauf hochwertiger Produkte und versuchen auf diese Weise ein größeres deutsches Klientel aufzubauen. Türkische Unternehmer in Bremen mussten sich somit weitgehend von ihrer eigenen Bevölkerungsgruppe und Kultur lösen, um ökonomischen Erfolg zu erzielen.

2. Der Wohnungsmarkt

Untersuchungen über die Wohnsituation von Zuwanderern in Deutschland betonen, dass diese von der Regierungspolitik vernachlässigt und bei der Vergabe von Sozialwohnungen benachteiligt worden seien, Vermieter sie diskriminierten und sie sich insgesamt mit einer anderen Wohnsituation konfrontiert sahen als die einheimische Bevölkerung.[24] Studien zu Großbritannien heben die ethnische Segregation und den Wohnungsmangel hervor.[25] Ausmachen lässt sich, dass viele Probleme hinsichtlich der Entwicklung der Wohnsituation von Zuwanderern in beiden Ländern gleichermaßen beobachtet werden können. Aber auch in diesem Feld hat die spezifische Situation der befristeten Anwerbung von „Gastarbeitern" in der Bundesrepublik langfristige Folgen, die zu klaren Unterschieden in der Wohnsituation zwischen Bremen und Newcastle führten. Erstens waren „Gastarbeiter" bei

---

[20] Joyce Marie Mushaben, Thinking Globally, Integrating Locally: Gender, Entrepreneurship and Urban Citizenship in Germany, in: Citizenship Studies 10 (2006), H.2, S.215; Roger Boyes/Dorte Huneke, Is it Easier to be a Turk in Berlin or a Pakistani in Bradford?, London 2004, S.21.
[21] Antrag der Fraktion Bündnis 90/Die Grünen. Stärkung von Unternehmen und Unternehmensgründungen mit migrantischem Hintergrund, Drucksache 16/810, 29.11.2005, Bremische Bürgerschaft, Landtag, 16.Wahlperiode.
[22] Interviews mit türkischen Einwanderern, die Erfahrungen mit der Selbstständigkeit gesammelt haben, wurden zwischen Januar 2006 und August 2010 durchgeführt.
[23] Susan Nowikowski, Snakes and Ladders: Asian Businesses in Britain, in: Robin Ward/Richard Jenkins (Hrsg.), Ethnic Communities in Business: Strategies for Economic Survival, Cambridge 1984, S.149–165; Gozde Inal, Why Do Minorities Launch Businesses in Britain?, in: International Journal of Business and Globalisation 1 (2007), H.1, S.51–59.
[24] John O'Loughlin, Chicago an der Ruhr Or What? Explaining the Location of Immigrants in European Cities, in: Günther Glebe/John O'Loughlin (Hrsg.), Foreign Minorities in Continental European Cities, Wiesbaden 1987, S.52–70; William A.V. Clark/Anita I. Drever, Residential Mobility in a Constrained Housing Market: Implications for Ethnic Populations in Germany, in: Environment and Planning A 32 (2000), H.5, S.833–846; Karen Schönwälder/Janina Söhn, Immigrant Settlement Structures in Germany: General Patterns and Urban Levels of Concentration of Major Groups, in: Urban Studies 46 (2009), H.7, S.1439–1460.
[25] Philip Sarre/Deborah Phillips/Richard Skellington, Ethnic Minority Housing: Explanations and Policies, Aldershot 1989; Ceri Peach, Does Britain Have Ghettos?, in: Transactions of the Institute of British Geographers 21 (1996), H.1, S.216–235; Deborah Phillips/Cathy Davis/Peter Ratcliffe, British Asian Narratives of Urban Space, in: ebenda 32 (2007), H.2, S.217–234.

ihrer Ankunft in Deutschland, wie bereits erwähnt, der Auffassung, dass es sich um einen zeitlich befristeten Aufenthalt handeln würde. Aus diesem Grund sprachen sie ihrer Wohnsituation eine nur geringe Bedeutung zu und akzeptierten oft billige Unterkünfte von schlechter Qualität, um möglichst viel Geld in ihre Heimatländer überweisen zu können. Zweitens wurden die Behörden in Westdeutschland zu einem gewissen Grad davon überrascht, dass der Anwerbestopp von 1973 aufgrund von Familienzusammenführungen zu einem deutlichen Anstieg der ausländischen Bevölkerung und zu einem damit zusammenhängenden Wohnungsmangel führte.[26]

Dabei wichen die Muster in Bremen nicht von denen andernorts in der Bundesrepublik ab. Die Unternehmen, die ausländische Arbeitnehmer einstellten, mussten angemessene Unterkünfte zur Verfügung stellen.[27] Für Bremen lassen sich zahllose Dokumente finden, die in aller Ausführlichkeit vom Kauf der Liegenschaften handeln, auf denen Baracken für „Gastarbeiter" errichtet werden sollten. Sie verweisen auf die Baurichtlinien und diskutieren die Perspektiven, die Arbeitskräfte nicht zu isolieren, sondern ihnen die Möglichkeit zu bieten, sich in ihrer Wohngegend zu integrieren.[28] Trotz dieser ernsthaften Versuche, einen gewissen Standard bei den Unterkünften für „Gastarbeiter" in Bremen zu entwickeln, ergaben sich rasch Schwierigkeiten: Beschwerden wegen der Überbelegung, mangelndes Heizen, Schikanen, Bettenmangel, schlechtes Essen und unzureichende sanitäre Anlagen.[29] Hinzu traten Isolation und Segregation – Aspekte, die in Bremen Anfang der 1970er Jahre viel öffentliches Interesse auf sich zogen und vor allem um den Einsatz eines Wohnschiffes für „Gastarbeiter", die Casa Marina, kreisten.[30]

Viele der türkischen Zuwanderer in Bremen lebten, entsprechend der Situation in der Bundesrepublik insgesamt, in überfüllten Wohnunterkünften von schlechter Qualität. Einem Bericht des Senats aus dem Jahr 1981 zufolge wohnten 83 Prozent aller Zuwanderer, deren Haushalt aus mindestens fünf Personen bestand, auf einer Fläche von unter 80 m^2. Das galt im Vergleich für nur 19 Prozent der einheimischen Bevölkerung. Die Situation stellte sich für die türkischen Familien dabei als noch kritischer heraus, lebten doch 79 Prozent auf einer Fläche von unter 60 m^2 und 51,6 Prozent auf weniger als 40 m^2. In diesem Bericht wird zudem hervorgehoben, dass nur 28 Prozent der Zuwanderer, die Anspruch auf eine Sozialwohnung hatten, diesen auch geltend machen konnten.[31] Die Kommunalverwaltung wies darüber hinaus auf den Modernisierungsbedarf der Wohnunterkünfte

---

[26] Lutz Holzner, The Myth of Turkish Ghettos: A Geographic Case Study of West German Responses Towards a Foreign Minority, in: The Journal of Ethnic Studies 9 (1982), H.4, S.65–85; Jürgen Friedrichs, Ethnic Segregation in Cologne, Germany, 1984–94, in: Urban Studies 35 (1998), H.10, S.1745–1763.

[27] Ulrich Herbert, A History of Foreign Labor in Germany, 1880–1980: Seasonal Workers, Forced Laborers, Guest Workers, Ann Arbor 1990, S.217f.; Panayi, Ethnic Minorities in Nineteenth and Twentieth Century Germany, S.220 f.

[28] Staatsarchiv Bremen, 7,2121/1-713 Sammlung von Schriftgut zu Personalmarketing, Beschäftigung und Unterbringung von ausländischen Arbeitern, zur Stahlbauerschule und zu Auszubildenden und Lehrlingen 1944–1975; Staatsarchiv Bremen, 4,31/6-68 Gastarbeiterwohnungen an der Rablinghauser Landstraße in Rablinghausen 1970–1975; Staatsarchiv Bremen, 4,124/3-692 Unterbringung von Ausländern 1972–1979.

[29] Staatsarchiv Bremen, 4,130/4-250 Orts- und Wohnungshygiene – Wohnunterkünfte für ausländische Arbeiter 1962–1975; Staatsarchiv Bremen, 7,2121/1-712 Sammlung von Schriftgut zur Beschäftigung, Unterbringung und Lage der ausländischen Arbeiter auf dem Vulkan 1969–1981.

[30] Gastarbeiter – ab ins Getto. Behörden wollen 200 Portugiesen in menschenleerem Hafengebiet ansiedeln, in: Weser Kurier, 7.8.1973; DGB kritisiert den Kauf des Gastarbeiter-Wohnschiffs, in: Bremer Nachrichten, 9.10.1973; Staatsarchiv Bremen, 4,13/4-122-10-02/14 Betreuung ausländischer Arbeitnehmer 1963–1975.

[31] Der Senator für das Bauwesen, Wohnen in Bremen (Der Senator für das Bauwesen informiert, H.2), Bremen, Juni 1981, S.3f.

hin.³² Sowohl der Aspekt der Sozialwohnungen als auch jener der Sanierung waren Gegenstand einer Reihe innovativer Maßnahmen und Konzepte in Bremen, die die Zuwandererbevölkerung der Stadt betrafen. Sie wurden gebündelt in der „Konzeption zur Integration der ausländischen Arbeitnehmer und ihrer Familienangehörigen im Lande Bremen" vom Juni 1979.³³

Obwohl sich in Bremen keine Ghettoisierung wie in den USA beobachten ließ, gab es in einigen Stadtteilen einen hohen Anteil von Zuwandererfamilien. Bereits in den 1980er Jahren wurde der rasche Anstieg des Migrantenanteils, insbesondere von Türken, aufmerksam verfolgt.³⁴ Auch die südasiatische Bevölkerung in Newcastle hat sich im Laufe der Zeit vermehrt in bestimmten Teilen der Stadt zusammengefunden, mitunter in überfüllten Behausungen mit schwierigen Wohnbedingungen. Dennoch zeigt sich ein inhärenter Unterschied zwischen Bremen und Newcastle: Während sich die südasiatische Bevölkerung in Newcastle zunächst vor allem daran orientierte, dass das jeweilige Stadtviertel erschwinglichen Wohnraum bot, wählte die türkische Bevölkerung in Bremen ihren Wohnsitz in den Stadtteilen, in denen sich die oben genannten Arbeitgeber befanden. Diejenigen, die zum Beispiel im Westen der Stadt lebten, waren häufig in der Hafengegend beschäftigt, diejenigen in den östlichen Stadtteilen arbeiteten in der Regel für Daimler-Benz oder den Elektronikhersteller Nordmende, diejenigen in Bremen-Nord hatten oft bei der Bremer Vulkan AG oder der Bremer Woll-Kämmerei AG Arbeit gefunden.³⁵

Während in Newcastle also die Wohnlage im Vordergrund stand, bildete in Bremen der Standort der Industriebetriebe das strukturierende Element. Dies verband sich mit Unterschieden in beiden Städten hinsichtlich der Orientierung der Migrantenbevölkerungen am Erwerb von Hauseigentum. Hausbesitz und wohnräumliche Unabhängigkeit scheinen für südasiatische Migranten in Newcastle ein wesentliches Ziel gewesen zu sein, wie eine in den 1970er Jahren durchgeführte Studie und verfügbare Archivdokumente belegen.³⁶ In Bremen dagegen entschieden sich türkische Einwanderer erst deutlich später für den Kauf von Immobilien, selbst unter Berücksichtigung der Tatsache, dass der Anteil an Hausbesitzern in Deutschland generell niedriger lag als in Großbritannien und Gesamteuropa.³⁷ Interviews, die in Bremen durchgeführt wurden, unterstützen die von Amelie F. Constant, Rowan Roberts und Klaus F. Zimmermann entwickelte These, wonach der Besitz

---

³² Modernisierungsmaßnahmen im Ortsteil Lindenhof mit dem Ziel, für deutsche und ausländische Mieter besseren Wohnraum zu schaffen, Bremische Bürgerschaft, Stadt, 11. Wahlperiode, 11. Sitzung, 7.12.1984.
³³ Der Senat der Freien Hansestadt Bremen, Konzeption zur Integration der ausländischen Arbeitnehmer und ihrer Familienangehörigen im Lande Bremen, Juni 1979.
³⁴ Hans-Ewald Schnurr/Wiebke Blume, Räumlich-strukturelle Analyse der Ausländerkonzentration in der Stadt Bremen, in: Statistische Monatsberichte (Freie Hansestadt Bremen) 34 (1982), H.10, S.309–327; Kinder im Vorschulalter und Ausländeranteile in der Stadt Bremen im Januar 1993 nach Stadtteilen, in: ebenda 46 (1994), H.2/3, S.36f.
³⁵ Hans-Ewald Schnurr, Die Segregation der ausländischen Bevölkerung in Bremen, in: Statistische Monatsberichte (Freie Hansestadt Bremen) 35 (1983), H.10, S.245–252; ders., Ausländer nach Ortsteilen der Stadt Bremen, in: ebenda 37 (1985), H.7, S.146–148.
³⁶ Davies, The Evangelistic Bureaucrat; Taylor, The Half-Way Generation; Hackett, Peering Around the ‚Velvet Curtain of Culture'. Die einzige Ausnahme unter der südasiatischen Bevölkerung in Newcastle bildeten die Bengalen. Siehe TWAS, MD.NC/162/1, Local Government and Racial Equality Sub-Committee of Corporate Joint Sub-Committee, 18.3.1983–17.7.1985; Director of Housing. Housing the Bengali Community in the Inner West End, 24.5.1984; Director of Environmental Health. The Bengali Community in the Inner West End of Newcastle, 31.5.1984.
³⁷ Franz-Josef Kemper, Restructuring of Housing and Ethnic Segregation: Recent Developments in Berlin, in: Urban Studies 35 (1998), H.10, S.1765–1789, hier S.1769; Schönwälder/Söhn, Immigrant Settlement Structures in Germany, S.1451.

von Wohnungen Indikator für eine Bindung an das Aufnahmeland ist.[38] Noch aktueller sind die Erkenntnisse von Sule Özüekren und Ebru Ergoz-Karahan, die davon sprechen, dass mit der Entscheidung für eine dauerhafte Niederlassung seit den 1980er Jahren ein Anstieg der Zahl von Hausbesitzern türkischer Herkunft in Deutschland zu verbuchen ist. Sie stellen außerdem die These auf, dass sich Hausbesitz und Unternehmensgründung parallel entwickelten.[39]

Viele der Befragten hatten sich erst in den 1990er Jahren zum Kauf eines Hauses entschlossen, für einige lag die Umsetzung dieses Ziels zum Zeitpunkt des Interviews noch in der Zukunft.[40] Die späte Orientierung am Immobilienbesitz verhinderte nicht die Entstehung von ethnisch geprägten Straßen und Stadtteilen in Bremen. Wie auch in Newcastle findet sich in bestimmten Stadtteilen inzwischen eine Vielzahl an Moscheen, ethnischen Lebensmittelgeschäften sowie durch Einwanderer geprägten Jugendzentren. Bestimmte Gebiete in beiden Städten, die anfangs entweder aus finanziellen Gründen oder aufgrund der Nähe zum Arbeitsplatz für Zuwanderer besonders attraktiv waren, entwickelten durch die Herausbildung einer spezifischen ethnischen Identität weiterhin eine hohe Anziehungskraft.[41] Der Hauptunterschied zwischen Newcastle und Bremen liegt darin, dass sich diese wohnräumlichen Muster in Bremen, bedingt durch die anfänglichen Einschränkungen des „Gastarbeiter"-Systems, erst deutlich später herausgebildet haben.

3. Bildung

Bei der Betrachtung der Integrationssituation hat der Bildungsbereich in Deutschland sowohl auf politischer als auch auf akademischer Ebene seit den 1960er Jahren die meiste Aufmerksamkeit auf sich gezogen.[42] Die Forschungsliteratur betont, dass Schülerinnen und Schüler aus Migrantenfamilien sich vermehrt in den am wenigsten angesehenen Schulen wiederfinden, beim Übergang in das System der beruflichen Ausbildung benachteiligt werden und viele von ihnen es nicht schaffen, einen Schulabschluss zu erlangen.[43]

---

[38] Amelie F. Constant/Rowan Roberts/Klaus F. Zimmermann, Ethnic Identity and Immigrant Homeownership, in: Urban Studies 46 (2009), H.9, S.1879–1898.
[39] Sule Özüekren/Ebru Ergoz-Karahan, Housing Experiences of Turkish (Im)migrants in Berlin and Istanbul: Internal Differentiation and Segregation, in: Journal of Ethnic and Migration Studies 36 (2010), H.2, S.257–274, hier S.266.
[40] Zwischen Januar 2006 und August 2010 wurden Interviews mit Mitgliedern der türkischen Gemeinschaft in Bremen durchgeführt.
[41] Mit der Art und Weise, in der türkische Gemeinschaften in bestimmten Gebieten ein Zugehörigkeitsgefühl schaffen, beschäftigen sich: Ayse Çağlar, Constraining Metaphors and the Transnationalisation of Spaces in Berlin, in: Journal of Ethnic and Migration Studies 27 (2001), H.4, S.601–613; Patricia Ehrkamp, Placing Identities: Transnational Practices and Local Attachments of Turkish Immigrants in Germany, in: ebenda 31 (2005), H.2, S.345–364.
[42] Dies zeigt sich in Bremen im Umfang der amtlichen Korrespondenz zu diesem Thema seit den 1960er Jahren. Siehe zum Beispiel: Staatsarchiv Bremen, 4,111/5-2277 Beschulung der Kinder ausländischer Arbeitnehmer – Regelung in Bremen: Durchführung (Grundsatzfragen, Einzelfälle) 1962–1971; Staatsarchiv Bremen, 4,111/5-2268 Beschulung der Kinder ausländischer Arbeitnehmer – KMK-Rundschreiben (Mitteilungen, Beschlüsse), Bd.1, 1964–1971; Staatsarchiv Bremen, 4,124/3-5 Planung in Bremen – Konzeption, Bd. 2, 1986.
[43] Thomas Faist, From School to Work: Public Policy and Underclass Formation among Young Turks in Germany during the 1980s, in: International Migration Review 27 (1993), H.2, S.306–331; Regina T. Riphahn, Cohort Effects in the Educational Attainment of Second Generation Immigrants in Germany: An Analysis of Census Data, in: Journal of Population Economics 16 (2003), H.4, S.711–737; Janina Söhn/Veysel Özcan, The Educational Attainment of Turkish Migrants in Germany, in: Turkish Studies 7 (2006), H.1, S.101–124.

Anders als bei den Themen Arbeit und Wohnen konnten die Hauptunterschiede im Bildungsbereich im Hinblick auf die Jugendlichen aus Zuwandererfamilien in Bremen und Newcastle auf der Ebene der integrationspolitischen Konzepte und Maßnahmen, nicht aber bei den Leistungen oder dem Handeln der Zuwanderer selbst beobachtet werden. Für die deutsche Situation besteht insofern Konsens, als darauf verwiesen wird, dass Staat und Kommunen sehr langsam auf den Anstieg der Zahl von Schülerinnen und Schülern aus Zuwandererfamilien reagierten. Weil der Aufenthalt von „Gastarbeitern" in Westdeutschland ursprünglich nur befristet sein sollte und nicht absehbar war, dass das Bildungssystem von der Zuwanderung betroffen sein würde, ist das nicht überraschend. Die Situation in Deutschland erweist sich auch deshalb als komplex, weil der Bildungsbereich der Länderhoheit obliegt und jedes Bundesland jene bildungspolitischen Maßnahmen durchsetzen kann, die es für angemessen erachtet. Die beiden deutschen Bundesländer, deren Regelungen im Bildungssystem gegenüber Schülern aus Zuwandererfamilien oft als gegensätzlich angesehen werden, sind Bayern und Berlin. In den 1970er Jahren setzte Bayern seinen Schwerpunkt auf das Erlernen der Muttersprachen und betonte vornehmlich die Probleme der Integration. Berlin unternahm im gleichen Zeitraum den Versuch, die Schüler auf eine Zukunft in Deutschland vorzubereiten. Andere Bundesländer kombinierten wiederum beide Modelle und setzten sowohl auf die Förderung des Deutschen als auch der Muttersprachen.[44]

Der bildungspolitische Ansatz des Landes Bremen lag jenem Berlins näher. Hauptziel war es, die Schüler in die deutsche Gesellschaft zu integrieren. In der zweiten Hälfte der 1970er Jahre führte das Land Bremen beispielsweise eine Reihe von Maßnahmen durch, um das Ziel der Integration zu erreichen.[45] Dazu gehörten die Werbung für Kindertagesstätten bei Einwandererfamilien oder zusätzlicher Deutschunterricht. Es gab allerdings auch einige Maßnahmen, die den Zweck verfolgten, die Kinder auf eine mögliche Rückkehr in die Heimatländer vorzubereiten. Sie zielten vor allem darauf, die Kenntnisse über Muttersprachen und Herkunftskulturen zu vertiefen. Damit stand Bremen nicht allein, wie die Beispiele Nordrhein-Westfalen, Niedersachsen und Baden-Württemberg zeigen.[46]

Im Laufe der Zeit konzentrierten sich die politischen Maßnahmen in Bremen immer weiter auf die Integration von Schülern aus Einwandererfamilien in die deutsche Gesellschaft. Einem Bericht des Senats vom September 1980 zufolge[47] sollte vornehmlich danach gestrebt werden, die Möglichkeiten des Erwerbs der deutschen Sprache zu verbessern, um für die Jugendlichen aus Einwandererfamilien die Chancen zu erhöhen, einen qualifizierten Schulabschluss zu erlangen.[48] Darüber hinaus wurde bestimmt, dass der Anteil an Schülerinnen und Schülern aus Migrantenfamilien in einer Schule oder in einer Klasse nicht

---

[44] Ray Rist, On the Education of Guest-Worker Children in Germany: A Comparative Study of Policies and Programs in Bavaria and Berlin, in: The School Review 87 (1979), H. 3, S. 242–268; Theodor Hanf, Education in a Cultural Lag: The Case of Germany, in: International Journal of Educational Research 35 (2001), H. 3, S. 255–268.
[45] Antwort des Senats zur kleinen Anfrage der Fraktion der FDP vom 1.3.1977. Kinder ausländischer Arbeitnehmer, Drucksache 9/484 (Drs. 9445), 25.4.1977, Bremische Bürgerschaft, Landtag, 9. Wahlperiode.
[46] Barry McLaughlin/Peter Graf, Bilingual Education in West Germany: Recent Developments, in: Comparative Education 21 (1985), H. 3, S. 247f.; Eric Beck, Language Rights and Turkish Children in Germany, in: Patterns of Prejudice 33 (1999), H. 2, S. 3–12, hier S. 8.
[47] Bericht über die Lage der schulpflichtigen Kinder von Ausländern, Drucksache 10/300, 1.9.1980, Bremische Bürgerschaft, Landtag, 10. Wahlperiode.
[48] Richard D. Alba/Johann Handl/Walter Müller, Ethnische Ungleichheit im deutschen Bildungssystem, in: Kölner Zeitschrift für Soziologie und Sozialpsychologie 46 (1994), S. 209–227; Susanne Worbs, The Second Generation in Germany: Between Schools and Labor Market, in: International Migration Review 37 (2003), H. 4, S. 1011–1038.

über 20 Prozent liegen solle. Informationsbroschüren für die Eltern in deren Muttersprachen wurden verteilt, Anträge auf Kindergeld durften nur noch bewilligt werden, wenn nachgewiesen worden war, dass die Kinder der Schulpflicht nachgingen. Veränderungen betrafen auch die Schulen selbst. Dazu gehörten die zusätzliche Unterstützung von Schülern, deren Deutschkenntnisse nicht ausreichten, um am normalen Schulunterricht teilzunehmen, sowie die Einführung von Vorbereitungsklassen mit dem Ziel, eine langfristige Integration zu fördern. Im Fokus stand zudem das Bemühen, den Anteil der Schülerinnen und Schüler aus Einwandererfamilien an Gymnasien zu erhöhen.[49]

Die städtischen Behörden in Newcastle folgten ganz anderen bildungspolitischen Prämissen: Sie orientierten sich sowohl an den Bedürfnissen temporärer Arbeitsmigration als auch dauerhafter Einwanderung. Zudem blieben die Maßnahmen im Ordnungsrahmen nationaler Richtlinien. Dies wurde erstmals in den 1960er Jahren deutlich, als die Stadt einen auf strikte Anpassung gerichteten Ansatz vertrat: Der Schwerpunkt lag auf dem Erwerb des Englischen, in Erwägung gezogen wurde die Durchsetzung eines Verteilungsschlüssels, der sicherstellen sollte, dass der Migrantenanteil in den einzelnen Schulen und Klassenräumen nicht über einem Drittel lag. Derartige Maßnahmen setzten in den 1960er und 1970er Jahren viele andere britische Städte ebenfalls durch.[50] In den 1980er Jahren wurde dieser auf strikte Anpassung gerichtete Ansatz sowohl auf nationaler Ebene als auch in Newcastle durch einen multikulturellen Ansatz abgelöst. Insbesondere die bildungspolitischen Maßnahmen der zweiten Hälfte der 1980er Jahre beeinflusste der 1985 veröffentlichte Swann-Report, der auch unter dem Titel „Education for All" bekannt ist. Der Bericht vertrat die Ansicht, dass Schülerinnen und Schüler in einem multikulturellen Umfeld unterrichtet werden sollten und die Trennung von einheimischen und zugewanderten Kindern und Jugendlichen schädlich sei.[51] In Newcastle führte dieses Umdenken zu einer Förderung der Sprachen der Einwandererkinder sowie von muttersprachlichen Lehrern und zum Kampf gegen Rassismus in den Schulen.[52] Auch in diesem Falle orientierte sich Newcastle an den Maßnahmen und Richtlinien, die andernorts in Großbritannien eingeführt wurden.[53]

---

[49] Joachim Frick/Gert Wagner, Economic and Social Perspectives of Immigrant Children in Germany, in: Edda Currle/Tanja Wunderlich (Hrsg.), Deutschland, ein Einwanderungsland? Rückblick, Bilanz und neue Fragen, Stuttgart 2001, S. 299–326; Cornelia Kristen/Nadia Granato, The Educational Attainment of the Second Generation in Germany: Social Origins and Ethnic Inequality, in: Ethnicities 7 (2007), H. 3, S. 343–366.
[50] Zu Newcastle siehe TWAS, MD.NC/149, Commonwealth Immigrants Working Group of Planning Committee, 19.9.1966–6.5.1968. Immigrant Pupils in Schools, 5.12.1967. Zu den politischen Maßnahmen anderer Städte siehe Henry Miller, Race Relations and Schools in Great Britain, in: Phylon 27 (1966), H. 3, S. 247–267; George A. Male, Multicultural Education and Education Policy: The British Experience, in: Comparative Education Review 24 (1980), H. 3, S. 291–301.
[51] Terry S. Chivers, Race and Culture in Education. Issues Arising from the Swann Committee Report, Windsor 1987; Gajendra K. Verma, Diversity and Multicultural Education: Cross-cutting Issues and Concepts, in: Gajendra K. Verma/Christopher Bagley/Madan Jha (Hrsg.), International Perspectives on Educational Diversity and Inclusion. Studies from America, Europe and India, Abingdon 2007, S. 21–30.
[52] TWAS, MD.NC/162/2, Local Government and Racial Equality Sub-Committee of corporate Joint Sub-Committee, 18.9.1985–15.7.1987, Mother-Tongue Teaching Report on the Schools Language Survey conducted in Newcastle-upon-Tyne Schools, 18.9.1985; The Swann Report, 18.9.1985; Monitoring of Racial Incidents in Schools, 18.3.1987; Strategies for Combating Racism – Head Teachers' Courses, 18.3.1987.
[53] Gajendra K. Verma/Douglas Darby, Immigrant Policies and the Education of Immigrants in Britain, in: Pirkko Pitkänen/Devorah Kalekin-Fishman/Gajendra K. Verma (Hrsg.), Education and Immigration: Settlement Policies and Current Challenges, London 2002, S. 11–47; Humayun Ansari, „The Infidel Within": Muslims in Britain since 1800, London 2004, S. 318–320.

Sowohl in Newcastle als auch in Bremen wurde mithin seit den 1960er Jahren eine Vielzahl an Maßnahmen zur Integration durch Bildung durchgeführt. Während zu Beginn in Bremen, dem bundesdeutschen Trend entsprechend, die Teilhabe von Kindern der „Gastarbeiter" am Bildungssystem für ein untergeordnetes Problem gehalten wurde, stellte sich die Kommunalverwaltung in Newcastle von Anfang an auf eine dauerhafte Niederlassung und Integration der südasiatischen Schüler ein. Die Frage, wie auf die steigende Zahl der türkischen Schülerinnen und Schüler der zweiten Generation bildungspolitisch zu reagieren sei, überforderte die Bremer Kommunalpolitik zunächst.[54] Daraus ergaben sich erheblich größere Probleme als in anderen Bereichen; denn während türkische Einwanderer in Bremen und im gesamten Bundesgebiet die Möglichkeit hatten, ihre eigenen Arbeits- und Wohnungsmuster herauszubilden, waren türkische Schulkinder ohne größere eigene Handlungsspielräume einer vorgegebenen Palette an bildungspolitischen Richtlinien und Maßnahmen ausgesetzt.

Die Bedeutung des Bildungsbereichs in Bremen lässt sich auch aus der enormen kommunalpolitischen Aufmerksamkeit in den vergangenen Jahrzehnten ablesen. Interviews zeigten, dass viele der Migranten das deutsche Bildungssystem zwar nicht gänzlich verstanden hatten, die türkische Bevölkerung in Bremen jedoch sehr eindringlich die essentielle Bedeutung von Bildung für den Erfolg und die Integration ihrer Kinder betonte.[55] Die Bildung von Kindern aus ethnischen Minderheiten in Deutschland hat durch die PISA-Studien unlängst auch auf internationaler Ebene Aufmerksamkeit auf sich gezogen. Deutschland schnitt, sowohl in Bezug auf deutsche Kinder als auch auf Nachkommen der Zuwandererfamilien, insgesamt deutlich unter dem OECD-Durchschnitt ab, wodurch eine hitzige politische und wissenschaftliche Debatte in Gang gesetzt wurde.[56] Bezüglich Bremen sind die beiden Studien aus den Jahren 2000 und 2003 zu dem Schluss gekommen, dass Einwandererkinder ihren deutschen Mitschülern im Bereich der Lesekompetenz, der mathematischen Kenntnisse und des Gebrauchs der deutschen Sprache hinterherhinken.[57] Unter den Gründen für das schlechte Abschneiden Deutschlands sollte das verspätete Erfüllen der Bedürfnisse von Schülerinnen und Schülern aus Einwandererfamilien nicht außer Acht gelassen werden.[58]

---

[54] Zu Angaben bezüglich der wachsenden Anzahl an Schülern aus Einwandererfamilien in Bremen siehe Statistisches Landesamt Bremen, Schulbesuch und Schulerfolg ausländischer Schüler (Statistische Monatsberichte der Freien Hansestadt Bremen, 30 [April 1978]) und Staatsarchiv Bremen, 4,111/5-2398 Allgemeine Schulstatistik, vor allem öffentliche berufliche Schulen, private und staatliche berufliche Schulen, Schulen des Gesundheitswesens: Klassenfrequenzen, Klassen- und Schülerzahlen, Ausländeranteil; Absolventenprognose der allgemeinen öffentlichen und privaten Schulen, Schülerzahlprognosen, Klassenfrequenzen, Bd. 1, 1989–1990.
[55] Zwischen Januar 2006 und August 2010 wurden Interviews mit Mitgliedern der türkischen Gemeinschaft in Bremen durchgeführt.
[56] Ammermüller, Poor Background or Low Returns?; Manuel Siegert, Schulische Bildung von Migranten in Deutschland, Nürnberg 2008.
[57] Manfred Prenzel/Jürgen Baumert/Werner Blum/Rainer Lehmann/Detlev Leutner/Michael Neubrand u.a., PISA 2003: Der zweite Vergleich der Länder in Deutschland – Was wissen und können Jugendliche?, Münster 2005, S. 267–298.
[58] Cornelia Kristen, Ethnic Differences in Educational Placement: The Transition from Primary to Secondary Schooling (Mannheimer Zentrum für Europäische Sozialforschung [MZES], Arbeitspapiere, 32 [2000]); Sylke Viola Schnepf, Immigrants' Educational Disadvantage: An Examination Across Ten Countries and Three Surveys, in: Journal of Population Economics 21 (2007), H. 3, S. 527–545.

4. Fazit

Die Literatur hat in Bezug auf Deutschland hervorgehoben, dass die Integration der Zuwanderer verzögert worden sei, weil die langfristigen Folgen der nur als temporär vorgestellten Zuwanderungen nicht erkannt worden seien.[59] Der Fall Bremen verdeutlicht, dass die Erfahrungen von türkischen Zuwanderern tatsächlich erheblich durch die Nachwirkungen des „Gastarbeiter"-Systems beeinflusst und geprägt wurden. Im Vergleich zu Newcastle sind Segregation und Isolierung im Arbeits- und Wohnungsbereich erst spät erkannt und als politische Aufgabe verstanden worden. Im Bildungsbereich sorgte die Unsicherheit über die Zukunft türkischer Familien in einem Deutschland, das sich nicht als Einwanderungsland verstand, für Verunsicherungen und Hemmnisse bei der Frage, welche Richtlinien am geeignetsten und dringlichsten seien.

Dies bedeutet jedoch nicht, dass die lokalen Behörden in Bremen die wachsende türkische Migrantenbevölkerung nicht wahrnahmen und aus diesem Grund keinen Versuch unternahmen, sie angemessen zu unterstützen und zu versorgen. Tatsächlich belegen verfügbare Archivdokumente genau das Gegenteil; es wurde seit den 1960er Jahren ein klarer Schwerpunkt auf die Integration der „Gastarbeiter" in Bremen gelegt. Die Dokumente beziehen sich auf den Arbeits-, Wohnungs- und Bildungsbereich sowie auf Aspekte wie Sprache und gesellschaftliche Beziehungen. Insgesamt gibt es Hinweise darauf, dass die Integration eindeutig als ein dringliches politisches Thema wahrgenommen wurde.[60] Auch gab es ein Bewusstsein für die Situation der „Gastarbeiter" im Bundesgebiet insgesamt und dafür, auf welche Weise andere Städte und Bundesländer die Integration als politische und gesellschaftliche Aufgabe angingen.[61] Die Presse, wie auch die vielfältigen gesellschaftlichen Initiativen, die in dem Versuch gestartet wurden, Integration zu fördern, spielten dabei eine bedeutende Rolle.[62] Es kam sogar so weit, dass die Bremer Vorgehensweise in ganz Deutschland Anerkennung fand.[63]

---

[59] Herbert, A History of Foreign Labor in Germany; Stephen Castles, Migrants and Minorities in Post-Keynesian Capitalism: The German Case, in: Malcolm Cross (Hrsg.), Ethnic Minorities and Industrial Change in Europe and North America, Cambridge 1992, S.36–54; Joppke, Immigration and the Nation-State.

[60] Siehe zum Beispiel Staatsarchiv Bremen, 4,111/5-253 Durchführung des Unterrichts für Kinder ausländischer Arbeitnehmer – Berichte, Meldungen und Anfragen der Schule Schmidtstraße 1969–1976; Staatsarchiv Bremen, 7,2121/1-712 Sammlung von Schriftgut zur Beschäftigung, Unterbringung und Lage der ausländischen Arbeiter auf dem Vulkan 1969–1981; Staatsarchiv Bremen, 4,124/3-644 Sozialhilfe für Ausländer und Staatenlose – Allgemeines, Bd.2a 1973; Staatsarchiv Bremen, 4,124/3-650 Arbeitsgemeinschaft ausländischer Arbeiter (AGaA) 1974; Staatsarchiv Bremen, 4,124/3-649 Sozialhilfe für Ausländer und Staatenlose – Allgemeines, Bd.6, 1979–1980; Staatsarchiv Bremen, 4,111/7-254 Studienkolleg Bremen – Sonderkurs für Gastarbeiterkinder 1979–1983.

[61] Staatsarchiv Bremen, 4,124/3-694 Ausländische Arbeitskräfte in Deutschland, Bd.1, 1960–1963; Staatsarchiv Bremen 4,111/5-2290 Beschulung der Kinder ausländischer Arbeitnehmer – Allgemeines (1955), Bd.1, 1964–1971; Staatsarchiv Bremen, 4,124/3-697 Ausländische Arbeitskräfte in Deutschland, Bd.4, 1971–1974; Staatsarchiv Bremen 4,124/3-9 Außerschulische Jugendarbeit, Bd.1, 1979–1981; Staatsarchiv Bremen, 4,124/3-5 Planung in Bremen – Konzeption, Bd.2, 1986.

[62] 14000 Gastarbeiter in Bremen. Die Quote liegt weiter unter Bundesdurchschnitt – Integration mit relativ wenig Schwierigkeiten, in: Bremer Bürgerzeitung, 24.9.1971; „Gleiche Rechte einräumen". Bürgerschaft fordert Programm zur Integration der Gastarbeiter, in: Bremer Nachrichten, 5.10.1973; Staatsarchiv Bremen, 4,124/3-650 Arbeitsgemeinschaft ausländischer Arbeiter (AGaA) 1974; Staatsarchiv Bremen, 4,124/3-22 Neustrukturierung der Sozialarbeit für ausländische Familien, Bd.3, 1981.

[63] Bremen will Gastarbeiterkindern besseren Unterricht anbieten, in: Frankfurter Rundschau, 11.4.1978; Die soziale Zeitbombe tickt nicht überall. Bremens Schule an der Schmidtstraße als Modell für die Integration, in: Stuttgarter Zeitung, 21.9.1979.

Anders als die Literatur über westdeutsche Integrationspolitik insgesamt zu vermitteln sucht, hat sich Bremen in den 1960er und 1970er Jahren nicht blauäugig auf das Thema Immigration eingelassen. Trotz allem gibt es keinen Zweifel daran, dass das „Gastarbeiter"-System und seine Nachwirkungen einen langfristigen Einfluss auf das Handeln und die Erfahrungen der türkischen Zuwandererbevölkerung in Bremen hatten. Als zentral erwies sich dabei, dass die integrationspolitischen Bemühungen des Bremer Senats in den 1960er und 1970er Jahren innerhalb des einschränkenden Handlungsrahmens des „Gastarbeiter"-Systems unternommen wurden. Während die Kommunalverwaltung in Newcastle die dauerhafte Niederlassung der südasiatischen Einwanderer als gegeben ansah, mussten die Initiativen in Bremen scheitern, weil die Zuwanderung der „Gastarbeiter" für ein temporäres Phänomen gehalten wurde. Allerdings hat Bremen weitaus früher als andere Bundesländer die Einwanderungssituation anerkannt.

Abkürzungen

AA	Auswärtiges Amt
AAPD	Akten zur Auswärtigen Politik der Bundesrepublik Deutschland
Abt.	Abteilung
ACMT	Archivo Central del Ministerio de Trabajo
ACS	Archivio Centrale dello Stato
a.D.	außer Dienst
AdG	Archiv der Gegenwart
ADR	Archives Départementales du Rhône
AdsD	Archiv der sozialen Demokratie
AEF	Academia Española de Formación
AfS	Archiv für Sozialgeschichte
AG	Arbeitsgruppe/Aktiengesellschaft
AGA	Archivo General de la Administración
AGaA	Arbeitsgemeinschaft ausländischer Arbeiter
AJ	Arhiv Jugoslavije
AK	Arbeitskreis
a.M.	am Main
AMAE	Archivo del Ministerio de Asuntos Exteriores
AML	Archives Municipales de la Ville de Lyon
a.N.	am Neckar
ANAP	Associazione Nazionale Addestramento Professionale
ANBA	Amtliche Nachrichten der Bundesanstalt für Arbeitsvermittlung
apl.	außerplanmäßig
Art.	Artikel
ASCT	Archivio Storico della Città di Torino
AST	Archivio di Stato di Torino
BA	Bundesanstalt für Arbeit (1969–2004)
BArch	Bundesarchiv
BAMF	Bundesamt für Migration und Flüchtlinge
BAVAV	Bundesanstalt für Arbeitsvermittlung und Arbeitslosenversicherung (1952–1969)
Bd.	Band
BDA	Bundesvereinigung der Deutschen Arbeitgeberverbände
BDI	Bundesverband der Deutschen Industrie
bes.	besonders
betr.	betreffs
BEV	Bestand Emigrationszentrum Verona
BHE	Bund der Heimatvertriebenen und Entrechteten
BIGA	Bundesamt für Industrie, Gewerbe und Arbeit (Schweiz)
BIGSSS	Bremen International Graduate School of Social Sciences
BK	Bundeskanzleramt
Bl.	Blatt
BMA	Bundesministerium für Arbeit und Sozialordnung

BMBF	Bundesministerium für Bildung und Forschung	
BMI	Bundesministerium des Innern	
BMWi	Bundesministerium für Wirtschaft	
BOCE	Boletín Oficial de las Cortes Españolas	
BOE	Boletín Oficial del Estado	
BPA	Bundespresseamt	
BRD	Bundesrepublik Deutschland	
BV	Bundesvorstand	
bzw.	beziehungsweise	
ca.	circa	
CAC	Centre des Archives Contemporaines (Fontainebleau)	
CDU	Christlich-Demokratische Union (Deutschlands)	
CNHI	Cité nationale de l'histoire de l'immigration	
CO	Colorado	
CRIS	Centro di Ricerche Industriali e Sociali	
CSU	Christlich-Soziale Union	
DBK	Deutsche Bischofskonferenz	
DBT	Deutscher Bundestag	
DDR	Deutsche Demokratische Republik	
Dep.	Departamento	
ders./dies.	derselbe/dieselbe(n)	
DGB	Deutscher Gewerkschaftsbund	
d. h.	das heißt	
Diss.	Dissertation	
DİTİB	Diyanet İşleri Türk İslam Birliği (Türkisch-Islamische Union der Anstalt für Religion e.V.)	
DK	Deutsche Kommission	
DKI	Deutsche Kommission in Italien	
DM	Deutsche Mark	
Dok.	Dokument	
DP	Displaced Person	
dpa	Deutsche Presse-Agentur	
EG	Europäische Gemeinschaft	
EG DU	Entwicklungsgesellschaft Duisburg mbH	
em.	emeritiert	
e.V.	eingetragener Verein	
EWG	Europäische Wirtschaftsgemeinschaft	
f.	folgende	
FAS	Fonds d'Action Sociale	
FAZ	Frankfurter Allgemeine Zeitung	
FES	Friedrich-Ebert-Stiftung	
ForBe	Forschungsinstitut für Bürgerschaftliches Engagement	
GGLF	Gewerkschaft Gartenbau, Land- und Forstwirtschaft	
GGS	Gemeinschaftsgrundschule	
GMH	Gewerkschaftliche Monatshefte	

GTB	Gewerkschaft Textil-Bekleidung
H.	Heft
HDZ	Hrvatska demokratska zajednica (Kroatische Demokratische Union)
hrsg./Hrsg.	herausgegeben/Herausgeber
i.Br.	im Breisgau
ICEM	Intergovernmental Committee for European Migration
IEE	Instituto Español de Emigración
IG	Industriegewerkschaft
IG BSE	Industriegewerkschaft Bau-Steine-Erden
IG CPK	Industriegewerkschaft Chemie-Papier-Keramik
IGBE	Industriegewerkschaft Bergbau und Energie
ILO	International Labour Organization
IMIS	Institut für Migrationsforschung und Interkulturelle Studien
IOM	International Organization for Migration
IRO	International Refugee Organization
i.Ts.	im Taunus
IWF	Internationaler Währungsfonds
Jg.	Jahrgang
KFN	Kriminologisches Forschungsinstitut Niedersachsen
KGS	Kooperative Gesamtschule
KMK	Kultusministerkonferenz
LKW	Lastkraftwagen
MA	Massachusetts
ML	Ministero del Lavoro
MLPS	Ministero del Lavoro e della Previdenza Sociale
MTIN-DGCEE	Ministerio de Trabajo e Inmigración – Dirección General de la Ciudadanía Española en el Exterior
MZES	Mannheimer Zentrum für Europäische Sozialforschung
N.U.R.E.C	Network on Urban Research in the European Union
NGG	Gewerkschaft Nahrung-Genuss-Gaststätten
NOS	Nederlandse Omroep Stichting
NPD	Nationaldemokratische Partei Deutschlands
Nr.	Nummer
NS	Nationalsozialismus
NWDR	Nordwestdeutscher Rundfunk
o.D.	ohne Datum
OECD	Organization for Economic Co-operation and Development
OEEC	Organization for European Economic Co-operation
ONI	Office National d'Immigration
ONS	Office for National Statistics
OSE	Organización Sindical Española

PA/AA	Politisches Archiv des Auswärtigen Amts
PCI	Partito Comunista Italiano
PISA	Programme for International Student Assessment
RAA	Regionale Arbeitsstellen zur Förderung von Kindern und Jugendlichen aus Zuwandererfamilien
Ref.	Referat
RFA	República Federal de Alemania
S.	Seite
SBZ	Sowjetische Besatzungszone
Sekr.	Sekretariat
SFR	Sozialistische Föderative Republik (Jugoslawien)
Sign.	Signatur
SLPM	Service de Liaison et de Promotion des Migrants
SNEC	Servicio Nacional de Encuadramiento y Colocación
SOEP	Sozio-oekonomisches Panel
soFid	Sozialwissenschaftlicher Fachinformationsdienst
SPD	Sozialdemokratische Partei Deutschlands
SpG	Sozialpolitische Gesprächsrunde
SZ	Süddeutsche Zeitung
Tab.	Tabelle
taz	Die Tageszeitung
TWAS	Tyne and Wear Archives Service
u. a.	und andere/unter anderem
UEG	Unione Emigrati in Germania
UN	United Nations
UNRRA	United Nations Relief and Rehabilitation Administration
USA	United States of America
usw.	und so weiter
u.U.	unter Umständen
VfZ	Vierteljahrshefte für Zeitgeschichte
vgl.	vergleiche
WBG	Wissenschaftliche Buchgesellschaft
wiss.	wissenschaftlich
WP	Wahlperiode
WSI	Wirtschafts- und Sozialwissenschaftliches Institut
z. B.	zum Beispiel
ZDF	Zweites Deutsches Fernsehen
ZEGK	Zentrum für Europäische Geschichts- und Kulturwissenschaften
zus.	zusammen
z. Z.	zur Zeit

Die Autorinnen und Autoren dieses Bandes

Marcel Berlinghoff, Dr. phil., Wiss. Mitarbeiter am Historischen Seminar, Zentrum für Europäische Geschichts- und Kulturwissenschaften (ZEGK) der Universität Heidelberg; veröffentlichte u. a.: L'arrêt de la politique d'immigration de travail en France et en Allemagne et ses répercussions sur l'image des étrangers, in: CNHI (Hrsg.), À chacun ses étrangers? En France et en Allemagne, de 1871 à aujourd'hui, Paris 2009, S. 101–105; Between Emancipation and Defence: the Failure of the Commission's Attempt to Concert a Common European Immigration Policy, in: L'Europe en Formation. Journal of Studies on European Integration and Federalism (2009), Nr. 353/354, S. 183–195; Der deutsche Anwerbestopp in seinem europäischen Kontext, in: Dittmar Dahlmann/Margit Schulte Beerbühl (Hrsg.), Perspektiven in der Fremde? Arbeitsmarkt und Migration von der Frühen Neuzeit bis in die Gegenwart, Essen 2011, S. 407–428.

Frank Caestecker, Ph.D., Professor für Geschichte am University College Gent/Belgien; veröffentlichte u. a.: Alien Policy in Belgium, 1840–1940. The Creation of Guest Workers, Refugees and Illegal Aliens, Oxford/New York 2000; als Hrsg. zus. mit Bob Moore: Refugees from Nazi-Germany and the Liberal States in Europe, 1933–1939, Oxford/New York 2010.

Anna Caroline Cöster, Dr. phil., Wiss. Mitarbeiterin am Lehrstuhl für Vergleichende Kultur- und Sozialanthropologie an der Europa-Universität Viadrina in Frankfurt (Oder); veröffentlichte u. a.: Die Situation der Roma nach der EU-Osterweiterung am Beispiel der Slowakischen Republik, in: Max Matter (Hrsg.), Die Situation der Roma und Sinti nach der EU-Osterweiterung, Göttingen 2005, S. 113–125; Minderheiten – Mehrheiten, Interkulturelle Beziehungen in Geschichte und Gegenwart, in: Bohemia. Zeitschrift für Geschichte und Kultur der böhmischen Länder 48 (2008), S. 237–242; Ehrenmord in Deutschland, Marburg 2009; als Hrsg. zus. mit Max Matter: Fremdheit und Migration. Kulturwissenschaftliche Perspektiven für Europa, Marburg 2011; „Gefährlich fremd?" Zur Wahrnehmung der muslimischen Minderheit in der deutschen Öffentlichkeit, in: ebenda, S. 57–76.

Sarah Hackett, BA (Hons), M.A., Ph.D., Senior Lecturer in European History an der University of Sunderland/Großbritannien; veröffentlichte u. a.: The Asian of the North: Immigrant Experiences and the Importance of Regional Identity in Newcastle upon Tyne during the 1980s, in: Northern History 46 (2009), S. 293–311; Peering Around the „Velvet Curtain of Culture": The Employment and Housing of Newcastle-upon-Tyne's Muslim Immigrants, 1960s–1990s, in: Gerald MacLean (Hrsg.), Britain and the Muslim World: Historical Perspectives, Newcastle 2011, S. 222–237; A Learning Curve: The Education of Immigrants in Newcastle-upon-Tyne and Bremen from the 1960s to the 1980s, in: Zvi Bekerman/Thomas Geisen (Hrsg.), International Handbook of Migration, Minorities, and Education – Understanding Cultural and Social Differences in Processes of Learning, Dordrecht 2011, S. 349-364; Foreigners, Minorities, Integration: The Muslim Immigrant Experience in Britain and Germany, Manchester [2012].

Axel Kreienbrink, Dr. phil., Leiter des Forschungsfeldes I „Internationale und irreguläre Migration, Islam, Demographie, Forschungstransfer" der Forschungsgruppe des Bundesamtes für Migration und Flüchtlinge (BAMF) in Nürnberg; veröffentlichte u. a.: Einwanderungsland Spanien – Migrationspolitik zwischen Europäisierung und nationalen Interessen, Frankfurt a.M. 2004; zus. mit Annette Sinn/Hans Dietrich von Loeffelholz: Illegal aufhältige Drittstaatsangehörige in Deutschland, Nürnberg 2006; als Hrsg. zus. mit Petra Bendel: Kanada und Deutschland – Migration und Integration im Vergleich, Nürnberg 2008; zus. mit Luís Calvo Salgado/María José Fernández Vicente/Carlos Sanz Díaz/Gloria Sanz Lafuente: Historia del Instituto Español de Emigración. La política migratoria exterior de España y el IEE del Franquismo a la Transición, Madrid 2009; als Hrsg. zus. mit Tatjana Baraulina/Andrea Riester: Potenziale der Migration zwischen Afrika und Deutschland, Nürnberg 2011.

Karolina Novinšćak, M.A., Doktorandin am Fachbereich Südosteuropäische Geschichte der Freien Universität Berlin und Wiss. Mitarbeiterin des Forschungsprojektes „Bayern-Kroatien transnational" (Bayerischer Forschungsverbund ForMig „Migration und Wissen") am Lehrstuhl für Geschichte Südost- und Osteuropas der Universität Regensburg; veröffentlichte u. a.: From „Yugoslav Gastarbeiter" to „Diaspora-Croats" – Policies and Attitudes towards Emigration in the Socialist Federal Republic of Yugoslavia and the Republic of Croatia, in: Clelia Caruso/Jenny Pleinen/Lutz Raphael (Hrsg.), Postwar Mediterranean Migration to Western Europe: Legal and Political Frameworks, Sociability and Memory Cultures, Frankfurt a.M. 2008, S.125–143; The Recruiting and Sending of Yugoslav „Gastarbeiters" to Germany. Between Socialist Demands and Economic Needs, in: Ulf Brunnbauer (Hrsg.), Transnational Societies, Transterritorial Politics. Migrations in the (Post-)Yugoslav Area, 19th–21st Centuries, München 2009, S.121–143; Gekommen um zu gehen? Transnationale Lebensverläufe und Grenzen ihrer statistischen Erfassung am Beispiel deutsch-kroatischer (Re-)Migration, in: Ulf Brunnbauer/Karolina Novinšćak/Christian Voss (Hrsg.), Gesellschaften in Bewegung. Emigration aus und Immigration nach Südosteuropa in Vergangenheit und Gegenwart, München 2011, S.93–123.

Jochen Oltmer, Dr. phil. habil., Apl. Professor für Neueste Geschichte und Vorstand des Instituts für Migrationsforschung und Interkulturelle Studien (IMIS) der Universität Osnabrück; veröffentlichte u.a.: Migration und Politik in der Weimarer Republik, Göttingen 2005; als Hrsg.: Kriegsgefangene im Europa des Ersten Weltkriegs, Paderborn 2006; als Hrsg. zus. mit David Feldman und Leo Lucassen: Paths of Integration. Migrants in Western Europe (1880–2004), Amsterdam 2006; als Hrsg. zus. mit Ute Frevert: Europäische Migrationsregime, Themenheft von „Geschichte und Gesellschaft", 35 (2009); als Hrsg. zus. mit Klaus J. Bade/Pieter C. Emmer/Leo Lucassen: Enzyklopädie Migration in Europa vom 17. Jahrhundert bis zur Gegenwart, Paderborn ³2010 (engl. Ausgabe: The Encyclopedia of Migration and Minorities in Europe: From the Seventeenth Century to the Present, Cambridge 2011); Migration im 19. und 20.Jahrhundert (Enzyklopädie deutscher Geschichte, Bd. 86), München 2010.

Grazia Prontera, Dr. phil., Postdoktorandin am Lehrstuhl für Europäische Zeitgeschichte der Universität Salzburg; veröffentlichte u.a.: Una Memoria interrotta. Lotte contadine e nascita della democrazia. Il Salento 1944–1951, Lecce 2004; Italiani a Wolfsburg. Die Monatszeitschrift der italienischen Jugendlichen in Wolfsburg 1972 bis 1975, in: Silke Flegel (Hrsg.), Wahl und Wagnis Migration, Berlin 2007, S.233–241; The Migration Experience of Italien Workers in the Federal Republic of Germany in Post-war Years, in: Clelia Caruso/Jenny Pleinen/Lutz Raphael (Hrsg.), Postwar Mediterranean Migration to Western Europe, Frankfurt a.M. 2008, S.151–170; Partire, tornare, restare? L'esperienza migratoria dei lavoratori italiani nella Repubblica Federale Tedesca nel secondo dopoguerra,

Mailand 2009; Fonti e metodologia per la storia delle migrazioni italiane del secondo dopoguerra, in: Società e Storia, 2010, Nr. 127, S. 149–156.

Christoph A. Rass, Dr. rer. pol. habil., Privatdozent und Verwalter der Professur für Neueste Geschichte sowie Mitglied des Instituts für Migrationsforschung und Interkulturelle Studien (IMIS) der Universität Osnabrück; veröffentlichte u. a.: „Menschenmaterial": Deutsche Soldaten an der Ostfront. Innenansichten einer Infanteriedivision 1939–1945, Paderborn 2003; Bilaterale Wanderungsabkommen und die Entwicklung eines internationalen Arbeitsmarktes in Europa 1919–1974, in: Ute Frevert/Jochen Oltmer (Hrsg.), Europäische Migrationsregime, Themenheft von „Geschichte und Gesellschaft", 35 (2009), S. 98–134; Sampling Military Personnel Records: Data Quality and Theoretical Uses of Organizational Process Generated Data, in: Historical Social Research 34 (2009), S. 172–196; Westeuropäische Industriestaaten und transnationaler Arbeitsmarkt im 20. Jahrhundert. Nationale Strategien in einem internationalen Handlungsfeld, in: Rolf Walter (Hrsg.), Geschichte der Arbeitsmärkte, Stuttgart 2009, S. 287–312; Institutionalisierungsprozesse auf einem internationalen Arbeitsmarkt. Bilaterale Wanderungsverträge in Europa 1919–1974, Paderborn 2010.

Roberto Sala, Dr. phil., Postdoktorand am Max-Weber-Kolleg für kultur- und sozialwissenschaftliche Studien der Universität Erfurt; veröffentlichte u. a.: als Hrsg.: La collettività italiana in Europa dagli anni 1970 ai giorni nostri, Themenheft von „Studi Emigrazione" 42 (2005), H. 160; zus. mit Giovanna Massariello Merzagora: Radio Colonia. Emigrati italiani in Germania scrivono alla radio, Turin 2008; als Hrsg. zus. mit Oliver Janz: Dolce Vita? Das Bild der italienischen Migranten in Deutschland, Frankfurt a.M. 2011; Fremde Worte. Medien für „Gastarbeiter" in der Bundesrepublik im Spannungsfeld von Außen- und Sozialpolitik, Paderborn 2011.

Carlos Sanz Díaz, Dr., Assistent (profesor ayudante doctor) am Departamento de Historia Contemporánea der Universidad Complutense de Madrid; veröffentlichte u. a.: als Hrsg.: Alemania, país de acogida de la emigración española, Themenheft von „Migraciones & Exilios" 7 (2007); zus. mit Luís Calvo Salgado/María José Fernández Vicente/Axel Kreienbrink/Gloria Sanz Lafuente: Historia del Instituto Español de Emigración: La política migratoria exterior en España y el IEE del Franquismo a la Transición, Madrid 2009; „Illegale", „Halblegale", „Gastarbeiter". Die irreguläre Migration aus Spanien in die Bundesrepublik Deutschland im Kontext der deutsch-spanischen Beziehungen 1960–1973, Berlin 2010; La fuerza de la unión. Sociabilidad, culturas políticas y acción colectiva en la primera generación de emigrantes españoles en Alemania (1960–1973), in: Ana Fernández Asperilla (Hrsg.), Gente que se mueve. Cultura política, acción colectiva y emigración española, Madrid 2010, S. 139–193.

Bettina Severin-Barboutie, Dr. phil., Wiss. Mitarbeiterin am Historischen Institut der Universität Gießen und Lehrbeauftragte an der Universität Straßburg; veröffentlichte u. a.: Französische Herrschaftspolitik und Modernisierung. Verwaltungs- und Verfassungsreformen im Großherzogtum Berg (1806–1813), München 2008; Für das Vaterland. Versuche zur Abschüttlung der französischen Herrschaft im Königreich Westfalen (1809), in: Veit Veltzke (Hrsg.), Für die Freiheit – gegen Napoleon. Ferdinand von Schill, Preußen und die deutsche Nation, Köln 2009, S. 177–199; Universitäten, in: Winfried Speitkamp (Hrsg.), Handbuch der hessischen Geschichte, Bd. 2: Bildung, Kunst und Kultur in Hessen 1806–1945, Marburg 2010, S. 47–97; Entre idéal et réalité. L'histoire comparée face aux sources, in: Sophie Baby/Michelle Zancarini-Fournel (Hrsg.), Histoires croisées. Réflexions sur la comparaison internationale en histoire, Paris 2010, S. 75–86.

Olga Sparschuh, M.A., Wiss. Mitarbeiterin am Arbeitsbereich Neuere Geschichte/Zeitgeschichte des Friedrich-Meinecke-Instituts der Freien Universität Berlin; veröffentlichte u. a.: Die Wahrnehmung von Arbeitsmigranten aus dem Mezzogiorno in deutschen und norditalienischen Großstädten, in: Oliver Janz/Roberto Sala (Hrsg.), Dolce Vita. Das Bild der Italiener in der Bundesrepublik, Frankfurt a.M. 2011, S. 95-115; Labour Migration within the European Economic Community during the Miracle Years. Converging Debates and Policies?, in: Matthieu Osmont u. a. (Hrsg.), Pour une lecture historique de l'européanisation au XXe siècle/Europeanisation in the 20th century. The Historical Lens, (Euroclio/ Etudes et documents), Brüssel 2011, S. 151–166.

Jan Philipp Sternberg, Dr. phil., Redakteur der Mediengruppe Madsack in Berlin; veröffentlichte u. a.: Fernweh verwalten. Staatliche und kirchliche Auswanderer-Beratungsstellen nach dem Zweiten Weltkrieg, in: Jochen Oltmer (Hrsg.), Migration steuern und verwalten. Deutschland vom späten 19. Jahrhundert bis zur Gegenwart, Göttingen 2003, S. 345–376; zus. mit Katja Roeckner: Kaufrausch Berlin, Berlin 2011; Auswanderungsland Bundesrepublik. Denkmuster und Debatten in Politik und Medien 1945–2010, Paderborn 2012; zus. mit Katja Roeckner: Berlin atomar, Berlin 2012.

Dietrich Thränhardt, Dr. rer. soc., em. Professor für Politikwissenschaft der Universität Münster; veröffentlichte u. a.: Geschichte der Bundesrepublik Deutschland, Frankfurt a.M. 1996; Europe – A New Immigration Continent, Münster 1996; als Hrsg.: Migration im Spannungsfeld von Globalisierung und Nationalstaat, Wiesbaden 2003; als Hrsg. zus. mit Uwe Hunger: Entwicklung und Migration, Münster 2008; als Hrsg.: Einbürgerung. Rahmenbedingungen, Motive und Perspektiven des Erwerbs der deutschen Staatsangehörigkeit, Bonn 2008; zus. mit Jeroen Doomernik/Rey Koslowski: The Battle for the Brains. Why Immigration Policy is not Enough to Attract the Highly Skilled, Washington 2009; als Hrsg. zus. mit Michael Bommes: National Paradigms of Migration Research, Göttingen 2010.

Oliver Trede, Dr. (des.) phil., Lehrbeauftragter an der Universität Osnabrück und Wiss. Mitarbeiter im Projekt „Labor Unions and the Civic Integration of Immigrant Workers", Cornell University/Hans Böckler Stiftung, 2009–2012; veröffentlichte: Misstrauen, Regulation und Integration. Gewerkschaften und Migration in der Bundesrepublik Deutschland und in Großbritannien in den 1950er bis 1970er Jahren, Diss. Köln 2009.

Eric Vanhaute, Ph.D., Professor für Geschichte an der Universität Gent/Belgien; veröffentlichte u. a.: zus. mit Cormac Ó Gráda und Richard Paping: When the Potato Failed. Causes and Effects of the ‚Last' European Subsistence Crisis, 1845–1850, Turnhout 2007; zus. mit I. Devos und T. Lambrecht: Making a Living: Family, Income and Labour (Rural Economy and Society in North-Western Europe, 500–2000), Turnhout 2012.

Jenni Winterhagen, M.A., Wiss. Mitarbeiterin am Forschungsinstitut für Bürgerschaftliches Engagement (ForBe) der Humboldt Universität zu Berlin; promoviert über kroatische Migrantengemeinden und transnationales Engagement von Einwanderern an der Bremen International Graduate School of Social Sciences (BIGSSS); veröffentlichte u. a.: zus. mit Florian Bieber: Erst der Staat, dann die Nation: Staats- und Nationsbildung in Montenegro, in: Südost-Europa 57 (2009), S. 2–24; Prinzip Wahlheimat: Wie integrationsunwillig sind die deutschen Parteien?, in: Forum Recht. Das rechtspolitische Magazin für Uni und soziale Bewegungen 29 (2011), S. 14f.; Migration und Entwicklung im ländlichen Raum – ein jugoslawisches Beispiel, in: RaumPlanung. Fachzeitschrift für Raumplanung (2011), Nr. 155, S. 94–98.

www.ingramcontent.com/pod-product-compliance
Lightning Source LLC
Chambersburg PA
CBHW052015290426
44112CB00014B/2255